Betriebsvereinbarungen über den Zeitlohn

Europäische Hochschulschriften
Publications Universitaires Européennes
European University Studies

Reihe II
Rechtswissenschaft

Série II Series II
Droit
Law

Bd./Vol. 3089

PETER LANG
Frankfurt am Main · Berlin · Bern · Bruxelles · New York · Oxford · Wien

Angela-Sabine Emmert

Betriebsvereinbarungen über den Zeitlohn

Reichweite und Schranken der Betriebsautonomie

PETER LANG
Europäischer Verlag der Wissenschaften

Die Deutsche Bibliothek - CIP-Einheitsaufnahme

Emmert, Angela-Sabine:

Betriebsvereinbarungen über den Zeitlohn : Reichweite und Schranken der Betriebsautonomie / Angela-Sabine Emmert. - Frankfurt am Main ; Berlin ; Bern ; Bruxelles ; New York ; Oxford ; Wien : Lang, 2001
(Europäische Hochschulschriften : Reihe 2, Rechtswissenschaft ; Bd. 3089)
Zugl.: Trier, Univ., Diss., 2000
ISBN 3-631-37658-8

D 385
ISSN 0531-7312
ISBN 3-631-37658-8

Meinen Eltern

Vorwort

Die vorliegende Arbeit wurde im Wintersemester 2000/2001 vom Fachbereich Rechtswissenschaft der Universität Trier als Dissertation angenommen. Im wesentlichen war sie im Dezember 1998 fertiggestellt und konnte im Juni/Juli 1999 nochmals überarbeitet und umfassend aktualisiert werden. Rechtsprechung und Literatur wurden bis Dezember 1999 berücksichtigt.

Herrn Prof. Dr. Horst Ehmann, der das Thema angeregt und die Arbeit betreut hat, gilt mein besonderer Dank. Er hat die Entstehung stets in konstruktiven Diskussionen begleitet. Die Arbeit ist zum Großteil während meiner Tätigkeit an seinem Lehrstuhl entstanden. Danken möchte ich Herrn Prof. Dr. Dr. h.c. Rolf Birk für die Erstellung des Zweitgutachtens.

Großer Dank gilt meinen Eltern, die nicht nur das Korrekturlesen übernommen, sondern mir darüber hinaus stets uneingeschränkt Rückhalt gegeben haben. Auch Frau Rechtsanwältin Silke Kirchvogel danke ich für ihre Mithilfe beim Korrekturlesen, Herrn Rechtsanwalt Dr. Thomas Lambrich für manch anregendes fachliches Gespräch.

Herzlich möchte ich meinem Bruder Ingolf Emmert danken, der alle technischen Probleme bei der Erstellung der Druckvorlage geschickt gelöst hat. Zu guter Letzt danke ich meinen Freunden für die moralische Unterstützung auf dem Weg zur Vollendung der Arbeit.

Köln, im Herbst 2000

Angela-Sabine Emmert

Inhaltsverzeichnis

§ 1 **Einleitung und Problemaufriß** 17

I. Einleitung 17

1. Die aktuelle wirtschaftliche Situation 17

2. Die Reaktionen in der Praxis – oder: „Wer jetzt nicht flieht, hat selber Schuld“ 21

3. Zum Thema der Arbeit 25

II. Gerechter Lohn und Lohnfindung 27

1. Liberalismus versus Sozialismus 28

a) Der liberale Ansatz 28

b) Wissenschaftlicher Sozialismus 29

2. Leistungsprinzip und Gleichheitssatz 30

3. Maßstab der Gerechtigkeit: Bruttosozialprodukt oder betriebliche Leistungsfähigkeit? 31

a) Lohnfindung durch Tarifverträge 31

b) Lohnbetriebsvereinbarungen 33

III. Begriffsbestimmung des Zeitlohns 36

1. Der Lohnbegriff des Betriebsverfassungsgesetzes 36

2. Der Zeitlohn 38

§ 2 **Der Zweck betrieblicher Mitbestimmung bei der Lohngestaltung** 41

I. Beschränkung einseitiger Direktion durch betriebliche Mitbestimmung 41

1. Das Koordinationserfordernis 41

2. Ausweitung der betriebseinheitlichen Koordination über das Direktionsrecht hinaus 44

3. Schutz durch Mitbestimmung 49

a) Mitbestimmung statt einseitiger Gestaltung 49

b) Vertragsparität auf Betriebsebene 51

(1) Betriebsratsstellung und Mitwirkungsmöglichkeiten 52

(2) Richtigkeitsgewähr 54

(aa) Die Sachnähe ... 54
(bb) Das Streikverbot ... 55
(3) Betriebsfrieden ... 56
4. Ergebnis ... 58
II. Die Zwecksetzung bei § 87 Abs. 1 Nr. 10 BetrVG ... 58
§ 3 Reichweite der Mitbestimmung gemäß § 87 Abs. 1 Nr. 10 BetrVG ... 61
I. Betriebliche Lohngestaltung ... 61
1. Entlohnungsgrundsätze und -methoden ... 62
a) Entlohnungsgrundsätze ... 62
b) Entlohnungsmethoden ... 62
c) Einführung, Anwendung und Änderung ... 64
2. Mitbestimmung über die Lohnhöhe? ... 64
a) Ausdrücklicher Ausschluß der Lohnhöhe? ... 66
b) Blick in die Gesetzesmaterialien ... 66
c) Das Verhältnis von § 87 Abs. 1 Nr. 10 zu Nr. 11 BetrVG ... 67
d) Sinn und Zweck ... 68
3. Das Kollektivitätserfordernis ... 71
4. Initiativrecht ... 74
a) Grundsatz umfassender Initiative ... 75
b) Initiativrecht zum Übergang von Zeit- auf Leistungslohn? ... 76
(1) Vorgaben des Gesetzgebers ... 77
(2) Restriktive Handhabung wegen unternehmerischer Entscheidungsfreiheit ... 78
II. Schranken erzwingbarer Mitbestimmung ... 81
1. Gesetzliche Regelung ... 82
2. Tarifliche Regelung ... 83
a) Bestehen einer Regelung ... 84
b) Tarifbindungserfordernis auf Arbeitgeber- bzw. Arbeitnehmerseite ... 85
3. Der Tarifvorbehalt als weitere Schranke? ... 87
a) Zwei-Schranken-Theorie versus Vorrangtheorie ... 87

b) Umfassender Arbeitnehmerschutz durch die Vorrangtheorie...... 90
(1) Die Unergiebigkeit klassischer Auslegungselemente............ 90
(2) Prämisse des Arbeitnehmerschutzes.. 91
III. Die Aufwertung der Betriebsautonomie: Ausweitung des Anwendungsbereichs des § 87 Abs. 1 Nr. 10 BetrVG........................ 95
1. Mitbestimmung bei AT-Angestellten.. 96
a) Begriff... 96
b) Bedenken gegen die Mitbestimmung 97
(1) Tarifliche Negativregelung.. 97
(2) Besondere Rolle als Ausnahmetatbestand............................. 99
c) Zweckverwirklichung der Betriebsautonomie auch im AT-Bereich.. 102
2. Mitbestimmung bei über- und außertariflichen Zulagen 105
a) Begriff und Bedeutung 105
b) Anerkennung der Mitbestimmungsrechte 106
c) Die sogenannte Topftheorie.. 110
(1) Mitbestimmungsfreiheit des „Ob“ 111
(2) Mitbestimmungsfreiheit des Umfangs 113
(3) Zwecksetzung und Personenkreis 113
(4) Konsequenzen... 114
d) Rückführung der Zulagen / Anrechnung einer Tariflohnerhöhung 114
(1) Die Rechtsprechungskontroverse... 115
(aa) Anrechnung als Tarifautomatismus............................... 115
(bb) Anrechnung als mitbestimmungspflichtige Maßnahme 116
(2) Die Entscheidung des Großen Senats...................................... 117
(aa) Änderung der Verteilungsgrundsätze.............................. 117
(bb) Verbleibende Unklarheiten und Kritik........................... 119
(3) Die Ausweitung der Mitbestimmungspflichtigkeit durch den Ersten Senat 120
(4) Kritik... 122

3. Die Vorrangtheorie als Mittel zur Umgehung des Tarifvorbehalts? ... 123
a) Rechtsprechungsanalyse zur teilmitbestimmten Betriebsvereinbarung ... 124
b) Schlußfolgerung ... 126
IV. Rechtsfolgen fehlender Mitbestimmung ... 128
1. Überblick ... 129
2. Mitbestimmungspflichtige Maßnahmen des Arbeitgebers ... 132
3. Bedenken gegen die Unwirksamkeitsfolge ... 133
a) Die Ausnahmekonstruktionen der Wirksamkeitstheorie ... 133
b) Wirksamkeitstheorie und Individualautonomie ... 137
4. Zweckverwirklichung durch „nur“ erzwingbare Mitbestimmung ... 140
§ 4 Lohnbetriebsvereinbarungen und Normsetzungsmonopol ... 145
I. Historische Entwicklung der Betriebsautonomie im Hinblick auf die Lohnfestlegung ... 145
1. Frühe Wurzeln des Mitbestimmungsgedankens ... 146
2. Vorläufer gesetzlich angeordneter Betriebsvertretungen ... 148
a) Gewerbeordnung des Norddeutschen Bundes ... 148
b) Novelle zur Reichsgewerbeordnung ... 148
3. Der Erste Weltkrieg ... 150
4. Die Weimarer Republik ... 151
a) Weimarer Reichsverfassung ... 152
b) Das Betriebsrätegesetz 1920 ... 153
5. Der Nationalsozialismus ... 155
6. Nachkriegszeit und Betriebsverfassungsgesetz 1952 ... 156
7. Fazit ... 159
II. Betriebliche Regelungsbefugnis und Tarifvorbehalt ... 159
1. Mitbestimmung in sozialen Angelegenheiten ... 160
2. Die Regelungssperre des § 77 Abs. 3 BetrVG ... 166
a) Umfang der Sperrwirkung ... 167
b) Prämissen der Normsetzungsprärogative ... 169

(1) Verfassungsrechtliche Determination des Tarifvorbehalts? 170
(2) Der Tarifvertrag als vorzugswürdiges Gestaltungsmittel? 173
3. Mitbestimmung nach tariflicher Öffnung der Tarifsperre 176
a) Tarifliche „Öffnung" 177
(1) Originäre Kompetenz statt Kompetenzverlagerung 179
(2) Grenzen der Flexibilisierung durch Tarifvertrag 181
b) Erweiterung der Erzwingbarkeit der Mitbestimmung 183
(1) Erzwingbarkeit als betriebsverfassungsrechtliche Regelung 184
(2) Betriebsverfassungsrechtliche Gesamtordnung 185
c) Tarifpolitischer Sinn von Öffnungsklauseln? 187
III. Normsetzungsprärogative und verfassungsrechtliche Gewährleistung der Betriebsautonomie 188
1. Verankerung in Art. 9 Abs. 3 GG 189
2. Sozialstaatsprinzip und Menschenwürde 191
3. Betriebsautonomie als Ausübungsform kollektiver Privatautonomie im Sinne der Art. 2 Abs. 1, Art. 9 Abs. 1 GG 194
a) Betriebsgemeinschaft als Rechtsgemeinschaft im Sinne des Art. 9 Abs. 1 GG 195
b) Betriebsautonomie als Bestandteil der in Art. 2 Abs. 1 GG verfassungsrechtlich gewährleisteten Privatautonomie 198
(1) Art. 12 Abs. 1 GG oder Art. 2 Abs. 1 GG 199
(2) Privatautonomie und Rechtsordnung als Korrelat 200
c) Privatautonome Legitimation 203
(1) Betriebsratswahl 203
(2) Abschluß des Arbeitsvertrages und Eintritt in die Betriebsgemeinschaft 204
(3) Rückkopplung an den Belegschaftswillen 208
(4) Die Freiheitsnähe 210
4. Ergebnis 213

§ 5 Lohnbetriebsvereinbarungen kraft des Subsidiaritätsprinzips 215

I. Das Verhältnis von Tarifautonomie und Betriebsautonomie nach Maßgabe des Subsidiaritätsprinzips 215

1. Ursprung des Subsidiaritätsprinzips 216

2. Verfassungsrechtliche Grundlage 219

a) Subsidiaritätsgedanke in verschiedenen Verfassungsnormen ... 219

b) Das Subsidiaritätsprinzip als Verfassungsprinzip 221

(1) Subsidiarität und Menschenwürde 221

(2) Gemeinschaftsbezogenheit des Individuums 222

(3) Individualbezogenheit der Gemeinschaft 223

(4) Gemeinschaftsbezogenheit und Solidarität 224

3. Subsidiaritätsprinzip im Arbeitsrecht: Richtungsweisende Wirkung im Verhältnis von Tarif- und Betriebsautonomie 224

a) Das arbeitsrechtliche Subsidiaritätsprinzip 224

(1) Stufenfolge im Arbeitsrecht 224

(2) Positivrechtlicher Niederschlag 225

(3) Subsidiarität und Schutzfunktion 226

b) Subsidiaritätsprinzip und Kollektivautonomien 228

(1) Subsidiarität der Tarifautonomie 228

(2) Solidarität als Folge der Subsidiarität 230

4. Zusammenfassung 230

II. Konkretisierung des Subsidiaritätsprinzips durch das Günstigkeitsprinzip 231

1. Günstigkeitsprinzip als Verfassungsprinzip 232

a) Vielfalt der verfassungsrechtlichen Bezüge 233

b) Günstigkeitsprinzip als Bestandteil allgemeiner Verfassungsdogmatik 235

(1) Grundgesetzliche Wertordnung als Maßstab der Abwägung 236

(2) Verhältnismäßigkeitsgrundsatz als Abwägungskriterium ... 237

c) Praktische Konkordanz im Arbeitsrecht 238

2. Günstigkeitsprinzip im Verhältnis von Tarifvertrag und Individualvertrag ... 239
a) Einfachgesetzliche Normierung ... 239
b) Anwendbarkeit auf tarifliche Betriebsnormen ... 240
(1) Betriebsnormbegriff ... 241
(2) Lohngestaltung durch tarifliche Betriebsnormen ... 242
3. Günstigkeitsprinzip im Verhältnis von Betriebsvereinbarung und Individualvertrag ... 244
a) Fehlen einfachgesetzlicher Normierung ... 244
b) Anwendbarkeit auf Betriebsnormen ... 245
4. Günstigkeitsprinzip im Verhältnis von Tarifvertrag und Betriebsvereinbarung ... 247
a) Historischer Rückblick ... 248
b) § 77 Abs. 3 BetrVG als „lex specialis“ ... 251
c) Die mangelnde Erforderlichkeit des Tarifvorbehalts ... 253
5. Günstigkeitsprinzip und vertragliche Einheitsregelung ... 257
a) Begriff ... 257
b) Ablösung durch Kollektivverträge ... 258
(1) Ordnungsprinzip versus Günstigkeitsprinzip ... 258
(2) Kollektivierung des Günstigkeitsvergleichs ... 259
(3) Vorschläge aus der Literatur ... 260
(aa) Betonung der individualvertraglichen Begründung ... 260
(bb) Betonung des kollektiven Bezugs ... 261
(4) Charakter der ablösenden Norm ... 263
c) Zusammenfassung ... 263
§ 6 Der Günstigkeitsvergleich ... 265
I. Vergleichspaarbildung ... 266
1. Kompensation untertariflicher Arbeitsbedingungen ... 267
a) Mindestarbeitsbedingungen als Einheit ... 267
b) Gefahr der Tarifzensur? ... 268
c) Beeinträchtigung gewerkschaftlicher Attraktivität und Funktionsfähigkeit ... 269

2. Vergleichsmethode: Sachgruppenvergleich 270
3. Vergleichsgegenstände, insbesondere Arbeitsplatzsicherung 272
II. Begünstigungsadressat: Bezugspunkt für den Günstigkeitsvergleich 276
1. Vergleich von Kollektivnorm und Individualvertrag 276
2. Bezugspunkt beim Vergleich von Kollektivverträgen 279
III. Bewertungsmaßstab 279
1. Subjektiv realer Wille? Wertungen der Tarifpartner? 280
2. Objektiv-hypothetischer Maßstab 281
a) Indizwirkung der subjektiven Einschätzung 281
b) Wandel der Verkehrsanschauung 282
c) Grenzen untertariflicher Vereinbarung 282
3. Begünstigung der Belegschaft 283
IV. Berücksichtigungsfähige Umstände 284
1. Persönliche Einzelfallumstände 285
2. Arbeitsplatzargument des einzelnen 286
3. Arbeitsplatzsicherung durch Betriebsvereinbarung 287
a) Abwenden eines drohenden Konkurses 288
b) Abwenden einer drohenden Standortverlagerung 290
c) Zusammenfassung 291
V. Die Zweifelsregel: „In dubio pro Betriebsautonomie“ 291
1. Kollektivvertrag und Individualvereinbarung 291
2. Aufeinandertreffen von Tarifvertrag und Betriebsvereinbarung 292
VI. Existenzsichernde Betriebsvereinbarung: Günstigkeit oder Solidarität 292
§ 7 Zusammenfassung 295

Literaturverzeichnis 297

§ 1 Einleitung und Problemaufriß

I. Einleitung

1. Die aktuelle wirtschaftliche Situation

Unaufhaltsam schreitet die Globalisierung der Märkte voran. Die Errungenschaften moderner Technik ermöglichen eine schnelle Datenweiterleitung, so daß Wissen weltweit vorhanden und durch die internationale Vernetzung jederzeit verfügbar ist. Der Übergang von der Industrie- zur Informationsgesellschaft hat begonnen; eine ökonomische Zeitenwende, eine neue industrielle Revolution wird deklariert,[1] in der sämtliche Produkte und Dienstleistungen überall und jederzeit produziert und angeboten werden können.[2] Die Konkurrenz beschränkt sich – insbesondere nach dem Fall der sozialistischen Staaten – nicht mehr nur auf Waren und Dienstleistungen, sondern erfaßt ganze Wirtschaftsstandorte. Die Globalisierung führt zu einem Wettstreit um Arbeitsplätze und Löhne. Kaum eine Tageszeitung, kaum eine tagespolitische Stellungnahme, die nicht auf das daraus resultierende, drängende Problem der Arbeitslosigkeit in Deutschland hinweist.[3]

Damit treten insbesondere die rechtlichen Rahmenbedingungen eines Wirtschaftsstandortes in den Vordergrund: Arbeitsrechtliche Vorschriften, Steuern und Sozialabgaben, Umweltschutzauflagen und behördliche Genehmigungsverfahren beeinflussen und beeinträchtigen die wirtschaftliche Attraktivität.[4] Verfehlt wäre es, dem in Deutschland sehr weitreichenden, nahezu lückenlosen Ar-

---

1 Der Spiegel, Nr. 39/1996, S. 80 ff.

2 Produkte werden immer weniger unter dem Zeichen „made in Germany“ vertrieben, sondern unter dem Firmennamen („made by Mercedes“, „made by Siemens“); Der Spiegel, Nr. 39/1996, S. 80. *Junker* (ZfA 1997, 1305 [1312]) kennzeichnet dieses Phänomen als „Globalität der Qualitätsfähigkeit“ und weist auf die Globalisierung auch der Unternehmens*strukturen* hin.

3 Nachdem die Arbeitslosenquote in Deutschland beständig zugenommen hatte (vgl. 10,3 % FAZ v. 06.12.1996, S. 17; 11,8 % [= 4,52 Millionen] FAZ v. 10.01.1998, S. 1; 12,6 % [= 4,82 Millionen] FAZ v. 06.02.1998, S. 1) machte sich zunächst eine Besserung der Arbeitsmarktlage bemerkbar. Ende September 1998 sank die Zahl der Arbeitslosen zum ersten Mal innerhalb der vorausgegangenen zwei Jahre auf unter vier Millionen (3,965 Millionen, FAZ v. 07.10.1998, S. 1) um dann bis April 1999 wieder auf 4,15 Millionen anzusteigen (FAZ v. 08.05.1999, S. 13). Vgl. *Adomeit*, in: FS für Kraft, S. 1 (2 f.).

4 Zu den verschiedenen Faktoren: *Adomeit*, Regelungen von Arbeitsbedingungen, S. 11, 13, 16, 17; *ders.*, in: FS für Schaub, S. 1 ff.; *Ehmann*, Neue Ordnung 1996 (Sondernummer), 5 (11 ff., 28 f., 48); *Dieterich*, AuR 1997, 1 (3); *Löwisch*, RdA 1999, 69 (71 f.); Sachverständigenrat Jahresgutachten 1995 / 96, Ziff. 298 ff.

beitnehmerschutz oder den Koalitionen die *alleinige* Verantwortung für die Beschäftigungskrise zuzuweisen.[5]

Tatsache ist aber, daß in Zeiten hohen wirtschaftlichen Wachstums durch die Kartellwirkung[6] der Flächentarifverträge ein *hohes Lohnniveau*[7] bei relativ *geringer* und *inflexibler Arbeitszeit*[8] erreicht wurde. Der in Anbetracht der wirt-

---

[5] Vgl. die Analyse von *Franz/Rüthers* (RdA 1999, 32 ff.) zum Vorwurf gegen den arbeitsrechtlichen Schutz allgemein. *Möschel* (FAZ v. 10.09.1998, S. 21) sieht jedoch in den traditionellen Tarifvereinbarungen eine *wesentliche* Ursache für die Arbeitslosigkeit; ebenso *Reuter*, ZfA 1995, 1 (4). *Hümmerich* (NZA 1996, 1289 ff.) verweist auf die Mitverantwortung der arbeitsgerichtlichen Rechtsprechung, der er Bewußtseinsmangel für die volkswirtschaftliche Dimension vorwirft; ähnlich *Gentz*, in: FS für Schaub, S. 205; *J.-H. Bauer*, DB Editorial zu Heft 21, 1996; vgl. auch die Beispiele bei *Franz*, ZfA 1994, 439 (441 ff.); diff. *P. Hanau*, Deregulierung, S. 10 ff.
Einen Blick für wirtschaftliche Notwendigkeiten bewies hingegen das BVerfG (AP Nr. 76 zu Art. 9 GG). In dieser Entscheidung zu § 21 Abs. 4 FlaggenrechtsG führt es differenziert aus, daß die deutsche Seeschiffahrt zu den nationalen Arbeitsbedingungen international nicht wettbewerbsfähig sei. Das Gericht ließ daher, um den Bestand der deutschen Seeschiffahrt zu sichern, Einbußen bei der arbeitsrechtlichen Ausstattung für diesen Bereich zu.

[6] Die *Kartellwirkung* des Tarifvertrages ist allgemein anerkannt (*Zöllner/Loritz*, ArbR, § 33 II; *Richardi*, Kollektivgewalt, S. 179; *Reuter*, ZfA 1995, 1 [2]; *Wendeling-Schröder*, Referat, Verhandlungen des 61. DJT, Bd. II / 1, K 9 [K 17 f.]; *Rieble*, Arbeitsmarkt und Wettbewerb, Rn. 1108). Voraussetzung der Wirksamkeit eines Konditionenkartells ist jedoch die Geschlossenheit des Systems. Werden die einheitlich festgelegten Bedingungen in großem Umfang durch Marktteilnehmer unterlaufen, die nicht an die Bestimmungen gebunden sind, fällt es auch den Kartellmitgliedern zunehmend schwerer, die vereinbarten Vorgaben einzuhalten. Da sich die Arbeitsbedingungen der deutschen Tarifverträge schwerlich auf die europäische Ebene übertragen lassen (vgl. aber *Löwisch*, RdA 1999, 69 [76 f.]), eine weltweite Vereinheitlichung wegen unterschiedlicher Wirtschaftsstärke und verschiedener Interessen unmöglich ist, wird die geschlossene Verbindlichkeit des nationalen Tarifkartells beständig aufgebrochen. Vgl. zum Widerspruch zwischen Tarifkartell und globalisierter Wirtschaft *Löwisch*, JZ 1996, 812 (813); *Ehmann*, ZRP 1996, 314; *ders.*, Neue Ordnung 1996 (Sondernummer), 5 (51 ff.); *Gentz*, in: FS für Schaub, S. 205 (208).

[7] Zur Gegenüberstellung der Lohnkosten *Ehmann*, Neue Ordnung 1996 (Sondernummer), 5 (10 insbes. Anm. 6); *Buchner*, DB 1996 Beil. 12, 1 (3 dort Fn. 3); *Däubler*, in: FS für Trinkner, S. 475 f.; *Hümmerich*, NZA 1996, 1289 (1290); *Pückler*, Arbeitgeber 1997, 389 (390); *Konzen*, NZA 1995, 913 (917); Der Spiegel Nr. 37/1995, S. 43; FAZ v. 06.02.1998, S. 15.
Mit Verweis auf das Tempo der Lohnentwicklung scheuen viele Neugründer – insbesondere in den neuen Bundesländern – den Beitritt zu den Arbeitgeberorganisationen; vgl. *Göbel*, in: FS für Wlotzke, S. 313 (330). Zu berücksichtigen ist aber auch, daß der Lohnpolitik nicht einseitig die Alleinverantwortlichkeit für die Beschäftigungsmisere zuerkannt werden kann; vgl. *Franz/Rüthers*, RdA 1999, 32 (34 f.).

[8] Zum internationalen Vergleich der tariflichen Jahressollarbeitszeiten für Arbeiter des verarbeitenden Gewerbes Bericht der Bundesvereinigung der Deutschen Arbeitgeberverbände,

schaftlichen Situation erforderliche Abbau der erreichten Besitzstände fällt nun um so schwerer.[9] Er ist notwendig, da das Tarifkartell nur solange wirkungsvoll sein kann, wie einerseits der Arbeitsmarkt von nicht-tarifgebundenen Arbeitskräften abgeschottet und andererseits die Produktion bzw. Dienstleistung an den nationalen Standort gebunden ist und der Konkurrenz importierter Waren und Dienstleistungen standhält.[10] Beide Voraussetzungen sind in den allermeisten Branchen nicht mehr erfüllt. Die Globalisierung der Märkte und die hohe unternehmerische Mobilität führen nicht mehr nur zu Rationalisierungsmaßnahmen am nationalen Standort, sondern zunehmend zur Produktionsverlagerung ins Ausland.[11] Auf diese Weise werden *Arbeitsplätze* zum *Exportschlager*.[12]

Stand 01.11.1996. Danach hat Deutschland weiterhin die kürzeste tarifliche Jahressollarbeitszeit: 1996 betrug der Abstand zu den USA 333 Stunden (= 46,5 Tage). Vgl. *Senne*, BB 1996, 1609 ff.

Aber nicht nur die Kürze, sondern auch die Starrheit der Arbeitszeiten beeinträchtigen die Attraktivität des Wirtschaftsstandorts. So wurde als wesentlicher Grund für den Bau des Audi-Motorenwerks in der ungarischen Stadt Györ weniger niedrige Löhne (im Schnitt 700 Mark im Monat) angegeben, als die völlig flexible Nutzungsmöglichkeit der Maschinen; vgl. Der Spiegel, Nr. 39/1996, S. 105.

9 Nach *Scholz* (in: FS für Trinkner, S. 377 [379]) entwickelt sich die Tarifautonomie zunehmend mehr zu „sozialen Höchst- oder Maximalgarantien".

10 Schon 1963 führte *A. Hueck* (Der gerechte Lohn, S. 18 [24]) aus: „Nimmt die Lohnerhöhung ein solches Maß an, daß sie wirtschaftlich ruinös wirkt, so führt sie sich durch Betriebsstillegungen und Arbeitslosigkeit selbst ad absurdum. Aber das sind extreme Grenzen." Daß diese Grenzen durch den Globalisierungsdruck inzwischen erreicht sein könnten, wird nur langsam, zum Teil gar nicht erkannt (vgl. zum Ausspruch *Oskar Lafontains* vom „Ende der Zurückhaltung" kritisch *Hank* FAZ v. 07.01.1998, S. 1; der Bundesvorsitzende der IG-Bau *Klaus Wiesehügel* fordert ein Ende von „Lohndumping und Steuerdumping" [FAZ v. 14.11.1997, S. 19]; auch der DGB-Vorsitzende *Dieter Schulte* [FAZ v. 14.01.1998, S. 15] und der IG-Metallvorsitzende *Klaus Zwickel* [FAZ v. 08.05.1998, S. 19] kündigen das „Ende der Bescheidenheit" an; ähnlich der Vorsitzende der IG Medien *Detlef Hensche* [FAZ v. 26.10.1998, S. 19]).

Dagegen verweist *Reuter* (in: FS für Schaub, S. 605 [609 f.]) zutreffend darauf, daß Lohnsteigerungen, die oberhalb des Produktivitätszuwachses erzwungen werden, die Zahl der rentablen Arbeitsplätze verringert; ebenso *Franz*, ZfA 1994, 439 (458); *Konzen*, NZA 1995, 913 (917); *Buchner*, RdA 1998, 265 f.

11 Zudem verliert Deutschland als Investitionsstandort für ausländische Unternehmer an Attraktivität (FAZ v. 21.01.1997, S. 11); dazu *Pückler*, Arbeitgeber 1997, 389. Dies zeigt, daß die Stellungnahmen der Gewerkschaften, die häufig den Eindruck vermitteln „Globalisierung sei ein Wort, das von den Unternehmern erfunden wurde, um Errungenschaften in Frage zu stellen" (so pointiert *Junker*, NZA 1997, 1305 [1312]), nicht berücksichtigen, daß die Unternehmer den Gesetzen des Marktes folgen.

12 *Ehmann*, ZRP 1996, 314; *Weissmann*, Arbeitsrecht im Spannungsfeld, S. 43 ff.; Der Spiegel Nr. 17/1997, S. 24 ff.

Die in juristischer Fachliteratur geäußerte These, der Tarifvertrag habe aus volkswirtschaftlicher Sicht die Funktion, „zu schwache Unternehmen aus dem Markt zu drängen“,[13] hat vor diesem Hintergrund letztlich zur Konsequenz, daß die abnehmende Attraktivität des Standorts und die daraus folgende hohe Arbeitslosenquote akzeptiert wird, ohne das bestehende System zu hinterfragen und nach alternativen Lösungsmöglichkeiten zu suchen.[14] Der Flächentarifvertrag hat mit der Globalisierung der Märkte nicht nur nicht Schritt gehalten, [15] sondern durch seine Kartellwirkung die Reaktion auf die internationale Konkurrenz zusätzlich erschwert.[16] In der Regel fehlt es an Flexibilität, Deregulierung und Dezentralisierung.[17] Trotzdem wird Vorschlägen, die eine Flexibilisierung

---

[13] So *Wank*, NJW 1996, 2273 (2281); *Heinze*, NZA 1995, 5 (6); *ders.*, DB 1996, 729 (735); *Kittner*, in: FS für Schaub, S. 389 (390); *Lieb*, NZA 1995, 5 (6); *Henssler*, ZfA 1994, 487 (491).

[14] Eine „Schöpferische Zerstörung“ (*Joseph Schumpeter*) kann nur dann aus der Beseitigung zu schwacher Unternehmen gefolgert werden, wenn mit ihr Innovation einher geht (vgl. *Junker*, NZA 1997, 1305 [1315]; *Glück*, BB 1998, 842). Zur Zeit scheint der Zerstörung aber das schöpferische Element zu fehlen.

[15] Kritisch zur Tarifpraxis *Heinze*, NZA 1997, 1 (7); *Junker*, NZA 1997, 1305 (1313); zur Tarifpolitik 1990-1995 in den neuen Bundesländern *Göbel*, in: FS für Wlotzke, S. 313 ff.

[16] Zunehmend wird die Notwendigkeit der Reform des Flächentarifvertrages anerkannt (vgl. FAZ v. 22.05.1997, S. 1 [Aufruf des DGB-Vorsitzenden *Schulte* zur Reform des Flächentarifvertrages]; FAZ v. 12.11.1997, S. 19).
Die IG-Metall schlägt zwei Modelle vor: Allgemeine Wahlmöglichkeit im Flächentarifvertrag oder Ergänzung des Flächentarifvertrages durch betriebsbezogene Zusatztarifverträge, die allerdings nicht von der Friedenspflicht erfaßt sein sollen (FAZ v. 17.11.1997, S. 17; dazu *H. Hanau*, DB 1998, 68 [76]; *Wendeling-Schröder*, NZA 1998, 624 ff.).
Im Einzelfall werden im Wege eines Firmentarifvertrages betriebsnahe Regelungen getroffen: So schloß die IG Metall mit der Daimler-Benz Interservices AG (Debis) einen Tarifvertrag, der sowohl hinsichtlich der Flexibilisierung der Arbeitszeit als auch hinsichtlich der variablen Entlohnung neue Möglichkeiten eröffnete (FAZ v. 19.03.1998, S. 17). Zu den in der Praxis verwirklichten tariflichen Flexibilisierungsmechanismen ausführlich *Veit*, Zuständigkeit, S. 3 ff.

[17] *Deregulierungskommission*, Nrn. 597, 599, 601; *Monopolkommisssion*, BT-Drucks. 12/8323 (dazu die Stellungnahme der BReg., BReg.-Drucks. 330/1995); *Kronberger Kreis*, Bd.10, „Mehr Markt im Arbeitsrecht“; *Allbeck/Barbier/Fels/Loritz/Rüthers/Sievert/Watrin*, FAZ v. 05.06.1993, S. 13; *Powell* (Newsweek v. 18.03.1996, S. 18 ff.): „german disease“; *H. Hanau*, AuA 1998, 2 (3); Sachverständigenrat (Jahresgutachten 95/95 Ziff. 252 ff.): „Es bedarf grundlegender Änderungen der Verhaltensweisen bei den Akteuren der Wirtschaftspolitik“; i. Erg. ebenso Tagung des Max-Planck-Instituts in Jena (FAZ v. 16.03.1998, S. 21).
Kritisch *Henssler*, ZfA 1994, 487; *Junker*, ZfA 1996, 383 (393 ff.); *Lieb*, NZA 1994, 289; *ders.*, NZA 1994, 337; *Linnenkohl*, BB 1994, 2077; *Zachert*, AuA 1996, 293 f.; *Richardi*, Gutachten, Verhandlungen des 61. DJT, Bd. I, B 13; zurückhaltend *Franz*, ZfA 1994, 439 (441 f.).

anstreben, indem Alternativen auf betrieblicher Ebene eröffnet werden, weitestgehend mit Vehemenz entgegengetreten,[18] denn die Globalisierung wird nicht als Chance zur Neuerung, sondern als Geißel begriffen, die ordnungs- und wirtschaftspolitische Fehlentwicklungen produziere.[19]

2. Die Reaktionen in der Praxis – oder: „Wer jetzt nicht flieht, hat selber Schuld"[20]

In Zeiten wirtschaftlichen Wachstums fühlten sich die Unternehmer „wohl im Geleitzug des Flächentarifvertrages", ersparte dieser ihnen doch das mühsame Aushandeln der Arbeitsbedingungen für den eigenen Betrieb bzw. das eigene Unternehmen.[21] Nachdem nun aber unter dem Druck der Globalisierung die Konkurrenz zugenommen hat, hoffen sie, sich der – in Zeiten des Prosperierens der deutschen Wirtschaft eingegangenen – Tarifbindung durch Austritt aus den Arbeitgeberverbänden entziehen zu können.[22] Diese Ausweichstrategie allein

---

Zu Recht hat *Zöllner* (ZfA 1988, 265 [267 f.]) darauf hingewiesen, daß Flexibilität nicht nur in Zeiten hoher Arbeitslosigkeit anzustreben, sondern „gerade auch in den Zeiten der Vollbeschäftigung ein auf's innigste zu wünschender Zustand" ist, denn diese biete eine Chance auf mehr Selbstbestimmung.

[18] Vgl. die Stellungnahmen und die Beschlußfassung der arbeitsrechtlichen Abteilung des 61. DJT (Verhandlungen des 61. DJT, Bd. II / 2, K 69 ff.). Die Chancen, die sich durch die Themenwahl boten („Empfiehlt es sich die Regelungsbefugnisse der Tarifparteien im Verhältnis zu den Betriebsparteien neu zu ordnen?"), wurden nicht wahrgenommen. Vielmehr hielt man überwiegend daran fest, allein den Tarifparteien die Festlegung der Löhne zuzugestehen. Allerdings hat die Beschlußfassung keine Klarheit geschaffen. Denn einerseits wurde die Frage nach der Neuordnung klar negativ beschieden (Verhandlungen des 61. DJT, Bd. II / 1, Beschluß 2 a), andererseits wurde aber auch ebenso klar die wirksame Bekämpfung „illegal" abgeschlossener Betriebsvereinbarungen abgelehnt (a. a. O., Beschluß 10 a). Kritisch zu den Ergebnissen des 61. DJT daher auch *Reuter*, in: FS für Schaub, S. 605 ff.

[19] Vgl. dazu *Kronberger Kreis*, FAZ v. 24.02.1998, S. 15; FAZ v. 12.10.1998, S. 21; *Löwisch*, RdA 1999, 69.

[20] So die Einschätzung *Barbiers* in seinem Wirtschaftsleitartikel (FAZ v. 11.04.1997, S. 15: „Jetzt hilft nur rasche Flucht"), in dem er als Reaktion auf die angekündigte Forderung nach der 32-Stunden-Woche zur Flucht aus den Arbeitgeberverbänden auffordert.

[21] *Ehmann*, Neue Ordnung 1996 (Sondernummer), 5 (52); so auch der Präsident des ZDA *Philipp*, FAZ v. 21.01.1998, S. 17. Oder wie *Eugen Ehrlich* (zit. nach *Zippelius*, Gesellschaft und Recht, S. 84) in anderem Zusammenhang ausführt: „Wer einem Befehl folgt, erspart sich die schwere Arbeit des eigenen Denkens und die noch schwerere des eigenen Entschlusses".

[22] Zum abnehmenden Organisationsgrad der Arbeitgeberverbände FAZ v. 14.04.1999, S. 17 sowie die Angaben bei *Schaub*, NZA 1998, 617 (621); *Wendeling-Schröder*, Referat, Verhandlungen des 61. DJT, Bd. II / 1, K 9 dort Fn. 2, 3.
Im Metallarbeitgeberverband Sachsen sind nur noch 27 % der Betriebe organisiert (FAZ v. 19.03.1998, S. 17). Der Präsident des Arbeitgeberverbandes Ostmetall *Kreutel* kündigte

führt aber nicht zu dem gewünschten Ergebnis der Flexibilisierung und Unabhängigkeit von den tariflichen Regelungen, denn nach § 3 Abs. 3 TVG bleibt die Tarifgebundenheit bestehen, bis der Tarifvertrag endet.[23] Zusätzlich an diese *Fortgeltung* soll sich nach Ansicht des BAG die *Nachwirkung* der Rechtsnormen des Tarifvertrages aus § 4 Abs. 5 TVG anschließen.[24] Die zwingende Wirkung des Tarifvertrages endet, aber seine Regelungen gelten weiter und können hinsichtlich der Lohnhöhe oder der Dauer der Arbeitszeit nur durch den Abschluß eines *Änderungsvertrages* modifiziert werden.[25] Die theoretisch ebenso gegebene Möglichkeit der *Änderungskündigung* scheitert an der Rechtsprechung des BAG, die bei der Inhaltskontrolle gemäß § 2 KSchG an die soziale Rechtfertigung einer betriebsbedingten Änderungskündigung äußerst strenge

---

den Verlust weiterer Mitglieder an, sollte die IG Metall auf der Einführung der 35-Stunden-Woche beharren. Als Ausweichstrategie werden Tarifverträge statt mit der IG-Metall mit der Christlichen Gewerkschaft Metall abgeschlossen (dazu FAZ v. 19.05.1998, S. 17; v. 01.09.1998, S. 20).

Besondere Aufmerksamkeit erregten die im Zusammenhang mit dem Arbeitnehmer-Entsendegesetz erfolgten Austritte der Verbände der Bauindustrie aus der BDA (FAZ v. 13.06.1996, S. 15) sowie der Austritt der Jenoptik aus dem Arbeitgeberverband wegen zu hoher Löhne und inflexibler Arbeitsbedingungen (FAZ v. 25.04.1996, S. 13); dazu *Buchner*, DB 1996 Beil. 12, 1 (4).

[23] Durch diese Regelung wird verhindert, daß sich der Arbeitgeber (nach *Oetker* [in: Wiedemann, § 3 Rn. 46] auch der Arbeitnehmer) durch Kündigung der Mitgliedschaft im Nachhinein den Folgen eines Tarifabschlusses entzieht (*Löwisch/Rieble*, TVG, § 3 Rn. 74; *Wiedemann/Stumpf*, TVG, § 3 Rn. 3, 28 ff.). Zu den Konsequenzen der Fortgeltung *J.-H. Bauer*, in: FS für Schaub, S. 19 (21 ff.); *Schaub*, NZA 1998, 617 (618 f.). *Reuter* (in: FS für Schaub, S. 605 [620 f.]) hält die Norm für mit der negativen Koalitionsfreiheit unvereinbar.

Umstritten ist, wann die zwingende Wirkung entfällt und nur noch die unmittelbare bestehen bleibt: Der Ablauf des Tarifvertrages ist der späteste Zeitpunkt, der erste Kündigungstermin der früheste (so *J.-H. Bauer*, in: FS für Schaub, S. 19 [24]; *ders./Diller*, DB 1993, 1085 [1086]; *Schwab*, BB 1994, 781; *H. Hanau*, RdA 1998, 65 [69]; *Löwisch/Rieble*, TVG, § 3 Rn. 74). Auf die tatsächliche Kündigung stellen *Wiedemann/Stumpf* (TVG, § 3 Rn. 28, 35), *Oetker* (in: Wiedemann, § 3 Rn. 66) und *Däubler* (NZA 1995, 225 [226 f.]) ab. Als Beendigungstatbestand kommt auch die Änderung des Tarifvertrages in Betracht (BAG AP Nr. 13 zu § 3 TVG m. Anm. *Löwisch/Rieble*, zustimmend *J.-H. Bauer*, in: FS für Schaub, S. 19 [24]; *Frieges*, NZA 1998, 630 [631 f.]; einschränkend *Schwab* [BB 1994, 781], der bei unverändert gebliebenen Regelungspunkten die Beendigung ablehnt).

[24] BAG AP Nr. 13 zu § 3 TVG; zustimmend *Däubler*, Tarifvertragsrecht, Rn. 450 ff.; *Zachert*, RdA 1996, 140 (150); *Schaub*, NZA 1998, 617 (619); *Gerhards*, BB 1997, 362.

Zu Recht ablehnend *Löwisch/Rieble*, TVG, § 4 Rn. 242; *dies.*, Anm. zu BAG AP Nr. 13 zu § 3 TVG; *Schwab*, BB 1994, 781 ff.; *Schaub*, BB 1996, 2298 ff.; *Ehmann/Lambrich*, Jura 1999, 135 (137 f.). Kritisch auch *Rieble*, RdA 1996, 151 (155); *J.-H. Bauer*, in: FS für Schaub, S. 19 (30 f.).

[25] Vgl. *Hromadka*, in: FS für Wlotzke, S. 333 (349 f.); *ders.*, AuA 1996, 289 (291).

Anforderungen stellt. Eine Verschlechterung der Arbeitsbedingungen sei nur zulässig, wenn es bereits zu einer *akuten Existenzgefahr* für das Unternehmen gekommen sei und eine Alternative zur Kostensenkung fehle. Allein die wirtschaftliche Unrentabilität eines Betriebs(teils) könne eine betriebsbedingte Änderungskündigung nicht rechtfertigen.[26] Auch das kollektivvertragliche Instrument der *Betriebsvereinbarung* ist nach (noch) herrschender Meinung für die Flexibilisierungsbestrebungen nicht wirksam verwendbar, denn die Festlegung der Löhne und sonstiger materieller Arbeitsbedingungen sei durch § 77 Abs. 3 BetrVG ausgeschlossen. Diese Regelungssperre soll unabhängig von der Tarifbindung des Arbeitgebers gelten, damit insbesondere auch für solche Unternehmen, die den Verband verlassen haben.[27] Kurzfristig eröffnet der Austritt also keine Handlungsalternativen.[28]

---

[26] BAG AP Nr. 47 zu § 1 KSchG 1969 Betriebsbedingte Kündigung; i. Erg. entsprechend bereits BAG AP Nrn. 14, 20 zu § 1 KSchG 1969; BAG AP Nr. 14 zu § 2 KSchG 1969. BAG (NZA 1999, 255 ff.) stellt auf die wirtschaftliche Situation des Gesamtbetriebes ab. Vgl. die ausführliche Rechtsprechungsanalyse von *Buchner*, in: FS für Kraft, S. 23 ff.
Zu Recht ablehnend *Bauer/Diller*, DB 1993, 1085 (1087). *H. Hanau* (AuA 1998, 2 [4]) und *Ehmann/Lambrich* (Jura 1999, 135 [146]) machen auf den gegenüber der betriebsbedingten Beendigungskündigung auftretenden Wertungswiderspruch aufmerksam, denn diese kann nach den BAG-Grundsätzen unter geringeren Anforderungen wirksam ausgesprochen werden, als die Änderungskündigung. Diff. BAG (NZA 1999, 471 ff.): „Eine Änderungskündigung kann dagegen auch dann gerechtfertigt sein, wenn die Unrentabilität des Betriebes einer Weiterbeschäftigung zu unveränderten Bedingungen entgegensteht, wenn also durch die Senkung der Personalkosten die Stillegung des Betriebes oder die Reduzierung der Belegschaft verhindert werden kann und soll und die Kosten durch andere Maßnahmen nicht zu senken sind." Letztendlich stellt das Gericht aber an das Vorbringen des Arbeitgebers zur geplanten Betriebsstillegung so hohe Anforderungen, daß der Wertungswiderspruch i. Erg. erhalten bleibt (vgl. insoweit den der Entscheidung zugrunde liegenden Sachverhalt).

[27] BAG AP Nr. 8 zu § 77 BetrVG 1972 Tarifvorbehalt m. w. Nachw.
Richtiger Ansicht nach ist eine derart weite Auslegung des § 77 Abs. 3 BetrVG abzulehnen; *Kreutz*, in: GK-BetrVG, § 77 Rn. 83; *Gast*, Tarifautonomie und Normsetzung, S. 41; *Adomeit*, Regelung von Arbeitsbedingungen, S. 65; *J.-H. Bauer*, NZA 1997, 233 (235 f.); *Ehmann*, in: FS für Zöllner, S. 715 ff.; *ders./Schmidt*, NZA 1995, 193 (196); ausführlich *Lambrich*, Tarif- und Betriebsautonomie, S. 333, 393; w. Nachw. unten, § 4 dort Fn. 118.

[28] Zu den Varianten und Rechtsproblemen der „Flucht aus dem Tarifvertrag" *Schaub*, BB 1996, 2298 ff.; *J.-H. Bauer*, in: FS für Schaub, S. 19 ff.; *Hromadka*, in: FS für Wlotzke, S. 333 (352 f.); *Ehmann/Lambrich*, Jura 1999, 135 ff.; *Lambrich*, Tarif- und Betriebsautonomie, S. 44 ff. *Hromadka* (AuA 1996, 289 [292]) verweist auf die Anwendung des Instituts des Wegfalls der Geschäftsgrundlage, wobei er Entgeltbedingungen dann als unzumutbar bejaht, wenn die Mehrzahl der Unternehmen in ihrer Existenz gefährdet würden. Ähnlich *Belling/Hartmann*, ZfA 1997, 87 ff. Vgl. zur Frage der Erzwingbarkeit von Firmentarifverträgen nach Verbandsaustritt *Schleuser*, BB 1999, 684 ff.

Die an der betrieblichen Situation orientierte Vereinbarung der Arbeitsbedingungen ist aber insbesondere beim Entgelt und bei der Arbeitszeit notwendig.[29] Diesem Erfordernis tragen Betriebsvereinbarungen Rechnung, die zunehmend unter Verstoß gegen die vorherrschende Auslegung des § 77 Abs. 3 BetrVG, abgeschlossen werden.[30] Das Motto: „Wo kein Kläger, da kein Richter"[31], das

---

[29] Die Probleme könnten auch durch die Tarifautonomie selbst gelöst werden. Daß dies möglich ist, haben insbesondere die für die chemische Industrie 1994/95 abgeschlossenen Verträge gezeigt (dazu *Eich*, NZA 1995, 149 [150]; *Adomeit*, Regelung von Arbeitsbedingungen, S. 30). Auch der Tarifabschluß vom Juni 1997 bot einiges Flexibilisierungspotential, indem er ein Absenken der tariflichen Entgeltsätze von bis zu 10 % durch befristete Betriebsvereinbarungen ermöglichte.

[30] Zum wohl spektakulärsten Fall wurde der Fall Viessmann (Der Spiegel Nr. 33/1996, S. 62 ff.; Arbeitsgericht Marburg, DB 1996, 1925 ff.). Bei genauer juristischer Betrachtung zeigt sich allerdings, daß es sich bei dem „Viessmann'schen Bündnis" nicht um eine Betriebsvereinbarung, sondern um eine Regelungsabrede handelte. Um die vom Tarifvertrag abweichende längere Arbeitszeit ohne Lohnausgleich durchzusetzen, bedurfte es des Abschlusses von Änderungsverträgen mit den Arbeitnehmern. Auf den Rat des Betriebsrats hin ließen sich 94 % der Belegschaftsmitglieder auf die ihnen angebotenen geänderten Arbeitsbedingungen ein. Trotzdem rügte die klagende IG-Metall u. a. einen Verstoß gegen § 77 Abs. 3 BetrVG. Um das Viessmann'sche Bündnis endlich aus der öffentlichen Diskussion zu nehmen, hat die IG-Metall schließlich eine außergerichtliche Einigung mit dem Arbeitgeber erzielt, in der das betriebliche „Bündnis" in einen Firmentarifvertrag gekleidet wurde (FAZ v. 18.03.1998, S. 17). Weniger spektakulär waren folgende in der Form von Betriebsvereinbarungen geschlossenen „Bündnisse für Arbeit": Zanders Feinpapiere AG Bergisch-Gladbach (FAZ v. 13.11.1996, S. 29); Mercedes-Benz AG zur Sicherung des Lastwagenwerks Wörth (FAZ v. 21.01.1997, S. 15); Adam Opel AG Rüsselsheim (FAZ v. 21.01.1998, S. 17). Große Aufmerksamkeit erregten die Rettungsbemühungen für die Philipp Holzmann AG. Auch hier versuchten Betriebsrat und Arbeitnehmer durch das Angebot auf Lohnkürzungen und Arbeitszeitverlängerungen einen Beitrag zur Sanierung des insolvenzbedrohten Unternehmens zu leisten (vgl. FAZ v. 04.12.1999, S. 13, 14). Weitere Beispiele finden sich bei *Walker*, in: FS für Wiese, S. 603 ff.

Die Fälle der Mißachtung des § 77 Abs. 3 BetrVG werden jedoch häufig nicht konkret veröffentlicht, weil Arbeitgeber und Belegschaft fürchten müssen, von den Gewerkschaften wieder in den Tarifvertrag gezwungen zu werden. Zum Teil werden diese Tarifverstöße aber auch von Gewerkschaftsseite geduldet, um nicht unnötige Aufmerksamkeit zu erregen (vgl. FAZ v. 27.01.1998, S. 11; v. 22.05.1998, S. 19). Zur Mißachtung des § 77 Abs. 3 BetrVG *Buchner*, DB 1996 Beil. 12, 1 (8); *ders.*, in: FS für Wiese, S. 55 (61); *Gentz*, in: FS für Schaub, S. 205 (206, 209); *Wendeling-Schröder*, RdA 1999, 139 (141 f.); *Veit/Waas*, BB 1991, 1329 (1330 f.). Ebenso wurde bereits der Vorgängervorschrift (§ 59 BetrVG 1952) mangelnde Achtung in der Betriebswirklichkeit attestiert (*Hablitzel*, DB 1971, 2158 [m. w. Nachw. dort in Fn. 9]). Zum Erfordernis differenzierter Betrachtung der „tarifwidrigen Betriebsvereinbarung" *Fischer*, Betriebsvereinbarung, S. 7 ff., 25 ff., 77 ff., 189 ff., 222 ff.

Der Regelungssperre des § 77 Abs. 3 BetrVG wird so wenig Normgehorsam zuerkannt, daß *Reuter* (RdA 1991, 193 [198]; *ders.*, ZfA 1993, 221 [247]) sogar so weit geht, diese

solange für die tarifwidrigen Betriebsvereinbarungen galt, wie die dort festgelegten Arbeitsbedingungen von den betroffenen Arbeitnehmern als notwendig und richtig anerkannt wurden, ist durch die Entscheidung des BAG vom 20.04.1999[32] ins Wanken geraten. Denn nachdem das Gericht den Gewerkschaften bislang die Möglichkeit der Klageerhebung versagte, hat es in Abkehr von seiner bisherigen Rechtsprechung diesen nunmehr einen Unterlassungsanspruch zuerkannt.[33] Es kommt damit nicht mehr allein darauf an, ob die Vereinbarung von den Belegschaftsmitgliedern getragen wird, sondern auch darauf, ob die jeweilige Gewerkschaft von ihrem neu gewonnenen Klagerecht Gebrauch macht.[34]

3. Zum Thema der Arbeit

Die wirtschaftstatsächliche Entwicklung, welche begleitet wurde durch eine Renaissance der wissenschaftlichen Auseinandersetzung mit dem Verhältnis von der Tarifautonomie zur Betriebsautonomie[35] und nicht zuletzt die Themenwahl der Abteilung Arbeitsrecht für den 61. DJT[36], läßt eine Untersuchung der Reichweite und Schranken der Betriebsautonomie – fokussiert auf die Frage der Betriebsvereinbarungen über Zeitlöhne – sinnvoll erscheinen.

Norm als gewohnheitsrechtlich derogiert anzusehen; vgl. *Birk*, ZfA 1986 73 (104 ff.): „Paradefall symbolischer Gesetzgebung". Kritisch *Veit*, Zuständigkeit, S. 220 ff.; *Schmidt*, Günstigkeitsprinzip, S. 100 ff.; *Fischer*, Betriebsvereinbarung, S. 18 ff.

Andere fordern die Streichung des Tarifvorbehalts (vgl. z. B. *Franz* auf dem Kongreß der Adenauer-Stiftung, FAZ v. 19.03.1998, S. 18) oder – wie der Präsident des BDI *Henkel* – offen zum Bruch der Tarifverträge auf (dazu FAZ v. 16.01.1998, S. 15; v. 20.01.1998, S. 17; v. 30.01.1998, S. 17). *Buchner* (in: FS für Wiese, S. 55 [66 f.]) schlägt eine zeitlich beschränkte Suspendierung des § 77 Abs. 3 BetrVG vor.

31 Vgl. *Löwisch*, in: FS für Kraft, S. 343 (344).

32 1 ABR 72/98, NJW 1999, 3281 ff. (vgl. zum Sachverhalt unten, § 4 dort Fn. 348). Vgl. schon zuvor LAG Baden-Württemberg, AuR 1999, 156 ff. Dagegen *Löwisch*, in: FS für Kraft, S. 343 (346 ff.).

33 Diese Entscheidung ist in der Literatur zu Recht auf vehemente Ablehnung gestoßen; vgl. *J.-H. Bauer*, NZA 1999, 957 ff.; *Buchner*, NZA 1999, 897 ff.; *Thüsing*, DB 1999, 1552 ff.; *Trappehl/Lambrich*, NJW 1999, 3217 ff. Zustimmend hingegen *Wolfarth*, NZA 1999, 962; zuvor *Berg*, in: FS für Däubler, S. 495 ff.; *Heither*, in: FS für Dieterich, S. 231 (241 ff.).

34 Zu Recht verweisen *Heckelmann/Lambrich* (FAZ v. 28.05.1999, S. 22) darauf, daß die Gewerkschaften gut beraten sind, diese Klagemöglichkeit zurückhaltend einzusetzen, riskieren sie doch andernfalls nicht nur eine weitere Austrittswelle der Unternehmen aus den Verbänden, sondern auch einen Rückgang ihrer Mitgliederzahlen.

35 Vgl. dazu beispielhaft die von *Wank* (NJW 1996, 2273 ff.) und *Hromadka* (NZA 1996, 1233 [Fn. 2]) angegebenen sowie die in der Festschrift für Schaub (1998) enthaltenen Beiträge.

36 Vgl. Fn. 18.

Die Lohnfestlegung für eine Mehrheit von Arbeitnehmern (seien es diejenigen eines Betriebes oder eines Tarifgebietes) vollzieht sich in zwei ineinandergreifenden Schritten. Zum einen wird nach formalen Kriterien ein *System für die Lohnfindung* geschaffen bzw. es entsteht durch tatsächlich gleiche Gestaltung der Arbeitsverträge.[37] In diesem Bereich steht den Betriebsräten ein *erzwingbares Mitbestimmungsrecht* gemäß § 87 Abs. 1 Nr. 10 BetrVG zu, dessen Reichweite in § 3 dieser Arbeit dargestellt wird. Dabei wird sich zeigen, daß diese Norm durch die Rechtsprechung bereits zu einem Einfallstor für die betriebliche Lohngestaltung ausgeweitet wurde.

Das Lohn*system* alleine ermöglicht aber noch keine Aussage über den konkret auszuzahlenden Betrag. Vielmehr bedarf es zum anderen der Festlegung der *Lohnhöhe.* Diesem Aspekt widmet sich § 4 der Ausführungen. Aufgabe der Untersuchung wird es sein, darzustellen, daß Arbeitgeber und Betriebsrat nach geltendem Recht[38] die Möglichkeit haben, im Rahmen von *freiwilligen Betriebsvereinbarungen* Absprachen über die Lohnhöhe zu treffen.[39] Denn wegen der *verfassungsrechtlichen Gewährleistung auch der Betriebsautonomie*[40] tritt diese nicht generell hinter der *Tarifautonomie* zurück. Vielmehr zwingt das *Subsidiaritätsprinzip*[41] in seiner Konkretisierung durch das *Günstigkeitsprinzip*[42] zu einer verfassungskonformen Auslegung des § 77 Abs. 3 BetrVG dahingehend, daß günstigere Betriebsvereinbarungen als sachnähere Regelungen abweichen-

---

[37] Zu den sogenannten vertraglichen Einheitsregelungen unten, § 5 II 5.

[38] Mit einer Gesetzesänderung, die den Erfordernissen nach Flexibilisierung, Deregulierung und Dezentralisierung annähernd gerecht wird, ist nicht zu rechnen. Diese Einschätzung teilen *Adomeit*, Regelungen von Arbeitsbedingungen, S. 25; *Ehmann*, NZA 1991, 1 (4); *ders.*, Neue Ordnung 1996 (Sondernummer), 5 (64); vgl. auch FAZ v. 12.11.1997, S. 19. Nach *Heinze* (NZA 1996, 1141 [1143]) ist nicht der Gesetzgeber gefordert, sondern in aller erster Linie die Tarifvertragsparteien; ebenso *Hromadka*, AuA 1996, 289 (290); *Senne*, BB 1996, 1609; *H. Hanau*, RdA 1998, 65 (60, 66). Dahingehend auch das Votum der arbeitsrechtlichen Abteilung des 61. DJT Beschluß 2 a), in: Verhandlungen des 61. DJT Bd. II / 1, K 69. Die gegenwärtige Situation zeigt aber, daß es in den meisten Bereichen den Tarifvertragsparteien an entsprechender Bereitschaft und Fähigkeit mangelt (das gesteht auch *Hromadka*, NZA 1996, 1233 [1237] ein). Zudem kann das Recht sich nicht vom guten Willen der Beteiligten abhängig machen. Denn wie schnell dieser umschlagen kann, zeigen die Rufe nach dem „Ende der Bescheidenheit“ (dazu oben Fn. 10).

[39] Die Anerkennung dieser Möglichkeiten bewirkt eine Übereinstimmung von faktischem Handeln mit der Rechtslage (*D. Neumann*, FAZ v. 11.11.1997, S. 19). Vgl. *Ehmann*, Neue Ordnung 1992, 244 (256); auch *Adomeit* (Regelung von Arbeitsbedingungen, S. 41):„Wenn die Arbeitnehmer ihre ureigenen Angelegenheiten selbst in die Hand nehmen, so ist das eine partielle Revolution („Wir sind das Volk“), aber gerade dadurch rechtsschöpferisch und rechtlich anzuerkennen.“

[40] Dazu unten, § 4 III.

[41] Dazu unten, § 5 I 3.

[42] Dazu unten, § 5 II 1, 4.

den Tarifverträgen vorgehen. Ziel ist jedoch nicht, die Tarifautonomie zu schwächen oder zu beseitigen.[43] Vielmehr geht es um die optimale Harmonisierung beider kollektiven Ebenen, die § 2 BetrVG von Gesetzes wegen vorsieht.

Zuletzt wird bei der Betrachtung des *Günstigkeitsvergleichs* in § 5 der Darstellung deutlich, daß ein geringerer Lohn – entgegen der nunmehr höchstrichterlich bestätigten[44] herrschenden Meinung – dann eine begünstigende Qualität erlangen kann, wenn dadurch Arbeitsplätze im Betrieb gesichert werden.[45]

II. Gerechter Lohn und Lohnfindung

Die Lohnfestlegung auf Betriebsebene entspricht nicht nur dem dargestellten wirtschaftstatsächlichen Bedürfnis nach Flexibilisierung und betriebsnaher Gestaltung der Arbeitsbedingungen,[46] sondern ermöglicht unter sozialtheoretischen Gesichtspunkten am ehesten, das Streben nach dem „gerechten" Lohn zu verwirklichen. Gerade die Entgeltfestlegung bietet eine weite Angriffsfläche für Gerechtigkeitsdiskussionen und Utopien. Elementares Recht jedes Arbeitnehmers ist nach Art. 23 Nr. 2 und Nr. 3 der Allgemeinen Erklärung der Menschenrechte der Vereinten Nationen und Art. 7 a), i) des Internationalen Pakts über wirtschaftliche, soziale und kulturelle Rechte[47] der Anspruch auf *angemessenen Lohn* und *gleiches Entgelt* für *gleiche Arbeit*.[48] Im Vordergrund der Frage nach der Lohngerechtigkeit steht damit die Bewertung dessen, was als „angemessen",

---

43 Eine Beeinträchtigung der Tarifautonomie durch die Konkurrenz der Betriebsautonomie ist nicht zu befürchten; ebenso *Zöllner*, in: FS für Nipperdey Bd. II, S. 699 (703 f.); *Gast*, Tarifautonomie und Normsetzung, S. 35; *ders.*, Arbeitsrecht als Vertragsrecht, S. 66; *Hromadka*, NZA 1996, 1233 (1238). Dazu unten, § 5 II 4 c.

44 BAG v. 20.04.1999, NJW 1999, 3281 (3286 f.).

45 Hier soll nicht flächendeckenden, tiefgehenden Lohnkürzungen der Weg geebnet werden, denn zum einen bewegen sich gerade die unteren Lohngruppen nur knapp über dem Sozialhilfesatz, zum andern könnten weitreichende Lohnkürzungen neben sozialen Unruhen zu einem Sinken der Kaufkraft und des Steueraufkommens und damit im Ergebnis zu Konjunkturschwächen führen, deren Folge erneut steigende Arbeitslosigkeit wäre (vgl. *Ehmann*, Neue Ordnung 1996 [Sondernummer], 5 [26]). Zu den alternativen Möglichkeiten *Adomeit*, NJW 1984, 1337; ausführlich FAZ v. 29.09.1997, S. 28 f.
Ziel ist es, durch die Anerkennung betrieblicher Gestaltungsmöglichkeiten und die Orientierung an der Ertragskraft des Unternehmens flexible und gerechte Arbeitsbedingungen zu schaffen und damit letztendlich jedenfalls teilweise Arbeitsplätze erhalten zu können.

46 Dazu oben I 1.

47 BGBl 1973 Bd. II, S. 1569 (1572); BGBl 1976 Bd. II, S. 428.

48 Nach Art. 4 Abs. 1 Nr. 1 der Europäischen Sozialcharta (BGBl. II 1964, S. 1262) soll das Arbeitsentgelt so bemessen sein, daß es ausreicht, um den Arbeitnehmern und ihren Familien einen angemessenen Lebensstandard zu sichern. Dieser Maßstab ist sehr zweifelhaft, zudem wird nicht bestimmt, wie er zu ermitteln sei; daher zu Recht kritisch *v. Hoyningen-Huene*, NZA 1998, 1081 (1082).

„gerecht" und/oder „erforderlich" empfunden wird[49] und nach welchen Kriterien sich die Beurteilung richten soll.

1. Liberalismus versus Sozialismus

a) Der liberale Ansatz

Ausgehend von der Selbstbestimmung des Menschen war die *schrankenlose Vertragsfreiheit* die grundlegende rechtliche Ausdrucksform der Liberalismusidee des 19. Jahrhunderts. Eine „richtige" Wirtschaftsordnung verwirkliche sich von selbst, wenn das freie Spiel der Kräfte nicht behindert werde: Wenn jeder seine Interessen verfolge, führe das automatisch zur sozialen Harmonie. Die liberale Staatsvorstellung war daher geprägt vom „laissez fair, laissez aller".[50] Eingriffe im Sinne einer Sozialstaatlichkeit zum Schutz der Arbeitnehmer kamen nicht in Frage, da diese die Harmonie des natürlichen Wirtschaftsgefüges stören würden. Der freie Arbeitsvertrag sollte weder durch Gesetze inhaltlich festgelegt sein, noch auf seine Angemessenheit kontrolliert werden. Ziel war die Verfolgung eigener Interessen durch Selbstbestimmung. Entsprechend erklärte § 105 der 1869 (zunächst für den Norddeutschen Bund) verkündeten *Gewerbeordnung* den Arbeitsvertrag zum Gegenstand „freier Übereinkunft" zwischen Arbeitern und Gewerbetreibenden. Das freie Aushandeln von Leistung und Gegenleistung sollte für die erbrachte Arbeit einen gerechten Lohn schaffen.

Die *tatsächliche* Entwicklung erfüllte aber nicht die an die *rechtliche* Vertragsfreiheit geknüpften Erwartungen, sondern unheilvolle Konsequenz der ungebändigten Industriellen Revolution war die „soziale Frage".[51] Das Spiel der Marktkräfte führte in Verbindung mit der vollständigen Umwälzung gesellschaftlicher Strukturen nicht zur Harmonisierung der Arbeitsbedingungen, sondern zu verheerenden sozialen Verhältnissen der Arbeitnehmerschaft.[52]

---

[49] *Baldamus*, Der gerechte Lohn, S. 16. *Er* (a. a. O., S. 76) weist darauf hin, daß sich die Arbeitsbedingungen beständig verbessert hätten und die Reallöhne gestiegen seien (zur Reallohnentwicklung *Däubler*, Tarifvertragsrecht, Rn. 555), in der Definition der Arbeitnehmer aber hätten diese sich verschlechtert.

[50] Zum deutschen Wirtschaftsliberalismus am Ende des 19. Jahrhunderts *Benöhr*, ZfA 1977, 187 ff. m. umfangreichen w. Nachw.

[51] Statt vieler *v. Mohl*, Politik, S. 509 ff.
Zu Recht mahnt *Zöllner* (AcP [176] 1976, 221 [230 ff.]) zu einem differenzierten Blick auf die Ursachen der sozialen Frage: Zu kurz greife der Verweis auf die Ungleichgewichtsthese, wonach ein gerechter Lohn im Einzelarbeitsverhältnis wegen der arbeitgeberseitigen Übermacht nicht zustande komme. Die Hungerlöhne der Mitte des 19. Jahrhunderts seien vielmehr Ausdruck einer im Verhältnis zur sprunghaft gestiegenen Bevölkerung noch erheblich zu geringen Produktivität. Auch für die Gegenwart lehnt *Zöllner* (a. a. O., S. 236 ff.) eine *typischerweise* gestörte Parität zwischen Arbeitgeber und Arbeitnehmer ab.

[52] *Hinz*, Tarifhoheit, S. 15 f.; *Fabricius*, in: FS für Fechner, S. 171 (177, 180).

b) Wissenschaftlicher Sozialismus

Die durch den sogenannten „Manchester-Liberalismus" ausgelösten Verhältnisse, unter denen die Industriearbeiter ihr Leben fristeten, waren Ursprung des wohl bekanntesten Irrwegs zur „gerechten" Eigentums- und Gesellschaftsordnung: dem historischen Determinismus von *Karl Marx*. Dieser gelangte über eine Analyse der bestehenden Verhältnisse zu einer – nach seiner Vorstellung geschichtlich zwingend folgenden – Eigentumsordnung, die Voraussetzung für die Entwicklung der „idealen" Gesellschaft mit „gerechter" Verteilung sei.[53]

Im Kapitalismus sei eine gerechte Verteilung des Wohlstands ausgeschlossen. Zwar würden Eigentumsbildung und Arbeitsteilung den Produktionsfortschritt bedingen; Konsequenz sei aber, daß die Arbeiter verarmten.[54] Denn dadurch, daß der Arbeitnehmer in der dem Kapitalisten verkauften Arbeitszeit mehr schaffe, als er als Äquivalent für seine Arbeitskraft erhalte, erzeuge er einen Mehrwert, den sich das Kapital aneigne.[55] Der Wert der Arbeit falle nicht zusammen mit der Summe von Waren, die im Austausch als Arbeitslohn gegeben würden.[56] Zudem sei die Entlohnung vor allem bestimmt durch ihr Verhältnis zum Gewinn des Kapitalisten. Der Profit steige in dem Maße, in dem die Bezahlung falle,[57] damit vermehre sich die Macht eines Teils der Gesellschaft (Kapitalisten) auf Kosten der Lohnarbeit des Proletariats.

Als Folge der zunehmenden Verelendung und Konsequenz des Widerspruchs von Kapital und Arbeit müsse und werde sich das Proletariat selbst befreien.[58] In der Übergangsform, der *revolutionären Diktatur des Proletariats*,[59] werde das Privateigentum aufgehoben und alles vernichtet, was nicht fähig sei, von *allen* gleichermaßen besessen zu werden, denn das Privateigentum sei Grund für die ungerechte Entlohnung. Zur Verwirklichung der letztendlich gerechten Gesellschafts- und Eigentumsordnung bedürfe es einer wirklichen kommunistischen Aktion,[60] die sich gegen die bisherige Art der Tätigkeit richte und die Ar-

---

[53] Anders als der liberale Ansatz geht *Marx* davon aus, daß die Produktionsweise des materiellen Lebens den sozialen, politischen und geistigen Lebensprozeß überhaupt bedinge. Nicht das Bewußtsein der Menschen bestimme ihr Sein, sondern umgekehrt, ihr gesellschaftliches Sein bestimme ihr Bewußtsein. Vgl. *Zippelius*, Gesellschaft und Recht, S. 105.

[54] *Marx* (Kritik des Gothaer Programms, S. 19): „Im Maße, wie die Arbeit sich gesellschaftlich entwickelt und dadurch Quelle von Reichtum und Kultur wird, entwickeln sich Armut und Verwahrlosung auf seiten des Arbeiters, Reichtum und Kultur auf seiten des Nichtarbeiters."

[55] *Marx*, Das Kapital, S. 286 ff.

[56] *Marx*, Lohnarbeit und Kapital, S. 40.

[57] *Marx*, Lohnarbeit und Kapital, S. 42.

[58] *Marx*, Die Heilige Familie, in: Die Frühschriften, S. 518 ff.

[59] *Marx*, Kritik des Gothaer Programms, S. 33.

[60] *Marx*, Nationalökonomie und Philosophie; in: Die Frühschriften, S. 265.

beit beseitige.[61] Sowohl die Unterordnung der Individuen unter die Teilung der Arbeit als auch der Gegensatz von geistiger und körperlicher Arbeit verschwinde; die *Arbeit* sei dann nicht mehr nur Mittel zum Leben, sondern selbst das erste *Lebensbedürfnis*.[62] Die Frage nach dem „gerechten" Lohn stelle sich nicht mehr, denn es gebe dann *nur noch das Gemeinwesen*.[63]

2. Leistungsprinzip und Gleichheitssatz

In unserer heutigen Gesellschaftsform wird zwar eine gewisse Geldsumme zur Befriedigung der Grundbedürfnisse vom Staat zur Verfügung gestellt (in Form der Sozialhilfe), wenn der einzelne – aus welchen Gründen auch immer – nicht in der Lage ist, seinen Lebensunterhalt selbst zu bestreiten. Dieses Mindestmaß an Gewährleistung materieller Sicherheit ist verfassungsrechtlich im Sozialstaatsprinzip i. V. m. Art. 1 Abs. 1 und Art. 2 Abs. 1 GG verankert.[64] Dabei handelt es sich nicht um eine Bezahlung nach Bedürfnissen, wie Marx sie anstrebte, sondern um eine Errungenschaft des Sozialstaats zur *Sicherung des Existenzminimums*.

Eine Bezahlung unabhängig von der Leistung, orientiert *nur* an den Bedürfnissen des einzelnen, führt im Ergebnis allenfalls zur maßlosen Steigerung der Bedürfnisse und mit Sicherheit zum gesamtwirtschaftlichen Bankrott.[65] In jedem Fall aber wird durch ein solches System die Arbeitsbereitschaft beseitigt und damit letztendlich die Innovationskraft einer Gesellschaft.[66] Die von Marx pro-

---

[61] *Marx*, Deutsche Ideologie: Feuerbach; in: Die Frühschriften, S. 367.

[62] *Marx*, Kritik des Gothaer Programms, S. 24 ff.

[63] Vgl. zu Marx's Vorstellung des „Jeder nach seinen Fähigkeiten, jedem nach seinen Bedürfnissen" *Gast*, Gesetz und Justiz in den Utopien, S. 37 ff.

[64] BVerfG, NJW 1990, 2869 (2870).

[65] Das BAG scheint in zwei seiner Entscheidungen (AP Nr. 8 zu § 2 BeschFG 1985 und AP Nr. 19 zu § 1 BeschFG 1985), einen Rückgriff auf die Marx'sche Bezahlung nach Bedürfnissen zu wagen, wenn es argumentiert: Wer als hauptberuflich Tätiger über eine dauerhafte Existenzgrundlage verfügt, darf in der Nebentätigkeit geringer entlohnt werden als ein Arbeitnehmer, der im selben Betrieb erst seinen Lebensunterhalt verdienen muß (dazu *Gast*, BB 1997, 1304 [1308 ff.]). Diesen „Ausflug in die Weltrevolution" (*Gast* a. a. O., S. 1309) hat das BAG (AP Nr. 45 zu § 2 BeschFG 1985) inzwischen aufgegeben.

[66] Hierzu *Ehmann* (Neue Ordnung 1996 [Sondernummer], 5 [30]): Wenn individueller Wohlstand und Glück als Grundrechte vom Staat eingefordert werden, wird dabei verkannt, „daß nur die größtmögliche Zahl individueller Tüchtigkeit auch ein hohes Gemeinwohl gewährleisten kann." Ähnlich *Hamm* (FAZ v. 04.11.1995, S. 15): „Daß der Egoismus eine der stärksten Triebfedern menschlichen Handelns ist, verkennen die Kirchen ebenso wie die Staatssozialisten, die einen 'neuen Menschen' erziehen wollen." *Belling* (Günstigkeitsprinzip, S. 84): „Aufgrund volkswirtschaftlicher Vernunft oder zur Erreichung individueller Gerechtigkeit bei der Gestaltung der Arbeitsbedingungen und Plazierung des einzelnen im Gesellschaftsgefüge ist vorrangig die individuelle Leistungsfähigkeit zu berücksichtigen, soll nicht dem Nepotismus, der Überspitzung des egalisierenden Wohlfahrtsstaa-

pagierte klassenlosen Gesellschaft setzt eine dem Menschen in der Mehrheit nicht gegebene Bereitschaft voraus, das Beste zu geben unabhängig davon, ob sich diese individuellen Anstrengungen persönlich auszahlen.

Vor allem aber widerspricht der Marx'sche Ansatz einer Entlohnung nach Bedürfnissen den Gerechtigkeitsvorstellungen des einzelnen. Zufriedenheit wird nur erreicht, wenn jedem das *Seine*, das heißt so viel gewährt wird, wie ihm (seiner Vorstellung entsprechend) nach der erbrachten Leistung gebührt (*suum quique*[67]). Als Konsequenz hat sich daher zumindest vom Grundprinzip her die Lohnbemessung nach dem *Leistungsprinzip* durchgesetzt.[68] Ob es sich dabei um eine „gerechte" Lohnfindung handelt, kann letztlich nicht geklärt werden, denn ein absolut gerechter Lohn läßt sich nicht definieren, erreicht werden kann immer nur eine *relative* Gerechtigkeit.[69] Daher findet die Lohnbemessung nach Leistungskriterien eine Ergänzung durch den *Gleichheitssatz*, allerdings nicht in dem Sinne, daß jedem das absolut gleiche gewährt würde unabhängig von der Art und Dauer der Tätigkeit (eine solche Gleichmacherei ist zum Scheitern verurteilt), vielmehr wird angestrebt, daß für die gleiche Leistung die gleiche Gegenleistung ausbezahlt wird.[70] Zu klären bleibt aber, auf welchen Bezugspunkt der Gleichheitssatz auszurichten ist: Auf den einzelnen Betrieb oder auf alle Betriebe einer Branche innerhalb einer Region, der Bundesrepublik oder gar innerhalb Europas?

3. Maßstab der Gerechtigkeit: Bruttosozialprodukt oder betriebliche Leistungsfähigkeit?

a) Lohnfindung durch Tarifverträge

In Deutschland gehört die Lohnfindung bzw. Lohnfestsetzung traditionell zu den Aufgaben der Tarifvertragsparteien. In Tarifverhandlungen werden die

---

tes zu Lasten des Tüchtigen und versorgungsstaatlichen Erschlaffungserscheinungen der Vorschub geleistet werden".

67 *Aristoteles*, Rethorik, 1366, b 9 - 10.

68 *Belling*, Günstigkeitsprinzip, S. 81; *v. Hoyningen-Huene*, NZA 1998, 1081 (1082); *Gast*, BB 1991, 1053 (1056); *Karakatsanis*, Kollektivrechtliche Gestaltung, S. 111; diff. *Schmidt*, Günstigkeitsprinzip, S. 67 (dort Fn. 59).
Wegen der Schwierigkeiten, den gerechten Lohn zu bestimmen, behilft sich die industrielle Praxis neben dem Leistungsgesichtspunkt mit weiteren „Ersatzkriterien" wie Anforderungsgerechtigkeit, Qualifikationsgerechtigkeit, Verhaltensgerechtigkeit, Sozialgerechtigkeit; vgl. *Büge*, ZfA 1993, 173 (174 f.). Nach *Richardi* (Kollektivgewalt, S. 369 f.) ist das Leistungsprinzip nur ein wesentlicher Gedanke neben anderen, den gerechten Lohn zu ermitteln.

69 *A. Hueck*, Der gerechte Lohn, S. 25 ff.; *v. Hoyningen-Huene*, NZA 1998, 1081 (1082); *Jenkis* (Leistung – Ein inhumaner Anspruch?, S. 84 - 87): „In einer unvollkommenen Welt ist auch die Leistung als Zuteilungskriterium unvollkommen."

70 *V. Hoyningen-Huene*, NZA 1998, 1081 (1085).

Vorstellungen über eine gerechte Verteilung der erwirtschafteten Mittel eingebracht. Als gerecht wird dabei nicht nur der angemessene Lohn für die erbrachte bzw. zu erbringende Leistung angesehen, sondern vor allem auch der „richtige" Anteil am Sozialprodukt,[71] der – orientiert am Gleichheitssatz – auf die Arbeitnehmer zu verteilen ist und gegebenenfalls mittels Streik erzwungen wird.[72] Die erhobenen Lohnforderungen sind zumeist grob angelehnt an den Vorgaben der von den verschiedenen Wirtschaftsinstituten vorgelegten Jahresgutachten.[73] Unter Beachtung des erwarteten Wirtschaftswachstums und Berücksichtigung der befürchteten Inflation werden dort Ratschläge gegeben, um wieviel Prozentpunkte Löhne und Gehälter angehoben werden können/sollen.[74] Diese Empfehlungen der Wirtschaftsforschungsinstitute und des Sachverständigenrats wirken quasi als Lohnleitlinien für die folgenden Tarifverhandlungen, auch wenn von gewerkschaftlicher Seite eine solche Orientierung an den Jahresgutachten nicht ausdrücklich eingestanden wird.[75] Die Ermittlung der Lohnquote erfolgt also

---

[71] *Ehmann*, NZA 1991, 1 (7); *ders.*, in: Bitburger Gespräche (1985), S. 19 (29 f.); *Kraft*, in: FS Molitor, S. 207 (212); *Papritz*, Günstigkeitsprinzip, S. 78.
Für die ab Januar 1999 angestrebte Lohnerhöhung von 6,5 % wurde eine sogenannte Umverteilungskomponente von 2,5 % angesetzt (FAZ v. 14.10.1998, S. 17).

[72] Kritisch zum Arbeitskampf als „Gerechtigkeitsgarantie" *Nikisch* (zit. nach *A. Hueck*, Der gerechte Lohn, S. 18, [30]): „Von allen denkbaren Möglichkeiten, zu einer vernünftigen und gerechten Regelung der Arbeitsbedingungen zu gelangen, ist der Arbeitskampf die ungeeignetste, weil er die geringste Gewähr dafür bietet, daß sein Ausgang der Vernunft und der Gerechtigkeit entspricht." Ähnlich kritisch *Fabricius*, Unternehmensrechtsreform, Rn. 184 f.; *Utz*, Weder Streik noch Aussperrung, S. 5, 27 f., 38 ff.

[73] Vgl. *Ehmann*, in: Bitburger Gespräche (1985); S. 19 (29).

[74] Aber selbst die Wirtschaftswissenschaftler sind sich über die Folgen zu hoher bzw. zu niedriger Löhne uneins: Die einen warnen vor zu hohen Löhnen, weil diese die Preise treiben, Investitionen erschweren und dadurch das Wirtschaftswachstum in der Zukunft verringern und die Arbeitslosigkeit vergrößern (*Monetaristen*). Die anderen vertreten die Auffassung, daß niedrigere Löhne die Nachfrage und damit auch die Investitionsbereitschaft der Unternehmer verringern mit der Folge steigender Arbeitslosigkeit (*Keynes*); vgl. dazu *Schmidt-Preuß*, Zentralfragen, S. 23 - 44.
Eine Studie des Instituts für Arbeitsmarkt- und Berufsforschung der Bundesanstalt für Arbeit kommt auf der Grundlage durchgeführter Simulationskalkulationen zu dem Ergebnis, daß langfristige Lohnzurückhaltung zu einem beachtlichen Beschäftigungseffekt führen werde; vgl. dazu *Buchner*, RdA 1998, 265 (267 ff.).

[75] Eine gesetzliche Bindung der Tarifvertragsparteien an das gesamtwirtschaftliche Gleichgewicht besteht gleichwohl nicht. Vgl. *Däubler*, Tarifvertragsrecht, Rn. 561.
Für 1997 hat sich im Zusammenhang mit der 100 %-igen Entgeltfortzahlung im Krankheitsfall 1,5 % als „Standardwert" für die Erhöhungsrate der Entgelte herauskristallisiert. Diese orientierte sich an der Inflationsrate und lag sogar unterhalb des zu erwartenden Produktivitätsfortschritts von rund 3 bis 3,5 %; *Peren*, Arbeitgeber 1997, 121 (122). Nachdem aber nunmehr das „Ende der Bescheidenheit" proklamiert wurde (dazu oben, Fn. 10), kann für die folgenden Jahre von einer weitaus höheren Erhöhungsrate ausgegangen werden, die

anhand *volkswirtschaftlicher Daten* und *gesamtwirtschaftlicher Zusammenhänge*; dabei strebt die Gewerkschaftsseite für die Arbeitnehmerschaft einen möglichst hohen Preis für die Arbeitskraft an, während die Arbeitgeberverbände dem Arbeitgeberinteresse an rationellem Einsatz ihres produktiven Eigentums gerecht werden wollen. In *Flächentarifverträgen* werden die ausgehandelten oder erstreikten Löhne dann für die jeweilige Branche einheitlich verbindlich festgelegt, wobei zumeist der Tarifabschluß eines Tarifgebiets, dem es wirtschaftlich gut geht, als Ausgangspunkt für die folgenden Tarifabschlüsse gewählt wird.[76] Auf diese Weise soll der Tarifvertrag für alle Unternehmen der gleichen Branche über die Region hinaus die gleichen Mindestarbeitsbedingungen schaffen.[77] Als kollektives Instrument kann der flächendeckende Tarifvertrag aber auch nur *kollektive Gerechtigkeit* erreichen; er ist notwendig abstrakt und generell und weist damit eine *Nivellierungstendenz* auf.[78] Das Leistungsprinzip wird somit eingeschränkt, der Gleichheitssatz im Sinne absoluter Gleichheit betont und das Bruttosozialprodukt zum Gerechtigkeitsmaßstab erhoben.

b) Lohnbetriebsvereinbarungen

Aus diesen Gründen ist die einheitliche Festlegung der Arbeitsbedingungen in Flächentarifverträgen ins Kreuzfeuer der Kritik geraten. Der Tarifvertrag kann sich wegen des Bestrebens nach identischen Arbeitsbedingungen für möglichst alle Arbeitnehmer einer Branche (Betonung des Gleichheitssatzes orientiert an der Branche innerhalb einer Region und über diese hinaus) nicht an die unterschiedlichen Verhältnisse der einzelnen Betriebe anpassen, so daß ein Aushandeln der Arbeitsbedingungen nicht auf der sachnächsten Ebene erfolgt, auf der

---

gegebenenfalls sogar weit oberhalb des zu erwartenden Produktivitätsfortschritts liegen wird; vgl. *Hank*, FAZ v. 19.09.1998, S. 17; FAZ v. 14.10.1998, S. 17.

[76] Sog. „Pilotfunktion"; *Scholz*, in: FS für Trinkner, S. 377 (380); *Gentz*, in: FS für Schaub, S. 205 (208). Besonders deutlich wurde dies beim Tarifabschluß der IG-Metall für die Tarifrunde 1999. Nachdem sie in Baden-Württemberg ihre Forderungen im Schlichtungsverfahren weitgehend durchsetzen konnte, wurde auch in anderen Tarifbezirken die Übernahme des süddeutschen Schlichterspruchs durch Streikandrohung erzwungen; dazu nachdrücklich *Klatt*, FAZ v. 09.04.1999, S. 14.

[77] *Gentz*, in: FS für Schaub, S. 205; *Konzen*, NZA 1995, 865 (914).

[78] Vgl. *Gunkel/Köllmann/Küpper/Peren*, Arbeitgeber 1997, 392; *Sodan*, JZ 1998, 421 (429); *Papritz*, Günstigkeitsprinzip, S. 79.
Folge ist nach *Eich* (DB 1980, 1340 [1341]), daß eine überproportionale Lohnerhöhung im unteren Tarifbereich den materiellen Anreiz beeinträchtigt habe, eine qualifizierte Ausbildung zu absolvieren. Den überproportionalen und damit marktinadäquaten Anstieg unterer Einkommen beklagt auch *Hundt*, Arbeitgeber 1997, 384. Vgl. *Siebert*, FAZ v. 16.02.1998, S. 19; ähnlich die Stellungnahmen bei den Bitburger Gesprächen 1998, FAZ v. 12.01.1998, S. 17.

das Wissen über die ablaufenden Marktprozesse vorhanden ist.[79] Obwohl die tarifliche Gestaltung der Arbeitsbedingungen orientiert ist am sogenannten *Grenzunternehmen*[80] (der wirtschaftlich florierenden Region), sind nicht konkurrenzfähige Unternehmen gezwungen, Löhne zu zahlen, die sie schlimmstenfalls in den Bankrott treiben oder dazu veranlassen, ihre Produktion ins billigere Ausland zu verlagern.[81] Andere Unternehmen, die innerhalb der Branche Umsätze und Gewinne erwirtschaften, die weit über den branchendurchschnittlichen liegen, können auf der Grundlage des im Flächentarifvertrag festgelegten Lohnniveaus ihre Gewinne steigern, ohne ihren Arbeitern und Angestellten den entsprechenden Anteil zukommen zu lassen. Insofern sind auch die Gewerkschaften daran interessiert, ertragsstärkere Unternehmen zu höheren Leistungen zu verpflichten.[82]

Als Alternative zur Tarifautonomie bietet sich die *Betriebsautonomie* an.[83] Statt die Lohnhöhe branchenweit in Flächentarifverträgen festzulegen, empfiehlt sich eine Lohnpolitik, die an der Wirtschaftlichkeit des Einzelunternehmens orientiert ist. Eine solche wird durch den Abschluß von Betriebsvereinbarungen er-

---

79 *Kittner* (in: FS für Schaub, S. 389) zeigt, daß dem Flächentarifvertrag begriffsnotwendig die Schicksalsfrage inhärent ist, ob er von allen tarifgebundenen Arbeitgebern gleichermaßen erfüllbar ist. Dabei weist er auf zwei Aspekte hin: die Kostenbelastung und die Frage nach der Paßgenauigkeit tariflicher Regelungen auf betriebliche Strukturen. Zum zweiten Gesichtspunkt noch unten, § 2 I 2.

80 So *Kittner*, in: FS für Schaub, S. 389 (390).

81 Massiv waren die Folgen für die deutsche Werftindustrie, die – selbst gegen eine übermächtige ausländische Konkurrenz kämpfend – Regelungen unterworfen wurde, welche durch die Verbände der Metallindustrie – ausgerichtet an deren durchschnittlichen Ertrag – ausgehandelt waren (zur Kostensituation FAZ v. 14.06.1996, S. 19; vgl. auch FAZ v. 10.02.1999, S. 22: „Mit einem Flächentarif kann kaum eine deutsche Werft überleben." Ebenso *Adomeit*, NJW 1984, 26; *ders.*, Regelungen von Arbeitsbedingungen, S. 39. Eine ähnliche Entwicklung im Tischlerhandwerk, der Bauindustrie u. a. stellen *Belling/Hartmann* (ZfA 1997, 87 [89 m. w. Angaben]) dar.

82 *Riester* zieht z. B. „Glücksfallregelungen" für den Metallbereich in Betracht; dazu *Kittner*, in: FS für Schaub, S. 389 (391 m. w. Nachw.). Vgl. auch die „Gemeinsame Erklärung der BDA und des DGB, FAZ v. 08.07.1999, S. 2.

83 Die Tarifvertragsparteien selbst haben eingesehen, daß jedenfalls eine Regelung der Arbeitszeit auf Betriebsebene sinnvoll ist (vgl. zum Leber-Rüthers-Kompromiß unten, § 4 II 3). Zu den weiteren tariflichen Flexibilisierungsvorstößen *Kittner*, in: FS für Schaub, S. 389 (392) sowie oben, Fn. 16.
Daß auch die Lohnregelung sinnvollerweise an den betrieblichen Verhältnissen zu orientieren ist, zeigen die auf Betriebsebene eingerichteten Systeme freiwilliger über- und außertariflicher Leistungen; *Däubler*, Tarifvertragsrecht, Rn. 573 ff.; *Ehmann*, Neue Ordnung 1992, 244 (256); vgl. dazu unten, § 2 I 2, § 3 III 2.

möglicht.[84] Gerade aber die Bestimmung der Arbeitsentgelte wird noch immer allein der Kompetenz der Tarifvertragsparteien zugestanden.[85] Diese (noch) herrschende Meinung protegiert nach wie vor die Lohnfestlegung in Flächentarifverträgen unabhängig von der Leistungsfähigkeit und den Gewinnmargen der einzelnen Unternehmen und verkennt damit den richtigen Vergleichsgegenstand: Als Maßstab für die Gerechtigkeitsbeurteilung ist nicht das Bruttosozialprodukt zugrunde zu legen, sondern der *Unternehmensgewinn.*

Mit der Möglichkeit der Lohngestaltung auf der Betriebsebene kann auch der Bewertung dessen, was der einzelne Arbeitnehmer als angemessen und gerecht empfindet, am ehesten entsprochen werden, denn der Betrieb ist der Ort, an dem der unmittelbare Vergleich mit den Arbeitskollegen und die Beurteilung der eigenen Entlohnung stattfindet.[86] Der Gleichheitssatz findet seinen Bezugspunkt also nicht – wie von Koalitionsseite angenommen – in dem Tarifgebiet einer Branche, sondern in dem Gewinn eines Unternehmens.

Erforderlich ist daher, den Betriebspartnern zuzugestehen, im Rahmen von *freiwilligen Betriebsvereinbarungen* Lohnabsprachen zu treffen. Die Arbeitsbedingungen gehen dann nicht aus der durch Streik erzwungenen Gleichmacherei der Flächentarifverträge hervor,[87] sondern sind ausgerichtet an der Vielgestalt betrieblicher Erfordernisse.[88] Macht der Arbeitgeber große Profite, haben die

---

84 Prinzipiell wäre eine unternehmens- bzw. betriebsorientierte Lohngestaltung auch durch den Abschluß von Firmentarifverträgen möglich. Deren Zahl stieg 1998 auf rund 5.400 (FAZ v. 23.02.1999, S. 17). Da diese Firmentarifverträge häufig die Verbandstarifverträge vollinhaltlich übernehmen, kann von einer an den jeweiligen Bedürfnissen orientierten Ausgestaltung nicht ausgegangen werden. Hierin liegt auch das Problem der Firmentarifverträge begründet, denn der einzelne Arbeitgeber hat kaum die Möglichkeit, einer ihn gegebenenfalls bestreikenden Gewerkschaft die nötige Macht entgegenzuhalten, um seine Vorstellungen und die unternehmensspezifische Situation in den Firmentarifvertrag einfließen zu lassen. Dies räumt auch *K. Molitor* (in: FS für Schaub, S. 487 [492]) ein, der die Gestaltung der Arbeitsbedingungen durch die Betriebspartner vehement ablehnt. Zu den Problemen bzgl. des Abschlusses von Firmentarifverträgen *Schaub*, NZA 1998, 617 (618); *ders.*, AuA 1998, 44 (45 f.). Eine grundsätzlich positive Einschätzung der tariflichen Flexibilisierungsmöglichkeiten geben hingegen *Veit*, Zuständigkeit, S. 427 f.; *Wendeling-Schröder*, Referat, Verhandlungen des 61. DJT, Bd. II / 1, K 9 (K 10 ff.); *Löwisch*, RdA 1999, 69 (75 ff.).

85 In § 77 Abs. 3 BetrVG wird eine absolute Regelungssperre hineingelesen, die den Abschluß von Betriebsvereinbarungen über die Lohnhöhe ausschließt. Dazu unten, § 4 II 2.

86 *Baldamus*, Der gerechte Lohn, S. 51 f.; *Reuter*, ZfA 1993, 221 (228 f.); *Büge*, ZfA 1993, 173 (174); *Dorndorf*, in: FS für Däubler, S. 327 (332 f.).

87 Vgl. *Hank* (FAZ v. 16.09.1996): „Weder die Märkte noch die Menschen lassen sich das gefallen – beide sind verliebt in die Differenz und genötigt zu Ungleichheit."

88 *Ehmann*, Neue Ordnung 1996 (Sondernummer), 5 (44): „Es ist nicht einzusehen, daß Unternehmer sich in gut gehenden Betrieben eine goldene Nase verdienen und ihre Arbeitnehmer mit Löhnen abspeisen, die am volkswirtschaftlichen Durchschnitt von Produktivi-

Arbeitnehmer über den Betriebsrat die Möglichkeit, an diesen Gewinnen teilzuhaben. Befindet sich der Betrieb in wirtschaftlichen Schwierigkeiten, können auf Betriebsebene Sofortmaßnahmen ergriffen werden, um eine Stillegung oder Produktionsverlagerung zu verhindern.

III. Begriffsbestimmung des Zeitlohns

Bevor in den folgenden Paragraphen die rechtlichen Möglichkeiten der Lohngestaltung auf der Betriebsebene erörtert werden sollen, bedarf es zunächst einer knappen Bestimmung des *Lohnbegriffs* und der Charakteristika des *Zeitlohns*, um diesen von anderen Lohnformen – wie z. B. dem Leistungslohn – abzugrenzen.

1. Der Lohnbegriff des Betriebsverfassungsgesetzes

Der Lohnbegriff wird im Betriebsverfassungsgesetz zwar verwendet, eine Begriffsbestimmung fehlt aber. Während in der Praxis mit Lohn die Bezahlung des Arbeiters bezeichnet wird, Angestellte hingegen ein Gehalt beziehen, liegt dem Betriebsverfassungsgesetz eine solche Differenzierung nicht zugrunde. Eine Unterscheidung findet gemäß § 5 BetrVG nur zwischen Arbeitnehmern und *leitenden* Angestellten statt, nicht allgemein zwischen Arbeitern und Angestellten. Da auch das BVerfG[89] – jedenfalls hinsichtlich unterschiedlicher Kündigungsfristen – die Gruppenzugehörigkeit als sachliches Differenzierungsmerkmal für arbeitsrechtlich unterschiedliche Behandlung abgelehnt hat, soll im folgenden mit Lohn ebenso das Gehalt der Angestellten erfaßt sein.[90] Damit ist eine genaue Begriffsumschreibung aber noch nicht getroffen. Vielmehr bleibt zu klären, ob dem Betriebsverfassungsgesetz ein enger oder ein weiter Lohnbegriff zugrunde liegt.

Das BAG hatte zunächst einen engen Lohnbegriff vertreten und damit allein die Entgeltfunktion betont: Danach war Lohn *nur* das im *synallagmatischen Verhältnis* zur Arbeitsleistung stehende, vom Arbeitgeber geschuldete Entgelt.[91] Im Zusammenhang mit der Frage der Mitbestimmungspflichtigkeit betrieblicher Altersversorgung hat das BAG jedoch 1975[92] von dieser am Gegenseitigkeitsverhältnis orientierten Definition Abstand genommen und faßt seitdem in stän-

---

tät und Inflationsausgleich ausgerichtet sind." Vgl. auch *Gast*, Arbeitsrecht als Vertragsrecht, S. 62; *A. Hueck*, Der gerechte Lohn, S. 18 (22): „Um das Entgelt der Arbeit gerecht zu bemessen, ist zu berücksichtigen an erster Stelle die produktive Leistung, sodann die wirtschaftliche Lage des Beschäftigung gebenden Unternehmens, weiter die Erfordernisse des volkswirtschaftlichen Gemeinwohls, besonders im Hinblick auf die Vollbeschäftigung, ..."

[89] BVerfG AP Nr. 28 zu § 622 BGB.

[90] Vgl. auch unten, § 3 dort Fn. 203.

[91] Hess/Schlochauer/*Glaubitz*, BetrVG, § 87 Rn. 458 m. Nachw. einzelner Entscheidungen.

[92] BAG AP Nrn. 1, 2, 3 zu § 87 BetrVG 1972 Altersversorgung.

diger Rechtsprechung[93] unter Lohn *alle Formen von Vergütungen* aus Anlaß eines Arbeitsverhältnisses, das heißt alle Geld- oder geldwerten Leistungen mit *gewissem Entgeltcharakter*, die im Hinblick auf die erbrachte oder zu erbringende Arbeitsleistung des Arbeitnehmers im Arbeitsverhältnis gewährt werden, auch betriebliche Sozialleistungen, bei denen in der rechtlichen Einordnung ursprünglich der Fürsorgecharakter im Vordergrund gestanden hat.[94] Mit dieser Ausweitung des Lohnbegriffs hat es deutlich gemacht, daß der Arbeitsvertrag mit der Einordnung als synallagmatisches Austauschverhältnis nicht hinreichend umschrieben ist, sondern daß es darüber hinaus der Berücksichtigung seines *personalen Charakters*[95] bedarf.[96]

---

[93] BAG AP Nrn. 18, 22, 41 zu § 87 BetrVG 1972 Lohngestaltung. Zustimmend Hess/Schlochauer/*Glaubitz*, BetrVG, § 87 Rn. 459 f.; *Fitting*, BetrVG, § 87 Rn. 405 m. w. Nachw.; *Thüsing*, DB 1997, 1130; *Yurtsev*, Sozialleistungen, S. 20 ff. Aufgrund seines verbandsrechtlichen Ansatzes sieht *Reuter* (ZfA 1993, 221 [231]) das Gesamtarbeitsentgelt, worunter er wie die Rechtsprechung alle Geldleistungen und geldwerten Vorteile faßt, als einheitliche Kategorie mitgliedschaftlicher Werterechte an.

[94] BAG AP Nr. 7 zu § 87 BetrVG 1972 Lohngestaltung.
Dem Lohnbegriff unterfallen damit: Gehalt des Angestellten, auch des AT-Angestellten (BAG AP Nrn. 3, 61 zu § 87 BetrVG 1972 Lohngestaltung); zinsgünstige Darlehen (BAG AP Nr. 5 zu § 87 BetrVG 1972 Lohngestaltung); die in einem Wettbewerb erzielbaren Gewinne (BAG AP Nr. 10 zu § 87 BetrVG 1972 Lohngestaltung); die in einem Wettbewerb zu gewinnenden Geldprämien (BAG AP Nr. 2 zu § 87 BetrVG 1972); Mietzuschüsse (BAG AP Nr. 22 zu § 87 BetrVG 1972 Lohngestaltung); die Möglichkeit, verbilligte Flugscheine zu erwerben (BAG AP Nr. 18 zu § 87 BetrVG 1972 Lohngestaltung); Zuordnung zu Provisionsgruppen (BAG AP Nr. 6 zu § 87 BetrVG1972 Provision); Verlauf der Prämienkurve (BAG AP Nr. 8 zu § 87 BetrVG 1972 Prämie); vgl. *Wiese*, in: GK-BetrVG, § 87 Rn. 821 ff., insbes. Rn. 830.
Entsprechend bejaht das BAG (AP Nr. 1 zu § 87 BetrVG 1972 Altersversorgung) bei der betrieblichen Altersversorgung nicht nur Versorgungs-, sondern auch den Entgeltcharakter (Honorieren der Betriebstreue) und faßt sie daher unter den Begriff der betrieblichen Lohngestaltung, soweit sie nicht aus einem Sondervermögen geleistet wird.

[95] Die Charakterisierung des Geschäftstypus Arbeitsverhältnis ist umstritten: Zum Teil wurde und wird dieses als *personenrechtliches Gemeinschaftsverhältnis* bezeichnet (vgl. *Nikisch*, ArbR Bd. I, S. 325; *Wiese*, ZfA 1996, 439 [448 f., 456 m. w. Nachw. dort in Fn. 104]; *v. Gierke*, Privatrecht Bd. I, S. 660 ff.). An dieser Terminologie wurde – auch wegen ihrer idologischer Belastung – Kritik geübt (vgl. *Schwerdtner*, Fürsorgetheorie und Entgelttheorie, S. 22 ff., 40 ff., insbesondere S. 66 ff.; *Veit*, Zuständigkeit, S. 355 f.). *Ehmann* (in: FS für Wiese, S. 99 [101]) bezeichnet die allein am Begriff festgemachte Kritik als „begriffsjuristischen Eiertanz".
Um allerdings Mißverständnissen von vornherein vorzubeugen, soll es hier bei der Betonung des *personalen Charakters* des Arbeitsverhältnisses (vgl. *Zöllner/Loritz*, ArbR, § 11 II 7 b; *Zöllner*, AcP [176] 1976, 221 [224]; *Wittgruber*, Abkehr, S. 66 ff., 68) verbleiben. Dieser verdeutlicht, daß sich das Dauerschuldverhältnis Arbeitsvertrag nicht auf den

Dem weiten Lohnbegriff kann nicht entgegengehalten werden, daß Sonderzuwendungen (z. B. Gratifikationen, Ruhegelder u. s. w.) nicht im Austausch zur Arbeitsleistung stünden, weil ihre Gewähr weiteren Zielen diene, wie z. B. den Arbeitnehmer für seine Betriebstreue in der Vergangenheit zu belohnen und/oder für die Zukunft Betriebstreue, Engagement, Motivation und ähnliches zu fördern.[97] Da ein Unternehmer seinen Arbeitnehmern in aller Regel keine Geschenke zu machen pflegt,[98] hindern diese weiteren Motive keineswegs, einen *weiten Lohnbegriff* zugrunde zu legen. Denn auch Lohnbestandteile, mit denen der Arbeitgeber weitere Ziele verfolgt als das bloße Zurverfügungstellen der Arbeitskraft zu bezahlen, stellen kein „Entgelt minderen Rechts"[99] dar. Gegenstand der Betriebsverfassung ist die Ausgestaltung der Rechtsbeziehungen *innerhalb des Betriebes*, daher muß der Lohnbegriff alle Leistungen mit Entgeltcharakter erfassen, die im Hinblick auf das Arbeitsverhältnis erbracht werden. Denn der Arbeitsvertrag beschränkt sich nicht auf die Begründung des *bilateralen Austauschverhältnisses* zwischen Arbeitgeber und Arbeitnehmer, sondern erfüllt eine *Doppelfunktion*,[100] indem er auch zu Rechtsbeziehungen zwischen den Belegschaftsmitgliedern führt. Wie noch zu zeigen sein wird, bedarf es wegen dieser *kollektiven Dimension* des Arbeitsvertrages der Betriebsverfassung als Koordinierungsmechanismus.[101]

2. Der Zeitlohn

Der Zeitlohn stellt nur eine der vielfältigen Entlohnungsformen dar. Er zeichnet sich dadurch aus, daß sich der Arbeitgeber verpflichtet, die für einen bestimmten Zeitraum (Stunde, Tag, Woche oder Monat) vereinbarte Vergütung zu zahlen, unabhängig davon, ob der Arbeitnehmer eine nur geringe oder gar schlechte Arbeitsleistung erbracht hat.[102] Die Vergütung ist somit – im Gegensatz zum Leistungslohn[103] – nicht *unmittelbar* abhängig von der Qualität oder der Quantität der Arbeitsleistung.[104]

---

bloßen Austausch von Vermögenswerten (Geld gegen Arbeit) beschränkt, sondern daß der Arbeitnehmer darüber hinaus als Person im Rechtsverhältnis Berücksichtigung findet.

96 Dazu noch unten § 2 I 1, 2.

97 Zur Abgrenzung von Motiv und Zweck *Ehmann*, Gesamtschuld, S. 138 ff.

98 So zutreffend *Ehmann*, Gesamtschuld, S. 256 f.

99 *Reuter*, ZfA 1993, 221 (226).

100 *Zöllner*, AcP (176) 1976, 221 (225). Vgl. auch unten, § 4 III 3 c (2).

101 Dazu unten § 2 I 1, 2, 3.

102 *Schaub*, ArbR Hdb, § 63 I; *Lotmar*, Arbeitsvertrag Bd. II, S. 9.

103 Die *Leistungsentlohnung* zeichnet sich dadurch aus, daß der Arbeitnehmer das Arbeitsergebnis durch seine Leistung quantitativ oder qualitativ beeinflussen kann, so daß die Höhe des verdienten Entgelts *unmittelbar* abhängig ist von der jeweiligen Leistung (vgl. *Wiese*, in: GK-BetrVG, § 87 Rn. 965). Hauptanwendungsfälle des Leistungslohnes sind Akkordlohn (Stück-, Flächen-, Gewichts-, Maß-, Pauschalakkord) und Prämienlohn. Leistungsab-

Der Arbeitgeber trägt das Risiko der Schlecht- oder Minderleistung.[105] Trotzdem ist die Zeitlohnform – auch ohne den unmittelbaren Zusammenhang zwischen Leistung und Entlohnung – grundsätzlich am Leistungsprinzip orientiert, denn der Lohnfestlegung liegt regelmäßig ein Bewertungsvorgang zugrunde, der ausgehend von der abstrakten Bestimmung einer Normalleistung[106] an einem bestimmten Arbeitsplatz diesem ein entsprechendes Entgelt zuordnet. Zugrunde gelegt wird die Annahme, daß alle Arbeitnehmer, die diese konkrete Arbeit verrichten, in der Regel ungefähr denselben Leistungsgrad erbringen.

Trotz Zunahme der Produktion in Gruppenarbeit, die zu einem Zuwachs teamorientierter gruppenbezogener *Prämien*entlohnung geführt hat, dominiert der Zeitlohn in der Industrie weiterhin mit rund 65 % aller Lohnformen.[107] Hierfür sprechen verschiedene Gründe:[108] Zeitlohn wird häufig gewährt bei Arbeitsabläufen, die nicht in gleicher Weise wiederholbar sind (z. B. Reparaturarbeiten). Ist die Ermittlung und Erstellung von Arbeitsstudienunterlagen als Grundlage für eine Leistungsentlohnung zu zeit- und kostenaufwendig oder gestaltet sich die Erfassung der erbrachten Leistung zu komplex, wird ebenfalls auf die Zeitentlohnung zurückgegriffen, ebenso bei solchen Arbeiten, bei denen die zu erbringende Leistung wenig beeinflußbar ist. Wegen dieser Bedeutung der zeitgebundenen Entlohnung wurde der Zeitlohn in den Mittelpunkt der vorliegenden Abhandlung gestellt.

---

hängig sind auch sogenannte Abschluß-, Vermittlungs-, Anteils- und Leistungsprovisionen; bei diesen fehlt allerdings die Vergleichbarkeit mit der Akkord- und Prämienentlohnung und damit die Mitbestimmungspflicht gemäß § 87 Abs. 1 Nr. 11 BetrVG (dazu *Wiese*, in: GK-BetrVG, § 87 Rn. 971 ff.).

104 Eine mittelbare Abhängigkeit kann sich aber daraus ergeben, daß der Arbeitgeber eine schlechte oder geringe Arbeitsleistung auf Dauer kaum akzeptieren wird und dann gegebenenfalls zum Mittel der Änderungskündigung oder gar zur Beendigungskündigung greift.

105 *Kress*, Schuldrecht, S. 196.

106 Normalleistung als die idealtypische, normale, berufsübliche Leistung, die ein geeigneter Arbeitnehmer nach erfolgter Einarbeitung und Übung unter den betriebsüblichen Arbeitsbedingungen erbringen kann; vgl. *Rüthers*, ZfA 1973, 399 (401).

107 FAZ v. 24.02.1998, S. 15; vgl. auch *v. Hoyningen-Huene*, NZA 1998, 1081 (1082).

108 Vgl. zu den verschiedenen Gründen der Wahl des Zeitlohns in der Textilindustrie *Giese*, ZfA 1993, 189 (190 f.).

§ 2 Der Zweck betrieblicher Mitbestimmung bei der Lohngestaltung

Nachdem sich die betriebsnahe Festlegung der Löhne als ökonomisch erforderlich[1] sowie unter Gerechtigkeitsgesichtspunkten wünschenswert[2] erwiesen hat, wird im folgenden darzulegen sein, daß die Zwecksetzung der Mitbestimmung dem Abschluß von Betriebsvereinbarungen über den Zeitlohn nicht entgegen steht. Im Gegenteil wird allein durch das Regelungsinstrument der Betriebsvereinbarung sowohl dem Bedürfnis des Arbeitgebers an der notwendigen betriebseinheitlichen Koordination des Arbeitsentgelts entsprochen als auch zugleich dem Schutzbedürfnis der Arbeitnehmer Rechnung getragen.

I. Beschränkung einseitiger Direktion durch betriebliche Mitbestimmung

1. Das Koordinationserfordernis

Die Rechtsordnung hat den Arbeitsvertrag als zweiseitiges *Austauschverhältnis* ausgestaltet,[3] in welchem sich Arbeitsleistung und Lohnzahlung als synallagmatische Hauptleistungspflichten gegenüberstehen. Wie oben bereits angedeutet[4] beschränkt sich das mit dem Vertragsabschluß begründete Rechtsverhältnis jedoch nicht auf die Beziehungen zwischen Arbeitgeber und Arbeitnehmer, vielmehr entstehen durch den Eintritt in die Belegschaft und die Eingliederung in den Arbeitsablauf zusätzliche Rechte und Pflichten, welche als *horizontale Wirkung* bzw. *kollektive Dimension* des Arbeitsverhältnisses bezeichnet

---

1 Dazu oben § 1 I 1.

2 Dazu oben § 1 II 3 b.

3 Diese rechtliche Einordnung des Arbeitsvertrages als Austauschverhältnis ist historisch bedingt. Denn ausgehend von der römisch-rechtlichen *locatio conductio operarum* wurde der Arbeitsvertrag im 19. Jahrhundert als *Unterfall des Mietvertrages* betrachtet: „Die Miethe, welche den Gebrauch einer Sache zum Gegenstand hat, heißt Sachmiethe; die Miethe, welche den Gebrauch einer Arbeitskraft zum Gegenstand hat, heißt Dienstmiethe“ (*Windscheid*, Pandekten Bd. II, S. 459). Die „Selbstvermietung des Freien“, entwickelt an der Vermietung des Sklaven, die im römischen Recht der Sachmiete zugeordnet war, führte bei der Schaffung des BGB dazu, daß kein Unterschied gemacht wurde, ob „ein Pferd oder ein Mensch“ vermietet wurde (so *Sinzheimer*, in: Arbeitsrecht und Rechtssoziologie Bd. I, S. 100). Dem Gesetzgeber fehlte jegliches dahingehende Problembewußtsein wie auch aus den Beratungen zum BGB deutlich wird, denn bezeichnender Weise wurde über die Haftung des Jagdpächters (sogenannte Hasenschadensfrage) länger und passionierter diskutiert als über die das Arbeitsrecht betreffenden Fragen. Diesen stand der damalige Gesetzgeber – wie es der SPD-Abgeordnete *Frohme* formulierte – mit „vollständigster Wurschtigkeit“ gegenüber (Beratungen des Deutschen Reichstages, Sten. Berichte 1895/97 Bd. IV, 112. Sitzung, S. 2835). Eine Anlehnung an den Mietvertrag wurde wegen der „nahen Verwandtschaft beider Verträge“ angenommen (*Mugdan*, Materialien Bd. II, S. 253).

4 Siehe oben § 1 III 1.

werden können.[5] Die *arbeitsteilige Produktion und Dienstleistung* bedingt zwangsläufig ein Bedürfnis nach *Koordination und Organisation* der verschiedenen Arbeitsabläufe. Der Arbeitsvertrag selbst kann unzweifelhaft keine derart detaillierte Vereinbarung enthalten, daß jede denkbare Konstellation der Zusammenarbeit und Abstimmung einzelner Arbeitsschritte und Aufgaben verschiedener Mitarbeiter erfaßt wird. Hinzu kommt, daß der einen Arbeitsplatz antretende Arbeitnehmer eine bereits bestehende Organisation der Betriebsabläufe vorfindet, so daß auch insoweit ein einzelvertragliches Aushandeln der Arbeitsbedingungen ausscheidet.[6]

Ebenso wie der Individualvertrag ist auch der Tarifvertrag weitestgehend ungeeignet, eine entsprechende Organisation und Koordination der betrieblichen Arbeitsabläufe festzuschreiben, denn – mit Ausnahme des Firmentarifvertrages – sind die tariflichen Normen gerade nicht ausgerichtet am betriebsspezifischen Geschehen, sondern enthalten eine an der Branche orientierte Festlegung der Arbeitsbedingungen.[7] Es fehlt damit an der erforderlichen *Betriebsbezogenheit* der Tarifvorgaben. Abgesehen von der Unzweckmäßigkeit einer entsprechend detaillierten Regelung, die schon daran scheitert, daß den Koalitionspartnern die erforderlichen speziellen Kenntnisse der betrieblichen Besonderheiten fehlen, müßte ein solches Bestreben darüber hinaus den Umfang jedes Tarifvertrages sprengen.

Theoretisch verbleiben daher zwei Ansätze, die durch die Arbeitsteilung bedingte, ökonomisch notwendige Organisation und Koordination der Betriebsabläufe zu verwirklichen: Es kann dem Unternehmer die *einseitige Festlegung* und Bestimmung der Arbeitsschritte und deren Abstimmung untereinander übertragen werden mit einer korrespondierenden (vertraglichen oder gesetzlichen)[8] Pflicht auf Arbeitnehmerseite, die erteilten Anweisungen zu befolgen.[9]

---

[5] Diese multilateralen Beziehung wurden ausführlich von *Wiedemann* (Das Arbeitsverhältnis als Austausch- und Gemeinschaftsverhältnis, 1966) thematisiert. Vgl. auch *Reichold*, Sozialprivatrecht, S. 517 ff.; *Richardi*, in: Münch Hdb, § 8 Rn. 16; *Fastrich*, RdA 1999, 24 (25 ff.); *Hammer*, Selbstbestimmungsfreiheit, S. 31, 37 ff.

[6] Zur Ungeeignetheit des Individualvertrages, die multilateralen Betriebsbeziehungen zu regeln: *Zöllner*, AcP (176) 1976, 221 (233 ff.); *Kreutz*, Grenzen, S. 172 ff.; *Gast*, Arbeitsvertrag und Direktion, S. 341, 358; *ders.*, Arbeitsrecht als Vertragsrecht, S. 50, 58; *Richardi*, NZA 1999, 617 (622); *Ehmann*, Neue Ordnung 1992, 244 (249); *Wiese*, in: FS für Kissel, S. 1269 (1274); *Hurlebaus*, Fehlende Mitbestimmung, S. 59; *H. Hanau*, Individualautonomie und Mitbestimmung, S. 90 ff.; *Hammer*, Selbstbestimmungsfreiheit, S. 34 f., 42 ff.; zur daraus folgenden rechtlichen und sozialen Abhängigkeit *Wiese*, in: GK-BetrVG, Einl. Rn. 43 ff.; *Ehmann*, in: FS für Wiese, S. 99 (107 ff.).

[7] Dazu bereits oben § 1 II 3 a.

[8] Ob man diese Weisungsgebundenheit als gesetzliche oder vertraglich begründete Pflicht ansieht, hängt maßgeblich davon ab, ob das Direktionsrecht selbst seine Grundlage im Gesetzes- bzw. Richterrecht oder im Vertrag findet. Dazu unten Fn. 12.

Hierbei handelt es sich um ein *Subordinationsmodell*, in welchem sich der abhängig Beschäftigte der Leitungsmacht des Arbeitgebers unterordnet. Die zweite Möglichkeit besteht darin, daß den Belegschaftsmitgliedern über gewählte Repräsentanten zugestanden wird, auf die Ausgestaltung der betrieblichen Abläufe Einfluß zu nehmen. Insoweit wird die Koordination durch zweiseitige Absprache der Betriebspartner verwirklicht (*Kooperationsmodell*). Beide Ansätze haben in der Arbeitsrechtsordnung Niederschlag gefunden:

Der mit der industriellen Revolution aufgekommenen ökonomischen Notwendigkeit, eine Abstimmung arbeitsteiliger Produktionsabläufe zu eröffnen, hat der damalige Gesetzgeber dadurch Rechnung getragen, daß er dem Arbeitgeber die bereits *tatsächlich* ausgeübte alleinige Leitungsmacht auch *von Rechts wegen* zuerkannte.[10] So ergänzte § 121 GewO 1869 die Regelung des § 105 GewO 1869[11] dahingehend, daß die Arbeitnehmer in Bezug auf die ihnen übertragenen Arbeiten und auf die häuslichen Einrichtungen den Anordnungen des Dienstherren Folge zu leisten hatten. Diese grundsätzliche Leitungsmacht des Arbeitgebers ist auch im modernen Arbeitsrecht unter dem Stichwort des *arbeitgeberseitigen Direktionsrechts* unstreitig anerkannt.[12]

Im Verlauf der historischen Entwicklung hat sich – parallel mit der politischen Demokratisierung und Liberalisierung – die Erkenntnis durchgesetzt, daß die uneingeschränkte Betriebsgewalt der „absoluten Fabrikmonarchen"[13] der Kon-

---

9 Die *Weisungsgebundenheit* wird nach wie vor als *das* wesentliche Kriterium des Arbeitsverhältnisses angenommen, vgl. BAG AP Nrn. 21, 34, 42 zu § 611 BGB Abhängigkeit; *Kreutz*, Grenzen, S. 183 ff.; *Adomeit*, Rechtsquellenfragen, S. 99; *Hueck/Nipperdey*, ArbR Bd. I, S. 46 ff.; *Richardi*, in: Münch Hdb, § 12 Rn. 51, § 23 Rn. 19; *Hromadka*, NZA 197, 569 ff.; *Bengelsdorf*, NJW 1999, 1817 (1818 m. w. Nachw.). Vgl. auch die Darstellung der Rechtsprechung bei *Wank*, Arbeitnehmer und Selbständige, S. 11 ff.

10 *Kreutz* (Grenzen, S. 172 ff.) hat nachgewiesen, daß die Macht zur Organisation und Koordination dem Arbeitgeber durch die Rechtsordnung übertragen wurde und nicht Folge einer wie auch immer gearteten „typischen" Unterlegenheit der Arbeitnehmer war. Vgl. auch *Zöllner*, AcP (176) 1976, 221 ff.

11 Siehe oben § 1 II 1 a.

12 BAG AP Nrn. 26, 27, 36 zu § 611 BGB Direktionsrecht; *Blomeyer*, in: Münch Hdb, § 46 Rn. 22 f.; *Richardi*, in: Münch Hdb, § 12 Rn. 50 ff.; *Schaub*, ArbR Hdb, § 32 VI 1; *Hanau/Adomeit*, ArbR, S. 49; *Hammer*, Selbstbestimmungsfreiheit, S. 35 ff.
Umstritten ist insoweit lediglich, ob dieses seine Grundlage im *Gesetzesrecht* (§§ 121 GewO; 29 SeemannsG; 23 Abs. 1 BinnenschiffahrtsG; 19 FlößereiG) bzw. – wo derartige Regelungen fehlen – Richterrecht findet (so *Birk*, Leitungsmacht, S. 51 ff., 76 f. m. w. Nachw.), oder ob die Anerkennung des Direktionsrechts konkludent *Bestandteil des Arbeitsvertrages* ist (so die herrschende Meinung: *Hanau/Adomeit*, ArbR, S. 49; *Lieb*, ArbR, S. 21 f.; *Richardi*, in: Münch Hdb, § 12 Rn. 51; *Blomeyer*, in: Münch Hdb, § 46 Rn. 24; *Söllner*, Grundriß, S. 255 f.; *Wank*, in: Änderungen von Arbeitsbedingungen, S. 35 f.; *Hromadka*, RdA 1992, 234 [237 f.]; *ders.*, DB 1995, 1609 f., 2601 ff. m. w. Nachw.).

13 *Roesler*, Über den Arbeiterkrieg, S. 32.

stitutionalisierung bedürfe und durch eine aus der Arbeitnehmerschaft gebildete Vertretung zu ergänzen und einzuschränken war. Mit der sich stetig entwickelnden Betriebsverfassung wurde die einseitige Leitungsmacht des Arbeitgebers mehr und mehr ersetzt durch ein System verschiedenartiger Beteiligungsrechte bei der Gestaltung betriebseinheitlich festzulegender Arbeitsbedingungen. Die gesetzlich ausgestaltete Betriebsverfassung erwies sich damit als Korrektur der Primärzuordnung der Leitungsmacht an den Arbeitgeber,[14] denn seiner einseitigen Organisationsmacht stellte sie die – je nach Gegenstand unterschiedlich ausgestaltete – gleichberechtigte Einflußnahme der Belegschaftsrepräsentanten entgegen und eröffnete den Arbeitnehmern somit die Teilhabe an der Organisation des Betriebes und Koordination der Arbeitsabläufe. Das arbeitgeberseitige Direktionsrecht hat damit im verfaßten Betrieb eine Begrenzung durch die Mitbestimmungsrechte des Betriebsrats erfahren.

2. Ausweitung der betriebseinheitlichen Koordination über das Direktionsrecht hinaus

Zunächst zielten die Beteiligungsmöglichkeiten im Schwerpunkt – wenn auch nicht ausschließlich[15] – auf die klassischen Materien der Betriebsordnung.[16] Es ging um die Mitentscheidung bei Fragen der *betrieblichen Ordnung* einschließlich des *Verhaltens der Arbeitnehmer* im Betrieb. Gegenstand waren damit primär die sogenannten *formellen* Arbeitsbedingungen,[17] während die *materiellen* Arbeitsbedingungen, das heißt solche, die im weitesten Sinne das Verhältnis von Leistung und Gegenleistung betreffen,[18] durch die Vertragspartner des Einzelarbeitsvertrages bzw. die Koalitionen festgelegt wurden. Damit entsprach der Umfang der betriebseinheitlichen Koordination dem Bereich, der in einem nicht

---

[14] *Kreutz*, Grenzen, S. 192; vgl. *Lambrich*, Tarif- und Betriebsautonomie, S. 68 ff.

[15] Dazu unten, § 4 I.

[16] So unterstellte § 78 Ziff. 3 i. V. m. §§ 80, 75, 104 Abs. 4 BRG 1920 der Arbeitsordnung mit dem Inhalt des § 134b GewO 1869 der Vereinbarung zwischen Arbeitgeber und Betriebsrat (bzw. Angestellten- und Arbeiterrat). Durch die §§ 66 Ziff. 5, 75, 78 Ziff. 3, 80 BRG 1920 wurde auch bei sonstigen Dienstvorschriften die Mitwirkungsbefugnisse des Betriebsrats eröffnet. Diese konnten Bestimmungen zur Ordnung des Betriebes und zum Verhalten im Betrieb enthalten.

[17] Die Unterscheidung *formeller und materieller Arbeitsbedingungen* geht wohl zurück auf *A. Hueck* (NZfAR 1923, Sp. 87 [91 ff.]; dazu *Moll*, Entgelt, S. 158 ff.), der aus dem Betriebsrätegesetz von 1920 in Verbindung mit der Gewerbeordnung folgerte, daß nur Dienstvorschriften nach § 66 Ziff. 5 BRG und § 78 Ziff. 3 BRG, das heißt die Ordnung des Betriebes und das Verhalten der Arbeiter im Betrieb betreffende Bestimmungen, nicht aber die materiellen Arbeitsbedingungen des § 78 Ziff. 2 BRG mit den lohnpolitischen Befugnissen zwangsschlichtungsfähig seien.
Zur Abgrenzungsproblematik ausführlich *Veit*, Zuständigkeit, S. 239 ff.

[18] So z. B. Umfang der Arbeitspflicht, Höhe des Arbeitsentgelts, Dauer des Urlaubs; vgl. Hueck/Nipperdey-*Säcker*, ArbR Bd. II / 2, S. 1355 ff.

verfaßten Betrieb der Leitungsmacht bzw. dem Direktionsrecht des Arbeitgebers unterlag.

In Konsequenz hierzu vertrat die herrschende Meinung unter Geltung des Betriebsverfassungsgesetzes von 1952 die Ansicht, daß eine klare Scheidung zwischen betrieblichen und tariflichen Regelungsbereichen dahingehend zu treffen sei, daß ein erzwingbares Mitbestimmungsrecht in sozialen Angelegenheiten nur für *formelle* Arbeitsbedingungen bestehe.[19] Die Gestaltung der *materiellen* Arbeitsbedingungen hingegen blieb allein den Koalitionspartnern (bzw. dem Einzelvertrag) vorbehalten.[20]

Für das Betriebsverfassungsgesetz von 1972 aber läßt sich diese Beschränkung der Mitbestimmungsrechte auf nur formelle Arbeitsbedingungen nicht mehr aufrechterhalten.[21] Zwar enthält § 87 Abs. 1 BetrVG auch Mitbestimmungstatbestände, die den klassischen Bereich der Betriebsordnung betreffen.[22] Mit der Einführung des Mitbestimmungsrechts über den Geldfaktor bei der Ausgestaltung des Leistungslohnes gemäß § 87 Abs. 1 Nr. 11 BetrVG wurde den Betriebspartnern aber darüber hinaus der Bereich *materieller* Arbeitsbedingungen eröffnet.[23] Gleiches gilt für § 87 Abs. 1 Nr. 3, Nr. 8 und Nr. 9 BetrVG; auch hier sind inhaltliche Fragen der Bemessung der Leistungspflicht betroffen.[24]

---

[19] Die *Hueck*'sche Unterscheidung von materiellen und formellen Arbeitsbedingungen war von *Siebert* (BB 1956, 46 [48, 69 ff., 72]) aufgenommen worden.
Zur herrschenden Meinung vgl. aus der Rechtsprechung BAG AP Nr. 3 zu § 56 BetrVG 1952 Akkord; BAG AP Nrn. 1, 2 zu § 56 BetrVG 1952 Arbeitszeit; BAG AP Nrn. 2, 3, 4 zu § 56 BetrVG 1952 Entlohnung. Nachw. aus der Literatur finden sich bei *Richardi*, BetrVG, § 87 Rn. 32; *Nikisch*, ArbR Bd. III, S. 381; ferner *P. Hanau*, RdA 1973, 281 (dort Fn. 3); *Boewer*, DB 1973, 522 ff.; *Stadler*, BB 1972, 800.
Für § 56 Abs. 1 Buchst. g BetrVG 1952 folgte daraus, daß der Betriebsrat bei der Regelung von Akkord- und Stücklohnsätzen den Geldfaktor nicht mitgestalten konnte. Dazu *Nikisch*, ArbR Bd. III, S. 423 f.

[20] *Dietz*, BetrVG^4, § 59 Rn. 6; *ders.*, BB 1954, 349 (350); *ders.*, RdA 1955, 241 (242 f.); *Hueck/Nipperdey*, ArbR Bd. II, S. 801; *Neumann-Duesberg*, Betriebsverfassungsrecht, S. 41, 468 ff.

[21] Daß auch im Rahmen der Vorgängervorschriften des Betriebsverfassungsgesetzes von 1972 eine strikte Begrenzung der Mitwirkungsmöglichkeiten allein auf formelle Arbeitsbedingungen nicht bestand, wird unten (§ 4 I) dargelegt.

[22] § 87 Abs. 1 Nr. 1 BetrVG unterstellt die Fragen der Ordnung des Betriebs und des Verhaltens der Arbeitnehmer im Betrieb der Mitbestimmung des Betriebsrats. Vgl. auch die weiteren Mitbestimmungstatbestände.

[23] Vgl. BT-Drucks. VI/1786, S. 49: „Über das geltende Recht hinaus bezieht Nr. 11 neben den Akkordentgelten alle leistungsbezogenen Entgelte, wie zum Beispiel Prämien oder Provisionen in das Mitbestimmungsrecht des Betriebsrats ein. Ferner wird die in Literatur und Rechtsprechung umstrittene Frage klargestellt, daß sich das Mitbestimmungsrecht des Betriebsrats auf die Festlegung aller Bezugsgrößen erstreckt, die für die Ermittlung und Be-

Überdies hat nicht nur der Gesetzgeber mit der (vermeintlichen) Beschränkung der Mitwirkungsmöglichkeiten des Betriebsrats auf die Gestaltung formeller Arbeitsbedingungen gebrochen.[25] Auch die betriebssoziologische und ökonomische Entwicklung geht immer weiter dahin, daß Arbeitsbedingungen, die ursprünglich der Festlegung im Individualvertrag oder Tarifvertrag vorbehalten sein sollten, faktisch nur noch betriebseinheitlich zu regeln sind.[26] Dies gilt insbesondere auch für das Arbeitsentgelt.

Zwar ist das betriebsinterne Koordinationserfordernis bei der Lohngestaltung nicht ebenso augenscheinlich wie z. B. bei Fragen der betrieblichen Ordnung. Zutage tritt es aber, wenn man berücksichtigt, daß der Lohn nicht nur die Funktion erfüllt, durch angemessene Bezahlung Arbeitnehmer auf dem Arbeitsmarkt zu gewinnen, sondern darüber hinaus eine in den Betrieb gerichtete Zielsetzung hat.[27] In der modernen Produktion und Dienstleistung soll die Vergütung neben

---

rechnung leistungsbezogener Entgelte von Bedeutung sind. So soll zum Beispiel beim Akkordlohn ein Mitbestimmungsrecht des Betriebsrats sowohl hinsichtlich der Festlegung des Zeitfaktors als auch hinsichtlich des *Geldfaktors* bestehen (Hervorh. der Verf.)."
Für die von der herrschenden Meinung anerkannte Einbeziehung des Geldfaktors bei Nr. 11 vgl. die Nachw. bei *Fitting*, BetrVG, § 87 Rn. 503; *Wiese*, in: GK-BetrVG, § 87 Rn. 992 ff. Ablehnend *Richardi*, BetrVG, § 87 Rn. 944, 972 ff.; *ders.*, ZfA 1976, 1 (18 ff.); *Lieb*, ZfA 1988, 413 (431 ff., 437); *Veit*, Zuständigkeit, S. 348 ff.

[24] *Wiese*, in: GK-BetrVG, § 87 Rn. 35 ff.; *Zöllner/Loritz*, ArbR, § 47 IV 1; *Gester/Isenhard*, RdA 1974, 80 (83); vgl. auch *Hammer*, Selbstbestimmungsfreiheit, S. 46 ff.
Insbesondere hinsichtlich des Normzwecks des § 87 Abs. 1 Nr. 3 BetrVG macht das BAG (AP Nr. 3 zu § 87 BetrVG 1972 Kurzarbeit) deutlich, daß dieser auch einem materiellen Bestandsschutz dient.

[25] Wegen dieses „Systembruchs" wird die Unterscheidung zwischen formellen und materiellen Arbeitsbedingungen zum Teil für insgesamt überflüssig gehalten (so *Fitting*, BetrVG, § 87 Rn. 20; *Wiese*, Initiativrecht, S. 36; *Simitis/Weiss*, DB 1973, 1240 [1245]; *Säcker*, ZfA Sonderheft 1972, 41 [44 dort insbes. Fn. 10]; *Rüthers*, ZfA 1973, 399 [423]; *Gester/Isenhardt*, RdA 1974, 80 [83]; *Moritz*, AuR 1983, 97 [97, 107]; *Rumpf*, AuR 1972, 65 [66, 71]; *Föhr*, AuR 1975, 353 [357]; *Bichler*, DB 1979, 1939; *Heither*, in: FS für Dieterich, S. 231 [235]. Dagegen *Konzen*, BB 1977, 1307 [1309 f.]; i. Erg. auch *Veit*, Zuständigkeit, S. 246). Von den Begriffen will sich aber doch so recht niemand trennen (vgl. *Strieder*, BB 1980, 420; *Lieb*, ZfA 1978, 179 [184 f., 210]).

[26] Vgl. *Lambrich*, Tarif- und Betriebsautonomie, S. 140 ff.

[27] *Reuter*, ZfA 1993, 221 (222 f. mit umfangreichen Nachw. zur betriebswirtschaftlichen Sicht dort in Fn. 3); *ders.*, ZfA 1995, 1 (32 ff.); *Schüren*, RdA 1996, 14 (15); *Dorndorf*, in: FS für Däubler, S. 327 (332 f.).
Dagegen *Neumann-Duesberg* (Betriebsverfassungsrecht, S. 41), *Klasen* (Tarifvorrang und Mitbestimmung, S. 97), die dem Lohn eine rein *überbetriebliche* Relevanz zusprechen. Daß dies nicht stimmen kann, zeigen die vielen Beispiele betrieblicher Entlohnungssysteme, vgl. dazu die Ausführungen von *Büge* zur Siemens AG (ZfA 1993, 173 ff.); *Feudner* zur IBM Deutschland GmbH (ZfA 1993, 185 ff.); *Giese* zur westfälischen Textilindustrie (ZfA 1993, 189 ff.); *H. P. Müller* zur Hoechst AG (ZfA 1993, 197 ff.); *Schwartmann* zur

ihrer bloßen Abgeltungsfunktion zu effizienter Arbeit motivieren, Engagement, Kreativität und Zusammenarbeit fördern und die Bereitschaft der Belegschaft zur Anpassung an die Belange des Betriebes begründen und ausbauen, sowie die Identifikation mit dem Unternehmen verbessern (*corporate identity*).[28] Dies gilt insbesondere in Bereichen mit hohem *betriebsspezifischen Humankapital*, das heißt für solche Arbeitsverhältnisse, die eine sorgfältige Auswahl hochqualifizierter Spezialisten, umfangreiche Einarbeitung oder konstruktive Teamarbeit fordern.[29] Die Notwendigkeit betriebsspezifischer Lohngestaltung stellt sich aber in ähnlicher Weise für Arbeitsverhältnisse, die im Bereich tayloristischer Arbeitsorganisation lediglich geringe Qualifikationen voraussetzen. Zwar bereitet insoweit die Rekrutierung neuer Arbeitnehmer auf dem Arbeitsmarkt – anders als bei viel umworbenen Spezialisten – keinerlei Schwierigkeiten, weil die Arbeitslosigkeit in aller erster Linie ungelernte bzw. gering qualifizierte Arbeitnehmer betrifft. Die Leistungsbereitschaft dieser Gruppe von Arbeitnehmern wird damit bereits durch das Arbeitsangebot anderer Arbeitssuchender gesichert, denn für den Arbeitgeber erweist sich der Ersatz der Arbeitskräfte durch Betriebsaußenseiter als in der Regel weniger aufwendig als bei Arbeitsplätzen mit einem hohen Qualifikationsniveau. Aber auch in dem Bereich der sogenannten „Jedermann-Qualifikation“ kann es sich für den Arbeitgeber auszahlen, die bereits beschäftigten Arbeitnehmer durch betriebsspezifische, attraktive Arbeitsbedingungen an den Betrieb zu binden und zur Kooperation zu motivieren, statt die Leistungsbereitschaft durch die latente Drohung mit konkurrierenden Arbeitsplatzbewerbern zu erzwingen. Zumal sich die Drohung – jedenfalls soweit das Kündigungsschutzgesetz Anwendung findet – als nur begrenzt effektiv erweist. Denn obwohl für jene weniger qualifizierten Arbeitnehmer bei Unzufriedenheit mit den Arbeitsbedingungen ein selbst gewählter Arbeitsplatzwechsel wegen der begrenzt zur Verfügung stehenden Alternativen häufig ausscheiden wird, so bleibt diesen regelmäßig das Mittel der sogenannten *inneren Kündigung*.[30] Diese Reaktion auf als unangemessen empfundene Arbeitsbedingungen äußert sich im Absenken der Leistungs- und Kooperationsbereitschaft, welches in seinen Auswirkungen grundsätzlich die äußere Kündigung ersetzt.[31] Damit erweist sich der positive Motivationsanreiz durch betriebsspezifische Koordination und Festlegung der Arbeitsbedingungen

---

Mercedes-Benz AG (ZfA 1993, 207 ff.) und die große Bedeutung, die übertariflichen Lohnbestandteilen zukommt; dazu unten, § 3 III 2.

[28] Vgl. *Reuter*, ZfA 1993, 221 (222 f.); *ders.*, ZfA 1995, 1 (32 f.); *Gast*, BB 1991, 1053 ff.; *Lederer*, Initiativrecht, S. 1 ff., 27 ff.; *Senne*, BB 1996, 1609 (1610 ff.) bzgl. vergleichbarer Intentionen hinsichtlich der Teilhabe an der Arbeitszeitgestaltung.

[29] Vgl. *Reuter*, ZfA 1993, 221 (222 f.); *ders.*, ZfA 1995, 1 (28); *Lambrich*, Tarif- und Betriebsautonomie, S. 141 ff., 147 ff.

[30] *Reuter*, ZfA 1995, 1 (32 f.).

[31] Dazu *Reuter*, ZfA 1995, 1 (28 f., 33 f.) m. w. Nachw.

Koordination und Festlegung der Arbeitsbedingungen als allgemein erforderlich.

Ihre Ursache findet diese Entwicklung nicht zuletzt darin, daß die Arbeitnehmer ihre Arbeitskraft heute nicht mehr einem durchkonstruierten Apparat unterstellen, in dem sie robotergleich allein nach Weisung funktionieren. Parallel mit der Anerkennung des Arbeitnehmers als *Persönlichkeit*[32] hat sich nunmehr ein betriebswirtschaftlicher Paradigmenwechsel vollzogen, indem sich der Betrieb zum Verband gewandelt hat, in welchem die Beschäftigten als Mitträger des betrieblichen Geschehens im Zusammenwirken mit dem Arbeitgeber und den anderen Belegschaftsmitgliedern den Betriebszweck verwirklichen.[33] Die Arbeitsgestaltung und das Anspruchsniveau moderner Arbeitsmittel erfordern Arbeitnehmer mit Fachwissen und Spezialkenntnissen bzw. mit hoher Leistungsbereitschaft und Motivation, die den Arbeitsprozeß in kollektiver Verantwortung innerhalb kleiner Funktionseinheiten fördern. Im Zusammenhang mit dem Wandel der Arbeitsplatzanforderungen haben sich damit zugleich die Kriterien der Gehaltsfindung angepaßt. Die deutliche *Diskrepanz* zwischen tariflich festgelegtem und tatsächlich ausgezahltem Entgelt (*Effektivlohn*)[34] bestätigt dieses Erfordernis der Anpassung der brancheneinheitlich festgelegten Arbeitsbedingungen an die betrieblichen Besonderheiten auch im Lohnbereich. Ziel der in der Praxis vorherrschenden (über- und außertariflichen) Lohnmodelle ist die „multilaterale Interessenabstimmung“[35] zur Herstellung kooperationsfähiger Arbeitseinheiten in der Belegschaft. Denn die Arbeitgebererwartungen an eine engagierte, motivierte und leistungsbereite Belegschaft werden nur dann befriedigt, wenn die Lohngestaltung mit den Vorstellungen der Arbeitnehmer von einer gerechten Entlohnung innerhalb des Betriebes konform geht. Deren Zufriedenheit, Leistungsbereitschaft und Gerechtigkeitsempfinden hängen maßgeblich von der subjektiven Einschätzung der angemessenen Entlohnung im Verhältnis

[32] Dazu ausführlich *Ehmann*, in: FS für Wiese, S. 99 ff.; *Wiese*, in: FS für Kissel, S. 1269 (1271 f., 127); vgl. *Hammer*, Selbstbestimmungsfreiheit, S. 20 ff., 124. Nach *Isele* (RdA 1962, 373) ist das Recht der Betriebsverfassung wie alles kollektive Arbeitsrecht „im Grunde nur eine besondere Form des Schutzes des einzelnen Arbeitnehmers, seiner Interessen und seiner Persönlichkeit.“

[33] *Reuter*, in: FS für Schaub, S. 605 (626 f.); zum Wandel in der Arbeitswelt auch *Scholz*, in: FS für Trinkner, S. 377 (381 f. m. w. Nachw. dort in Fn. 7); *Dieterich*, AuR 1997, 1 (3 f.); *Schaub*, BB 1993 Beil. 15, 1 ff. Auf das mit dem Wandel der Arbeitswelt vollzogene, geänderte Selbstverständnis der Arbeitnehmer verweist auch *Löwisch*, RdA 1999, 69 (70 f.). Dagegen *Wittgruber*, Abkehr, S. 58 ff., 62. Vgl. auch unten, § 4 III 3 a.

[34] Vgl. *Hromadka*, DB 1986, 1921 (1922); *Lederer*, Initiativrecht, S. 1 f., 30 ff.; *Trittin*, AuR 1991, 329 ff.; *Weyand*, AuR 1993, 1 (2 f.); *Kittner*, in: FS für Schaub, S. 389 (390 dort Fn. 4); *Wittgruber*, Abkehr, S. 16 ff.; FAZ v. 21.11.1998, S. 13, 14.

[35] *Reuter*, ZfA 1995, 1 (32).

zu den Kollegen im konkreten Betrieb[36] sowie zur Leistungsfähigkeit des Unternehmens ab.[37] Damit hat sich letztlich auch die Entgeltbestimmung zu einem Faktor entwickelt, der eine betriebseinheitliche, spezifische Koordination erfordert.

Individualvertraglich kann dem Erfordernis betriebsspezifischer Festlegung der Löhne allenfalls dadurch genügt werden, daß die einheitliche Gestaltung durch einseitige Vorgaben des Arbeitgebers verwirklicht wird. Im Wege sogenannter *vertraglicher Einheitsregelungen* wird durch den Abschluß inhaltlich gleichartiger, aufeinander abgestimmter Einzelarbeitsverträge ein Gesamtgebilde konformer Arbeitsbedingungen geschaffen.[38] *Rechtlich* liegt insoweit eine zweiseitige Absprache vor, *tatsächlich* aber erfolgt die einheitliche Gestaltung dadurch, daß der Arbeitgeber den Inhalt dieser *Formularverträge* einseitig vorgibt. Durch die Betriebsverfassung wird hingegen eine Alternative zur faktischen Alleinentscheidung des Arbeitgeber hinsichtlich der einheitlich zu gestaltenden Arbeitsbedingungen eröffnet, indem die Belegschaftsmitglieder über ihre Repräsentanten die Gelegenheit zur Mitverhandlung und Mitentscheidung erhalten und die gefundene Einigung durch das Instrument der Betriebsvereinbarung gemäß § 77 Abs. 4 BetrVG – in den Grenzen des Günstigkeitsprinzips[39] – mit unmittelbarer und zwingender Wirkung ausgestaltet wird.

3. Schutz durch Mitbestimmung

a) Mitbestimmung statt einseitiger Gestaltung

Durch die Teilhabe an der Ausgestaltung der Betriebsabläufe und Arbeitsbedingungen verwirklicht sich der *Schutzzweck der Betriebsverfassung*,[40] denn durch

---

36 *Wiedemann*, in: FS für Kahn-Freund, S. 343 (354, 355); *Baldamus*, Der gerechte Lohn, S. 51 f.; *Lederer*, Initiativrecht, S. 29.

37 Vgl. bereits oben § 1 II 3.

38 Zu den vertraglichen Einheitsregelungen insbesondere *Säcker*, Gruppenautonomie, S. 78 ff.; *Hueck*, in: FS für Molitor, S. 203 (207); *Belling*, Günstigkeitsprinzip, S. 128.
Zur Anwendung des Günstigkeitsprinzips bei vertraglichen Einheitsregelungen, siehe unten, § 5 II 5.

39 Dazu unten, § 5 II 3.

40 Der *Schutzzweck* der Betriebsverfassung ist allgemein anerkannt: BAG AP Nrn. 3, 4 zu § 87 BetrVG 1972 Lohngestaltung; BAG AP Nrn. 18, 20 zu § 87 BetrVG 1972 Tarifvorrang; BAG AP Nr. 21 zu § 77 BetrVG 1972; *Fitting*, BetrVG, § 87 Rn. 3; Hess/Schlochauer/*Glaubitz*, BetrVG, § 87 Rn. 7; *Gast*, Arbeitsvertrag und Direktion, S. 101 ff.; *Hueck/Nipperdey*, ArbR Bd. II / 1, S. 1062 f.; *Zöllner/Loritz*, ArbR, § 44 III 4; *Canaris*, AuR 1966, 129 (129 f.); *Biedenkopf*, Grenzen der Tarifautonomie, S. 293; *Kreutz*, Grenzen, S. 154 ff., 201 ff.; *Wiese*, in: 25 Jahre BAG, S. 661 (662); *ders.*; in: GK-BetrVG, Einl. Rn 49; *Käppler*, in: FS für Kissel, S. 475 (478); *Heisig*, Arbeitsentgelt- und Arbeitszeitregelung, S. 31; *Dietz*, DB 1965, 591 (592); *P. Hanau*, in: FS Köln, S. 183 (203); *v. Hoyningen-Huene/Meier-Krenz*, NZA 1997, 793 (796); *Joost*, ZfA 1993, 257 (266); *Strie-*

die Mitbestimmung wird – wie gesehen – das zweiseitige Aushandeln überhaupt erst ermöglicht, das heißt ein Verfahren eröffnet, über das die Vorstellungen und Erwartungen der Arbeitnehmer in die Entscheidungsfindung einfließen. Der Arbeitnehmer wird damit „aus der Objektstellung herausgenommen“[41] und die einseitige Fremdbestimmung durch ein System der Mitbestimmung ersetzt. Durch die Eröffnung der Teilhabe an der Gestaltung der arbeitsrechtlichen Beziehung wird das „Prinzip formaler Gleichheit durch das Prinzip materialer Gleichberechtigung ersetzt, mithin das Vertragsprinzip als wichtigste Ausprägung der Privatautonomie und damit die *Selbstbestimmung* der Arbeitnehmer auf kollektiver Ebene verwirklicht“[42] (Hervorh. der Verf.), denn im Gegensatz zur einseitigen Koordination bietet die Mitentscheidung die Gewähr für einen angemessenen Ausgleich der gegensätzlichen, betroffenen Interessen. Ohne daß es bereits an dieser Stelle einer näheren Auseinandersetzung mit der Frage bedarf, inwieweit die Betriebsautonomie eine Selbstbestimmungsordnung errichtet,[43] werden jedenfalls mit dem Instrument der Betriebsvereinbarung diejenigen Gegenstände der vertraglichen, *einvernehmlichen* Festlegung unterstellt, die im nicht verfaßten Betrieb allein durch den Arbeitgeber *einseitig* bestimmt werden.[44] Im Ergebnis muß die zu treffende Vereinbarung somit die Zustimmung beider Betriebspartner erhalten (abgesehen von den Fällen, in denen eine verbindliche Entscheidung der Einigungsstelle die fehlende Einigung ersetzt). Die notwendige Einigung von Arbeitgeber und Betriebsrat wird so zum schutzgebenden Korrektiv, welches die einseitige Interessenverfolgung und allein am Unternehmen ausgerichtete Ausgestaltung der Arbeitsbedingungen beschränkt und dadurch verhindert, daß die Belange der betroffenen Arbeitnehmer nicht oder nicht ausreichend berücksichtigt werden.[45] Die Gewährung der betriebsver-

---

der, BB 1980, 420 (421); *Hurlebaus*, Fehlende Mitbestimmung, S. 26 ff., 57 ff., 64 ff., 72 ff., 81 f.; *Lambrich*, Tarif- und Betriebsautonomie, S. 128 ff.; *Riester*, Deregulierung und Flexibilisierung, S. 26; *H. Hanau*, Individualautonomie und Mitbestimmung, S. 103; *Köke*, Betriebliche Lohngestaltung, S. 8 f.; *Wittgruber*, Abkehr, S. 93 ff., 102 f. Diff. *Franz/Rüthers*, RdA 1999, 32.

Diff. *Jahnke* (Tarifautonomie und Mitbestimmung, S. 26 f., 123 ff.; *ders.*, ZfA 1980, 863 [882 f.]), der den Schutzzweck der Betriebsverfassung auf immaterielle Interessen beschränkt und der Tarifautonomie den primär materiellen Schutzzweck zuweist. Daß eine solche Differenzierung durch die betriebssoziologische Entwicklung überholt ist, wurde bereits (oben 2) dargelegt.

41 *Wiese*, ZfA 1996, 439 (473); vgl. auch *Hammer*, Selbstbestimmungsfreiheit, S. 43 f.

42 *Wiese*, ZfA 1996, 439 (473); *ders.*, in: FS für Kraft, S. 683 (685); vgl. auch *Reichold*, Sozialprivatrecht, S. 499 ff.

43 Dazu unten § 4 III 3.

44 *Kreutz*, Grenzen, S. 190; *Hammer*, Selbstbestimmungsfreiheit, S. 42 ff.

45 BAG AP Nrn. 51, 61 zu § 87 BetrVG 1972 Lohngestaltung; BAG AP Nr. 21 zu § 77 BetrVG 192; *Matthes*, in: Münch Hdb, § 324 Rn. 9; *Wiese*, in: FS 25 Jahre BAG, S. 661 ff.; *Säcker*, ZfA Sonderheft 1972, 41 (56 f.); sowie die Nachw. aus Fn. 90.

fassungsrechtlichen Mitwirkungsrechte dient damit im Ergebnis ausschließlich den Interessen der Belegschaftsmitglieder.[46] Die *Teilhabe* an der Entscheidungsfindung, welche teilweise als eigenständiger, neben der Schutzfunktion bestehender Zweck angesehen wird,[47] erweist sich daher als *Mittel zur Verwirklichung des Schutzzwecks*.[48]

b) Vertragsparität auf Betriebsebene

Durch die vertragliche Vereinbarung der betriebseinheitlich festzulegenden Arbeitsbedingungen ist aber nicht nur *formaler Schutz* gewährleistet, sondern zugleich eine gewisse *materielle* Richtigkeit der getroffenen Absprache sichergestellt.[49] Denn durch die gleichberechtigte Gestaltungsform wird eine materielle Schutzfunktion verwirklicht im Sinne *materieller Vertragsgerechtigkeit*. Der zweiseitigen Vereinbarung ist bei annäherndem Vertragspartnergleichgewicht die Gewähr der Richtigkeit immanent. Denn bei Vorliegen von Verhandlungsparität ist davon auszugehen, daß ein Kompromiß zwischen den widerstreitenden Interessen im Sinne einer annähernd gerechten Lösung gefunden wird.[50]

---

[46] *Jahnke*, Tarifautonomie und Mitbestimmung, S. 130; *Hurlebaus*, Fehlende Mitbestimmung, S. 35 f., 55, 73; *Fastrich*, RdA 1999, 24 (27); vgl. auch *Ehmann*, in: FS für Wiese, S. 99 (112 ff.).

[47] Den *Teilhabezweck* ausdrücklich betonend: BAG AP Nr. 3 zu § 87 BetrVG 1972 Initiativrecht; BAG AP Nrn. 14, 17 zu § 87 BetrVG 1972 Ordnung des Betriebes; BAG AP Nrn. 51, 65 zu § 87 BetrVG 1972 Lohngestaltung; BAG AP Nrn. 18, 20 zu § 87 BetrVG 1972 Tarifvorrang; BAG AP Nr. 21 zu § 77 BetrVG 1972; *Dietz/Richardi*, BetrVG, Vor § 1 Rn. 1, 3; *Richardi*, BetrVG, § 87 Rn. 8; *Däubler/Kittner*, in: D/K/K, Einl. Rn. 37 ff.; *Galperin/Löwisch*, BetrVG, § 87 Rn. 42; *Schaub*, ArbR Hdb, § 210 2; Hueck/Nipperdey-*Säcker*, ArbR Bd. II / 2, S. 1060, 1062; *v. Hoyningen-Huene*, in: Münch Hdb, § 289 Rn. 12; *Wiese*, Initiativrecht, S. 11, 34; *ders.*, in: FS für Kissel, S. 1269 (1278 ff.); *ders.*, in: GK-BetrVG, Einl. Rn. 50; *ders.* (in: FS für Kraft, S. 683 [684]), wo er dem Teilhabezweck den Vorrang vor dem Schutzzweck einräumt; *Jahnke*, Tarifautonomie und Mitbestimmung, S. 130; *ders.*, ZfA 1980, 863 (83 f.); *Hurlebaus*, Fehlende Mitbestimmung, S. 23 ff., 72 ff., 81 ff.; *Lederer*, Initiativrecht, S. 53; *H. Hanau*, Individualautonomie und Mitbestimmung, S. 104; *Hammer*, Selbstbestimmungsfreiheit, S. 121 f.
Insoweit ablehnend *Hromadka* DB 1991, 2133 (2137); *Wittgruber*, Abkehr, S. 96 ff., 99 ff. Kritisch auch *Bommermann*, Wirksamkeitsvoraussetzung, S. 96 ff.

[48] Zum Erfordernis differenzierter Betrachtung der *Schutzbedürftigkeit* der Arbeitnehmer grundlegend *Zöllner*, AcP (176) 1976, 221 ff.; *Kreutz*, Grenzen S. 156 ff.; *Veit*, Zuständigkeit, S. 42 ff., 302 ff.; *Wank*, Arbeitnehmer und Selbständige, S. 45 ff.; *Junker*, NZA 1997, 1305 (1308); *H. Hanau*, Individualautonomie und Mitbestimmung, S. 84. Zum geänderten Schutzbedürfnis aufgrund wirtschaftlichen Wandels *Löwisch*, RdA 1999, 69 (71).

[49] *Kreutz*, Grenzen, S. 193. Ziel ist – wie *Gast* (Arbeitsrecht als Vertragsrecht, S. 67) es formuliert – die „Organisation von Machtsymmetrie".

[50] Sogenannte *Theorie der Richtigkeitsgewähr* von Verträgen *Schmidt-Rimpler*, AcP (178) 1978, 130 (149 ff.); vgl. *Hönn*, in: FS für Kraft, S. 251 (254 ff.).

Beide Vereinbarungspartner werden dem gefundenen Ergebnis ihrer Verhandlungen nur dann ihre Zustimmung erteilen, wenn sie ihre Interessen weitestgehend berücksichtigt finden. Voraussetzung ist aber, daß beide Seiten die gleiche Chance haben, ihren rechtsgeschäftlichen Willen zu realisieren.[51]

(1) Betriebsratsstellung und Mitwirkungsmöglichkeiten

Entgegen verbreiteter Annahme[52] ist eine solche Verhandlungsparität von Rechts wegen und in der überwiegenden Zahl der Fälle auch tatsächlich zwischen Arbeitgeber und Betriebsrat vorhanden.[53] Insbesondere wegen der Ausgestaltung und Bedeutung der Betriebsverfassung mit der institutionellen und persönlichen Absicherung der Betriebsratsmitglieder (§ 78 BetrVG; § 15 KSchG) ist eine selbstbewußte und konsequente Wahrnehmung der Belegschaftsinteressen gewährleistet, denn die Betriebsratsmitglieder müssen bei der Wahrnehmung ihrer Aufgaben nicht um die eigene berufliche Zukunft fürchten. Darüber hinaus gibt das Bündel der Mitwirkungsrechte hinsichtlich täglich anfallender Angelegenheiten (vgl. den Katalog des § 87 Abs. 1 BetrVG) dem Betriebsrat ein gewisses Gegengewicht zum Unternehmer, welches das BAG durch die – nach hier vertretener Auffassung abzulehnende – Theorie der Wirksamkeitsvoraussetzung[54] und die – zweifelhafte – Anerkennung eines allgemeinen Unterlassungsanspruchs[55] bei sozialen Angelegenheiten sogar noch verstärkt hat.

Wegen der unmittelbaren demokratischen Legitimation des Betriebsrats wird dieser in besonderem Maße bestrebt sein, die Interessen der Belegschaftsmitglieder angemessen zu vertreten. Er wird daher in aller erster Linie für den Bestand der Ansprüche und gegebenenfalls ihre Erhöhung eintreten. Mit dem

---

Einschränkend ist jedoch darauf hinzuweisen, daß insoweit keine objektive Richtigkeit erreicht werden kann, sondern nur die „annähernd beste Lösung" (*Weitnauer*, Schutz des Schwächeren, S. 18) nach subjektiven Maßstäben verwirklicht wird; vgl. *Säcker*, Gruppenautonomie, S. 208; *Hueck*, in: Der gerechte Lohn, S. 18 (28).

[51] So die herrschende Meinung: Grundlegend *Hönn*, Kompensation, S. 29; *Flume*, Rechtsgeschäft, S. 10; *Kreutz*, Grenzen, S. 160 f.; *Reichold*, Sozialprivatrecht, S. 79; *Schmidt*, Günstigkeitsprinzip, S. 69; *Hammer*, Selbstbestimmungsfreiheit, S. 29 f.; *Hueck*, in: Der gerechte Lohn, S. 18 (28). Kritisch *Zöllner*, AcP (196) 1996, 1 (15 ff.).

[52] *Sinzheimer*, in: Arbeitsrecht und Rechtssoziologie Bd. I, S. 150, 158 („abhängige Existenzen"); *Biedenkopf*, Grenzen der Tarifautonomie, S. 302; *P. Hanau*, RdA 1993, 1 (15); *Walker*, ZfA 1996, 353 (360); *Kittner*, in: FS für Schaub, S. 389 (419); *Kissel*, NZA 1986, 73 ff.; *Veit*, Zuständigkeit, S. 103 ff.; *Engelen-Kefer*, AuR 1997, 8 (9).

[53] *Reuter*, ZfA 1993, 221 (237); *ders.*, RdA 1994, 152 (158); *Gast*, Arbeitsrecht als Vertragsrecht, S. 87 f.; *Ehmann/Lambrich*, NZA 1996, 346 (353); deutlich auch *Buchner*, in: FS für Kissel, S. 97 (110); *Kallrath*, Gerichtliche Kontrolle, S. 195 ff.

[54] Vgl. dazu unten, § 3 IV.

[55] BAG AP Nr. 23 zu § 23 BetrVG 1972. Dazu unten, § 3 dort Fn. 360.

Abschluß einer entsprechenden Betriebsvereinbarung übernimmt der Belegschaftsrepräsentant daher nur die (Mit-)Verantwortung für bestimmte Arbeitsbedingungen, wenn ihm diese zusagen.[56] Damit ist die Annahme, der Arbeitgeber könne auf Betriebsebene eher unangemessene Arbeitsbedingungen durchsetzen als auf Tarifebene, nicht zutreffend.[57] Dies hat letztlich auch das BAG erkannt, denn mit der Vorrangtheorie und der zutreffenden Begründung dieser Konzeption mit dem Arbeitnehmerschutzgedanken[58] hat es der Betriebsautonomie die Fähigkeit zugesprochen, sachlich angemessene Vereinbarungen zu treffen. Eine gerichtliche *Billigkeitskontrolle* zur Gewährleistung eines angemessenen Inhalts der getroffenen Vereinbarungen ist daher nicht erforderlich, sondern es kann lediglich eine *Rechts*kontrolle erfolgen.[59]

---

[56] *Ehmann*, ZRP 1996, 314 (320); *ders.*, Neue Ordnung 1996 (Sondernummer), 5 (65 ff.).

[57] Vgl. *Reuter*, ZfA 1993, 221 (237); *ders.*, RdA 1994, 152 (158); *Gast*, Arbeitsrecht als Vertragsrecht, S. 87 f.; *Ehmann/Lambrich*, NZA 1996, 346 (353); deutlich auch *Buchner*, in: FS für Kissel, S. 97 (110).

[58] Dazu unten, § 3 II 3 b.

[59] Eine solche *Billigkeitskontrolle* wird allerdings von der Rechtsprechung angenommen (BAG AP Nr. 1 zu § 77 BetrVG 1972 Auslegung; BAG AP Nr. 17 zu § 77 BetrVG 1972; vgl. zur Darstellung der Rechtsprechung *Kallrath*, Gerichtliche Kontrolle, S. 38 ff., 87 ff., 121 ff.) und auch in der Literatur zum Teil befürwortet: *Galperin/Löwisch*, BetrVG, § 77 Rn. 54; *Richardi*, BetrVG, § 77 Rn. 109.

Zu Recht ablehnend: *Kreutz*, Grenzen, S. 248; *ders.*, in: GK-BetrVG, § 77 Rn. 258 ff. m. w. Nachw.; *ders.*, ZfA 1975, 65 ff.; *v. Hoyningen-Huene*, Die Billigkeit im Arbeitsrecht, S. 161; *ders.*, Betriebsverfassungsrecht, § 11 III 5 f; *Jahnke*, Tarifautonomie und Mitbestimmung, S. 119 ff.; *Blomeyer*, DB 1984, 926 (927); *Reuter*, RdA 1991, 193 (197); *ders.*, ZfA 1993, 221 (235 ff.); *Gast*, BB 1990, 1637 (1642); *Leinemann*, in: Änderung von Arbeitsbedingungen, S. 145 (146 ff., 149 f.); *Kallrath*, Gerichtliche Kontrolle, S. 169 ff., 187. Diff. *Küttner/Schlüpers-Oehmen/Rebel*, DB 1985, 172 (175); *Veit*, Zuständigkeit, S. 100 ff.

Eine *Billigkeitskontrolle* ist durch den Gesetzgeber nicht vorgesehen worden. Voraussetzung für die Überprüfung der Betriebsvereinbarung unter Billigkeitsgesichtspunkten wäre das Vorliegen eines herrschaftlichen Gefälles zwischen den Vertragspartnern; so auch die Argumentation von *Kreutz*, in: GK-BetrVG, § 77 Rn. 261; *Matthes*, in: Münch Hdb, § 319 Rn. 80 f. m. w. Nachw. An einem solchen fehlt es aber – wie bereits gezeigt und im folgenden zu zeigen sein wird – zwischen den Betriebspartnern. Damit ist die externe Billigkeitsüberprüfung ungerechtfertigt, denn sie steht mit dem Prinzip der Privatautonomie als Selbstbestimmung im Widerspruch (zur verfassungsrechtlichen Verankerung der Betriebsautonomie in Art. 2 Abs. 1, 9 Abs. 1 GG unten, § 4 III 3). Zudem fehlt es bei gerichtlicher Kontrolle von Betriebsvereinbarungen, die Lohnfragen zum Gegenstand haben, an *juristischen* Maßstäben (vgl. *Reuter*, ZfA 1993, 221 [236]). Justitiabel sind allein die für das verfassungsrechtliche Günstigkeitsprinzip maßgeblichen Beurteilungskriterien (dazu unten, § 6).

Gerichtlicher Kontrollmaßstab sind damit das *Verfassungsrecht* unter Einbeziehung sowohl der Grundrechte als auch der Prinzipien des freiheitlichen sozialen Rechtsstaates (Stichwort: Rückwirkung von Betriebsvereinbarungen) und das *Gesetzesrecht* unter Be-

Der Arbeitgeber ist also seinerseits auf eine gute, in § 2 BetrVG gesetzlich ausdrücklich angemahnte Zusammenarbeit mit dem Betriebsrat angewiesen,[60] so daß nach dem derzeitigen Stand der Entwicklung der Betriebsverfassung grundsätzlich von einem annähernden Verhandlungsgleichgewicht auszugehen ist. Den Arbeitnehmern ist damit über ihre Repräsentanten Schutz durch gleichberechtigte Mitgestaltung der notwendig betriebseinheitlich zu regelnden Arbeitsbedingungen gewährt.

(2) Richtigkeitsgewähr

Wegen der besonderen Sachnähe des Betriebsrats zu den betriebsspezifischen Gegebenheiten (dazu unter [aa]) ist der Betriebsrat sogar besser als die branchenweit agierende Gewerkschaft geeignet, eine am Betrieb orientierte angemessene und damit gerechte Vereinbarung über die Löhne zu treffen.[61] Diese Vereinbarungen bieten auch ohne die Streikmöglichkeit die Gewähr der Richtigkeit des gefundenen Kompromisses (dazu unter [bb]).

(aa) Die Sachnähe

Als *sachnähere Ebene* kann der Betriebsrat eher als eine auf höherer Ebene flächendeckend agierende Gewerkschaft die betriebsspezifischen Probleme (zum Beispiel Umsatzrückgang, Produktionseinbußen, Standortverlagerungsbestrebungen) abschätzen und flexibel reagieren.[62] Denn auf der Betriebsebene kann anders als auf Verbandsebene die Leistungsfähigkeit und unterschiedliche Wirtschaftskraft berücksichtigt werden.[63] Der Betriebsrat hat – anders als die Gewerkschaft – Einblicke in die wirtschaftliche Situation; dies um so mehr, soweit die Voraussetzungen für die Bildung eines Wirtschaftsausschusses gemäß der §§ 106 ff. BetrVG vorliegen. Zudem folgt aus dem Zwang, sich mit gewissen

---

rücksichtigung der §§ 2 Abs. 1, 75 Abs. 1 S. 1 BetrVG und der Grenzkontrolle nach den §§ 138, 826 BGB; vgl. *Moll*, NZA 1988 Beil. 1, 17 (26); *Kallrath*, Gerichtliche Kontrolle, S. 155 ff.; wohl auch *Veit*, Zuständigkeit, S. 100 ff. Dabei betrifft die Inhaltskontrolle nach § 75 Abs. 1 BetrVG den Individualschutz, nicht eine allgemeine Billigkeitskontrolle, denn das Handeln im kollektiven Interesse von Betrieb und Belegschaft kann mit den schutzwürdigen Interessen einzelner Arbeitnehmer in Konflikt geraten; so auch *Reuter*, ZfA 1993, 221 (238).

60 *Zöllner/Loritz*, ArbR, § 44 VII 1. *J.-H. Bauer* (NZA 1997, 233 [234]) nennt daher als goldene Grundregel: „Der Betriebsrat muß gehegt und gepflegt werden." *Reuter* (in: FS für Schaub, S. 605 [629]) wählt die treffende Bezeichnung der „neuen Angewiesenheit".

61 Zum Betriebsbezug als Gerechtigkeitsmaßstab siehe oben, § 1 II 3 b. Zum Erfordernis betriebsspezifischer Lohnfestlegung oben, § 1 I 1,§ 2 I 2.

62 *Zöllner*, in: FS Nipperdey Bd. II, S. 699 (704); *Ehmann*, Neue Ordnung 1992, 244 (256); *Gast*, BB 1990, 1637 (1641); *G. Müller*, AuR 1992, 257 (260); *Sodan*, JZ 1998, 421 (429).

63 Vgl. die Äußerung des Präsidenten der BDA *Hundt* (FAZ v. 02.12.1998, S. 18): „Bündnisse für Arbeit gehören in den Betrieb. Nur dort können wir Arbeits- und Ausbildungsplätze halten und neue schaffen."

Problemen auseinanderzusetzen und sie einer akzeptablen Lösung zuzuführen, um nicht den Unmut der Belegschaft auszulösen, eine überlegene Innovationsfunktion der Betriebsebene.[64]

(bb) Das Streikverbot

Der auf Betriebsebene gefundenen Lösung kommt auch nicht deshalb eine mangelnde *Richtigkeitsgewähr* zu, weil der Betriebsrat – anders als die Gewerkschaften – nicht die Möglichkeit hat, seine Forderungen durch Streik zu erzwingen. Zunächst ist es bereits zweifelhaft, das Streikrecht als Voraussetzung der Richtigkeit anzusehen, denn die Durchführung von Arbeitskampfmaßnahmen setzt die Konfliktbereitschaft der Arbeitnehmerschaft voraus. In ökonomisch angespannten Zeiten kann diese aber gerade fehlen, so daß der Streik als Machtmittel dann wenig Wirkung entfaltet.[65] Andererseits ist die Kampfparität zwischen den Tarifpartnern nicht immer gegeben, denn die Gewerkschaften haben sich zu mächtigen Institutionen entwickelt, deren Schlagkraft auch zur Verwirklichung von Forderungen eingesetzt werden kann und wird, deren Richtigkeit doch zumindest angezweifelt werden kann.[66]

Auch ohne Streikrecht hat der Betriebsrat wegen der oben dargelegten Erfordernisse der guten Zusammenarbeit hinreichende Möglichkeiten, seine Vorstellungen durchzusetzen.[67] Die Verpflichtung der Betriebspartner auf die Wahrung

---

[64] Vgl. *Däubler*, in: FS für Wlotzke, S. 257 (269 f.).
Die größere Sachnähe der Betriebspartner erkennen letztlich auch die Tarifpartner an. Anders ist das positive Votum (Beschluß 3, in: Verhandlungen des 61. DJT, Bd. II / 1 K 69) der mehrheitlich von Verbandsjuristen besetzten arbeitsrechtlichen Abteilung des 61. DJT zum Antrag, den Betriebsparteien vorübergehende Absenkungen der tarifvertraglichen Leistungen zu gestatten, soweit dies zur Rettung des Betriebes oder eines erheblichen Teils der Arbeitsplätze erforderlich ist, kaum zu erklären; dazu *Reuter*, in: FS für Schaub, S. 605 (606).

[65] *Gast* (Arbeitsrecht als Vertragsrecht, S. 89) bezeichnet dies als „strukturellen Mangel der Tarifautonomie“. *Ehmann* (in: Wirklichkeit als Tabu, S. 61 [65 ff., 68]) geht davon aus, daß die Tarifautonomie ihre Richtigkeitsgewähr verloren hat; ebenso *Adomeit*, Regelung von Arbeitsbedingungen, S. 13 ff.; kritisch auch *Reuter*, in: FS für Schaub, S. 650 (608 ff.); *ders.*, ZfA 1993, 221 (237). Schon *A. Hueck* (in: Der gerechte Lohn, S. 18 [30]) stand der Richtigkeit der durch Streik erzwungenen Arbeitsbedingungen sehr kritisch gegenüber.

[66] Vgl. insoweit auch unten, § 4 II 2 b (2).

[67] Vgl. *Kallrath*, Gerichtliche Kontrolle, S. 200 ff.; anders *Veit*, Zuständigkeit, S. 106 ff.; *K. Molitor*, in: FS für Schaub, S. 487 (489); *Kittner*, in: FS für Schaub, S. 389 (420); *Engelen-Kefer*, AuR 1997, 8 (9).
Wie hier *Zöllner*, in: FS Nipperdey Bd. II, S. 699 (702); *Adomeit*, NJW 1994, 837 f.; *Ehmann*, ZRP 1996, 314 (320); *Bender*, BB 1987, 1117 (1120); *Hromadka*, NZA 1996, 1233 (1238).

des Betriebswohls gemäß § 2 BetrVG steht der angemessenen Vereinbarung auf Betriebsebene nicht entgegen,[68] denn die Richtigkeit ist nicht ausschließlich durch das Arbeitnehmerinteresse an einem möglichst hohen Lohn bestimmt, sondern beinhaltet auch die Wirtschaftlichkeit des Betriebes, denn nur von einem erfolgreichen Unternehmen kann auch die Belegschaft profitieren.[69] Zudem kann der Arbeitgeber außerhalb des Bereichs der erzwingbaren Mitbestimmung den Betriebsrat nicht zum Abschluß von Vereinbarungen zwingen, so daß auch insoweit eine „Übervorteilung“ nicht zu befürchten ist. Hält der Betriebsrat die vom Unternehmer vorgeschlagenen bzw. angestrebten Arbeitsbedingungen für unangemessen, kann er den Abschluß einer Betriebsvereinbarung ablehnen, so daß es bei den individualvertraglichen oder tariflichen Bedingungen verbleibt. Der Arbeitgeber muß daher den Betriebsrat von der Erforderlichkeit bestimmter Maßnahmen überzeugen.[70]

(3) Betriebsfrieden

Den betrieblichen Erfordernissen nach einer spezifischen, am Betrieb orientierten Ausgestaltung der Arbeitsbedingungen dadurch Rechnung zu tragen, daß den Betriebspartnern die Festlegung von Arbeitsbedingungen auch über den Bereich des Direktionsrechts hinaus zugestanden wird, führt entgegen verbreiteter Einschätzung auch nicht zu einer (vermehrten) Störung des Betriebsfriedens.[71]

Auch die von den Tarifvertragsparteien zunehmend zugestandene Verlagerung von Regelungen auf die Betriebsebene ist ein weiterer Beweis für die Richtigkeitsgewähr der zwischen Arbeitgeber und Betriebsrat getroffenen Vereinbarungen.

68 So aber *Belling*, Günstigkeitsprinzip, S. 70 ff., 115.

69 Ebenso *P. Hanau*, in: FS Köln, S. 183 (203); *Buchner*, in: FS für Kissel, S. 97 (116); *Soltwedel*, FAZ v. 25.02.1998, S. 17; *Hank*, FAZ v. 16.02.1998, S. 15. Zutreffend führt *Reuter* (in: FS für Schaub, S. 605 [636]) aus, daß die vermehrte tarifliche Berücksichtigung der ökonomischen Besonderheiten innerhalb verschiedener Branchen nicht zuletzt erst durch den Druck der „illegal“ abgeschlossenen Betriebsvereinbarungen erreicht wurde; vgl. auch *ders.* (RdA 1991, 193 [202]).

70 *Reuter*, RdA 1991, 193 (202); *ders.*, ZfA 1993, 221 (237); *Hromadka*, NZA 1996, 1233 (1238).
Daß sich die Betriebsräte als Besitzstandswahrer sehen und sich auf entsprechende Vereinbarungen, die zu einer Reduzierung der Ansprüche führen, nur einlassen, wenn sie durch den Arbeitgeber von deren Notwendigkeit überzeugt werden konnten, steht nach der Studie von *Masloh* (BB 1996, 2407 ff.) fest; ebenso *Martens*, RdA 1983, 217 (221).

71 So aber *Kissel*, NZA 1986, 73 (74); *Gentz*, in: FS für Schaub, S. 205 (211); *K. Molitor*, in: FS für Schaub, S. 487 (493 f.); *Wendeling-Schröder*, Referat, Verhandlungen des 61. DJT, Bd. II / 1, K 9 (K 19); *Janert*, DB 1976, 243; *Conze*, DB 1978, 490 (493); *Bichler*, DB 1979, 1939 (1940); *Franz*, ZfA 1994, 439 (458 f.); *Engelen-Kefer*, AuR 1997, 8 (9). Diff. *Dieterich*, AuR 1997, 1 (6 f.).
Zu Recht dagegen: *Wlotzke*, Günstigkeitsprinzip, S. 108 f.; *Ehmann*, Neue Ordnung 1996 (Sondernummer), 5 (65); *Klasen*, Tarifvorrang, S. 24 f.; *Eickelberg*, Betriebsvereinbarung

Befürchtet wird, die Betriebsräte würden ihre Forderungen mit arbeitskampfähnlichen Maßnahmen durchzusetzen trachten, etwa durch die Verweigerung von Überstunden, die kurzfristige Absage vereinbarter Sonderschichten, kurzfristige Arbeitsniederlegungen und andere rechtswidrige Maßnahmen.

Sonderbar mutet bei dieser Argumentation zunächst an, daß bei der Kritik an der Verlagerung auf die Betriebsebene einerseits auf die Schwäche des Betriebsrats verwiesen („abhängige Existenzen"[72]), andererseits aber seine Stärke gefürchtet wird („Kopplungsgeschäfte").[73] Natürlich soll hier nicht geleugnet werden, daß so mancher Betriebsrat durch rechtswidrige Blockaden seine Einflußnahme und seine Vorstellungen durchsetzt und dadurch erhebliche Betriebsstörungen verursacht.[74] Statt aber den Betriebsrat durch die Anerkennung von Gestaltungsmöglichkeiten bei wesentlichen Arbeitsbedingungen mit in die Verantwortung zu nehmen, werden die erzwingbaren Mitbestimmungsrechte ausgebaut.[75] Ihm wird über die Theorie der Wirksamkeitsvoraussetzung die Möglichkeit gegeben, auch die Unwirksamkeit individualvertraglicher Vereinbarungen herbeizuführen und Handlungsmaßnahmen des Arbeitgebers zunichte zu machen.[76] Und schließlich führt der zuerkannte Unterlassungsanspruch zur ständigen Blockademöglichkeit. Damit zeigt sich sehr deutlich, daß bei fehlender vertrauensvoller Zusammenarbeit, wie sie § 2 BetrVG als Grundlage voraussetzt, bereits ein überwältigendes Störungspotential vorhanden ist. Andererseits zeigen die in der Praxis auf Betriebsebene verwirklichten „Bündnisse für Arbeit"[77], daß die Zusammenarbeit in vielen Betrieben hervorragend funktioniert.[78]

über Arbeitsentgelt, S. 128 ff.; *Moll*, Tarifvorrang, S. 37; vgl. auch *Schleef*, AuA1996, 296 ff.

72 Vgl. unten, § 4 III 2 b (2) mit Fn. 149.

73 Besonders deutlich wird dieser Gegensatz bei *Veit*, Zuständigkeit, S. 104 a. E.

74 Vgl. *Kappes*, DB 1997, 277 (278); *Eich*, ZfA 1988, 93 ff. mit zahlreichen Beispielen aus der Praxis. Auch *Reuter* (in: FS für Schaub, S. 605 [629]) weist zu Recht darauf hin, daß Mitbestimmungsrechte die Gefahr in sich bergen, Sachfragen in Machtfragen zu verwandeln. Vgl. die vom Hauptgeschäftsführer der BDA *Göhner* (FAZ v. 27.01.1998, S. 11) dahingehend geäußerten Befürchtungen. Grundsätzlich beurteilen die Arbeitgeber die Mitbestimmung jedoch größtenteils positiv; Nachw. bei *Dieterich*, AuR 1997, 1 (2).
Unzutreffend ist die zum Teil vertretene Auffassung, Koppelungsgeschäfte seien zulässig, da die Zustimmungsverweigerung nicht an bestimmte Gründe gebunden sei (Nachw. bei *Hanau/Reitze*, in: FS für Wiese, S. 149 [153 dort Fn. 22]). Denn die Blockade stellt jedenfalls einen Verstoß gegen das Gebot der vertrauensvollen Zusammenarbeit dar.

75 Zur Ausweitung der Mitbestimmung nach § 87 Abs. 1 Nr. 10 BetrVG unten, § 3 III.

76 Zur Kritik an der Theorie der Wirksamkeitsvoraussetzung unten, § 3 IV.

77 Vgl. dazu die Nachw. oben, § 1 dort Fn. 30.

78 *Ehmann*, Neue Ordnung 1992, 244 (260): „Die betriebliche Mitbestimmung ist ein bewegliches, kompliziertes System, das großen Künstlern gute Chancen bietet, ein gutes Betriebs-

4. Ergebnis

Zusammenfassend läßt sich feststellen, daß der Zweck der Mitbestimmung darin besteht, einerseits dem Erfordernis betriebseinheitlicher Koordination der Arbeitsbedingungen zu genügen[79] und dabei andererseits an die Stelle der einseitigen Festlegung durch den Arbeitgeber die mitbestimmte Kooperation zwischen Arbeitgeber und dem Betriebsrat als Repräsentanten der Belegschaft zu setzten. Dabei wird sowohl die bei formellen Arbeitsbedingungen *rechtlich* auf dem Direktionsrecht beruhende als auch die sich bei materiellen Arbeitsbedingungen *tatsächlich* durch den Abschluß vorgefertigter vertraglicher Einheitsregelungen durchsetzende einseitige Gestaltungsmacht des Arbeitgebers der Einflußnahme und Mitentscheidung der Belegschaftsrepräsentanten unterstellt. Diese Kooperation durch Mitbestimmung führt nicht nur zur *Teilhabe* an der Entscheidungsfindung, sondern verwirklicht über diese den *Schutz der Arbeitnehmer* im Sinne einer *materiellen Richtigkeitsgewähr*. Denn die Betriebsvereinbarung als Ergebnis der Willenseinigung zwischen den Betriebspartnern führt wegen der bestehenden Vertragsparität zu einem sachgerechten Ausgleich von Arbeitgeber- und Arbeitnehmerinteressen im Sinne einer materiellen Richtigkeit. Das gefundene Ergebnis spiegelt sich auch in der Rechtsprechung wider, wenn das BAG die Funktion der Mitbestimmung nach § 87 Abs. 1 BetrVG nicht auf das Beschränken des Direktionsrechts des Arbeitgebers reduziert, sondern zudem darin sieht, die „einzelvertraglichen Vereinbarungen insbesondere hinsichtlich betriebseinheitlicher Arbeitsbedingungen wegen der dabei gestörten Vertragsparität zurückzudrängen.“[80]

II. Die Zwecksetzung bei § 87 Abs. 1 Nr. 10 BetrVG

Diese Orientierung am Koordinations- und Schutzzweck liegt konkret auch dem Mitbestimmungstatbestand des § 87 Abs. 1 Nr. 10 BetrVG zugrunde. Dem Betriebsrat ist ein Mitbestimmungsrecht eingeräumt bei Fragen der *betrieblichen Lohngestaltung*, wobei als Einzelaspekte das Aufstellen von *Entlohnungsgrundsätzen* und die Einführung, Anwendung und Änderung von *Entlohnungs-*

Betriebskima zu schaffen und auf dessen Grundlage vernünftige Regelungen zu finden. Wer diese Kunst nicht beherrscht, muß halt an den tariflichen Regelungen festhalten, darf sich dann aber nicht über zu hohe, unflexible ... Regelungen ärgern.“

[79] Die überwiegende Meinung spricht insoweit von der *Ordnungsfunktion der Betriebsautonomie*: *Galperin/Löwisch*, BetrVG, § 87 Rn. 6; *Heinze*, DB 1996, 729 (731); *Löwisch*, DB 1983, 1710; *Reuter*, ZfA 1975, 85 (95); *Canaris*, AuR 1966, 129 (130 f.); zur Vorgängervorschrift *Dietz*, in: FS für Nipperdey Bd. I, S. 147 ff.
Dagegen *Däubler*, AuR 1984, 1 (4); ausführlich *Kreutz*, Grenzen, S. 225 ff.; *Belling*, DB 1982, 2513 (2515); *Hurlebaus*, Fehlende Mitbestimmung, S. 43 ff., 78 ff. Diese betonen, daß die Schaffung einer einheitlichen Ordnung bloße Wirkung, nicht aber eigenständiger Zweck der Betriebsautonomie sei.

[80] BAG AP Nr. 21 zu § 77 BetrVG.

methoden genannt sind. Mit der Partizipationsmöglichkeit ist den Arbeitnehmern über ihre Repräsentanten insoweit die prinzipiell gleichrangige und gleichberechtigte *Mitentscheidung*[81] eröffnet.

Zweck der Mitbestimmung ist, durch die Teilhabe an der Ausgestaltung des Lohnsystems die *Angemessenheit und Durchsichtigkeit des Lohngefüges*[82] sicherzustellen und so die Umsetzung des *Gleichbehandlungsgebots* innerhalb der Betriebsgemeinschaft zu gewährleisten.[83] Maßgeblicher Gesichtspunkt ist dabei die Wahrung der *abstrakten innerbetrieblichen Lohngerechtigkeit.*[84] Diese ist nicht zu verstehen als „gerechter" Lohn im Sinne einer bestimmten Höhe der Entlohnung (Austauschgerechtigkeit),[85] sondern als durchschaubares, angemessenes Verhältnis der einzelnen Leistungen zueinander im Sinne einer relativen Lohngerechtigkeit (Verteilungsgerechtigkeit im Betrieb).[86] Bezweckt ist nicht

---

81 BAG AP Nr. 37 zu § 87 BetrVG 1972 Lohngestaltung; *Däubler*, Grundrecht auf Mitbestimmung, S. 37 f. m. w. Nachw.; *Klasen*, Tarifvorrang und Mitbestimmung, S. 15.

82 BAG AP Nrn. 3, 4, 7, 12, 14, 15, 26, 33, 35, 37, 41, 49, 50, 51, 54, 55, 56, 65, 70, 86 zu § 87 BetrVG 1972 Lohngestaltung; BAG AP Nrn. 1, 6 zu § 87 BetrVG 1972 Provision; BAG AP Nrn. 1, 3, 5, 7 zu § 87 BetrVG 1972 Tarifvorrang. Dieser Formel hat sich auch die Rechtslehre weitgehend angeschlossen: *Klebe*, in: D/K/K, § 87 Rn. 241; *Fitting*, BetrVG, § 87 Rn. 282; *Wiese*, in: GK-BetrVG, § 87 Rn. 804; *Galperin/Löwisch*, BetrVG, § 87 Rn. 218; *Jahnke*, ZfA 1980, 863 (884 f.); *Matthes*, NZA 1987, 289 (290).
Kritisch *Joost* (ZfA 1993, 257 [263 ff.]), *Wittgruber* (Abkehr, S. 22), welche diese Rechtsprechungsformel für inhaltsleer halten. Ebenso *Reichold*, RdA 1995, 147 (155 f.); Hess/Schlochauer/*Glaubitz*, BetrVG, § 87 Rn. 463; ähnlich *Lederer*, Initiativrecht, S. 111. Dagegen *Enderlein*, ZfA 1997, 313 (321 ff.).

83 Dazu *Reuter* ZfA 1993, 221 (240); *Reichold*, RdA 1995, 147 (156 ff.).

84 Vgl. die Nachw. aus der Rechtsprechung in Fn. 82; *Dietz/Richardi*, BetrVG, § 87 Rn. 493; *Richardi*, ZfA 1976, 1 (22, 24); *Wiese*, in: GK-BetrVG, § 87 Rn. 805; *Veit*, Zuständigkeit, S. 346 ff.; *Jahnke*, ZfA 1980, 863 (884 f.); *Enderlein*, ZfA 1997, 313 (321 ff.); *H. Hanau*, Individualautonomie und Mitbestimmung, S. 146; differenziert *Reichold* (RdA 1995, 147 [156 f.]): „kollektive Verteilungsgerechtigkeit innerhalb des vom Arbeitgeber erkennbar generalisierenden Prinzips"; *Matthes*, NZA 1987, 289 (290); zur Gerechtigkeit als Mitbestimmungsziel *Dorndorf*, in: FS für Däubler, S. 327 ff.

85 Entsprechend ist die Vereinbarung eines höheren Lohnes nicht Gegenstand der erzwingbaren Mitbestimmung nach § 87 Abs. 1 Nr. 10 BetrVG (dazu unten, § 3 I 2). Daher ist auch der Verweis von *Reichold* (RdA 1995, 147 [150]) auf das individuelle Günstigkeitsprinzip und die Austauschgerechtigkeit im Zusammenhang mit der innerbetrieblichen Lohngestaltung unzutreffend. (Zur Frage der Anwendbarkeit des Günstigkeitsprinzips im Verhältnis Betriebsvereinbarung und Individualvertrag unten § 5 II 3).

86 Ständige Rechtsprechung seit BAG AP Nr. 3 zu § 87 BetrVG 1972 Lohngestaltung; vgl. auch Fn. 82. *H. Hanau* (RdA 1998, 345) bezeichnet dies als die „lediglich relationale Wirkung des § 87 Abs. 1 Nr. 10 BetrVG".
Kritisch *Joost* (ZfA 1993, 257 [262, 271]), der davon ausgeht, daß sich eine relative Lohngerechtigkeit nur unter Einbeziehung auch der Lohnhöhe herstellen lasse. Ablehnend *Wittgruber*, Abkehr, S. 30 ff.

die Gleichmacherei, sondern die Mitentscheidung über die gerechte Verteilung des Vorhandenen,[87] so daß einseitige Ausgestaltung durch ein Verfahren der Willenseinigung der Betriebspartner ersetzt wird. Betriebssoziologische Folge dieser Einflußnahmemöglichkeit ist die höhere Akzeptanz, welche die mitbestimmte Lohngestaltung in der Belegschaft genießt,[88] denn die Verteilungsmaßgaben sind nicht mehr einseitig durch den Arbeitgeber bei Vertragsabschluß vorgegeben, sondern durch die gewählten Repräsentanten ausgehandelt, mitgestaltet und transparent geworden.[89] Die gleichberechtigte *Teilhabe* dient damit dem *Schutz* der Arbeitnehmer vor einer *einseitig an den Interessen des Unternehmens* orientierten und *willkürlichen* Lohngestaltung,[90] indem die Belange der Beschäftigten über den Betriebsrat bei der Festlegung Berücksichtigung finden.[91]

Mit dieser Zwecksetzung ist gleichwohl noch nicht über die Reichweite des erzwingbaren Mitbestimmungsrechts nach § 87 Abs. 1 Nr. 10 BetrVG entschieden. Insbesondere bleibt zu klären, ob der Mitbestimmungstatbestand beide Schritte der Lohnfindung erfaßt,[92] das heißt sowohl die Mitentscheidung über das System[93] als auch die lohnpolitische Entscheidung über die konkrete Lohnhöhe.[94]

---

[87] *Jahnke*, ZfA 1980, 863 (884); *Wiese*, RdA 1995, 355 (360).
Hönsch (BB 1988, 700) unterstellt jedenfalls der Mitbestimmung bei übertariflichen Leistungen eine „Schematisierung und Gleichmacherei". Zur Mitbestimmung bei über- und außertariflichen Leistungen unten § 3 III 1.

[88] Eine hohe Akzeptanz der Lohngestaltung durch die Belegschaft senkt die Transaktionskosten, worauf *Schüren* (DB 1996, 625 [626 f.]) zutreffend hinweist.

[89] Zum Kriterium der Durchsichtigkeit des Lohngefüges *Enderlein*, ZfA 1997, 313 (325 f.).

[90] BAG AP Nr. 1 zu § 87 BetrVG 1972; BAG AP Nrn. 3, 33, 37, 41, 49, 50, 51, 54, 55, 56, 64, 65 zu § 87 BetrVG 1972 Lohngestaltung; BAG AP Nrn. 3, 5 zu § 87 BetrVG 1972 Tarifvorrang.

[91] BAG AP Nr. 37 zu § 87 BetrVG 1972 Lohngestaltung mit Anm. *Reuter*; *Wiese*, RdA 1995, 355 (358 f.); *Richardi*, ZfA 1976, 1 (24); *Köke*, Inhalt und Grenzen der Mitbestimmung, S. 86 ff., 106 f.

[92] Vgl. dazu oben § 1 I 3.

[93] Dazu insbes. § 3 I 1.

[94] Dazu insbes. unten § 3 I 2.

§ 3 Reichweite der Mitbestimmung gemäß § 87 Abs. 1 Nr. 10 BetrVG

I. Betriebliche Lohngestaltung

Mit der Regelung des § 87 Abs. 1 Nr. 10 BetrVG ist dem Betriebsrat ein umfassendes Mitbestimmungsrecht zugestanden, das sich auf „alle Fragen der betrieblichen Lohngestaltung"[1] erstreckt. Diese *Generalklausel*[2] wurde durch die Rechtsprechung des BAG dahingehend konkretisiert, daß ihr Gegenstand die Festlegung *abstrakt genereller Grundsätze zur Lohnfindung*, die Bestimmung der *Strukturformen des Entgelts* einschließlich ihrer näheren *Vollzugsformen* ist.[3] Als Unterbegriffe nennt das Gesetz beispielhaft Entlohnungsgrundsätze und Entlohnungsmethoden.[4] Eine scharfe Differenzierung beider Begriffe ist insoweit jedoch nicht erforderlich, da in beiden Fällen das Mitbestimmungsrecht gleichermaßen eröffnet ist.[5] Im Hinblick auf die Verdeutlichung der verschiedenen Stufen des betrieblichen Entscheidungsprozesses sollen die begrifflichen Unterschiede jedoch knapp dargelegt werden.

---

1 BT-Drucks. 1971 VI/1786, S. 49.

2 *Richardi*, BetrVG, § 87 Rn. 792; Hess/Schlochauer/*Glaubitz*, BetrVG, § 87 Rn. 464; *Richardi*, ZfA 1976, 1 (6 f.).

3 BAG AP Nrn. 2, 3, 7, 14, 15, 35, 37, 41 zu § 87 BetrVG 1972 Lohngestaltung; BAG AP Nrn. 1, 2 zu § 87 BetrVG 1972 Provision; BAG AP Nrn. 1, 20 zu § 87 BetrVG 1972 Tarifvorrang; *Zöllner/Loritz*, ArbR, § 47 II 10a; ferner *Wiese*, in: GK-BetrVG, § 87 Rn. 814 m. w. Nachw.
Abzugrenzen ist die Mitbestimmung nach § 87 Abs. 1 Nr. 10 BetrVG von der nach Nr. 8. Durch den weiten Lohnbegriff, der – wie oben dargelegt (§ 1 III 1) – alle geldwerten Arbeitgeberleistungen aus Anlaß eines Arbeitsverhältnisses erfaßt, schließen Entgelt- und Fürsorgecharakter einander nicht mehr zwingend aus, so daß mit Hilfe von Sozialeinrichtungen Leistungen erbracht werden können, die zugleich Entgeltcharakter haben. § 87 Abs. 1 Nr. 8 BetrVG soll aber nur dann eingreifen, wenn Leistungen aus einem zweckgebundenen Sondervermögen erbracht werden, denn Sozialeinrichtungen i. S. d. § 87 Abs. 1 Nr. 8 BetrVG liegen nur vor, wenn die Gewähr konkreter Mittel durch eine eigene Organisation stattfindet, das heißt wenn diese auf Dauer angelegt eine gewisse Institutionalisierung erfahren haben (z. B. Unterstützungs- und Pensionskassen), vgl. dazu *Richardi*, BetrVG, § 87 Rn. 655 ff.; *Wiese*, in: GK-BetrVG, § 87 Rn. 677 ff.

4 BAG AP Nr. 37 zu § 87 BetrVG 1972 Lohngestaltung; BAG AP Nr. 1 zu § 87 BetrVG 1972 Provision.

5 *Wittke*, Beteiligungsrechte, S. 90; *Rumpf*, AuR 1977, 65 (69). Insofern ist auch die Differenzierung von *Schirdewahn* (BB 1979, 791 ff.) im Ergebnis unerheblich, der den Begriff der Entlohnungsmethode (entgegen der sonst üblichen Einschätzung) als den umfassenderen ansieht und in diesem die einzelnen Regelungen (Entlohnungsgrundsätze) zusammenfaßt.

1. Entlohnungsgrundsätze und -methoden

a) Entlohnungsgrundsätze

Mit Entlohnungsgrundsätzen wird das *System* und seine *Ausformung* umschrieben, nach dem das Arbeitsentgelt bezahlt werden soll.[6] Das Mitbestimmungsrecht bezieht sich also auf die Grundentscheidung über die Lohnfindung, das heißt darauf, ob *Zeit- oder Leistungslohn* oder etwaige *Mischformen* gewählt werden.[7]

Bei *zeitbezogenem Entgelt* erstreckt sich die Teilhabe auf die Festlegung des Zeitraumes, an den die Entlohnung gekoppelt ist (Monats-, Wochen-, Tages-, Schicht- oder Stundenlohn),[8] aber auch auf die Entscheidung über die Anzahl der Lohnzahlungszeiträume (13., 14. Monatsgehalt). Zu den Entlohnungsgrundsätzen gehört, welche Arbeitnehmergruppen im Zeitlohn arbeiten bzw. an welchen Arbeitsplätzen welches System der Lohnfindung angewendet wird.[9] Mitbestimmungspflichtig ist auch, ob neben dem Geldlohn noch Sachleistungen oder andere Sonderformen der Vergütung[10] zu erbringen sind.[11]

b) Entlohnungsmethoden

Bei der Mitbestimmung über die Entlohnungsmethoden geht es um die *konkrete Anwendung*, um das Verfahren, die Art und Weise der Durchführung des gewählten Entlohnungsgrundsatzes, insbesondere die *Bewertung der Arbeitsleistung* für die Lohngestaltung.[12]

Der Betriebsrat entscheidet mit bei der Auswahl und konkreten Ausgestaltung der *Arbeitsbewertungsverfahren* zur Feststellung des *Schwierigkeitsgrades der Arbeit*,[13] um eine anforderungsgerechte und leistungsentsprechende Vergütung

---

[6] *Stege/Weinspach*, BetrVG, § 87 Rn. 178; *Klebe*, in: D/K/K, § 87 Rn. 246; *Galperin/Löwisch*, BetrVG, § 87 Rn. 219; vgl. auch die Nachw. aus der Rechtsprechung in § 2 dort Fn. 82.

[7] *Wiese*, in: GK-BetrVG, § 87 Rn. 900; *Klebe*, in: D/K/K, § 87 Rn. 247; Hess/Schlochauer/*Glaubitz*, BetrVG, § 87 Rn. 478; *Matthes*, in: Münch Hdb, § 333 Rn. 46; *Lieb*, ZfA 1988, 413 (442).

[8] *Wiese*, in: GK-BetrVG, § 87 Rn. 901; *Heisig*, Arbeitsentgelt- und Arbeitszeitregelung, S. 33 f.

[9] *Stege/Weinspach*, BetrVG, § 87 Rn. 178; *Galperin/Löwisch*, BetrVG, § 87 Rn. 220; *P. Hanau*, BB 1977, 350 (353).

[10] Als Sonderformen der Vergütung kommen Provisionen, Tantieme, Gewinn- und Ergebnisbeteiligung, Prämien, vermögenswirksame Leistungen und Zulagen in Betracht.

[11] *Nikisch*, ArbR Bd. III, S. 434; *Wiese*, in: GK-BetrVG, § 87 Rn. 903.

[12] BAG AP Nrn. 2, 4 zu § 87 BetrVG 1972 Provision; Hess/Schlochauer/*Glaubitz*, BetrVG, § 87 Rn. 498; *Schaub*, ArbR Hdb, § 235 II 10 c; *Heisig*, Arbeitsentgelt- und Arbeitszeitregelung, S. 36.

[13] *Schaub*, ArbR Hdb, § 62 II 2; *Moll*, Entgelt, S. 146.

durch den Zeitlohn zu erreichen. Insoweit findet also *mittelbar* doch eine Einflußnahme auf die Austauschgerechtigkeit statt. Für die Arbeitsbewertung kann auf ein *summarisches* Verfahren zurückgegriffen werden, bei dem die Arbeitsaufgabe als Ganzes beurteilt wird,[14] oder auf ein *analytisches*, bei dem die Qualifikation (das Können) des Arbeitnehmers, die zu tragende Verantwortung, Arbeitsbelastung und Umgebungseinflüsse usw. Berücksichtigung finden und die Anforderungen getrennt erfaßt werden.[15] Auch kann die Bewertung der Arbeitsleistung nach einer Punkte-[16] oder einer Rangreihenbewertungsmethode[17] erfolgen.[18]

Die Entlohnungsmethoden erfassen darüber hinaus Regelungen über Zahl, Art und die Tatbestandsmerkmale der Vergütungsgruppen[19] und den Abstand der einzelnen Vergütungsgruppen zueinander im Rahmen der vorgegebenen Entgeltsumme.[20] Bei einem Einkommenssystem mit variablen und festen Gehaltsbestandteilen, die an bestimmte Funktionsbeschreibungen anknüpfen, bezieht sich das Mitbestimmungsrecht zudem auf die abstrakte Festsetzung der Gehaltsbandbreiten und deren Verhältnis zueinander.[21] Mitbestimmungspflichtig

---

[14] Vgl. zu den Vorteilen *H. P. Müller*, ZfA 1993, 198 (200); *Franke*, AT-Angestellte, S. 28 f.

[15] *Büge*, ZfA 1993, 173 (176); *H. P. Müller*, ZfA 1993, 197 (198); *Willenbacher*, ZfA 1993, 211 ff.; *Franke*, AT-Angestellte, S. 30 ff.

[16] Bei dieser Methode werden Punkte für den jeweiligen Schwierigkeitsgrad festgesetzt.

[17] Bei der Rangreihenbewertungsmethode werden Arbeitnehmervergütungsgruppen gebildet und ihnen bestimmte Tätigkeiten beispielhaft zugeordnet. Sie findet vor allem im öffentlichen Dienst bei der Eingruppierung der Angestellten Anwendung, zunehmend aber auch in der Privatwirtschaft; vgl. *Schaub*, ArbR Hdb, § 62 II 2.

[18] *Wiese*, in: GK-BetrVG, § 87 Rn. 922.

[19] BAG AP Nrn. 15, 50, 61 zu § 87 BetrVG 1972 Lohngestaltung; *P. Hanau*, BB 1977, 350 (353). Ein Mitbestimmungsrecht über die Vergütungsgruppen besteht auch, wenn innerhalb des Gehaltsgruppensystems eine gewisse Bandbreite für individuelle Gehaltsvereinbarungen belassen ist; BAG AP Nr. 68 zu § 87 BetrVG 1972 Lohngestaltung.

[20] BAG AP Nr. 65 zu § 87 BetrVG 1972 Lohngestaltung; *Fitting*, BetrVG, § 87 Rn. 418; *Wiese*, GK-BetrVG, § 87 Rn. 923; *P. Hanau*, BB 1977, 350 (353). Ablehnend *Joost* (ZfA 1993, 257 [271]), denn mit der Mitbestimmung über den Abstand der einzelnen Vergütungsgruppen zueinander werde dem Arbeitgeber die Bestimmung der Lohnhöhe weitestgehend aus der Hand genommen.

[21] Ein Mitbestimmungsrecht besteht jedoch nicht bei der Erstellung von Funktionsbeschreibungen, auch wenn der Arbeitgeber beabsichtigt, diese als Hilfsmittel bei der Leistungsbeurteilung für die Gehaltspolitik zu nutzen (BAG AP Nr. 21 zu § 87 BetrVG 1972 Lohngestaltung).
Zur Lohngestaltung gehört nicht die Erstellung von Richtbeispielen für die Zuordnung von Arbeitsbereichen zu tariflichen Lohngruppen (BAG AP Nr. 14 zu § 87 BetrVG 1972 Lohngestaltung mit kritischer Anm. *Weiss*). Andererseits bejaht das BAG (AP Nr. 20 zu § 87 BetrVG 1972 Tarifvorrang) das Vorliegen mitbestimmungspflichtiger Lohngestaltung bei der Festlegung von Arbeitsplätzen, an denen tarifliche Belastungszulagen zu zahlen sind.

sind auch die Grundsätze für die Einordnung der Arbeitnehmer innerhalb der Bandbreiten.[22]

c) Einführung, Anwendung und Änderung

§ 87 Abs. 1 Nr. 10 BetrVG unterstellt die Einführung, Anwendung neuer Entlohnungsmethoden und auch deren Änderung der Mitbestimmung. Die *Einführung* erfaßt die Entscheidung darüber, nach welcher Methode die Lohngestaltung ab einem bestimmten Zeitpunkt erfolgen soll. Dabei richtet sich die Beurteilung als „neu" allein nach dem Vergleich mit dem bisherigen Ist-Zustand.[23] Auch jede *Änderung* nicht nur der Entlohnungsmethoden, sondern auch der Entlohnungsgrundsätze ist mitbestimmungspflichtig.[24] Entsprechend ist der Übergang von Akkord- auf Zeitlohn und umgekehrt nur unter Beteiligung des Betriebsrats durchführbar,[25] ebenso wie eine Verteilung des 13. Monatsgehalts auf zwölf Monate. Der Begriff der *Anwendung* bezieht sich auf die Entlohnungsmethoden und erfaßt vor allem das Umsetzen und Praktizieren der festgelegten Regelungen.[26] Bei periodischer Beurteilung der Leistung im Zeitlohnsystem erstreckt sich die Partizipation daher auch auf allgemeine Grundsätze des Verfahrens.[27]

2. Mitbestimmung über die Lohnhöhe?

Hinsichtlich des ersten Schritts der Lohnfindung[28] ist dem Betriebsrat damit ein umfassendes Mitbestimmungsrecht eingeräumt. Nach zutreffender herrschender Meinung beschränkt sich der Mitbestimmungstatbestand des § 87 Abs. 1 Nr. 10 BetrVG allerdings auch auf diese formelle Seite der Lohngestaltung, denn wie es im folgenden zu zeigen gilt, erstreckt sich die Mitwirkung nach dieser Norm nicht auf die Lohn*höhe*.[29] Diese Differenzierung wird jedoch keinesfalls so kon-

---

Mitbestimmungsfrei ist die Zuteilung von Bearbeitungsgebieten von Außendienstmitarbeitern; BAG AP Nr. 49 zu § 87 BetrVG 1972 Lohngestaltung.

22 *Wiese*, in: GK-BetrVG, § 87 Rn. 924.

23 *Galperin/Löwisch*, BetrVG, § 87 Rn. 223; *Rumpf*, AuR 1977, 65 (73). Zur Abgrenzung der Einführung eines neuen Entlohnungsgrundsatzes und der Vollziehung eines bereits geltenden BAG AP Nr. 35 zu § 87 BetrVG 1972 Lohngestaltung.

24 *Wiese*, in: GK-BetrVG, § 87 Rn. 934; *Moll*, Entgelt, S. 144; *Rumpf*, AuR 1977, 65 (73).

25 *Richardi*, BetrVG, § 87 Rn. 817; *Wiese*, in: GK-BetrVG, § 87 Rn. 935 m. w. Nachw.

26 *Moll*, Entgelt, S. 28, 145.

27 *Wiese*, in: GK-BetrVG, § 87 Rn. 937 f.; *Hanau*, BB 1977, 350 (355). *Fitting*/Auffarth/Kaiser/Heither (BetrVG, § 87 Rn. 133) fassen unter „Anwendung" den Bereich zwischen Einführung und Änderung der Methoden, das heißt die Mitbestimmung hinsichtlich der Kontrolle und Weiterentwicklung der Entlohnungsgrundsätze. Ebenso *Stadler*, BB 1972, 800 (802).

28 Vgl. dazu oben, § 1 I 3.

29 Ständige Rechtsprechung: BAG AP Nr. 1 zu § 87 BetrVG 1972 Provision; BAG AP Nrn. 3, 7, 33, 37, 41, 49, 50, 61, 65 zu § 87 BetrVG 1972 Lohngestaltung; BAG AP Nr. 20

sequent verfolgt, wie es zunächst scheint: Denn während das BAG 1977[30] noch konstatierte, „die Ermittlung der Höhe des Lohnes steht weder unmittelbar noch mittelbar in Rede“, führte derselbe Senat 1981[31] aus, daß die Mitbestimmung zur Festsetzung der Wertunterschiede zwischen den einzelnen Gehaltsgruppen jedenfalls keinen Einfluß *unmittelbar* auf die Entgelthöhe habe. Der *mittelbare* Einfluß wurde hingegen ausdrücklich akzeptiert.[32]

Auch hat die Gegenmeinung,[33] welche die Lohnhöhe direkt unter § 87 Abs. 1 Nr. 10 BetrVG subsumiert, einige gute Argumente für sich, die allerdings im Ergebnis nicht zu überzeugen vermögen. Zur Widerlegung dieser extensiven Auslegung des Mitbestimmungstatbestandes reicht jedoch der pauschale Verweis auf die generelle Ablehnung eines Mitbestimmungsrechts über materielle Arbeitsbedingungen nicht (mehr) aus, denn – wie gesehen[34] – läßt sich für § 87 Abs. 1 BetrVG und die dort aufgeführten Bereiche ein solcher Grundsatz nicht aufrechterhalten. Vielmehr ist für die einzelnen Mitbestimmungs- und Mitwirkungsrechte des Betriebsrats gesondert zu prüfen, ob auch die materielle Seite

---

zu § 87 BetrVG 1972 Tarifvorrang; BAG AP Nr. 8 zu § 77 BetrVG 1972 Tarifvorbehalt; *Richardi*, BetrVG, § 87 Rn. 832 ff.; *ders.*; ZfA 1976, 1 (8 ff., 10, 18 ff.); *Fitting*, BetrVG, § 87 Rn. 433; *Wiese*, in: GK-BetrVG, § 87 Rn. 808 f.; *Matthes*, in: Münch Hdb, § 333 Rn. 5 f., 92; *ders.*, NZA 1987, 289 (290); *Richardi*, *Reichold*, Sozialprivatrecht, S. 518 f.; *ders.*, RdA 1995, 147 (153 ff.); *Jahnke*, ZfA 1980, 863 (890 f.); *P. Hanau*, RdA 1973, 281 (286 f.); *Bichler*, DB 1979, 1939 (1941); *v. Friesen*, AuR 1980, 367 (370); *Hunold*, BB 1981 Beil. 26, 1 (5); *Heisig*, Arbeitsentgelt- und Arbeitszeitregelungen, S. 38 ff.; *Klasen*, Tarifvorrang und Mitbestimmung, S. 44 ff., 55; *Köke*, Betriebliche Lohngestaltung, S. 213 ff., 229; *Thüsing*, DB 1997, 113 (1131).

30 BAG AP Nr. 1 zu § 87 BetrVG 1972 Provision.

31 BAG AP Nr. 7 zu § 87 BetrVG 1972 Lohngestaltung.

32 Vgl. dazu *Joost*, ZfA 1993, 257 (270); *Matthes*, NZA 1987, 289 (291).
Allgemein zur Ausweitung der Mitbestimmungsrechte des Betriebsrats unten, III.

33 *Birk*, Anm. zu BAG EzA § 87 BetrVG Initiativrecht Nr. 2; *Gester/Isenhard*, RdA 1974, 80 ff.; *Klinkhammer*, AuR 1977, 363 ff.; *Strieder*, BB 1980, 420 ff.; *Moll*, Entgelt, S. 157 ff., aber auch S. 189 f.; *Rumpf*, AuR 1972, 65; *Moritz*, AuR 1983, 97 ff.; unklar *Föhr*, AuR 1975, 353 (361 f.). Bzgl. freiwilliger Leistungen befürwortet *Pfarr* (BB 1983, 2001 [2003]) ein Mitbestimmungsrecht über den Dotierungsrahmen und damit über die Lohnhöhe.
Unklar in der Formulierung BAG AP Nr. 1 zu § 87 BetrVG 1972 Altersversorgung: „Die Nr. 10 des § 87 Abs. 1 BetrVG enthält nach überwiegender Ansicht eine Generalklausel, die *nicht nur die unmittelbaren synallagmatischen Rechtsbeziehungen* (Hervorhebung der Verf.) betrifft, also das Austauschverhältnis von Arbeitsleistung und Lohn im engeren Sinne, sondern alle Formen von Vergütungen aus Anlaß eines Arbeitsverhältnisses, und zwar auch insoweit, als sie derzeit noch gar nicht bekannt sind.“ Mit diesen Ausführungen wollte das BAG allerdings nicht die erzwingbare Mitbestimmung über die Lohnhöhe bejahen, sondern wohl eher die Ausweitung des Lohnbegriffs verfolgen; dazu oben, § 1 III 1.

34 Dazu oben, § 2 I 2.

erfaßt ist.[35] Die Auslegung[36] des § 87 Abs. 1 Nr. 10 BetrVG zeigt aber, daß ein Mitbestimmungsrecht über die Lohn*höhe* wegen *Systematik* sowie *Sinn und Zweck* der Regelung nicht angenommen werden kann. Aus dem Wortlaut und den Gesetzesmaterialien hingegen lassen sich keine Rückschlüsse ziehen.

a) Ausdrücklicher Ausschluß der Lohnhöhe?

Die Formulierung dieses als Generalklausel[37] anerkannten Mitbestimmungstatbestandes ist insofern offen, als sie die Einbeziehung auch der Lohnhöhe in das Mitbestimmungsrecht zuläßt. Denn es ist durchaus möglich, den Begriff der „betrieblichen Lohngestaltung" als derart umfassend anzusehen, daß dieser bei reiner Wortinterpretation auch die Geldseite erfaßt. Als Argument wird angeführt, daß neben Entlohnungsgrundsätzen und Entlohnungsmethoden außer der Lohnhöhe keinerlei weitere Anwendungsfälle für den Oberbegriff der betrieblichen Lohngestaltung blieben.[38] Zwingend ist diese Schlußfolgerung allerdings nicht, vielmehr kann die Formulierung „insbesondere" gerade gewählt worden sein, um sicherzustellen, daß etwaige neue Formen der Lohngestaltung, die sich nicht unter die beiden Begriffe subsumieren lassen, dem Mitbestimmungsrecht unterfallen.[39]

b) Blick in die Gesetzesmaterialien

Eine eindeutige Entscheidung für oder gegen die Einbeziehung der Lohnhöhe läßt sich auch aus der Entstehungsgeschichte nicht herleiten. Zwar wollte der Gesetzgeber mit der Erweiterung um den Begriff der „betrieblichen Lohngestaltung" ein *umfassendes Mitbestimmungsrecht* in *allen Fragen* der betrieblichen Lohngestaltung eröffnen,[40] daß damit aber der materielle Bereich auch erfaßt werden sollte, ist den Gesetzesmaterialien und der Entstehungsgeschichte nicht zu entnehmen.[41] Die Tatsache, daß sich die das Gesetz tragende SPD im Gegen-

---

35 Dietz/*Richardi*, § 87 Rn. 24 ff., 28; *Birk*, Anm. zu BAG EzA § 87 BetrVG Initiativrecht Nr. 2; *P. Hanau*, RdA 1973, 281 (282); *Strieder*, BB 1980, 420 (422); *Rüthers*, ZfA 1973, 399 (410).

36 Zur Auslegungsmethode ausführlich *Larenz*, Methodenlehre, S. 320 ff.

37 Vgl. die Angaben in Fn. 2.

38 *Klebe*, in: D/K/K, § 87 Rn. 254; *Klinkhammer*, AuR 1977, 363 (364); *Moll*, Entgelt, S. 184 ff.; *Gester/Isenhard*, RdA 1974, 80 (82); *Strieder*, BB 1980, 420 (422).

39 Vgl. dazu *Reuter*, Vergütung von AT-Angestellten, S. 10 f.

40 BT-Drucks. VI/1786, S. 49.

41 Daß sich aus der Entstehungsgeschichte keine zwingende Lösung für die vorliegende Frage ergibt, gesteht auch *Klinkhammer* (AuR 1977, 363 [365]) ein; anders *Klebe*, in: D/K/K, § 87 Rn. 255. Unzutreffend rekurriert *Köke* (Betriebliche Lohngestaltung, S. 216 f.) auf § 78 Ziff. 2 BRG von 1920, um die Mitbestimmung über die Lohnhöhe abzulehnen. Nach dem BRG 1920 war eine Mitbestimmung über die Lohnhöhe durchaus zulässig. Zutreffend ist allerdings, daß die materiellen Arbeitsbedingungen aus § 78 Ziff. 2 BRG nicht zwangsschlichtungsfähig sein sollten; *A. Hueck*, NZfA 1923, Sp. 87 (89 f.).

satz zur CDU/CSU während der parlamentarischen Beratung für die Einbeziehung materieller Arbeitsbedingungen in § 87 Abs. 1 BetrVG stark gemacht hat,[42] zwingt nicht zu der Annahme, daß konkret ebenso Nr. 10 davon erfaßt sein sollte,[43] zumal sich ein allgemeiner Grundsatz, wonach im Bereich des § 87 Abs. 1 BetrVG alle materiellen Arbeitsbedingungen der Mitbestimmung zugewiesen sind, ebenso wenig aufstellen läßt, wie die generelle Beschränkung auf formelle Arbeitsbedingungen.[44]

c) Das Verhältnis von § 87 Abs. 1 Nr. 10 zu Nr. 11 BetrVG

Ebenso unklar hinsichtlich der Mitbestimmungspflicht der materiellen Seite des Arbeitsentgelts erscheint zunächst die Systematik des § 87 Abs. 1 Nr. 10 BetrVG im Verhältnis zu dessen Nr. 11.

Nach überwiegender Meinung wurde mit der Einbeziehung des Geldfaktors in § 87 Abs. 1 Nr. 11 BetrVG beim Leistungsentgelt die Mitbestimmung über die Lohnhöhe eröffnet.[45] Da § 87 Abs. 1 Nr. 11 BetrVG einen Spezialfall der in Nr. 10 geregelten Lohngestaltung darstellt, könnte auf eine einheitliche Entscheidung für beide Normen geschlossen werden.[46] Dafür wird insbesondere auf eine unter dem Betriebsverfassungsgesetz von 1952 zu § 56 Abs. 1 Buchst. g und h „in umgekehrter Richtung“[47] geführte Argumentation zurückgegriffen. Damals wurde angenommen, daß – da die Aufstellung von Entlohnungsgrundsätzen und die Einführung von neuen Entlohnungsmethoden *keine* materiellen Aspekte enthalte – auch die Regelung von Akkord- und Stücklohnsätzen ausschließlich als *formelle* Arbeitsbedingungen verstanden werden müßten.[48] Entsprechendes gelte nun umgekehrt: Beziehe sich § 87 Abs. 1 Nr. 11 BetrVG auf die Lohnhöhe, so müsse wegen der unmittelbaren und untrennbaren Wech-

---

[42] Abgeordneter *Farthmann* (SPD), Protokoll der 101. Sitzung des Dt. Bundestages (11.02.1971), S. 5891.

[43] *Rumpf*, AuR 1972, 65 (70); vgl. auch *Moritz*, AuR 1983, 97 (99); a. A. *Gester/Isenhardt*, RdA 1974, 80 (82).

[44] Vgl. oben § 2 I 2.

[45] Der Gesetzgeber hatte sich trotz der Warnungen vor der Eröffnung einer erzwingbaren Mitbestimmung über die lohnpolitische Entscheidungen nicht zu einer entsprechenden Änderung der Gesetzesfassung entschlossen; vgl. *Moll*, Entgelt, S. 50 m. w. Nachw.; vgl. oben, § 2 dort Fn. 23.

[46] *Klinkhammer*, AuR 1977, 363 (365 f.); *Klebe* (in: D/K/K, § 87 Rn. 255) hält die Beschränkung des Mitbestimmungsrechts über die Lohnhöhe auf Nr. 11 wegen der Spezialität dieses Mitbestimmungstatbestandes für systemwidrig. Diese Argumentation hat *Köke* (Betriebliche Lohngestaltung, S. 226 f.) zutreffend widerlegt.

[47] *Moll*, Entgelt, S. 187 f.; *Strieder*, BB 1980, 420 (422).

[48] *Dietz*, BB 1959, 1210 (1215); *Richardi*, ZfA 1976, 1(29 f.).

selwirkung zwischen Nr. 10 und Nr. 11 dasselbe auch für die Nr. 10 gelten,[49] zumal der Zeitlohn immer stärker leistungsbezogene Elemente aufweise.[50]

Dem ist entgegenzuhalten, daß sich die zwingende Mitbestimmung nach dem geltenden Betriebsverfassungsgesetz von der nach dem Betriebsverfassungsgesetz von 1952 insofern grundlegend unterscheidet, als nunmehr die Mitbestimmung über einige bestimmte materielle Arbeitsbedingungen gesetzlich ausdrücklich normiert ist, während zuvor allgemein vertreten wurde, daß ausschließlich formelle Arbeitsbedingungen erfaßt seien.[51] Insofern lassen sich aus der Regelung des Geldfaktors in Nr. 11 keine positiven Rückschlüsse auf ein Mitbestimmungsrecht über die Lohnhöhe aus Nr. 10 ziehen. Im Gegenteil: Die Nichtregelung der materiellen Seite der Lohngestaltung in Nr. 10 spricht eher dafür, daß es in diesem Bereich bei der Mitbestimmung allein über die formellen Aspekte bleiben sollte.[52]

Vor allem aber spricht unter systematischen Gesichtspunkten gegen die Einbeziehung der Lohnhöhe, daß die Regelung der Nr. 11 völlig überflüssig würde,[53] da alle Fragen der Nr. 11 bereits durch den Mitbestimmungstatbestand der Nr. 10 erfaßt wären. Daß der Gesetzgeber mit der Umgestaltung der erzwingbaren Mitbestimmung eine überflüssige Norm schaffen wollte, kann jedoch nicht angenommen werden.

d) Sinn und Zweck

Eindeutig gegen die Subsumtion auch der materiellen Seite der Lohngestaltung unter die erzwingbare Mitbestimmung spricht die Zwecksetzung des § 87 Abs. 1 Nr. 10 BetrVG.

Insofern scheinen zwar die bereits gemachten Ausführungen[54] für ein umfassendes Mitbestimmungsrecht auch über die Lohnhöhe zu sprechen, denn die Verwirklichung der Schutzfunktion durch Mitentscheidung könnte kaum besser verwirklicht werden als durch eine umfangreiche Mitwirkung des Betriebsrats bei der Ausgestaltung der Arbeitsbedingungen – auch ihrer materiellen Seite.

Tatsächlich spricht die Schutzwirkung sowie der betriebssoziologische Wandel der Arbeitsorganisation für eine Festlegung auch der konkreten Lohnhöhe durch

---

[49] *Rumpf*, AuR 1972, 65 (71); *Strieder*, BB 1980, 420 (422); *Klinkhammer*, AuR 1977, 363 (365 f.).
[50] *Moritz*, AuR 1983, 97 (106 ff.).
[51] Vgl. dazu bereits oben § 2 I 3 sowie die Angaben in Fn. 19.
[52] Ebenso die herrschende Meinung, vgl. die Angaben in Fn. 29.
[53] *Wiese*, Initiativrecht, S. 67 f.; *Lederer*, Initiativrecht, S. 109; *Rau*, Systematik der übertariflichen Zulage, S. 101.
[54] Siehe oben, § 2.

Betriebsvereinbarungen.[55] Problematisch erweist sich eine entsprechend extensive Auslegung des § 87 Abs. 1 Nr. 10 BetrVG aber im Hinblick auf die damit einher gehende Erzwingbarkeit der betrieblichen Einigung, das heißt die „*Zwangsschlichtung*" durch die Einigungsstelle.[56] Die als betriebliche Schlichtungsinstanz konzipierte Einigungsstelle würde zur „Lohnfestsetzungsbehörde",[57] ihre Funktion der Förderung der vertrauensvollen Zusammenarbeit der Betriebspartner würde beeinträchtigt.[58] Auch wenn auf diese Weise zwar die als volkswirtschaftlich schädlich zu bezeichnenden Kosten eines Arbeitskampfes vermieden werden könnten,[59] ist zu berücksichtigen, daß aufgrund der Zusammensetzung der Einigungsstelle (§ 76 Abs. 2 BetrVG) letztendlich ihr Vorsitzender eine für den Betrieb verbindliche Festlegung der Löhne treffen würde.[60] Ohne die zum Teil guten Leistungen der Einigungsstellen und ihrer Vorsitzenden diskreditieren zu wollen,[61] wären diese aber doch mit der Festlegung der Arbeitsentgelte überfordert.[62] Zudem fehlt es insoweit weitestgehend an objektiven Maßstäben, das heißt Sachgesetzlichkeiten, an denen sich die Entscheidungsfindung orientieren könnte. Folglich kann die Einigungsstelle (bzw. deren Vorsitzender) für die getroffene Entscheidung nicht den Anspruch der Nach-

---

[55] Dazu bereits oben § 1 III 3 b, § 2 I 2, 3.
Die herrschende Meinung (vgl. nur *Galperin/Löwisch*, BetrVG, § 87 Rn. 226 m. w. Nachw.) betrachtet hingegen die Festlegung der Lohnhöhe als Domäne der Tarifvertragsparteien (bzw. des Individualvertrages) und sieht darin ein Argument gegen ein Mitbestimmungsrecht des Betriebsrats hinsichtlich der materiellen Lohngestaltung. Zweifelsohne sind die Tarifvertragsparteien aufgerufen, kollektivvertragliche Vereinbarungen über das Arbeitsentgelt zu treffen. Daß dies aber keinesfalls *freiwillige* Betriebsvereinbarungen über die Lohnhöhe ausschließt, wird unten (§ 4, § 5) dargestellt.

[56] Auf die Konsequenz der Zwangsschlichtung bei fehlender Einigung stützt auch ein Großteil der Lehre die grundsätzliche Ablehnung der erzwingbaren Mitbestimmung über die Lohnhöhe, *Galperin/Löwisch*, BetrVG, § 87 Rn. 218 a; *Lieb*, ZfA 1988, 413 (432); *Ehmann*, Neue Ordnung 1996 (Sondernummer), 5 (68); *Dorndorf*, in: FS für Däubler, S. 327 (330 f.). Kritisch zum Begriff der „Zwangsschlichtung" *Simitis/Weiss*, DB 1973, 1240 (1245).

[57] *Blomeyer*, Anm. zu BAG AP Nr. 3 zu § 87 BetrVG 1972 Altersversorgung.

[58] Vgl. *Löwisch*, NJW 1997, 905 (911).

[59] Zu bedenken ist allerdings, daß auch das Verfahren der Einigungsstelle einige nicht unerhebliche Kosten verursacht, die vom Arbeitgeber zu tragen sind, § 76 a BetrVG. Zu den Kosten vgl. *D. Neumann*, RdA 1997, 142; *J.-H. Bauer*, NZA 1992, 433 ff.; auch BAG AP Nrn. 6, 7 zu § 76 a BetrVG 1972.

[60] Nach § 76 Abs. 3 BetrVG ist die Stimme des Vorsitzenden bei Nichteinigung der anderen Einigungsstellenmitglieder ausschlaggebend.

[61] Kritisch zu betrieblichen Einigungsstellen *Feudner*, DB 1997, 826 ff. *J.-H. Bauer* (NZA 1992, 433 f.) plädiert bei Verfahren der Betriebsänderung sogar für deren Abschaffung.

[62] *Galperin/Löwisch*, § 87 Rn. 218 a; *Lieb*, ZfA 1988, 413 (432); *Reuter*, SAE 1987, 37 (38); *P. Hanau*, RdA 1973, 281 (287); *Ehmann*, Neue Ordnung 1996 (Sondernummer), 5 (68); *Thüsing*, DB 1997, 1130 (1131).

vollziehbarkeit und relativen Richtigkeit erheben.[63] Bei der Lohngestaltung sind Erwägungen über wirtschaftliche Entwicklungen (der Gesamtwirtschaft, vor allem aber des konkreten Betriebes), Produktionszuwachs, Inflation, Arbeitsmarkt u.s.w. zu berücksichtigen, die schwerlich als objektive Maßstäbe bezeichnet werden können. Mit derartigen Faktoren sind die Einigungsstellenvorsitzenden – zumeist Richter[64] – in aller Regel nicht vergleichbar vertraut wie die Tarif- und insbesondere die Betriebspartner.[65] Hier hilft auch der Verweis auf die Ermessensbindung der Einigungsstelle und die arbeitsgerichtliche Kontrolle fehlerfreier Ermessensausübung nicht,[66] denn gerade bei der Lohnfrage läßt sich über die richtige, vernünftige Entscheidung und die gerechte Lohnhöhe trefflich streiten. Auch sollte die Entgeltfestlegung möglichst rasch und zuverlässig erfolgen. Eine solch rasche Klärung ist durch langwierige Einigungsstellen- und diese kontrollierende Gerichtsentscheidungsverfahren jedoch nicht zu gewährleisten.[67]

Zu berücksichtigen ist weiterhin, daß die Einigungsstelle nicht an die an sie gestellten Anträge gebunden ist, vielmehr kann eine von den Anträgen beider Seiten abweichende Lösung des Konflikts (und damit der Lohnhöhe) beschlossen werden.[68] Würde die Lohngestaltung nun der erzwingbaren Mitbestimmung unterstellt und damit der Einigungsstelle, insbesondere ihrem Vorsitzenden, gegebenenfalls sogar den die Ermessensentscheidung kontrollierenden Richtern, so würde ein Bereich, der grundsätzlich der freien Vereinbarung (sei es der Individualvertragsparteien, der Tarifvertragsparteien oder der Betriebspartner[69]) ob-

---

63 Vgl. *Lieb*, ZfA 1988, 413 (433).

64 Nach *J.-H. Bauer* (NZA 1992, 433) sind 90 % der Einigungsstellenvorsitzenden Richter, zum einen weil häufig nur diese als neutral akzeptiert werden, zum anderen weil die Vorsitzenden durch die (Landes-)Arbeitsgerichte bestimmt werden und hier wie selbstverständlich fast ausschließlich auf Richter zurückgegriffen wird.

65 Eine ähnliche Problematik stellt sich für die Verhandlungsmitglieder bei der Aufstellung eines Sozialplanes, was *Strieder* (BB 1980, 420 [422]) veranlaßt, daraus positive Rückschlüsse auf die Qualifikation der Einigungsstelle zur Festlegung der Lohnhöhe zu ziehen. Zutreffend hat aber bereits *P. Hanau* (BB 1977, 350 [353]) dargestellt, daß es bei der Aufstellung eines Sozialplanes im Gegensatz zur Bestimmung der Höhe der im Betrieb zu zahlenden Löhne gesetzliche Vorgaben gibt zur Ausgleichung der wirtschaftlichen Nachteile. Vgl. dazu auch *Köke*, Betriebliche Lohngestaltung, S. 219 f.

66 So aber *Strieder*, BB 1980, 420 (422); dagegen zu Recht *Klasen*, Tarifvorrang und Mitbestimmung, S. 49 f.

67 Vgl. *Lieb* (NZA 1984, 289 [291]), der diese Bedenken allerdings primär auf tarifliche Öffnungsklauseln bezieht.

68 BAG AP Nr. 41 zu § 87 BetrVG 1972 Lohngestaltung; *Galperin/Löwisch*, BetrVG, § 76 Rn. 29; *Richardi*, BetrVG, § 76 Rn. 103 m. w. Nachw.

69 Dazu unten § 4.

liegt, der Zwangsschlichtung unterworfen.[70] Der damit einhergehende massive Systembruch[71] hätte einen nicht gerechtfertigten Eingriff in die individuelle und kollektive Privatautonomie zur Folge. Ein erzwingbares Mitbestimmungsrecht nach § 87 Abs. 1 Nr. 10 BetrVG besteht daher nur für die formelle Seite der Lohngestaltung, eine Beteiligung des Betriebsrats am Synallagma wird durch diese Norm nicht begründet.[72]

3. Das Kollektivitätserfordernis

Voraussetzung des Eingreifens der Mitbestimmungspflicht bei der formellen Lohngestaltung ist – wie sich aus der Gesetzesfassung („Entlohnungsgrundsätze" und „Entlohnungsmethoden") und dem Zweck des § 87 Abs. 1 Nr. 10 BetrVG ergibt – das Vorliegen eines *kollektiven Tatbestandes*; das Mitbestimmungsrecht bezieht sich *nicht* auf *Einzelfälle*,[73] denn die Teilhabe an der Ausgestaltung des Lohngefüges zur Verwirklichung *innerbetrieblicher Lohngerechtigkeit* im Sinne einer Verteilungsgerechtigkeit setzt zwangsläufig eine gewisse Anzahl vergleichbarer Fälle voraus.[74]

---

70 Gegen die erzwingbare Mitbestimmung über die Lohnhöhe spricht, daß die Betriebsräte, die nicht der tariflichen Friedenspflicht unterliegen, zusätzliche Leistungen erzwingen (*Joost*, ZfA 1993, 257 [268 f.]) und so den Arbeitgeber ständig in Lohnverhandlungen verstricken könnten.

71 Vgl. *Zöllner/Loritz* (ArbR, § 47 II 11): „Eine gesetzliche Regelung, welche die Lohnhöhe in relevanten Bereichen dem Spruch der Einigungsstelle unterwürfe, würde sich nicht nur vom marktwirtschaftlich-privatkapitalistischen Bezugsrahmen der derzeitigen Wirtschaftsverfassung, sondern auch von den Erfordernissen einer die Praktikabilität gewährleistenden Rechtssicherheit weit entfernen." Vgl. auch schon *Dietz*, RdA 1962, 390 (391 f.).

72 Das BAG (AP Nr. 65 zu § 87 BetrVG 1972 Lohngestaltung) hat zutreffend ausgeführt, daß ein Mitbestimmungsrecht nach § 87 Abs. 1 Nr. 10 BetrVG über die Lohnhöhe auch dann nicht eröffnet wird, wenn der Tarifvertrag die Vereinbarung der Höhe der Löhne den Parteien des Arbeitsvertrages überläßt.

73 Vgl. BT-Drucks. VI/2729, S. 4; BAG AP Nrn. 12, 50, 54, 57, 60, 61, 64, 68, 69, 70, 86 zu § 87 BetrVG 1972 Lohngestaltung; BAG AP Nr. 20 zu § 87 BetrVG 1972 Tarifvorrang; *Matthes*, in: Münch Hdb, § 324 Rn. 24 ff.; *Zöllner/Loritz*, ArbR, § 47 IV 2; *Wiese*, RdA 1995, 355 (356 f.); *Hromadka*, DB 1991, 2133 (2135); *Enderlein*, ZfA 1997, 313 (314); *Heisig*, Arbeitsentgelt- und Arbeitszeitregelung, S. 49; *H. Hanau*, Individualautonomie und Mitbestimmung, S. 146; *Wittke*, Beteiligungsrechte, S. 87; *Dorndorf*, in: FS für Däubler, S. 327 (334 ff.). Zur Vorgängervorschrift *Dietz*, BB 1959, 1210 f.; *ders.*, RdA 1962, 390 (393 f.).
Dieses Kollektivitätserfordernis im Bereich der Lohngestaltung bejahen auch diejenigen, die § 87 Abs. 1 BetrVG zutreffend nicht grundsätzlich auf kollektive Tatbestände beschränken wollen, vgl. Hess/Schlochauer/*Glaubitz*, BetrVG, § 87 Rn. 19 ff., 470; *Richardi*, BetrVG, § 87 Rn. 21 ff., 919; *Hurlebaus*, Fehlende Mitbestimmung, S. 12 f., 75 ff., 111.

74 BAG (AP Nrn. 57, 81 zu § 87 BetrVG 1972 Lohngestaltung): „Vergleichende Wertung des betrieblichen Entgeltgefüges". Vgl. *Reichold*, RdA 1995, 147 (151, 155 ff.); *Enderlein*

Aus der Erkenntnis der Entgeltmitbestimmung als Gleichbehandlungsproblem[75] ergibt sich die Beurteilung, wann ein solcher kollektiver Tatbestand vorliegt. Dieser läßt sich nicht allein nach *quantitativen* Gesichtspunkten ermitteln,[76] vielmehr kann die Anzahl der durch die Regelung betroffenen Arbeitnehmer nur Indiz sein,[77] denn es kann generelle Regelungsfragen geben, die vorübergehend nur einen Arbeitnehmer betreffen, ebenso wie individuelle Maßnahmen für

---

(ZfA, 313 [316 f., 322 ff., dort Fn. 44, 45]): Verhältnisbestimmung durch „sachbezogenen wertenden Vergleich".

Zur Schwierigkeit der Grenzziehung zwischen kollektiven und individuellen Tatbeständen in der Praxis *Spiegelhalter*, ZfA 1993, 203 (205 f.) mit Beispielen.

Kritisch zum Kriterium der Kollektivität als Grenze des Mitbestimmungsrechts *Richardi*, in: FS für Lübtow, S. 755 (765 ff.); *Richardi*, BetrVG, § 87 Rn. 23 ff., 26 f.

[75] Zum Bezug der Entgeltmitbestimmung zum Gleichbehandlungsgrundsatz vgl. *Reichold*, RdA 1995, 147 (157); *H. Hanau*, Individualautonomie und Mitbestimmung, S. 172; *Wittgruber*, Abkehr, S. 90 f.; kritisch gegenüber der parallelen Behandlung des Gleichbehandlungsgrundsatzes und dem für die Mitbestimmung erforderlichen kollektiven Tatbestand *Enderlein* (ZfA 1997, 313 [334 ff.]), der allerdings letztlich auch auf das Kriterium der Regelhaftigkeit der Maßnahme rekurriert (S. 340) und die Mitbestimmung als Mittel der Einhaltung des Gleichbehandlungsgrundsatzes akzeptiert (S. 322 f., 357).

[76] Allein auf das quantitative Kollektiv wurde in den Entscheidungen zu § 56 BetrVG 1952 verwiesen (BAG AP Nrn. 2, 5 zu § 56 BetrVG 1952 Entlohnung).

Seit BAG (AP Nr. 3 zu § 87 BetrVG 1972) Arbeitszeit wird auf diese für die Praxis unzumutbare Formel der „relativ nicht unerheblichen Anzahl von Arbeitnehmern" zwar ausdrücklich nicht mehr abgestellt. *Reichold* (RdA 1995, 147 [148 f.]) hat jedoch nachgewiesen, daß das BAG letztlich ganz allein auf die Singularität der Maßnahme (es ging in den besprochenen Entscheidungen um die Anrechnung übertariflicher Zulagen) abstellt. Selbst bei einer durch Leistungsgründe geprägten Maßnahme bejaht das BAG (AP Nr. 56 zu § 87 BetrVG 1972 Lohngestaltung; bestätigt in BAG AP Nrn. 61, 69 zu § 87 BetrVG 1972 Lohngestaltung) das Vorliegen einer kollektiven Maßnahme, da „die Leistungen der einzelnen Arbeitnehmer notwendigerweise zueinander in ein Verhältnis gesetzt werden müssen". Auch bei einer Zulagenvergabe abhängig von krankheitsbedingten körperlichen Beeinträchtigungen bejaht das BAG (AP Nr. 60 zu § 87 BetrVG 1972 Lohngestaltung) wegen des Vergleichserfordernisses einen kollektiven Bezug, ebenso bei einer Zulagenvergabe abhängig von der Betriebszugehörigkeit, (BAG AP Nr. 61 zu § 87 BetrVG 1972 Lohngestaltung).

Vgl. auch die kritische Rechtsprechungsauswertung von *Reichold* Anm. zu BAG AP Nr. 64 zu § 87 BetrVG 1972 Lohngestaltung; ähnlich *Hammer*, Selbstbestimmungsfreiheit, S. 68 ff.; *Wittgruber*, Abkehr, S. 121 ff., 132 ff. *Reichold* ordnet dort (wie *Hromadka*, DB 1991, 2133 [2135]) die übertariflichen Zulagen generell als individuelle Maßnahmen ein. Dazu unten, III 2 b.

[77] BAG AP Nrn. 51, 61, 68, 69, 70, 86 zu § 87 BetrVG 1972 Lohngestaltung; BAG NZA 1997, 1059 (1060); *Matthes*, in: Münch Hdb, § 324 Rn. 25.; *Richardi*, in: FS für Lübtow, S. 755 (768); *Rau*, Systematik der übertariflichen Zulage, S. 93.

Gegen die Indizwirkung der Anzahl der betroffenen Arbeitnehmer *Enderlein*, ZfA 1997, 313 (372 ff.); *v. Langen*, Von der Tarif- zur Betriebsautonomie, S. 75.

mehrere Arbeitnehmer Geltung erlangen können. Für die Bestimmung eines kollektiven Tatbestandes kommt es daher auf *qualitative* Aspekte an.[78]

Nicht maßgeblich ist, daß der Arbeitgeber *subjektiv* gerade keine allgemeine Anordnung treffen will oder dies sogar ausdrücklich ausschließt, indem er mit einer Vielzahl von Arbeitnehmern „individuelle" Vereinbarungen trifft. Andernfalls könnte der Arbeitgeber mit der Vorgabe, keine allgemeine Regelung schaffen zu wollen, jeweils willkürlich über das Vorliegen einer mitbestimmungspflichtigen Maßnahme entscheiden.[79]

Abgrenzungskriterien sind das Vorhandensein eines *generellen Regelungsbedürfnisses* und die *Berührung der Interessen der Gesamtbelegschaft*, das heißt das Vorliegen eines *kollektiven Bezugs*.[80] Ein solches Regelungsbedürfnis besteht, wenn Geldleistungen nach einem *System* ausgeschüttet werden[81] und damit objektiv-generelle Festlegungen aufgrund *vergleichender* Arbeitsplatzbewertung oder besonderer Aufgabenstellung erforderlich werden.[82] Durch die Zweckrichtung seiner Lohngestaltung schafft der Arbeitgeber folglich die Vergleichbarkeit der Arbeitsbedingungen, wodurch das Teilhaberecht an der Systemgestaltung ausgelöst wird. Insofern ist der Eintritt der Mitbestimmungspflichtigkeit de facto vom Gestaltungswillen des Arbeitgebers abhängig, aller-

---

78 *Kraft*, in: FS für Molitor, S. 207 (220); *Otto*, NZA 1992, 97 (98); *Schlochauer*, in: Änderung von Arbeitsbedingungen, S. 221 (235); *Hönsch*, BB 1988, 2312 (2313); *Butzke*, BB 1997, 2269 (2271); *H. Hanau*, Individualautonomie und Mitbestimmung, S. 181.

79 BAG AP Nrn. 31, 41, 51, 64, 86 zu § 87 BetrVG 1972 Lohngestaltung; BAG AP Nr. 5 zu § 87 BetrVG 1972 Tarifvorrang; *Matthes*, in: Münch Hdb, § 324 Rn. 25.
Diff. *Reichold* (RdA 1995, 147 [157 f.]), der die auf den Empfängerhorizont abstellende (subjektive) Formel vom erkennbar objektiv-generellen Regelungswillen des Arbeitgebers heranzieht.

80 BAG AP Nr. 2 zu § 23 BetrVG 1972; BAG AP Nr. 89 zu § 87 BetrVG 1972 Lohngestaltung; *Matthes*, in: Münch Hdb, § 324 Rn. 25; *Wiese*, in: GK-BetrVG, § 87 Rn. 15 ff., 816; *Fitting*, BetrVG, § 87 Rn. 13 ff., 410 ff.; *H. Hanau*, Individualautonomie und Mitbestimmung, S. 181. Kritisch zum „kollektiven Regelungsbedürfnis" *Enderlein*, ZfA 1997, 313 (346). Kritisch zu diesen verschiedenen Konkretisierungsansätzen des Kollektivitätserfordernisses *Wittgruber*, Abkehr, S. 130 ff.

81 BAG AP Nr. 60 zu § 87 BetrVG 1972 Lohngestaltung.
Aus der Tatsache, daß bei der Regelung kollektiver Tatbestände abweichende Individualinteressen einzelner Arbeitnehmer den von den Belegschaftsrepräsentanten definierten gemeinsamen Belegschaftsinteressen unter geordnet werden, folgert *Wiese* (in: FS für Kraft, S. 683 [684 f. m. w. Nachw.]) auf den Vorrang des Teilhabezwecks gegenüber dem Schutzzweck betrieblicher Mitbestimmung. Diese Schlußfolgerung ist aber nicht zwingend. Denn die Zurückstellung von Einzelinteressen läßt sich auch aus der Verwirklichung des Schutzzwecks rechtfertigen, denn der Schutz im und durch das Kollektiv fordert denknotwendig, daß nicht jedes singuläre Interesse uneingeschränkt verwirklicht werden kann.

82 BAG AP Nr. 68 zu § 87 BetrVG 1972 Lohngestaltung mit zust. Anm. *Reichold*; vgl. auch *Enderlein*, ZfA 1997, 313 (348 ff.); *v. Hoyningen-Huene*, NZA 1998, 1081 (1086 f.).

dings nicht von dem willkürlich geäußerten, sondern von dem *objektiv zum Ausdruck gekommenen.*[83] Ein gleichförmiges Verhalten spricht dann für den kollektiven Bezug der Maßnahme.[84]

Eine mitbestimmungsfreie *Einzelfallregelung* liegt demgegenüber nur vor, wenn es sich um die Gestaltung eines oder mehrerer *konkreter* Arbeitsverhältnisse handelt und besondere, den jeweiligen Arbeitnehmer *individuell betreffende Umstände* die Maßnahme veranlassen oder inhaltlich bestimmen,[85] so daß eine zur Gleichbehandlung und damit zur Mitbestimmung verpflichtende Vergleichbarkeit fehlt.

4. Initiativrecht

Werden durch Lohnregelungen die Interessen der Gesamtbelegschaft bzw. eines Teils der Belegschaft berührt, so daß ein generelles Regelungsbedürfnis besteht, so ist der Betriebsrat nicht darauf beschränkt, auf die durch den Arbeitgeber vorgegebene kollektive Gestaltung des Lohnsystems zu reagieren, vielmehr kann er selbst *initiativ* tätig werden. Dabei beschränkt sich seine Mitwirkungsbefugnis nach § 87 Abs. 1 Nr. 10 BetrVG nicht darauf, Vorschläge und Anregungen zur Lohngestaltung unterbreiten zu können, denn diese Möglichkeit steht ihm bereits nach § 80 Abs. 1 Nr. 2 BetrVG unzweifelhaft zu.[86] Das *Initia-*

---

[83] Ebenso *Kraft*, in: FS für Molitor, S. 207 (220); ähnlich *Joost*, Anm. zu BAG AP Nr. 70 zu § 87 BetrVG 1972 Lohngestaltung; *Wiese*, RdA 1995, 355 (357). Auch das BAG (AP Nrn. 64, 70 zu § 87 BetrVG 1972 Lohngestaltung) stellt auf die tatsächlich zum Ausdruck gekommene Lohngestaltung ab.

[84] *Wiese*, RdA 1995, 355 (356 f.).

[85] BAG (AP Nrn. 31, 57 zu § 87 BetrVG 1972 Lohngestaltung): „Besonderheiten des konkreten Arbeitsverhältnisses". *Wiese* (RdA 1995, 355 [360]): „allein die persönlichen Verhältnisse des Arbeitnehmers"; *Butzke* (BB 1997, 2269 [2271]): „persönliche Situation Rechnung tragend". Ablehnend *Enderlein* (ZfA 1997, 313 [361 f.]), der davon ausgeht, daß auch die Rücksicht auf persönliche Verhältnisse die Beteiligungsrechte auslösen kann. Zuzustimmen ist *Enderlein* insoweit, als die Anknüpfung an persönliche Verhältnisse allein noch nicht zwangsläufig zum Verneinen eines kollektiven Tatbestands führt, denn eine zusätzliche Vergütung, die zum Beispiel an alle Alleinerziehende gezahlt wird, knüpft zweifelsohne an persönliche Verhältnisse an, kann aber auch eine kollektive Regelung darstellen.
Henssler (gemeinsame Anm. zu BAG AP Nrn. 56, 57, 58, 60 zu § 87 BetrVG 1972 Lohngestaltung) bejaht die Mitbestimmungsfreiheit beim Vorliegen „seltener und atypischer Sonderfälle". Diese Einschränkung ist gleichwohl zu weitgehend, denn ein Einzelfall kann schon vorliegen, wenn es sich nicht um einen seltenen Fall handelt.

[86] *Wiese*, Initiativrecht, S. 20, 82; *Boewer*, DB 1973, 522 (523). Vgl. auch die weiteren sich unmittelbar aus dem Gesetz ergebenden Möglichkeiten, Vorschläge an den Arbeitgeber heranzutragen, §§ 91, 95, 98, 104, 112 BetrVG. Zudem gebietet das Gebot der vertrauensvollen Zusammenarbeit gem. §§ 2 Abs. 1, 74 Abs. 1 BetrVG, daß sich der Arbeitgeber mit Vorschlägen des Betriebsrats auseinandersetzt.

tivrecht geht darüber hinaus, indem es über § 87 Abs. 2 BetrVG den Weg zur Einigungsstelle eröffnet und damit dem Betriebsrat das Recht einräumt, über diese eine verbindliche Entscheidung notfalls auch gegen den Willen des Arbeitgebers herbeizuführen.[87] Da in den meisten Betrieben bereits Entlohnungsgrundsätze angewendet werden, wird die Frage nach dem Umfang dieses Initiativrechts in der Regel relevant, wenn es um Änderungen der Lohngestaltung geht.

a) Grundsatz umfassender Initiative

Wie seiner Vorgängerkodifikation[88] fehlt auch dem Betriebsverfassungsgesetz von 1972 die konkrete Ausgestaltung des Initiativrechts und seines Umfangs.[89] Aus der Regelung des § 76 Abs. 5 S. 1 BetrVG, wonach für das Anrufen der Einigungsstelle der Antrag einer Seite genügt, lassen sich keine Rückschlüsse ziehen, denn die Norm setzt das Vorliegen eines Mitbestimmungs- und Initiativrechts gerade voraus.[90] Ebensowenig ist dem Wortlaut des § 87 Abs. 1 Nr. 10 BetrVG zu entnehmen, inwieweit der Weg über die Einigungsstelle an inhaltliche Voraussetzungen und Beschränkungen gebunden ist. Unzweifelhaft kann das Initiativrecht jedenfalls nur in den Grenzen der Reichweite des einzelnen Mitbestimmungsrechts ausgeübt werden.[91] Denn als dessen Bestandteil kann es freilich nicht weiter gehen als der Mitbestimmungstatbestand selbst, da die Angelegenheit überhaupt einer Entscheidung durch die Einigungsstelle zugänglich sein muß. Entsprechend geht die herrschende Meinung von der Übereinstim-

---

87 *Wiese*, Initiativrecht, S. 20; *Richardi*, ZfA 1976, 1 (38); *Lederer*, Initiativrecht, S. 46.

88 Grundsätzlich wurde ein Initiativrecht des Betriebsrats im Bereich des § 56 BetrVG 1952 bejaht (*Nikisch*, ArbR Bd. III, S. 365 f.; Hueck/Nipperdey-*Säcker*, ArbR Bd. II / 2, S. 1390 f. m. w. Nachw.), umstritten war das Initiativrecht aber konkret hinsichtlich § 56 Abs. 1 Buchst. h BetrVG 1952. Es wurde zumeist mit der Begründung abgelehnt, damit erhielte der Betriebsrat ein Mitbestimmungsrecht über materielle Arbeitsbedingungen. Kritisch dazu *Rüthers*, ZfA 1973, 399 (412 f.) m. w. Nachw.

89 Anders das Bundespersonalvertretungsgesetz, das dem Personalrat ausdrücklich ein Initiativrecht im Bereich der Lohnfragen einräumt, § 70 Abs. 3 BPersVG.

90 *Richardi*, BetrVG, § 87 Rn. 65; *Wiese*, Initiativrecht, S. 27; *Rau*, Systematik der übertariflichen Zulage, S. 110.
Anders *Rüthers* (ZfA 1973, 399 [417 f.]), der in § 76 Abs. 5 S. 1 BetrVG die gesetzliche Ausgestaltung des Initiativrechts sieht, dieses allerdings im Wege teleologischer Reduktion aufgrund übergeordneter gesetzlicher Wertung einschränkt. *Säcker* (ZfA Sonderheft 1972, 41 [63 dort Fn. 87]) hält die Frage hinsichtlich des Initiativrechts mit § 76 Abs. 5 BetrVG für gesetzlich entschieden. Wer das Antragsrecht verneine, setze sich dem Vorwurf der Rechtsbeugung aus.

91 *Wiese*, in: GK-BetrVG, § 87 Rn. 135, 138; *ders.*, Initiativrecht, S. 30; *Galperin/Löwisch*, BetrVG, § 87 Rn. 29; *Richardi*, BetrVG, § 87 Rn. 70, 72; Hess/Schlochauer/*Glaubitz*, BetrVG, § 87 Rn. 44; *Reuter*, Vergütung von AT-Angestellten, S. 13; *Lieb*, ZfA 1978, 179 (193).

mung von Mitbestimmungstatbestand und Initiativrecht aus.[92] Der Umfang des Initiativrechts wird danach *allein* durch die Reichweite des einzelnen Mitbestimmungsrechts festgelegt. Der Betriebsrat kann somit – gegebenenfalls gegen den Willen des Arbeitgebers – über die Einigungsstelle z. B. eine Vergrößerung oder Verkleinerung der Berechnungszeiträume des Lohnes erreichen oder ein neues Verfahren zur Arbeitsbewertung einführen.

b) Initiativrecht zum Übergang von Zeit- auf Leistungslohn?

Zweifel an der Übereinstimmung von Mitbestimmungsrecht und Reichweite des Initiativrechts können dann aufkommen, wenn es um die Änderung der Entlohnungsgrundsätze dahingehend geht, daß der Betriebsrat statt eines bestehenden Zeitlohnsystems – gegen den Willen des Arbeitgebers – auf die Einführung von Leistungsentlohnung drängt.[93] Hierbei handelt es sich um eine Frage der Ent-

---

[92] BAG AP Nrn. 1, 3 zu § 87 BetrVG 1972 Initiativrecht; BAG AP Nr. 8 zu § 87 BetrVG 1972 Arbeitszeit; BAG AP Nr. 3 zu § 87 BetrVG 1972 Kurzarbeit; BAG AP Nr. 1 zu § 87 BetrVG 1972; BAG AP Nr. 41 zu § 87 BetrVG 1972 Lohngestaltung; BAG AP Nr. 2 zu § 87 BetrVG 1972 Altersversorgung; *Fitting*, BetrVG, § 87 Rn. 553 ff.; *Galperin/Löwisch*, BetrVG § 87 Rn. 26, 31; *Richardi*, BetrVG, § 87 Rn. 70 ff.; *ders.*, ZfA 1976, 1 (43); *Birk*, Anm. zu BAG EzA § 87 Initiativrecht Nr. 2; *Säcker*, ZfA Sonderheft 1972, 41 (63); *Heisig*, Arbeitsentgelt- und Arbeitszeitregelungen, S. 51 ff.; *Föhr*, AuR 1975, 353 (357); *Gester/Isenhardt*, RdA 1974, 80 (85 f.); *Rumpf*, AuR 1972, 65 (71); *Schlüter*, DB 1972, 92, 139 (143); *Moll*, Entgelt, S. 193 ff. (197 ff., 203); *P. Hanau*, RdA 1973, 281 (286); *ders.*, Anm. zu BAG AP Nr. 3 zu § 87 BetrVG 1972 Prämie; *v. Friesen*, DB 1980 Beil. 1, 1 (12 f.); *Lederer*, Initiativrecht, S. 125 ff., 127 ff.

[93] Insoweit handelt es sich nicht um eine rein hypothetische Fallkonstellation, denn es kann gute Gründe gerade auch im Arbeitnehmerinteresse geben, die für den Wechsel zur Leistungsentlohnung sprechen; vgl. dazu *Rüthers*, ZfA 1973, 399 ff.
Die Argumentation von *Matthes* (in: Münch Hdb, § 318 Rn. 37 ff., 41; § 333 Rn. 87) greift daher zu kurz: Er lehnt ein Initiativrecht zur Einführung der Leistungsentlohnung mit der Begründung ab, einem solchen stehe der Schutzzweck der Mitbestimmung entgegen, denn diese ziele gerade darauf, vor den Gefahren einer Leistungsentlohnung zu schützen („Akkord ist Mord"). Wenn aber gerade die Belegschaft eine entsprechende Änderung der Entlohnungsgrundsätze befürwortet, weil sie sich z. B. eine den jeweiligen Leistungen der einzelnen Mitarbeitern besser entsprechende Entlohnung verspricht, so ist ein Widerspruch zur Schutzfunktion nicht zu erkennen.
Lieb (ZfA 1988, 413 [442]) stellt darauf ab, daß es bei einem Wechsel vom Zeitlohn auf Leistungslohn um eine Lohnerhöhung ginge. Dies ist zweifelhaft, handelt es sich doch bei der Entscheidung zwischen Leistungs- und Zeitlohn um formelle Arbeitsbedingungen. Ob diese zu höherem oder niedrigerem Lohn führt, hängt allein von der zugrunde gelegten Bemessung und der Leistung der Arbeitnehmer ab. Einzuräumen ist aber, daß ein Initiativrecht jedenfalls dann ausscheidet, wenn der Betriebsrats versucht, durch die Änderung der Entlohnungsgrundsätze Einfluß auf die Lohnpolitik zu nehmen, das heißt über die Einigungsstelle einen im Ergebnis höheren Lohn zu erzwingen, denn dies ist – wie gesehen (oben 2) – nicht vom Mitbestimmungsrecht gedeckt.

lohnungsgrundsätze, die – wie oben gesehen[94] – der Mitbestimmung unterliegt. Ein entsprechendes Initiativrecht könnte aber gravierenden Einfluß auf die Gesamtlohnsumme, die Produktion und die Unternehmensplanung haben, denn es ist nicht unwahrscheinlich, daß eine solche Umstellung der Lohnform die Produktion beeinflußt. Mögliche Konsequenz wäre eine Mehr- oder Überproduktion, deren Absatz auf dem Markt vielleicht Schwierigkeiten bereitet. Dies wiederum könnte zu teueren Lagerkosten führen. Über ein umfangreiches Initiativrecht ergäben sich damit Einflußnahmemöglichkeiten auf die Absatzlage, die Lagerhaltung und den Auftragsbestand und es würden dem Arbeitgeber höhere Kosten verursacht. Im folgenden gilt es daher zu untersuchen, ob insoweit eine Einschränkung des Initiativrechts geboten erscheint.[95]

(1) Vorgaben des Gesetzgebers

Die durch § 87 Abs. 1 BetrVG eröffnete gleichberechtigte Mitentscheidung steht einer Beschränkung des Initiativrechts für diese Fälle nicht entgegen,[96] denn grundsätzlich kann gleichberechtigt *mit*bestimmt werden, auch wenn keine Möglichkeit besteht, den Arbeitgeber vor die Einigungsstelle zu zitieren, falls dieser selbst keine Änderungen der Lohngestaltung vornehmen möchte. Eine *Mit*bestimmung setzt lediglich das Vorliegen eines „Ausgangspunkts" voraus. Daß auch der Betriebsrat diesen „Ausgangspunkt" der Verhandlungen initiieren können muß, ist nicht erforderlich.[97] Grundsätzlich wird also das Mitbestimmungsrecht nicht geschmälert, wenn das Initiativrecht restriktiv gehandhabt wird.

Ein Blick in die Gesetzesmaterialien zeigt jedoch, daß mit dem jeweiligen Mitbestimmungstatbestand ein entsprechendes, uneingeschränktes Initiativrecht verbunden sein sollte.[98] Denn im Gesetzgebungsverfahren wurde von der CDU/CSU-Fraktion ein Entwurf zur Mitbestimmung in sozialen Angelegenheiten eingebracht, der zwischen solchen Mitbestimmungstatbeständen unterschied, bei denen dem Betriebsrat (ausdrücklich) ein umfassendes Initiativrecht zugestanden wurde, und anderen, bei denen dem Arbeitgeber die alleinige Initi-

---

[94] Oben, I 1 a.

[95] Ob dem Betriebsrat hinsichtlich des Übergangs vom Zeitlohn auf den Leistungslohn ein Initiativrecht zusteht, hat das BAG (AP Nr. 3 zu § 87 BetrVG 1972 Prämie) ausdrücklich offengelassen.

[96] Anders BAG AP Nr. 1 zu § 87 BetrVG 1972; BAG AP Nr. 3 zu § 87 BetrVG 1972 Kurzarbeit; BAG AP Nr. 8 zu § 87 BetrVG 1972 Arbeitszeit; *Klebe*, in: D/K/K, BetrVG, § 87 Rn. 18 ff.; *Fitting*, § 87 Rn. 553; *Gester/Isenhardt*, RdA 1974, 80 (86); *Lederer*, Initiativrecht, S. 50.

[97] Ebenso *Wiese* Initiativrecht, S. 27.

[98] *Rumpf*, AuR 1972, 65 (71); *Säcker*, ZfA Sonderheft 1972, 41 (63 dort Fn. 86); *Lederer*, Initiativrecht, S. 51 ff.

ative überlassen blieb, die Beteiligung also auf ein Vetorecht reduziert war.[99] Dieser Vorschlag sah auch für den Übergang von Zeit- auf Leistungslohn ein *echtes Mitbestimmungsrecht einschließlich* eines entsprechenden *Initiativrechts* vor. Die in dem Entwurf vorgesehene Aufspaltung wurde im Ausschuß für Arbeit und Sozialordnung verworfen, weil ein Initiativrecht für *alle Fälle* erzwingbarer Mitbestimmung gleichermaßen verankert werden sollte.[100] Damit sollte also nicht das Initiativrecht für den Übergang von Zeit- auf Leistungslohn abgelehnt, sondern vielmehr für alle anderen Mitbestimmungstatbestände ein ebenso umfängliches Initiativrecht anerkannt werden.

(2) Restriktive Handhabung wegen unternehmerischer Entscheidungsfreiheit

Eine Beschränkung des Initiativrechts kommt daher allenfalls dann in Betracht, wenn man in den oben ausgeführten, möglichen Folgen einer solchen Änderung der Entlohnungsgrundsätze eine vom Betriebsverfassungsgesetz nicht gedeckte Beeinträchtigung der unternehmerischen Entscheidungsfreiheit sieht.[101]

Allein die möglichen Mehrkosten, die der Arbeitgeber durch die Umstellung zu tragen hat, führen noch *nicht* zu einer restriktiven Handhabung des Initiativrechts, denn dieses steht ebensowenig wie das Mitbestimmungsrecht unter dem

---

99 Vgl. §§ 28 ff. CDU/CSU-Entwurf, BT-Drucks. VI/1806, S. 537 ff.

100 Vgl. dazu auch *Böhm* (SPD) (Sten. Bericht über die 150. Sitzung der 6. Wahlperiode am 10.11.1971, S. 8645): „Wir wollen ein Initiativrecht des Betriebsrats."
Die Vorschläge der CDU/CSU wurden erneut in die Gründe für die Einberufung des Vermittlungsausschusses durch den Bundesrat aufgenommen (vgl. BT-Drucks. VI/2904, S. 6 f.), der Vermittlungsausschuß bestätigte indes die beschlossene Fassung (vgl. BR-Drucks. 708/71) und der Bundesrat stimmte ihr zu (ebenda, Beschluß).
Hiergegen wird zum Teil (so von *Wiese*, Initiativrecht, S. 29; *Richardi*, ZfA 1976, 1 [39]; *Rüthers*, ZfA 1973, 399 [420 f.]; *Boewer*, DB 1973, 522 [527 f.]) eingewendet, daß die Ablehnung des Entwurfs nicht zwingend für die Annahme eines uneingeschränkten Initiativrechts spreche, da etwaige Grenzen und Konsequenzen nicht mehr diskutiert worden seien und der Gesetzgeber mögliche Übergriffe in die unternehmerische Entscheidungsfreiheit durch die Ausübung des Initiativrechts nicht erkannt habe.

101 So *Stege/Weinspach*, BetrVG, § 87 Rn. 19 ff., 178; *Rüthers*, ZfA 1973, 399 (417 ff.); *Kraft*, mit krit. Anm. zu BAG AP Nr. 5 zu § 87 BetrVG 1972 Tarifvorrang; *P. Hanau*, RdA 1973, 281 (287); *Reuter*, SAE 1987, 37 (38 f.); vgl. auch *Franz/Rüthers*, RdA 1999, 32 (36 f. m. w. Nachw. dort in Fn. 24). Ähnlich das LAG Düsseldorf (EzA Nrn. 1, 3 zu § 87 BetrVG 1972 Initiativrecht; mit zust. Anm. *Rüthers*), das jedoch in den beiden konkreten Fällen trotzdem ein Initiativrecht zur Einführung eines Leistungslohnsystems annahm.
Für die grundsätzliche Möglichkeit der Beschränkung des Initiativrechts Hess/Schlochauer/*Glaubitz*, BetrVG, § 87 Rn. 44, 64 ff.; *Wiese*, Initiativrecht, S. 42 ff. (bezüglich § 87 Abs. 1 Nr. 3 BetrVG), S. 50 ff. (bezüglich Nr. 6), S. 72 ff. (bezüglich Nr. 12) m. w. Nachw. (S. 26 dort Fn. 85, S. 60 dort Fn. 250); *Lieb*, ZfA 1988, 413 (442); *P. Hanau*, BB 1977, 350 (356); *Boewer*, DB 1973, 522 (526 ff.).

Vorbehalt der Kostenneutralität.[102] Andernfalls könnte mit dem Kostenargument die Mitbestimmung weitgehend ausgeschlossen werden, da wegen des mit ihrer Durchführung verbundenen Verwaltungsaufwands in aller Regel Mehrkosten verbunden sind.[103]

Eine Beeinträchtigung der verfassungsrechtlich in Art. 2 Abs. 1, Art. 12 Abs. 1 und Art. 14 Abs. 1 GG gewährleisteten unternehmerischen Entscheidungsfreiheit[104] kann auch nicht darin gesehen werden, daß der Arbeitgeber nach insoweit erfolgreicher Initiative des Betriebsrats gegebenenfalls seine Absatzmodalitäten oder Marktstrategien anpassen muß.[105] Mit der Neufassung des Betriebsverfassungsgesetzes sollte die auf dem Privateigentum beruhende Struktur der Unternehmen nicht angetastet werden[106] und daher die unternehmerische Entscheidungsfreiheit grundsätzlich gewährleistet sein. Das Letztentscheidungsrecht verblieb beim Arbeitgeber und damit beim haftenden Eigentümer. Ihm sollte ein angemessener Spielraum zur Entfaltung seiner Unternehmerinitiative zugestanden sein.[107] Diese Intention ist in den Verhandlungen zur Gesetzesfassung des Betriebsverfassungsgesetzes ausdrücklich bekräftigt worden[108] und hat

---

[102] Herrschende Meinung: *Dietz/Richardi*, BetrVG, § 87 Rn. 50 „Preis der Mitbestimmung"; *Richardi*, BetrVG, § 87 Rn. 41 ff., 71, 836; *Wiese*, in: GK-BetrVG, § 87 Rn. 953, 703; *Rüthers*, ZfA 1973, 399 [420]; LAG Düsseldorf, EzA Nr. 1 zu § 87 BetrVG 1972 Initiativrecht; *P. Hanau*, BB 1977, 350 (356); *Strieder*, BB 1980, 420 (423); *Friedmann*, Initiativrecht, S. 58, 62 f.; a. A. *Boewer*, DB 1973, 522 (527).

[103] Vgl. *Reuter*, Vergütung von AT-Angestellten, S. 34 f.

[104] Vgl. BVerfG AP Nr. 1 zu § 1 MitbestG; BVerfG AP Nr. 15 zu § 87 BetrVG Arbeitszeit. Der Begriff der „Unternehmensfreiheit" und „Unternehmerfreiheit" hat sich erst unter Geltung des Grundgesetzes entwickelt; vgl. *Huber*, DÖV 1956, 135 (138); zur Begriffsentstehung *Friedmann*, Initiativrecht, S. 70 f.

[105] Vgl. insoweit die Entscheidungen des BAG (AP Nr. 10 zu § 87 BetrVG 1972 Lohngestaltung; AP Nr. 4 zu § 87 BetrVG 1972 Provision), in denen der Senat für das Mitbestimmungsrecht ausführt, dieses sei nicht deshalb einzuschränken, weil der Arbeitgeber mit einer bestimmten Lohngestaltung unternehmerische Ziele wie z. B. eine bestimmte Absatzpolitik oder eine Verkaufssteuerung erreichen wolle.

[106] Vgl. *Erdmann*, in: FS für Molitor, S. 81; *Richardi*, BetrVG, § 87 Rn. 41; Hess/Schlochauer/*Glaubitz*, BetrVG, § 87 Rn. 65a ff.

[107] Vgl. BVerfG AP Nr. 1 zu § 1 MitbestG zur paritätischen Unternehmensmitbestimmung; dazu *Erdmann*, in: FS für Molitor, S. 81 (87) sowie die Rechtsprechungszusammenschau bei *Friedmann*, Initiativrecht, S. 72 ff.; *Beuthien*, ZfA 1988, 1 ff., 6 ff.

[108] Vgl. die Äußerungen in der 2. und 3. Lesung des Gesetzes: *Schellenberg* (SPD) (Sten. Bericht der 150. Sitzung der 6. Wahlperiode, S. 8673) erklärte, daß die unternehmerische Handlungsfreiheit weiterhin gewährleistet werde; ebenso *Farthmann* (SPD) (Sten. Bericht, a. a. O., S. 8602); *Schmidt* (FDP) (Sten. Bericht, a. a. O., S. 8597): „Von einem Eingriff in die unternehmerische Entscheidungsfreiheit allerdings ... kann in diesem Gesetz überhaupt nicht die Rede sein". Vgl. auch die Begründung zum Regierungsentwurf (BR-Drucks. 715/70, S. 31): „Im kollektiven Bereich erweitert der Entwurf die Mitbestimmungs- und Mitwirkungsrechte des Betriebsrats auf wichtigen Gebieten, ohne in die eigentlichen unter-

im Normtext durch die deutliche Trennung von sozialen und wirtschaftlichen Angelegenheiten Ausdruck gefunden.[109] Denn entgegen dem Mitbestimmungsrechten bei sozialen Angelegenheiten sind die Mitwirkungsbefugnisse des Betriebsrats bei wirtschaftlichen Angelegenheiten ausdrücklich nur beschränkt zugelassen.[110] Die §§ 106, 109, 110 BetrVG im Unterabschnitt „Unterrichtung in wirtschaftlichen Angelegenheiten" enthalten bloße Informations- und Beratungsrechte. Lediglich der Sozialplan ist durch den Betriebsrat nach § 112 Abs. 4 BetrVG erzwingbar. Es obliegt also allein dem Arbeitgeber, im wirtschaftlich-unternehmerischen Bereich zu entscheiden. Die Mitwirkungsrechte des Betriebsrats beschränken sich insoweit allein auf die sozial angemessene Ausgestaltung wirtschaftlicher Unternehmensentscheidungen.[111]

Um eine solche wirtschaftliche Angelegenheit handelt es sich aber bei der bloßen Umstellung von Zeit- auf Leistungslohn – trotz möglicher Folgen – nicht.[112] Vielmehr liegt eine eindeutig den sozialen Angelegenheiten zuzuordnende Materie vor. In diesem Bereich sind aber Beschränkungen des unternehmerischen Alleinentscheidungsrechts zum Schutz der Arbeitnehmer vom Betriebsverfassungsrecht gerade bezweckt.[113] Zudem bleibt es dem Unternehmer unbenom-

---

nehmerischen Entscheidungen, insbesondere auf wirtschaftlichem Gebiet, einzugreifen. Die Bundesregierung ist der Ansicht, daß die Frage der Beteiligung der Arbeitnehmer an der Unternehmensführung nicht im Rahmen des Betriebsverfassungsgesetzes geregelt werden sollte, sondern einer Neuregelung des Unternehmensverfassungsrechts vorbehalten bleiben müssen."

V. Friesen (DB 1980 Beil. 1, 1 [13]) hält diese Aussagen lediglich für „Pauschalbewertung des Gesetzes durch diejenigen, die es geschaffen haben". Sie verkennt, daß diese „Pauschalbewertungen" im Betriebsverfassungsgesetz Niederschlag gefunden haben. Zutreffen wird daher hinsichtlich der grundsätzlichen Anerkennung der unternehmerischen Entscheidungsfreiheit im Betriebsverfassungsgesetz von einem „ungeschriebenen, allgemeinen Rechtssatz" gesprochen; vgl. *Dietz/Richardi*, BetrVG, § 87 Rn. 30; *Richardi*, BetrVG, § 87 Rn. 41; *Erdmann*, in: FS für Molitor, S. 81 (90) m. w. Nachw.

[109] Vgl. Hess/Schlochauer/*Glaubitz*, BetrVG, § 87 Rn. 65a ff.; *Wiese*, in: GK-BetrVG, § 87 Rn. 141 ff.; *Rüthers* ZfA 1973, 399 (419); *Reuter*, SAE 1987, 37 (38 f.); *ders.*, Vergütung von AT-Angestellten, S. 34 ff.; *Friedmann*, Initiativrecht, S. 101 ff.

[110] Zu Recht gegen eine unmittelbare Mitbestimmung im unternehmerischen Bereich *Richardi*, BetrVG, § 87 Rn. 41; *Wiese*, in: GK-BetrVG, § 87 Rn. 145 f.; *Zöllner*, ZfA 1988, 265 (282 f.); *Reuter*, Vergütung von AT-Angestellten, S. 333 ff.; *Ehmann*; in: FS für Kissel, S. 175 (185 ff.); *Lieb*, ZfA 1978, 179 (185 ff.); *Schüren*, RdA 1991, 139 (141); *Loritz*, ZfA 1991, 1 (8, 12, 17 ff., 20 f.); *Thüsing*, DB 1997, 1130 (1132 f.).

[111] Ebenso *Reichold*, RdA 1995, 147 (151); *P. Hanau*, RdA 1973, 281 (286 f.); *Friedmann*, Initiativrecht, S. 102 f.; dagegen *Gerster/Isenhardt*, RdA 1974, 80 (87 f.).

[112] Erst wenn durch *weitere* Maßnahmen die Grenzen zur Betriebsänderung i. S. d. § 111 BetrVG überschritten werden, kann gegebenenfalls eine wirtschaftliche Angelegenheit vorliegen.

[113] Zur Zwecksetzung oben § 2 I, II.

men, die Produktion entsprechend zu steuern, das heißt durch die Anordnung von Kurzarbeit (unter Berücksichtigung des § 87 Abs. 1 Nr. 3 BetrVG) oder gegebenenfalls sogar durch Kündigungen und Änderungskündigungen (in den Grenzen des Kündigungsschutzgesetzes und Berücksichtigung des § 102 BetrVG) den Umfang der Produktion zu bestimmen[114] und auf diese Weise Unternehmerinitiative zu verwirklichen.

Zusammenfassend kann damit festgehalten werden, daß dem Betriebsrats im Rahmen seines Mitbestimmungsrechts nach § 87 Abs. 1 Nr. 10 BetrVG in gleichem Umfang die Möglichkeit eröffnet ist, über die Einigungsstelle auch gegen den Willen des Arbeitgebers Vorschläge zur Lohngestaltung einer verbindlichen Einigung zuzuführen. Insbesondere besteht ein Initiativrecht auch hinsichtlich eines vom Betriebsrat angestrebten Wechsels von einer zeitgebundenen Entlohnung zu einem Leistungslohnsystem.[115] Zu berücksichtigen ist aber, daß die Einigungsstelle nicht an die Vorgaben des Betriebsrats gebunden ist, sondern ihre Beschlüsse unter angemessener Berücksichtigung der Belange des Betriebs und der betroffenen Arbeitnehmer faßt (vgl. § 76 Abs. 5 Satz 3 BetrVG).

II. Schranken erzwingbarer Mitbestimmung

Eine verbindliche Entscheidung der Einigungsstelle kann von den Betriebspartnern dann nicht herbeigeführt werden, wenn eine der in § 87 Abs. 1 Einleitungssatz BetrVG normierten Schranken eingreift. Das erzwingbare Mitbestimmungsrecht bei der Lohngestaltung unterliegt damit (theoretisch) der Beschränkung durch *gesetzliche Regelungen* (dazu unter 1) und *bestehende Tarifverträge* (dazu unter 2). Ob darüber hinaus auch *§ 77 Abs. 3 BetrVG* als Mitbestimmungsschranke heranzuziehen ist, wird ebenfalls zu klären sein (dazu unter 3), ist dies doch gerade für die Lohngestaltung in Anbetracht ihrer *Tarifüblichkeit* von großer praktischer Relevanz.

Entsprechend stehen die Mitbestimmungsrechte nach ständiger Rechtsprechung des BAG nicht unter dem Vorbehalt unternehmerischer Entscheidungsfreiheit. Vgl. BAG AP Nrn. 10, 50 zu § 87 BetrVG 1972 Lohngestaltung; AP Nrn. 8, 24 zu § 87 BetrVG 1972 Arbeitszeit; AP Nr. 3 zu § 87 BetrVG 1972 Kurzarbeit; vgl. auch die Darstellung bei *Beuthien*, ZfA 1988, 1 (3 ff.).

[114] So *Wiese*, Initiativrecht, S. 62 f.; *Lederer*, Initiativrecht, S. 128 f.; vgl. auch *Moll*, Entgelt, S. 200 ff.

[115] So auch die herrschende Meinung: Vgl. *Fitting*, § 87 Rn. 477; *Wiese*, in: GK-BetrVG, § 87 Rn. 951 f.; *Klebe*, in: D/K/K, § 87 Rn. 19 f.; *Lederer*, Initiativrecht, S. 125 ff., 127 ff. jeweils m. w. Nachw., LAG Niedersachsen, LAGE § 87 BetrVG 1972 Initiativrecht Nr. 4 m. krit. Anm. von *Rüthers/Ruolf*.

1. Gesetzliche Regelung

Nach § 87 Abs. 1 Einleitungssatz BetrVG ist das Beteiligungsrecht ausgeschlossen, wenn die Angelegenheit gesetzlich geregelt ist. Beim Vorliegen einer solchen Normierung geht das Betriebsverfassungsgesetz davon aus, daß dem *Schutzbedürfnis der Arbeitnehmer* und ihren Interessen bereits ausreichend Rechnung getragen ist, so daß es der erzwingbaren Mitbestimmung nicht mehr bedarf.[116] Voraussetzung ist aber ein Gesetz im materiellen Sinn, das zwingendes Recht setzt. Dispositive Vorschriften hingegen werden dem Schutz der Arbeitnehmer nicht hinreichend gerecht.[117] Solche arbeitnehmerschützenden Normen im Sinne des § 87 Abs. 1 Einleitungssatz BetrVG bestehen vor allem im Bereich des *Gesundheitsschutzes* und der *Arbeitssicherheit*, für die Lohngestaltung, insbesondere deren formelle Seite, existieren solche jedoch nicht.[118]

Diese wären auch völlig unangebracht, denn sie würden auf eine staatliche, zentrale Wirtschaftsplanung hinauslaufen, deren Unsinnigkeit und Ineffektivität durch den nicht nur politischen, sondern vor allem auch wirtschaftlichen Zusammenbruch der ehemaligen DDR und der osteuropäischen Staaten mehr als deutlich wurde.[119] Die schlechten Erfahrungen mit staatlicher Lohnfestsetzung sprechen für die autonome Vereinbarung der Arbeitsbedingungen durch die Betroffenen, denn staatliche Reglementierung bedeutet immer auch einen Verlust

---

[116] BAG AP Nr. 21 zu § 77 BetrVG 1972; Hess/Schlochauer/*Glaubitz*, BetrVG, § 87 Rn. 46 m. w. Nachw.; *Galperin/Löwisch*, BetrVG, § 87 Rn. 42.
Freiwillige Betriebsvereinbarungen bleiben möglich; ebenso *Galperin/Löwisch*, BetrVG, § 87 Rn. 43; *Wittke*, Beteiligungsrechte, S. 23.

[117] *Fitting*/Kaiser/Heither/Engels, BetrVG, § 87 Rn. 24, 30; *Richardi*, BetrVG, § 87 Rn. 117; *Matthes*, in: Münch Hdb, § 324 Rn. 12 ff.

[118] Von dem *Gesetz über die Festsetzung von Mindestarbeitsbedingungen* (Gesetz vom 11.01.1952 [BGBl. I, S.17] zuletzt geändert durch VO vom 26.02.1993 [BGBl. I, S.278]), das auf Wunsch der Alliierten geschaffen wurde (vgl. *Riester*, Flexibilisierung, S. 30) und die materiellen Arbeitsbedingungen betrifft, ist bislang kein Gebrauch gemacht worden.
Als gesetzliche Regelung im Sinne des § 87 Abs. 1 BetrVG kann auch nicht das *Arbeitnehmer-Entsendegesetz* (Gesetz v. 26.02.1996 [BGBl. I S. 227] geändert durch Gesetz v. 24.03.1997 [BGBl. I S. 594]) herangezogen werden. Dieses legt u. a. fest, daß Arbeitnehmer ausländischer Unternehmen, die in Deutschland beschäftigt werden, unter bestimmten Umständen nach deutschen Tarifen zu bezahlen sind. Damit enthält das Entsendegesetz zwar gleichsam eine Allgemeinverbindlichkeitserklärung durch Gesetz, nicht aber eine die Mitbestimmung ausschließende gesetzliche Regelung der Lohngestaltung.
Keine gesetzliche Regelung im Sinne des § 87 Abs. 1 BetrVG ist § 612 Abs. 2 BGB, nach dem für jeden Dienstvertrag die übliche Vergütung maßgebend ist, wenn eine vertragliche Vereinbarung fehlt. § 612 Abs. 2 BGB setzt kein zwingendes Recht. Zudem fehlen Regelungen der formellen Lohngestaltung.

[119] Vgl. dazu *Belling* (Günstigkeitsprinzip, S. 40 ff.), der darstellt, daß die Wirtschaftslenkung totalitärer Staaten sich insbesondere durch staatliche Lohnkontrollen auszeichnet.

an Freiheit.[120] Gegen eine Einflußnahme durch den Gesetzgeber spricht zudem, daß sich wegen der betriebssoziologischen Entwicklung,[121] die eine betriebsspezifische einheitliche Lohngestaltung erforderlich macht, bereits der Verbandstarifvertrag als ungeeignet erwiesen hat,[122] den betrieblichen Besonderheiten Rechnung zu tragen. Um wieviel schwerer, ja unmöglich ist dies dann auf staatlicher Ebene. Durch eine gesetzliche Regelung kann innerbetriebliche Lohngerechtigkeit nicht verwirklicht werden, daher ist der Vorbehalt gesetzlicher Regelung für den Mitbestimmungstatbestand der Nr. 10 ohne Auswirkung.

2. Tarifliche Regelung

Maßgebliche Bedeutung hingegen hat der in § 87 Abs. 1 Einleitungssatz BetrVG niedergelegte *Tarifvorrang*. Auch hinter dieser Schranke steht letztlich die Vorstellung des Gesetzgebers, daß bei einer bestehenden tariflichen Regelung dem Schutzbedürfnis der Arbeitnehmer genügt sei,[123] da der Mitbestimmungstatbestand im Tarifvertrag eine gerechte Regelung gefunden habe.[124] Rechtsfolge einer bestehenden Tarifnorm im Sinne des § 87 Abs. 1 Einleitungssatz BetrVG ist der Ausschluß der Erzwingbarkeit einer Vereinbarung durch den Betriebsrat, denn es soll verhindert werden, daß im Wege der Zwangsschlichtung ein Regelungsstreit entschieden wird, der im Tarifvertrag bereits eine Lösung gefunden hat. Freiwillige Betriebsvereinbarungen bleiben in diesen Angelegenheiten hingegen möglich.[125]

---

[120] *Esser*, in: FS für Molitor, S. 99 (101).

[121] Dazu oben, § 2 I 2.

[122] Siehe Fn. 121 sowie oben, § 1 I 1, 2; II 3 a, b, § 2 I 2.

[123] Zum Schutzzweck des Tarifvorrangs unten, 3 c mit Fn. 178. Dagegen *Fischer* (Betriebsvereinbarung, S. 224 f.), der den Zweck des Tarifvorrang maßgeblich im Schutz des Arbeitgebers und der Tarifautonomie sieht.

[124] Kritisch zur gerechten Regelung durch Tarifvertrag wegen des Bruttosozialprodukts als Maßstab der Gerechtigkeit (oben, § 1 II 3 a) und der Betriebsvereinbarung als Alternative (oben, § 1 II 3 b).

[125] So auch die herrschende Meinung: *Wiedemann/Stumpf*, TVG, § 4 Rn. 285 f., 287 (anders wohl nunmehr *Wank*, in: Wiedemann, § 4 Rn. 551 ff.); *Fitting*, § 87 Rn. 39; *Galperin/Löwisch*, BetrVG, § 87 Rn. 43 f.; *Matthes*, in: Münch Hdb, § 318 Rn. 70; *Wiese*, in: GK-BetrVG, § 87 Rn. 56 f.; *Richardi*, BetrVG, § 87 Rn. 169 f.; *Löwisch*, JZ 1996, 812 (815); *Ehmann/Schmidt*, NZA 1995, 193 (198); *Kraft*, in: FS für Molitor, S. 207 (209); *v. Hoyningen-Huene/Meier-Krenz*, NZA 1987, 793 (797); *Bauer/Diller*, DB 1993, 1085; *Wank*, RdA 1991, 129 (133); *Wittke*, Beteiligungsrechte, S. 24; *Eickelberg*, Betriebsvereinbarung über Arbeitsentgelt, S. 149 f.; *Fischer*, Betriebsvereinbarung, S. 229 ff. *Conze*, BB 1978, 490 (492); *Bichler*, DB 1979, 1939 (1940). Die tarifliche Regelung führt damit im Ergebnis auch zu einer Beschränkung des Initiativrechts.
Dagegen *Däubler* (Tarifvertragsrecht, Rn. 239 [S.158]): „Der Tarifvertrag verdrängt nicht nur das Mitbestimmungsrecht, sondern auch die Möglichkeit zum Abschluß freiwilliger Betriebsvereinbarungen“. Ebenso *Säcker*, BB 1979, 1201 (1202); *Berg*, in: FS für Däubler,

a) Bestehen einer Regelung

Für das Bestehen einer tariflichen Regelung war von der Rechtsprechung zunächst als erforderlich angesehen worden, daß diese „einigermaßen vollständig und aus sich heraus handhabbar und offenbar als endgültige" Vereinbarung gewollt sei.[126] Nunmehr ist entscheidend, daß die Tarifvertragsparteien eine *inhaltlich abschließende und zwingende Regelung* über den Mitbestimmungstatbestand getroffen haben; nicht ausreichend ist, wenn der Tarifvertrag insgesamt oder in einzelnen Punkten nur ergänzungsbedürftige Rahmenvorschriften enthält.[127] Die erzwingbare Mitbestimmung wird demnach nur ausgeschlossen, wenn der betreffende Gegenstand so detailliert festgelegt wurde, daß den Betriebspartnern keinerlei Spielraum verbleibt.[128] Eine einseitige Gestaltung der Arbeitsbedingungen (eine einseitige Lohngestaltung) durch den Arbeitgeber scheidet dann aus. Diese ist vielmehr ersetzt durch die tariflichen Vorgaben.

Auf das subjektive Wollen der Tarifvertragsparteien hinsichtlich der Frage nach einer abschließenden Normierung kommt es nicht an.[129] Maßgebend ist vielmehr die *„objektiv verifizierbare"* Regelungsdichte des Tarifvertrages.[130] Diese ist durch Auslegung zu ermitteln, denn zu differenzieren ist zwischen einer *Nicht*regelung von Themen und einer (lediglich) auslegungsbedürftigen Regelung. Fehlen tarifliche Vorgaben hinsichtlich einer Regelungsmaterie, das heißt

---

S. 495 (498 ff.). *Heinze* (NZA 1995, 5 [6]) lehnt bei Bestehen einer tariflichen Regelung sogar die Zulässigkeit von Regelungsabreden ab.

[126] BAG AP Nr. 1 zu § 87 BetrVG 1972 Kurzarbeit; BAG AP Nr. 4 zu § 87 BetrVG 1972 Altersversorgung; BAG AP Nr. 3 zu § 87 BetrVG 1972 Tarifvorrang.
Zur Rechtsprechungsentwicklung zum BetrVG 1952 vgl. *Rumpf* (AuR 1972, 65 [75 ff.]), der die Formel der „nur einigermaßen vollständigen Regelung" zutreffend ablehnt (a. a. O., S. 79); ablehnend auch *Richardi*, ZfA 1976, 1 (22 f.).

[127] BAG AP Nr. 2 zu § 87 BetrVG 1972; BAG AP Nrn. 5, 18, 26 zu § 87 BetrVG 1972 Tarifvorrang; BAG AP Nrn. 31, 33, 51 zu § 87 BetrVG 1972 Lohngestaltung; vgl. auch BAG AP Nr. 65 zu § 87 BetrVG 1972 Lohngestaltung; *Stege/Weinspach*, BetrVG, § 87 Rn. 28 b ff.; *Moll*, Tarifvorrang, S. 24; *Gast*, Tarifautonomie und Normsetzung, S. 30; *Gragert*, Flexibilisierung von Tarifverträgen, S. 68 f.
Abweichend *Matthes* (in: Münch Hdb, § 324 Rn. 17) und *Boewer* (DB 1973, 522 [524]), die für die Sperrwirkung auch einigermaßen vollständige und praktikable tarifliche Regelungen ausreichen lassen; diff. *Fischer*, Betriebsvereinbarung, S. 227 f.; kritisch auch *Wittgruber*, Abkehr, S. 116 ff.

[128] Vgl. BAG AP Nr. 20 zu § 87 BetrVG 1972 Tarifvorrang; *Weyand*, AuR 1993, 1, (6). Diese Einschränkung des Tarifvorrangs führte zu einer Ausweitung des Mitbestimmungsspielraums. Im Zusammenhang mit der Anerkennung der Vorrangtheorie durch das BAG (dazu unten, III 2, 3) wurde dem Betriebsrat für diesen Bereich das Instrument der Betriebsvereinbarung an die Hand gegeben, so daß die Sperrwirkung des § 77 Abs. 3 BetrVG zunehmend zurückgedrängt wurde (vgl. dazu auch *Hromadka*, in: FS für Schaub, S. 337 ff.).

[129] Anders *Moll*, Tarifvorrang, S. 25.

[130] *Mayer-Maly*, Anm. zu BAG AP Nr. 1 zu § 87 BetrVG 1972 Tarifvorrang.

läßt sich insoweit durch Auslegung der Tarifnorm keine konkrete Vorgabe feststellen, so sehen sich die Arbeitnehmer in diesem Bereich erneut der einseitigen Gestaltungsmacht des Arbeitgebers gegenüber, deren Beschränkung die betriebsverfassungsrechtliche Mitbestimmung zum formalen und materiellen Schutz der Arbeitnehmer bezweckt.[131] Eine Nichtregelung schließt daher die Mitbestimmung nicht aus.[132] Ergibt die Auslegung, daß die Materie abschließend und zwingend geregelt ist, so ist kein Raum für eine erzwingbare Mitbestimmung.

Daher kann auch nur eine *zwingende* Tarifnorm eine bestehende Regelung im Sinne des § 87 Abs. 1 Einleitungssatz BetrVG darstellen, denn bei dispositiven Bestimmungen des Tarifvertrages könnte der Arbeitgeber einseitig abweichende Anordnungen treffen, so daß der Schutzgedanke betrieblicher Mitbestimmung unterlaufen würde.[133] Entsprechend reicht auch ein bloß *nachwirkender* Tarifvertrag *nicht* aus, denn seine Vorschriften können gemäß § 4 Abs. 5 TVG jederzeit durch eine andere Abmachung ersetzt werden.[134] Aus demselben Grund wird das Beteiligungsrecht des Betriebsrats nicht durch eine tarifliche Regelung beseitigt, welche dem Arbeitgeber die einseitige Entscheidung über die in § 87 BetrVG genannten sozialen Angelegenheiten einräumt. Eine solche Tarifnorm, welche die Möglichkeit kollektiven Schutzes auf der Betriebsebene beseitigt, ohne selber hinreichenden Arbeitnehmerschutz zu gewähren, ist unwirksam, denn für ein *Mit*bestimmungsrecht ist erst dann kein Raum, wenn auch dem Arbeitgeber kein Bestimmungsrecht verblieben ist.[135]

b) Tarifbindungserfordernis auf Arbeitgeber- bzw. Arbeitnehmerseite

Für das Bestehen eines Tarifvertrages müssen der Betrieb unter den räumlichen und fachlichen sowie die Arbeitnehmer unter den persönlichen Geltungsbereich eines Tarifvertrages fallen.[136] Unstreitige Voraussetzung ist darüber hinaus die

---

[131] Siehe oben, § 2 I 1, 2, 3.

[132] BAG AP Nr. 3 zu § 87 BetrVG 1972 Lohngestaltung mit insoweit zust. Anm. *Moll* und w. Nachw. Vgl. zur Problematik der tariflichen Nicht- oder Negativregelung der Arbeitsbedingungen sogenannter AT-Angestellter unten III 1 b (1).

[133] *Wiese*, in: GK-BetrVG, § 87 Rn. 151 f.; *Klebe*, in: D/K/K, § 87 Rn. 29 f.; *v. Hoyningen-Hune/Meier-Krenz*, NZA 1987, 793 (796); *Kraft*, in: FS für Molitor, S. 207 (208 f.).

[134] BAG AP Nr. 2 zu § 87 BetrVG 1972 Kurzarbeit; *Galperin/Löwisch*, BetrVG, § 87 Rn. 46; Hess/Schlochauer/*Glaubitz*, BetrVG, § 87 Rn. 53; *J.-H. Bauer*, in: FS für Schaub, S. 19 (26); *Moll*, Tarifvorrang, S. 22 f.; *v. Hoyningen-Huene/Meier-Krenz*, NZA 1987, 793 (796) m. w. Nachw.

[135] BAG AP Nr. 20 zu § 87 BetrVG 1972 Tarifvorrang.

[136] *Richardi*, BetrVG, § 87 Rn. 159. Vgl. dazu *Wank*, in: Wiedemann,§ 4 Rn. 115 f., 174 ff., 218 ff.

Tarifbindung des Arbeitgebers,[137] so daß bei Gewerkschaftszugehörigkeit des Arbeitnehmers die tariflichen Regelungen in dem Arbeitsverhältnis unmittelbar und zwingend gelten würden.

Umstritten ist, ob *zusätzlich* auch auf Arbeitnehmerseite die Mitgliedschaft in der tarifschließenden Koalition erforderlich ist. Die Bandbreite der vertretenen Ansichten reicht von dem Erfordernis der Tarifbindung *keines*, *mindestens eines Arbeitnehmers*,[138] über das einer *gewissen Anzahl*[139] bis hin zur Tarifbindung *aller Arbeitnehmer* des Betriebes[140].

In den Genuß des Schutzes durch die tarifliche Regelung kann jeder Arbeitnehmer durch den Koalitionseintritt gelangen. Insofern kann es darauf nicht ankommen, ob und wieviele Arbeitnehmer eines Betriebes tatsächlich tariflich gebunden sind. Die überwiegende Ansicht stellt daher zutreffend *allein auf die Tarifbindung des Arbeitgebers* als Erfordernis des Bestehens einer tariflichen Regelung im Sinne des § 87 Abs. 1 Einleitungssatz BetrVG ab.[141] Daran ist trotz der Tatsache festzuhalten, daß die tarifliche Regelung – wie gesehen[142] – den betriebsspezifischen Erfordernissen nicht hinreichend Rechnung tragen kann. Denn würde man die Tarifbindung aller oder einer gewissen Anzahl von Arbeitnehmern zur Voraussetzung des Tarifvorranges ansehen, bliebe die Erzwingbarkeit der Mitbestimmung bestehen, so lange nicht alle Arbeitnehmer eines Betriebes der tarifschließenden Koalition angehören. Folge wäre, daß es durch die Einigungsstellenentscheidung zu einer für die nicht tarifgebundenen Arbeitnehmer abweichenden Lohngestaltung kommen könnte. Damit aber könnte der oben dargelegten betriebssoziologischen Notwendigkeit betriebseinheitlicher Regelungen[143] noch weniger genügt werden als durch branchenorientierte Tarifvorgaben. Zudem könnten Arbeitsbedingungen, die gegebenenfalls bereits Gegenstand tariflicher Arbeitskampfmaßnahmen waren, erneut zu streitigen Auseinandersetzungen – dieses Mal vor der Einigungsstelle – führen.

---

[137] BAG AP Nr. 31 zu § 87 BetrVG 1972 Arbeitszeit; BAG AP Nr. 21 zu § 77 BetrVG 1972; *v. Hoyningen-Huene/Meier-Krenz*, NZA 1987, 793 (796) m. w. Nachw. *Richardi*, BetrVG, § 87 Rn. 154.

[138] So *Konzen*, BB 1977, 1307 (1309); *Gast*, BB 1987, 1249 (1252).

[139] *V. Hoynigen-Huene*, DB 1994, 2026 (2030).

[140] *Wiedemann/Stumpf*, TVG, § 4 Rn. 284; Hueck/Nipperdey-*Säcker*, ArbR Bd. II / 2, S. 1395; *Wiese*, 25 Jahre BAG, S. 661 (671).

[141] BAG AP Nr. 21 zu § 77 BetrVG 1972; *Richardi*, BetrVG, § 87 Rn. 157 ff.; *Matthes*, in: Münch Hdb, § 324 Rn. 16; *v. Hoyningen-Huene/Meier-Krenz*, NZA 1987, 793 (797); *Boewer*, DB 1973, 522 (525); *Farthmann*, RdA 1974, 65 (70); *Simitis/Weiss*, DB 1973, 1240 (1249); *Säcker*, ZfA Sonderheft 1972, 41 (68); *Moll*, Tarifvorrang, S. 22; *Heisig*, Arbeitsentgelt- und Arbeitszeitregelungen, S. 64 ff.; *Klasen*, Tarifvorrang und Mitbestimmung, S. 19; *Rau*, Systematik der übertariflichen Zulage, S. 97 f.

[142] Siehe oben, § 1 II 3 a, § 2 I 1, 2.

[143] Siehe oben, § 2 I 1, 2.

Dem tarifgebundenen Arbeitgeber muß es jedoch möglich sein, die Begehren des Betriebsrats mit dem Verweis auf die bereits tariflich ausgehandelten Bedingungen ohne Einigungsstellenentscheidung abzuwehren. Der Tarifvorrang greift daher bereits bei bloßer Tarifgebundenheit des Arbeitgebers ein.[144]

3. Der Tarifvorbehalt als weitere Schranke?

Umstritten ist seit langem, ob zusätzlich zu dem in § 87 Abs. 1 Einleitungssatz BetrVG geregelten Tarifvorrang auch die Regelungssperre des § 77 Abs. 3 BetrVG (*Tarifvorbehalt*) zu berücksichtigen ist. Bereits unter der Geltung des Betriebsverfassungsgesetzes von 1952, dessen §§ 56 und 59 im wesentlichen gleichlautende Regelungen enthielten, war das Verhältnis beider Normen zueinander Gegenstand umfassender Kontroversen.[145] Mit der fast unveränderten Übernahme der gesetzlichen Regelungen war die Fortsetzung der Diskussion vorprogrammiert.[146] Entsprechend zahlreich sind die Darstellungen der Problematik.[147]

a) Zwei-Schranken-Theorie versus Vorrangtheorie

Die hierzu vertretenen Standpunkte lassen sich entweder der sogenannten Zwei-Schranken-Theorie[148] oder der Vorrangtheorie[149] zuordnen.

---

[144] *Fischer* (Betriebsvereinbarung, S. 226) begründet dieses Ergebnis mit dem Wortlaut des Einleitungssatzes. Vom Bestehen einer tariflichen Regelung sei unabhängig von der Tarifbindung des Arbeitgebers oder der Arbeitnehmer auszugehen. Da aber § 87 Abs. 1 BetrVG Einleitungssatz das Mitbestimmungsrecht im Betrieb regele, müsse das Bestehen der tariflichen Regelung betriebsbezogen beurteilt werden, das heißt danach, ob ein im Betrieb anwendbarer Tarifvertrag existiert. Daher sei die Tarifbindung des Arbeitgebers erforderlich aber auch ausreichend, denn § 87 BetrVG fordere nicht die Geltung des Tarifvertrages für die jeweiligen Arbeitsverhältnisse; diesem zustimmend *Kocher*, AuR 1999, 158 (159).

[145] Vgl. die Nachw. bei *Säcker*, ZfA Sonderheft 1972, 41 (44 dort Fn. 13 f.); *Klasen*, Tarifvorrang und Mitbestimmung, S. 4 ff.

[146] Verschärft wurde dieser Streit zudem dadurch, daß die erzwingbare Mitbestimmung in sozialen Angelegenheiten um einige materielle Arbeitsbedingungen erweitert wurde, so daß die zu BetrVG 1952 vertretene Abgrenzung der Regelungsbereiche durch tatbestandliche Ausschließlichkeit nicht mehr überzeugen konnte (vgl. dazu bereits oben, § 2 I 2). Ebenso *Richardi*, in: FS für Lübtow, S. 755 (757 f.); *ders.*, in: FS für Schaub, S. 639 (643); *Gast*, Tarifautonomie und Normsetzung, S. 20 f; vgl. auch *Moll*, Tarifvorrang, S. 34 ff.

[147] Vgl. z. B.: *Waltermann*, Rechtsetzung, S. 44 ff., 259 ff.; *Moll*, Tarifvorrang, S. 34 ff.; *Kreutz*, in: GK-BetrVG, § 77 Rn. 118 ff.; *Säcker*, ZfA Sonderheft 1972, 41 (44 ff.); *Heinze*, NZA 1989, 41 ff.; *v. Hoyningen-Huene/Meier-Krenz*, NZA 1987, 793 ff.; *Wank*, RdA 1991, 129 ff.; *Lederer*, Initiativrecht, S. 67 ff.; *v. Langen*, Von der Tarif- zur Betriebsautonomie, S. 89 ff. sowie die Nachw. in den folgenden Fn.

[148] Die Bezeichnung „Zwei-Schranken-Theorie" ist von *Säcker* (ZfA Sonderheft 1972, 41 [63 ff.]) eingeführt worden und hat sich inzwischen eingebürgert, obwohl sie ihren Vertretern nicht recht sein kann (vgl. *Kreutz*, in: GK-BetrVG, § 77 Rn. 118), wird doch der Betriebs-

Den Vertretern der *Zwei-Schranken-Theorie*[150] zufolge findet der Tarifvorbehalt des § 77 Abs. 3 BetrVG auch im Bereich des § 87 Abs. 1 BetrVG Anwendung. Demnach können Arbeitsbedingungen, die tariflich geregelt sind oder üblicherweise geregelt werden, auch dann nicht Gegenstand einer freiwilligen oder (über die Einigungsstelle) erzwungenen Betriebsvereinbarung sein, wenn es sich um soziale Angelegenheiten des § 87 Abs. 1 BetrVG handelt. Das Regelungsinstrument Betriebsvereinbarung sei damit auch dann ausgeschlossen, wenn eine lediglich tarifübliche Regelung für den Arbeitgeber keine bindende Verpflichtung entfaltet. Ausgangspunkt ist die Differenzierung der Regelungsgegenstände von § 77 Abs. 3 BetrVG und § 87 Abs. 1 BetrVG. Während § 77 Abs. 3 BetrVG das Instrument der Betriebsvereinbarung sperre,[151] nicht jedoch die prinzipielle Einigung der Betriebspartner, schließe der Tarifvorrang des § 87 Abs. 1 Einleitungssatz BetrVG die Erzwingbarkeit der Mitbestimmung in sozialen Angelegenheiten aus.[152] Besteht kein Tarifvertrag, sind die sozialen Angelegenheiten aber üblicherweise durch Tarifvertrag geregelt, bleibe nach Auffassung der Vertreter der Zwei-Schranken-Theorie die Möglichkeit der Mitwir-

---

vereinbarung nach dieser Konzeption nur die Schranke des § 77 Abs. 3 BetrVG entgegengehalten.

[149] *Waltermann* (Rechtsetzung, S. 48 f., 272 ff.) betrachtet diese beiden Theorien jeweils als Gesamtkonzeptionen für das Ausbalancieren von Tarifautonomie und Betriebsautonomie. Dagegen hat *Fischer* (Betriebsvereinbarungen, S. 161 ff.) zutreffend eingewendet, daß wegen der im einzelnen sehr differierenden Vorstellungen der Vertreter beider Lager auch untereinander das Vorliegen von zwei gegensätzlichen Gesamtkonzeptionen, welche bestimmte Auslegungsergebnisse präjudizieren, nicht anzunehmen ist.

[150] *Dietz/Richardi*; BetrVG, § 77 Rn. 178 ff., 182; *Fitting*, § 77 Rn. 96 ff., 98; *Stege/Weinspach*, BetrVG, § 87 Rn. 35; *Galperin/Löwisch*, BetrVG, § 77 Rn. 76; *Wiedemann/Stumpf*, TVG § 4 Rn. 277 ff., 280; *Wank*, in: Wiedemann, § 4 Rn. 620; *ders.*, RdA 1991, 129 ff.; *Schaub*, ArbR Hdb, § 235 V 2; *Kreutz*, Grenzen, S. 220; *ders.*, in: GK-BetrVG, § 77 Rn. 118; *Waltermann*, Rechtsetzung, S. 286 ff.; *Jahnke*, Tarifautonomie und Mitbestimmung, S. 167 ff.; *Veit*, Zuständigkeit, S. 225 ff., 232; *Richardi*, ZfA 1976, 1 (2 ff., 4); *ders.*, in: FS für Schaub, S. 639 (644); *Hromadka*, DB 1987, 1991 (1992); *Konzen*, BB 1977, 1307 (1312); *Hanau*, RdA 1973, 281 (284); *ders.*, BB 1977, 350; *Blomeyer*, ZfA 1975, 243 (295); *Kraft*, in: FS für Molitor, S. 207 (213 ff.); *Heither*, in: FS für Dieterich, S. 231 (239 ff.); *Boewer*, DB 1973, 522 (525 f.); *D. Neumann*, RdA 1990, 257 (260); *Löwisch*, JZ 1996, 812 (815); *Wiese*, in: 25 Jahre BAG, S. 661 (664 f.); *Goos*, NZA 1986, 701 (703); *Moll*, Tarifvorrang, S. 34 ff.; *Joost*, ZfA 1993, 57 (266 ff.); *Conze*, DB 1978, 490 (492); *Heinze*, NZA 1995, 5 (6). An anderer Stelle (NZA 1989, 41 [42]) wendet *Heinze* allerdings die Zwei-Schranken-Theorie auf Inhaltsnormen und die Vorrangtheorie auf Betriebsnormen an (*Fischer* [Betriebsvereinbarung, S. 163 ff.] bezeichnet diese Konzeption als „TVG-Theorie").

[151] Nach dem hier vertretenen Ansatz sperrt § 77 Abs. 3 BetrVG lediglich den Abschluß ungünstiger Betriebsvereinbarungen, günstigere Betriebsvereinbarungen können durchaus abgeschlossen werden. Dazu unten, § 4 II, III § 5 I, II 4.

[152] *Kraft*, in: FS für Molitor, S. 207 (215) sowie die Nachw. in Fn. 150.

kung durch den Abschluß von Regelungsabreden, ausgeschlossen werde lediglich das Instrument der Betriebsvereinbarung.[153]

Nach der *Vorrangtheorie*[154] entfällt die erzwingbare Mitbestimmung nur, wenn eine tarifliche Regelung tatsächlich besteht. Die bloße Tarifüblichkeit beseitige weder das Mitbestimmungsrecht noch die Zulässigkeit seiner Ausübung durch Betriebsvereinbarungen, denn § 87 Abs. 1 Einleitungssatz BetrVG genieße gegenüber der Regelung des § 77 Abs. 3 BetrVG Anwendungsvorrang. Nur eine bestehende tarifliche Regelung[155] schließe das erzwingbare Mitbestimmungsrecht aus. § 77 Abs. 3 BetrVG hingegen stelle keine weitere Schranke dar. Dieser die Teilhabe des Betriebsrats aufwertenden Konzeption hat sich auch das BAG in seiner Grundsatzentscheidung vom 24.02.1987[156] angeschlossen und vertritt sie seither in ständiger Rechtsprechung.[157] Eine ausdrückliche Bestätigung mit eingehender Begründung erfolgte auch durch den Großen Senat.[158] Wesentlicher Gesichtspunkt der Vorrangtheorie ist die Gleichsetzung von Mitbestimmung und Regelung einer Angelegenheit durch Betriebsvereinbarung.[159]

---

[153] Vgl. *Fitting*, § 77 Rn. 103; *Hagemeier*/Kempen/Zachert/Zilius, TVG, Einl. Rn. 214; *Waltermann*, Rechtsetzung, S. 290 ff., 296 f., 289; *Kreutz*, Grenzen, S. 220 ff.; *Jahnke*, Tarifautonomie und Mitbestimmung, S. 150; *Moll*, Tarifvorrang, S. 53 ff.

Folgt man der Zwei-Schranken-Theorie, muß dies auch Auswirkungen auf den Umfang des Initiativrechts haben: Bei Tarifüblichkeit kann das Initiativrecht nicht auf den Abschluß einer Betriebsvereinbarung gerichtet sein, sondern allenfalls auf die Vereinbarung einer Regelungsabrede. Entsprechend kann dann auch dem Spruch der Einigungsstelle nicht die Wirkung einer Betriebsvereinbarung zukommen (vgl. dazu *Wiese*, Initiativrecht, S. 33).

Folgt man allerdings – wie hier – der Vorrangtheorie (dazu sogleich, b [2]), bleibt das Initiativrecht unproblematisch in dem oben (I 4) dargestellten Ausmaß bestehen.

[154] *Klebe*, in: D/K/K, BetrVG, § 77 Rn. 66; *Matthes*, in: Münch Hdb, § 318 Rn. 68; *Ehmann*, NZA 1991, 1 (7); *ders.*, ZRP 1996, 314 (316); *Fabricius*, RdA 1973, 125 (126); *Säcker*, ZfA Sonderheft 1972, 41 (65 f.); *ders.*, BB 1979, 1201; *Simitis/Weiss*, DB 1973, 1240 (1247); *Farthmann*, RdA 1974, 65 (71 f.); *v. Friesen*, DB 1983, 1871 (1872 f.); *Gast*, Tarifautonomie und Normsetzung, S. 39 ff.; *ders.*, BB 1987, 1249 f.; *v. Hoyningen-Huene/Meier-Krenz*, NZA 1987, 793 (799); *Birk*, Anm. zu BAG EzA Nr. 2 zu § 87 BetrVG 1972 Initiativrecht; *Neef*, in: FS für Schaub, S. 515 (516 f.); *Feudner*, DB 1993, 2231 (2233); *Vollmer*, DB 1979, 308 (355); *Trittin*, AuR 1991, 329 (331); *Schmidt*, Günstigkeitsprinzip, S. 103; *Lederer*, Initiativrecht, S. 67 ff.; *v. Langen*, Von der Tarif- zur Betriebsautonomie, S. 89; ausf. *Lambrich*, Tarif- und Betriebsautonomie, S. 298 ff.

[155] Dazu oben, 2 a.

[156] BAG AP Nr. 21 zu § 77 BetrVG 1972 m. kritischer Anm. *Richardi*.

[157] BAG AP Nrn. 21, 33, 37, 50, 58 zu § 87 BetrVG 1972 Lohngestaltung; BAG AP Nr. 8 zu § 77 BetrVG 1972 Tarifvorbehalt. Vgl. auch die umfassenden Rechtsprechungsnachweise bei *Kreutz*, GK-BetrVG, § 77 Rn. 119; *Waltermann*, Rechtsetzung, S. 48 dort Fn. 12.

[158] BAG AP Nr. 51 zu § 87 BetrVG 1972 Lohngestaltung.

[159] BAG AP Nr. 21 zu § 77 BetrVG 1972; BAG AP Nr. 51 zu § 87 BetrVG 1972 Lohngestaltung.

b) Umfassender Arbeitnehmerschutz durch die Vorrangtheorie

(1) Die Unergiebigkeit klassischer Auslegungselemente

Die klassischen Auslegungselemente erweisen sich als für die Klärung des Problems im Wesentlichen unergiebig,[160] denn die Vertreter beider Theorien nehmen zumeist für die Begründung ihres jeweiligen Ansatzes Wortlaut, Systematik und Entstehungsgeschichte in Anspruch,[161] obwohl diese – wie im folgenden dargelegt wird – im Ergebnis weder zwingend für noch gegen die eine oder andere These sprechen.

Seinem *Wortlaut* nach sperrt § 77 Abs. 3 BetrVG nicht die Ausübung des Mitbestimmungsrechts, sondern untersagt lediglich den Abschluß von Betriebsvereinbarungen.[162] Der Tarifvorrang des § 87 Abs. 1 Einleitungssatz BetrVG hingegen schließt die Erzwingbarkeit der Mitbestimmung aus.[163] Insofern scheinen beide Vorschriften völlig unabhängig voneinander zu sein.[164]

Aus der *Gesamtsystematik* des Betriebsverfassungsgesetzes, die § 77 Abs. 3 BetrVG unter „Allgemeines" einordnet, könnte geschlossen werden, daß die Sperrwirkung auch den Bereich der sozialen Angelegenheiten betrifft.[165] Allerdings gilt § 77 Abs. 3 BetrVG nicht ausnahmslos: Für freiwillige Betriebsvereinbarungen nach § 88 Nr. 3 BetrVG wird weitgehend angenommen, daß diese auch dann zulässig sind, wenn die Maßnahmen zur Vermögensbildung tarifüblich geregelt sind.[166] § 112 Abs. 1 S. 4 BetrVG schließt die Anwendung des § 77 Abs. 3 BetrVG auf den Sozialplan ausdrücklich aus. Der Regelung in § 112 Abs. 1 S. 4 BetrVG zu entnehmen, daß mangels expliziten Ausschlusses in § 87 Abs. 1 BetrVG die Regelungssperre des § 77 Abs. 3 BetrVG dort anzuwenden sei,[167] ist unter systematischen Gesichtspunkten ebenso legitim, wie zu argumentieren, § 87 Abs. 1 Einleitungssatz BetrVG enthalte auch eine eigenständige

---

[160] So auch BAG AP Nr. 51 zu § 87 BetrVG 1972 Lohngestaltung; *Jahnke*, Tarifautonomie und Mitbestimmung, S. 170; *Wank*, RdA 1991, 129 (136); *Fischer*, Betriebsvereinbarungen, S. 160.

[161] Vgl. insoweit die entsprechenden Ausführungen bei den jeweiligen in Fn. 150 und Fn. 154 genannten Autoren.

[162] BAG AP Nr. 21 zu § 77 BetrVG 1972; BAG AP Nr. 51 zu § 87 BetrVG 1972 Lohngestaltung.

[163] Vgl. oben vor Fn. 125.

[164] Der Wortlaut schließt damit weder die Zwei-Schranken-Theorie noch die Vorrangtheorie aus; vgl. *Wank*, RdA 1991, 129 (134); *Hromadka*, DB 1987, 1991 (1992); *v. Hoyningen-Huene/Meier-Krenz*, NZA 1987, 793 (789); *Moll*, Tarifvorrang, S. 35 f.

[165] So *Stege/Weinspach*, BetrVG, § 87 Rn. 35 ff.; *Galperin/Löwisch*, BetrVG, § 77 Rn. 76; *Dietz/Richardi*, BetrVG, § 77 Rn. 181.

[166] *Galperin/Löwisch*, BetrVG, § 77 Rn. 76 a. Vgl. dazu *Wank*, RdA 1991, 129 (137).

[167] So *Hromadka*, BB 1987, 1991 (1992); *Kraft*, in: FS für Molitor, S. 207 (216).

Regelung des Verhältnisses von Tarif- und Betriebsautonomie.[168] Zudem ist ein ausdrücklicher Anwendungsausschluß des § 77 Abs. 3 BetrVG auch für den Bereich der Maßnahmen zur Vermögensbildung nicht normiert.

Der *historische Rückblick* auf die Vorgängernormen ist ebenfalls wenig hilfreich,[169] denn trotz der den §§ 87 Abs. 1 Einleitungssatz und 77 Abs. 3 BetrVG entsprechenden Formulierungen in den §§ 56, 59 BetrVG 1952 stellte sich die aktuelle Konkurrenzfrage nicht im selben Maße, da – wie bereits mehrfach angesprochen[170] – erzwingbare Mitbestimmungsrechte über materielle Arbeitsbedingungen erst 1972 eingeführt wurden.

Nach der Vorstellung des Gesetzgebers[171] sollte mit § 77 Abs. 3 BetrVG die Ausdehnung der Anwendung von Tarifverträgen auf einem anderen als dem dafür vorgesehenen Weg der Allgemeinverbindlichkeitserklärung verhindert werden. Bei den Beratungen zum Verhältnis von § 77 Abs. 3 BetrVG zu § 87 BetrVG verlangte der Bundesrat,[172] daß an § 87 Abs. 1 BetrVG angefügt werde: „§ 77 Abs. 3 BetrVG ist anzuwenden". Die erzwingbare Mitbestimmung sollte damit unter den Vorbehalt der Tarifüblichkeit gestellt werden. Eine Änderung des Entwurfs wurde aber von der Bundesregierung abgelehnt, denn andernfalls werde eine Störung „der Ausgewogenheit der Gesamtkonzeption des Entwurfs" hervorgerufen.[173] Forderungen zur Streichung von Mitbestimmungsrechten in materiellen Angelegenheiten oder einer Klarstellung des Anwendungsbereichs wurden im Plenum nicht mehr erörtert, so daß ein bestimmter Wille des Gesetzgebers nicht zweifelsfrei festzustellen ist.[174]

(2) Prämisse des Arbeitnehmerschutzes

Letztlich läßt sich die Frage nach der Richtigkeit der Vorrang- oder der Zwei-Schranken-Theorie damit nur durch Klärung ihrer Prämissen erreichen: Soll der *Arbeitnehmerschutz* im Vordergrund stehen, dann ist die Vorrangtheorie anzuwenden; dient die Regelung des § 77 Abs. 3 BetrVG dem *Schutz der Tarifautonomie* und ist dieser Schutz dem Arbeitnehmerschutz überlegen, so liegt die Anwendung der Zwei-Schranken-Theorie näher.

---

[168] BAG AP Nr. 21 zu § 77 BetrVG 1972 mit zust. Anm. *Gast*; *v. Hoyningen-Huene/Meier-Krenz*, NZA 1987, 793 (798).

[169] *Waltermann*, Rechtsetzung, S. 277; *Kraft*, in: FS für Molitor, S. 207 (215); *Wank*, RdA 1991, 129 (136); anders *Hromadka*, DB 1987, 1991 (1993 f.).

[170] Oben, § 2 I 2 sowie Fn. 146.

[171] Vgl. die Begründung zum Entwurf für das BetrVG 1972, BT-Drucks. VI/1786, S. 47.

[172] Vgl. die Stellungnahme des Bundesrats zum Entwurf, BT-Drucks. VI/1786, S. 64.

[173] Gegenäußerung der Bundesregierung, BT-Drucks. VI/1786, S. 2.

[174] So auch *v. Hoyningen-Huene/Meier-Krenz*, NZA 1987, 793 (798); *Wank*, RdA 1991, 129 (136). Vgl. BAG AP Nr. 51 zu § 87 BetrVG 1972 Lohngestaltung.

Wenn man wie die herrschende Meinung[175] den Zweck des § 77 Abs. 3 BetrVG im *Schutz der ausgeübten und aktualisierten Tarifautonomie* erblickt, so ist dieser dem mit § 87 Abs. 1 BetrVG verfolgten Zweck gegenüberzustellen. Letzterer wird zum Teil dahingehend verstanden, daß auch der Tarifvorrang der Gewährleistung der Tarifautonomie diene.[176] Dem kann jedoch nicht gefolgt werden, denn eine solche Sichtweise könnte den Gesetzesvorrang, der ebenfalls in § 87 Abs. 1 BetrVG Einleitungssatz enthalten ist, nicht erklären: Der Gesetzgeber bedarf keines Schutzes. § 87 Abs. 1 BetrVG zielt vielmehr – wie die Mitwirkung des Betriebsrats überhaupt[177] – auf die Gewährleistung eines *umfassenden Arbeitnehmerschutzes*.[178] Nur so läßt sich auch der in der Formulierung übereinstimmende Gesetzes- und Tarifvorrang in § 87 Abs. 1 Einleitungssatz BetrVG erklären: Bestehen gesetzliche oder tarifliche Regelungen, so ist dem Arbeitnehmerschutz und ihrer Interessenwahrnehmung hinreichend Rechnung getragen, so daß es einer erzwingbaren Mitbestimmung nicht bedarf.[179]

Übereinstimmend mit dem BAG ist bei der Gegenüberstellung des Arbeitnehmerschutzzwecks des § 87 Abs. 1 BetrVG und des von der herrschenden Meinung zu § 77 Abs. 3 BetrVG vertretenen Zwecks des Schutzes der Tarifautonomie ersterem der Vorrang einzuräumen, so daß die Regelungssperre des § 77 Abs. 3 BetrVG nicht für solche Betriebsvereinbarungen gilt, die soziale Angelegenheiten im Sinne des § 87 Abs. 1 BetrVG zum Gegenstand haben. Denn

---

[175] Vgl. die Nachw. in § 4 dort Fn. 114 f.

[176] So *Joost*, ZfA 1993, 257 (266 f., 278); *Kraft*, in: FS für Molitor, S. 207 (212 f.); *Reuter*, Vergütung von AT-Angestellten, S. 27 ff.; *Berg*, in: FS für Däubler, S. 493 (498 f.); *Wittgruber*, Abkehr, S. 109 f.; auch noch BAG AP Nr. 7 zu § 87 BetrVG 1972 Lohngestaltung. Vgl. auch *Lieb*, ZfA 1978, 179 (205); *Wank*, RdA 1991, 129 (137) m. w. Nachw.

[177] Zum Zweck der Mitbestimmung siehe oben, § 2.

[178] BAG AP Nrn. 21, 51 zu § 87 BetrVG 1972 Lohngestaltung; BAG AP Nrn. 18, 20 zu § 87 BetrVG 1972 Tarifvorrang. Ebenso *Wiese*, in: GK-BetrVG, § 87 Rn. 56 f. m. w. Nachw.; *ders.*, in: 25 Jahre BAG, S. 661 (669); *Galperin/Löwisch*, BetrVG, § 87 Rn. 42; *Richardi*, zust. Anm. zu BAG AP Nr. 21 zu § 77 BetrVG 1972; *Gast*, BB 1987, 1249 ff.; *v. Hoyningen-Huene/Meier-Krenz*, NZA 1987, 793 (798); *Hromadka*, DB 1986, 1921 (1922 f.); *ders.*, DB 1988, 2636 (2640); *ders.*, in: FS für Schaub, S. 337 (345); *Klasen*, Tarifvorrang und Mitbestimmung, S. 17 f.
Anders *Heisig* (Arbeitsentgelt- und Arbeitszeitregelungen, S. 224), die den Schutz der Tarifautonomie höher bewertet, weil andernfalls eine Tarifzensur durch die Betriebspartner zu befürchten sei und die Gefahr des Verlustes der Solidarität der Arbeitnehmer. Gerade der Verweis auf die Solidarität geht hingegen fehl, bildet sich eine Solidargemeinschaft doch gerade unter den Arbeitnehmern eines Betriebes (vgl. dazu auch unten, § 4 IV 3 b [2], VI). Auch die befürchtete Tarifzensur spricht nicht gegen die Vorrangtheorie, denn bei bestehenden Tarifverträgen entfällt die Erzwingbarkeit der Mitbestimmung.

[179] BAG AP Nr. 20 zu § 87 BetrVG 1972 Tarifvorrang; BAG AP Nr. 21 zu § 77 BetrVG 1972; BAG AP Nr. 51 / 52 zu § 87 BetrVG 1972 Lohngestaltung. Anders *Moll*, Tarifvorrang, S. 19.

würde nach § 77 Abs. 3 BetrVG das Mitbestimmungsrecht des Betriebsrats schon entfallen, wenn die zu regelnde Materie nur tarif*üblich* ist, so könnte der durch § 87 Abs. 1 BetrVG bezweckte Arbeitnehmerschutz nicht eingreifen, auch wenn ein entsprechender Tarifvertrag nicht existiert.[180] Der betriebsverfassungsrechtliche Schutzzweck würde weitgehend leer laufen.[181] Da eine aktuelle Bindung an tarifliche Vorgaben im Bereich der Tarifüblichkeit fehlt, könnte der Arbeitgeber die betriebseinheitlich festzulegenden Arbeitsbedingungen wieder durch einseitige Vorgaben kraft Direktionsrechts (oder durch den Abschluß individualvertraglicher Einheitsregelungen) verwirklichen.[182] Damit würde die Anwendung des § 77 Abs. 3 BetrVG lediglich die Effizienz der Mitbestimmung verringern, nicht aber die Funktionsfähigkeit der Tarifautonomie sichern.

Der Argumentation des BAG wird entgegengehalten, daß sich die Mitwirkung, auf die sich § 87 Abs. 1 BetrVG bezieht, und die Ausübung von Mitbestimmungsrechten durch das Instrument der Betriebsvereinbarung nicht grundsätzlich gleichsetzen ließen.[183] Denn da § 77 Abs. 3 BetrVG (nur) die *Betriebsvereinbarung* ausschließe,[184] blieben für den Bereich der sozialen Angelegenheiten und damit für die Gewährleistung der Schutzfunktion andere Gestaltungsinstrumente erhalten: Die Mitbestimmung könne durch die Vereinbarung von *Regelungsabreden* erfolgen.

---

[180] Da die herrschende Meinung die Sperrwirkung des § 77 Abs. 3 BetrVG als von der Tarifbindung des Arbeitgebers unabhängig ansieht (vgl. dazu unten § 4 dort Fn. 118), könnte der mit § 87 Abs. 1 BetrVG bezweckte Arbeitnehmerschutz auch bereits dann nicht eingreifen, wenn zwar ein Tarifvertrag besteht, dieser aber wegen fehlender Tarifbindung des Arbeitgebers auf die Arbeitsverhältnisse keine Anwendung findet.

[181] BAG AP Nr. 21 zu § 77 BetrVG 1972; BAG AP Nr. 51 zu § 87 BetrVG 1972 Lohngestaltung; *Gast*, BB 1987, 1249.

[182] Vgl. oben, § 2 I.

[183] *Kreutz*, in: GK-BetrVG, § 77 Rn. 120 ff.; *Waltermann*, Rechtsetzung, S. 290 ff.; *Hromadka*, DB 1987, 1991 (1992 f.); *ders.*, in: FS für Schaub, S. 337 (345 f.); *Kraft*, in: FS für Molitor, S. 207 (214 ff.); *Wank*, RdA 1991, 129 f. (134 f.); *Heinze*, NZA 1995, 5 (6); *Richardi*, Anm. zu BAG AP Nr. 21 zu § 77 BetrVG 1972.

[184] Zum Teil wird die Regelungssperre des § 77 Abs. 3 BetrVG auch auf Regelungsabreden erstreckt: *Matthes*, in: Münch Hdb, § 318 Rn. 71, § 324 Rn. 22; *Richardi*, BetrVG, § 77 Rn. 277; *Galperin/Löwisch*, BetrVG, § 77 Rn. 91; *Däubler*, Tarifvertragsrecht, Rn. 249; *Bichler*, DB 1979, 1939 (1940); wohl auch *Veit*, Zuständigkeit, S. 251 ff. Diese Ansicht ist jedoch bereits deshalb abzulehnen, weil sie nicht mehr vom möglichen sprachlichen Wortsinn des § 77 Abs. 3 BetrVG gedeckt ist. Entsprechend ist die Sperrwirkung richtigerweise auf das Instrument der Betriebsvereinbarung zu beschränken, vgl. *Fitting*, § 77 Rn. 90; *Hagemeier*/Kempen/Zachert/Zilius, TVG, Einl. Rn. 210; *Kreutz,* in: GK-BetrVG, § 77 Rn. 114, *ders.*, Grenzen, S. 221; *Wank*, in: Wiedemann, § 4 Rn. 560, 576 ff.
Wird die Sperrwirkung des § 77 Abs. 3 BetrVG auf Regelungsabreden ausgedehnt, so vermag dies die Zwei-Schranken-Theorie unter Berücksichtigung des Schutzzwecks des § 87 Abs. 1 BetrVG erst recht nicht zu begründen.

Dieser Kritik kann insofern zugestimmt werden, als sich die Wahrnehmung der Mitbestimmungsrechte nicht grundsätzlich auf die Form der Betriebsvereinbarung beschränken läßt,[185] vielmehr ist dem Mitbestimmungsrecht auch dann genügt, wenn die betreffende Angelegenheit durch Regelungsabreden gestaltet wird. § 77 Abs. 3 und § 87 Abs. 1 BetrVG normieren insofern unterschiedliche Gegenstände. Allerdings ist mit dem BAG darin übereinzustimmen, daß die Betriebsvereinbarung das *geeignete* Instrument zur Verwirklichung mitbestimmungspflichtiger Maßnahmen ist, da diese – anders als die Regelungsabrede – keiner einzelvertraglichen Umsetzung bedarf, sondern gemäß § 77 Abs. 4 BetrVG *unmittelbar* auf die Arbeitsverhältnisse der Belegschaft einwirkt. Gerade im Bereich der Lohngestaltung, in dem es auf eine betriebseinheitliche Regelung ankommt, kann die mit § 87 Abs. 1 Nr. 10 BetrVG angestrebte Schutzwirkung mit der Regelungsabrede nicht erreicht werden. Denn soll die Lohngestaltung geändert werden, ist der Arbeitgeber für die Durchführung der Regelungsabrede auf das Einverständnis jedes einzelnen Arbeitnehmers angewiesen. Die Änderung der Arbeitsbedingungen, die notwendig betriebseinheitlich ausgestaltet sein müssen, kann also an der Weigerung einiger weniger Arbeitnehmer scheitern, denn für die einzelvertragliche Umsetzung bleiben nur die individualrechtlichen Handlungsmittel (Änderungskündigung, Weisungsrecht). Innerbetriebliche Lohngerechtigkeit und Durchsichtigkeit des Lohngefüges ließen sich so nicht verwirklichen. Der Ausschluß des Regelungsinstruments der Betriebsvereinbarung hätte damit zur Folge, daß im Bereich der formellen Lohngestaltung jegliches Flexibilisierungspotential verloren ginge und der Arbeitgeber bei bloßer Tarifüblichkeit an das einmal durch Vertragsabschluß mit den Arbeitnehmern verwirklichte Lohnsystem gebunden bliebe oder unterschiedliche Ausgestaltungen hinnehmen müßte.

Zudem unterliegt die Regelungsabrede – anders als die Betriebsvereinbarung gemäß § 77 Abs. 2 BetrVG – keinen Formvorschriften. Gerade aber dieser formlose Charakter begünstigt im praktischen Betriebsgeschehen – insbesondere wenn es um den Bereich der Lohngestaltung geht – Unzuträglichkeiten, die sowohl die vertrauensvolle Zusammenarbeit der Betriebspartner beeinträchti-

---

[185] So auch BAG AP Nr. 17 zu § 77 BetrVG 1972; BAG AP Nr. 3 zu § 87 BetrVG 1972 Initiativrecht; BAG AP Nr. 21 zu § 77 BetrVG 1972; BAG AP Nr. 51 zu § 87 BetrVG 1972 Lohngestaltung; *Waltermann*, Rechtsetzung, S. 290; *Jahnke*, Tarifautonomie und Mitbestimmung, S. 169 ff., 171; *Kraft*, in: FS für Molitor, S. 207 (215); *Hromadka*, DB 1987, 1991 (1993); *Hurlebaus*, Fehlende Mitbestimmung, S. 76 f.; *H. Hanau* (Individualautonomie und Mitbestimmung, S. 128), der allerdings auch die Unverzichtbarkeit der Betriebsvereinbarung zur Wahrnehmung bestimmter Belange feststellt (a. a. O., S. 235); wohl auch *Matthes*, in: Münch Hdb, § 318 Rn. 18 ff.
A. A. *Dietz/Richardi*, BetrVG, § 87 Rn. 90 f.; *Richardi*, Kollektivgewalt, S. 283 ff., 285 ff.; *ders.*, in: FS Lübtow, S. 755 (771 ff.); anders aber *ders.* (BetrVG, § 87 Rn. 76 f.), wo er lediglich einen Anspruch beider Seiten auf den Abschluß einer Betriebsvereinbarung bejaht.

gen, als auch innerhalb der Belegschaft Unzufriedenheit und Unmut auslösen können.[186] Die Regelungsabrede ist also im Bereich der betrieblichen Lohngestaltung nicht geeignet, der Schutzfunktion des § 87 Abs. 1 Nr. 10 BetrVG gerecht zu werden. Insofern sind hier Mitbestimmungsrecht und die Ausübung desselben durch das Instrument der Betriebsvereinbarung letztlich doch (faktisch) gleichzusetzen. Allein diese vermag den zwingenden und unabdingbaren Schutz der Arbeitnehmer herbeizuführen, um dessentwillen § 87 Abs. 1 Nr. 10 BetrVG ein Mitbestimmungsrecht des Betriebsrats begründet.

Mit der Betonung des Normzwecks des § 87 Abs. 1 BetrVG, den das BAG mit der herrschenden Meinung richtigerweise im Schutz der Arbeitnehmer erblickt,[187] gegenüber dem Schutz der Tarifautonomie abwägt und im Ergebnis höher bewertet, hat sich das BAG dem Zeitgeist entsprechend für eine zunehmende Berücksichtigung betriebsspezifischer Belange entschieden. Der Vorrangtheorie ist wegen der mit ihr erzielten Gewährleistung umfassender kollektivvertraglicher Sicherungssysteme gegenüber der Zwei-Schranken-Theorie der Vorzug zu geben. Die sozialen Angelegenheiten des § 87 Abs. 1 BetrVG können also auch dann Gegenstand einer Betriebsvereinbarung sein, wenn diese (bloß) üblicherweise durch Tarifvertrag geregelt werden. § 77 Abs. 3 BetrVG stellt keine zusätzliche Schranke innerhalb des § 87 Abs. 1 BetrVG dar.

III. Die Aufwertung der Betriebsautonomie: Ausweitung des Anwendungsbereichs des § 87 Abs. 1 Nr. 10 BetrVG

Mit der Entscheidung für die Vorrangtheorie erhielt die Betriebsautonomie eine entscheidende Stärkung, indem durch die Annahme des Anwendungsvorrangs des § 87 Abs. 1 BetrVG die Mitbestimmung (vor allem im Entgeltbereich) im doppelten Sinn ausgebaut wurde: Durch die Orientierung auf den *Schutzzweck kollektivvertraglicher Vereinbarungen* sind der Mitbestimmung nunmehr auch die Arbeitsbedingungen eröffnet, die zwar *üblicherweise* durch Tarifvertrag geregelt werden, im Einzelfall aber im konkreten Betrieb des Arbeitgebers nicht gelten. Zum anderen sind damit im Ergebnis Betriebsvereinbarung und Tarifvertrag *funktionell gleichgestellt.*[188]

Die übereinstimmende Funktion wird besonders im Bereich der sogenannten AT-Angestellten deutlich, denn für diese Arbeitnehmergruppe eröffnet die betriebliche Mitbestimmung überhaupt erst die Möglichkeit, in den Schutzbereich einer kollektivvertraglichen Vereinbarungen zu gelangen (dazu unter 1). Im Bereich der über- und außertariflichen Leistungen läßt sich mit der Vorrangtheorie das bereits zuvor anerkannte Mitbestimmungsrecht plausibel erklären (dazu un-

---

[186] Vgl. die Ausführungen von *Richardi*, in: FS für Lübtow, S. 755 (777).

[187] Vgl. die Nachw. in Fn. 178.

[188] Vgl. *Blomeyer*, NZA 1996, 337 (345); *Ehmann/Schmidt*, NZA 1995, 193 (197); *Schüren*, RdA 1996, 14 (15); *Hromadka*, in: FS für Schaub, S. 337 ff.

ter 2). Und mit der Anerkennung sogenannter teilmitbestimmter Betriebsvereinbarungen hat das BAG – wie noch zu zeigen sein wird – darüber hinaus die Vorrangtheorie (wissentlich oder unbewußt) genutzt, um den Tarifvorbehalt des § 77 Abs. 3 BetrVG sogar gänzlich auszuschalten und damit bereits den Weg in die betriebliche Lohnpolitik teilweise eröffnet (dazu unter 3).

1. Mitbestimmung bei AT-Angestellten

Besondere Relevanz kommt dem Mitbestimmungsrecht des Betriebsrats auch bei der Lohngestaltung im Bereich der sogenannten Außertariflichen Angestellten (=AT-Angestellten) zu.[189]

a) Begriff

AT-Angestellte sind solche Arbeitnehmer, die aufgrund ihrer Tätigkeit nicht (mehr) unter den persönlichen (oder fachlichen)[190] Geltungsbereich des einschlägigen Tarifvertrages fallen, aber noch nicht leitende Angestellte im Sinne des § 5 Abs. 3 BetrVG sind.[191] Die Abgrenzung ist, da zumeist eine eindeutige einzelvertragliche Vereinbarung fehlt, durch Auslegung (§§ 133, 157 BGB) zu ermitteln.[192] Versagt die wortlautorientierte Auslegung, muß auf die objektiven Umstände abgestellt werden. Unproblematisch ist die Einordnung, wenn die ausgeübte Tätigkeit aus dem Geltungsbereich eines Tarifvertrages ausgenom-

---

[189] Vgl. zum zahlenmäßigen Anteil der AT-Angestellten in den Unternehmen *Wohlgemuth*, BB 1993, 286 m. w. Nachw.; zur geschichtlichen Entwicklung des AT-Arbeitsverhältnisses *Franke*, AT-Angestellte, S. 55 ff.

[190] Zur Abgrenzung von persönlichem und fachlichem Geltungsbereich *Wank* in: Wiedemann, § 4 Rn. 174 ff., 218 ff. Auf den persönlichen Geltungsbereich stellt z. B. *Lieb* (ZfA 1978, 179 [204]) ab; auf den fachlichen *Wiedemann* (in: FS Kahn-Freund, S. 343 [347]).
Die Herausnahme der AT-Angestellten beschränkt sich meist auf die Gehaltstarifverträge, während sie vom Geltungsbereich der Manteltarifverträge häufig erfaßt werden; vgl. *J.-H. Bauer*, in: FS für Schaub, S. 19 (29).

[191] BAG AP Nrn. 3, 61, 68 zu § 87 BetrVG 1972 Lohngestaltung; BAG AP Nrn. 3, 6 zu § 80 BetrVG 1972; Hess/Schlochauer/*Glaubitz*, BetrVG, § 87 Rn. 57, 483; *Lieb*, ArbR, S. 262; *Moll*, Tarifvorrang, S. 71; *Säcker*, BB 1979, 1201; *v. Friesen*, DB 1980 Beil. 1, 1 (2 ff.); *Conze*, DB 1978, 490; *Bichler*, DB 1979, 1939; ausführlich *Hunold*, DB 1981 Beil. 26, 1 (2 ff.); Beispiele auch bei *Franke*, AT-Angestellte, S. 4 ff.; *Senne*, in: Kasseler Hdb, 4.1 Rn. 29 ff. Zur Begrifflichkeit *Gaul* (BB 1978, 764 [765 f.]), der zwischen „geborenen" und „gekorenen" AT-Angestellten unterscheidet; letzteren werde der AT-Status vertraglich zuerkannt, sie blieben aber wegen § 4 Abs. 1 TVG an die tariflichen Mindestarbeitsbedingungen gebunden, soweit sie gewerkschaftlich organisiert seien. Kritisch hierzu *Franke*, AT-Angestellte, S. 50 ff.
Zur Konkretisierung des Begriffs der leitenden Angestellten *Richardi*, BetrVG, § 5 Rn. 156 ff., 198 ff.; *Wiedemann*, in: FS für Kahn-Freund, S. 343 (345 f.); zu dessen restriktiver Handhabung *Hanau*, BB 1980, 169 ff.; *Föhr*, AuR 1975, 353 (354); *Lederer*, Initiativrecht, S. 90 m. w. Nachw.

[192] BAG AP Nr. 68 zu § 87 BetrVG 1972 Lohngestaltung mit Anm. *Reichold*.

men ist.[193] AT-Angestellter ist aber auch, wer sein Gehalt mit dem Arbeitgeber völlig unabhängig von der tariflichen Lohnskala vereinbart.[194] Eine solche Individualvereinbarung kann von Tarifangestellten abgeschlossen werden, solange ein im Ergebnis „günstigeres" Gehalt gezahlt wird, § 4 Abs. 3 TVG.[195] Indiz für ein tarif-unabhängiges Entgelt ist eine betriebliche Gehaltsskala, die ein tarifliches Lohnsystem nach oben ergänzt (nicht nur verbessert, denn dann lägen gegebenenfalls lediglich übertarifliche Zulagen vor).

Zum Teil wird der Beginn des AT-Bereichs auch tariflich durch die Aufzählung von Mindestbedingungen bestimmt (z. B. Entlohnung 15 % über dem höchsten Tarifgehalt).[196]

b) Bedenken gegen die Mitbestimmung

Der Mitbestimmung des Betriebsrats hinsichtlich der Arbeitsbedingungen für diese Arbeitnehmer sind Bedenken entgegengebracht worden, die sich im wesentlichen auf zwei Argumentationsgrundlagen stützen: Zum einen wird auf den Vorbehalt bzw. den Vorrang tariflicher Regelungen gemäß §§ 77 Abs. 3, 87 Abs. 1 Einleitungssatz BetrVG abgestellt (dazu unter [1]); zum anderen auf die besondere Stellung des AT-Arbeitnehmers im Unternehmen (dazu unter [2]).

(1) Tarifliche Negativregelung

Ein Mitgestaltungsrecht des Betriebsrats wird zum Teil mit der Begründung abgelehnt, daß der tarifliche Verhandlungserfolg nicht im Betrieb dadurch untergraben werden dürfe, daß die Entscheidung der Vertragspartner, einen Bereich nicht zu regeln, mißachtet werde. Seien in einem Tarifvertrag Vergütungsgruppen für Angestellte gebildet, so stelle die Herausnahme der AT-Angestellten eine Negativregelung dar, die als abschließende im Sinne des § 87 Abs. 1 Einleitungssatz BetrVG das Mitbestimmungsrecht des Betriebsrats bzw. als bestehende oder übliche im Sinne des § 77 Abs. 3 BetrVG den Abschluß von Betriebsvereinbarungen ausschließe.[197]

---

[193] BAG AP Nr. 61 zu § 87 BetrVG 1972 Lohngestaltung.

[194] BAG (AP Nr. 68 zu § 87 BetrVG 1972 Lohngestaltung): „Die Annahme der stillschweigenden Vereinbarung einer zum Tarifgehalt hinzutretenden Zulage würde den Vertragsparteien eine Regelung unterstellen, die sie nicht treffen wollten."

[195] Zum Günstigkeitsprinzip im Verhältnis Tarifvertrag und Individualvertrag unten, § 5 II 2.

[196] Vgl. die Nachw. aus der Praxis bei *Hunold*, DB 1981 Beil. 26, 1 (2).

[197] *Lieb*, ZfA 1978, 179 (204 ff., 206 ff.): „tarifvertragliche Negativregelung"; vgl. *ders.*, ArbR, § 8 III 4 c) bb); *Conze*, DB 1978, 490 (494 f.): „teleologische Extension der Sperrwirkung des § 77 Abs. 3 BetrVG"; ähnlich *Janert*, DB 1976, 243 (245); diff. *Gaul* (BB 1978, 764]767]), der die Sperrwirkung des § 77 Abs. 3 BetrVG für die von ihm so benannten gekorenen Angestellten annimmt, das heißt für solche, die diesen Status kraft einzelvertraglicher Abrede innehaben, nicht kraft tariflichen Ausschlusses; zustimmend *Hunold*, DB 1981 Beil. 26, 1 (5).

Diesem Argumentationsansatz kann nicht gefolgt werden,[198] denn für den per definitionem außerhalb jeglicher tariflicher Vereinbarung stehenden Arbeitnehmer wird widersprüchlich das Bestehen oder die Üblichkeit einer Tarifregelung bloß *fingiert*. Selbst wenn man mit der herrschenden Meinung den Zweck des § 77 Abs. 3 BetrVG im Schutz der ausgeübten und aktualisierten Tarifautonomie erblicken wollte, so ist doch zumindest erforderlich, daß die Tarifpartner ihren Regelungswillen durch Rechtsetzung zum Ausdruck bringen.[199] Zudem bedarf die Tarifautonomie im Bereich der AT-Angestellten keines Schutzes, da dieser schon wesensmäßig von ihr nicht erfaßt wird.[200] Die *Nicht*regelung kann also nicht als *Negativ*regelung angesehen werden.[201]

Auch die ausdrückliche Anordnung der Tarifvertragsparteien, eine Gestaltung des AT-Bereichs nur durch Individualverträge zuzulassen, kann die Sperrwirkung nicht auslösen, denn der Tarifvertrag kann nicht Mitbestimmungsrechte ausschließen, ohne selbst eine Regelung zu treffen.[202]

---

[198] Wie hier *Richardi*, BetrVG, § 77 Rn. 249 ff., § 87 Rn. 160, 844; *Wiese*, in: GK-BetrVG, § 87 Rn. 939 ff.; *Wiedemann*, in: FS für Kahn-Freund, S. 343 (349); *Moll*, Tarifvorrang, S. 73 ff., 88; *Bichler*, DB 1979, 1939 (1940 f.); *Bitter*, DB 1979, 695 (696); *v. Friesen*, DB 1980 Beil. 1, 1 (14 ff.); *dies.*, AuR 1980, 367 (368, 369); *Lederer*, Initiativrecht, S. 91 ff.; *Föhr*, AuR 1975, 353 (357); *Wohlgemuth*, BB 1993, 286 (287 f.); *Säcker*, Manager-Magazin 1980 (Heft 10), 36 (38); *Franke*, AT-Angestellte, S. 122 ff.; i. Erg. auch *Reuter*, Vergütung von AT-Angestellten, S. 29 f.

[199] *Richardi*, ZfA 1976, 1 (21); *Moll*, Tarifvorrang, S. 73 f.; *Bitter*, DB 1979, 695 (696); *Franke*, AT-Angestellte, S. 122 f. *Janert* (DB 1976, 243 ff.) sieht den Zweck des § 77 Abs. 3 BetrVG im Schutz des Betriebsfriedens und möchte daher nur freiwillige Betriebsvereinbarungen zulassen.

[200] BAG AP Nr. 3 zu § 87 BetrVG 1972 Lohngestaltung; vgl. *Bitter*, DB 1979, 695; *Wohlgemuth*, BB 1993, 286 (287 f.); *Bauer/Diller*, DB 1993, 1085 (1087); *Buchner*, RdA 1990, 1 (11); *Reuter*, Vergütung von AT-Angestellten, S. 30 f.; *Senne*, in: Kasseler Hdb, 4.1 Rn. 68. Gegen diesen Argumentationsansatz *Lieb* (ZfA 1978, 179 [204 ff., 208]), der davon ausgeht, daß durch die tarifliche Normierung der Vergütung der Angestellten eine abschließende Regelung getroffen sei.

[201] BAG AP Nr. 3 zu § 87 BetrVG 1972 Lohngestaltung; *Richardi*, ZfA 1976, 1 (21); *Bichler*, DB 1979, 1939 (1940 f.); *Franke*, AT-Angestellte, S. 123 ff.; *Bitter*, DB 1979, 695 (696). *Säcker* (Manager-Magazin 1980 [Heft 10], 36 [38]) weist zu Recht darauf hin, daß eine solche Sperrwirkung nicht dem Willen der Tarifvertragsparteien entspricht.

[202] *Wiese*, in GK-BetrVG, § 87 Rn. 79 f., 940; *Richardi*, BetrVG, § 77 Rn. 160, 164 f.; *Fitting*, § 77 Rn. 75; *Wiedemann*, in: FS für Kahn-Freund, S. 343 (350 ff.); *Richardi*, ZfA 1976, 1 (21); *Moll*, Tarifvorrang, S. 74 f.; *v. Friesen*, DB 1980 Beil. 1, 1 (15 ff.); *P. Hanau*, BB 1977, 350 (351); *Lederer*, Initiativrecht, S. 92 f.; anders aber Galperin/*Löwisch*, BetrVG, § 87 Rn. 52, 54 a; *Lieb*, ZfA 1978, 179 (207); *Conze*, DB 1978, 490 (494). Für eine solche Regelung besteht auch nicht pauschal ein „sachlich vernünftiger Grund“, so aber Galperin/*Löwisch* (BetrVG, § 87 Rn. 54 a).

Dieselben Argumente sprechen gegen den Ausschluß der Mitwirkung durch einen im Sinne des § 87 Abs. 1 Einleitungssatz BetrVG bestehenden Tarifvertrag: Trifft dieser Vergütungsregelungen für bestimmte Arbeitnehmergruppen, so fallen die AT-Angestellten denknotwendig gerade nicht unter seinen Geltungsbereich. Die fehlende Regelung für die AT-Angestellten kann also nicht zu einer Sperrwirkung nach § 87 Abs. 1 Einleitungssatz BetrVG führen, denn andernfalls würde dem sozialen Schutzzweck der Norm widersprochen.[203]

(2) Besondere Rolle als Ausnahmetatbestand

Weiterer – aber im Ergebnis unzutreffender – Ansatzpunkt für die Ablehnung der Mitbestimmung ist die herausgehobene Stellung der AT-Angestellten im Unternehmen, aufgrund derer dieser Bereich allein der *individualrechtlichen* Gestaltung vorbehalten sein soll.[204]

Die Mitbestimmung wegen des *besonderen individualrechtlichen Charakters* des AT-Arbeitsverhältnisses, das keine Kollektivierung vertrage, grundsätzlich auszuschließen, wird durch die Betriebspraxis konterkariert, die zur Gestaltung dieser Arbeitsverhältnisse auf das Instrument der vertraglichen Einheitsregelung (oder auch der Betriebsvereinbarung) zurückgreift.[205] Damit zeigt sich, daß es im Bereich der AT-Angestellten um die Alternative zwischen einer betriebseinheitlichen Gestaltung allein durch den Arbeitgeber oder die zweiseitige Festle-

---

[203] BAG AP Nr. 3, 68 zu § 87 BetrVG 1972 Lohngestaltung; *v. Friesen*, AuR 1980, 367 (369). Der Ausschluß der Mitbestimmungsrechte läßt sich hinsichtlich § 87 Abs. 1 Nr. 10 BetrVG nicht damit begründen, dieser betreffe die *Lohn*gestaltung, Angestellte erhielten aber ein *Gehalt*. Daß der Gesetzgeber nur das Entgelt der Arbeiter, nicht aber der Angestellten der Mitbestimmung unterwerfen wollte, ist nicht ersichtlich; vgl. *Franke*, AT-Angestellte, S. 135; *Moll*, Entgelt, S. 135; *v. Friesen*, DB 1980 Beil. 1, 1 (8). Auch *Richardi* (ZfA 1976, 1 ff.; BetrVG, § 87 Rn. 798) erfaßt in seinem Beitrag zu § 87 Abs. 1 Nr. 10 BetrVG Lohn und Gehalt gleichermaßen. Zum Lohnbegriff bereits oben, § 1 III 1; zum Zweck der Norm oben, § 2 II.

[204] So *Janert*, DB 1976, 243 (243 f.); *Lieb*, ZfA 1978, 179 (188 ff.); *Reuter*, Vergütung von AT-Angestellten, S. 43 ff.; zurückhaltender *Schüren*, RdA 1996, 14 (18).

[205] *Wiedemann*, in: FS für Kahn-Freund, S. 343 (356); *Senne*, in: Kasseler Hdb, 4.1 Rn. 38; *Bitter*, DB 1979, 695 (697 ff.); *Gaul*, BB 1978, 764 (766 f.); *Conze*, DB 1978, 490; *Franke*, AT-Angestellte, S. 18, 134 f.; *v. Friesen*, DB 1980 Beil. 1, 1 (2 dort Fn. 3); *Lederer*, Initiativrecht, S. 93 (dort auch Fn. 3); *Heisig*, Arbeitsentgelt- und Arbeitszeitregelungen, S. 74 ff. Vgl. *Blanke* (in: Blanke [Hrsg.] AT-Angestellte, Rn. 126): Es „wird der Anschein einer individuellen Vertragsgestaltung erweckt, dem in der Realität der betrieblichen Praxis längst die Grundlage entzogen ist." Inkonsequent ist daher die Argumentation von *Janert* (DB 1976, 243 [244]), der zwar die kollektive Gestaltung der Arbeitsbedingungen im AT-Bereich durch Formulararbeitsverträge herausstellt, trotzdem aber den individualrechtlichen Charakter derart betont, daß er die Mitbestimmungsrechte des Betriebsrats verneint. Auch *Hunold* (DB 1981 Beil. 26, 1 [7]) verkennt die betriebliche Praxis der Vereinheitlichung der Arbeitsbedingungen für AT-Angestellte.

gung durch die Betriebspartner geht.[206] Voraussetzung ist allerdings auch insoweit, daß es sich um eine *kollektive* Maßnahme handelt.[207] Nicht der individualrechtliche Charakter der AT-Anstellung, sondern nur individuelle Einzelvereinbarungen schließen die Mitbestimmung aus.[208] Eine Nivellierung der Leistungsanreize durch ein mitbestimmtes kollektives Vergütungssystem ist daher nicht zu befürchten.[209] Vielmehr bleibt es den Vertragspartnern unbenommen, auf der Grundlage des in der Betriebsvereinbarung festgelegten Entlohnungssystems individualvertragliche Absprachen zu treffen,[210] die materiell günstiger sind.[211]

Ebensowenig schließt die *besondere unternehmenspolitische Bedeutung* die Einwirkungsrechte des Betriebsrats (als sogenanntes management prerogative) aus.[212] Zwar nehmen die AT-Angestellten neben den leitenden Angestellten zum Teil wichtige Führungsaufgaben wahr und stehen ihrem Selbstverständnis nach in ihrer betrieblichen Rolle diesen in der Regel näher als den „Tarifarbeitnehmern".[213] Auch lassen die vertragstypischen Besonderheiten des AT-

---

[206] Vgl. dazu auch oben, § 2 I 1, 2, 3.

[207] Zum Erfordernis der Kollektivität oben, I 3.

[208] Vgl. Hess/Schlochauer/*Glaubitz*, BetrVG, § 87 Rn. 483; *Franke*, AT-Angestellte, S. 155 f.; *Enderlein*, ZfA 1997, 313 (317 f.). *Schüren* (RdA 1996, 14 [20 f.]) zieht den unzutreffenden Schluß, Mitbestimmung und uneingeschränkte Vertragsfreiheit schlössen sich aus. Daß dies unzutreffend ist, beweist die Geltung des Günstigkeitsprinzips auch im Verhältnis zwischen Betriebsvereinbarung und Individualvertrag; dazu unten, § 5 II 3.

[209] Anders *Reuter* (Vergütung von AT-Angestellten, S. 37 ff., 43 ff.), der die „Zwangskollektivierung" ablehnt, weil sie die funktionsfähige Individualautonomie auf Arbeitnehmerseite verdränge.

[210] Es findet also entgegen *Reuter* (Vergütung von AT-Angestellten, S. 44) keine Verdrängung statt.

[211] Unzutreffend hält *Hunold* (DB 1981 Beil. 26, 1 [7 f.]) den Verweis auf das Günstigkeitsprinzip für ein Scheinargument, ohne allerdings eine überzeugende Begründung zu geben. Ähnlich *Lieb*, ZfA 1978,179 (189 f.); *Säcker*, Gruppenautonomie, S. 78; vgl. auch *Reuter*, Vergütung von AT-Angestellten, S. 7, 44 f.; *Schüren*, RdA 1996, 14 (20).
Mit dieser Argumentation wird verkannt, daß sich der Arbeitgeber immer, wenn er einzelne Arbeitnehmer durch eine höhere Vergütung „belohnt", dem Mißmut der unbegünstigt gebliebenen Arbeitnehmer aussetzt. Dabei handelt es sich aber nicht um eine Besonderheit der AT-Angestellten, sondern um ein bei der Lohngestaltung regelmäßig auftretendes Problem, das seine Ursache in der Anerkennung der verfassungsrechtlich gewährleisteten Privatautonomie findet.

[212] Anders *Lieb*, ZfA 1978, 179 (187 f.); diff. *Schüren*, RdA 1996, 14 (18). Vgl. auch *Franke* (AT-Angestellte, S. 121 f., 199 ff.), der allerdings das Mitbestimmungsrecht des Betriebsrats zutreffend bejaht. *Reuter* (Vergütung von AT-Angestellten, S. 8, 14) stellt auf § 76 Abs. 5 S. 3 BetrVG ab, um die Mitbestimmungsbefugnisse des Betriebsrats einzuschränken; dagegen zu Recht *v. Friesen*, DB 1980 Beil. 1, 1 (9 f.).

[213] Vgl. *Gaul*, BB 1978, 764 f. Zum Selbstverständnis der AT-Angestellten *Buchholz/Lenßen/Linnemann*, in: AT-Angestellte, Rn. 15 ff. Nicht zuletzt ist dieses Selbstverständnis

Arbeitsverhältnisses (insbesondere hinsichtlich der Arbeitszeitregelungen[214]) ihre besondere Rolle für das Unternehmen erkennen. Das Betriebsverfassungsgesetz hat aber der Nähe zum unternehmerischen Bereich dadurch Rechnung getragen, daß es die *leitenden* Angestellten gemäß § 5 Abs. 3 BetrVG aus dem Geltungsbereich ausgenommen hat. Die Gruppe der AT-Angestellten ist betriebsverfassungsrechtlich *nicht* speziellen Normen unterworfen. Eine Differenzierung zwischen „normalen" Arbeitnehmern und „höheren" Angestellten findet im Betriebsverfassungsgesetz keine Stütze,[215] vielmehr ist der Begriff der AT-Anstellung rein tarifrechtlicher Natur.[216] Fehlt die Einordnung als leitender Angestellter, greift die Mitbestimmung des Betriebsrats uneingeschränkt.[217] Das

---

auch in der historischen Entwicklung dieses Bereichs begründet; dazu *Franke*, AT-Angestellte, S. 55 ff.

[214] Dazu *Mayer*, in: AT-Angestellte, Rn. 156 ff.; *Franke*, AT-Angestellte, S. 74 ff. (letzterer allerdings noch unter Bezugnahme auf die AZO).

[215] *Mayer-Maly*, DB 1979, 985 (988); *Föhr*, AuR 1975, 353 (354); *Moll*, Entgelt, S. 135; *ders.*, Tarifvorrang, S. 80; *Gaul*, BB 1978, 764 (766).
Auch die vom BAG vorgenommene Einschränkung der Einblicksrechte des Betriebsrats nach § 80 Abs. 2 BetrVG in die Listen über Bruttolöhne und -gehälter (vgl. AP Nr. 3, 6 zu § 80 BetrVG 1972) ist nicht im „besonderen individualrechtlichen Charakter des AT-Arbeitsverhältnisses" begründet (so aber *Janert*, DB 1976, 243 [246]). Vielmehr betont das BAG die Schutzfunktion des Betriebsrats auch für die AT-Arbeitnehmer (ebenda). Die Einschränkung ergibt sich aus dem Zusammenhang des Einblicksrechts mit Abs. 1 Nr. 1 dieser Vorschrift, der unter anderem auf die Tarifverträge verweist. Bei AT-Angestellten besteht aber, wie gesehen, gerade kein unmittelbarer Zusammenhang zur tariflichen Regelung. Vgl. *Wiedemann*, in: FS für Kahn-Freund, S. 343 (347 f.); *Moll*, Tarifvorrang, S. 80 f.; *Föhr*, AuR 1975, 353 (356 f.); *v. Friesen*, DB 1980 Beil. 1, 1 (5); zu den Einblicksrechten auch *Hunold*, DB 1981 Beil. 26, 1 (4 f.); *Franke*, AT-Angestellte, S. 143 ff.; *Mayer-Maly*, DB 1979, 985 ff.
Von der Einschränkung der Einblicksrechte hat das BAG (AP Nr. 15, 16, 27 zu § 80 BetrVG 1972) wieder Abstand genommen. Das Einblicksrecht ist damit nicht (mehr) von der Darlegung eines besonderen Anlasses durch den Betriebsrat abhängig, denn andernfalls würde dieses Kontrollrecht nur zur Anwendung gelangen, wenn der Betriebsrat (zufällig) von einer Verletzung der Arbeitnehmerinteresse (auch der AT-Angestellten) erführe.

[216] *Lederer*, Initiativrecht, S. 90; *Wohlgemuth*, BB 1993, 286. *Franke* (AT-Angestellte, S. 26 ff., 43 f.) umschreibt den AT-Begriff aus betrieblicher Sicht, ordnet ihn aber ebenfalls dem Tarifrecht zu (a. a. O., S. 120).

[217] Tertium non datur.
Daß der Betriebsrat die Interessen der AT-Angestellten, die nicht durchgehend mit denen der anderen Arbeitnehmer übereinstimmen müssen, unzureichend wahrnimmt (so die Bedenken von *Schüren*, RdA 1996, 14 [18]; ähnlich *Conze*, DB 1978, 490 [494]), ist unbewiesen und unwahrscheinlich, denn eine erfolgreiche Mitbestimmung bedarf einer engen Zusammenarbeit mit den Beschäftigten aller Bereiche, so daß Betriebsrat und Arbeitnehmer ein Interesse an der Einbeziehung auch der AT-Angestellten in die betriebsverfassungsrechtliche Interessenvertretung haben; vgl. *Föhr*, AuR 1975, 353 (354); *v.Friesen*, DB 1980, Beil.1, 1 (13). *Wohlgemuth* (in: Blanke [Hrsg.] AT-Angestellte, Rn. 486) weist

bloße Interesse des Arbeitgebers, für die Gruppe der AT-Angestellten die Vergütung möglichst ohne die Einflußnahme des Betriebsrats festlegen zu können, reicht nicht aus,[218] auch wenn es sich bei der Bestimmung ihrer Arbeitsbedingungen um eine „unternehmerische Dimension von beträchtlicher Intensität"[219] handeln mag. Denn mit dem Argument, der Unternehmer müsse in der Lage sein, die Vergütungsrelationen der Knappheitslage auf dem Markt anzupassen,[220] wird keine Besonderheit der Mitbestimmung im AT-Bereich aufgegriffen, sondern die Mitbestimmung des Betriebsrats im Entgeltbereich generell in Frage gestellt. Gerade aber im Lohnbereich wird durch die Mitbestimmung nach § 87 Abs. 1 Nr. 10 BetrVG eine allein an den Vorstellungen des Arbeitgebers orientierte Ausgestaltung des Lohnsystems explizit ausgeschlossen.[221]

c) Zweckverwirklichung der Betriebsautonomie auch im AT-Bereich

Für den Ausschluß der Mitbestimmungsrechte reichen die dargelegten Bedenken, wie gezeigt, nicht aus. Vielmehr sind auch die AT-Angestellten schutzbedürftig.[222] Ohne die Mitwirkung durch den Betriebsrat sehen diese sich der Alleingestaltung der Arbeitsbedingungen durch den Arbeitgeber gegenüber, zumal für sie gerade keine anderen Kollektivverträge zur Verfügung stehen, denn es ist weder vom Bestehen noch von der Üblichkeit tariflicher Normen auszuge-

---

zu Recht darauf hin, daß zunehmend auch AT-Angestellte als Betriebsräte gewählt werden. Schließlich bleibt § 23 Abs. 1 BetrVG als Schutzmechanismus, denn die Nichtwahrnehmung der dem Betriebsrat zustehenden Beteiligungsrechte kann jedenfalls dann eine Pflichtverletzung darstellen, wenn dies willkürlich zum Schaden der vertretenen Arbeitnehmer (hier der AT-Angestellten) erfolgt.

[218] *Franke*, AT-Angestellte, S. 136 ff. *Wiedemann* (in: FS für Kahn-Freund, S. 343 [358]) verweist auf die allgemeine Bindung der Mitbestimmungsrechte an das Betriebs- und Unternehmenswohl, um in Ausnahmefällen, die der umfassenden Begründung durch den Arbeitgeber bedürfen, die Mitbestimmungsrechte im AT-Bereich einzuschränken.

[219] *Lieb*, ZfA 1978, 179 (187).

[220] So *Reuter*, Vergütung von AT-Angestellten, S. 36 ff.

[221] Vgl. dazu oben, § 2 II.

[222] *P. Hanau*, BB 1977, 350 (351); *Moll*, Tarifvorrang, S. 82, auch Fn. 50; *Franke*, AT-Angestellte, S. 87 ff.; *Lederer*, Initiativrecht, S. 94; *Heisig*, Arbeitsentgelt- und Arbeitszeitregelungen, S. 79.
Anders *Lieb*, ZfA 1978, 179 (191); *Reuter*, Vergütung von AT-Angestellten, S. 50; *Wohlgemuth*, BB 1993, 286; *ders.*, in: Blanke (Hrsg.) AT-Angestellte, Rn. 495; *Bichler*, DB 1979, 1939.
Die Autoren, welche die Schutzbedürftigkeit leugnen, argumentieren, die Angestellten hätten selbst die Individualvereinbarung gewählt. Dies ist nur bedingt richtig. Zwar mag das Selbstverständnis der AT-Angestellten dafür sprechen, jedoch haben sie die fehlende kollektivvertragliche Bindung nicht zwingend selbst gewählt, vielmehr ist sie in der Regel Konsequenz der Ausgestaltung des Tarifvertrages, der diese Gruppe von Arbeitnehmern aus dem persönlichen (oder fachlichen) Geltungsbereich ausnimmt.

hen.[223] Zu Recht hat das BAG daher auch für die AT-Angestellten das Mitbestimmungsrecht des Betriebsrats bejaht und die Betriebsvereinbarung als taugliches Regelungsinstrument anerkannt,[224] denn die faktisch einseitige Gestaltungsmacht des Arbeitgebers wird durch die Mitbestimmung eingeschränkt, so daß auch den AT-Angestellten kollektivvertraglicher Schutz zukommt.

Ihre Lohngestaltung unterfällt damit § 87 Abs. 1 Nr. 10 BetrVG. Mitbestimmungspflichtig ist dabei die Aufstellung und die Festlegung der Einzelheiten des Entgeltsystems, das heißt die Festlegung von Gehaltsgruppen anhand bestimmter *Kriterien* und *die Ausgestaltung der Abstände der Gehaltsgruppen* zueinander.[225] Besteht noch kein mitbestimmtes Gehaltsgruppensystem, so hat der Betriebsrat auch bei der linearen oder unterschiedlichen Erhöhung[226] der AT-Gehälter mitzuwirken,[227] wenn diese nach abstrakten Kriterien erfolgt; die Gestaltung bezieht sich dabei auf die *Verteilung* der Erhöhung, *nicht* deren *Umfang*. § 87 Abs. 1 Nr. 10 BetrVG greift auch dann ein, wenn sich das Entlohnungssys-

---

[223] Die einseitig durch den Arbeitgeber geschaffene Lohnordnung sieht *Conze* (DB 1978, 490 [494 f.]) als erstrebenswertes Ziel gerade für den AT-Bereich an. Damit verkennt er allerdings die Zwecksetzung betrieblicher Mitbestimmung (dazu oben, § 2 I) sowie den Normzweck des § 87 Abs.1 Nr.10 BetrVG (dazu oben, § 2 II).

[224] BAG AP Nrn. 3, 7, 61, 68 zu § 87 BetrVG 1972 Lohngestaltung.
Aus der Literatur: *Fitting*, § 77 Rn. 79 m. w. Nachw.; *Wiese*, in: GK-BetrVG, § 87 Rn. 939 ff.; *Stege/Weinspach*, BetrVG, § 87 Rn. 175 ff.; *Klebe*, in: D/K/K, § 87 Rn. 267; *Berg*, in: D/K/K, § 77 Rn. 64; *J.-H. Bauer*, in: FS für Schaub, S. 19 (28); *Moll*, Tarifvorrang, S. 71 ff., 88; *Lederer*, Initiativrecht, S. 89 ff.; *Föhr*, AuR 1975, 353 ff.

[225] BAG AP Nrn. 7, 61, 68 zu § 87 BetrVG 1972 Lohngestaltung; *Matthes*, in: Münch Hdb, § 333 Rn. 88; *Richardi*, BetrVG, § 87 Rn. 845 ff.; *Wiese*, in: GK-BetrVG, § 87 Rn. 942 ff.; *Wiedemann*, in: FS für Kahn-Freund, S. 343 (353 f.); *Senne*, in: Kasseler Hdb, 4.1. Rn. 76; *Moll*, Tarifvorrang, S. 88 f.; *Säcker*, Manager-Magazin 1980 (Heft 10), 36 (38 f.); *Bichler*, DB 1979, 1939 (1941); *Bitter*, DB 1979, 695 (697); *v. Friesen*, DB 1980 Beil. 1, 1 (8 f., 11 ff.); *Hanau*, BB 1977, 350 (353 f.); *Lederer*, Initiativrecht, S. 146; *Wohlgemuth*, BB 1993, 286 (288). Anders noch BAG AP Nr. 3 zu § 87 BetrVG 1972 Lohngestaltung.
Gegen die Mitbestimmung über die Ausgestaltung der Gehaltsgruppen in ihrem Verhältnis zueinander *Reuter* (Vergütung von AT-Angestellten, S. 37 ff.) und *Lieb* (ZfA 1978, 179 [194 ff., 201ff., 204]), die dies als mitbestimmungsfreie lohnpolitische Entscheidung einordnen. Auch *Hunold* (DB 1981 Beil. 26, 1 [5]) läßt die Mitbestimmung nur hinsichtlich der Bewertungskriterien zu, nicht hinsichtlich der Abstufung der Gehaltsgruppen.

[226] Vgl. zur Anpassung von AT-Gehältern *Franke*, AT-Angestellte, S. 89 ff., 97; *Blanke*, in: Blanke (Hrsg.) AT-Angestellte, Rn. 130 ff.; zur „abgepufferten Ankopplung" an Tarifgehälter *Lederer*, Initiativrecht, S. 147 f.; *Bitter*, DB 1979, 695 (697).

[227] BAG AP Nr. 61 zu § 87 BetrVG 1972 Lohngestaltung; *Klebe*, in: D/K/K, § 87 Rn. 267 m. w. Nachw.; *Wohlgemuth*, BB 1993, 286 (288). Diese Rechtsprechung wurde auch auf Tarifangestellte ausgedehnt (BAG AP Nr. 68 zu § 87 BetrVG 1972 Lohngestaltung): Das Regelungsziel der innerbetrieblichen Lohngerechtigkeit „verlangt bei der Schaffung einer übertariflichen Gehaltsgruppenordnung Beachtung, gleichgültig ob es um Tarifangestellte oder um AT-Angestellte geht."

tem erst nach und nach entwickelt hat und so gleichsam unmerklich mitbestimmungspflichtig geworden ist. Hier kann der Betriebsrat initiativ tätig werden,[228] allerdings kann er nicht individuelle Regelungen durch ein kollektives System ersetzen, wenn es an einem kollektiven Bezug fehlt.[229] Der Mitbestimmung steht aber nicht entgegen, wenn im Gehaltsgruppensystem innerhalb einer gewissen Bandbreite Spielräume für Individualvereinbarungen bleiben, also flexible Gehaltsgruppen festgelegt werden.[230]

Mitbestimmungsfrei ist die Festlegung des Unterschieds zwischen der letzten Tariflohngruppe und der ersten AT-Gruppe,[231] denn damit würde dem Betriebsrat ein erzwingbares Mitbestimmungsrecht unmittelbar auch über die Lohnhöhe zugestanden, das von § 87 Abs. 1 Nr. 10 BetrVG nicht erfaßt ist.[232] Möglich ist aber der Abschluß freiwilliger Betriebsvereinbarungen über das Verhältnis zum Tarifgefüge, ebenso wie über die Gehaltshöhe.[233]

Die Festlegung der Arbeitsbedingungen für diese Arbeitnehmergruppe ist daher nicht länger als „Domäne rein arbeitgeberseitiger Vertragsgestaltung“[234] anzusehen.

---

[228] *Matthes*, in: Münch Hdb, § 333 Rn. 88; *Klebe*, in: D/K/K, § 87 Rn. 267; *Schüren*, RdA 1996, 14 (19); *v. Friesen*, DB 1980 Beil. 1, 1 (12 f.); *Föhr*, AuR 1975, 353 (362); dagegen *Lieb*, ZfA 1978, 179 (185 ff., 187 f.); diff. *Richardi* (BetrVG, § 87 Rn. 849) unter Verweis auf § 75 Abs. 2 BetrVG, um die individuelle Selbstbestimmung zu gewährleisten; ebenso *Reuter*, Vergütung von AT-Angestellten, S. 7 f., 47 ff.
Zum Initiativrecht oben, I 4.

[229] *Stege/Weinspach*, BetrVG, § 87 Rn. 176; Hess/Schlochauer/*Glaubitz*, BetrVG, § 87 Rn. 483, 522; *Richardi*, BetrVG, § 87 Rn. 849; *Schüren*, RdA 1996, 14 (19); *Enderlein*, ZfA 1997, 313 (317 f.). Zum Kollektivitätserfordernis oben, I 3.

[230] BAG AP Nr. 68 zu § 87 BetrVG 1972 Lohngestaltung.

[231] BAG AP Nrn. 3, 68 zu § 87 BetrVG 1972 Lohngestaltung; *Richardi*, BetrVG, § 87 Rn. 847 f.; *Wiese*, in: GK-BetrVG, § 87 Rn. 941; *Wiedemann*, in: FS für Kahn-Freund, S. 343 (352 f.); *Bichler*, DB 1979, 1939 (1941); *P. Hanau*, BB 1977, 350 (354); *Lieb*, ZfA 1978, 179 (194); *Reuter* (Vergütung von AT-Angestellten, S. 22), der zur Begründung auf § 76 Abs. 5 S. 3 BetrVG zurück greift (a. a. O., S. 14 ff.); *Säcker*, Manager-Magazin 1980 (Heft 10), 36 (38); *Hunold*, DB 1981 Beil. 26, 1 (5).
Anders *Klebe* (in: D/K/K, § 87 Rn. 267), *v. Friesen* (AuR 1980, 367 [370 f.]; *dies.*, DB 1980 Beil. 1, 1 [9 f.]) und *Wohlgemuth* (BB 1993, 286 [288]), die das Mitbestimmungsrecht auch hinsichtlich des Wertunterschieds anerkennen. Ähnlich *Bitter*, DB 1979, 695 (697); *Lederer*, Initiativrecht, S. 147 f.

[232] Vgl. dazu oben, I 2.

[233] Vgl. *Bitter*, DB 1979, 695 (697); *Buchner*, RdA 1990, 1 (11 f.) bzgl. der Arbeitszeit.

[234] *Bitter*, DB 1979, 695; *Franke*, AT-Angestellte, S. 141 ff., 142.

2. Mitbestimmung bei über- und außertariflichen Zulagen

Als Bereich weitreichender Einflußnahmemöglichkeiten hat sich das Mitbestimmungsrecht des Betriebsrats bei den über- und außertariflichen Zulagen erwiesen, welches es im folgenden darzustellen gilt.

a) Begriff und Bedeutung

Für die bundesdeutschen Löhne ist in allen Branchen und Regionen die deutliche Diskrepanz zwischen Tarif- und Effektivlöhnen prägend.[235] In Form einer Vielzahl verschiedener durch die Arbeitgeber gewährter über- und außertariflicher Zulagen wird den Erfordernissen betriebsspezifischer Lohngestaltung – allerdings nur oberhalb der Tariflöhne – Rechnung getragen.[236]

Als Unterfälle der sogenannten *freiwilligen Leistungen*[237] sind sowohl die *über-* als auch die *außertariflichen* Zulagen dadurch gekennzeichnet, daß der Arbeitgeber weder kraft Gesetzes, noch kraft Tarifvertrages zu ihrer Gewähr verpflichtet ist.[238] Vielmehr führt er sie insoweit „freiwillig" ein, verpflichtet jedoch durch die Kraft des Marktes, zum Beispiel um einen zusätzlichen Anreiz für die Arbeitnehmer zu schaffen, qualifizierte Mitarbeiter anzuwerben bzw. diese an den Betrieb zu binden – letztlich auch, um den Nivellierungstendenzen der Branchen- und Flächentarifverträge entgegenzuwirken und eine Anpassung der Lohnfindungssysteme an die betrieblichen Arbeitsstrukturen zu erreichen.[239] Allerdings ist nur das Versprechen der zusätzlichen Leistung frei. Mit der Einführung entstehen Rechtsansprüche, so daß die Erbringung dann Vertragspflicht bzw. Pflicht aus der Betriebsvereinbarung ist.[240] Entledigen kann sich der Ar-

---

[235] Vgl. bereits oben, § 2 I 2 mit Fn. 34.

[236] Zur Abweichung von Tariflöhnen nach unten vgl. unten, § 6 I 3, IV 2, 3, VI.

[237] Vgl. zu den verschiedenen freiwilligen Leistungen die Übersicht bei *Fitting*, § 87 Rn. 408.

[238] BAG AP Nr. 17 zu § 77 BetrVG 1972; *Fitting*, § 87 Rn. 435; *Wiese*, NZA 1990, 793 (794). Kritisch zum Begriff der „Freiwilligkeit" *Schüren* (RdA 1991, 139 [140]), der übertarifliche Zulagen zutreffend als notwendige Konsequenz der Situation auf dem Arbeitsmarkt ansieht. Eine *rechtliche* Verpflichtung kann er aber nicht belegen.

[239] Zu den verschiedenen Gründen der Gewähr zusätzlicher Leistungen *Weyand*, AuR 1993, 1 (2 f.); *Schüren*, RdA 1991, 139 (140); *Hromadka*, DB 1986, 1921 f.; *ders.*, DB 1988, 2636 ff.; *Trittin*, AuR 1991, 329 (330 f.); *Hunold*, DB 1981 Beil. 26, 1 (8); *Rau*, Systematik der übertariflichen Zulage, S. 25 ff.; *Yurtsev*, Sozialleistungen, S. 27 ff. Zur Notwendigkeit betriebsspezifischer Lohngestaltung siehe oben, § 2 I 3.
Ursprünglich wurde die Gewähr der freiwilligen Leistungen (insbesondere der Ruhegehälter) auf die Fürsorgepflicht des Arbeitgebers zurückgeführt; vgl. *Hueck/Nipperdey*, ArbR Bd. I, S. 478; *Nikisch*, ArbR Bd. I, S. 572 f.

[240] BAG AP Nr. 2 zu § 87 BetrVG 1972 Lohngestaltung; *Wiese*, NZA 1990, 793 (794); *Jahnke*, ZfA 1980, 863 (879 ff.); *Herschel*, Anm. zu BAG AP Nr. 5 zu § 87 BetrVG 1972 Lohngestaltung; *Gaul*, Anm. zu BAG AP Nr. 26 zu § 87 BetrVG 1972 Lohngestaltung.
Einschränkend BAG AP Nr. 11 zu § 77 BetrVG 1972 Tarifvorbehalt. Das Gericht führt in dieser Entscheidung aus, daß durch Betriebsvereinbarungen Ansprüche nur auf solche zu-

beitgeber dieser Bindungen nur durch (Änderungs-)Kündigung, Ausübung eines vorbehaltenen Widerrufsrechts bzw. Anrechnung einer Tariflohnerhöhung.[241]

Übertariflich sind solche freiwilligen Zulagen, die, ohne an weitere Tatbestandsvoraussetzungen gebunden zu sein, den *Tariflohn erhöhen.*[242] Sie knüpfen also an das tariflich geregelte Entgelt an und stehen in engem Zusammenhang mit dem jeweiligen Tarifvertrag.[243] *Außertarifliche Zulagen* hingegen honorieren *Sondersituationen* bzw. Sonderleistungen des Arbeitnehmers, die von den tarifvertraglichen Regularien tatbestandlich nicht erfaßt sind.[244]

b) Anerkennung der Mitbestimmungsrechte

In wirtschaftlich angespannten Zeiten erlangen die Mitwirkungsbefugnisse des Betriebsrats in diesem Bereich insbesondere dann große Relevanz, wenn es um den *Abbau* oder auch die *Umstrukturierung* von Zulagen geht, die vom Arbeitgeber in Phasen des Prosperierens der Wirtschaft eingeführt wurden. Daß die Gestaltung der über- und außertariflichen Leistungen überhaupt unter die mitbestimmungspflichtige Lohngestaltung subsumiert wird, ist jedoch nicht selbstverständlich,[245] vielmehr hat sich diese zutreffende Erkenntnis schrittweise

---

sätzlichen Entgeltbestandteile *begründet* werden können, die an besondere Voraussetzungen gebunden sind, welche vom Tariflohn nicht berücksichtigt werden. Ausgeschlossen sei die Anspruchsbegründung soweit eine tarifliche Entgeltregelung lediglich durch gleichartige Ansprüche ergänzt werde. Insoweit sei das Bestehen individualvertraglicher Ansprüche Voraussetzung für die Wirksamkeit der Betriebsvereinbarung (welche dann im Ergebnis nur die Lohngestaltung betrifft).

241 Zur Mitbestimmung des Betriebsrats bei Anrechnung und Widerruf unten, d.

242 *Kraft*, in: FS für Molitor, S. 207 (221); *Hromadka*, DB 1988, 2636; *Heisig*, Arbeitsentgelt- und Arbeitszeitregelungen, S. 90.

243 Zwischen tariflicher Regelung und übertariflicher Zulage besteht – im Gegensatz zur außertariflichen Zulage – Zweckidentität, vgl. dazu *Oetker*, RdA 1991, 16 (22). Wird also eine tarifliche Zulage, die an einen bestimmten Zweck gebunden ist, durch den Arbeitgeber erhöht, so liegt wegen der Zweckidentität eine übertarifliche Zulage vor.

244 *Oetker*, RdA 1991, 16 (17); *Kraft*, in: FS für Molitor, S. 207 (210); *Goos*, NZA 1986, 701 (703). Unklar *Hunold*, DB 1981 Beil. 26, 1 (8).
In der betrieblichen Praxis unterbleibt eine Differenzierung zumeist (vgl. *Hunold*, DB 1981 Beil. 26, 2 [8]), ebenso wie zum Teil in der Rechtsprechung und Literatur (vgl. *Rau*, Systematik der übertariflichen Zulage, S. 22 f.).

245 Zum BetrVG 1952 wurde dem Betriebsrat ein Mitbestimmungsrecht hinsichtlich freiwilliger Entgeltleistungen abgesprochen (*Nikisch*, ArbR Bd. III, S. 437 f.). Auch nach Einführung des BetrVG von 1972 wurde diese herrschende Meinung zunächst übernommen und wegen des entgegenstehenden „Charakters der Freiwilligkeit" ein Mitbestimmungsrecht des Betriebsrats verneint (vgl. *Rumpf*, AuR 1972, 65 [72]; *Stadler*, BB 1972, 800 [801]). Zur Entwicklung der Mitbestimmung bei freiwilligen Leistungen *Wiese* (NZA 1990, 793 [794 ff.]).

durchgesetzt und mit der Anerkennung der Vorrangtheorie die letzte Hürde genommen.

Ursprünglich wurden über- und außertarifliche Zulagen nicht als *Entgelt*, sondern als Sozialleistungen angesehen.[246] Erst mit der extensiven Auslegung des Lohnbegriffs im Jahre 1975[247] konnten diese Zulagen, die als Direktzusagen gerade keine Sozialeinrichtungen im Sinne des § 87 Abs. 1 Nr. 8 BetrVG darstellen, überhaupt einem Mitbestimmungstatbestand zugeordnet werden. Die Gewähr der Zulagen stellte sich damit als mitbestimmungspflichtige Lohngestaltung im Sinne des § 87 Abs. 1 Nr. 10 BetrVG dar.

Weitere Hürde war der *Tarifvorrang nach § 87 Abs. 1 Einleitungssatz BetrVG.* Noch 1984 bestätigte das BAG[248] seine bis dahin vertretene Rechtsprechung, daß ein Mitbestimmungsrecht des Betriebsrats nicht bestehe, wenn der Arbeitgeber zum tariflich geregelten Entgelt einen Zuschlag zahle, der an keine weiteren Voraussetzungen gebunden sei, sondern lediglich zur (unterschiedlichen) Erhöhung des tariflichen Entgeltes führe. Es begründete seine Entscheidung mit dem durch den Tarifvertrag bereits gewährleisteten Schutz. Da sowohl der Tariflohn als auch die übertarifliche Zulage *schlichtes Entgelt für die vertraglich geschuldete Arbeit* seien, liege eine tarifliche Regelung des Arbeitsentgelts dem Gegenstand nach vor. Der tarifliche Mindestlohn gelte die geschuldete Arbeitsleistung ab und das Tariflohnsystem bestimme, auf welche Weise Lohngerechtigkeit verwirklicht werden solle. Der Tariflohn wurde somit als gerechter Lohn angesehen, so daß es keines Schutzes durch die Mitwirkungsrechte des Betriebsrats bedürfe.

Kaum zwei Jahre später gab der Senat zu Recht seine Judikatur ausdrücklich auf,[249] denn auch bei „freiwillig" zum Tariflohn gewährten Zulagen bleibe verbindlich festzulegen, nach welchen Kriterien diese zu vergeben seien. Der *Tarifvorrang* stehe der Mitbestimmung nicht entgegen, da dieser nur eingreife, wenn eine tarifliche Regelung selbst *abschließend* und *zwingend* sei und damit dem Schutzzweck genüge.[250] Weil aber der Tarifvertrag nur *Mindest*arbeitsbedingungen setze, könne er im *über*tariflichen Bereich gerade nicht die Schutzwirkung entfalten, um derentwillen bei der Lohngestaltung ein Mitbestimmungsrecht des Betriebsrats eingeräumt sei. Denn in diesem Bereich gehe es um die Alternative, ob der Arbeitgeber die Kriterien für zusätzliche Leistungen

---

[246] Vgl. dazu *Hromadka*, DB 1991, 2133 (2134); *Wiese*, NZA 1990, 793 (794 dort Fn. 17 f.) sowie Fn. 239, 245.

[247] Vgl. Fn. 245 sowie zum Lohnbegriff oben, § 1 III 1.

[248] BAG AP Nr. 3 zu § 87 BetrVG 1972 Tarifvorrang.

[249] BAG AP Nr. 5 zu § 87 BetrVG 1972 Tarifvorrang. Diese Entscheidung wurde inzwischen mehrfach bestätigt: BAG AP Nrn. 26, 31, 33, 37 zu § 87 BetrVG 1972 Lohngestaltung; BAG AP Nr. 51 zu § 87 BetrVG 1972 Lohngestaltung.

[250] Dazu oben, § 3 II 2 a.

alleine bestimme, oder ob er sich darüber mit dem Betriebsrat einigen müsse.[251] Zutreffend erkannte das Gericht damit, daß es sich bei den über- und außertariflichen Leistungen um einen klassischen Fall handelt, bei dem durch die Mitwirkung des Betriebsrats als Belegschaftsrepräsentant eine einseitige, allein an den Unternehmensinteressen ausgerichtete Gestaltung der Arbeitsbedingungen durch den Arbeitgeber zum Schutz der Arbeitnehmer zu beschränken ist.[252]

Nur mit unzureichender Begründung[253] konnte das BAG damals (1985) die Hürde des *Tarifvorbehalts (§ 77 Abs. 3 BetrVG)* überwinden, denn die Richtigkeit der Vorrangtheorie wurde erst zwei Jahre später in der Rechtsprechung anerkannt. Anders als noch 1984[254] argumentierte das BAG, § 77 Abs. 3 BetrVG stelle deshalb keine Schranke der Mitbestimmung dar, weil es bei den sogenannten übertariflichen Zulagen *nicht um das Entgelt für vertraglich geschuldete Leistung* gehe, sondern um eine allgemeine Regelung einer betrieblichen Zulage. Der synallagmatische Zusammenhang zwischen übertariflicher Zulage und Arbeitsleistung kann jedoch nicht geleugnet werden,[255] so daß wegen der in der Regel vorliegenden Tarifüblichkeit konsequenterweise der Abschluß von Betriebsvereinbarungen hätte versagt werden müssen. Die Mitbestimmungspflichtigkeit übertariflicher Zulagengewähr wurde daher erst mit der Anerkennung der Vorrangtheorie stimmig, denn durch den Anwendungsvorrang des § 87 Abs. 1 BetrVG wurde der Mitbestimmungstatbestand und das Regelungsinstrument der Betriebsvereinbarung eröffnet. Der Hilfsargumentation, es gehe nicht um das Entgelt für die vertraglich geschuldete Leistung, bedarf es seither nicht mehr. Soweit in der Anerkennung der Mitbestimmungspflicht zugleich die Anerkennung des Günstigkeitsprinzips im Verhältnis von Tarifvertrag und Betriebsvereinbarung durch die Rechtsprechung erblickt wurde,[256] hat das BAG[257] inzwischen deutlich gemacht, daß das Mitbestimmungsrecht bei übertariflichen Zulagen die Lohn*gestaltung*, *nicht* jedoch auch die *Höhe* der Zulagen erfaßt, die Wirksamkeit der Betriebsvereinbarung insoweit vielmehr davon abhänge, daß die Ansprüche individualvertraglich begründet seien.

---

[251] BAG AP Nr. 51 zu § 87 BetrVG 1972 Lohngestaltung.

[252] Vgl. zur Zwecksetzung oben, § 2 I 3, II.

[253] *Kraft*, in: FS für Molitor, S. 207 (211 f.); *Goos*, NZA 1986, 701 (703); *Meisel*, BB 1991, 406 (408 f. m. w. Nachw. dort in Fn. 11).

[254] BAG AP Nr. 3 zu § 87 BetrVG 1972 Tarifvorrang.

[255] BAG AP Nr. 7 zu § 4 TVG Übertariflicher Lohn und Tariflohnerhöhung; insoweit zutreffend BAG AP Nr. 3 zu § 87 BetrVG 1972 Tarifvorrang; *Goos*, NZA 1986, 701 (702).

[256] Vgl. *Blomeyer*, NZA 1996, 337 (345); *Ehmann*, ZRP 1996, 314 (316); *Ehmann/Schmidt*, NZA 1995, 193 (197); *Lambrich*, Tarif- und Betriebsautonomie, S. 287; *v. Langen*, Von der Tarif- zur Betriebsautonomie, S. 68 ff. Unklar BAG AP Nr. 5 zu § 87 BetrVG 1972 Tarifvorrang. Dagegen *Joost*, ZfA 1993, 257 (266 ff.); *Lieb*, ZfA 1988, 413 (446); *Fischer*, Betriebsvereinbarung, S. 196 ff.

[257] BAG AP Nr. 10 zu § 77 BetrVG 1972 Tarifvorbehalt.

Die Anerkennung der Mitbestimmung im Bereich der über- und außertariflichen Zulagen stieß zunächst auf breite Kritik,[258] inzwischen ist sie aber herrschende Meinung.[259] Mit der Billigung der Mitwirkungsbefugnis im über- und außertariflichen Bereich hat sich ein Wechsel der Entscheidungskriterien vollzogen, der den Schutzzweck des § 87 Abs. 1 BetrVG in den Vordergrund rückt und damit auch Wegbereiter für eine fortschreitende Stärkung der Betriebsautonomie war.

Voraussetzung für das Eingreifen des Mitbestimmungsrechts ist aber auch bei den über- und außertariflichen Zulagen das Vorliegen einer *kollektiven Maßnahme*, denn nur dann ist der Mitbestimmungstatbestand § 87 Abs. 1 BetrVG betroffen.[260] Teilweise wird das Mitbestimmungsrecht im Bereich der Zulagen daher mit der Argumentation verneint, bei ihrer Gewähr läge grundsätzlich kein kollektiver Tatbestand vor, vielmehr würden über- und außertarifliche Zulagen gezahlt, um das Entgelt im *Einzelfall* anzupassen.[261] Zwar mag es durchaus vereinzelt Zweifel daran geben, ob im konkreten Fall durch die Zulagengewähr die *Belegschaftsinteressen* betroffen sind,[262] oder ob nicht eine individuelle Einzelmaßnahme vorliegt. Dies allein reicht aber nicht aus, das erzwingbare Mitbestimmungsrecht grundsätzlich abzulehnen. Denn unter Berücksichtigung der be-

---

[258] Vgl. *Stege/Weinspach*, BetrVG, § 87 Rn. 37 ff.; *Joost*, ZfA 1993, 257 (267 f.); *Goos*, NZA 1986, 701 (702 f.); *Kraft*, in: FS für Molitor, S. 207 (211 ff.); *ders.* Anm. zu BAG AP Nr. 5 zu § 87 BetrVG 1972 Lohngestaltung; *Heisig*, Arbeitsentgelt- und Arbeitszeitregelungen, S. 98 ff., 103 ff.; *Wittgruber*, Abkehr, S. 110 f. *Kappes* (DB 1986, 1520 f.) zweifelt das Vorliegen eines kollektiven Tatbestandes an. *Hönsch* (BB 1988, 700) spricht von einem „disfunktionalen Doppelschutz“. Gegen die Mitbestimmung bei übertariflichen Zulagen schon zuvor *Säcker* (BB 1979, 1201 [1202]), der nur Betriebsvereinbarungen für zulässig hielt, die an andere Voraussetzungen anknüpften als der Tarifvertrag, das heißt nur bei außertariflichen Zulagen; so auch *Moll*, Tarifvorrang, S. 26; *Hunold*, DB 1981 Beil. 26, 1 (11).

[259] BAG AP Nr. 51 zu § 87 BetrVG 1972 Lohngestaltung; vgl. auch die Rechtsprechungsnachweise in Fn. 249.
Aus der Literatur: *Wiese*, in: GK-BetrVG, § 87 Rn. 835; *ders.*, RdA 1995, 355; *Fitting*, § 87 Rn. 435 ff., 443; *Richardi*, BetrVG, § 87 Rn. 809, 835 ff.; *Hagemeier*/Kempen/Zachert/Zilius, TVG, Einl. Rn. 215 a; *Matthes*, NZA 1987, 289 (293); *Gast*, BB 1987, 1249 (1249 ff.); *Hromadka*, DB 1986, 1921 ff.; *Gaul*, Anm. zu BAG AP Nr. 26 zu § 87 BetrVG 1972 Lohngestaltung; *Thüsing*, DB 1997, 1130; *Trittin*, AuR 1991, 329 ff.; vgl. *Lederer*, Initiativrecht, S. 269.

[260] Vgl. zum Kollektivitätserfordernis oben, I 3.

[261] Vgl. *J.-H. Bauer* (NZA 1997, 233 [234 f.]), der in den übertariflichen Leistungszulagen gerade keine kollektiven, sondern individuelle Tatbestände sieht. Ähnlich *Hromadka*, DB 1991, 2133 (2135); *ders.*, DB 1992, 1573 (1576); *v. Hoyningen-Huene*, SAE 1985, 298 (301); *Kappes*, DB 1986, 1520 (1521); *Goos*, NZA 1986, 701 (704).

[262] Vgl. *Wiese* (RdA 1995, 355 [358, 359 ff.]) zum Problem des kollektiven Tatbestandes in der Rechtsprechung in den Jahren 1992 bis 1994.

triebssoziologischen Entwicklung hin zum Erfordernis *betriebseinheitlicher Gestaltung* der Arbeitsbedingungen[263] dienen gerade die Zulagen in aller Regel dem Zweck, eine *betriebsspezifische Ausgestaltung* des Lohnes zu ermöglichen, das heißt das tariflich vorgegebene Entgelt den *betrieblichen Erfordernissen* anzupassen. Ein kollektiver Bezug kann dann nicht geleugnet werden. Vielmehr besteht ein generelles Bedürfnis, eine abstrakte Regelung zu schaffen. Ob ein Mitbestimmungsrecht hinsichtlich der über- und außertariflichen Leistungen besteht, ist daher anhand des Inhalts und Zwecks der Zulagengewähr zu ermitteln.[264]

Bei der Ausgestaltung des *Lohnsystems* im Bereich der über- und außertariflichen Zulagen ist damit das erzwingbare Mitbestimmungsrecht des Betriebsrats eröffnet, um die Arbeitnehmer in dem oberhalb bzw. außerhalb der Tarifnorm liegenden Bereich vor einer einseitigen, allein an den Interessen des Unternehmens ausgerichteten, willkürlichen Lohngestaltung zu schützen. Allerdings ergeben sich aus der „Freiwilligkeit der Arbeitgeberleistung" einige – im folgenden darzustellende – Einschränkungen hinsichtlich des *Umfanges* des Mitbestimmungsrechts,[265] deren Ziel es ist, die wirtschaftliche Dispositionsfreiheit des Arbeitgebers zu wahren.

c) Die sogenannte Topftheorie

Die „Freiwilligkeit" der Zulagengewähr steht einem Mitbestimmungsrecht des Betriebsrats – wie gesehen – nicht entgegen. Allerdings haben sich aus der Rechtsprechung schon zu den allgemeinen Sozialleistungen[266] Grundsätze ent-

---

263 Dazu oben, § 2 I 1, 2.

264 Vgl. auch *Weyand*, RdA 1993, 1 (7 f.); *Hromadka*, DB 1986, 1921 (1923); *ders.*, DB 1988, 2636 (2641 f.); *Hönsch*, BB 1988, 2312 (2313); *Herbst*, DB 1987, 738; *Enderlein*, ZfA 1997, 313 (365 f.); *Rau*, Systematik der übertariflichen Zulage, S. 85 ff. *Heisig* (Arbeitsentgelt- und Arbeitszeitregelungen, S. 121): „Erst der Entschluß des Arbeitgebers zur Zulagengewähr nach abstrakten Grundsätzen löst die Mitbestimmung aus." Vgl. zur Frage der Kollektivität einer Anrechnung übertariflicher Zulagen *Hoß*, NZA 1997, 1129 (1132 f.).

265 BAG AP Nrn. 2, 26, 43 zu § 87 BetrVG 1972 Lohngestaltung; BAG AP Nr. 1 zu § 87 BetrVG 1972 Altersversorgung mit Anm. *Gaul*. Kritisch zum Begriff der „Einschränkung bzw. Beschränkung" im Zusammenhang mit der Mitbestimmung bei freiwilligen Leistungen *Lieb* (ZfA 1988, 413 [437 ff.]). Zutreffend weist er darauf hin, daß das Mitbestimmungsrecht von vornherein nur in einem gewissen Umfang besteht.

266 Zu den Wohlfahrtseinrichtungen im Sinne des § 56 Abs. 1 Buchst. e BetrVG 1952 war allgemeine Auffassung, daß Errichtung und Schließung derselben allein der *freiwilligen* Mitbestimmung unterliege (BAG AP Nrn. 1, 6, 8, 9 zu § 56 BetrVG 1952 Wohlfahrtseinrichtungen). Aus dieser unstreitig mitbestimmungsfreien Entscheidung über das „Ob" der Sozialleistung wurde auf die Mitbestimmungsfreiheit der damit zwingend verbundenen Frage nach dem Dotierungsrahmen geschlossen, ebenso auf die mitbestimmungsfreie Festlegung des Zwecks der Einrichtung sowie des Personenkreises, dem die Leistung zugute kommen

wickelt, die auf die Mitbestimmung bei übertariflichen Zulagen übertragen wurden.[267] *Mitbestimmungsfrei sind daher vier Vorentscheidungen*[268] („Topftheorie"), denn der Arbeitgeber soll in Anbetracht der unternehmerischen Entscheidungsfreiheit durch die Zwangsschlichtung nach § 87 Abs. 2 BetrVG nicht gezwungen sein, gegen seinen Willen „*freiwillige*" Sozialleistungen zu erbringen.

(1) Mitbestimmungsfreiheit des „Ob"

Der Arbeitgeber ist frei in der Entscheidung, *ob* er überhaupt zusätzliche Leistungen erbringen will. Mißverständlich formuliert das BAG zum Teil, daß auch die Einführung der Zulagen mitbestimmungspflichtig sei.[269] Gemeint ist, daß der Arbeitgeber seine Entscheidung über die zusätzliche Gewähr nur umsetzen kann, wenn er sich mit dem Betriebsrat hinsichtlich der Verteilungsgrundsätze einigt. Damit kann die Einführung der zusätzlichen Leistungen an der Nichteinigung mit dem Betriebsrat scheitern, wenn diese nicht durch die Einigungsstelle ersetzt wird.[270]

---

sollte (*Grundfreiheiten*). Vgl. BAG AP Nr. 9 zu § 56 BetrVG 1952 Wohlfahrtseinrichtung; *P. Hanau*, BB 1973, 1274 m. w. Nachw.

[267] BAG AP Nrn. 5, 10 zu § 87 BetrVG 1972 Lohngestaltung; *Jahnke*, ZfA 1988, 863 (892 f.); vgl. auch *Thüsing*, DB 1997, 1130 f.

[268] BAG AP Nr. 1 zu § 87 BetrVG 1972 Altersversorgung mit zust. Anm. *Richardi*; BAG AP Nrn. 2, 12 zu § 87 BetrVG 1972 Lohngestaltung; *Fitting*, § 87 Rn. 439 ff.; *Galperin/Löwisch*, BetrVG, § 87 Rn. 226 ff.; *Richardi*, BetrVG, § 87 Rn. 835 f.; *ders.*, ZfA 1976, 1 (16 ff.); *Lieb*, ArbR, § 8 III 4 b) cc); *Schüren*, RdA 1991, 139 (140); *Hromadka*, DB 1988, 2636; *Kraft*, in: FS für Molitor, S. 207 (216 ff.); *Oetker*, RdA 1991, 16 (25 ff.); *Goos*, NZA 1986, 701 (705).

Zu weitgehend *Klebe* (in: D/K/K, § 87 Rn. 259) und *Moll* (Entgelt, S. 184 ff.), die davon ausgehen, daß die Einführung und Ausgestaltung der zusätzlichen Leistungen der uneingeschränkten Betriebsratsmitbestimmung unterliegen.

[269] BAG AP Nr. 5 zu § 87 BetrVG 1972 Tarifvorrang; *Galperin/Löwisch*, BetrVG, § 87 Rn. 226 a.

[270] BAG AP Nrn. 6, 10 zu § 87 BetrVG 1972 Lohngestaltung; Hess/Schlochauer/*Glaubitz*, BetrVG, § 87 Rn. 487; *Wiese*, in: GK-BetrVG, § 87 Rn. 838; *ders.*, NZA 1990, 793 (795 f.); *Matthes*, in: Münch Hdb, § 333 Rn. 22; *ders.*, NZA 1987, 289 (293); *Schüren*, RdA 1996, 14 (15); *Herbst*, DB 1987, 738 (739 f.).

Kritisch *Lieb*, ZfA 1988, 413 (445); *Kraft*, in: FS für Molitor, S. 207 (218 f.); *Joost*, ZfA 1993, 257 (274); *Thüsing*, DB 1997, 1130 (1134); *H. Hanau*, Individualautonomie und Mitbestimmung, S. 217.

Weiss (Anm. zu BAG AP Nr. 11 zu § 87 BetrVG 1972 Lohngestaltung) und *Käppler* (SAE 1993, 340 [343 f.]) führen aus, daß in Vergessenheit gerate, daß ein bloßes Zustimmungs- oder Vetorecht sich mit der Konzeption des § 87 Abs. 1 BetrVG nicht vertrage, da Mitbestimmungsrecht und Initiativrecht deckungsgleich zu sein hätten. Statt dessen werde eine aus Gesetzestext und Vorgeschichte nicht begründbare, mehr oder weniger pragmatische Fragmentierung des Mitbestimmungsrechts betrieben, die sich nur am Ergebnis orientiere.

Diese „Vetomöglichkeit" des Betriebsrats ist insofern problematisch, als er auf diese Weise Einfluß auf die Zwecksetzung der übertariflichen Leistungen nehmen kann, indem er die Einführung so lange blockiert, bis der Unternehmer auch (bzw. nur) die vom Betriebsrat angestrebten Zwecke verwirklicht. Eine solche Blockadepolitik stellt allerdings ein betriebsverfassungswidriges Verhalten dar, denn die Zwecksetzung ist mitbestimmungs*frei*.[271] Die Möglichkeit des Rechtsmißbrauchs kann aber nicht zur Einschränkung genereller Mitbestimmungsbefugnisse führen. Vielmehr muß der Arbeitgeber in solchen Fällen über die Einigungsstelle die Blockade des Betriebsrats auflösen. Es kann demnach nicht mit letzter Sicherheit verhindert werden, daß die Einführung übertariflicher Leistungen an der fehlenden Einigung über die Verteilungsgrundsätze scheitert. Denn da der Betriebsrat jedenfalls nicht die Einführung zusätzlicher Leistungen erzwingen kann,[272] verbleibt dem Arbeitgeber in letzter – ihm gegebenenfalls auch nicht zusagender – Konsequenz, auf die Gewähr vollständig zur verzichten. Insoweit ist aber im Einzelfall zu prüfen, ob sich nicht auch der Arbeitgeber mit dem vollständigen Verzicht auf die Zulagengewähr seinerseits rechtsmißbräuchlich verhält. Ein solches betriebsverfassungswidriges Verhalten kann zum Beispiel darin liegen, daß der Arbeitgeber die Zulagengewähr von vornherein davon abhängig macht, daß der Betriebsrat den von ihm einseitig vorgegebenen Verteilungsgrundsätzen zustimmt, der Arbeitgeber also keine Verhandlungen über die mitbestimmungspflichtige Lohngestaltung zuläßt.[273] Diese Art der Vorgaben würde im Ergebnis zur Umgehung der Mitbestimmung führen und den durch die Mitwirkung bezweckten Schutz unterlaufen,[274] da die Lohngestaltung einseitig vorgegeben statt zweiseitig ausgehandelt wäre. Die Mitbestimmungsfreiheit steht damit gleichsam unter dem Vorbehalt vertrauensvoller Zusammenarbeit (vgl. § 2 BetrVG), da beide Betriebspartner die betriebsverfassungsrechtlichen Befugnisse der jeweiligen Gegenseite zu beachten

---

Diese Kritik greift deshalb nicht, weil es sich bei dem oben dargestellten Einfluß des Betriebsrats auf die Einführung der zusätzlichen Leistung um einen Reflex aus der Mitbestimmung über das *Wie* der Zulagengewähr handelt, nicht um ein „eigenes" auf ein Vetorecht beschränktes Mitbestimmungsrecht.

[271] Dazu noch sogleich unten, (3).

[272] BAG AP Nr. 5 zu § 87 BetrVG 1972 Tarifvorrang mit insoweit zust. Anm. *Kraft*; BAG AP Nr. 3 zu § 87 BetrVG 1972 Prämie mit zust. Anm. *P. Hanau*; *Löwisch/Röder,* Anm. zu BAG AP Nr. 4 zu § 87 BetrVG 1972 Lohngestaltung; *Wiese*, in: GK-BetrVG, § 87 Rn. 838; *Richardi*, BetrVG, § 87 Rn. 836; *Dütz/Rotter*, Anm. zu BAG AP Nr. 20 zu § 87 BetrVG 1972 Tarifvorrang; *Wiese*, NZA 1990, 793 (797); *Hromadka*, DB 1988, 2636 (2642 f.); *Schüren*, RdA 1996, 14 (15); *Wittke*, Beteiligungsrechte, S. 88; *Heisig*, Arbeitsentgelt- und Arbeitszeitregelung, S. 140 ff.; *Thüsing*, DB 1997, 1130 (1132); *Rau*, Systematik der übertariflichen Zulage, S. 111, 126.

[273] Vgl. zum Parallelproblem der Umgehung des Mitbestimmungsrechts bei der Anrechnung von Tariflohnerhöhungen auf Zulagen BAG, NZA 1998, 1292 (1294 f.).

[274] Zur Zwecksetzung der Betriebsverfassung siehe oben, § 2 I, II.

haben. Ebensowenig, wie der Betriebsrat über sein Mitbestimmungsrecht Einflußnahme auf mitbestimmungsfreie Vorgaben erzwingen darf, ist es dem Arbeitgeber zugestanden, über die vier Vorentscheidungen das Mitbestimmungsrecht des Betriebsrats zu umgehen oder auszuhöhlen.

(2) Mitbestimmungsfreiheit des Umfangs

Mitbestimmungsfrei ist auch der *Umfang* der zur Verfügung gestellten Mittel (sogenannter *Dotierungsrahmen* bzw. *Zulagenvolumen*).[275] Hinsichtlich *über*tariflicher Zulagen wird es allerdings zumeist – anders als zum Beispiel beim Sozialplan, der Altersversorgung, dem Wohnungsbestand – keine Gesamtsummenbegrenzung geben. Vielmehr ist das Volumen im Normalfall nach oben offen und ergibt sich erst im Nachhinein aus der Summe der tatsächlich gewährten Leistungen.[276] Dieser Einwand hindert aber die grundsätzliche Anerkennung der Mitbestimmungsfreiheit des Zulagenumfangs nicht, denn jedenfalls dann, wenn der Arbeitgeber eine Größenordnung veranschlagt, darf diese nicht durch den Betriebsrat, gegebenenfalls über die Einigungsstelle, gegen den Willen des Arbeitgebers verändert werden. Verzichtet der Arbeitgeber auf die Festlegung des Dotierungsrahmens, muß er die Konsequenzen aus der Mitbestimmung über die Ausgestaltung des Zulagensystems akzeptieren.

(3) Zwecksetzung und Personenkreis

Aus der Mitbestimmungsfreiheit der Entscheidung darüber, *ob* überhaupt eine zusätzliche Leistung eingeführt werden soll, ergibt sich auch, daß der Arbeitgeber den *Zweck der Zulage* und *den Kreis der begünstigten Arbeitnehmer* allein festlegen kann.[277] Probleme können sich dabei aus der Abgrenzung der mitbestimmungs*freien Zweckbestimmung* und der mitbestimmungs*pflichtigen Ausgestaltung* der Leistung, das heißt der Verteilungsregelungen ergeben, denn mit einer hinreichend präzisen Zweckfestlegung könnte der Arbeitgeber letztlich die Einflußnahme des Betriebsrats ausschließen.[278] Eine solch umfassende Vorgabe und eine so präzise Festlegung des Personenkreises ist aber unwahrscheinlich, so daß die Feinstrukturierung der Zulagen der

---

[275] BAG AP Nrn. 2, 43 zu § 87 BetrVG 1972 Lohngestaltung; BAG AP Nr. 11 zu § 77 BetrVG 1972 Tarifvorbehalt.

[276] Vgl. *Hromadka*, DB 1991, 2133 (2135); *ders.*, DB 1992, 1573 (1577); *Blomeyer*, DB 1987, 634 (636); *Moll*, Entgelt, S. 192; *H. Hanau*, Individualautonomie und Mitbestimmung, S. 151 f. Den Dotierungsrahmen lehnt *Schirge* (DB 1991, 441 [444]) als praxisfern strikt ab.

[277] BAG AP Nr. 1 zu § 87 BetrVG 1972 Prämie mit abl. Anm. *Hilger*; *Hromadka*, DB 1992, 1573 (1576); *ders.*, DB 1986, 1921 (1923); *Schüren*, RdA 1996, 14 (16); *Lieb*, ZfA 1988, 413 (438); noch weitergehend *ders.*, ZfA 1978, 179 (198 f.); dagegen *Herbst*, DB 1987, 738 (740 f.). Vgl. zur Festlegung des Personenkreises *Enderlein*, ZfA 1997, 313 (355).

[278] Vgl. zu dieser Problematik *Hromadka*, DB 1986, 1921 (1924); *Thüsing*, DB 1997, 1130 (1131).

so daß die Feinstrukturierung der Zulagen der Mitbestimmung des Betriebsrats unterliegt.[279] Auch kann sich aus der bis ins Detail gehenden Festlegung des Personenkreises ergeben, daß es sich wegen mangelnder Kollektivität der Maßnahme nicht um eine mitbestimmungspflichtige Zulage handelt.

Jedenfalls ist es dem Arbeitgeber verwehrt, das zum Schutz der Arbeitnehmer eingeräumte Mitbestimmungsrecht durch rechtsmißbräuchliches Geltendmachen der Mitbestimmungsfreiheit der Zwecksetzung sowie des begünstigten Personenkreises zu unterlaufen bzw. auszuhöhlen.[280]

(4) Konsequenzen

Aus diesen Grundfreiheiten ergibt sich, daß die *Einführung* über- und außertariflicher Zulagen zumeist problemlos erfolgt. Denn auch wenn der Betriebsrat abweichende Vorstellungen über deren konkrete Ausgestaltung hat, wird er diese jedenfalls nicht um den Preis des (in den Grenzen des Rechtsmißbrauchs zulässigen) Verzichts des Arbeitgebers auf die Gewähr der zusätzlichen Leistungen durchsetzen wollen. Auf der anderen Seite erfolgt die Einführung in aller Regel aus wirtschaftlichen Erwägungen, die es dem Unternehmer nicht erlauben, vollständig auf die über- und außertarifliche Entlohnung zu verzichten.[281]

Probleme ergeben sich in der Regel erst dann, wenn es um die *Änderung*, insbesondere um die *Rückführung* des Umfangs der übertariflichen Leistungen geht. Nicht zu übersehen ist der enge Zusammenhang zwischen der Entwicklung der wirtschaftlichen Rahmenbedingungen und der zunehmenden Dichte gerichtlicher Entscheidungen zu den verschiedenen Versuchen der Unternehmer, die in Zeiten wirtschaftlicher Prosperität eingeführten Zulagen nun zurückzuführen, um den Kostendruck zu schmälern und sich der gewandelten Situation anzupassen. Entsprechend groß ist das Bestreben nach *flexiblen Lösungen*.

d) Rückführung der Zulagen / Anrechnung einer Tariflohnerhöhung

Unproblematisch ist die Rückführung der Zulagen, wenn bereits ihre Einführung durch eine Betriebsvereinbarung erfolgte, die auch Regelungen zur Anrechnung von Tariflohnerhöhungen und Kürzungen enthielt, und sich die fol-

---

[279] Vgl. *Matthes*, in: Münch Hdb, § 333 Rn. 26; *Lieb*, ArbR, S. 260; *Schüren*, RdA 1996, 14 (16 m. w. Nachw. dort in Fn. 25).

[280] Zur Problematik der Abgrenzung von mitbestimmungsfreien Arbeitgebervorgaben zu den mitbestimmungspflichtigen Maßnahmen; *Wiese*, NZA 1990, 793; *Bommermann*, DB 1991, 2185 (2188); *Rau*, Systematik der übertariflichen Zulage, S. 19.

[281] Vgl. BAG AP Nr. 3 zu § 87 BetrVG 1972 Prämie.

genden Maßnahmen lediglich auf die Umsetzung dieser Betriebsvereinbarung beschränken.[282]

Kontroversen hinsichtlich der Voraussetzungen und des Umfangs von Mitbestimmungsrechten ergeben sich, wenn eine entsprechende Absprache fehlt. Der Deutlichkeit halber sei darauf hingewiesen, daß sich die Frage nach dem Mitbestimmungsrecht des Betriebsrats erst dann stellt, wenn die Rückführung der Zulagen *individualrechtlich zulässig* ist,[283] wobei sich die folgende Darstellung auf die Untersuchung der kollektivrechtlichen Problematik beschränkt.[284]

(1) Die Rechtsprechungskontroverse

(aa) Anrechnung als Tarifautomatismus

Der *Vierte und Fünfte Senat* des BAG lehnten ein Mitbestimmungsrecht des Betriebsrats bei der *vollständigen* und *gleichmäßigen Anrechnung* einer Tariflohnerhöhung auf übertarifliche Zulagen aufgrund eines Widerrufs- oder Anrechnungsvorbehalts ab.[285] Bei der zusätzlichen Leistung und dem Tariflohn handele es sich insgesamt um ein einheitliches übertarifliches Entgelt, auf das sich eine Tariflohnerhöhung nur insofern auswirke, als sich der tariflich abgesicherte Teil erhöhe. Die *Anrechnung* sei nur die Feststellung einer *Tarifautomatik*, nicht eine Maßnahme des Arbeitgebers, bei der Raum für Mitbestimmung wäre, son-

---

[282] Sog. *Vorabzustimmung*, dazu BAG AP Nr. 51 zu § 87 BetrVG 1972 Lohngestaltung; *Hromadka*, DB 1992, 1573 (1576); *Wiese*, NZA 1990, 793 (800 f.); *Schüren*, RdA 1991, 139 (142 f.).

[283] Insofern ist anerkannt, daß der Arbeitgeber allgemeine Zulagen mit Tariflohnerhöhungen im Zeitpunkt der Anhebung des Lohnes auch ohne ausdrücklichen Widerrufs- und Anrechnungsvorbehalt verrechnen darf, wenn der Arbeitsvertrag hinsichtlich der Zulage keine gegenteilige Anordnung enthält (BAG AP Nr. 51, 54 zu § 87 BetrVG 1972 Lohngestaltung; BAG AP Nr. 11 zu § 87 BetrVG 1972 Tarifvorbehalt; BAG, NZA 1998, 1292 [1293 f.]).

[284] Vgl. zur individualrechtlichen Ebene *Rau*, Systematik der übertariflichen Zulage, S. 20; *Bommermann*, DB 1991, 2185 ff.; *Hoß*, NZA 1997, 1129 ff.
Neef (in: FS für Schaub, S. 515 [522]) macht die individualrechtliche Rückführung der übertariflichen Leistungen von Billigkeitsgesichtspunkten abhängig und beschränkt sie zusätzlich durch die Vorschriften des Kündigungsschutzgesetzes (§ 2 KSchG). Dem ist zu widersprechen, denn zum einen kommen lediglich bei Ausübung eines vorbehaltenen Widerrufsrechts Gesichtspunkte der Billigkeit in Betracht. Stand die zusätzliche Leistung unter Freiwilligkeitsvorbehalt, so unterliegt die Entscheidung des Arbeitgebers, die zusätzlichen Leistungen nicht mehr zu erbringen, keinen rechtlichen Bindungen. Zum anderen finden die Vorschriften des Kündigungsschutzgesetzes auf die unter Widerrufs- bzw. Freiwilligkeitsvorbehalt stehenden zusätzlichen Leistungen keine Anwendung, da diesen gerade kein dem Kündigungsschutz entsprechender Bestandsschutz zuteil werden soll. Dazu ausführlich *v. Hoyningen-Huene*, BB 1997, 1998 ff.

[285] BAG (5. Senat), DB 1987, 1542; BAG (4. Senat), BB 1988, 702; BAG (4. Senat), SAE 1989, 322.

dern finde ihre Ursache allein in der bestehenden Zulagenordnung.[286] Soweit die von dem Unternehmer gewährte Aufstockung nicht ausdrücklich als eine neben dem Tariflohn beständige Zulage vereinbart sei, verringere sie sich bei einer Tariflohnerhöhung automatisch.[287]

Auch bei isolierter Entscheidung allein über die Kürzung der Zulagen existiere ein Mitbestimmungsrecht trotz konstitutiver Gestaltungsmaßnahme wegen der *Freiwilligkeit* der Zulagengewähr nicht. Erst *nach* Anrechnung oder Widerruf könne der Betriebsrat seine Einflußnahme mittels des *Initiativrechts* geltend machen.[288]

(bb) Anrechnung als mitbestimmungspflichtige Maßnahme

Der *Erste Senat* stimmte zwar insofern überein, als daß sich die Anrechnung grundsätzlich automatisch vollziehe; werde aber nur *teilweise* angerechnet bzw. gekürzt, so sei damit unmittelbar die betriebliche Lohngestaltung betroffen. Denn mit dem Bestreben nach unterschiedlicher Anrechnung seien zwangsläufig auch Maßnahmen zur neuen Verteilung verbunden. Die Frage, wie das gekürzte Zulagenvolumen weiterzugeben sei, unterliege der Betriebsratsmitbestimmung; aber auch schon die Anrechnung selbst erfordere die Beteiligung des Betriebsrats.[289] Ebenso bestehe ein Mitbestimmungsrecht bei einer gleichmäßigen oder vollständigen Anrechnung, denn diese stelle nur *eine* mögliche Entscheidung des Arbeitgebers über die Verteilung dar.[290] Konsequenz dieser Ar-

---

286 Zustimmend *Hönsch*, BB 1988, 2312 (2313, 2314 f.); *ders.*, BB 1988, 700; *Oetker*, RdA 1991, 16 (28); *Schüren*, RdA 1991, 139 (142); *Meisel*, BB 1991, 406 (409 f.); vgl. auch *Rau*, Systematik der übertariflichen Zulage, S. 130 ff. Insoweit noch übereinstimmend BAG (1. Senat) AP Nr. 31 zu § 87 BetrVG 1972 Lohngestaltung.
Trittin (AuR 1991, 329 [332]) geht hingegen davon aus, daß die vollständige Weitergabe einer Tariflohnerhöhung der Regelfall sei und die Anrechnung die auf einer Arbeitgeberentscheidung beruhende Ausnahme.

287 Von der grundsätzlichen Anrechenbarkeit ist auch dann auszugehen, wenn die übertarifliche Zulage über einen längeren Zeitraum vorbehaltlos zum Tariflohn gezahlt wurde und eine Verrechnung mit einer Tariflohnerhöhung bisher unterblieben ist; so das BAG AP Nr. 15 zu § 4 TVG Übertariflicher Lohn und Tariflohnerhöhung.
Nicht anrechenbar ist eine Zulage, wenn sie beständig neben dem Tariflohn gezahlt werden soll, wovon zum Beispiel bei Zulagen auszugehen ist, die eine besondere Leistung oder Belastung abgelten; BAG AP Nrn. 10, 11, 12, 13 zu § 4 TVG Übertariflicher Lohn und Tariflohnerhöhung; vgl. auch *Richardi*, NZA 1992, 961 (964).

288 Vgl. *Wiese*, NZA 1990, 793 (800 ff. m. w. Nachw.).

289 BAG AP Nrn. 12, 26, 31, 33 zu § 87 BetrVG 1972 Lohngestaltung; besonders deutlich im Vorlagebeschluß des 1. Senats, BAG AP Nr. 43 zu § 87 BetrVG 1972 Lohngestaltung. Vgl. zum Widerruf auch BAG (3. Senat) AP Nr. 12 zu § 87 BetrVG 1972 Lohngestaltung.

290 Kritisch *Oetker* (RdA 1991, 16 [29]), der zutreffend feststellt, daß damit die Mitbestimmung nicht an der Entscheidung des Arbeitgebers anknüpft, sondern bereits an der bloßen Möglichkeit einer Entscheidung.

gumentation in Verbindung mit der sogenannten Theorie der Wirksamkeitsvoraussetzung[291] ist, daß der Unternehmer bis zur Einigung mit seinem Betriebsrat – bzw. bis zu dem diese Einigung ersetzenden Spruch der Einigungsstelle – gezwungen war, freiwillige Leistungen zu erbringen.[292]

Mit dem Vorlagebeschluß an den Großen Senat strebte der Erste Senat eine Ausweitung der Mitbestimmungsrechte auch auf die Fälle der *vollständigen* Anrechnung an.[293]

(2) Die Entscheidung des Großen Senats

(aa) Änderung der Verteilungsgrundsätze

Mit seinem Beschluß vom Dezember 1991[294] hat der Große Senat über die Kontroverse um die Mitbestimmung bei Anrechnung und Widerruf über- und außertariflicher Zulagen entschieden.[295]

Ebenso wie die *Aufstellung* unterliege auch eine *Änderung der Verteilungsgrundsätze* für die zusätzlichen Leistungen grundsätzlich der Mitgestaltung durch den Betriebsrat, wenn gleichzeitig für eine anderweitige Kürzung ein *Regelungsspielraum* verbleibe und es sich um einen *kollektiven Tatbestand* handle. Dabei sei unerheblich, ob die Anrechnung der Tariflohnerhöhung oder der Widerruf auf einer konstitutiven Entscheidung des Arbeitgebers beruhe oder es sich lediglich um die Feststellung einer Tarifautomatik handele. Wegen der Mitbestimmungsfreiheit des Zulagenvolumens sollte dem Unternehmer aber grundsätzlich die Möglichkeit zur mitbestimmungsfreien Anrechnung verblei-

---

Das BAG steht allerdings mit seiner Ansicht im Einklang mit einigen Vertretern in der Literatur, die auch die Wirksamkeit der Kürzungsentscheidung von der vorherigen Durchführung des Mitbestimmungsverfahrens abhängig machen; so *Trittin*, AuR 1991, 329 ff. m. w. Nachw.

291 Dazu unten, IV.

292 Vgl. zu dieser „überschießenden Wirkung" des Mitbestimmungsrechts BAG AP Nr. 43 zu § 87 BetrVG 1972 Lohngestaltung; *P. Hanau*, RdA 1989, 207 (209); *Wiese*, NZA 1990, 793 (798 ff.).

293 Vgl. dazu die Fragestellung des Vorlagebeschlusses (BAG AP Nr. 43 zu § 87 BetrVG 1972 Lohngestaltung). Für den 1. Senat bestand – worauf *Wiese* (NZA 1990, 793 [803 f.]) zutreffend hinweist – nach dem zugrunde liegenden Sachverhalt keine Veranlassung, nach dem Mitbestimmungsrecht bei gänzlichem Widerruf und Neugewährungsplanung zu fragen.

294 BAG AP Nr. 51 zu § 87 BetrVG 1972 Lohngestaltung.

295 Die Rechtsprechung wurde übertragen auf die Mitbestimmungspflichtigkeit des Widerrufs übertariflicher Zulagen aus Anlaß betrieblicher Prämienerhöhungen (BAG AP Nr. 58 zu § 87 BetrVG 1972 Lohngestaltung).

ben.[296] Das Eingreifen des Mitbestimmungsrechts bei der Ausgestaltung über- und außertariflicher Leistungen hänge davon ab, ob sich durch die vom Arbeitgeber angestrebte Maßnahme deren *Verteilungsgrundsätze* änderten.[297] Nur diese Umgestaltung unterliege der Mitbestimmung, die schon im voraus oder auch erst aus aktuellem Anlaß wahrgenommen werden könne. Nicht immer aber führten Anrechnung und Widerruf zu einer *Änderung der Verteilungsgrundsätze.* Ob eine solche mitbestimmungspflichtige Änderung vorliegt, bestimmt der Große Senat allein nach dem *Verhältnis der Zulagen zueinander* vor und nach der Anrechnung; auf das Verhältnis der *Effektivgehälter* komme es *nicht* an.[298] Werde vom Arbeitgeber das bisherige Verteilungssystem beibehalten, scheide eine Einflußnahme des Betriebsrats aus, denn nicht die Kürzungsentscheidung, sondern allein die Umgestaltung der Verteilungsgrundsätze unterliege § 87 Abs. 1 BetrVG.

Mitbestimmungspflichtig sei daher die unterschiedliche Anrechnung von Tariflohnerhöhungen auf übertarifliche Zulagen,[299] aber gegebenenfalls auch die prozentual gleichmäßige, durch einen bestimmten Prozentsatz der Tariflohner-

---

[296] Zustimmend *Wiese*, NZA 1990, 793 (801 f.); *Hromadka*, DB 1992, 1573; *Oetker*, RdA 1991, 16 (24); *Enderlein*, ZfA 1997, 313 (360 f.); *Rau*, Systematik der übertariflichen Zulage, S. 134; ablehnend *Trittin*, AuR 1991, 329 (332).
Da das Eingreifen des Mitbestimmungsrechts die individualrechtliche Zulässigkeit der Rückführung der Zulagen voraussetzt (dazu oben vor Fn. 283, 284), hat der Große Senat konsequenterweise festgestellt, daß eine Anrechnung dann nicht in Frage kommt, wenn die Nichtanrechnung (ausdrücklich oder konkludent) vereinbart sei. Von einer beständigen, das heißt nicht anrechenbaren Zulage sei in der Regel dann auszugehen, wenn dieser ein besonderer Zweck zugrunde liege (= außertarifliche Zulage).
Die Nichtanrechnung kann aber auch in einer *freiwilligen* Betriebsvereinbarung vereinbart werden (vgl. BAG AP Nr. 11 zu § 77 BetrVG 1972 Tarifvorbehalt). Auch dann entfällt die Zulässigkeit der Anrechnung.

[297] BAG AP Nr. 51 zu § 87 BetrVG 1972 Lohngestaltung; vgl. *Wiese*, NZA 1990, 793 (798, 800 f.); *Weyand*, AuR 1993, 1 (4 ff.); *Hönisch*, BB 1988, 700 f.; *Enderlein*, ZfA 1997, 313 (317); *Heisig*, Arbeitsentgelt- und Arbeitszeitregelungen, S. 125. Kritisch *Richardi*, NZA 1992, 961 (963 ff.); *Wittgruber*, Abkehr, S. 144 ff.

[298] Kritisch dazu *Rau* (Systematik der übertariflichen Zulage, S. 82 ff., 174) und *Hromadka* (DB 1992, 1573 [1577]), die auf das Verhältnis der Effektivgehälter zueinander abstellen.
Eine Veränderung der Verteilungsgrundsätze löst das Mitbestimmungsrecht des Betriebsrats nur dann aus, wenn diese Änderung innerhalb eines einheitlich zu beurteilenden Vergütungssystems erfolgt; vgl. *Hoß*, NZA 1997, 1129 (1132).

[299] Vgl. BAG AP Nr. 31 zu § 87 BetrVG 1972 Lohngestaltung; *Hönsch*, BB 1988, 2312 (2315); *ders.*, BB 1988, 700 (701); *Wiese*, NZA 1990, 793 (801); *Oetker*, RdA 1991, 16 (28); *Matthes*, NZA 1987, 289 (293 f.).
Anders *Stege/Weinspach*, BetrVG, § 87 Rn. 174 b; *Kraft*, in: FS für Molitor, S. 207 (222 f.).

höhung erfolgende.[300] Nimmt der Arbeitgeber eine prozentual gleichmäßige Anrechnung durch die Kürzung jeder übertariflichen Zulage um einen bestimmten gleichen Prozentsatz vor, so kann er dies in der Regel frei von der Einflußnahme des Betriebsrats.[301] Der Anspruch auf Mitwirkung entfalle auch dann, wenn für eine anderweitige Ausgestaltung aus sachlichen[302] oder rechtlichen[303] Gründen kein Regelungsspielraum bestehe.

(bb) Verbleibende Unklarheiten und Kritik

Unklar bleibt, ob der Große Senat bereits die Kürzungsentscheidung der Einwirkung des Betriebsrats unterstellt, denn das BAG führt zwar aus, daß allein *die Neuverteilung* des geänderten Zulagenvolumens der Mitbestimmung unterliege,[304] doch wird diese Äußerung dadurch in Frage gestellt, daß anschließend *die Anrechnung* – das heißt die Reduzierung – als mitbestimmungspflichtig bezeichnet wird. Die anklingende Trennung von mitbestimmungsfreier Kürzungsentscheidung und mitbestimmter Neuverteilung wird vom BAG nicht praktisch umgesetzt. Damit wird die allgemein anerkannte Mitbestimmungsfreiheit der

---

[300] Bei der Anrechnung eines bestimmten Prozentsatzes der Tariflohnerhöhung auf jede Zulage ändern sich die Verteilungsgrundsätze nur dann nicht, wenn ein einheitliches und gleiches Verhältnis der Zulage zum jeweiligen Tariflohn besteht und die Tariflöhne um den gleichen Prozentsatz erhöht werden. Zu den Rechenexempeln BAG AP Nr. 51 zu § 87 BetrVG 1972 Lohngestaltung; *Hromadka*, DB 1992, 1573 ff.; *Stege/Schneider*, DB 1992, 2342 ff.

[301] Mitbestimmungspflichtig ist eine solche Entscheidung jedoch dann, wenn den Arbeitnehmern nach den bisherigen Verteilungsgrundsätzen ein bestimmter Sockelbetrag als übertarifliche Zulage zustehen sollte. Vgl. auch hierzu BAG AP Nr. 51 zu § 87 BetrVG 1972 Lohngestaltung.

[302] Aus *sachlichen Gründen* ist für die Mitbestimmung kein Raum, wenn die Anrechnung bzw. der Widerruf zu einem vollständigen Wegfall aller Zulagen führt. Für eine mitbestimmungspflichtige Neuverteilung fehlt dann das zu verteilende Zulagenvolumen („Der Topf ist leer“); BAG AP Nrn. 43, 44, 51, 81 zu § 87 BetrVG 1972 Lohngestaltung.

[303] *Rechtliche Hindernisse* stehen der Mitbestimmung bei der vollständigen Anrechnung der Tariflohnerhöhung auf alle Zulagen entgegen, da dem Arbeitgeber dann jede weitere Gestaltungsmöglichkeit fehlt (vgl. *Hromadka*, DB 1988, 2636 [2644]; BAG AP Nr. 73, 81 zu § 87 BetrVG 1972 Lohngestaltung), denn mehr als die Tariflohnerhöhung kann er nicht anrechnen, andernfalls müßte er die Zulagen einiger über die volle Anrechnung hinaus kürzen, was nur mittels gerichtlich überprüfbarer Änderungskündigung möglich wäre. Für die Wirksamkeit einer solchen Änderungskündigung reicht aber ein bloßes Umverteilungsbestreben des Arbeitgebers nicht aus.
Der vollständigen Anrechnung (= bedingtes Gestaltungsrecht) steht der Widerruf (= unbedingtes Gestaltungsrecht) aller Zulagen in Höhe der Tariflohnerhöhung aufgrund eines vorbehaltenen Widerrufsrechts gleich. Auch hier treten die benannten rechtlichen Hindernisse auf.

[304] BAG AP Nr. 51 zu § 87 BetrVG 1972 Lohngestaltung, unter C. III. 6. b) bb) der Urteilsgründe.

Entscheidung über den Dotierungsrahmen im Ergebnis nicht konsequent berücksichtigt, auch wenn dem Arbeitgeber theoretisch die Kürzung der zusätzlichen Leistungen ohne die Blockademöglichkeit des Betriebsrats zugestanden wird.

Richtigerweise kann – bei Beachtung der vier mitbestimmungsfreien Vorentscheidungen – *nicht* bereits der *Entschluß* zur Kürzung dem erzwingbaren Mitbestimmungsrecht unterstellt werden, sondern erst die *Neuverteilung* des verbleibenden Volumens.[305] Die Differenzierung zwischen Kürzungsentscheidung und mitbestimmungspflichtiger Neuverteilung wird vom Großen Senat jedoch nicht vorgenommen, vielmehr versucht er, die sich aus seiner unklaren Argumentationsweise ergebende überschießende Wirkung des Mitbestimmungsrechts durch Hilfskonstruktionen und Anrechnungsakrobatik auszugleichen. Dem Unternehmer wird zugestanden, eine teilweise Anrechnung vorzunehmen, durch welche die Verteilungsgrundsätze nicht geändert werden. Daneben bleibe auch die Möglichkeit der Fortzahlung unter einem den Vertrauensschutz ausschließenden Vorbehalt der Rückforderung des Zu-viel-Geleisteten entsprechend der Einigung mit dem Betriebsrat. Eindeutiger und der Rechtssicherheit dienlicher ist es aber, strikt zwischen der Kürzungsentscheidung und der Neuverteilung zu trennen, denn gerade die Feststellung, ob durch die teilweise Anrechnung die Verteilungsgrundsätze geändert werden, ist bei den in der Praxis vorherrschenden höchst komplizierten Lohnsystemen kaum mit Sicherheit zu treffen. Zudem hat die Rechtsprechung des Ersten Senats – wie im folgenden zu zeigen sein wird – dazu geführt, daß es dem Arbeitgeber verwehrt ist, zunächst mitbestimmungsfrei vollständig zu kürzen, um dann – nach entsprechender Einigung mit dem Betriebsrat – eine Neuverteilung vorzunehmen.

(3) Die Ausweitung der Mitbestimmungspflichtigkeit durch den Ersten Senat

Die Unklarheiten bezüglich der Mitbestimmungspflichtigkeit schon der Kürzungsentscheidung führten in den Folgeentscheidungen des Ersten Senats im Ergebnis zu einer erheblichen Ausweitung des Mitbestimmungsrechts des Betriebsrats:

In seinem Beschluß vom Januar 1995[306] führte das Gericht aus, daß bereits der Reduzierungsentschluß des Arbeitgebers der Mitbestimmung unterliege, wenn er schon zu diesem Zeitpunkt die Neugestaltung und Vergabe von Zulagen pla-

---

[305] Vgl. *Weyand*, AuR 1983, 1 (8); *Wiese*, NZA 1990, 793 (802 ff.); *ders.*, in: FS für Kraft, S. 683 (694 f.); *P. Hanau*, RdA 1989, 207 (209); *Meisel*, BB 1991, 406 (411); insoweit übereinstimmend *Richardi*, NZA 1992, 961 (962 f.); *Stege/Schneider*, DB 1992, 2341 (2346); vgl. auch *Schüren*, RdA 1996, 14 (15); *H. Hanau*, RdA 1998, 345 (346).

[306] BAG AP Nr. 71 zu § 87 BetrVG 1972 Lohngestaltung.

ne, denn dann würden *Kürzung und Neuverteilung* durch ihren unmittelbaren Zusammenhang eine *Einheit* darstellen, so daß hierin eine *insgesamt* mitbestimmungspflichtige Änderung der Entlohnungsgrundsätze zu sehen sei.[307] Allein die Intention des Unternehmers, die Vergabe neuer Zuschläge vorzubereiten, reicht nach Auffassung des Senats aus, den Anspruch auf Mitbestimmung bereits bei der vollständigen (an sich – nach den vom Großen Senat aufgestellten Grundsätzen – mitbestimmungsfreien) Anrechnung eingreifen zu lassen, auch wenn der Arbeitgeber die Entscheidung über neue Verteilungsgrundsätze einem zweiten Schritt vorbehält. Damit hat das Gericht die Kürzungsentscheidung und die davon zeitlich unabhängige Neuverteilung verbunden und für diese „zusammengefaßte" Entscheidung die Mitbestimmungspflichtigkeit bejaht. Als Konsequenz hielt es die ohne Beteiligung des Betriebsrats durchgeführte, zeitlich frühere Anrechnung für unwirksam,[308] so daß der Arbeitgeber *gegen seinen Willen* gezwungen war, die Tariflohnerhöhung effektiv weiterzugeben.

Ähnliche Konsequenzen hatte der Beschluß vom Februar 1995.[309] Der Tarifvertrag sah hier eine Lohnerhöhung in zwei Stufen vor. Während der Arbeitgeber die erste vollständig an die Arbeitnehmer weitergab, entschied er sich bei der zweiten Stufe für eine (vollständige und daher an sich mitbestimmungsfreie) Anrechnung. Seine Rechnung hatte der Unternehmer allerdings ohne den Ersten Senat gemacht. Denn das Gericht unterstellte ihm – aufgrund der besonderen Gegebenheiten des Tarifvertrages – ein einheitliches Regelungskonzept: Die Anrechnungsentscheidung der zweiten Stufe erweise sich als eine Korrektur der umfassenden Weitergabe der Lohnerhöhung im Jahr zuvor. Daher liege *eine* mitbestimmungspflichtige Maßnahme vor, denn insgesamt seien die Verteilungsgrundsätze verändert worden. Auch hier wurde die Unwirksamkeit der damit als mitbestimmungswidrig eingestuften Anrechnung festgestellt, so daß der Arbeitgeber gegen seinen Willen die übertariflichen Zulagen zu zahlen hatte.[310]

---

[307] Ein einheitlicher Vorgang besteht nach Auffassung des Senats, der auch auf den 3. Senat (BAG AP Nr. 12 zu § 87 BetrVG 1972 Lohngestaltung) und den 1. Senat (BAG AP Nr. 23 zu § 23 BetrVG 1972) verweist, wenn die geplante Anrechnung Spielräume für eine andere Verteilung schaffen soll, die vollständige Anrechnung lediglich die Grundlage für die Neugewährung übertariflicher Leistungen schafft, die Maßnahmen des Arbeitgebers also auf einem *einheitlichen Konzept* beruhen.

[308] Vgl. zur Theorie der Wirksamkeitsvoraussetzung unten, IV.

[309] BAG AP Nr. 72 zu § 87 BetrVG 1972 Lohngestaltung; ablehnend *Hoß* (NZA 1997, 1129 [1134]), der zutreffend darauf abstellt, daß jede einzelne Tariflohnerhöhung für sich die Frage nach den Mitbestimmungsrechten aufwirft.

[310] Ebenso unklar bleibt die Entscheidung BAG AP Nr. 73 zu § 87 BetrVG 1972 Lohngestaltung: Der 1. Senat nimmt eine mitbestimmungspflichtige Änderung der Verteilungsgrundsätze an, indem er eine Tariflohnerhöhung, die vollständig an die Arbeitnehmer weitergegeben wurde, mit einer zusätzlich eingeführten Zulage, die auf die bereits bestehende Zula-

Die Möglichkeit der Zusammenschau einer *vollständigen* Anrechnung mit einer davon *zeitlich unabhängigen* Neuvergabe von Zulagen als *eine*, insgesamt mitbestimmungspflichtige Änderung der Verteilungsgrundsätze, die nach der Rechtsprechung zur Unwirksamkeit der Anrechnung und damit zu einem (Nach-)Zahlungsanspruch der Arbeitnehmer führt, hat der Erste Senat auch mit einer Entscheidung vom Mai 1998[311] bestätigt, so daß insoweit nunmehr von einer ständigen Rechtsprechung ausgegangen werden kann.[312]

(4) Kritik

Die in der Rechtsprechung zum Ausdruck gekommene Mißachtung der mitwirkungsfreien unternehmerischen Entschließung über das *Ob* der Zulagengewähr und deren *Umfang* ist in der Literatur auf berechtigte Kritik gestoßen.[313] Durch die Zusammenfassung der Entscheidung über die vollständige Anrechnung mit einer späteren Entscheidung über die Neuverteilung zu *einer* und damit insgesamt mitbestimmungspflichtigen Änderung der Verteilungsgrundsätze wird letztlich die ausdrücklich vom Großen Senat – zwar in engen Grenzen, aber grundsätzlich – zugelassene Möglichkeit der Anrechnung freiwillig gewährter Leistungen *ohne Einigung* mit dem Betriebsrat beseitigt. Im Ergebnis bleibt dem Arbeitgeber damit kaum die Möglichkeit, eine Anrechnung oder Kürzung mitbestimmungs*frei* durchzuführen, falls er jemals wieder Zulagen einführen möchte.[314] Nur wenn er sicher ist, durch die angestrebte Anrechnung *keine* Än-

---

ge angerechnet wurde, als eine Entscheidung zusammenfaßt. Konsequenz der damit erreichten Mitbestimmungswidrigkeit der Anrechnungsentscheidung war die Verpflichtung zur Fortsetzung der Gewähr zusätzlicher Leistungen gegen den Willen des Arbeitgebers. Eine entsprechende Zusammenschau enthält auch BAG AP Nr. 23 zu § 23 BetrVG 1972.

311 BAG, NZA 1998, 1292 (1295).

312 Vgl. hierzu auch die Nachw. in Fn. 310.

313 Vgl. *Sowka*, DB 1995, 1412 f.; *Hoß*, NZA 1997, 1129 (1134); *Wiese*, in: FS für Kraft, S. 683 (695, insbes. 697 ff.); *ders.*, in: GK-BetrVG, § 87 Rn. 876, 889; *Lambrich*, Tarif- und Betriebsautonomie, S. 306 ff.; *H. Hanau*, RdA 1998, 345 (346); *Wittgruber*, Abkehr, S. 154 f., 166 f.; vgl. aber auch schon vorher *Wiese*, NZA 1990, 1993 (8049); *Hromadka*, DB 1992, 1573 (1576); *Bommermann*, DB 1991, 2185 (2189); *P. Hanau*, RdA 1989, 207 (209 f.); vgl. auch *Schüren*, RdA 1991, 139 (141 f.).
Zustimmend jedoch *Trittin*, AuR 1991, 329 (330, 332 f.).

314 Die aufgezeigte Rechtsprechungstendenz verkennt *v. Hoyningen-Huene* (NZA 1998, 1081 [1087]), wenn er Unternehmern rät, bei Veränderungsbestrebungen freiwillige Zulagen zunächst vollständig zu kürzen und diese Kürzung mit dem Angebot auf die Gewähr (anders verteilter) Zulagen zu verbinden. Vgl. dazu auch BAG (DB 1998, 211 ff.): „Dieses Mitbestimmungsrecht (lies: nach § 87 Abs. 1 Nr. 10 BetrVG) sowie der Grundsatz vertrauensvoller Zusammenarbeit (§ 2 Abs. 1 BetrVG) werden verletzt, wenn der Arbeitgeber eigene Verteilungsgrundsätze vorgibt, über die er keine Verhandlungen zuläßt, sondern für den Fall abweichender Vorstellungen des Betriebsrats von vornherein eine mitbestimmungsfreie Vollanrechnung vorsieht."

derung der Verteilungsgrundsätze herbeizuführen, kann er diese mitbestimmungsfrei vollziehen.

Je nach dem Stand der vertrauensvollen Zusammenarbeit im Betrieb wird der Unternehmer durch diese Judikatur mit den „Verschleppungsmöglichkeiten" des Betriebsrats und dem gegebenenfalls drohenden zeit- und kostenaufwendigen Einigungsstellenverfahren in einem Bereich konfrontiert, der jedenfalls in den Grundlagen (den vier Vorentscheidungen) ursprünglich mitbestimmungsfrei sein sollte.[315] Durch den Ausbau der erzwingbaren Mitbestimmungsrechte wird dem Betriebsrat die *Mitherrschaft* eröffnet, ohne ihn mit in die *Verantwortung* zu nehmen.[316] Mit den vom Ersten Senat zuerkannten Beteiligungsrechten kann der Arbeitgeber zumindest zeitweilig (bis zur endgültigen Entscheidung der Einigungsstelle und gegebenenfalls gerichtlichen Bestätigung) zur Fortführung „freiwilliger" Zahlungen gezwungen werden. Die Rechtsprechung sollte dann wenigstens so ehrlich sein und den Begriff der „Freiwilligkeit" aufgeben.[317]

3. Die Vorrangtheorie als Mittel zur Umgehung des Tarifvorbehalts?

Nicht nur bei den über- und außertariflichen Zulagen und im AT-Bereich ist den Betriebspartnern die Möglichkeit betrieblicher Vereinbarungen zur Festlegung betriebseinheitlich zu gestaltender Arbeitsbedingungen bereits in erheblichem Umfang eröffnet. Eine wesentliche Aufwertung wurde der Betriebsautonomie durch die höchstrichterliche Anerkennung der Vorrangtheorie im Hinblick auf die sogenannten *teilmitbestimmten Betriebsvereinbarungen* zuteil. Mit diesen scheint der Weg zur betrieblichen Lohnpolitik über den Bereich der formellen Lohngestaltung hinaus eröffnet. Denn soweit nur *ein Teil* der getroffenen Vereinbarung der erzwingbaren Mitbestimmung des § 87 Abs. 1 BetrVG unterliegt, nutzt das BAG teilweise den Rückgriff auf die Vorrangtheorie, um die Sperrwirkung des § 77 Abs. 3 BetrVG zu unterlaufen, auch wenn die Betriebsvereinbarung *zugleich* Arbeitsbedingungen regelt, die nicht unter § 87 Abs. 1 BetrVG zu subsumieren sind.

---

[315] Im Ergebnis wird es dem Betriebsrat dabei wohl immer darum gehen, dem Interesse der Belegschaft, eine Kürzung des Zulagenvolumens ganz zu verhindern, nachzukommen. Insoweit hat das BAG (NZA 1998, 1292 [1294 f.]) jedoch unmißverständlich deutlich gemacht, daß der Betriebsrat die Einigung über die Neuverteilung nicht deshalb verweigern kann, weil er eine insgesamt niedrigere Anrechnung fordert. Das Risiko, inwieweit auf die Einigung mit dem Betriebsrat deswegen verzichtet werden kann, weil dieser mitbestimmungswidrige Ziele verfolgt, trägt aber der Arbeitgeber.

[316] Vgl. *Blomeyer*, DB 1987, 634; *Ehmann*, RdA 1990, 77 (82).

[317] Vgl. dazu *Adomeit* (in: FS für Schaub, S. 1 [5]), der – bezogen auf die freiwilligen Leistungen im Ruhegeldbereich – die Frage aufwirft, ob „freiwillige Leistungen nicht wirklich freiwillig und also unkontrolliert bleiben sollten, kontrolliert nur durch das ursprüngliche Recht des Arbeitnehmers: sie zurückzuweisen!"

a) Rechtsprechungsanalyse zur teilmitbestimmten Betriebsvereinbarung

Besonders deutlich geht die Umgehung des Tarifvorbehalts aus dem Urteil des BAG vom 23.06.1992 hervor.[318] Das Gericht hatte über eine Betriebsvereinbarung mit dynamischer Verweisung auf den jeweils geltenden Tarifvertrag zu entscheiden. Von der Vereinbarung erfaßt waren unter anderem auch die tarifvertragliche Gewährung eines 13. Monatseinkommens, tariflich festgelegte vermögenswirksame Leistungen und der Tarifvertrag zur Neuregelung der Gehälter, ebenso Fragen der Eingruppierung. Der Senat bejahte die Wirksamkeit der Übernahme des zur Zeit des Abschlusses der Betriebsvereinbarung gültigen Tarifvertrages; er stellte lediglich die *Unwirksamkeit* der *dynamischen* Verweisung fest, denn die „Betriebsparteien entäußern sich dadurch ihrer gesetzlichen Normsetzungsbefugnis". Erstaunlicherweise problematisierte das BAG an dieser Stelle nicht, ob dem Betriebsrat überhaupt ein Mitbestimmungsrecht über Fragen der Lohnhöhe (13. Monatsgehalt, Gehälter, Vermögenswirksame Leistungen, ...) zukommt. Gerade aber diese tariflichen Regelungen wurden in der Betriebsvereinbarung übernommen. Der Senat beschränkte sich auf die Behauptung, daß, „soweit es um mitbestimmungspflichtige Angelegenheiten geht, *wie hier* um die Aufstellung einer betrieblichen Lohnordnung" (Hervorh. d. Verf.), der Betriebsrat das Recht zur Verweisung auf den geltenden Rahmen-Tarifvertrag habe. Ein Verstoß gegen den Tarifvorrang liege nicht vor, da der Betrieb mangels Tarifbindung des Arbeitgebers nicht von einem Tarifvertrag erfaßt werde. Um einen Verstoß gegen § 77 Abs. 3 BetrVG (der seine Sperrwirkung nach Ansicht der Rechtsprechung auch ohne arbeitgeberseitige Tarifbindung entfaltet[319]) zu verneinen, verwies das Gericht auf die Vorrangtheorie. Es problematisierte nicht, daß durch die Übernahme der Tarifverträge nicht ausschließlich Angelegenheiten geregelt wurden, die der erzwingbaren Mitbestimmung nach § 87 Abs. 1 BetrVG unterlagen (Lohngestaltung), sondern eben auch die Lohnhöhe. Durch die gleichzeitige Festlegung mitbestimmungspflichtiger Tatbestände in der Betriebsvereinbarung wurde dem Betriebsrat über die Brücke der Vorrangtheorie ein Mitbestimmungsrecht auch über solche Angelegenheiten eingeräumt, die nach herrschender Meinung der tariflichen Regelung vorbehalten sind.

Eine vergleichbare Umgehung des Tarifvorbehalts findet sich in der Entscheidung vom 09.02.1989.[320] Gegenstand war die Frage der Nachwirkung einer Betriebsvereinbarung, die eine Festlegung des Urlaubsgeldes enthielt, welches vom Arbeitgeber zusätzlich zu dem tariflich normierten ausgezahlt wurde. Zum Inhalt der Betriebsvereinbarung gehörte auch die Bestimmung der *Höhe* des Urlaubsgeldes. Das BAG lehnte die von den Klägern geltend gemachten Ansprü-

---

[318] BAG AP Nr. 55 zu § 77 BetrVG 1972.
[319] Vgl. § 4 dort Fn. 118.
[320] BAG AP Nr. 40 zu § 77 BetrVG 1972 Lohngestaltung.

che ab, aber nicht aufgrund der Nichtigkeit der Betriebsvereinbarung wegen Verstoßes gegen § 77 Abs. 3 BetrVG, sondern wegen mangelnder Nachwirkung. Es argumentierte, daß die Frage des übertariflichen Urlaubsgeldes von § 87 Abs. 1 Nr. 10 BetrVG erfaßt werde (Urlaubsgeld als Lohn). Der Tarifvorrang stünde dem nicht entgegen, denn der Tarifvertrag regele die mitbestimmungspflichtige Angelegenheit nicht abschließend, da er lediglich Bestimmungen über das Entgelt für die vertraglich geschuldete Arbeitsleistung enthalte. Ein Verstoß der gekündigten Betriebsvereinbarung gegen § 77 Abs. 3 BetrVG wurde mit dem Hinweis auf die Vorrangtheorie abgelehnt, obwohl laut Sachverhalt in der Betriebsvereinbarung auch die Höhe des übertariflichen Urlaubsgeldes festgelegt war.[321] Damit nutzte das BAG die Vorrangtheorie, um nicht die Nichtigkeit der gekündigten Betriebsvereinbarung feststellen zu müssen, was zu einer Umdeutung in Individualvereinbarungen hätte führen können.[322]

Der Tarifvorbehalt wurde auch in der Entscheidung vom 06.12.1988[323] ausgehebelt: Zwar betonten sowohl die streitenden Parteien als auch das Gericht die Mitbestimmungsfreiheit der Lohnhöhe, trotzdem wurde ihre Festlegung dem Betriebsrat letztlich doch ermöglicht. Das BAG begründete seine Entscheidung ausschließlich mit der Vorrangtheorie. Für die Frage, ob ein Tarifvorrang bestehe, müsse das *gesamte Entgeltsystem* gesehen werden. Das Mitbestimmungsrecht ergebe sich aus § 87 Abs. 1 Nr. 10 BetrVG: Nicht nur die abstrakte Festlegung des Entlohnungssystems sei erfaßt, vielmehr sei nach Sinn und Zweck der gesetzlichen Regelung davon auszugehen, daß gerade auch die Festsetzung der Verhältnisse der einzelnen Entgeltbestandteile zueinander, die Bezugsgrößen und die abstrakte Staffelung der Provisions- bzw. Prämiensätze der Mitbestimmung unterlägen. Damit sei aber nicht über die Höhe des Einkommens entschieden worden (worauf das BAG ausdrücklich hinwies). Für mitbestimmungspflichtig hielt es auch das Verhältnis von festen zu variablen Gehaltsbestandteilen. Widersprüchlicherweise betonte das BAG, daß „die *Anrechenbarkeit des Festgehalts auf die Provision* im Gegensatz zur Festlegung des *Ver-*

---

[321] Würde man dem vom BAG in diesem Urteil aufgestellten Leitsatz folgen, unterläge gerade der Teil der Betriebsvereinbarung, in dem mitbestimmungspflichtige Angelegenheiten geregelt sind, der Nachwirkung. Da das BAG davon ausging, daß die Regelung des Urlaubsgeldes unter § 87 Abs. 1 Nr. 10 BetrVG zu subsumieren war, hätte die Betriebsvereinbarung nachwirken müssen. Weil der Arbeitgeber aber entschieden habe, die Zahlung des übertariflichen Urlaubsgeldes insgesamt einzustellen, verneinte das BAG das Vorliegen erzwingbarer Mitbestimmungsrechte, so daß auch eine Nachwirkung der aufgekündigten Betriebsvereinbarung nicht angenommen wurde.
Fischer (Betriebsvereinbarung, S. 246) hält den Begründungsfehler des Gerichts für ein Versehen, da die Frage der Wirksamkeit der teilmitbestimmten Betriebsvereinbarung nicht entscheidungserheblich gewesen sei.

[322] Zur Umdeutung von Betriebsvereinbarungen vgl. unten, § 4 Fn. 113.

[323] BAG AP Nr. 37 zu § 87 BetrVG 1972 Lohngestaltung mit insoweit kritischer Anm. *Reuter*.

hältnisses von Festgehalt zu variablen Gehaltsbestandteilen nicht die Höhe des Entgelts betreffe" (Hervorh. d. Verf.). Nach dieser Aussage betraf also gerade die Festlegung des Verhältnisses von Festgehalt zu variablen Gehaltsbestandteilen die Lohnhöhe. Trotzdem wurde insoweit ein Mitbestimmungsrecht bejaht. Im Ergebnis spricht daher viel dafür, daß in der Entscheidung – möglicherweise ungewollt – ein Mitbestimmungsrecht auch über die Lohnhöhe letztlich zugelassen wurde. Durch die Undurchsichtigkeit des Sachverhalts, auch durch die geänderte Antragstellung des Betriebsrats sowie die diffusen und zum Teil widersprüchlichen Begründungen des BAG wurde der eingeschlagene Weg jedoch verdeckt.

b) Schlußfolgerung

Folge dieser extensiven Anwendung der Vorrangtheorie ist – wie die Auswertung der BAG-Rechtsprechung zeigt[324] –, daß bei einer Betriebsvereinbarung über Angelegenheiten, die *teilweise* der erzwingbaren Mitbestimmung nach § 87 Abs. 1 BetrVG unterliegen, auch dann ein Verstoß gegen § 77 Abs. 3 BetrVG nicht angenommen wird, wenn einzelne Bestimmungen üblicherweise tariflich geregelte Arbeitsbedingungen zum Gegenstand haben. Dabei scheint die Rechtsprechung insbesondere bei *Entgeltfragen* über die Vorrangtheorie trotz tariflicher oder tarifüblicher Regelung von der Zulässigkeit teilmitbestimmter Betriebsvereinbarungen auszugehen.[325]

---

[324] Vgl. auch BAG (AP Nr. 2 zu § 77 BetrVG 1972 Tarifvorbehalt): „Ein und dieselbe Arbeitsbedingung – etwa die Verteilung der Arbeitszeit auf die Wochentage – kann damit auch im räumlichen und betrieblichen Geltungsbereich eines Tarifvertrages sowohl durch Tarifvertrag als auch durch Betriebsvereinbarung in zulässiger Weise geregelt sein. Schließen die Betriebspartner eine solche Betriebsvereinbarung, so handeln sie im Rahmen ihrer betriebsverfassungsrechtlichen Zuständigkeit. Sie machen von ihrer durch § 77 Abs. 3 BetrVG nicht eingeschränkten Normsetzungsbefugnis Gebrauch." Aber auch in diesem Urteil trennt das BAG nicht zwischen mitbestimmungspflichtiger *Lage* der Arbeitszeit und der nach herrschender Meinung auf Betriebsebene wegen § 77 Abs. 3 BetrVG nicht regelbaren *Dauer* der Arbeitszeit.
Zum Teil wird auch der oben (II 3 a vor Fn. 158, b [2]) angesprochene Beschluß des Großen Senats vom 03.12.1991 dahingehend gedeutet, daß damit die Zulässigkeit teilmitbestimmter Betriebsvereinbarungen bestätigt worden sei (so von *Hanau*, in: Münch Hdb, Bd. I § 60 Rn. 78; dagegen *Fischer*, Betriebsvereinbarung, S. 245 ff.).

[325] Vgl. die Analyse von *Hromadka* (in: FS für Schaub, S. 337 [338 ff.]), der diese Schlußfolgerungen in weiteren Entscheidungen bestätigt findet, andererseits aber zu dem Ergebnis gelangt, daß hinsichtlich teilmitbestimmter Betriebsvereinbarungen über die Arbeitszeit das BAG die Zulässigkeit verneint (dazu auch im folgenden vor Fn. 327). Im Ergebnis spricht sich *Hromadka* (a. a. O., S. 341 ff.) gegen die uneingeschränkte Zulässigkeit teilmitbestimmter Betriebsvereinbarungen aus; diesem zustimmend *Hohmeister*, BB 1999, 418 (420 f.). Gegen die Zulässigkeit teilmitbestimmter Betriebsvereinbarungen wegen der „lediglich

Eine Ausnahme zu dieser These bildet – soweit ersichtlich – lediglich die Entscheidung des BAG vom 05.03.1997.[326] Gegenstand der Beurteilung war eine Betriebsvereinbarung, in der unter anderem festgelegt war, daß der Mittelpunkt der Gehaltsbandbreite mindestens in Höhe von 50 % des Tarifabschlusses der Hessischen Metallindustrie festzusetzen sei. In dieser Regelung sah das Gericht einen Verstoß gegen § 77 Abs. 3 BetrVG, obwohl die Betriebsvereinbarung – worauf der Senat ausdrücklich hinwies – auch Festlegungen der Entlohnungsgrundsätze enthielt. Entsprechend lautet der zweite amtliche Leitsatz: „Sind in einem betrieblichen Bereich tarifliche Regelungen über die Entgelthöhe und Anpassung von Entgelten üblich, so entfalten diese gegenüber Betriebsvereinbarungen Sperrwirkung nach § 77 Abs. 3 BetrVG. Dies gilt insoweit auch dann, wenn die Betriebsvereinbarung zugleich Fragen der erzwingbaren Mitbestimmung regelt."

Ausdrücklich gegen eine Umgehung des Tarifvorbehalts bei teilmitbestimmten Betriebsvereinbarungen (allerdings bezüglich des Parallelproblems der Arbeitszeit) richtet sich auch das Urteil des BAG vom 22.06.1993.[327] In diesem war über die von der Gewerkschaft beantragte Auflösung des Betriebsrats zu entscheiden. Dieser hatte mit dem Arbeitgeber eine Betriebsvereinbarung über die Dauer der Arbeitszeit der Hafenarbeiter geschlossen. In der umstrittenen Vereinbarung wurde abweichend vom Tarifvertrag geregelt, daß die der Arbeitszeitverkürzung dienenden flexiblen, freien Tage nur an Samstagen zu nehmen seien. Dies hatte eine im Vergleich zum Tarifvertrag höhere Arbeitszeit zur Folge. Das Gericht kam zu dem Schluß, daß die Betriebsvereinbarung sowohl gegen den bestehenden und für den Betrieb geltenden Tarifvertrag verstoße, als auch gegen § 77 Abs. 3 BetrVG, denn es gehe *nicht nur* um die Lage der Arbeitszeit und damit um eine mitbestimmungspflichtige Angelegenheit im Sinne des § 87 Abs. 1 BetrVG. Vielmehr sei zu berücksichtigen, daß der Umfang der durch den Tarifvertrag festgelegten Arbeitszeitverkürzung durch die Lage der freien Tage festgelegt werde.

---

relationalen Wirkung des § 87 Abs. 1 Nr. 10 BetrVG" *H. Hanau*, RdA 1998, 345 (346, 351 ff.); ähnlich *Fischer*, Betriebsvereinbarung, S. 247 f.
Neef (in: FS für Schaub, S. 515 [517 ff.]) bejaht mit Verweis auf die Vorrangtheorie die Zulässigkeit von Betriebsvereinbarungen, die Entgeltrahmentarifverträgen entsprechen („Entgeltrahmenbetriebsvereinbarung").

[326] AP Nr. 10 zu § 77 BetrVG 1972 Tarifvorbehalt. Die Wirksamkeit einer teilmitbestimmten Betriebsvereinbarung im Entgeltbereich hat auch das LAG Baden-Württemberg (AuR 1999, 155 ff.) abgelehnt.

[327] BAG AP Nr. 22 zu § 23 BetrVG 1972.
Leitsatz 1: Eine Betriebsvereinbarung über die Verteilung der Arbeitszeit verstößt gegen § 77 Abs. 3 BetrVG, wenn sie *zugleich* Regelungen über die Dauer der wöchentlichen bzw. jährlichen Arbeitszeit enthält, die im Widerspruch zu einem für den Betrieb *geltenden* Tarifvertrag stehen.

Diese beiden neueren Entscheidungen zu teilmitbestimmten Betriebsvereinbarungen im Lohn- und Arbeitszeitbereich zeigen, daß bei Flexibilisierungsbestrebungen in Zusammenarbeit mit dem Betriebsrat großes Verhandlungskalkül und Formulierungsgeschick gefragt sind. Die bloße Teilmitbestimmtheit reicht unter Umständen – sollte es zu einer gerichtlichen Entscheidung kommen – in Zukunft nicht (mehr) aus, die Wirksamkeit der Betriebsvereinbarung zu sichern.

IV. Rechtsfolgen fehlender Mitbestimmung

Nachdem das Mitbestimmungsrecht des § 87 Abs. 1 Nr. 10 BetrVG, wie gesehen, eine extensive Anwendung erfährt, stellt sich die Frage nach den Rechtsfolgen unterbliebener Beteiligung des Betriebsrats. Eine solche muß nicht zwingend deswegen unterlassen worden sein, weil der Arbeitgeber getreu dem „Herr-im-eigenen-Haus-Standpunkt“[328] über die entsprechende soziale Angelegenheit allein entscheiden will. Wegen der Unklarheiten hinsichtlich der Voraussetzungen und des Umfangs des Mitbestimmungsrechts (insbesondere bei der Lohngestaltung) kann die Hinzuziehung des Betriebsrats zur Entscheidungsfindung auch deshalb fehlen, weil der Arbeitgeber sich der Mitbestimmungspflichtigkeit nicht bewußt ist.[329] Ebenso können sich aus der Einflußsphäre des Betriebsrats Mängel ergeben; sei es, daß dieser bewußt die Mitbestimmung verweigert,[330] verzögert oder diese davon abhängig macht, daß der Ar-

---

[328] Vgl. dazu unten, § 4 I 1.

[329] Hier wird insbesondere die Unsicherheit hinsichtlich des Vorliegens einer kollektiven Maßnahme von Bedeutung sein (dazu oben, I 3, III 2 b), ebenso wie die nach wie vor in der Praxis schwer ermittelbaren Voraussetzungen einer mitbestimmungspflichtigen Anrechnung bzw. eines Widerrufs von Zulagen (Stichwort: „Vier Vorentscheidungen“, dazu oben, III 1 c; „Änderung der Verteilungsgrundsätze“, dazu oben, III 2 d [2], [3]).
Das BAG (AP Nrn. 70, 71 zu Art. 9 GG Arbeitskampf) hat die Mitbestimmung als Wirksamkeitsvoraussetzung bei der Einführung von Kurzarbeit mit der Begründung verneint, daß während der Arbeitskämpfe (1978) die betriebsverfassungsrechtliche Lage in der Rechtsprechung und Literatur ungeklärt gewesen sei, so daß sich der Arbeitgeber in einer Zwangslage befunden habe und daher eine Entscheidung allein hätte treffen müssen (dazu *Dietz/Richardi* [BetrVG, § 87 Rn. 82, 88, 271], die darin die Aufgabe der Theorie der Wirksamkeitsvoraussetzung sehen).

[330] Eine solche Verweigerung ist betriebsverfassungswidrig; *v. Hoyningen-Huene*, DB 1987, 1426 f. *Raab* (ZfA 1997, 183 [218 f.]) nimmt bei der Verweigerung der Mitbestimmung durch den Betriebsrat einen Notfall an, der das Mitbestimmungsrecht entfallen lasse.
Von der Zulässigkeit eines Mitbestimmungsverzichts geht *Rau* (Systematik der übertariflichen Zulage, S. 118) aus. Dem ist zumindest entgegenzuhalten, daß dann aber nicht die Unwirksamkeitsfolge eintreten darf, denn andernfalls würden die Arbeitgebermaßnahmen nicht durch das Erfordernis der Mitbestimmung eingeschränkt, sondern verhindert.

beitgeber an anderer Stelle Zugeständnisse gewährt (sogenannte Koppelungsgeschäfte).[331]

1. Überblick

Welche Rechtsfolgen sich aus der fehlenden Mitbestimmung ergeben, ist dem Gesetz nicht zu entnehmen.[332]

Nach in Rechtsprechung[333] und Literatur[334] noch herrschender – aber zu Recht zunehmend in Frage gestellter[335] – Ansicht sollen die sozialen Angelegenheiten des § 87 Abs. 1 BetrVG nur gemeinsam von Arbeitgeber und Betriebsrat bzw.

---

[331] Ein solches Verhalten des Betriebsrats ist rechtsmißbräuchlich; vgl. *Zöllner/Loritz*, ArbR, § 46 V; *Eich*, ZfA 1988, 93 ff.

[332] *Richardi*, BetrVG, § 87 Rn. 101; *v. Hoyningen-Huene*, DB 1987, 1426 (1428 m. w. Nachw. dort Fn. 43); *Schlochauer*, in: Änderung von Arbeitsbedingungen, S. 221 (237); *Hurlebaus*, Fehlende Mitbestimmung, S. 16; *Bommermann*, Wirksamkeitsvoraussetzung, S. 25 ff. Lediglich *Wiese* (in: GK-BetrVG, § 87 Rn. 98) sieht – ohne weitere Begründung – die Theorie der Wirksamkeitsvoraussetzung als „im Wortlaut hinreichend zum Ausdruck" gekommen an.

[333] BAG AP Nr. 2 zu § 23 BetrVG 1972; BAG AP Nr. 6 zu § 87 BetrVG 1972 Altersversorgung; BAG AP Nr. 2 zu § 87 BetrVG 1972 Arbeitssicherheit; BAG AP Nr. 7 zu § 87 BetrVG 1972 Arbeitszeit; BAG AP Nr. 2 zu § 87 BetrVG 1972 Kurzarbeit; BAG AP Nrn. 15, 51, 53, 68, 73, 86 zu § 87 BetrVG 1972 Lohngestaltung.

[334] *Fitting*, § 87 Rn. 568; *Galperin/Löwisch*, BetrVG, § 87 Rn. 16 ff.; *Stege/Weinspach*, BetrVG, § 87 Rn. 3; Hueck/Nipperdey-*Säcker*, ArbR Bd. II / 2, S. 1313, 1388 ff.; *Adomeit*, Regelungsabrede, S. 56 f.; *ders.*, Rechtsquellenfragen, S. 143, 153; *ders.*, DB 1981, 1086; *P. Hanau*, RdA 1973, 281 (289 ff.); *v. Hoyningen-Huene*, Betriebsverfassungsrecht, § 12 I 5 b); *ders.*, DB 1987, 1426 (1428); *ders.*, NZA 1998, 1081 (1088); *Lieb*, ArbR, § 8 III 1 c); *Konzen*, NZA 1995, 865 (868 f.); *Reuter*, ZfA 1975, 85 (90); *Boewer*, DB 1973, 522; *Otto*, NZA 1992, 97 (112); *Simitis/Weiss*, DB 1973, 1240 ff.; *Föhr*, AuR 1975, 353 (357); *Raab*, ZfA 1997, 183 (213 f.); *H. Hanau*, RdA 1998, 345 (347); *Rau*, Systematik der übertariflichen Zulage, S. 114 ff., 119 ff.; *Gragert*, Flexibilisierung von Tarifverträgen, S. 65.

[335] Die Theorie Wirksamkeitsvoraussetzung ablehnend: Hess/Schlochauer/*Glaubitz*, BetrVG, § 87 Rn. 80 ff., 83 ff.; *Leinemann*, BB 1989, 1905 (1907 f.); *ders.*, in: Änderung von Arbeitsbedingungen, S. 145 (153); *Hromadka*, DB 1991, 2133 (2134 f.); *ders.*, DB 1992, 1573 (1576); *Schlochauer*, in: Änderung von Arbeitsbedingungen, S. 221 (236); *Dietz*, BB 1959, 1210 (1213); *ders.*, Anm. zu BAG AP Nr. 5 zu § 56 BetrVG 1952 Entlohnung; *ders.*, RdA 1962, 390 (394 f.); *Richardi*, BetrVG, § 87 Rn. 104 ff.; *ders.*, Kollektivgewalt, S. 291 ff., 293 ff.; *ders.*, Betriebsverfassung und Privatautonomie, S. 20 ff.; *ders.*, NZA 1995, 8 (11 f.); *ders.*, in: FS für Wlotzke, S. 407 (424); *ders.*, in: FS für Lübtow, S. 755 (783); *ders.*, ZfA 1976, 1 (35 ff.); *Schlüter*, DB 1972, 92 ff., 139 ff.; *Enderlein*, ZfA 1997, 313 (332); *Eich*, ZfA 1988, 93 (98); *Bommermann*, Wirksamkeitsvoraussetzung, S. 25 ff., 55 f., 85 ff., 102, 110 f.; *ders.*, DB 1991, 2185 (2188); diff. *Hammer*, Selbstbestimmungsfreiheit, S. 52 ff.
Kritisch auch *Zöllner/Loritz* (ArbR, § 47 V); *Walker* (DB 1995, 1961 [1963]); *Hurlebaus* (Fehlende Mitbestimmung, S. 26 ff., 55 [m. w. Nachw. auf S. 47 in Fn. 330]), die aber i. Erg. der Theorie der Wirksamkeitsvoraussetzung folgen.

bei fehlender Einigung durch die Einigungsstelle geregelt werden können. Die Mitbestimmung des Betriebsrats soll *notwendige* Voraussetzung für die wirksame Gestaltung der unter die aufgeführten Tatbestände fallenden Sachverhalte sein, so daß die *Betriebsverfassungswidrigkeit* auf die *Individualarbeitsverhältnisse* insoweit *durchschlägt*, als die Maßnahmen gegenüber den Arbeitnehmern keine Wirksamkeit entfalten (sogenannte Theorie der Wirksamkeitsvoraussetzung / Theorie der notwendigen Mitbestimmung). Einige Vertreter dieser Ansicht gehen sogar so weit, der Regelung nur bei *vorheriger Zustimmung* des Betriebsrats die Wirksamkeit zuzugestehen, so daß eine nachträgliche Genehmigung die Sanktion der Unwirksamkeit nicht heilen könne.[336]

Da Entstehungsgeschichte[337] und Systematik[338] wenig Aufschluß über die Rechtsfolgen fehlender Mitbestimmung geben und auch ein allgemeiner

---

[336] *Fitting*, § 87 Rn. 469; *Wiese*, in: GK-BetrVG, § 87 Rn. 100; *ders.*, in: FS für Kraft, S. 683 (686); *Galperin/Löwisch*, BetrVG, § 87 Rn. 18 a; *Säcker*, ZfA Sonderheft 1972, 41 (59); *Simitis/Weiss*, DB 1973, 1240 (1243); *v. Hoyningen-Huene*, DB 1987, 1426 (1432); *Rau*, Systematik der übertariflichen Zulage, S. 119.
Zu dieser Auffassung steht allerdings im Widerspruch, daß der Arbeitgeber für die Vergangenheit an die Maßnahmen und Zusagen zugunsten der Arbeitnehmer gebunden bleibt (so *Fitting*, § 87 Rn. 570). Auf diesen Widerspruch macht auch *Richardi* (BetrVG, § 87 Rn. 111) aufmerksam.
Gegen die Ablehnung nachträglicher Heilungsmöglichkeit auch *Zöllner/Loritz*, ArbR, § 47 V 3 c): „vermutlich rechtspädagogisch motivierter rigor iuris".

[337] Ausführlich zu den Vorgängervorschriften und ihrer Auslegung *Bommermann* (Wirksamkeitsvoraussetzung, S. 28 ff.). Schon zu § 56 BetrVG 1952 ergaben sich aus der Entstehungsgeschichte keine Anhaltspunkte zu den Rechtsfolgen unterbliebener Mitbestimmung (*Dietz/Richardi*, BetrVG, § 87 Rn. 81; *Adomeit*, Regelungsabrede, S. 48 ff.; *Bommermann*, Wirksamkeitsvoraussetzung, S. 40 ff.; anders *Dietz*, BetrVG, § 56 Rn. 10 f.).
Die Theorie der Wirksamkeitsvoraussetzung wurde in der Rechtsprechung erstmalig wohl mit der Entscheidung des BAG vom 07.09.1956 (AP Nr. 2 zu § 56 BetrVG) eingeführt, in der die Verlegung der Arbeitszeit (bei unter Beteiligung des Betriebsrats vereinbarter Kurzarbeit) als unwirksam eingestuft wurde. Allerdings war sich der Senat, wie sich aus der Urteilsbegründung ergibt, keinesfalls der Tragweite seiner Entscheidung bewußt. Argumentativ versuchte er die Frage zu lösen, ob die Ausübung der Mitbestimmungsrechte den Abschluß einer Betriebsvereinbarung voraussetze. Nicht diskutiert wurde, ob die Unwirksamkeitsfolge adäquate Konsequenz mitbestimmungswidrigen Arbeitgeberverhaltens sei. Kritiklos wurde diese Rechtsprechung im folgenden übernommen.
Aus den Gesetzesmaterialien zu § 87 BetrVG 1972 (BR-Drucks. 633/71; BT-Drucks. VI/1786, S. 31 ff.) läßt sich nicht entnehmen, daß der Gesetzgeber die zu § 56 BetrVG von der herrschenden Meinung vertretene Auffassung der Wirksamkeitsvoraussetzung hat übernehmen wollen, oder daß er eine gesetzliche Regelung aus diesem Grunde für entbehrlich gehalten habe. Zwar sollte mit dem BetrVG 1972 die Rechtsstellung des einzelnen Arbeitnehmers im Betrieb verbessert werden. Dies bezog sich allerdings auf die Aufnahme der §§ 81 ff. BetrVG und nicht auf eine Verbindung der Mitbestimmung in § 87 BetrVG mit der Rechtsstellung des einzelnen Arbeitnehmers dahingehend, daß eine ohne Mitbe-

Rechtssatz mit dem Inhalt, daß alle ohne die erforderliche Zustimmung vorgenommenen Rechtshandlungen unwirksam sind, nicht existiert,[339] begründet die herrschende Meinung ihren Ansatz mit der *Zwecksetzung*:[340] Der umfassende

---

stimmung des Betriebsrats vom Arbeitgeber angeordnete Maßnahme gegenüber dem Arbeitnehmer unwirksam sein sollte (Hess/Schlochauer/*Glaubitz*, BetrVG, § 87 Rn. 88; *Dietz/Richardi*, BetrVG, § 87 Rn. 81; *Schüren*, DB 1972, 92 [94]). Insofern ist *P. Hanau* (RdA 1973, 281 [289]) also nicht zuzustimmen, der die Theorie der Wirksamkeitsvoraussetzung als im neuen Gesetz „eindrucksvoll bestätigt" ansieht. Der Gesetzgeber hat die Beantwortung dieser Frage Rechtsprechung und Lehre überlassen.

[338] Bei der Kündigung von Arbeitnehmern durch den Arbeitgeber hat der Betriebsrat nach § 102 BetrVG ein Anhörungsrecht, dessen Mißachtung mit der Sanktion der Unwirksamkeit der Kündigung belegt ist. Zur außerordentlichen Kündigung von Betriebsratsmitgliedern und sonstigen in § 103 BetrVG genannten Arbeitnehmern muß der Betriebsrat hingegen seine Zustimmung erteilen, eine ausdrückliche gesetzliche Unwirksamkeitsfolge gibt es nicht. Es wird aber nicht bestritten, daß die Unwirksamkeitssanktion des § 102 BetrVG auch bei fehlender Zustimmung nach § 103 BetrVG Anwendung findet (vgl. *Galperin/Löwisch*, BetrVG, § 103 Rn. 12; Hess/*Schlochauer*/Glaubitz, BetrVG, § 103 Rn. 33). Daraus allerdings wie *P. Hanau* (RdA 1973, 290) und *v. Hoyningen-Huene* (DB 1987, 1426 [1429]) den Schluß zu ziehen, daß die Unwirksamkeit dann auch für § 87 BetrVG gelten müsse, da das weitergehende Mitbestimmungsrecht des § 87 BetrVG nicht mit einer geringeren Sanktion ausgestaltet sein könne, setzt eine Vergleichbarkeit beider Regelungsbereiche voraus, die nicht besteht. Unter diesen sozialen Angelegenheiten sind verschiedene Tatbestände zusammengefaßt, deren mitbestimmungspflichtiger Umfang stark umstritten ist, während das Vorliegen einer Kündigung regelmäßig leicht festzustellen ist. Zudem fehlt im Rahmen der §§ 102 f. BetrVG eine alternative Möglichkeit der Durchsetzung der Mitbestimmungsrechte, während § 87 Abs. 2 BetrVG über die Einigungsstelle in Verbindung mit dem Initiativrecht die Erreichung des Gesetzeszwecks gewährleistet (dazu noch unten, 4). Auch aus den weiteren im unmittelbaren Umfeld des § 87 BetrVG angeordneten Normen läßt sich die Theorie der Wirksamkeitsvoraussetzung nicht begründen. Ebenso mit ausführlicher Stellungnahme: *Hurlebaus*, Fehlende Mitbestimmung, S. 19 ff.; *Bommermann*, Wirksamkeitsvoraussetzung, S. 56 ff., 69 ff.
Hingegen könnte ein Blick auf die Rechtsprechung zu § 99 BetrVG als Argument gegen die Theorie der Wirksamkeitsvoraussetzung herangezogen werden. Denn im Bereich der personellen Einzelmaßnahmen des § 99 BetrVG wird strikt zwischen den individualrechtlichen und den betriebsverfassungsrechtlichen Folgen getrennt. Die betriebsverfassungswidrige Einstellung läßt nach herrschender Meinung den Arbeitsvertrag unberührt, lediglich die Eingliederung in den Betriebsablauf kann nicht erfolgen (vgl. *v. Hoyningen-Huene*, Betriebsverfassungsrecht, § 14 III 8 b) m. w. Nachw.). Ob allerdings aus dieser Rechtsprechung zur Mitbestimmungswidrigkeit *personeller* Angelegenheiten Rückschlüsse auf die Rechtsfolgen fehlender Betriebsratsbeteiligung bei *sozialen* Angelegenheiten gezogen werden können, ist ebenso fraglich wie im Hinblick auf §§ 102, 103 BetrVG.

[339] *Schüren*, DB 1972, 92 (95 f.).

[340] *Wiese* (in: GK-BetrVG, § 87 Rn. 98): „Unabweisbare Konsequenz des Gesetzeszwecks"; ähnlich die in Fn. 334 genannten Verf.

Schutz der Arbeitnehmer (und deren Teilhabe[341]) durch die Mitwirkung des Betriebsrats bei den Entscheidungen des Arbeitgebers könne nur durch die Unwirksamkeit einseitig erlassener Maßnahmen gewährleistet werden. Diese *Sanktion* für die Verletzung der Mitbestimmungsrechte soll verhindern, daß sich der Arbeitgeber dem Einigungszwang durch arbeitsvertragliche Gestaltungsmöglichkeiten entzieht.[342]

Dem kann hingegen – wie zu zeigen sein wird – nicht gefolgt werden. Zunächst ist jedoch (dazu unter 2) zu differenzieren zwischen *rechtlichen* Maßnahmen des Arbeitgebers (= Rechtsgeschäften), die ohne Betriebsratsbeteiligung verwirklicht werden, und solchen *tatsächlicher* Natur (= Anordnungen). Im Bereich der rechtsgeschäftlich umgesetzten mitbestimmungspflichtigen Angelegenheiten erweist sich die Theorie der Wirksamkeitsvoraussetzung zur Verwirklichung des Schutzzwecks der Mitbestimmung bei der Lohngestaltung als weitestgehend ungeeignet und zudem als verfassungsrechtlich bedenklich (dazu unter 3). Da auch der Schutzzweck betrieblicher Mitbestimmung durch eine „nur" erzwingbare Mitbestimmung hinreichend gewährleistet ist (dazu unter 4) ist die Theorie der Wirksamkeitsvoraussetzung jedenfalls für den Mitbestimmungstatbestand des § 87 Abs. 1 Nr. 10 BetrVG abzulehnen.

2. Mitbestimmungspflichtige Maßnahmen des Arbeitgebers

Nach der Theorie der Wirksamkeitsvoraussetzung wird die Mitbestimmung für die dem § 87 Abs. 1 BetrVG unterfallenden Sachverhalte als „Wirksamkeitsvoraussetzung" angesehen.[343] Insoweit ist jedoch zu differenzieren, ob es sich bei der einseitigen Ausgestaltung der sozialen Angelegenheiten um *tatsächliche* Anordnungen aus dem Bereich des Direktionsrecht handelt, oder die Angelegenheit durch (gegebenenfalls einseitig vorgegebene gleichartige) Gestaltung der Individualverträge, das heißt also *rechtsgeschäftlich* festgelegt wird. Denn die Rechtsfolge der *Unwirksamkeit* kann allenfalls bei *rechtlichen Maßnahmen* Anwendung finden,[344] da sich nur bei diesen die Frage nach der Wirksamkeit stellt. Auf die Fälle einseitiger Arbeitgebervorgaben, die nicht rechtsgeschäftlich umgesetzt werden, sondern durch einseitige Anordnungen kraft Direktion, paßt die Rechtsfolge der Unwirksamkeit nicht, denn diese Anordnungen sind *tatsächlicher*, nicht rechtlicher Natur, so daß sie nicht unwirksam oder wirksam

---

[341] Zum *Teilhabezweck* vgl. oben, § 2 dort Fn. 47.

[342] BAG AP Nr. 17 zu § 77 BetrVG 1972; BAG AP Nr. 51 zu § 87 BetrVG 1972 Lohngestaltung. Kritisch zum Sanktionscharakter, soweit damit Rechtsfolgen begründet werden, die über die Unwirksamkeitsfolge hinausgehen *Wiese*, in: FS für Kraft, S. 683 (686 ff.).

[343] Zur Differenzierung nach den einzelnen Mitbestimmungstatbeständen ausführlich *Wiese*, Initiativrecht, 1977. Nach der Schutzrichtung der einzelnen Mitbestimmungstatbestände unterscheidend: *Hurlebaus*, Fehlende Mitbestimmung, S. 55 ff.. 84, 87 ff., 119.

[344] Vgl. *Zöllner/Loritz*, ArbR, § 47 V 3; *Wiese*, in: FS für Kraft, S. 683.

sein können, sondern lediglich vorliegen oder nicht.[345] Eine andere Frage ist, ob sich aus einer (ohne vorherige Betriebsratsbeteiligung) getroffenen tatsächlichen Anordnung für die Arbeitnehmer Pflichten ergeben und das Nichtbefolgen (im Extremfall) einen verhaltensbedingten Kündigungsgrund bzw. Grund für eine Abmahnung darstellen kann. Insoweit ist der pauschale Verweis auf die Unwirksamkeitsfolge *unklar*, denn gemeint ist nicht die Unwirksamkeit im rechtsgeschäftlichen Sinne, sondern zum Ausdruck soll gebracht werden, daß nach diesem Ansatz den Arbeitnehmern keine Verpflichtung zukommt, einer einseitigen Anordnung des Arbeitgebers im Bereich der mitbestimmungspflichtigen Angelegenheiten Folge zu leisten, wenn nicht zuvor eine entsprechende Einigung mit dem Betriebsrat erzielt wurde. Den Arbeitnehmern wird insoweit ein *Zurückbehaltungsrecht* zuerkannt.[346]

Für den hier relevanten Bereich der Lohngestaltung gemäß § 87 Abs. 1 Nr. 10 BetrVG kann die einseitige, allein durch den Arbeitgeber erfolgende Festlegung eines Lohnsystems nur dadurch erfolgen, daß er gleichartige Formulararbeitsverträge abschließt, die in ihrer Gesamtheit das Lohnsystem verwirklichen.[347] Besteht bereits ein Lohnsystem, kann seine einseitige Änderung durch den Arbeitgeber etwa dann relevant werden, wenn er über- bzw. außertariflicher Zulagen gewährt, bereits gewährte Zulagen bei einer Tariflohnerhöhung anrechnet oder, wenn er von einem individualvertraglich vorbehaltenden Widerruf Gebrauch macht.[348] In diesem Bereich geht es also um eine ohne Beteiligung des Betriebsrats erfolgende *rechtsgeschäftliche* Umsetzung der Lohngestaltung. Fehlt die Mitbestimmung, stellt sich die Frage, ob die Unwirksamkeit der einseitigen, *rechtlichen Maßnahme* die geeignete Rechtsfolge darstellt.

3. Bedenken gegen die Unwirksamkeitsfolge

a) Die Ausnahmekonstruktionen der Wirksamkeitstheorie

Die Mängel der herrschenden Meinung zeigen sich insbesondere in der Notwendigkeit zur Eingrenzung der von ihr selbst gesetzten Rechtsfolgen.[349] Dazu

---

[345] Die herrschende Theorie der Wirksamkeitsvoraussetzung führt bei einseitiger Durchführung von mitbestimmungspflichtigen *tatsächlichen* Maßnahmen (z. B. der Einführung von Kontrolleinrichtungen, § 87 Abs. 1 Nr. 6 BetrVG) nicht weiter; vgl. Hess/Schlochauer/*Glaubitz*, BetrVG, § 87 Rn. 86; *Schlüter*, DB 1972, 139 (142). *Adomeit* (BB 1972, 53 [54]) bejahte daher einen Aufhebungsanspruch.

[346] *V. Hoyningen-Huene*, Betriebsverfassungsrecht, S. 247; vgl. auch *Adomeit*, BB 1972, 53 (54).

[347] Vgl. oben § 2 I 1, 3.

[348] Zum Umfang der Mitbestimmung bei über- und außertariflichen Zulagen oben, III 2.

[349] Wie hier *Richardi*, BetrVG, § 87 Rn. 116 ff.; *Zöllner/Loritz*, ArbR, § 47 V 3; *Leinemann*, in: Änderung von Arbeitsbedingungen, S. 145 (153); a. A. *Wiese*, GK-BetrVG, § 87 Rn. 119.

wird zum Teil die Unwirksamkeit selbst, zum Teil ihre Geltendmachung beschränkt.[350]

Gerade zur Verwirklichung des Schutzzwecks – dem zu dienen die Theorie der Wirksamkeitsvoraussetzung entwickelt wurde – ist die herrschende Meinung insbesondere im Bereich der Lohngestaltung gezwungen, die einschneidenden Konsequenzen abzumildern. Dabei besteht über das Ergebnis weitgehend Einigkeit: Die Mitbestimmungswidrigkeit der Arbeitgebermaßnahme soll grundsätzlich nicht zum Scheitern von Arbeitnehmeransprüchen *in der Vergangenheit* führen, denn der Arbeitgeber soll durch die Betriebsverfassungswidrigkeit keine Rechtsvorteile erhalten.[351] Gewährt der Arbeitgeber zum Beispiel Zulagen, ohne über deren Verteilung zuvor eine Einigung mit dem Betriebsrat erzielt zu haben, sollen die Arbeitnehmer nicht zur Rückzahlung der bereits erhaltenen Beträge verpflichtet sein.[352] Zur Begründung wird entweder auf den *Vertrauensschutz*[353] und die entsprechende Anwendung der Grundsätze zum *faktischen Arbeitsver-*

---

[350] Ausnahmen von der Unwirksamkeit werden insbesondere dann gemacht, wenn die Maßnahme außerhalb des Betriebes Wirkung zeigt. Zur Gewährleistung der Rechtssicherheit und zur Berücksichtigung der Belange des Rechtsverkehrs erstrecke sich die Unwirksamkeitsfolge daher *nicht auf*

– den Abschluß von Verträgen mit betriebsfremden Dritten; *Wiese*, GK-BetrVG, § 87 Rn. 112; *Galperin/Löwisch*, BetrVG, § 87 Rn. 192; *v. Hoyningen-Huene*, DB 1987, 1426 (1430 f.); *Schlüter*, DB 1972, 139 f.; *Bommermann*, Wirksamkeitsvoraussetzung, S. 17 f.; a. A. *Reuter/Streckel*, Grundfragen, S. 27 f.

– die Entscheidungen rechtlich selbständiger Sozialeinrichtungen bzw. den Entschluß über ihre Gründung; BAG AP Nr. 5 zu § 87 Altersversorgung; *Hurlebaus*, Fehlende Mitbestimmung, S. 6.

Bei *Notfällen* wird die Unwirksamkeitsfolge der ohne Mitbestimmung des Betriebsrats getroffenen Maßnahme (hier wird es zumeist um die Anordnung von Überstunden gehen) überwiegend abgelehnt (*Schaub*, ArbR Hdb, § 235 IV 2 m. w. Nachw.; diff. *Wiese*, in: GK-BetrVG, § 87 Rn. 102, 156 f.). Zu Recht weisen Hess/Schlochauer/*Glaubitz* (BetrVG, § 87 Rn. 91) darauf hin, daß sich die Mitbestimmungsfreiheit bei Notfällen rechtlich einwandfrei mit der „nur" erzwingbaren Mitbestimmung begründen läßt.

Die Unwirksamkeitsfolge wurde vom BAG auch bei ungeklärter Rechtslage abgelehnt (vgl. oben, Fn. 329).

[351] *Richardi*, BetrVG, § 87 Rn. 118 ff. sowie die Nachw. in den folgenden Fn.

Allerdings können bei der Verletzung von Mitbestimmungsrechten auch nicht Zahlungsansprüche geltend gemacht werden, die vorher nicht bestanden haben; BAG AP Nrn. 50, 68 zu § 87 BetrVG 1972 Lohngestaltung.

[352] *Wiese*, in: GK-BetrVG, § 87 Rn. 125 f. m. w. Nachw.; vgl. aber *ders.*, a. a. O., Rn. 129 ff.; *ders.*, in: FS für Kraft, S. 683 (687).

[353] BAG AP Nr. 3 zu § 56 BetrVG 1952 Entlohnung; *Galperin/Löwisch*, BetrVG, § 87 Rn. 20; *Wiese*, in: GK-BetrVG, § 87 Rn. 126; *v. Hoyningen-Huene*, Betriebsverfassungsrecht, § 12 I 5 b); *ders.*, DB 1987, 1426 (1430); *Lieb*, ArbR, § 8 III 1 c); *Rau*, Systematik der übertariflichen Zulage, S. 119; *H. Hanau*, Individualautonomie und Mitbestimmung, S. 186 f.; *Richardi*, BetrVG, § 87 Rn. 110, 124 ff.

hältnis verwiesen,[354] oder dem Unternehmer die Berufung auf die Mitbestimmungswidrigkeit unter Verweis auf die *Grundsätze des § 242 BGB*[355] versagt.[356] Konsequenterweise müßte man den Vertrauensschutz aber ablehnen, wenn der Arbeitnehmer von der fehlenden Beteiligung des Betriebsrats Kenntnis hatte. Dies scheint aber nicht befürwortet zu werden.

Bei freiwilligen Arbeitgeberleistungen soll sich die Unwirksamkeit des weiteren *für die Zukunft* nur auf die mitbestimmungslose *Verteilung* beziehen; der einmal festgesetzte *Gesamtbetrag* soll aber bindend sein.[357] Inwieweit diese Sichtweise mit der grundsätzlichen Mitbestimmungsfreiheit des Dotierungsrahmens[358] sowie der Zweckbestimmung vereinbar ist, bleibt offen.[359] Zudem zeigt der Umstand, daß der einzelne Arbeitnehmer zwar einen Anspruch auf die mitbestimmungswidrig eingeführte übertarifliche Zulage haben soll, der Arbeitgeber andererseits aber vom Betriebsrat auf Unterlassung der Umsetzung der Verpflichtung in Anspruch genommen werden kann, die mangelnde Auseinandersetzung

---

[354] BAG AP Nr. 6 zu § 87 BetrVG 1972 Altersversorgung (in dem konkreten Fall aber abgelehnt, weil der Vertrauensschutz davon abhängig sei, daß auf der Grundlage der unwirksamen Vertragsregelung bereits Vorkehrungen getroffen worden seien, die nicht rückgängig gemacht werden könnten); *P. Hanau*, RdA 1973, 281 (290 f.).

[355] *v. Hoyningen-Huene*, DB 1987, 1426 (1430); *Wiese*, in: FS für Kraft, S. 683 (687); i. Erg. ebenso *Däubler*, AuR 1984, 1 (12 f.).
Die von *Adomeit* (BB 1972, 53 ff.) entwickelte modifizierte Unwirksamkeitstheorie, nach der eine der Mitbestimmung unterliegende, jedoch vom Arbeitgeber einseitig getroffene Regelung oder Maßnahme unwirksam sei, wenn sie das Interesse der Arbeitnehmer ohne sachlichen Grund verletze, d. h. wenn sie sozial ungerechtfertigt sei, findet im Gesetz keine Stütze und hat auch in der Literatur keine Zustimmung gefunden (vgl. *Galperin/Löwisch*, BetrVG, § 87 Rn. 18; *Säcker*, ZfA Sonderheft 1972, 41 [57 dort Fn. 66]). *Adomeit* hat sich von dieser Theorie wieder losgesagt (DB 1981, 1086).

[356] *Pfarr* (DB 1983, 2001 [2009]) spricht von „dogmatischer Hilflosigkeit“; vgl. auch *Dieterich*, NZA 1984, 273 (277).
Nicht zu begründen ist die Einschränkung der Unwirksamkeitsfolge für diejenigen, die wie *Käppler* (SAE 1993, 340 [345]) dem Arbeitgeber im Bereich des § 87 BetrVG bereits die Kompetenz zur einseitigen Regelungen absprechen. Diesem Ansatz widerspricht allein schon, daß der Unternehmer entsprechende Maßnahmen eigenständig treffen kann, wenn in seinem Betrieb kein Betriebsrat besteht.

[357] *Dieterich*, NZA 1984, 273 (277); *Pfarr*, BB 1983, 2001 (2009); *Käppler*, SAE 1993, 340 (345); wohl auch *H. Hanau*, RdA 1998, 345 (347). Zutreffend führt *Wiese* (in: FS für Kraft, S. 683 [688 ff.]) aus, daß die Anspruchsbegründung aus Vertrauensschutzgesichtspunkten grundsätzlich nur für die Vergangenheit gerechtfertigt ist und die Theorie der Wirksamkeitsvoraussetzung Ansprüche für die Zukunft (z. B. auf Weitergewähr mitbestimmungswidrig eingeführter Zulagen) nicht begründen kann.

[358] Dazu oben, § 3 III 2 c (1), (2).

[359] Vgl. *Wittgruber*, Abkehr, S. 160 f.

des BAG mit den Rechtsfolgen eines allgemeinen Unterlassungsanspruchs[360] einerseits und der Theorie der Wirksamkeitsvoraussetzung andererseits.

Dieser Ausnahmekonstruktionen, welche der Rechtssicherheit abträglich sind,[361] bedarf es dann nicht, wenn man von vornherein nicht auf eine Theorie rekurriert, die den an sie gestellten Anforderungen nicht gerecht wird. Es ist mehr als zweifelhaft, wenn ein Rechtsinstitut, das zur Verwirklichung des Schutzzwecks

---

[360] Nachdem das BAG einen außerhalb des § 23 Abs. 3 BetrVG bestehenden *allgemeinen Unterlassungsanspruch* zunächst zu Recht abgelehnt hat (BAG AP Nr. 2 zu § 23 BetrVG 1972), rückte der 1. Senat in seiner Entscheidung vom 03.05.1994 (BAG AP Nr. 23 zu § 23 BetrVG 1972; bestätigt in BAG AP Nr. 24 zu § 23 BetrVG 1972 in einem obiter dictum) vollständig von der bis dahin vertretenen Auffassung ab und bejahte für den Bereich der Mitbestimmung in sozialen Angelegenheiten einen auf § 87 BetrVG i. V. m. § 2 BetrVG und § 242 BGB gegründeten allgemeinen Unterlassungsanspruch als Nebenleistungsanspruch.
Dieser Kehrtwende i. Erg. zustimmend: *Fitting*, § 87 Rn. 566 ff. m. w. Nachw.; *P. Hanau*, NZA 1996, 841 (843 f.); *Richardi*, NZA 1995, 8 ff.; *ders.*, in: FS für Wlotzke, S. 407, 418 ff.; *ders.*, Anm. zu BAG AP Nr. 23 zu § 23 BetrVG 1972. *Richardi* macht allerdings deutlich, daß bei Annahme der Theorie der Wirksamkeitsvoraussetzung ein Unterlassungsanspruch nicht bejaht werden darf.
Ein *allgemeiner Unterlassungsanspruch* ist dem Betriebsverfassungsgesetz mit seinen differenziert gestuften und sanktionierten Mitwirkungs- und Mitbestimmungsrechten *nicht* zu entnehmen. Fehl geht die Vorstellung, daß der Zuerkennung jeden materiellen Rechts notwendigerweise ein prozessuales Durchsetzungsmittel (*actio*) zur Seite gestellt sein müsse; *Ehmann*, SAE 1984, 104 (105). § 87 BetrVG selbst enthält keinen allgemeinen Unterlassungsanspruch. Aber auch eine Zusammenschau der §§ 87 Abs. 1, 2 Abs. 1 BetrVG i. V. m. § 242 BGB vermag einen solchen nicht zu begründen (vgl. ausführlich *Konzen*, NZA 1995, 865 [870 f.]). Da es sich bei den Mitbestimmungsrechten des Betriebsrats nicht um subjektive Rechte, insbesondere nicht um eine eigentumsähnliche Position handelt, kann ein Unterlassungsanspruch ebensowenig in Analogie zu den §§ 1004, 823 Abs. 2 BGB begründet werden. Gegen die Annahme eines derartigen Anspruchs spricht zudem, daß das bei grobem Verstoß des Arbeitgebers von ihm zu entrichtende Ordnungs- bzw. Zwangsgeld gemäß § 23 Abs. 3 S. 5 BetrVG auf 20.000 DM begrenzt ist, während bei einem allgemeinen Unterlassungsanspruch gemäß § 85 ArbGG, § 890 ZPO ein Ordnungsgeld bis zu 500.000 DM verhängt werden kann. Zu Recht ist dem Betriebsrat daher ein allgemeiner Unterlassungsanspruch nicht zuzuerkennen; so auch *Stege/Weinspach*, BetrVG, § 87 Rn. 3 a, b, c; *Zöllner/Loritz*, ArbR, § 46 III 6; *Matthes*, in: Münch Hdb, § 321 Rn. 15 ff.; *Adomeit*, NJW 1995, 1004; *Ehmann*, SAE 1984, 104 f.; *v. Hoyningen-Huene*, NZA 1998, 1081 (1088); *H. Hanau*, RdA 1998, 345 (348 f.); *Bauer/Diller* (ZIP 1995, 95 ff.), die insbesondere die praktischen Auswirkungen der Rechtsprechung darlegen; *Konzen*, NZA 1995, 865 ff.; *Walker*, DB 1995, 1961 (1962 m. w. Nachw.).
Übereinstimmung besteht aber jedenfalls insoweit, als daß die Geltendmachung des Unterlassungsanspruchs nicht dazu führen darf, daß der Arbeitgeber zusätzliche Leistungen erbringen muß, auf die der Arbeitnehmer keinen Anspruch hat; vgl. *Richardi*, NZA 1995, 8 (11).

[361] *Adomeit*, BB 1972, 53.

geschaffen wurde, durch allgemeine Grundsätze wieder eingeschränkt werden muß, um gerade diesen Zweck überhaupt zu verwirklichen.[362] Der durch die Unwirksamkeit einer nach § 87 Abs. 1 Nr. 10 BetrVG mitbestimmungspflichtigen Maßnahme erstrebte Schutz vor der einseitigen an den Unternehmensinteressen ausgerichteten Lohngestaltung kann nach der herrschenden Meinung nur durch Korrekturen über Gesichtspunkte des Vertrauensschutzes gewahrt werden. Aber nicht das Mitbestimmungsrecht erfordert diese Korrektur, sondern die von der herrschenden Meinung behauptete Sanktion.

Keine Einschränkung erfährt die Theorie der Wirksamkeitsvoraussetzung in den Bereichen, in denen die Arbeitnehmer durch die Unwirksamkeitsfolge weiterhin zusätzliche Leistungen erhalten. Dies betrifft insbesondere die oben bereits dargestellte (mitbestimmungswidrige) Anrechnung von Tariflohnerhöhungen auf über- und außertarifliche Zulagen oder deren Widerruf.[363] Aber auch für diese Fälle bedarf es zur Verwirklichung des Schutzzweck nicht der Sanktion der Unwirksamkeit der Arbeitgebermaßnahme.[364]

b) Wirksamkeitstheorie und Individualautonomie

Zweifel an der Theorie der Wirksamkeitsvoraussetzung bestehen insbesondere im Hinblick auf die mit ihr einhergehende Beschränkung der Individualautonomie.[365] Diese Problematik ist nicht bereits deshalb auszublenden, weil die Mitbestimmung nach § 87 Abs. 1 Nr. 10 BetrVG erst bei Vorliegen eines kollektiven Regelungsbedürfnisses eingreift. Denn wie gesehen[366] schließen sich einzelvertragliche Abrede und kollektiver Tatbestand nicht aus. Vielmehr kann ein kollektiver Bezug insbesondere beim Abschluß einzelvertraglicher Einheitsregelungen gegeben sein.

---

[362] So auch *Richardi*, BetrVG, § 87 Rn. 116 f.; *Schüren*, DB 1972, 139 (140); *Hurlebaus*, Fehlende Mitbestimmung, S. 30.

[363] Dazu oben, III 2 d.

[364] Dazu sogleich, 4.

[365] Darauf stellen insbesondere ab: *Richardi*, BetrVG, § 87 Rn. 114, 123 ff.; *ders.*, Kollektivgewalt, S. 291 ff.; *ders.*, in: FS für Lübtow, S. 755 (783); *ders.*, Betriebsverfassung und Individualautonomie, S. 24 ff.; *Leinemann*, in: Änderung von Arbeitsbedingungen, S. 145 (153); *Schlochauer*, in: Änderung von Arbeitsbedingungen, S. 221 (236 f.); *Dietz*, BB 1959, 1210 (1213 f.); *ders.*, RdA 1962, 390 (394). Allerdings beziehen sie Individualmaßnahmen in die Mitbestimmungspflichtigkeit nach § 87 Abs. 1 BetrVG ein (*Dietz/Richardi*, BetrVG, § 87 Rn. 16 ff., 85 ff.). Dies kann jedenfalls für § 87 Abs. 1 Nr. 10 BetrVG nicht gelten (vgl. dazu oben, I 3). Auf die übermäßige Einschränkung der Individualautonomie durch die Theorie der Wirksamkeitsvoraussetzung verweisen auch Hess/Schlochauer/*Glaubitz*, BetrVG, § 87 Rn. 89; *Schlüter*, DB 1972, 139 (140); *Bommermann*, Wirksamkeitsvoraussetzung, S. 85 ff.; *Wittgruber*, Abkehr, S. 161 ff.

[366] Oben, § 2 I 3.

Nach der Theorie der Wirksamkeitsvoraussetzung erstreckt sich die Rechtsfolge fehlender Mitbestimmung gerade auf die individualvertragliche Ebene. Unter Rückgriff auf den Schutzzweck wird die – zwar gegebenenfalls *tatsächlich* einseitige[367] – *rechtlich* aber zweiseitige Individualvereinbarung mit den rechtlich wie tatsächlich einseitigen Anordnungen des Arbeitgebers (Direktionsbereich) gleichgesetzt und ihr die Wirksamkeit versagt. Folge ist, daß eine einzelvertragliche Einigung über eine mitbestimmungspflichtige Angelegenheit bis zur Gestaltung durch die Betriebspartner ausscheidet.[368] Das heißt, nicht erst eine bestehende *Betriebsvereinbarung* schließt danach die einzelvertragliche Abrede aus (kraft unmittelbarer und zwingender Wirkung nach § 77 Abs. 4 BetrVG), sondern bereits das *Mitbestimmungsrecht* als solches.

In Anbetracht der Schwierigkeiten bei der Feststellung einer kollektiven Maßnahme wird es – gerade im Bereich über- und außertariflicher Zulagen – zu einer für Arbeitgeber und Arbeitnehmer oftmals nicht zu klärenden Zweifelsfrage, ob bei einer Individualabsprache bereits eine mitbestimmungspflichtige Kollektivmaßnahme vorliegt oder noch eine beteiligungsfreie rein individuelle Abmachung. Offen bleibt auch, was mit Einzelvereinbarungen geschieht, die getroffen wurden, bevor ein Kollektivbezug vorlag.[369] In diesen Fällen gegebenenfalls über Ausnahmetatbestände den Vereinbarungen insoweit Gültigkeit zuzugestehen, als sie Ansprüche der Arbeitnehmer betreffen, kann die grundsätzlichen Zweifel an dem von der herrschenden Meinung vertretenen Ansatz nicht beseitigen,[370] denn die mit der Unwirksamkeitsfolge einhergehende Beschränkung der arbeitsvertraglichen Individualfreiheit geht hier sogar weiter als sonst im

---

367 Vgl. oben, § 2 I 2.

368 So BAG AP Nr. 6 zu § 87 BetrVG 1972 Altersversorgung; *Wiese*, in: GK-BetrVG, § 87 Rn. 109, 119; *Fitting*, § 87 Rn. 564.
Hurlebaus (Fehlende Mitbestimmung, S. 55 ff., 84, 87 ff., 119) differenziert nach der Schutzrichtung der einzelnen Mitbestimmungstatbestände.
Auch *Richardi* (BetrVG, § 87 Rn. 118 ff.; *ders.*, ZfA 1976, 1 [36 f.]; *ders.*, RdA 1983, 284) fordert ein flexibles System der Sanktion mitbestimmungswidrigen Verhaltens. Sie stellen allerdings darauf ab, daß die „betriebsverfassungsrechtliche Pflichtwidrigkeit dem Arbeitgeber keinen Rechtsvorteil im Rahmen des Einzelarbeitsverhältnisses" bieten dürfe.

369 *Richardi*, in: FS für Lübtow, S. 755 (783).
Die Verletzung des Mitbestimmungsrechts durch den Arbeitgeber wurde sogar für den Fall angenommen, daß der Regelungswunsch von einzelnen Arbeitnehmern ausging, deren Einzelabmachungen mit dem Arbeitgeber sich erst im Laufe der Zeit zu einer kollektiven Regelung verdichteten; vgl. BAG AP Nr. 5 zu § 56 BetrVG 1952 Entlohnung mit abl. Anm. *Dietz*; ablehnend auch *Schlüter*, DB 1972, 92 (93).

370 *Wiese* (in: FS für Kraft, S. 683 [689]), der grundsätzlich die Theorie der Wirksamkeitsvoraussetzung befürwortet, sieht in einer Beschränkung der Unwirksamkeitsfolge auf den Arbeitnehmer belastende mitbestimmungswidrige Rechtsgeschäft die Aufgabe dieser Theorie.

kollektiven Arbeitsrecht.[371] Einzelvertragliche Regelungen können ohne weiteres über einen bestimmten Gegenstand getroffen werden, der noch nicht tariflich normiert ist. Auch werden diese nicht durch spätere Tarifverträge beseitigt, sondern die Individualabsprache kommt gemäß § 4 Abs. 3 TVG zur Geltung, wenn sie günstiger ist.[372] Dagegen sollen nach der Theorie der Wirksamkeitsvoraussetzung im Bereich der sozialen Angelegenheiten individuelle Abreden nicht wirksam werden, soweit die Mitbestimmung des Betriebsrats fehlt.[373] Mit dieser *„überschießenden Wirkung"*[374] werden somit Individualabsprachen, die vor Einigung der Betriebspartner getroffen wurden, aus der Anwendung des Günstigkeitsprinzips ausgeschlossen.[375]

Durch die auf den Einzelvertrag durchschlagende Rechtsfolge wird Arbeitnehmern wie Arbeitgebern im Ergebnis die *Kompetenz genommen*, individualvertragliche Abreden ohne Zustimmung des Betriebsrats zu treffen, soweit es sich um Gegenstände des § 87 Abs. 1 BetrVG handelt. Folge ist eine „partielle Entmündigung"[376] der Belegschaftsmitglieder sowie der Arbeitgeber. Diese ist

---

[371] *Dietz/Richardi* (BetrVG, § 87 Rn. 94 f.) sehen darin sogar einen Verstoß gegen das Übermaßverbot; ähnlich *H. Hanau* (Individualautonomie und Mitbestimmung, S. 192 ff.), der im Bereich des § 87 Abs. 1 Nr. 10 BetrVG wegen der Ausgleichsfunktion des Betriebsrats Unwirksamkeit annimmt; vgl. auch *Veit*, Zuständigkeit, S. 297; *Schlüter*, DB 1972, 139 (141); *Dietz*, RdA 1962, 390 (394).

[372] Zum Günstigkeitsprinzip im Verhältnis von Tarifvertrag und Individualvereinbarung unten, § 5 II 2. Zum Günstigkeitsvergleich unten, § 6.

[373] *Galperin/Löwisch*, BetrVG, § 87 Rn. 19; *Wiese*, in: GK-BetrVG, § 87 Rn. 119; Hueck/Nipperdey-*Säcker*, ArbR Bd. II / 2, S. 1389 f.; vgl. die Nachw. oben, Fn. 333, 334. Fehl geht der Verweis auf das Günstigkeitsprinzip, um die Unwirksamkeitsfolge in den Fällen auszuschließen, in denen eine für den Arbeitnehmer günstigere Regelung getroffen wurde (so aber *Lieb*, ArbR, § 8 III 1 c; *Adomeit*, BB 1972, 53; *H. Hanau*, Individualautonomie und Mitbestimmung, S. 192 ff.). Ohne schon hier ausführlich auf das Günstigkeitsprinzip einzugehen (dazu unten, § 5 II), bleibt festzuhalten, daß das Günstigkeitsprinzip dazu dient, die Geltung von übergeordneten Schutznormen dann einzuschränken, wenn auf der niedrigeren Ebene durch eine Regelung dieses Ziel bereits verwirklicht ist. Die günstigere Regelung muß dazu aber zumindest wirksam sein – gerade der Wirksamkeit steht aber die Theorie der Wirksamkeitsvoraussetzung entgegen; vgl. *Richardi*, BetrVG, § 87 Rn. 95; *Hurlebaus*, Fehlende Mitbestimmung, S. 32 f.

[374] *P. Hanau*, RdA 1989, 207 (209); *H. Hanau*, RdA 1998, 345 (346) allerdings bezogen auf die mitbestimmungswidrige Anrechnung bzw. den Widerruf übertariflicher Zulagen; vgl. dazu auch oben, 2 d (2) (bb); (4).

[375] Zur Anwendung des Günstigkeitsprinzips im Verhältnis von Betriebsvereinbarung und Individualvertrag unten, § 5 II 3.

[376] *Richardi*, BetrVG, § 87 Rn. 114; *ders.*, in: FS für Lübtow, S. 755 (779); *Schlüter*, DB 1972, 139 (140). Nach *Säcker* (ZfA Sonderheft 1972, 41 [57]; *ders.*, Gruppenautonomie, S. 352) hingegen beruht eine restriktive Interpretation der Mitbestimmungsrechte nach § 87 BetrVG auf „idealistischer Verabsolutierung des Selbstbestimmungsprinzips zu einem allgemeinen formalen Ordnungsprinzip, dessen uneingeschränkte Geltung selbst dann noch

durch den Schutzzweck der Mitbestimmung jedoch weder gefordert, noch gerechtfertigt.[377] Für die Nichtigkeit vertraglicher Abreden reicht es nicht aus, daß sich ihr Inhalt auf mitbestimmungspflichtige Angelegenheiten bezieht.[378]

Nur wenn zunächst die Wirksamkeit auch solcher Regelungen bejaht wird, die ohne die Beteiligung des Betriebsrats zustande gekommen sind, kann der verfassungsrechtlichen Bedeutung der Individualautonomie (Art. 2 Abs. 1 GG) Rechnung getragen werden. Erst wenn eine Betriebsvereinbarung abgeschlossen wurde, überlagert ihre unmittelbare und zwingende Wirkung gemäß § 77 Abs. 4 BetrVG die einzelvertragliche Abrede.[379]

4. Zweckverwirklichung durch „nur" erzwingbare Mitbestimmung

Die aufgeführte Beschränkung der Individualautonomie ist nicht durch die Zwecksetzung betrieblicher Mitbestimmung gefordert, denn zur Verwirklichung des *Schutzes*[380] der Arbeitnehmer bedarf es nicht der Sanktion der Unwirksamkeit.[381]

---

gefordert wird, wenn es in der Realität allein dazu dient, das einseitige Diktat der Arbeitsbedingungen durch den Arbeitgeber zu verschleiern." Dagegen *Schlüter*, DB 1972, 139 (141).

[377] Anders *Wiese*, in: GK-BetrVG, § 87 Rn. 98; *Jahnke*, Tarifautonomie und Mitbestimmung, S. 116 ff.; *v. Hoyningen-Huene*, DB 1987, 1426 (1428 f.); *Simitis/Weiss*, DB 1973, 1240 (1241 dort Fn. 8).
Zur Verwirklichung des Schutzzwecks durch „nur" erzwingbare Mitbestimmung unten, 4.

[378] *Richardi*, BetrVG, § 87 Rn. 123 ff.

[379] Nicht erforderlich ist allerdings, die Mitbestimmung des Betriebsrats nach § 87 Abs. 1 BetrVG an die Form der Betriebsvereinbarung zu binden. Die Mitbestimmungsrechte im Bereich der sozialen Angelegenheiten können auch durch formlose Regelungsabreden wahrgenommen werden. Zweckmäßiger ist allerdings der Abschluß von Betriebsvereinbarungen und gerade im Lohnbereich wird dies die einzige Möglichkeit sein, tatsächlich ein Lohnsystem zur Gewährleistung der Angemessenheit und Durchsichtigkeit der Entlohnung zu erreichen (vgl. dazu oben, § 2 II, § 3 II 3 b [2]).

[380] Zur Zwecksetzung oben, § 2.
Nach dem hier vertretenen Ansatz ist neben dem *Schutzzweck* kein gesonderter *Teilhabezweck* anzunehmen, vielmehr stellt sich die Mitwirkung/Teilhabe des Betriebsrats an der Ausgestaltung der sozialen Angelegenheiten als Weg zur Verwirklichung des Schutzes der Arbeitnehmer dar, nicht hingegen als ein eigenständiger Zweck. Aber auch wenn man wie die herrschende Meinung den *Teilhabezweck* betont (vgl. dazu die Nachw. oben, § 2 Fn. 47), zwingt dieser nicht zur Annahme der Unwirksamkeitsfolge, sondern erweist sich im Gegenteil als zur Gewährleistung des Teilhabezwecks ungeeignet (so auch *Hurlebaus*, Fehlende Mitbestimmung, S. 42; *Bommermann*, Wirksamkeitsvoraussetzung, S. 100 f.: „Überregelung"). Denn mit der Unwirksamkeit der einseitig vom Arbeitgeber durchgeführten Maßnahme ist die Teilhabe noch nicht verwirklicht, da lediglich der status quo ante erhalten, nicht jedoch das der Teilhabe zugehörige aktive Tun verwirklicht wird (vgl. *Konzen*, NZA 1995, 865 (870); *Hurlebaus*, Fehlende Mitbestimmung, S. 40, 75; *Bommermann*,

Zwar erscheint die Argumentation zunächst überzeugend: Durch die Unwirksamkeitsfolge würden Regelungen verhindert, die ohne den Betriebsrat zustande gekommen und damit vornehmlich einseitig an den Unternehmensinteressen ausgerichtet sind.[382] Bei näherer Betrachtung zeigt sich aber, daß es hierfür der Unwirksamkeit nicht bedarf.[383] Denn der Betriebsrat kann über sein umfassendes Initiativrecht[384] seine Einflußnahme auf die Entscheidung über die mitbestimmungspflichtige Angelegenheit erzwingen. Im Verfahren vor der Einigungsstelle hat er die Möglichkeit, seine Vorstellungen über die Lohngestaltung zum Schutz der Arbeitnehmer einzubringen. Insoweit ist er nicht darauf beschränkt, lediglich zukünftige Regelungen anzustreben. Hat der Arbeitgeber die Lohngestaltung einseitig unter Mißachtung des Mitbestimmungsrechts vorge-

---

Wirksamkeitsvoraussetzung, S. 100 f.). Der Betriebsrat muß also, um den Teilhabezweck umzusetzen, von seinem Initiativrecht Gebrauch machen, so daß es im Hinblick auf die Verwirklichung eines Teilhabezwecks keinen Unterschied macht, ob der einseitigen Arbeitgebermaßnahme zunächst Wirksamkeit zugestanden wird.

[381] Hess/Schlochauer/*Glaubitz*, BetrVG, § 87 Rn. 87; *Bommermann*, Wirksamkeitsvoraussetzung, S. 79 ff.; *Hurlebaus*, Fehlende Mitbestimmung, S. 26 ff., diff. allerdings S. 84 ff. Daß weder der von *Adomeit* (Regelungsabrede, S. 54 ff.) vertretene Integrationszweck noch ein Ordnungszweck (vgl. oben, § 2 Fn. 79) die Sanktion der Unwirksamkeit fordern, hat *Hurlebaus* (Fehlende Mitbestimmung, S. 33 ff., 43 ff., 78 ff.) überzeugend dargestellt.

[382] Zutreffend weist *Schüren* (DB 1972, 92 [94]) darauf hin, daß nicht zwischen der Frage des Bestehens eines Mitbestimmungsrechts und der Beteiligung des Betriebsrats als Wirksamkeitsvoraussetzung unterschieden wird.

[383] Insbesondere bei den tatsächlichen Anordnungen ergibt sich ein Widerspruch zum angestrebten Schutz der Arbeitnehmer, denn diesen wird die Geltendmachung der Mitbestimmungswidrigkeit der einseitig getroffenen Maßnahme aufgebürdet. Trotz der unsicheren Rechtslage hinsichtlich des Umfangs der Beteiligungsrechte wird ihnen das „Unwirksamkeitsrisiko" auferlegt, indem sie die fehlende Betriebsratsbeteiligung durch Ausübung eines Zurückbehaltungsrechts geltend machen sollen (*Wiese*, GK-BetrVG, § 87 Rn. 122). Die Arbeitnehmer tragen die Gefahr, daß sie die Befolgung einer Anordnung des Arbeitgebers wegen Mitbestimmungswidrigkeit verweigern, ohne daß eine soziale Angelegenheit nach § 87 Abs. 1 BetrVG vorliegt. Vgl. Hess/Schlochauer/*Glaubitz*, BetrVG, § 87 Rn. 90; *Richardi*, BetrVG, § 87 Rn. 123; *ders.*, Kollektivgewalt, S. 293 f.; *Adomeit*, BB 1981, 1086; *ders.*, BB 1972, 53; *Bauer/Diller*, ZIP 1995, 95 (97); *Hurlebaus*, Fehlende Mitbestimmung, S. 41; *Raab*, ZfA 1997, 183 (214). Nicht zum Schutz der Arbeitnehmer, sondern zur Stärkung der Betriebsratsstellung fordert *P. Hanau* (RdA 1973, 281 [291 f.]), daß die Geltendmachung der Mitbestimmungswidrigkeit durch die Arbeitnehmer und zusätzlich durch den Betriebsrat erfolgen muß. Kritisch dazu schon zuvor *Schlüter*, DB 1972, 139 (142 f.). Ist die Anordnung aber zunächst „wirksam", so sind den Belegschaftsmitgliedern ihre Rechte und Pflichten klar und es obliegt dem Betriebsrat, seine Einflußnahmemöglichkeit geltend zu machen und über die Einigungsstelle eine Lösung zu finden, die den Schutzinteressen der Arbeitnehmer genügt. So auch Hess/Schlochauer/*Glaubitz*, BetrVG, § 87 Rn. 87; *Schlüter*, DB 1972, 139 (142 f.); *Bommermann*, Wirksamkeitsvoraussetzung, S. 79 ff.

[384] Dazu oben, I 4.

nommen, so kann der Betriebsrat auch auf den Abschluß einer rückwirkenden Betriebsvereinbarung drängen und diese über die Einigungsstelle durchsetzen.[385] Zudem wird auch der Arbeitgeber an der Beteiligung des Betriebsrats schon wegen der praktischen Notwendigkeiten interessiert sein, denn werden die sozialen Angelegenheiten des § 87 Abs. 1 BetrVG durch Betriebsvereinbarung geregelt, muß er nicht den schwer gangbaren Weg der Änderung einer Vielzahl von Einzelverträgen beschreiten, um die Entlohnungsgrundsätze an neue betriebliche Bedürfnisse anzupassen.[386] Darüber hinaus steigt die Akzeptanz der Belegschaft hinsichtlich des durch Einigung der Betriebspartner gefundenen Ergebnisses, so daß den betriebssoziologischen Erfordernissen genügt werden kann.[387]

Andererseits ist es nicht Aufgabe des Arbeitgebers, sich bei Untätigkeit des Betriebsrats darum zu bemühen, daß dieser seine Mitbestimmungsrechte wahrnimmt und durchsetzt. Dies ist aber Konsequenz der Theorie der Wirksamkeitsvoraussetzung: Will der Arbeitgeber eine Maßnahme treffen und bleibt der Betriebsrat untätig, so müßte ersterer die Einigungsstelle anrufen, um zur Wirksamkeit der geplanten Regelung zu gelangen. Die Bedeutung der Einigungsstelle würde in ihr Gegenteil verkehrt, wenn sie nun den Plänen des Arbeitgebers zur Wirksamkeit verhelfen muß, nicht weil sie eine Einigung herbeiführt, sondern weil der Arbeitgeber gezwungen ist, den untätigen Betriebsrat über die Einigungsstelle zur Wahrnehmung seiner Mitbestimmungsrechte und damit seiner Schutzfunktion zu bringen.[388]

Aber auch in den Fällen, in denen der Betriebsrat seine Mitwirkungsbefugnisse geltend macht, die Zusammenarbeit mit dem Arbeitgeber aber derart gestört ist, daß dieser die Beteiligung ablehnt, bleibt den Belegschaftsrepräsentanten die Möglichkeit, das Bestehen von Mitbestimmungsrechten im Beschlußverfahren vor dem Arbeitsgericht klären zu lassen. Reicht auch das nicht aus, eine gemeinsame Entscheidungsfindung über die sozialen Angelegenheiten zu eröffnen, können sowohl der Betriebsrat als auch eine im Betrieb vertretene Gewerkschaft gemäß § 23 Abs. 3 BetrVG gegen den Arbeitgeber vorgehen.[389] Voraus-

---

[385] Zur Wirksamkeit rückwirkender Betriebsvereinbarungen: BAG AP Nr. 61 zu § 77 BetrVG 1972; *Kreutz*, in: GK-BetrVG, § 77 Rn. 166 ff.; vgl. auch *H. Hanau*, RdA 1998, 345 (349).

[386] Hess/Schlochauer/*Glaubitz*, BetrVG, § 87 Rn. 87; *Schlochauer*, in: Änderung von Arbeitsbedingungen, S. 221 (237). Wegen der Mißachtung des Mitbestimmungsrechts halten *Stege/Weinspach* (BetrVG, § 87 Rn. 3) sogar solche Änderungskündigungen für unwirksam; ebenso BAG AP Nr. 15 zu § 87 BetrVG 1972 Lohngestaltung; dagegen *Schlüter*, DB 1972, 139 (141 f.).

[387] Dazu bereits oben, § 2 I 2.

[388] Hierauf hat schon *Dietz* (RdA 1962, 390 [394]) hingewiesen.

[389] Hess/Schlochauer/*Glaubitz*, BetrVG, § 87 Rn. 87; *Bommermann*, Wirksamkeitsvoraussetzung, S. 100; *Schlochauer*, in: Änderung von Arbeitsbedingungen, S. 221 (237).

setzung ist allerdings ein grober Verstoß,[390] der bei der Mißachtung eines gerichtlich festgestellten Mitbestimmungsrechts vorliegen wird. Bei hartnäckigen Verstößen kann nach § 119 Abs. 2 BetrVG sogar Strafantrag gestellt werden. Natürlich sind dies „schwere Geschütze“, die der Betriebsrat nur in Ausnahmefällen auffahren wird. Aber auch der Arbeitgeber wird es soweit nicht kommen lassen, macht doch die Gesamtheit seiner Befugnisse den Betriebsrat zu einem unentbehrlichen Partner.[391]

Damit zeigt sich, daß der Schutz anders als durch die Unwirksamkeitsfolge sinnvoll und umfassend gewährleistet ist.[392] Eine derart weitreichende Beschränkung der Privatautonomie, wie sie durch die Theorie der Wirksamkeitsvoraussetzung erfolgt, ist damit nicht erforderlich.

Zudem erweist sich die Theorie der Wirksamkeitsvoraussetzung auch unter praktischen Erwägungen als ungeeignet, denn neben dem gegebenenfalls einzuleitende Einigungsstellenverfahren zur Verwirklichung der vom Betriebsrat angestrebten Maßnahmen muß zusätzlich das Gericht zwecks Feststellung der Unwirksamkeit der ursprünglichen Anordnung angerufen werden.[393] Durch die Dauer des Gerichtsverfahrens wird damit der regelungslose Zustand aufrechterhalten.

---

[390] Vgl. zu § 23 Abs. 3 BetrVG: *Matthes*, in: Münch Hdb, § 321 Rn. 8; Hess/*Schlochauer*/Glaubitz, BetrVG, § 23 Rn. 16, 61; *Raab*, ZfA 1997, 183 (188 f.).

[391] *Loritz*, ZfA 1991, 1(17 f.).

[392] Eine Unwirksamkeit kommt allenfalls in Frage, wenn die betriebsverfassungsrechtliche Pflichtwidrigkeit des Arbeitgebers den Tatbestand der Gesetzesumgehung erfüllt; *Richardi*, Kollektivgewalt, S. 296 f.; *ders.*, in: FS für Lübtow, S. 755 (785 f.).
Auf diesen Gedanken hat auch schon das BAG (AP Nr. 5 zu § 56 BetrVG 1952 Entlohnung) abgestellt. Eines Rückgriffs auf den Gedanken der Gesetzesumgehung hätte es aber nach der vom BAG verfolgten Theorie der Wirksamkeitsvoraussetzung nicht bedurft. Damit scheint es selbst nicht so recht von dieser Theorie überzeugt gewesen zu sein.

[393] Dies ist nicht nur prozeßökonomisch unsinnig, sondern widerspricht auch dem gesetzlich vorgesehenen Konfliktlösungsmechanismus; vgl. *Hurlebaus*, Fehlende Mitbestimmung, S. 42.

§ 4 Lohnbetriebsvereinbarungen und Normsetzungsmonopol

Die Ausführungen in § 3 der Arbeit haben gezeigt, daß dem Betriebsrat über § 87 Abs. 1 Nr. 10 BetrVG bereits ein relativ weites Feld an Mitwirkungsmöglichkeiten bei der betrieblichen Lohngestaltung eröffnet ist. Deutlich wurde aber, daß gerade die Lohn*höhe* nicht der erzwingbaren Mitbestimmung unterliegt, auch wenn die Ausweitung des Anwendungsbereichs des Mitbestimmungstatbestandes in Verbindung mit der Vorrangtheorie die Grenzen zum Teil verwischt hat. Allein die Mitbestimmung bei der formellen Lohngestaltung reicht jedoch nicht aus, um den Erfordernissen nach einer an den betrieblichen Besonderheiten orientierten Festlegung der Löhne zu genügen und die einseitigen Vorgaben des Arbeitgebers durch mitbestimmte, zweiseitige Vereinbarungen einzuschränken. Vielmehr ist es notwendig, daß die Betriebspartner normativ wirkende Vereinbarungen auch hinsichtlich der konkreten Lohnhöhe treffen können. Wie im folgenden zu zeigen sein wird, ist auf betrieblicher Ebene die Möglichkeit, die Lohnhöhe zu regeln, eröffnet, dies allerdings nur im Wege *freiwilliger* Übereinkunft. Kommt eine Einigung nicht zustande, kann diese durch den Spruch der Einigungsstelle nur dann ersetzt werden, wenn die Betriebspartner nach § 76 Abs. 6 BetrVG beide mit deren Tätigwerden einverstanden sind. Dabei erweist sich die Einflußnahme des Betriebsrats auf die Festlegung der Lohnhöhe unter historischen Gesichtspunkten keinesfalls als eine neue Idee (dazu unter I), und auch das Betriebsverfassungsgesetz von 1972 räumt den Betriebspartnern grundsätzlich die Regelungskompetenz zum Abschluß *freiwilliger* Betriebsvereinbarungen über Löhne ein (dazu unter II 1). Lohnbetriebsvereinbarungen wird aber überwiegend unter Verweis auf § 77 Abs. 3 BetrVG die Wirksamkeit faktisch versagt (dazu unter II 2), soweit nicht die Tarifvertragspartner den Abschluß ausdrücklich zugestehen (dazu unter II 3). Unter Berücksichtigung der verfassungsrechtlichen Gewährleistung der Betriebsautonomie (dazu unter III) ist dieses den Koalitionen eingeräumte Normsetzungsmonopol jedoch nicht mehr haltbar, so daß – worauf in § 5 einzugehen sein wird – § 77 Abs. 3 BetrVG verfassungskonform unter Berücksichtigung der Betriebsautonomie als Verfassungsgut auszulegen ist.

I. Historische Entwicklung der Betriebsautonomie im Hinblick auf die Lohnfestlegung

Den Betriebspartnern die Festlegung der Löhne zuzugestehen, stellt sich als konsequente Fortschreibung der historischen Entwicklung der Betriebsautonomie dar. Denn die heutigen Mitwirkungsmöglichkeiten, die den Arbeitnehmern auf gesetzlicher Basis eine abgestufte Beteiligung an der Gestaltung des Betriebes sichern, sind nicht erst den Einsichten jüngerer Zeit erwachsen, sondern als prinzipielle Bestrebungen nach *wirtschaftlicher* und *sozialer Machtverteilung* bis an den Beginn der Industrialisierung in Deutschland zurückverfolgbar. Entsprechend ist auch die Bestrebung nach kollektiver Regelung des Lohnes auf Betriebsebene unter historischer Betrachtung keinesfalls eine neue Idee:

1. Frühe Wurzeln des Mitbestimmungsgedankens

Schon zu Anfang des 19. Jahrhunderts, im *Vormärz der 48er-Revolution*, forderte das sozialreformerische Schrifttum ein wirtschaftliches Mitbestimmungsrecht. Ausgehend von dem Gedanken, daß das Elend der Arbeiter nicht durch bloße polizeiliche Reglementierung nieder zu halten und durch Mittel der Armenpflege zu lindern sei, entwickelte sich der Gedanke eines Systems der Arbeitervertretung.[1] Diese Gedanken wirkten jedoch noch nicht in die industrielle Praxis ein.

Auch die hohen Erwartungen, die an die in der *Frankfurter Paulskirche* tagende Nationalversammlung gestellt wurden, eine Garantie bürgerlicher Freiheiten zu verwirklichen sowie eine Verfassung für die gewerbliche Wirtschaft zu errichten, konnten nicht erfüllt werden. Zwar wurde ein entsprechender Ausschuß gebildet, dessen *Entwurf für eine Reichsgewerbeordnung* unter anderem die Schaffung von Fabrikausschüssen vorsah, die von den Arbeitern paritätisch mitbesetzt sein sollten.[2] Diese Konzeption einer betrieblichen und überbetrieblichen Mitbestimmung blieb aber wegen der anderen wichtigen, verfassungsrechtlichen Fragen unberücksichtigt.

Die ersten Betriebsvertretungen wurzelten in der *Weiterentwicklung bestehender betrieblicher Sozialinstitutionen*, die aus den berufsständischen Unterstüt-

---

1 Zuvorderst wurde dieser Gedanke 1834/35 von *Benedict Franz Xaver von Baader* entwickelt (dazu *Teuteberg*, Geschichte, S. 8 ff.), dessen Verdienst der Hinweis auf einen grundsätzlichen Rechtsanspruch des Arbeiters auf eine standesgemäße Vertretung ist. Seine Vorstellung der Arbeiter- und Armenvertretung hatte allerdings staatlichen Charakter und war geprägt durch seine konservative Einstellung (vormundschaftliche Beiordnung des Klerus u. ä.).
Bei *von Mohl* (Über die Nachtheile, S. 173 f., 179, 190), der zu den ersten Kritikern des klassischen Liberalismus in Deutschland zu zählen ist, findet sich die Einsicht in die Abhängigkeit des Fabrikarbeiters von dem Willen des Arbeitgebers, gegen dessen Forderungen er sich weder durch aktiven Widerstand (den der Staat bestraft), noch durch passive Resistenz (zu der ihm die finanziellen Mittel fehlten) wehren könne. *Von Mohl* fordert eine neue Organisationsform der Arbeit, wobei es ihm nicht nur um bloße Lohnerhöhung ging, sondern um die Beseitigung der Aussichtslosigkeit der Arbeitnehmer durch die Bildung eines repräsentativen Vertretungssystems, durch welches die autoritäre und patriarchalische Herrschaft der Unternehmer eingeschränkt werden sollte.
Ausführungen zu weiteren Sozialreformern finden sich bei *Teuteberg*, Geschichte, S. 19 ff. zu *Immanuel Wohlwill*; S. 36 ff. zu *Johannes Alois Perthaler* u. a.

2 Entwurf einer Gewerbeordnung für das Deutsche Reich von *Degenkolb, Veit, Becker, Lette*, in: *Haßler* (Hrsg.), Verhandlungen der deutschen verfassunggebenden Reichsversammlung zu Frankfurt a. M., Bd. II, S. 921 ff.

zungskassen hervorgingen.[3] Als freiwillige Einrichtungen auf Gegenseitigkeit besaßen sie gewisse gewohnheits- oder statutenmäßig fest umgrenzte Mitspracherechte bei der Verwaltung der Kranken-, Alters- und Sterbefürsorgekassen. Zwar hatten diese Arbeitervorstände noch wenig mit der Mitbestimmung im heutigen Sinne zu tun, denn sie waren ausschließlich abhängig vom Gutdünken der Unternehmer. Dennoch können sie aufgrund der zunehmenden Zusammenarbeit zwischen den Arbeitgebern und den Vorständen als Vorstufen der späteren Betriebsvertretungen angesehen werden, zumal einige Unternehmer aufgrund der guten Erfahrungen später nicht abgeneigt waren, den Fabrikausschüssen weitere Rechte einzuräumen[4] und damit freiwillig ihre Betriebsgewalt einzuschränken.[5] So wurden zum Teil auch Löhne nicht mehr willkürlich festgelegt, sondern erst nach der Besprechung in den Ausschüssen.[6]

Mehrheitlich vertraten die Unternehmer jedoch den „Herr-im-Haus"-Standpunkt. Sie verlangten von ihren Arbeitnehmern Treue, stramme Disziplin und soldatischen Gehorsam, leiteten aber (zum Teil) eine umfassende betriebliche Sozialpolitik in die Wege,[7] die allerdings – patriarchalisch geführt – den Arbeitern die soziale Sicherung auf Kosten persönlicher Unabhängigkeit und Selbstbestimmung gewährten.[8]

---

3 Zur Entwicklung von Arbeiterausschüssen aus Vorständen betrieblicher Wohlfahrtseinrichtungen ausführlich *Teuteberg*, Geschichte, S. 115 ff. Ausführlich zur Entwicklung betrieblicher Mitbestimmung auch *Lambrich*, Tarif- und Betriebsautonomie, S. 89 ff.

4 Z. B.: Schieds- und Vermittlungsfunktionen, Organe zur Aufrechterhaltung der Ordnung in und außerhalb der Fabrik; vgl. *Teuteberg*, Geschichte, S. 256 ff. *Roesler* (Über den Arbeiterkrieg, S. 32, 40): „Man hat seit einer Reihe von Jahren begonnen, in den Arbeiterausschüssen den absoluten Fabrikmonarchen Regierungshelfer an die Seite zu stellen. Es gibt heute in allen Kulturstaaten Verfassungen, kraft deren wesentliche Teile der Regierungsgewalt, auch das ganze staatliche Erziehungs- und Vermögenswesen den Regierten übertragen wird. Was den Fürsten recht sein muß, sei den kleinen Fabrikmonarchen billig." Vgl. auch *Sering*, Arbeiter-Ausschüsse, S. 1 ff.

5 Der Übergang von der Arbeitervertretung für soziale Angelegenheiten zu einem Ausschuß, der auch bei sonstigen Dingen des Betriebes mitwirkte, war häufig kaum bemerkbar; vgl. *Sering*, Arbeiter-Ausschüsse, S. 2 ff.

6 *Teuteberg*, Geschichte, S. 116 f. *Roesler* (Über den Arbeiterkrieg, S. 40, 48 ff.) plädiert für eine Verpflichtung aller Unternehmer, Arbeiterausschüsse auch für Lohnfragen zu errichten: „Der Schritt muß doch früher oder später getan werden, der sich täglich verschlimmernde Arbeiterkrieg wird ihn (lies: den Arbeiterausschuß über Lohnfragen) unabweisbar mit der Zeit erzwingen."

7 Vgl. die ausführliche Darstellung der Haltung des saarländischen Schwerindustriellen *Carl Ferdinand Freiherr von Stumm-Halberg* und des rheinischen Großindustriellen *Alfred Krupp* bei *Teuteberg*, Geschichte, S. 296 ff.

8 Insbesondere wegen des patriarchalischen Charakters vieler Arbeiterausschüsse wurden diese von Seiten der sozialdemokratisch organisierten Arbeitnehmerschaft abgelehnt, die darüber hinaus die Zersplitterung der Arbeiterschaft und eine damit einhergehende Verzö-

2. Vorläufer gesetzlich angeordneter Betriebsvertretungen

a) Gewerbeordnung des Norddeutschen Bundes

Die *Gewerbeordnung des Norddeutschen Bundes von 1869*[9] enthielt noch keine gesetzliche Regelung der Arbeiterausschüsse; aufgenommen wurden dort aber einige Arbeitsschutzbestimmungen. Auch hob § 152 Abs.1 GewO[10] die Verbote und Strafvorschriften gegen Vereinigungen zur Erlangung besserer Lohn- und Arbeitsbedingungen und ihre Kampfmittel auf.[11]

Die durch das *Krankenversicherungsgesetz 1883*[12] vorgeschriebene Bildung von Betriebskrankenkassen (§§ 59 - 68) führte dazu, daß häufig der Vorstand der Fabrikkrankenkasse als Arbeiterausschuß herangezogen wurde, womit zum einen dem Drängen der Belegschaft nach Vertretung nachgekommen, zugleich aber auch auf das neutrale Gebiet betrieblicher Sozialleistungen ausgewichen wurde.[13]

b) Novelle zur Reichsgewerbeordnung

Das gute Funktionieren der „Arbeitervertretungen", mehr aber noch der Bergarbeiterstreik im Mai 1889 führten zur Schaffung gesetzlich legitimierter Verbindungsorgane zwischen Arbeitgebern und Arbeitnehmern: Die *Novelle zur Reichsgewerbeordnung (GewO) von 1891*[14] verpflichtete jede Fabrik, in welcher in der Regel mindestens 20 Arbeitnehmer beschäftigt waren, zum Erlaß ei-

---

gerung der Entwicklung zum sozialistischen Zukunftsstaat befürchtete. Zum Teil wurde jedoch - in der Erkenntnis, daß der Untergang des Kapitalismus nicht drohe – das Ziel verfolgt, die demokratischen Formen innerhalb des Betriebes für die schrittweise, gleichmäßige Verteilung des Volkseinkommens auf alle Klassen zu institutionalisieren; dazu *Teuteberg*, Geschichte, S. 302 ff.

9 Vom 21.06.1869, BGBl. 1869, S. 245 ff.

10 § 152 Abs. 1 GewO: „Alle Verbote und Strafbestimmungen gegen Gewerbetreibende, gewerbliche Gehülfen, Gesellen oder Fabrikarbeiter wegen Verabredung und Vereinigung zum Behufe der Erlangung günstigerer Lohn- und Arbeitsbedingungen, insbesondere mittelst Einstellung der Arbeit oder Entlassung der Arbeiter, werden aufgehoben."

11 Da § 152 Abs. 2 GewO den Koalitionen, aber auch den Arbeitnehmern den Rechtsschutz für dererlei „Verabredungen" versagte, stellte *Lotmar* (Tarifverträge, S. 63) zutreffend fest: „Die Koalition ist frei, nämlich vogelfrei, ein Koalitions*recht* ist noch zu schaffen."

12 Gesetz vom 15.06.1883, RGBl. 1883, S. 73.

13 Nach *Rückert/Friedrich* (Betriebliche Arbeiterausschüsse, S. 27) erschwerte die Verbindung mit den Kassenvorständen die Entwicklung der Arbeiterausschüsse zu allgemeinen Interessenvertretungen. Vgl. auch die sehr ablehnende Haltung der Sozialdemokratie (Verhandlungen des Dt. Reichstages, Session 1890/91 Bd. III, S. 2303 ff.). *Teuteberg* (Geschichte, S. 115 ff.) hingegen sieht gerade in den betrieblichen Unterstützungskassen und Kassenvorständen die Vorläufer einer Entwicklung hin zur betrieblichen Interessenvertretung.

14 RGBl. 1891, S. 261 ff. („Lex-Berlepsch", nach dem preußischen Handelsminister).

ner Arbeitsordnung (§§ 134 a - g). Diese enthielten einen *notwendigen* Teil über Umfang, Ende der regelmäßigen Arbeitszeit, Zeit und Art der Abrechnung der Lohnzahlung, Kündigungsfristen usw. (§ 134 b) sowie die Möglichkeit *freiwilliger* Regelungen. Nach § 134 c Abs. 1 GewO war der Inhalt der Arbeitsordnung für den Arbeitgeber und die Arbeitnehmer rechtsverbindlich.

Zweck dieser Arbeitsordnungen war es allerdings nicht, Mindestarbeitsbedingungen zu sichern. Vielmehr dienten sie zunächst dem Arbeitgeber, da sie den Abschluß der Arbeitsverträge durch fabrikeinheitlich festgelegte Standardarbeitsbedingungen und allgemeine Vorschriften zur Ordnung des Betriebes technisch erleichterten. Neben diesen *Rationalisierungseffekt* trat allerdings der *Publizierungseffekt*, der die Willkür des Unternehmers einschränkte.[15] De facto konnte dieser aber weiterhin allein entscheiden, denn die Belegschaft, bzw. der Ausschuß, dessen Errichtung fakultativ war (§ 134 h GewO), mußte nur formal angehört werden (§ 134 d GewO). Weitere Einschränkungen der Unternehmergewalt bestanden nicht. Da vor allem in größeren Betrieben die Anhörung der gesamten Belegschaft schwierig war, hoffte man, daß die Arbeitgeber auch ohne Zwang der Intention der Gesetzgebung zur Schaffung der Ausschüsse folgen würden.[16] Die aufgrund des Anhörungserfordernisses errichteten Vertretungen führten jedoch ein passives Schattendasein,[17] denn nicht nur die negative Haltung der Fabrikherren, sondern insbesondere auch das Mißtrauen der Belegschaft stand einer erfolgreichen Entwicklung im Wege.[18]

Positive Resultate erzielten die Ausschüsse nur dort, wo sie bereits vor der gesetzlichen Regelung eingeführt und ihnen größere Befugnisse eingeräumt worden waren, wie zum Beispiel das Recht der Mitwirkung bei der Beilegung von Streitigkeiten in *Lohnfragen*.[19]

---

[15] *Kreutz*, Grenzen, S. 204 f.; *Hueck/Nipperdey*, ArbR Bd. II, S. 771; *Dieterich*, AuR 1997, 1; *Ehmann*, Neue Ordnung 1992, 244 (248); *Schmidt*, Das Günstigkeitsprinzip, S. 37. *Rückert/Friedrich* (Betriebliche Arbeiterausschüsse, S. 24 [dort Fn. 33]): „Die Arbeitsordnung wurde aus einer reinen Privatangelegenheit herausgehoben, die im Verhältnis von Arbeitgeber und Arbeitnehmer liegende gesellschaftliche Dimension anerkannt."

[16] Verhandlungen des Dt. Reichstages, Session 1890/91 Bd. III, S. 2307 f.

[17] *Rückert/Friedrich*, Betriebliche Arbeiterausschüsse, S. 25.

[18] *Roesler* (Über den Arbeiterkrieg, S. 47): „Ihre Einführung, ihr Bestand und ihr Gedeihen in vielen Fabriken sind noch öfters an dem Unverstande, dem Mißtrauen, der Unlust und dem Übelwollen, auch der Ängstlichkeit der Arbeiter, als an der ablehnenden Haltung der Fabrikleitung gescheitert." Dazu auch *Gamillscheg*, in: FS für Stahlhacke, S. 129 (130 ff.); *Dieterich*, AuR 1997, 1.

[19] Beispiele für weitere Mitwirkung in Lohn- und Arbeitszeitfragen bei *Teuteberg*, Geschichte, S. 404 ff. Den Darstellungen ist deutlich zu entnehmen, daß der Einsatz der Arbeiterausschüsse, auf die Beilegung von Lohnstreitigkeiten Einfluß zu nehmen, größter Not entsprang.

Entsprechende Auswirkungen hatte die *obligatorische* Einführung der Ausschüsse, die zunächst nur für den Bergbau und zunächst auch nur für Bayern[20] und Preußen[21] erfolgte. Denn erfolgreich arbeiteten diese nur dort, wo sie bereits zuvor *freiwillig* errichtet worden waren und sowohl auf eingespielte Institutionen als auch das Vertrauen der Belegschaft zurückgreifen konnten, so zum Beispiel im mitteldeutschen Bergbau. Hier kam es insbesondere auch zu Absprachen über die Lohnhöhe.[22]

3. Der Erste Weltkrieg

Mit dem Ausbruch des Ersten Weltkrieges wurde innerhalb weniger Tage nach der Mobilmachung ein politischer Burgfriede geschlossen. Repressalien gegen die sozialistische Arbeiterbewegung und die Gewerkschaften wurden eingestellt,[23] denn die Mobilisierung der gesamten Volkswirtschaft für den Kriegsbedarf und die reibungslose Versorgung des Heeres war in erster Linie abhängig vom umfassenden Einsatz der Arbeiter. Die Kriegswirtschaft eröffnete diesen damit ungeahnte Möglichkeiten zu sozialen Reformen und Zugeständnissen.[24] 1915 wurde die Errichtung der Bergarbeiterausschüsse für alle privaten und staatlichen Zechen in Preußen obligatorisch; zudem war diesen in sämtlichen Arbeiterfragen – einschließlich der Löhne – ein Mitspracherecht eingeräumt.[25]

Mit dem Erfordernis, den Arbeitsplatzwechsel in den kriegs- und versorgungswichtigen Betrieben auf ein Mindestmaß zu begrenzen, wurde ein Ausgleich für diese Beschränkung des freien Arbeitsvertrages und des Rechts auf Freizügigkeit erforderlich. Diesen schuf das *Gesetz über den vaterländischen Hilfsdienst*[26] mit der obligatorischen Einführung von Arbeiter- und Angestelltenausschüssen, Einigungsämtern und Schiedsausschüssen.[27] Der Betriebsvertretung wurde darin unter anderem ein Anhörungsrecht insbesondere über Lohn und sonstige Arbeitsbedingungen zugewiesen.[28] Nach § 13 Abs. 1 HilfsdienstG konnte die Schlichtungsstelle angerufen werden, wenn in einem Betrieb bei

---

20 Novelle zum Berggesetz für das Königreich Bayern vom 30.06.1900.

21 Preußische Berggesetznovelle 1905. Dazu *Heymann*, Rechtsformen, S. 211.

22 *Teuteberg*, Geschichte, S. 450 f.; weitere Beispiele zur Regelung von Lohnfragen bei *Rückert/Friedrich* Betriebliche Arbeiterausschüsse, S. 25 ff.

23 Vgl. das Gesetz vom 26.06.1916, RGBl. 1916 Bd. II, S. 635; dazu *Heymann*, Rechtsformen, S. 208; *Biedenkopf*, in: Industrielles System, S. 290 (295).

24 Vgl. *Heymann*, Rechtsformen, S. 182 f., 187, 195. Nach *Ramm* (in: FS für Kahn-Freund, S. 226 [228]) verbesserte der Weltkrieg mit dem Zwang zur Zusammenarbeit das soziale Klima, das vorher von der Klassenkampftheorie und dem „Herr-im-Haus"-Standpunkt bestimmt war.

25 *Teuteberg*, Geschichte, S. 550; *Heymann*, Rechtsformen, S. 209 f.

26 Gesetz vom 05.12.1916, RGBl. 1916 Bd. II, S. 1333 ff.

27 *Kempen*, RdA 1994, 140 (142 f.).

28 *Heymann*, Rechtsformen, S. 214 f.

Streitigkeiten über den Lohn eine Einigung zwischen dem Arbeitgeber und dem Ausschuß nicht zustande kam. Die Inanspruchnahme der Schlichtungsstelle brachte allerdings oft ein für den Unternehmer ungünstiges Urteil, das er akzeptieren mußte, wollte er nicht die Abkehr der Arbeiterschaft riskieren. Wegen des kriegsbedingten Arbeitskräftemangels entfaltete diese Regelung eine sehr mitbestimmungsfreundliche Wirkung, denn es zeigte sich bald, daß die Arbeitgeber in der Praxis die Vereinbarung mit dem Arbeiterausschuß vorzogen. Letzterem gelang es meist durch bloßes Verhandeln, eine gewisse Lohnerhöhung durchzusetzen. Die Bestimmungen des Hilfsdienstgesetzes errichteten damit einen „neuen Eckpfeiler in dem System organisierter Mitwirkung der Arbeiterschaft in Fragen des Arbeitsverhältnisses“[29].

4. Die Weimarer Republik

Schon Anfang 1918 war zu erkennen, daß der Krieg nicht mehr zu gewinnen und zur Bewältigung der wirtschaftlichen Probleme nach dem militärischen Zusammenbruch die Mitwirkung der organisierten Arbeiter erforderlich war.[30] Wieder führten die Kriegswirren und -auswirkungen zu einer Stärkung der Arbeitnehmerrechte: Den Gewerkschaften wurde die Zusammenarbeit auf der Grundlage völliger Parität angeboten, die diese annahmen. Im November 1918 beschlossen die damaligen Spitzenverbände der Arbeitgeber und der Arbeitnehmer die Gründung der „Zentralarbeitsgemeinschaft der industriellen und gewerblichen Arbeitgeber und Arbeitnehmer Deutschlands“. Die Forderungen der Gewerkschaften nach Anerkennung als Vertreter der Arbeiterschaft, unbeschränktem Koalitionsrecht, paritätischem Schlichtungswesen und dem Abschluß von Tarifverträgen wurden akzeptiert.[31] Zuvor war die Versammlungsfreiheit wiederhergestellt und das Hilfsdienstgesetz aufgehoben worden, ausgenommen der Vorschriften, die sich auf die Schlichtung von Streitigkeiten bezogen, was mittelbar auch für die Vorschriften über die Arbeiterausschüsse galt. Dem Rat der Volksbeauftragten gelang es, das Tarifvertragsrecht und das Recht der Arbeiterausschüsse in Anknüpfung an das Hilfsdienstgesetz in der

---

[29] *Teuteberg*, Geschichte, S. 513 f.

[30] *Hainke*, Vorgeschichte und Entstehung, S. 93; *Ramm*, in: FS für Kahn-Freund, S. 226 (230).

[31] *Stinnes-Legien-Abkommen* vom 15.11.1918; benannt nach dem Repräsentanten der deutschen Industrie *Hugo Stinnes* und dem Vertreter der Gewerkschaften *Karl Legien*. Daß dieser tarifpolitische Konsens nur der Angst des Unternehmertums vor dem Schreckgespenst der Räteherrschaft erwachsen war, zeigt sich insbesondere darin, daß die Arbeitgeber der Schwerindustrie und des Ruhrkohlebergbaus unter dem Einfluß der Inflation und der Ruhrgebietsbesetzung die Aufhebung bzw. Auflockerung des Tarifvertragssystems anstrebten. Dazu *Krummel*, Geschichte des Unabdingbarkeitsgrundsatzes, S. 43 ff., 140 ff.

Verordnung über Tarifverträge, Arbeiter- und Angestelltenausschüsse und Schlichtung von Arbeitsstreitigkeiten (TVVO)[32] zu regeln.

a) Weimarer Reichsverfassung

Art. 165[33] *der Weimarer Reichsverfassung*[34] verankerte nach den Turbulenzen zu Beginn der Weimarer Republik[35] die verfassungsrechtliche Anerkennung der Koalitionen, ihre Befugnis zur Regelung der Arbeitsbedingungen (in Zusammenhang mit Art. 159 WRV[36]) und die verfassungsrechtliche Gewährleistung

---

[32] Erlaß am 23.12.1918, verkündet am 27.12.1918, RGBl. 1918 Bd. II, S. 1456 ff.

[33] Art. 165 WRV lautete:
Die Arbeiter und Angestellten sind dazu berufen, gleichberechtigt in Gemeinschaft mit den Unternehmern an der Regelung der *Lohn- und Arbeitsbedingungen* sowie an der gesamten wirtschaftlichen Entwicklung der produktiven Kräfte mitzuwirken. Die beiderseitigen Organisationen und ihre Vereinbarungen werden anerkannt.
Die Arbeiter und Angestellten erhalten zur Wahrnehmung ihrer sozialen und wirtschaftlichen Interessen gesetzliche *Vertretungen in Betriebsarbeiterräten* sowie in nach Wirtschaftsgebieten gegliederten Bezirksarbeiterräten und in einem Reichsarbeiterrat.
Die Bezirksarbeiterräte und der Reichsarbeiterrat treten zur Erfüllung der gesamten wirtschaftlichen Aufgaben und zur Mitwirkung bei der Ausführung der Sozialisierungsgesetze mit den Vertretungen der Unternehmer und sonst beteiligter Volkskreise zu Bezirkswirtschaftsräten und zu einem Reichswirtschaftsrat zusammen. Die Bezirkswirtschaftsräte und der Reichswirtschaftsrat sind so zu gestalten, daß alle wichtigen Berufsgruppen entsprechend ihrer wirtschaftlichen und sozialen Bedeutung darin vertreten sind.
Sozialpolitische und wirtschaftspolitische Gesetzentwürfe von grundlegender Bedeutung sollen von der Reichsregierung vor ihrer Einbringung dem Reichswirtschaftsrat zur Begutachtung vorgelegt werden. Der Reichswirtschaftsrat hat das Recht, selbst solche Gesetzesvorlagen zu beantragen. Stimmt ihnen die Reichsregierung nicht zu, so hat sie trotzdem die Vorlage unter Darlegung ihres Standpunktes beim Reichstag einzubringen. Der Reichswirtschaftsrat kann die Vorlage durch eines seiner Mitglieder vor dem Reichstag vertreten lassen.
Den Arbeiter- und Wirtschaftsräten können auf den ihnen überwiesenen Gebieten Kontroll- und Verwaltungsbefugnisse übertragen werden.
Aufbau und Aufgabe der Arbeiter- und Wirtschaftsräte sowie ihr Verhältnis zu anderen sozialen Selbstverwaltungskörpern zu regeln, ist ausschließlich Sache des Reichs.
Vgl. auch *Sinzheimer*, in: Arbeitsrecht und Rechtssoziologie Bd. I, S. 325 (329 f.).

[34] Weimarer Reichsverfassung vom 14.08.1919, RGBl. 1919 Bd. II, S. 1383.

[35] Im Anschluß an die Beauftragung *Friedrich Eberts* mit der Wahrnehmung der Geschäfte des Reichskanzlers und der Bildung einer neuen Regierung rief der Sozialdemokrat *Philipp Scheidemann* die „Deutsche Republik“ aus. Wenig später proklamierte *Karl Liebknecht* als Mitglied der USPD die „Sozialistische Republik Deutschland“ und verkündete die Parole „Alle Macht den Räten“. Die Zukunft der Republik hing damit entscheidend auch davon ab, inwiefern die Arbeiter- und Soldatenräte, deren Anzahl beständig zunahm, in die Politik eingebunden werden konnten.

[36] Art. 159 WRV lautete:

der Interessenvertretung der Arbeitnehmer auf Betriebsebene. Daneben schuf er im „Rätesystem“ die verfassungsrechtliche Synthese von Gewerkschafts- und Rätebewegung als Zugeständnis an die politischen Gruppen, welche die gesamte Staatsorganisation auf die Basis einer politischen Räteherrschaft hatten stellen wollen.[37] Damit war allerdings nicht die Diktatur des Proletariats nach sowjetischem Vorbild und nach den Bestrebungen der Arbeiter- und Soldatenräte durchgesetzt, sondern gleichsam die paritätische Gestaltung durch Koalitionen dem Rätesystem vorangestellt.[38] Aus dieser revolutionären und sozialistischen Orientierung der Rätebewegung läßt sich auch der in Art. 165 WRV normierte Vorrang zugunsten der gewerkschaftlichen Regelung der Arbeitsbedingungen erklären,[39] mit dem die radikalen sozialistischen Bestrebungen eingedämmt und gleichsam eine zweite Revolution verhindert werden sollte.[40] Der Vorrang der Tarifverträge beruhte folglich darauf, daß hierdurch letztlich mehr die *politische* als die *rechtliche* Konkurrenz zwischen Gewerkschaften und der Rätebewegung entschieden werden sollte.

b) Das Betriebsrätegesetz 1920

Die Vorgaben der in Art. 165 Abs. 2 WRV *verfassungsrechtlich* gewährleisteten Betriebsvertretungen wurden durch das *Betriebsrätegesetz von 1920*[41] umgesetzt, welches die unterste Stufe der Konzeption einer Räteverfassung verwirklichte. Die in Aussicht genommenen bezirklichen Räte konnten – nicht zuletzt wegen der Ablehnung der Gewerkschaften – nicht geschaffen werden; auch die oberste Stufe (der Reichswirtschaftsrat) blieb bedeutungslos.[42] Das Betriebsrätegesetz verstärkte damit faktisch den gewerkschaftlichen Einfluß, denn

---

„Die Vereinigungsfreiheit zur Wahrung und Förderung der Arbeitsbedingungen ist für jedermann und für alle Berufe gewährleistet. Alle Abreden und Maßnahmen, welche diese Freiheit einzuschränken oder zu behindern suchen, sind rechtswidrig.“

37 Dazu *Krummel*, Geschichte des Unabdingbarkeitsgrundsatzes, S. 39 ff, 58 ff.; *Nörr*, ZfA 1992, 361 (364); *ders.*, ZfA 1986, 403 (408).

38 *Nikisch* (ArbR Bd. I, S. 22) präferiert die Bezeichnung der „Demokratisierung des Betriebes“, denn die Betriebsräte ermöglichten nur eine begrenzte Teilhabe der Belegschaft an der Leitung des Betriebes. *Sinzheimer* (in: Arbeitsrecht und Rechtssoziologie, Bd. I, S. 325 [327]) bezeichnete die Räte als „Organe wirtschaftlicher Demokratie“.

39 *Kempen*, RdA 1994, 140 (143); *Nörr*, ZfA 1992, 361 (375); *ders.*, ZfA1986, 403 (412).

40 Vgl. *Nörr*, ZfA 1992, 361 (374).

41 Betriebsrätegesetz vom 04.02.1920, RGBl. 1920 Bd. I, S. 147 ff. *Herschel* (in: FS für Kahn-Freund, S. 115 [116]) lehnt das BRG wegen der Orientierung am Klassenkampfgedanken als Vorläufer der heutigen Interessenvertretung auf Betriebsebene ab, obwohl auch dieses in § 1 BRG den Betriebsrat auf die „Unterstützung des Arbeitgebers in der Erfüllung der Betriebszwecke“ neben der „Wahrnehmung der gemeinsamen wirtschaftlichen Interessen der Arbeitnehmer dem Arbeitgeber gegenüber“ verpflichtete.

42 *Herschel*, in: FS für Kahn-Freund, S. 115 (118 f.); *Nörr*, ZfA 1986, 403 (405); *Krummel*, Geschichte des Unabdingbarkeitsgrundsatzes, S. 62.

zumeist waren es Gewerkschaftsmitglieder, welche die Betriebsräteposten übernahmen.[43] Deren Aufgabenwahrnehmung war auch durch das Gesetz in enge Zusammenarbeit mit den Gewerkschaften gestellt.[44] Die Betriebsräte (Arbeiter- und Angestelltenausschüsse) wurden als „wirtschaftliche Interessenvertretungen" anerkannt und sollten bei der Gestaltung der Arbeitsverhältnisse mitwirken. Wegen seiner Legitimation aus dem Prinzip des allgemeinen und gleichen Wahlrechts[45] verfolgte der Betriebsrat auf die Arbeitsverhältnisse der Belegschaft gerichtete sozialpolitische Ziele, bestrebt, die Interessen der Arbeitnehmer zu vertreten, andererseits aber zugleich auch auf die Förderung des Betriebszwecks verpflichtet.[46]

Ohne die Betriebsvereinbarung als Rechtsinstitut zu regeln,[47] sah das Betriebsrätegesetz verschiedene Arten von Vereinbarungen zwischen Arbeitgeber und Betriebsrat (bzw. Angestellten- und Arbeiterrat) vor: Erstens die Vereinbarung der „*Arbeitsordnung*" (§§ 78 Ziff. 3, 80, 75, 104 Abs. 4 BRG), die gegenständlich den in § 134 b GewO enthaltenen Inhalten entsprach, zweitens die Vereinbarung sonstiger „*Dienstvorschriften*" (§§ 66 Ziff. 5, 75, 78 Ziff. 3, 80 BRG) über die Ordnung des Betriebes und das Verhalten der Arbeitnehmer und drittens die Mitwirkung bei der Regelung über „*Löhne und sonstige Arbeitsverhältnisse*". Allen drei Arten von Vereinbarungen kam nach herrschender Meinung bereits normative Wirkung zu.[48] In besonderem Maße umstritten war allerdings die unmittelbare Wirkung der Vereinbarung über „Löhne und sonstige Arbeitsverhältnisse", denn getragen von der Befürchtung der „Beeinträchtigung des sozialistischen Geists der Arbeiterschaft"[49] wurde die Betriebsvereinbarung nach § 78 Ziff. 2 BRG zum Teil abgelehnt, um die Festlegung dieser Angelegenheiten dem Tarifvertrag und dem Arbeitsvertrag vorzubehalten.[50] Angesichts

---

[43] *Heinze*, Tarifhoheit, S. 132; *Nörr*, ZfA 1986, 403 (409).

[44] Vgl. § 78 Ziff. 2 BRG: „in Benehmen"; dazu *Flatow/Kahn-Freund*, BRG, § 78, S. 396. Nach *Kreutz* (Grenzen, S. 205 f.) trat mit dem BRG 1920 die *Schutzwirkung* der betrieblichen Absprachen gegenüber ihrer Ordnungsfunktion in den Vordergrund.

[45] *Ramm*, in: FS für Kahn-Freund, S. 226 (233, 241).

[46] Vgl. § 1 BRG 1920, oben Fn. 41.

[47] Der Begriff der Betriebsvereinbarung wurde erst später (1921) durch *Georg Flatow* (Arbeitsordnung, S. 3 ff.,17.) geprägt.

[48] *Flatow/Kahn-Freund*, BRG, § 66 VIII a, S. 317 f. m. w. Nachw.

[49] *Sinzheimer*, in: Arbeitsrecht und Rechtssoziologie Bd. I, S. 325 (327).

[50] Vgl. *Jacobi*, Grundlehren, S. 309 ff. *Sinzheimer* (in: Arbeitsrecht und Rechtssoziologie Bd. I, S. 325 [327]): „Es wäre eine höchst gefährliche Entwicklung, wenn die Festsetzung der Lohn- und Arbeitsbedingungen von den freien Berufsverbänden auf die Betriebsräte übergehen würde. Die Festsetzung der Lohn- und Arbeitsbedingungen muß grundsätzlich Sache der Berufsorganisation sein und bleiben." Vgl. auch *ders.* (in: Arbeitsrecht und Rechtssoziologie, Bd. I, S. 150 [180]), wo er ausdrücklich darauf hinweist, daß die Lohngestaltung auf Betriebsebene den sozialistischen Geist der Arbeiterschaft beeinträchtigen

der ausdrücklichen gesetzlichen Regelung und der damals herrschenden Meinung, die auch Vereinbarungen über „Löhne und sonstige Arbeitsverhältnisse" unmittelbare Wirkung zusprach,[51] kann aber nicht behauptet werden, es habe nach dem Betriebsrätegesetz von 1920 keine Betriebsvereinbarungen über Löhne gegeben,[52] zumal auch die Arbeitsordnung Regelungen über materielle Arbeitsbedingungen enthalten konnte. Allerdings sollte die Betriebsvereinbarung über materielle Arbeitsbedingungen nicht der Zwangsschlichtung unterliegen.[53]

Die grundsätzlich zugelassene Lohngestaltung auf Betriebsebene durch fakultative Betriebsvereinbarungen war nur bei bestehendem Tarifvertrag ausgeschlossen.

5. Der Nationalsozialismus

Die ursprünglich als Übergangsregelung gedachte Tarifvertragsverordnung wurde während der Weimarer Republik nur unwesentlich geändert.[54] Während der Wirtschaftskrise, ausgelöst durch den Kurssturz an der New Yorker Effektenbörse, war die Tarifautonomie allerdings nachhaltigen Gefährdungen ausgesetzt.[55] Trotzdem blieb die Tarifvertragsverordnung auch noch nach der Machtergreifung Hitlers formell bestehen und wurde erst durch das *Gesetz zur Ordnung der nationalen Arbeit (AOG)*[56] aufgehoben.

Mit diesem fand die bis dahin relativ durchgängig verlaufene Entwicklung des Betriebsverfassungsrechts ihr jähes Ende:[57] § 65 AOG hob das Betriebsrätegesetz auf. Statt dessen wurde in der Arbeitswelt das „Führerprinzip" verwirklicht (vgl. §§ 1, 2 AOG).[58] Zwar war ein sogenannter Vertrauensrat aus Arbeitgeber und den sogenannten Vertrauensmännern zu bilden, dieser hatte aber sehr wenig gemein mit dem Betriebsrat. Nach dem Gesetz zur Ordnung der nationalen Ar-

---

würde. Nicht zu Unrecht erblickt *Reuter* (RdA 1991, 193 [194]; *ders.*, RdA 1994, 152 [160 f.]) gerade in der hohen Wertschätzung des Kollektivgedankens und der Geringachtung individueller Interessen in der Weimarer Zeit marxistische Wurzeln des Tarifvorbehalts.

51 *Flatow/Kahn-Freund*, BRG, § 78 Ziff. 2, S. 395; § 66 VIII a, S. 317.

52 *Kreutz*, Grenzen, S. 202 f.; *Buchner*, DB 1985, 913 (916); *Eickelberg*, Betriebsvereinbarung über Arbeitsentgelte, S. 23 ff.

53 *A. Hueck*, NZfAR 1923, Sp. 87 (91 ff.).

54 So durch die Neufassung der TVVO vom 01.03.1928, RGBl. 1928 Bd. I, S. 44.

55 Die Notverordnungen der „Deflationspolitik" *Brünings* führten zwar zum Abbau der Leistungen, aber nicht der Einrichtung; anders jedoch die Maßnahmen *von Papens*, der eine generelle Rückbildung des Kollektivrechts anstrebte; dazu *Nörr*, ZfA 1986, 403 (414 ff.); ausführlich *Krummel*, Geschichte des Unabdingbarkeitsgrundsatzes, S. 132 ff., 147 ff. zu *Brünning*; S.134 ff., 158 ff. zu *von Papen*.

56 Gesetz vom 20.01.1934, RGBl. 1934 Bd. I, S. 45 f.

57 Vgl. *Lambrich*, Tarif- und Betriebsautonomie, S. 114 ff.

58 § 2 Abs. 1 AOG: „Der Führer des Betriebes entscheidet der Gefolgschaft gegenüber in allen betrieblichen Angelegenheiten, soweit sie durch dieses Gesetz geregelt werden."

beit war die Lohngestaltung auf Betriebsebene ausdrücklich vorgesehen, § 27 Abs. 3 AOG,[59] denn Inhalt der Betriebsordnung konnten fakultativ auch Bestimmungen über die Höhe der Löhne sein. Diese Betriebsordnungen wurden gemäß § 26 AOG aber einseitig durch den Betriebsführer (= Unternehmer, § 1 AOG) erlassen. Trotz der angestrebten betrieblichen Entgeltregelung erfolgte die primäre Lohngestaltung letztlich durch die Treuhänder der Arbeit, die schließlich im Zuge der Kriegswirtschaft dazu ermächtigt wurden, ihre Vorgaben zu Höchstbedingungen zu erklären.[60] Die Arbeitnehmer waren also weitgehend von der Gestaltung der Löhne und Arbeitsbedingungen ausgeschlossen.[61]

6. Nachkriegszeit und Betriebsverfassungsgesetz 1952

Nach dem Ende des NS-Regimes setzte sich die durch dieses unterbrochene Entwicklung der Arbeitnehmerbeteiligung fort. Als Rechtsgrundlage der sich zunehmend in den Betrieben etablierenden Arbeitnehmervertretungen[62] schufen die Besatzungsmächte das *Kontrollratsgesetz (KRG) Nr.22*,[63] das die Bildung von Betriebsräten gestattete und einige Grundsätze des Betriebsverfassungsrechts festlegte, aber auch viele Fragen offenließ.[64] In der Folgezeit wurden durch die meisten westdeutschen Länder Betriebsrätegesetze erlassen,[65] mit der Folge, daß die Mitbestimmungsrechte recht unterschiedlich ausgestaltet wa-

---

[59] Das Schwergewicht der Gestaltung war bewußt in den einzelnen Betrieb verlegt (*Hueck/Nipperdey/Dietz*, AOG, § 32 Rn. 47). Der Erlaß der Tarifordnung sollte nur zum „Schutze der Gefolgschaft" erfolgen und nur dann, wenn es aus zwingenden Gründen nicht möglich erschien, den Schutz durch Bestimmungen in den einzelnen Arbeitsverhältnissen oder Betriebsordnungen sicherzustellen (*Hueck/Nipperdey/Dietz*, AOG, § 32 Rn. 40, 45, 47 f., 59).

[60] Lohngestaltungsverordnung vom 25.06.1938, RGBl. 1938 Bd. II, S. 691.

[61] *Hainke*, Vorgeschichte und Entstehung, S. 129. *Belling* (Günstigkeitsprinzip, S. 37 ff.) zeigt, daß die staatliche Lohnfestsetzung symptomatisch für undemokratische Regime ist.

[62] *Däubler* (in: FS für Wlotzke, S. 257 [267]): „Im rechtsfreien Raum nach dem 08.05.1945 entwickelten sich in allen vier Besatzungszonen eben nicht nur Gewerkschaften, sondern auch 'betriebliche Ausschüsse', 'Komitees' oder schlicht 'Betriebsräte'."

[63] KRG vom 10.04.1946, Amtsblatt des Kontrollrats in Deutschland Nr. 6, S. 133.

[64] Insbesondere die Frage der Geltung des Günstigkeitsprinzips im Verhältnis Tarifvertrag und Betriebsvereinbarung war nicht geregelt (dazu unten, § 4 V 4 a). Aus der prompten Regelung des Betriebsräterechts (noch vor der Regelung tarifrechtlicher Fragen) schließt *Zigan* (Die Betriebsvereinbarung nach dem KRG, S. 27) auf eine Stärkung der Bedeutung der Betriebsvereinbarung: „Das Primäre ist de facto und de jure die Betriebsvereinbarung"; ähnlich *Zöllner*, in: FS Nipperdey, Bd. II, S. 699 (700). Auch *Dietz* (RdA 1949, 161 [163]) schloß aus dem KRG auf die Zulässigkeit von Betriebsvereinbarungen über die Lohnhöhe; dagegen lehnte *Fitting* (RdA 1949, 374 ff.) diese ab.

[65] Vgl. die Darstellung bei *Hueck/Nipperdey*, ArbR Bd. II, S. 677 f. Keine Regelung erließen Nordrhein-Westfalen, Niedersachsen, Hamburg.

ren.[66] Da eine Normierung des Tarifvertragsrechts fehlte, ging die Praxis den Weg des Aushandelns der Löhne und sonstiger Arbeitsbedingungen in Betriebsvereinbarungen.[67]

Eine *rechtseinheitliche Normierung auf Bundesebene wurde durch das Betriebsverfassungsgesetz von 1952*[68] erreicht, das in seinen §§ 56 ff. die Mitbestimmung des Betriebsrats in sozialen Angelegenheiten regelte. Unter diesen wurden das gesamte Gebiet der Arbeitsbedingungen – insbesondere auch der materiellen Arbeitsbedingungen – verstanden, die nicht personelle oder wirtschaftliche Angelegenheiten sind.[69] Entsprechend hatte der Betriebsrat nach § 57 BetrVG 1952 die Möglichkeit, freiwillige Regelungen „sonstiger sozialer Angelegenheiten" (die nicht bereits nach § 56 BetrVG 1952 der erzwingbaren Mitbestimmung unterstellt waren) zu treffen. Grundsätzlich konnte er auch die *Lohnhöhe* auf Betriebsebene durch Betriebsvereinbarung festlegen.[70]

Allerdings gestand die herrschende Meinung dies nur in sehr eingeschränktem Umfang zu: Aus der Anordnung des § 59 BetrVG 1952, daß Arbeitsbedingungen nicht durch Betriebsvereinbarung geregelt werden können, wenn sie *üblicherweise* durch Tarifvertrag geregelt sind, schlossen einige Autoren – entgegen der bisherigen historischen Entwicklung – daß den Tarifvertragsparteien ein *Monopol* insbesondere zur Regelung der Lohnhöhe (und Dauer der Arbeitszeit) zukomme.[71] Hinter dieser Auslegung der Vorschrift stand vor allem die Sorge

---

[66] Überwiegend fanden sich in den landesgesetzlichen Regelungen ausdrückliche Bestimmungen, in denen Betriebsvereinbarungen über Arbeitsentgelte und sonstige materielle Arbeitsbedingungen für zulässig erklärt wurden:
– § 21 I lit. d) des Badischen BRG vom 24.09.1948;
– § 49 I lit. g) des Bayrischen BRG vom 25.10.1950;
– § 33 A Ziff. 2 lit. a), b) des Ausführungsgesetzes zu Art. 47 der Bremer Landesverfassung vom 10.01.19949;
– § 35 I a) des Hessischen BRG vom 31.05.1948;
– § 37 Nr. 5 der Rheinland-Pfälzischen Landesverordnung über die Errichtung und die Tätigkeit von Betriebsräten vom 15.05.1947;
– § 17 II Nr. 1 des Württemberg-Badischen Gesetzes Nr. 726 über die Beteiligung der Arbeitnehmer an der Verwaltung und Gestaltung der Betriebe der Privatwirtschaft vom 12.08.1948;
– §§ 66 Nr. 2, 66 m II des Württemberg-Hohenzollernschen BRG vom 21.05.1949.

[67] Vgl. *Eickelberg*, Betriebsvereinbarungen über Arbeitsentgelt, S. 28 m. w. Nachw.; *Fischer*, Betriebsvereinbarung, S. 82 ff.

[68] Vom 14.10.1952, in Kraft getreten am 14.11.1952, BGBl. 1952, S. 681.

[69] Vgl. *Sabel*, RdA 1952, 289 ff.

[70] *Nikisch*, ArbR Bd. I, S. 337; *Hueck/Nipperdey*, ArbR Bd. II, S. 837; *Dietz*, BetrVG[4], § 52 Rn. 16 m. w. Nachw.; *Hablitzel*, BB 1971, 2158 (2160).

[71] *Dietz*, BetrVG[4], § 59 Rn. 6; *ders.*, BB 1954, 349 (350); *ders.*, RdA 1955, 241 (242 f.); *Hueck/Nipperdey* (ArbR Bd. II, S. 801): „Prinzip des Vorrangs des Tarifvertrages"; *Neumann-Duesberg*, Betriebsverfassungsrecht, S. 41, 468 ff.

der Gewerkschaften, die Arbeitgeber könnten die Betriebsräte gegen sie ausspielen, die tarifliche Ordnung durch betriebsegoistische Anliegen stören und die gesamtwirtschaftlichen Auswirkungen tariflicher Lohnpolitik beeinträchtigen.[72]

Die Bestrebung nach einheitlicher Gestaltung der Arbeitsbedingungen und der Hervorhebung des Allgemeininteresses standen (und stehen) im Widerspruch zur Zulässigkeit von Firmentarifverträgen.[73] Auch den Materialien zu § 59 BetrVG 1952 ist keine Begründung einer Monopolstellung der Koalitionen zu entnehmen, sondern lediglich die Absicht, eine klare Zuständigkeitsabgrenzung zwischen den Gewerkschaften und den Betriebsräten zu treffen.[74] Die Festlegung der Zuständigkeiten hätte aber genauso dahingehend verstanden werden können, daß Betriebsvereinbarungen nicht nur bei *bestehenden* tariflichen Regelungen ausgeschlossen sein sollen, sondern auch dann, wenn eine tarifliche Regelung *zuvor* bestand und auch *künftig* wieder erfolgen soll. Versteht man die Formulierung „üblicherweise" *rein zeitlich*, wird durch sie kein Monopol der Koalitionen begründet, das eine Lohngestaltung auf Betriebsebene oder gar die Geltung des verfassungsrechtlichen Subsidiaritätsprinzips und Günstigkeitsprinzips ausschließt.[75] Günstigere Betriebsvereinbarungen sind dann durchaus zulässig.

---

[72] Vgl. dazu *Fitting* (RdA 1949, 374 [375]): „Grundsätzlich sollte die normative und unabdingbare Regelung von Arbeitsverhältnissen, insbesondere der Löhne, ausschließlich durch Tarifverträge erfolgen, da andernfalls eine Schwächung der Koalitionen und des Tarifgedankens zu befürchten wäre. Der unorganisierte Betriebsrat könnte in seinen Beziehungen zu einem unorganisierten Arbeitgeber als 'gelbe Gewerkschaft' auftreten und wirken."
Mit der Gewährleistung der Normsetzungsprärogative sollte den Koalitionen geholfen werden, ihre faktische Bedeutung, insbesondere den Mitgliederstand, zu wahren. Aber auch schon zu § 59 BetrVG 1952 wurde erkannt, daß eine solche Auslegung diesen zu einer kollektivrechtlich systemwidrigen Norm macht (vgl. *Hablitzel*, DB 1971, 2158 [2161]), so daß eine restriktive Auslegung geboten gewesen wäre.

[73] *Zöllner*, in: FS Nipperdey Bd. II, S. 699 (701).

[74] Vgl. BT-Drucks., I. Wahlperiode 1949 Bd. 7 I/1546, S. 55; die Begründung zu § 65 RegE lautet: „Im Interesse einer klaren Scheidung zwischen den Zuständigkeiten der Gewerkschaften und denen des Betriebsrats ist festgelegt, daß die Normen über tarifliche Arbeitsentgelte und sonstige Arbeitsbedingungen, die ihrem Wesen nach Mindestarbeitsbedingungen sind, soweit sie üblicherweise durch Tarifvertrag geregelt werden, der Festlegung durch Betriebssatzung entzogen sind." Siehe auch *Zöllner*, in: FS Nipperdey Bd. II, S. 699 (701); *Ehmann/Lambrich*, NZA 1996, 346 (347).

[75] *Ehmann/Lambrich*, NZA 1996, 346 (347); gegen ein Normsetzungsmonopol der Tarifpartner hinsichtlich materieller Arbeitsbedingungen nunmehr auch *Richardi*, in: FS für Schaub, S. 639 (647). Vgl. auch *Zöllner*, in: FS für Nipperdey Bd. II, S. 699 (700); *Blomeyer*, NZA 1996, 337 (345).

7. Fazit

Damit ist historisch ein Monopol der Tarifpartner zur Regelung der Löhne keineswegs begründet, vielmehr entspricht die Förderung der Arbeits- und Wirtschaftsbedingungen durch ein System *betrieblicher Zusammenarbeit* und *Mitbestimmung* einer langen Rechtstradition. In der steten Entwicklung der Interessenwahrnehmung der Arbeitnehmer wurde den betrieblichen Vertretern mit deren wachsender Bedeutung auch die Festlegung der Löhne zuerkannt.[76] Die Arbeitgeber mußten die Beschränkung ihrer Macht mehr und mehr akzeptierten, nicht zuletzt auch, um den sozialen Frieden zu sichern und eine erfolgreiche Zusammenarbeit im Betrieb zu erreichen.

Der sich während der Weimarer Republik aus Art. 165 WRV begründende Vorrang der Tarifregelung vor der Gestaltung auf Betriebsebene fand seine Ursache vor allem in dem Erfordernis, die sozialistischen Bestrebungen hin zur politischen Räterepublik auch auf der Betriebsebene abzuwehren.[77] Daß dieses Erfordernis nach dem Zweiten Weltkrieg nicht mehr bestand, da eine Räterepublik nicht im geringsten zu befürchten war, zeigen auch die Regelungen des Kontrollratsgesetzes Nr. 22, denen eine Normsetzungsprärogative der Tarifvertragsparteien nicht zu entnehmen ist. Vielmehr schuf es eine rechtliche Grundlage für die betrieblichen Vertretungen, die sich bereits autonom entwickelt hatten. Erst mit der Vereinheitlichung der Gesetzesgrundlage durch das Betriebsverfassungsgesetze 1952 wurde die geschaffene Norm, abweichend von den bis dahin auf Landesebene geltenden Gesetzen und der bisherigen Rechtsentwicklung, dahingehend verstanden, daß den Koalitionen eine Monopolstellung eingeräumt sei, die eine Lohngestaltung auf Betriebsebene faktisch ausschließe. Historisch betrachtet steht der Festlegung der Löhne auf der Betriebsebene also lediglich die zu Unrecht in § 59 BetrVG 1952 hineingelesene Normsetzungsprärogative entgegen.

II. Betriebliche Regelungsbefugnis und Tarifvorbehalt

Auch das Betriebsverfassungsgesetz 1972 räumt den Betriebspartnern grundsätzlich die Befugnis ein, im Wege freiwilliger Übereinkunft normativ wirkende

---

[76] Daher ist die Einschätzung von *Veit* (Zuständigkeit, S. 157) abzulehnen, die eine Vergleichbarkeit von Betriebs- und Tarifautonomie aus der geschichtlichen Entwicklung ablehnt.

[77] Zusätzlich ist zu bedenken, daß der Schutz der Mitglieder der Arbeiter- und Angestelltenausschüsse im Betriebsrätegesetz 1920 nicht vergleichbar war mit dem Schutz, den die Betriebsratsmitglieder nach dem Betriebsverfassungsgesetz von 1952 und von 1972 genießen. Insofern war damals – mangels gleicher Verhandlungsstärke – den betrieblichen Regelungen der Löhne auch nur eine beschränkte Richtigkeit zuzuerkennen. Die Rechtslage hat sich aber geändert (vgl. dazu bereits unten, II 3). Der Betriebsrat ist eben nicht mehr, wie zu *Sinzheimers* Zeit, ein Gremium „abhängiger Existenzen".

Vereinbarungen über die Lohnhöhe zu treffen (dazu unter 1). Diese Regelungsbefugnis kann aber nicht verwirklicht werden, da die herrschende Meinung § 77 Abs. 3 BetrVG als Normsetzungsprärogative versteht und dadurch Betriebsvereinbarungen über Löhne faktisch ausschließt (dazu unter 2). Um aber den zunehmenden Erfordernissen betriebsspezifischer Festlegung der Arbeitsbedingungen Rechnung zu tragen, wird die in § 77 Abs. 3 BetrVG hineingelesene Regelungssperre in der Praxis zunehmend auf dem Wege tariflicher Öffnungsklauseln beseitigt, um entsprechende Flexibilisierungsmöglichkeiten zu eröffnen (dazu unter 3).

1. Mitbestimmung in sozialen Angelegenheiten

Voraussetzung der Festlegung der Löhne im Rahmen freiwilliger Betriebsvereinbarungen ist eine dahingehende Regelungskompetenz, denn die normative Wirkung der Betriebsvereinbarung reicht nur so weit, wie sie im Rahmen der Kompetenz der Betriebspartner wirksam abgeschlossen wurde.[78]

Eine ausdrückliche Normierung über mögliche Inhalte der Betriebsvereinbarung enthält das Betriebsverfassungsgesetz von 1972 ebensowenig wie sein Vorgänger. Der Gegenstandsbereich muß daher aus dem gesetzlichen Gesamtkontext ermittelt werden.[79] Rechtsprechung[80] und ein Großteil der Lehre[81] gehen davon

---

[78] BAG AP Nr. 4 zu § 77 BetrVG 1972.
Es unterliegt dem staatlichen Monopol, darüber zu entscheiden, ob und unter welchen Voraussetzungen von Privaten getroffenen Vereinbarungen normative Wirkung zuerkannt wird (vgl. *Waltermann*, Rechtsetzung, S. 123; *Richardi*, Kollektivgewalt, S. 12; *Wiedemann*, in: FS für Dieterich, S. 661 [663, 667]; *Lambrich*, Tarif- und Betriebsautonomie, S. 214 ff.). Daher muß sich die normative Wirkung der Vereinbarungen der Betriebspartner aus dem Betriebsverfassungsgesetz ergeben. Daran ändert auch die Anerkennung der Betriebsautonomie als in der Privatautonomie verfassungsrechtlich gewährleistete Form der kollektiven Selbstbestimmung (dazu ausführlich unten, § III 3) nichts, denn die Befugnis zur Regelung mit normativer Wirkung ist zu trennen von der Frage nach der verfassungsrechtlichen Verankerung (vgl. *Waltermann*, Rechtsetzung, S. 125 ff.). Vgl. auch *Buchner* (in: FS für Wiese, S. 55 [58 f.]): „Die Befugnis der Betriebsparteien, Betriebsvereinbarungen mit normativer Wirkung zu schließen, kann nicht unmittelbar aus der Betriebsautonomie abgeleitet werden; sie beruht vielmehr nicht anders als die Normsetzungskompetenz auf Tarifebene auf gesetzlicher Ermächtigung (...)."

[79] *Kreutz*, Grenzen, S. 206.
Den Aufgabenbereich und damit die Zuständigkeit der Betriebsparteien untergliedert das Betriebsverfassungsgesetz in personelle, soziale und wirtschaftliche Angelegenheiten und weist dem Autonomiebereich der Betriebspartner auch die Gestaltung von Arbeitsplatz, Arbeitsablauf und Arbeitsumgebung zu. Dem Betriebsrat werden dabei Mitwirkungsbefugnisse in unterschiedlichem Umfang eingeräumt (Überwachungs-, Informations-, Anhörungs-, Beratungs-, Zustimmungs-, Initiativ- und Mitbestimmungsrechte).

[80] BAG AP Nr. 1 zu § 57 BetrVG 1952; BAG AP Nr. 9 zu § 59 BetrVG 1952; BAG AP Nrn. 23, 46 zu § 77 BetrVG 1972; BAG AP Nrn. 1, 3 zu § 77 BetrVG 1972 Tarifvorbehalt;

aus, daß durch Betriebsvereinbarungen grundsätzlich *alle* Fragen festgelegt werden dürfen, die Gegenstand eines *Tarifvertrages* oder eines *Einzelarbeitsvertrages* sein können. Diese umfassende Regelungskompetenz müsse erst im Einzelfall inhaltlich auf ihre Vereinbarkeit mit Recht und Billigkeit (§ 75 BetrVG) und mit höherrangigem zwingenden Recht überprüft werden.[82]

Zur Begründung[83] wurde zunächst auf § 88 BetrVG rekurriert, der eine beispielhafte Aufzählung („insbesondere") sozialer Angelegenheiten enthält, die durch freiwillige Betriebsvereinbarungen geregelt werden können.[84] Zutreffend ist diesem Begründungsansatz entgegengehalten worden, daß er der gesetzlichen Systematik des vierten Teils des Betriebsverfassungsgesetzes (§§ 77 - 113) widerspricht.[85] Denn aus der Stellung des § 88 BetrVG im Bereich der „Sozialen Angelegenheiten" ergibt sich kein Anhaltspunkt für die Zulässigkeit von Betriebsvereinbarungen über die Gestaltung von Arbeitsplatz, Arbeitsablauf und Arbeitsumgebung sowie in personellen oder wirtschaftlichen Angelegenheiten. Auch wenn man fließende Übergänge zwischen den einzelnen Abschnitten bejaht,[86] wäre zur Begründung einer umfassenden Regelungskompetenz eine Einordnung im Ersten Abschnitt („Allgemeines") erforderlich.

Zusätzlich wird daher auf § 77 Abs. 3 BetrVG abgestellt, um diesen systematischen Mangel zu beseitigen.[87] Zunächst enthalte § 77 Abs. 3 BetrVG eine *negative* Abgrenzung des Regelungsbereichs. Im Wege eines Umkehrschlusses wird daraus die *positive* Folgerung gezogen, daß alle „Arbeitsentgelte und sonstigen Arbeitsbedingungen" durch Betriebsvereinbarung gestaltet werden können,

---

BAG AP Nr. 20 zu § 87 BetrVG 1972 Ordnung des Betriebes; BAG AP Nr. 1 zu § 88 BetrVG 1972.

81 *Fitting*, § 77 Rn. 42 ff., § 88 Rn. 2 ff. m. w. Nachw.; *Zöllner*, ZfA 1988, 265 (275); *Galperin/Löwisch*, BetrVG, § 88 Rn. 1 ff.; *Hueck/Nipperdey*, ArbR Bd. II / 2, S. 1262; *Matthes*, in: Münch Hdb, § 318 Rn. 51; *Säcker*, ZfA Sonderheft 1972, 41 (49 ff.); *ders.*, Gruppenautonomie, S. 342 f.; *v. Hoyningen-Huene/Meier-Krenz*, ZfA 1988, 293; *Löwisch*, JZ 1996, 812 (814); *Buchner*, NZA 1986, 377 (378); *ders.*, DB 1985, 864 (865); *Bender*, BB 1987, 1117; *Wiese*, NZA 1990, 793 (794); *Gragert*, Flexibilisierung von Tarifverträgen, S. 46 ff.; *v. Langen*, Von der Tarif- zur Betriebsautonomie, S. 42.

82 BAG AP Nr. 46 zu § 77 BetrVG 1972; *Herschel*, ZfA 1984, 65.

83 Vgl. die umfassende Darstellung der verschiedenen Begründungsansätze bei *Veit*, Zuständigkeit, S. 18 ff., 207 ff., 265 ff.

84 *Fitting/Auffarth/Kaiser*, BetrVG[12], § 88 Rn. 2 m. w. Nachw.

85 Ausführlich *Kreutz*, Grenzen, S. 208; *Waltermann*, NZA 1996, 357 (360).

86 BAG AP Nr. 46 zu § 77 BetrVG 1972

87 Dazu die Angaben in Fn. 80 und 81. *Kreutz* (Grenzen, S. 208 ff., 222) stellt ausschließlich auf § 77 Abs. 3 BetrVG ab. Dagegen *Veit* (Zuständigkeit, S. 207 ff., 209): „Der Umkehrschluß darf nicht dazu führen, daß aus einer Verbotsnorm eine Ermächtigungsnorm wird."

wenn diese *nicht* durch Tarifvertrag *geregelt* sind oder üblicherweise *geregelt werden.*[88]

Der Annahme umfassender Kompetenz ist von verschiedenster Seite mit unterschiedlichen Begründungsansätzen entgegengetreten worden.[89] Erneut ist es vor allem die Gesamtsystematik des Betriebsverfassungsgesetzes, die gegen den Argumentationsansatz des Umkehrschlusses spricht. Eine solche Auslegung des § 77 Abs. 3 BetrVG als Kompetenznorm für eine umfassende Regelungsbefugnis würde dazu führen, daß die §§ 88 und 102 Abs. 2 BetrVG völlig überflüssig

---

[88] *Kreutz*, Grenzen, S. 208 f.; zustimmend *Zöllner*, ZfA 1988, 265 (276). Einen solchen Umkehrschluß zog bereits *Strasser* (Betriebsvereinbarung, S. 125 ff.) zu § 59 BetrVG 1952.

[89] *Waltermann* (Rechtsetzung, S. 148 ff., 242 ff.; *ders.*, NZA 1996, 357 [360 ff.]; *ders.*, RdA 1996, 129 [134 ff.]) stellt auf die Wesentlichkeitsrechtsprechung des BVerfG ab und verneint eine umfassende Regelungskompetenz mangels hinreichender Bestimmtheit der gesetzlichen Ermächtigung zum Eingriff der „Fremdbestimmungsordnung" in die Privatautonomie. Wie noch zu zeigen sein wird, handelt es sich bei der Betriebsautonomie jedoch nicht um eine Fremdbestimmungsordnung. Zudem findet die Privatautonomie bei einer Kollision mit betriebsvereinbarungsrechtlichen Regelungen umfassende Berücksichtigung. Bezieht man den § 88 BetrVG zutreffend nur auf soziale Angelegenheiten, ist auch dem Bestimmtheitserfordernis genügt.
Richardi (Kollektivgewalt, S. 317 ff., 240 ff; *ders.*, ZfA 1990, 211 [230 ff.]; *ders.*, ZfA 1992, 307 [321 ff.]) lehnt wegen des korporativen Zwangsordnungscharakters der Betriebsautonomie generell die Regelungsbefugnis der Betriebspartner hinsichtlich materieller Arbeitsbedingungen ab, läßt aber andererseits dort Ausnahmen zu, wo der Ausschluß der Betriebsvereinbarung „nur durch die Starrheit dogmatischer Folgerichtigkeit zu rechtfertigen" wäre (Kollektivgewalt, S. 321). Über die Konstruktion eines Vertrages zugunsten Dritter hält *Richardi* zusätzliche Leistungen zum Arbeitsentgelt für durch Betriebsvereinbarung regelbar (i. Erg. ebenso *Leinemann*, DB 1990, 732 [736]). Schon *Richardis* Grundthese der Betriebsgemeinschaft als Zwangsverband kann jedenfalls in heutiger Zeit nicht mehr gefolgt werde. Denn die Betriebsautonomie errichtet eine Selbstbestimmungsordnung, die in Art. 2 Abs. 1, 9 Abs. 1 GG verfassungsrechtlich gewährleistet ist (dazu unten, III 3). Daß im Ergebnis nur für den Arbeitnehmer günstigere Regelungen Geltung erlangen, ergibt sich aus dem Günstigkeitsprinzip, nicht aus der mangelnden Regelungskompetenz in sozialen Angelegenheiten.
Kreutz (Grenzen, S. 171 ff., 197) verneint die Regelungskompetenz der Betriebspartner bei materiellen Arbeitsbedingungen nur dann, wenn sie für den Arbeitnehmer ungünstiger sind, da ungünstigere Regelungen nicht dem Schutzzweck der Betriebsvereinbarung zum Ausgleich der unterlegenen Stellung des Arbeitnehmers entsprechen; ähnlich *Kort*, NJW 1997, 1476 (1480); *Otto*, NZA 1992, 97 (101); *Hammer*, Selbstbestimmungsfreiheit, S. 96 ff., 139 ff.. I. Erg. stimmen *Kreutz, Kort* und *Otto* mit dem hier vertretenen Ansatz überein, denn nach der hier vertretenen Konzeption besteht zwar die Regelungskompetenz, eine ungünstige Betriebsvereinbarung wird aber nach dem Günstigkeitsprinzip nicht zur Anwendung kommen. Vielmehr hat dann die tarifliche Regelung (§ 77 Abs. 3 BetrVG) bzw. die Individualvereinbarung Vorrang.

würden.[90] Die Normierung zweier sinnloser Bestimmungen kann dem Gesetzgeber aber nicht unterstellt werden. Zudem fehlt dem Betriebsrat insbesondere hinsichtlich der unternehmerisch-wirtschaftlichen Entscheidungen die Regelungskompetenz,[91] denn dem Betriebsverfassungsgesetz liegt eine sorgfältige Abwägung der Arbeitnehmerinteressen an der Beteiligung einerseits gegenüber der unternehmerischern Entscheidungsfreiheit andererseits zugrunde. Diese hat in den §§ 106 ff. BetrVG eine abschließende Regelung erfahren.[92]

Eine *umfassende (All-)Kompetenz* des Betriebsrat besteht *nicht*, wohl aber haben die Betriebspartner im Bereich der *sozialen* Angelegenheiten eine *umfassende Normsetzungsbefugnis* im Wege freiwilliger Übereinkunft aus § 88 BetrVG.[93] Der Begriff der sozialen Angelegenheit umfaßt sowohl materielle als auch formelle Arbeitsbedingungen, damit auch alle Maßnahmen, die das betriebliche Solidarinteresse der Arbeitnehmer berühren und *nicht* dem Bereich der *personellen* Maßnahmen oder Entscheidungen *unternehmerischer* Gestaltungsfreiheit zuzurechnen sind.[94] Systematische Bedenken bestehen nicht, denn die §§ 102 ff. BetrVG behalten ihren Sinn.

Die Annahme einer umfassenden Regelungskompetenz der Betriebspartner für alle sozialen Angelegenheiten entspricht auch der Zwecksetzung der betrieblichen Mitbestimmung.[95] Das Ziel, die einseitige Gestaltungsmacht des Arbeitgebers einzuschränken, rechtfertigt, diese Angelegenheiten der Mitwirkung des

---

90 *Veit*, Zuständigkeit, S. 211.

91 *Zöllner*, ZfA 1988, 265 (282 f.); *Säcker*, ZfA Sonderheft 1972, 41 (46); *Löwisch*, AuR 1978, 97 (99); *Ehmann*, in: FS für Kissel, S.175 (185 ff.); *Papier*, RdA 1989, 137 (142 f.); *Beuthien*, ZfA 1986, 131 (142 ff.); *Otto*, NZA 1992, 97 (101); vgl. dazu bereits oben, III 4 c (2).
K. Molitor (in: FS für Schaub, S. 487 [489 f.]) verneint die Legitimation des Betriebsrats zum Aushandeln der materiellen Arbeitsbedingungen, weil diesem die entsprechende Vollmacht fehle. Nach dem hier vertretenen Ansatz liegt im Betriebseintritt die der Vollmachtserteilung vergleichbare Anerkennung der Gestaltung durch die Betriebspartner; vgl. dazu unten, III 3 c (2).
Weitergehend *Jahnke* (ZfA 1980, 863 [864 f.]), der Betriebsvereinbarungen auch über personelle und wirtschaftliche Angelegenheiten für zulässig hält.

92 *Beuthien*, ZfA 1986, 131 (142, 154); vgl. auch *Richardi*, in: FS für Lübtow, S. 755 (757).

93 Nur insoweit ist Rechtsprechung und Lehre zuzustimmen; vgl. die Nachw. in Fn. 80 und 81. Darüber hinaus *Söllner* (Grundriß, § 21 III 1), der zusätzlich auf § 80 BetrVG hinweist; *Wittke*, Beteiligungsrechte, S. 101; *Buchner*, DB 1985, 913 (915 f.); *P. Hanau*, NZA 1985, 73 (75); ausf. *Lambrich*, Tarif- und Betriebsautonomie, S. 354 ff., 357 ff., 396 ff. Sehr einschränkend hingegen *Veit* (Zuständigkeit, S. 273 ff.): Aus § 88 BetrVG lasse sich nur die Zulässigkeit freiwilliger Betriebsvereinbarungen über die Gewähr *zusätzlicher* freiwilliger Sozialleistungen ableiten.

94 Ausführlich zum Begriff *Veit*, Zuständigkeit, S. 278 ff.; *Nikisch*, ArbR Bd. III, S. 348.

95 Dazu oben, § 2.

Betriebsrats zu unterstellen. Soweit es sich um solche aus dem Direktionsbereich handelt, wird dies nicht bestritten. Unter soziale Angelegenheiten sind aber ebenso Löhne und Arbeitszeit zu subsumieren. Für die *Dauer* der wöchentlichen *Arbeitszeit* ist die Regelungskompetenz der Betriebspartner nach der Anerkennung des Leber-Rüthers-Kompromisses durch das BAG[96] nicht mehr zu bezweifeln.[97] Mit dieser Entscheidung hat das BAG Arbeitszeitmodellen Rechnung getragen, die aufgrund der Besonderheiten der betrieblichen Produktion einer überbetrieblichen Regelung kaum zugänglich sind,[98] deren Detailregelungen jedenfalls auf betrieblicher Ebene erfolgen müssen.[99] Nichts anderes gilt für die Gestaltung der *Löhne*, deren Festlegung durch die Betriebspartner zumindest mittelbar durch die betriebliche Einflußnahme auf die Arbeitszeit faktisch bereits zugelassen wurde.[100] Auch hierbei handelt es sich um soziale Angelegenheiten; dies hat die Rechtsprechung durch die Einbeziehung der *freiwilligen* Leistungen in den Entgeltbegriff des § 87 Abs. 1 Nr. 10 BetrVG[101] und die Öffnung der Mitbestimmung für *übertarifliche* Leistungen[102] bestätigt. Zutreffend wird dabei der Bereich der *erzwingbaren* Mitbestimmung auf die formelle Seite der Entgeltregelung beschränkt.[103] Das hindert aber eine generelle Einordnung der Lohngestaltung im weiteren Sinn, das heißt insbesondere auch der materiel-

---

[96] BAG AP Nr. 23 zu § 77 BetrVG 1972.

[97] Dagegen aber *Richardi* (Gutachten, Verhandlungen des 61. DJT, Bd. I, B 49 ff., B 56 ff.; *ders.*, DB 1990, 1613 [1617 f.]; *ders.*, ZfA 1990, 211 [230 ff., 241]); *Reichold* (Sozialprivatrecht, S. 514 f.): „Die Entscheidung über die Art der Arbeitsleistung, die Dauer der Arbeitszeit und die Höhe des Arbeitsentgelts ist gemäß § 611 BGB allein Sache der Arbeitsvertragsparteien. In der Festlegung der synallagmatischen Hauptleistungspflichten kann der Arbeitsvertrag daher nicht durch eine Kollektivnorm ersetzt werden ... diese kann nur einen insoweit verbindlichen Rahmen vorgeben." Allerdings schränkt *Reichold* diese Aussage wieder ein, indem er die Gestaltungsmöglichkeiten durch Betriebsvereinbarungen doch wieder zuläßt, wenn eine günstigere Regelung getroffen wird (a. a. O., S. 519, 535).

[98] Vgl. z. B. den Sachverhalt, welcher der Entscheidung des BAG (AP Nr. 2 zu § 77 BetrVG 1972 Tarifvorbehalt) zugrunde lag; vgl. auch die Betriebsvereinbarung mit Zeitkorridor, die innerhalb des Flächentarifvertrages für die produzierende Abteilung für Opel/Rüsselsheim geschlossen wurde; dazu FAZ v. 25.07.1995; *Kittner*, in: FS für Schaub, S. 389 (392 dort Fn. 18).

[99] *Ehmann*, ZRP 1996, 314 (319).

[100] Vgl. *Löwisch* (DB 1984, 2457), der allerdings die rechtliche Zulässigkeit des Leber-Rüthers-Kompromisses bezweifelt.

[101] BAG AP Nrn. 1, 2 zu § 87 BetrVG 1972 Altersversorgung; BAG AP Nr. 1 zu § 87 BetrVG 1972 Lohngestaltung. Vgl. oben, § 1 III 1.

[102] BAG AP Nr. 5 zu § 87 BetrVG 1972 Tarifvorrang; vgl. dazu oben, § 3 III 1 b, c, d.
Das Einfallstor für die Mitbestimmung im Lohnbereich (§ 87 Abs. 1 Nr. 10 BetrVG) sei durch die Rechtsprechung zum „Scheunentor" geworden; so *P. Hanau*, NZA 1993, 817 (821); *Zachert*, RdA 1996, 140 (144).

[103] Dazu bereits oben, § 3 I 2 d.

len Seite, als soziale Angelegenheit nicht.[104] Auf diese Weise wird die der Zwecksetzung entsprechende Einflußnahmemöglichkeit des Betriebsrats anerkannt. Soweit aufgrund betriebssoziologischer Notwendigkeiten eine betriebsspezifische Festlegung der Löhne erforderlich ist,[105] werden die Arbeitnehmer durch die Mitwirkung ihrer Repräsentanten vor der faktisch (durch den Abschluß vertraglicher Einheitsregelungen verwirklichten) einseitigen Gestaltungsmacht des Arbeitgebers geschützt.

Der Begründung der Regelungskompetenz aus § 88 BetrVG kann auch nicht entgegengehalten werden, dieser enthalte nur eine Befugnis zur Ausgestaltung von Leistungen des Arbeitgebers, nicht aber die Möglichkeit der Festlegung des Pflichtenkreises des Arbeitnehmers oder von Eingriffen in die Privatautonomie.[106] Kein Arbeitnehmer kann – weder durch Tarifvertrag noch durch Betriebsvereinbarung – gezwungen werden, zu bestimmten Arbeitsbedingungen zu arbeiten; das ergibt sich aus Art. 12 GG und ist keine Frage der Regelungskompetenz, sondern primär der Grundrechtsanerkennung im Tarifvertrags- und Be-

---

[104] Die Lohnhöhe als soziale Angelegenheit bejaht auch das BAG (AP Nr. 3 zu § 77 BetrVG 1972 Tarifvorbehalt): „Richtig ist allerdings, daß der Betriebsvereinbarung wegen § 77 Abs. 3 BetrVG für die Bestimmung der Vergütungshöhe nur ausnahmsweise Bedeutung zukommt." BAG (AP Nr. 1 zu § 88 BetrVG 1972): „Im sozialen Bereich, zu dem auch Entlohnungsfragen zählen, besteht nach allgemeiner Meinung die umfassende Regelungsbefugnis von Arbeitgeber und Betriebsrat." *Kreutz*, Grenzen, S. 207 ff.; *Söllner*, Grundriß, § 21 III 1; ähnlich *Adomeit*, Regelung von Arbeitsbedingungen, S. 71 f.; *Löwisch*, AuR 1978, 97 (99); *Ehmann*, ZRP 1996, 314 (319); *H. Müller*, NZA 1985, 307 (308); *Belling*, Günstigkeitsprinzip, S. 122 ff. Bei der zusätzlichen Gewähr von Leistungen zum Arbeitsentgelt läßt auch *Canaris* (AuR 1966, 129 [131 ff.]) die Betriebsvereinbarung als Rechtsform zu, bejaht in diesem Fall also die Subsumtion unter den Begriff der sozialen Angelegenheiten. Ausnahmsweise bejaht er die Zulässigkeit von Eingriffen in Rechtspositionen, wenn es um die Abwehr eines betrieblichen Notstandes geht.
Anders BAG (AP Nr. 17 zu § 77 BetrVG 1972), wo soziale Angelegenheiten nur dann angenommen werden, wenn „die Zuwendung *nicht* unmittelbar das Entgelt für die erbrachte Leistung" darstellt (Hervorh. d. Verf.). Damit setzt sich das BAG aber in Widerspruch zur eigenen Definition des Inhalts der Mitbestimmung im Bereich des § 87 Abs. 1 Nr. 10 BetrVG, wonach unter den Lohnbegriff im weitesten Sinne alle Gegenleistungen für erbrachte Arbeit gefaßt werden, diese also zu den sozialen Angelegenheiten gerechnet werden. Vgl. dazu oben, § 1 III 1.

[105] Zur Verbreitung von betrieblichen Entgeltsystemen in der Betriebspraxis: *Büge* (Siemens AG), ZfA 1993, 173 ff.; *Feudner* (IBM-Deutschland GmbH), ZfA 1993, 185 ff.; *Giese* (Westfälische Textilindustrie), ZfA 1993, 189 ff.; *H. P. Müller* (Höechst AG) ZfA 1993, 197 ff.; *Schwartmann* (Mercedes-Benz AG), ZfA 1993, 207 ff.

[106] *Richardi*, Gutachten, Verhandlungen des 61. DJT, Bd. I, B 49 ff.; *Neef*, in: FS für Schaub, S. 515 (522 f.). I. Erg. auch *Veit*, Zuständigkeit, S. 273 ff.

triebsverfassungsrecht.[107] Die Berufsfreiheit hindert aber eine grundsätzliche Regelung der Arbeits*bedingungen* durch die Betriebspartner nicht. Der individuellen Selbstbestimmung der Arbeitnehmer durch privatautonome Vertragsgestaltung trägt die Anerkennung des Günstigkeitsprinzips hinreichend Rechnung;[108] insofern kommen für den Arbeitnehmer lediglich belastende Regelungen nicht zur Geltung. Die generelle Regelungskompetenz des Betriebsrats für soziale Angelegenheiten wird damit durch die beispielhafte Aufzählung der in § 88 BetrVG genannten Bereiche eröffnet, so daß die Festlegung der Lohnhöhe Gegenstand einer Betriebsvereinbarung sein kann. Damit sichert auch die Betriebsvereinbarung den Arbeitnehmern des Betriebes einen Mindeststandard an materiellen Arbeitsbedingungen.[109]

2. Die Regelungssperre des § 77 Abs. 3 BetrVG

Obwohl die überwiegende Meinung die Regelungskompetenz der Betriebspartner für alle sozialen Angelegenheiten[110] anerkennt, wird das Regelungsinstrument der Betriebsvereinbarung für die Festlegung der Löhne auf Betriebsebene faktisch ausgeschlossen, denn nach Ansicht von Rechtsprechung und Lehre errichtet § 77 Abs. 3 BetrVG für Arbeitsentgelte und sonstige Arbeitsbedingungen, die durch Tarifvertrag geregelt sind oder üblicherweise geregelt werden, eine sogenannte *Normsetzungsprärogative*.[111] Die unter Verstoß gegen § 77 Abs. 3 BetrVG abgeschlossene Betriebsvereinbarung sei nichtig[112] und könne allenfalls (ausnahmsweise) unter analoger Anwendung des § 140 BGB umgedeutet werden.[113] Zweck des Tarifvorbehalts sei, ein Überschneiden der Rege-

---

[107] Vgl. *Löwisch*, JZ 1996, 812 (814); *Rieble*, Arbeitsmarkt und Wettbewerb, Rn. 1622 ff.; diff. *Waltermann*, Rechtsetzung, S. 182 ff. Zur Frage der Grundrechtsbindung der Tarifvertragsparteien *Wiedemann*, RdA 1997, 297 (301 f. m. w. Nachw.).

[108] Zur Geltung des Günstigkeitsprinzips im Verhältnis von Betriebsvereinbarung und Individualvertrag unten, § 5 II 3.

[109] BAG AP Nr. 23 zu § 77 BetrVG 1972.

[110] Siehe oben mit Fn. 80, 81.

[111] *Hagemeier*/Kempen/Zachert/Zilius, TVG, Einl. Rn. 201 f.; *Wank*, in: Wiedemann, § 4 Rn. 555; *ders.*, RdA 1991, 129 (136); *Galperin*/*Löwisch*, BetrVG, § 77 Rn. 73, 83 b; *Hess*/Schlochauer/Glaubitz, BetrVG, § 77 Rn. 127 ff., 145; *Berg*, in: D/K/K/S BetrVG, § 77 Rn. 62; *Matthes*, in: Münch Hdb, § 318 Rn. 59; *Kreutz*, Grenzen, S. 212 f.; *Gamillscheg*, Kollektives Arbeitsrecht Bd. I, S. 289 f.; *Wiese*, in: 25 Jahre BAG, S. 661; *Waltermann*, Rechtsetzung, S. 267, 279; *ders.*, RdA 1996, 129 (131 f.); *Jahnke*, Tarifautonomie und Mitbestimmung, S. 145; *Heinze*, NZA 1995, 5 (6); *v. Hoyningen-Huene*, Betriebsverfassungsrecht, § 11 III 5 c); *Gragert*, Flexibilisierung von Tarifverträgen, S. 53 f.; alle jeweils m. w. Nachw.

[112] *Kreutz*, in: GK-BetrVG, § 77 Rn. 104 ff.; *Richardi*, BetrVG, § 77 Rn. 292; *Hess*/Schlochauer/Glaubitz, BetrVG, § 77 Rn. 169. Diff. *Veit*, Zuständigkeit, S. 249 ff.

[113] BAG AP Nrn. 2, 42 zu § 77 BetrVG 1972; BAG AP Nr. 8 zu § 77 BetrVG 1972 Tarifvorbehalt m. Anm. *Moll*; BAG NZA 97, 951; *Birk*, ZfA 1986, 73 (107 m. Fn. 203); *Berg*, in:

lungsbereiche von Tarif- und Betriebsautonomie auszuschließen, um die Tarifvertragsparteien vor den auf betrieblicher Ebene vereinbarten „Ersatztarifverträgen" zu schützen. Denn andernfalls werde die Tarifautonomie ausgehöhlt und die Funktionsfähigkeit der Koalitionen beeinträchtigt.[114] Schutzzweck der Norm sei die Sicherung der *ausgeübten* und *aktualisierten Tarifautonomie*.[115]

a) Umfang der Sperrwirkung

Die Betriebsvereinbarung soll dann unwirksam sein, wenn die entsprechende Arbeitsbedingung durch Tarifvertrag geregelt ist oder üblicherweise geregelt wird.[116] Eine *tarifliche Regelung* liegt vor, wenn ein Tarifvertrag über die betreffende Materie abgeschlossen worden ist und der Betrieb in dessen Gel-

---

D/K/K, § 77 Rn. 65; Fitting, § 77 Rn. 91 f.; *Wiedemann/Stumpf*, TVG, § 4 Rn. 289; *Ehmann/Lambrich*, Jura 1999, 135 (143 f.). Die unwirksame Betriebsvereinbarung wird umgedeutet, so daß ihr Inhalt in die Einzelarbeitsverträge übernommen wird. Voraussetzung ist aber, daß besondere tatsächliche Umstände vorliegen, aus denen die Arbeitnehmer nach Treu und Glauben schließen durften, daß der Arbeitgeber – über die betriebsverfassungsrechtliche Verpflichtung hinaus – sich für eine bestimmt Leistung (auch individualvertraglich) binden wollte. Vgl. zur Umdeutung ausführlich *Belling/Hartmann*, NZA 1998, 673 ff.; *Lambrich*, Tarif- und Betriebsautonomie, S. 55 dort Fn. 90.

Ablehnend gegenüber der Umdeutungsmöglichkeit: *Kreutz*, in: GK-BetrVG, § 77 Rn. 105 ff.; *Richardi*, BetrVG, § 77 Rn. 292; *v. Hoyningen-Huene*, DB 1984 Beil. 1, 1 (8); *Veit*, Zuständigkeit, S. 253 f.; *Veit/Waas*, BB 1991, 1329 ff.; i. Erg. auch *Belling/Hartmann* (NZA 1998, 673 [677]), welche die Umdeutung in eine individualvertragliche Vereinbarung ablehnen, weil eine Annahme des Angebots durch die Arbeitnehmer fehle; möglich sei lediglich die Umdeutung in eine Regelungsabrede.

[114] BAG AP Nrn. 8, 10, 11 zu § 77 BetrVG 1972 Tarifvorbehalt; BAG AP Nr. 22 zu § 23 BetrVG 1972; BAG AP Nrn. 2, 4 zu § 77 BetrVG 1972; *Richardi*, BetrVG, § 77 Rn. 229; *Fitting*/Kaiser/Heither/Engels, BetrVG, § 77 Rn. 61; *Kreutz*, in: GK-BetrVG, § 77 Rn. 66; *Matthes*, in: Münch Hdb, § 318 Rn. 59; *Berg*, in: D/K/K, § 77 Rn. 62; *Moll*, Tarifvorrang, S. 37, 49; *Schaub*, ArbR Hdb, § 231 II 5 b; *Weyand*, AuR 1989, 193 (194); *Heinze*, NZA 1995, 5 (6); *Otto*, NZA 1992, 97 (103); *Beuthien*, BB 1983, 1992 (1995); *Conze*, DB 1978, 490 (493); *Bichler*, DB 1979, 1939 (1940); *Belling/Hartmann*, NZA 1998, 673 (676).

[115] BAG AP Nr. 8 zu § 77 BetrVG 1972 Tarifvorbehalt; BAG AP Nr. 51 zu § 87 BetrVG 1972 Lohngestaltung; *Richardi*, in: FS für Schaub, S. 639 (647 f.); *ders.*, BetrVG, § 77 Rn. 228; *Kreutz*, in: GK-BetrVG, § 77 Rn. 66; *Hromadka*, DB 1986, 1921; *Fitting*, § 77 Rn. 61; *Galperin/Löwisch*, BetrVG, § 77 Rn. 83 b; *Buchner*, in: FS für Wiese, S. 55 (56); *Veit*, Zuständigkeit, S. 212 f. jeweils m. w. Nachw. Vgl. auch die Nachw. in Fn. 114.

Kritisch zu den weiteren dem § 77 Abs. 3 BetrVG unterstellten Zwecken *Eickelberg*, Betriebsvereinbarung über Arbeitsentgelt, S. 128 ff.; *Klasen*, Tarifvorrang und Mitbestimmung, S. 24 f.; *Moll*, Tarifvorrang, S. 37.

Lambrich (Tarif- und Betriebsautonomie, S. 258 ff., 274 ff.) betont als maßgeblichen Zweck des § 77 BetrVG die Gewähr eines effektiven Arbeitnehmerschutzes; vgl. auch *Ehmann*, in: FS für Zöllner, S. 715 (725 ff.).

[116] Ausf. zum Umfang der Sperrwirkung *Lambrich*, Tarif- und Betriebsautonomie, S. 315 ff.

tungsbereich fällt.[117] Nach überwiegender Ansicht soll es dabei nicht auf die Tarifbindung des Arbeitgebers ankommen, so daß die Sperrwirkung sogar dann ausgelöst wird, wenn die entsprechenden Normen im konkreten Betrieb keine Anwendung finden.[118] Auch die *Tarifüblichkeit* schließt die Regelung der Angelegenheiten durch Betriebsvereinbarung aus, wobei diese gegeben ist, wenn die Arbeitsbedingungen, ohne zum betreffenden Zeitpunkt tariflich geregelt zu sein, bereits (mindestens einmal) durch Tarifvertrag geregelt waren und davon auszugehen ist, daß sie auch künftig wieder tariflich geregelt werden; wenn sich die tariflichen Regelungen also gleichsam „eingebürgert" haben.[119]

---

[117] *Fitting*, § 77 Rn. 66 ff.; *Kreutz*, in: GK-BetrVG, § 77 Rn. 80 ff.; *Wank*, in: Wiedemann, § 4 Rn. 562; *Moll*, Tarifvorrang, S. 40; *Fischer*, Betriebsvereinbarung, S. 195 ff. Zu den Voraussetzungen des Geltungsbereichs *Galperin/Löwisch*, BetrVG, § 77 Rn. 78 ff.; ausf. *Wank*, in: Wiedemann, § 4 Rn. 93 ff. m. w. Nachw.

[118] BAG AP Nr. 8 zu § 77 BetrVG 1972 Tarifvorbehalt; *Galperin/Löwisch*, BetrVG, § 77 Rn. 81; *Wank*, in: Wiedemann, § 4 Rn. 564; *Fitting*, § 77 Rn. 68 ff.; *Berg*, in: D/K/K, § 77 Rn. 68; *Matthes*, in: Münch Hdb, § 316 Rn. 66; *Hagemeier*/Kempen/Zachert/Zilius, TVG, Einl. Rn. 204; *Rieble*, Arbeitsmarkt und Wettbewerb, Rn. 1489, 1560; *v. Hoyningen-Huene*, Betriebsverfassungsrecht, § 11 III 5 c); *Wlotzke*, Günstigkeitsprinzip, S. 143; *Krauss*, Günstigkeitsprinzip, S. 136 ff.; *Moll*, Tarifvorrang, S. 39; *Heisig*, Arbeitsentgelt- und Arbeitszeitregelungen, S. 189; *Fischer*, Betriebsvereinbarung, S. 200 ff.; *Gragert*, Flexibilisierung von Tarifverträgen, S. 60; *Schaub*, NZA 1998, 617 (619); *Wank*, RdA 1991, 129 (133); *Buchner*, DB 1997, 573; *H. Hanau*, DB 1998, 69 (76); *Heither*, in: FS für Dieterich, S. 231 (236 f.); *Hohmeister*, BB 1999, 418.

Zu Recht anderer Ansicht: *Kreutz*, GK-BetrVG, § 77 Rn. 80, 83; Gnade/Kehrmann/Schneider/Blanke/*Klebe*, BetrVG, § 77 Rn. 6; *Gast*, Tarifautonomie und Normsetzung, S. 41; *Adomeit*, Regelung von Arbeitsbedingungen, S. 65; *J.-H. Bauer*, NZA 1997, 233 (235 f.); *ders.*, in: FS für Schaub, S. 19 (26); *Ehmann*, in: FS für Zöllner, S. 715 ff. (insbes. 732 f.); *Ehmann/Schmidt*, NZA 1995, 193 (196); *Ehmann/Lambrich*, NZA 1996, 346 (356); *Lambrich*, Tarif- und Betriebsautonomie, S. 333 ff., 393; *ders.*, Diskussionsbeitrag, in: Verhandlungen des 61. DJT, Bd. II / 2, K 160 (K 162); *ders.*, FAZ v. 21.04.1997, S. 12; *Trappehl/Lambrich*, NJW 1999, 3217 (3223 f.); *Fabricius*, RdA 1973, 126; *Feudner*, DB 1993, 2231 (2232); *Barwasser*, DB 1975, 2275; *Hablitzel*, DB 1971, 2158 (2161); *Eickelberg*, Betriebsvereinbarungen über Arbeitsentgelt, S. 100; inzwischen auch *Richardi*, in: FS für Schaub, S. 639 (644 ff.); *ders.*, BetrVG, § 77 Rn. 244; *Buchner*, in: FS für Wiese, S. 55 (57 ff.).

[119] *Kreutz*, in: GK-BetrVG, § 77 Rn. 96 ff.; *Fitting*, § 77 Rn. 80; *Galperin/Löwisch*, BetrVG, § 77 Rn. 83 ff.; *Matthes*, in: Münch Hdb, § 318 Rn. 65; *Zöllner*, in: FS für Nipperdey Bd. II, S. 699 (706 ff.); *Fischer*, Betriebsvereinbarung, S. 197 ff.

Nach *Adomeit* (Regelung von Arbeitsbedingungen, S. 71, 74) hat der Arbeitgeber mit einem Austritt aus dem Verband durch seine entschlossene Abkehr mit der Üblichkeit gebrochen, so daß seiner Meinung nach dann Regelungen durch Betriebsvereinbarungen möglich sind. Auch *Feudner* (DB 1993, 2231 [2232]) verneint die Tarifüblichkeit für Unternehmen, die schon lange aus der Tarifbindung und der Nachwirkung herausgefallen sind.

Daß die Höhe des Lohnes regelmäßig durch Tarifverträge geregelt ist bzw. üblicherweise wird, bedarf keiner weiteren Darlegung, handelt es sich dabei doch um das klassische Betätigungsfeld der Koalitionen,[120] so daß die herrschende Meinung in dem hier zu betrachtenden Bereich des Zeitlohnes in der Regel zwangsläufig zur Unwirksamkeit der insoweit abgeschlossenen Betriebsvereinbarungen gelangt.[121]

Zugelassen werden lediglich Lohnabsprachen in der Form der Regelungsabreden.[122] Diese bedürfen aber der Umsetzung durch den Individualvertrag. Eine *betriebseinheitliche* Gestaltung der Löhne, die den betriebssoziologischen Notwendigkeiten Rechnung trägt,[123] kann allenfalls durch den Abschluß einheitlicher, faktisch einseitig durch den Arbeitgeber vorgegebener Einheitsverträge erfolgen. Unmöglich ist eine – etwa bei schlechter konjunktureller Lage erforderlich werdende – *einheitliche* Reduzierung der Löhne, denn insoweit bliebe lediglich der Weg der Änderungskündigung. Diese Lösung ist aber kaum praktikabel, vor allem im Hinblick auf den höchst unterschiedlich gestalteten Bestandsschutz, den die Arbeitsverhältnisse der einzelnen Arbeitnehmer eines Betriebes genießen. Selbst bei einer Massenänderungskündigung muß die gebotene Individualisierung des Kündigungsschutzes beachtet werden, so daß die angestrebte Einheitlichkeit der Änderung auf Betriebsebene verhindert wird.

b) Prämissen der Normsetzungsprärogative

Grundlage der Auslegung des § 77 Abs.3 BetrVG als Normsetzungsprärogative ist eine optimistische Beurteilung der Tarifautonomie und pessimistische Einschätzung der Betriebsautonomie.[124]

---

[120] *J.-H. Bauer*, in: FS für Schaub, S. 19 (28); *Buchner*, in: FS für Kissel, S. 97 (101); *Heisig*, Arbeitsentgelt- und Arbeitszeitregelungen, S. 185 ff. So führte das BVerfG (E 18, 18 [26]) aus, die Koalitionen legen „insbesondere die Löhne und Gehälter für die verschiedenen Wirtschaftszweige und Berufe sowie für räumlich begrenzte Bezirke und jeweils bestimmte Zeitspannen" fest. Vgl. auch oben, § 1 II 3 a.

[121] Statt vieler *Schaub*, NZA 1998, 617 (623).
Die Tarifüblichkeit ist nur in den wenigen Fällen zu verneinen, in denen in einer Branche keine Verbandstarifverträge, sondern nur Firmentarifverträge abgeschlossen werden; vgl. *Neef*, in: FS für Schaub, S. 515 (521 f.); *Berg*, in: D/K/K, § 77 Rn. 71; *Richardi*, BetrVG, § 77 Rn. 256 m. Nachw. zur Gegenauffassung.

[122] So *Fitting*, § 77 Rn. 90; *Waltermann*, RdA 1996, 129 (132); *Kort*, NJW 1997, 1476 (1480); *Moll*, Tarifvorrang, S. 54 ff.; *Heinze*, NZA 1995, 5 (6); jeweils m. w. Nachw.; vgl. dazu § 3 II 3 b (2) mit Fn. 184.

[123] Dazu oben, § 2 II 3.

[124] Betriebsautonomie hier verstanden als Befugnis zur Regelung von Arbeitsbedingungen durch Betriebsvereinbarung.

(1) Verfassungsrechtliche Determination des Tarifvorbehalts?

Wesentlicher Grund für die Bevorzugung der Tarifautonomie gegenüber der Betriebsautonomie ist, daß allein ersterer Verfassungsrang zuerkannt wird.[125] Ohne bereits an dieser Stelle die Frage zu klären, ob nicht auch die Betriebsautonomie als Ausübungsform kollektiver Privatautonomie in der Verfassung zu verankern ist,[126] stützt Art. 9 Abs. 3 GG eine uneingeschränkte Vorrangstellung der Tarifautonomie nicht. Denn mit Art. 9 Abs. 3 GG gewährleistet das Bonner Grundgesetz das Recht, zur Wahrung und Förderung der Arbeits- und Wirtschaftsbedingungen Vereinigungen zu bilden. Seinem Wortlaut nach eröffnet dies zunächst ein *individuelles Freiheitsrecht*: das Grundrecht, *Koalitionen zu bilden.*[127] Darüber hinaus sieht die herrschende Meinung im Grundrecht auf Koalitionsfreiheit zugleich eine *Bestandsgarantie* für die Koalitionen selbst sowie die *koalitionsspezifische Betätigung* verankert.[128] Denn die individuelle Freiheit, Koalitionen zu bilden, kann nur dann zu einer effektiven Wahrung und Förderung der Arbeits- und Wirtschaftsbedingungen durch diese führen, wenn auch die Vereinigung in ihrem Bestand und ihrer Betätigung vor Angriffen des Staates oder Privater geschützt wird.[129] Die verfassungsrechtliche Gewährleistung erstreckt sich daher auch auf die Betätigung der Koalitionen dahingehend, durch normativ wirkende Vereinbarungen den Schutz der Arbeitnehmer zu

---

[125] Besonders deutlich *Heinze* (NZA 1995, 5 [6]): „Indem § 77 Abs. 3 BetrVG die Betriebsvereinbarung als Regelungsinstrument zugunsten des Tarifvertrages prinzipiell für die Regelungen der Arbeitsbedingungen selbst schon bei Tarifüblichkeit ausschließt, realisiert der Gesetzgeber auf der Ebene des einfachen Gesetzes nichts anderes als das Verfassungsgebot des Art. 9 Abs. 3 GG, den Vorrang der Tarifautonomie ...“. Vgl. auch *Hagemeier*/Kempen/Zachert/Zilius, TVG, Einl. Rn. 196; *Veit*, Zuständigkeit, S. 214, 222; *Heither*, in: FS für Dieterich, S. 231 (234); *Wendeling-Schröder*, NZA 1998, 624; *Gragert*, Flexibilisierung von Tarifverträgen, S. 53 f.
Gegen eine verfassungsrechtliche Determination des Tarifvorbehalts *Kreutz*, in: GK-BetrVG, § 77 Rn. 67 m. w. Nachw.

[126] Dazu unten, III 3.

[127] BVerfGE 50, 290 (367); *Scholz*, in: Maunz/Dürig, Art. 9 Rn. 155 jeweils m. w. Nachw.; *Höfling*, RdA 1999, 182; *Oetker*, RdA 1999, 96 (97).
Gleichermaßen gewährleistet ist nach herrschender Meinung auch das Recht, keiner Koalition beizutreten, sogenannte *negative Koalitionsfreiheit*; BVerfG 50, 290 (367); 64, 208 (213); BAG AP Nr. 13 zu Art. 9 Abs. 3 GG; *Scholz*, in: Maunz/Dürig, Art. 9 Rn. 221; *Nikisch*, ArbR Bd. II, S. 28 ff.; *Reuter*, Referat, Verhandlungen des 61. DJT, Bd. II / 1, K 35 (K 47 f.); *ders.*, in: FS für Schaub, S. 605 (611).

[128] BVerfGE 93, 352 (357); *Biedenkopf*, Grenzen, S. 90, 94; *Belling*, Günstigkeitsprinzip, S. 67; *Kissel*, NZA 1995, 1; *Scholz*, in: Maunz/Dürig, Art. 9 Rn. 299 ff. jeweils m. w. Nachw.; *Höfling*, RdA 1999, 182 (183). Diesen Aspekt betont *Badura* (RdA 1999, 8 [8, 11 f.]), ohne hingegen auf die individuelle Ausrichtung des Grundrechts einzugehen.

[129] Vgl. *Scholz*, Koalitionsfreiheit, S. 39; *Lambrich*, Tarif- und Betriebsautonomie, S. 159 f.; *Trappehl/Lambrich*, NJW 1999, 3217 (3218 f.).

verwirklichen; erfaßt ist somit auch die Tarifautonomie als koalitionsspezifische Betätigung.[130]

Zweifelhaft ist allerdings, aus diesen Erwägungen – wie die herrschende Meinung annimmt – Art. 9 Abs. 3 GG als sogenanntes *Doppelgrundrecht* anzusehen.[131] Denn dadurch wird der Eindruck erweckt, daß die *Koalitionen selbst* eine eigenständige, von der *individuellen Koalitionsfreiheit* der Arbeitnehmer unabhängige Grundrechtsposition einnähmen. Der Koalitionsbestand und mit ihm die Tarifautonomie ist jedoch nicht um seiner selbst willen geschützt, sondern um der Arbeitnehmer willen.[132] Die Legitimation der Koalitionen geht von ihren Mitgliedern aus.[133] Durch das Kollektiv soll die unterlegene Verhandlungsposition des einzelnen ausgeglichen werden,[134] nicht aber die Abhängigkeit der Arbeitnehmer von den Vorgaben des Arbeitgebers ersetzt werden durch eine Abhängigkeit vom Kollektiv.[135] Das individuelle Freiheitsrecht darf also nicht zu einem Schutzrecht allein der Institutionen reduziert werden.[136] Damit wird deutlich, daß weder die Bewahrung der „Attraktivität der gewerkschaftlich verfolgten und realisierten Tarifpolitik", noch deren „Marktbehauptung" vom Schutz-

---

[130] BVerfGE 20, 312 (317); BVerfG AP Nr. 1 zu § 1 MitbestG; BVerfG AP Nr. 117 zu Art. 9 GG Arbeitskampf.

[131] So aber die herrschende Meinung: BVerfGE 92, 365 (393); *Biedenkopf*, Grenzen der Tarifautonomie, S. 88 ff.; *Richardi*, Kollektivgewalt, S. 74 ff.; *Buchner*, Tarifvertragsgesetz, S. 41 ff.; *Säcker*, Gruppenautonomie, S. 237; *Belling*, Günstigkeitsprinzip, S. 67 ff. m. w. Nachw.; *Schmidt*, Günstigkeitsprinzip, S. 55; *Gragert*, Flexibilisierung von Tarifverträgen, S. 7; *Oetker*, RdA 1999, 96 (97 f.).
Dagegen *Scholz*, Koalitionsfreiheit, S. 135, 237 ff., 250, 256, 283 ff.; *Isensee*, in: Isensee/Kirchhof, Hdb StaatsR Bd. V, § 118 Rn. 65 f.; *Lambrich*, Tarif- und Betriebsautonomie, S. 160 ff.

[132] *Heinze*, in: FS für Kraft, S. 205 (206 f.); *Ehmann*, in: FS für Zöllner, S. 715 (725 f.); *Veit*, Zuständigkeit, S. 65, 168.

[133] *Richardi*, Kollektivgewalt, S. 75; *Scholz*, Koalitionsfreiheit, S. 237 ff., 250, 256; *Rieble*, Arbeitsmarkt und Wettbewerb, Rn. 1155; *Buchner*, in: FS für Kissel, S. 97; *Karakatsanis*, Kollektivrechtliche Gestaltung, S. 68; *Tech*, Günstigkeitsbeurteilung, S. 69; *Krauss*, Günstigkeitsprinzip, S. 68.

[134] Zur Garantie autonomer Tarifauseinandersetzung *Veit*, Zuständigkeit, S. 86 ff.

[135] Vgl. *Scholz*, Koalitionsfreiheit, S. 122: „Kollektiv-Ich"; *Heinze*, in: FS für Kraft, S. 205 (206); *Trappehl/Lambrich*, NJW 1999, 3217 (3219).

[136] Deutlich wird der bloße Schutz der Institution bei *Hromadka*, DB 1987, 1991 (1993): „Vorrang genießt nicht der Tarifvertrag, sondern die Gewerkschaft". Dagegen *Gast*, Tarifautonomie und Normsetzung, S. 36: „Der Privilegierungswunsch spielt das Grundrecht der Organisation aus gegen die ersten, eigentlichen Inhaber der positiven und negativen Koalitionsfreiheit: gegen die Arbeitnehmer." So i. Erg. auch die deutliche Kritik an dem den Gewerkschaften durch das BAG (NJW 1999, 3281 ff.) zuerkannten Unterlassungsanspruch von *Trappehl/Lambrich*, NJW 1999, 3217 (3218 f.).

bereich des Art. 9 Abs. 3 GG erfaßt wird,[137] sondern Art. 9 Abs. 3 GG die Institution lediglich schützt, damit diese effektiven Arbeitnehmerschutz verwirklichen kann. Entsprechend hat das BVerfG ausdrücklich betont, daß das Grundrecht der Koalitionsfreiheit nicht das Tarifvertrags- und Arbeitskampfsystem *ausschließlich* in *„seiner gegenwärtigen Gestalt"* garantiert,[138] vielmehr kann eine sinnvolle Ordnung und Befriedigung des Arbeitslebens auf verschiedenen Wegen angestrebt werden.[139] Insbesondere kann sie – statt wie im Tarifsystem über Gegensätzlichkeit der Interessen und durch Elemente des Kampfes – im Wege der Einigung und des Zusammenwirkens erreicht werden.

Die in Art. 9 Abs. 3 GG verankerte Verfassungsgarantie gebietet daher keinen Vorbehalt der tariflichen Normsetzung im Bereich der materiellen Arbeitsbedingungen. Vielmehr obliegt die nähere Ausgestaltung des Verhältnisses von Tarif- und Betriebsautonomie dem Gesetzgeber,[140] der zum Schutz der Arbeitnehmer auch der (verfassungsrechtlichen[141]) Bedeutung der Betriebsautonomie Rechnung tragen muß.[142]

---

[137] In dieser Ausdrücklichkeit das Arbeitsgericht Frankfurt/M (NZA 1996, 1340 [1341]); vgl. BVerfGE 92, 365 (396); *Adomeit*, in: Sozialismus, S. 499 (512); *Rieble*, RdA 1996, 151 (155); *Ehmann*, in: FS für Zöllner, S. 715 (725); *Feudner*, DB 1993, 2231 (2232). *Scholz* (Koalitionsfreiheit, S. 237 ff., 250, 256) macht deutlich, daß eine institutionelle Sicherung des Koalitionszwecks, des Koalitionsbestandes, Koalitionsverfahrens bzw. der Koalitionsmittel von Verfassungs wegen nicht bestehen: „Jede grundrechtliche Wertaussage orientiert sich an der freiheitlichen Aktualisierung der Grundrechte durch die subjektiv berechtigten Individuen."

[138] BVerfG AP Nr. 1 zu § 1 MitbestG; vgl. *Jahnke*, Tarifautonomie und Mitbestimmung, S. 41, 44; *Bender*, BB 1987, 1117 (1119); *Moll* (Anm. zu BAG AP Nr. 8 zu § 77 BetrVG 1972 Tarifvorbehalt), welche die Offenheit des GG in Rangfragen betonen.

[139] *Reuter* (RdA 1994, 152 [162]) geht sogar so weit, dem Tarifvertrag die Eignung abzusprechen, eine gerechte Ordnung des Arbeitslebens zu schaffen. Seiner Meinung nach müsse Vorsorge dagegen getroffen werden, daß die Gewerkschaften ihre „gruppenegoistischen Bestrebungen" nicht auf Kosten Dritter und der Allgemeinheit verwirklichten und dadurch die gerechte Ordnung des Arbeitslebens bedrohten. Ähnlich *Karakatsanis*, Kollektivrechtliche Gestaltung, S. 68. Dagegen *Veit*, Zuständigkeit, S. 97 ff.

[140] BVerfG AP Nr. 1 zu § 1 MitbestG; BAG AP Nr. 21 zu § 77 BetrVG 1972. Dazu *Sodan* (JZ 1998, 421 [427]), der die gesetzliche Rahmenordnung vor allem für erforderlich erachtet, um die „in der Verfassung angelegte Gemeinwohlgebundenheit der Koalitionen auch im praktischen Leben zu verwirklichen und damit Vorkehrungen dagegen zu treffen, daß sich die Interessen mächtiger Verbände gegen das Gemeinwohl durchzusetzen vermögen".

[141] Dazu sogleich unten, III.

[142] Zutreffend stellt *Lambrich* (Tarif- und Betriebsautonomie, S. 170 ff., 270 ff.) dar, daß ein Monopol tariflicher Normsetzung sowie ein Bestreben nach bloßem Machterhalt der Koalitionen durch § 77 Abs. 3 BetrVG verfassungsrechtlich nicht geboten ist.

(2) Der Tarifvertrag als vorzugswürdiges Gestaltungsmittel?

Ebenso wenig ist es aus sachlichen Erwägungen gerechtfertigt, die Tarifautonomie als gegenüber der Betriebsautonomie überlegene und daher allein berechtigte Gestaltungsebene für materielle Arbeitsbedingungen anzusehen.

Die Normsetzungsprärogative wird auf die Annahme gestützt, daß die durch die Koalitionen mit normativer Wirkung abgeschlossene Vereinbarung das gegenüber der Betriebsvereinbarung vorzugswürdige Gestaltungsmittel sei,[143] weil erstere *rechtlich* die freiheitlichere Alternative darstelle,[144] *sozialpolitisch* eine effizientere Vertretung der Arbeitnehmerinteressen gewährleiste[145] und *ökonomisch* eine gemeinwohlorientiertere Politik ermögliche.[146]

Die pessimistische Einschätzung der Betriebsautonomie geht letztlich zurück auf *Hugo Sinzheimer*,[147] der die „Mitgliedschaft" in einem Betrieb als Zwangsverhältnis ansah. Aus dieser Beurteilung folgt die auch heute noch vorherrschende Sicht der Betriebsverfassung als einer „korporativen Zwangsordnung"[148] mit dem Betriebsrat als einem Gremium aus „abhängigen Existenzen",[149] dem eine wirklich freie Willensbildung und -äußerung abgesprochen

---

[143] Vgl. zu den „historischen Wurzeln des Tarifvorbehalts" *Lambrich*, Tarif- und Betriebsautonomie, S. 61 ff., 124 f.

[144] *Preis*, Grundfragen, S. 16; *Säcker* (ArbR Blattei [D] Tarifvertrag I C VIII 2): „die demokratische Legitimation der betrieblichen ist gegenüber der tariflichen Rechtsetzungsmacht schwächer." Der Freiheit näher wegen der Freiwilligkeit des Verbandsbeitritts: *Richardi*, in: Münch Hdb, § 234 Rn. 1, 3 f.; *ders.*, Betriebsverfassung und Privatautonomie, S. 13; *ders.*, Kollektivgewalt, S. 314; *Rieble*, Arbeitsmarkt und Wettbewerb, Rn. 1417; *Leinemann*, DB 1990, 732 (734); *Kempen*, RdA 1994, 140 (145); *Weyand*, AuR 1993, 1 (6 f.). Vgl. zur Diskussion um die „Freiheitsnähe" unten, III 4 c (4).

[145] *Däubler*, Tarifvertragsrecht, Rn. 225; *Waltermann*, RdA 1996, 129 (133); *Belling*, DB 1982, 2513 (2515); *Simitis/Weiss*, DB 1973, 1240 (1247); *Kempen*, RdA 1994, 140 (145 f.).

[146] *Kissel*, NZA 1986, 73 (78); *Heisig*, Arbeitsentgelt- und Arbeitszeitregelungen, S. 187; so auch der Präsident des Zentrums für Europäische Wirtschaftsforschung in Mannheim *Franz*, FAZ v. 07.03.1998, S. 13.

[147] *Sinzheimer*, Grundzüge, S. 217; *ders.*, in: Arbeitsrecht und Rechtssoziologie, S. 150 (158).

[148] *Richardi*, Kollektivgewalt, S. 314; *Konzen*, ZfA 1985, 465 (474); *Fraenkel*, in: Arbeitsrecht und Politik, S. 97 (102); *Rieble*, RdA 1996, 151 ff.; *Heinze*, NZA 1995, 5 (6); *Käppler*, in: FS für Kissel, S. 475 (480): „Zwangsräpräsentation"; *Gragert*, Flexibilisierung von Tarifverträgen, S. 48; Hauptgeschäftsführer der BDA *Göhner*, FAZ v. 27.01.1998, S. 11.

[149] *Sinzheimer*, Arbeitsrecht und Rechtssoziologie Bd. I, S. 150, 158. Auf die schwächere Verhandlungsposition des Betriebsrats verweisen auch *Biedenkopf*, Grenzen der Tarifautonomie, S. 302; *P. Hanau*, RdA 1993, 1 (15); *Walker*, ZfA 1996, 353 (360); *Kittner*, in: FS für Schaub, S. 389 (419); *Kissel*, NZA 1986, 73 ff.; *Veit*, Zuständigkeit, S. 103 f., 105 f.; *Engelen-Kefer*, AuR 1997, 8 (9); diff. *Dieterich*, AuR 1997, 1 (3). Die IG Metall (FAZ v. 27.06.1998) sieht in den auf Betriebsebene abgeschlossenen tarifwidrigen

wird. Den Tarifverträgen komme hingegen wegen der Parität der Verhandlungspartner ein hohes Maß an Richtigkeitsgewähr zu.[150] Im Gegensatz zum „Betriebsegoismus“[151] bei der Gestaltung der Arbeitsbedingungen durch die Betriebspartner, seien Tarifverträge am Allgemeinwohl orientiert, denn sie seien von der wirtschaftlichen Vernunft und dem gesamtgesellschaftlichen Verantwortungsbewußtsein der Koalitionen getragen und träfen eine zeitgerechte, richtige Regelung.[152] Hinzu komme, daß die Normierung durch Tarifvertrag den Fortschritt mehr fördere, weil die Arbeits- und Lohnbedingungen brancheneinheitlich geregelt würden und so Lohndrückerei verhindert werden könne.[153] Letztlich werde nur durch die Tarifautonomie der soziale Frieden gesichert.[154]

Daß auch den betrieblichen Vereinbarungen ein hohes Maß an Richtigkeitsgewähr nicht abgesprochen werden kann, wurde bereits dargelegt.[155] Aber auch die Prämisse der *grundsätzlichen Gemeinwohlorientierung* der Tarifverträge ist kritisch zu hinterfragen. Bei der rechtlichen Beurteilung kann nicht außer Acht gelassen werden, daß es letztlich den Tarifvertragsparteien überlassen wird festzulegen, was dem Gemeinwohl entspricht. Institutionell besteht jedenfalls keine Gemeinwohlbindung, vielmehr sind die Verbände auf die Wahrnehmung der Mitgliederinteressen ausgerichtet.[156]

---

v. 27.06.1998) sieht in den auf Betriebsebene abgeschlossenen tarifwidrigen Vereinbarungen das Ergebnis von „Erpressungsversuchen der Arbeitgeberseite“.

[150] *Veit*, Zuständigkeit, S. 90. Diese Sichtweise wurde auch von der überwiegenden Mehrheit der bei der Abstimmung zum 61. DJT beteiligten (Verbands)-Juristen bestätigt; vgl. Beschluß 2 b, in: Verhandlungen des 61. DJT, Bd. II / 1, K 69. Kritisch dazu *Reuter*, in: FS für Schaub, S. 605 (608).

[151] *Gamillscheg*, in: FS für Stahlhacke, S. 129 (142).

[152] *Kissel*, NZA 1986, 73 (74); *ders.*, NZA 1995, 1 (2); *Picker*, ZfA 1986, 199 (226); *Badura*, RdA 1999, 8 (12); ähnlich Arbeitsgericht Marburg, NZA 1996, 1331 (1333); vgl. die Nachw. bei *Veit* (Zuständigkeit, S. 65 dort Fn. 137), die jedoch selbst eine Gemeinwohlbindung ablehnt (a. a. O., S. 66 f.). Kritisch zur These von der Richtigkeitsgewähr *Wiedemann*, in: FS für Dieterich, S. 661 (674 f.).

[153] Damit wird aber nur eine „Annäherung“ auf nationaler Ebene erreicht. Die Tarifparteien können aber „Lohndrückerei“ auf dem Weltmarkt nicht verhindern. Daher ist auch die Einschätzung von *Däubler* (Tarifvertragsrecht, Rn. 225), daß für den Arbeitgeber die tariflich fixierten Sozialkosten dem Wettbewerb entzogen seien und als fixe Größe in die Kalkulation eingingen, zweifelhaft, denn die internationale Konkurrenz ist an diese „fixen Sozialkosten“ nicht gebunden; zutreffend *Richardi*, in: FS für Schaub, S. 639 f. Vgl. auch oben, § 1 dort Fn. 6.

[154] So *Esser*, in: FS für Molitor, S. 99 (102 f.); *Wendeling-Schröder*, Referat, Verhandlungen zum 61. DJT, Bd. II / 1, K 9 (K 17).

[155] Vgl. oben, § 2 I 3 b.

[156] *Richardi*, ZfA 1990, 211 (220); *Däubler*, Tarifvertragsrecht, Rn. 562; *Reuter*, in: FS für Schaub, S. 605 (618 ff.); *Veit*, Zuständigkeit, S. 66 ff.; *Konzen*, NZA 1995, 913 (914); *Wie-*

Zwar soll die Kampfparität, auf welche die herrschende Meinung die grundsätzliche Richtigkeitsgewähr stützt, die gegenseitige Übervorteilung der Tarifpartner verhindern.[157] Bei Flächentarifverträgen besteht jedoch zwangsläufig die Gefahr, daß leistungsschwächeren Arbeitgebern die an der Ertragskraft der gegebenenfalls viel wirtschaftskräftigeren Verbandsmitglieder orientierten Tarife aufgezwängt werden, ohne daß das Einzelunternehmen die Macht hätte, selbst andere Arbeitsentgelte oder Arbeitsbedingungen mit der entsprechenden Gewerkschaft als Firmentarifvertrag auszuhandeln.[158] Was nützen aber die besten Arbeitsbedingungen und die „gerechtesten" Löhne (hier im Sinne von „brancheneinheitlich hoch"), wenn „Made in Germany" aufgrund der Kosten auf dem Weltmarkt nicht mehr konkurrenzfähig ist und die Arbeitsplätze ins Ausland verlegt werden. Insofern ist die Tarifautonomie nur begrenzt gemeinwohlorientiert. Auf internationaler Bühne versagt die „Richtigkeitsgewähr" völlig, denn das von den Tarifpartnern als Gemeinwohl verstandene Interesse kann sich im globalwirtschaftlichen Bereich als unökonomisch und damit arbeitsplatzgefährdend erweisen.[159]

Wiedemann, RdA 1997, 297 (303); *Pfarr/Kittner*, RdA 1974, 284 (291); *Lambrich*, Tarif- und Betriebsautonomie, S. 134 ff.; *Karakatsanis*, Kollektivrechtliche Gestaltung, S. 67.
Anders *Sodan* (JZ 1998, 421 [425]), der aus der systematischen Auslegung des Art. 9 Abs. 3 GG auf die Gemeinwohlgebundenheit der Koalitionen schließt. Die verfassungsunmittelbare Beschränkung der Tarifautonomie verbiete den Tarifparteien, Normen zu vereinbaren, welche in die grundrechtlich geschützten Rechte Dritter eingriffen. Dabei seien auch die den Unternehmern „zustehenden Grundrechte der Berufsfreiheit und der Eigentumsgarantie, letztere gerade unter dem Gesichtspunkt der Privatnützigkeit des Eigentums", zu berücksichtigen.

157 Statt vieler *Kissel*, NZA 1986, 73 (74).
Ob dies tatsächlich der Fall ist, kann zunehmend in Frage gestellt werden, denn es kommt auch vor, daß von Arbeitgeberseite Tarifverträge abgeschlossen werden, deren Inhalte langfristig nicht zu finanzieren sind, nur um einen ruinösen Streik abzuwenden; vgl. dazu den Tarifabschluß in der ostdeutschen Metallindustrie, FAZ v. 09.01.1998, S. 1; vgl. *Heinze*, in: FS für Kraft, S. 205 (209); *Franz/Rüthers*, RdA 1999, 32 (37).
Denn in der modernen Just-in-time-Produktion mit weit verzweigten Logistikketten ist das Vorhandensein von Parität eher fraglich, da durch Schwerpunktstreiks von Gewerkschaftsseite unter minimalem Kosten- und Organisationsaufwand massiver Druck ausgeübt werden kann; vgl. *Adomeit*, in: FS für Kraft, S. 1 (8).

158 Kein mittelständisches Einzelunternehmen kann es sich leisten, von einer Gewerkschaft mit der Schlagkraft z. B. der IG Metall bestreikt zu werden. Daher sind auch die von dieser gemachten Reformvorschläge (FAZ v. 21.11.1997, S.17) abzulehnen, die Flexibilisierung dadurch zu erreichen, daß auf den „Kernflächentarifvertrag" betriebliche Regelung aufgestockt werden, deren Regelungsgegenstand nicht der Friedenspflicht des „Kerntarifvertrages" unterliegen.

159 Natürlich eröffnet auch die Beteiligung der Betriebsräte nicht zwingend den Arbeitslosen die erwünschten Arbeitsmöglichkeiten, denn die Betriebsräte mögen in erster Linie darum bemüht sein, Vorteile für die Belegschaft durchzusetzen (*Richardi*, Gutachten, Verhand-

Die von der herrschenden Meinung vertretene pessimistische Einschätzung der Betriebsautonomie und die ausschließlich positive Beurteilung der Tarifautonomie stimmt damit so nicht (mehr) mit den tatsächlichen Gegebenheiten überein, denn die Betriebsvereinbarung erweist sich als zur Festlegung der materiellen Arbeitsbedingungen ebenso (wegen ihrer Sachnähe zu den betriebsspezifischen Besonderheiten sogar besser) geeignet als der Tarifvertrag. Dies erkennen letztlich auch die Tarifvertragsparteien an, wenn sie im Wege tariflicher Öffnungsklauseln die Regelungssperre beseitigen.

3. Mitbestimmung nach tariflicher Öffnung der Tarifsperre

In der Erkenntnis der Erforderlichkeit betriebsnaher Regelungen wird den Betriebspartnern zunehmend in Tarifverträgen – in welcher Form auch immer[160] – die Festlegung materieller Arbeitsbedingungen ausdrücklich zugestanden. Mit dem Leber-Rüthers-Kompromiß[161] ist die Frage nach der Zulässigkeit derartiger tariflicher Vereinbarungen – jedenfalls hinsichtlich der Festlegung der Dauer

---

lungen des 61. DJT, Bd. 1, B 19). Die Mitwirkung des Betriebsrats kann aber gegebenenfalls Kündigungen und Standortverlagerungen verhindern, denn in der betrieblichen Praxis hat sich gezeigt, daß die Interessen der „Kündigungskandiaten" wirksam wahrgenommen werden (vgl. dazu *Reuter*, in: FS für Schaub, S. 605 [637]), denn innerhalb der Betriebe herrscht zumindest dann Solidarität statt Konkurrenz, wenn existentielle Probleme anstehen.

Verfehlt ist die Befürchtung, durch die Gestaltung der Lohn- und sonstigen Arbeitsbedingungen auf der Betriebsebene könnten volkswirtschaftliche Störungen auftreten, weil der zeitliche und inhaltliche Gleichlauf der Tarifverträge verloren gehe (so die Befürchtungen von *Gentz*, in: FS für Schaub, S. 205 [212]), denn gerade durch die so eröffnete Flexibilisierungsmöglichkeiten sollen Reaktionswege auf wirtschaftliche Krisen und internationale Konkurrenz eröffnet werden. Nur so – mit erfolgreich wirtschaftenden Unternehmen – kann ein volkswirtschaftlicher Aufschwung erreicht werden.

[160] Als tarifliche Regelungen kommen solche in Betracht, die Rahmenbedingungen vorgeben, welche durch die Betriebspartner konkretisiert werden sollen, oder auch die Nichtregelung durch die Tarifvertragsparteien mit der Möglichkeit der Gestaltung der Materie durch Betriebsvereinbarung. Eine weitere Alternative bieten sogenannte Öffnungs- oder Härtefallklauseln, die unter bestimmten Bedingungen ein Abweichen von den tariflichen Vorgaben erlauben; vgl. *Wendeling-Schröder*, Referat, Verhandlungen des 61. DJT, Bd. II / 1, K 9 (K 14 dort Fn. 19).

[161] Abgedruckt in NZA 1984, 79 f. Die Zulässigkeit dieses Tarifvertrages hat das BAG (AP Nr. 23 zu § 77 BetrVG 1972) bejaht. Nach *Kissel* (NZA 1986, 73 [76]), der diesen Abschluß umfassend kritisiert, stellt der Kompromiß einen systematischen Wendepunkt für die kollektivvertragliche Regelung im Arbeitsrecht dar. Vgl. zu den verschiedenen tariflichen Ausgestaltungsformen flexibler Arbeitszeitmodelle *Heinze* (NZA 1997, 681 [682 ff.]). Je nach Arbeitszeitmodell kann mit der Flexibilisierung aber auch eine Minderung der Mitbestimmungsmöglichkeiten einhergehen. Werden Arbeitszeitkonten eingeführt, so entfällt die Mitbestimmung nach § 87 Abs. 1 Nr. 3 BetrVG weitestgehend. *Heinze* hält daher die einzelvertragliche Ebene für die geeignetere (a. a. O., S. 689).

der Arbeitszeit – ins Rampenlicht der arbeitsrechtlichen Diskussion getreten.[162] Nachdem in den folgenden Tarifverträgen zunächst wieder Abstand von einer Öffnung hin zur Betriebsebene genommen wurde,[163] sehen insbesondere die Tarifverträge in den neuen Bundesländern für Härtefälle ein Abweichen von den Tarifnormen (insbesondere auch bei Lohnfragen) vor.[164]

Unter dem Druck der Globalisierung und der Existenzangst der Koalitionen erhält die Frage nach der Zulässigkeit tariflicher Regelungen, die eine Flexibilisierung auf Betriebsebene ermöglichen, aktuelle Relevanz,[165] insbesondere nachdem auch von Gewerkschaftsseite zum Teil die tarifliche Flexibilisierung angemahnt[166] und durchgesetzt wird. Für die rechtliche Würdigung der Zulässigkeit entsprechender Tarifverträge ist zunächst zu differenzieren zwischen solchen, die lediglich der (nach dem hier vertretenen Ansatz) grundsätzlich bestehenden Regelungskompetenz des Betriebsrats in sozialen Angelegenheiten[167] Bahn brechen, indem (*freiwillige*) Betriebsvereinbarungen zugelassen werden (dazu unter a), und solchen Regelungen, die für die betriebliche Festlegung der Arbeitsbedingungen ein *erzwingbares* Mitbestimmungsrecht begründen (dazu unter b). Sodann ist der tarifpolitische Sinn der Öffnungsklauseln zu hinterfragen (dazu unter c).

a) Tarifliche „Öffnung"

Dem durchaus positiven Ansatz, auf Tarifebene Flexibilisierung dadurch zu ermöglichen, daß bestimmte Arbeitsbedingungen[168] der Regelung durch die Be-

---

[162] Vgl. dazu die Beiträge von *Buchner*, DB 1985, 913 ff.; *Löwisch*, DB 1984, 2457 ff.; *ders.*, NZA 1985, 170 ff.; *ders.*, SAE 1988, 103 ff.; *Schüren*, RdA 1985, 22 ff.; *Richardi*, NZA 1984, 347 ff.; *ders.*, NZA 1988, 673 ff.; *v. Hoyningen-Huene*, NZA 1985, 9 ff., 169 ff.; *Ehmann*, in: Bitburger Gespräche (1985), S. 19 (33 f.); *ders./Balthasar*, Jura 1985, 436 ff.; *Herschel*, AuR 1984, 321 f.; *Linnenkohl/Rauschenberg*, BB 1984, 2197 ff.; *P. Hanau*, NZA 1985, 73 ff.; *Küttner/Schlüpers-Oehmen/Rebel*, DB 1985, 172 ff.; *Ziepke*, BB 1985, 281 ff.; *Kissel*, NZA 1986, 73 (79 ff.); *Bender*, BB 1987, 1117 (1118 f.).

[163] Vgl. *Loritz*, ZfA 1991, 1 (25).

[164] *Henssler*, ZfA 1994, 487, 497; *Hromadka*, in: FS für Wlotzke, S. 333, 344 ff.

[165] *Scholz*, in: FS für Trinkner, S. 377 (392 f.). Vgl. die Aufforderung des 61. DJT (Beschlüsse 1 und 2 a, b der Abteilung Arbeitsrecht, in: Verhandlungen des 61. DJT Bd. II / 2, K 188 f.) an die Tarifvertragsparteien, von den bestehenden gesetzlichen Möglichkeiten tariflicher Öffnungsklauseln in wesentlich stärkerem Maße Gebrauch zu machen. Vgl. auch schon die Vorschläge der Deregulierungskommission, BT-Drucks. 11/3478 Rn. 345 ff.

[166] So der Aufruf des DGB-Vorsitzenden *Schulte*; FAZ v. 22.05.1997, S. 1.

[167] Vgl. dazu oben, II 1.

[168] Von besonderem Interesse ist hier natürlich die Frage der Lohnhöhe; die bisherige Diskussion bezog sich primär auf die Arbeitszeitdauer.

triebspartner überlassen werden,[169] ist ein Teil der arbeitsrechtlichen Literatur zum Teil mit heftiger Kritik entgegengetreten.[170]

Schon über die Einordnung der Tarifnormen besteht Uneinigkeit: Handelt es sich bei diesen um Öffnungsklauseln nach § 77 Abs. 3 S. 2 BetrVG,[171] um die (un)zulässige Delegation von Regelungskompetenzen,[172] die Erweiterung der Mitbestimmungsrechte[173] oder schlicht um die Beseitigung der Regelungssperre des § 77 Abs. 3 S. 1 BetrVG.[174]

---

169 Hier darzustellen ist nur die Zuweisung an die Betriebs*partner*, denn eine Zuweisung der Regelung der Lohnhöhe allein an den Arbeitgeber wird in der Praxis nicht erfolgen und würde sowohl der Privatautonomie als auch der Schutzfunktion der Kollektivverträge zuwider laufen. Grundsätzlich zur Delegation von Regelungskompetenzen zugunsten des Arbeitgebers *Baumann*, Delegation, S. 66 ff.

170 *Löwisch*, DB 1984, 2457 ff.; *ders.*, NZA 1985, 170 ff.; *Richardi*, NZA 1984, 387 ff.; *v. Hoyningen-Huene*, NZA 1985, 9 ff.; *ders.*, NZA 1985, 169 ff.; *Papier*, RdA 1989, 137 (141 f.); *Herschel*, AuR 1984, 321 (323); aus neuerer Zeit: *Rieble*, RdA 1996, 151 (153 ff.); *Lieb*, ZfA 1994, 289 (291 f.); *Loritz*, ZfA 1991, 1 (25 ff., 28); *Heinze*, NZA 1995, 5 (7).

171 *P. Hanau*, NZA 1985, 73 (75); *Küttner/Schlüpers-Oehmen/Rebel*, DB 1985, 172 (173); *Linnenkohl/Rauschenberg*, BB 1984, 2197 (2199). Nach *Baumann* (Delegation, S. 96 ff.) kann § 77 Abs. 3 S. 2 BetrVG nur das Einräumen zusätzlicher Kompetenz meinen, nicht die bloße Betriebsvereinbarungsdispositivität der Tarifverträge, diese sei in § 4 Abs. 3 TVG geregelt. Daß Betriebsvereinbarungen aber gerade keine „abweichenden Abmachungen" i. S. d. § 4 Abs. 3 TVG sind, wird unten (§ 5 II 4 b) nachgewiesen.
Andere differenzieren zwischen *Bestimmungsklauseln*, die den von den Tarifvertragsparteien vorgegebenen Rahmen ausfüllen sollen, und *Öffnungsklauseln*, die eine detaillierte tarifliche Regelung voraussetzen, welche jedoch betriebsvereinbarungsdispositiv ausgestaltet ist; vgl. *Kittner*, in: FS für Schaub, S. 389 (401 f., 404). *Henssler* (ZfA 1994, 487 [496 ff.]) und *v. Hoyningen-Huene/Meier-Krenz* (ZfA 1988, 293 [295, 297]) gehen davon aus, daß die Bestimmungsklauseln nur für tarifgebundene Arbeitnehmer gelten.

172 Unzulässige Delegation nehmen *Richardi* (NZA 1984, 387) und *v. Hoyningen-Huene* (NZA 1985, 9 [11 f.], 169 ff.) an. Die Delegation für zulässig hält *Ziepke* (BB 1985, 281 [286]), der allerdings die Bindungswirkung nur auf die tarifgebundenen Arbeitnehmer beschränkt. Vgl. auch *Ehmann/Balthasar*, Jura 1985, 436 (439 ff.).

173 *P. Hanau*, NZA 1985, 75 f. Für die Gleichstellung der Erweiterung von Mitbestimmungsrechten und Delegation *Baumann*, Delegation, S. 102 ff. *Meier-Krenz* (Erweiterung von Beteiligungsrechten, S. 7 ff.) ordnet auch die Beseitigung der Regelungssperre des § 77 Abs. 3 S. 1 BetrVG durch Öffnungsklauseln der Erweiterung von Beteiligungsrechten zu, denn ursprünglich (nach § 77 Abs. 3 S. 1 BetrVG) habe der Betriebsrat keine Regelungskompetenz.

174 BAG AP Nr. 23 zu § 77 BetrVG 1972; *Buchner*, DB 1985, 913 (916 f.); *Meyer*, RdA 1998, 142 (151 f.); *Küttner/Schlüpers-Oehmen/Rebel*, DB 1985, 172 (173); *v. Hoyningen-Huene/Meier-Krenz*, ZfA 1988, 293 (301 f.); *Lohs*, DB 1996, 1722. Als Öffnungsklausel, mit der die Sperrwirkung aufgehoben wird, bezeichnet *Weyand* (AuR 1989, 193 [196]) derartige tarifliche Regelungen.

(1) Originäre Kompetenz statt Kompetenzverlagerung

Wie dargelegt,[175] steht den Betriebspartnern jedenfalls in sozialen Angelegenheiten eine umfassende Regelungskompetenz zu. Die Tarifnorm, welche die Festlegung von Arbeitsbedingungen durch die Betriebspartner vorsieht, stellt daher keine Übertragung von Kompetenzen dar, sondern eröffnet der *originären* – das heißt der aus dem Betriebsverfassungsgesetz stammenden – Kompetenz der Betriebspartner einen Gestaltungsspielraum.[176] Treffen diese eine Lohnregelung, geschieht dies aus eigener Kompetenz – einer Delegation tariflicher Normsetzungsbefugnis bedürfen sie dafür nicht.[177] Die tarifliche Regelung, wel-

---

[175] Vgl. oben, II 1.

[176] Vgl. die Nachw. in Fn. 174 sowie *Hanau*, NZA 1985, 73 (75); *Linnenkohl/Rauschenberg*, BB 1984, 2197 (2198 f.); *Riester*, Flexibilisierung, S. 169 f.; wohl auch *Meyer*, RdA 1998, 142 (151 f.); *v. Langen*, Von der Tarif- zur Betriebsautonomie, S. 57.

[177] Anders diejenigen, welche von einer nur beschränkten Regelungskompetenz ausgehen (vgl. dazu die Nachw. oben in Fn. 89). Unabhängig davon, ob der Tarifvertrag einen Rahmen vorgibt, der durch die Betriebspartner auszugestalten ist, oder ob die tarifliche Regelung Abweichungen durch Betriebsvereinbarung ausdrücklich zuläßt, muß die Befugnis der Betriebspartner dann von der Regelungsmacht der Tarifvertragsparteien abgeleitet werden. Es findet eine Kompetenzverlagerung, d. h. ein Weggeben auf der einen und der Erhalt neuer Kompetenzen auf der anderen Seite statt (vgl. *Baumann*, Delegation, S. 24 ff.).
Da die danach erfolgten betrieblichen Regelungen Tarifnormen im materiellen Sinn darstellen (*Löwisch*, NZA 1985, 170 [171]; *Baumann*, Delegation, S. 87 f., 99, 108), haben die Vertreter dieser Auffassung die Frage des Ob und Wie der Wirkungsweise dieser Tarifnormen für nicht tarifgebundene Arbeitnehmer zu klären. Als Belegschaftsmitglieder wären diese „Außenseiter" gemäß § 77 Abs. 4 BetrVG von der Betriebsvereinbarung erfaßt, obwohl der Tarifvertrag für sie gerade keine Wirkung entfaltet, weil sie sich der tariflichen Normsetzung nicht durch Koalitionsbeitritt unterworfen haben. Die Zulässigkeit der Übertragung tariflicher Regelungskompetenz auf die Betriebspartner wird daher zum Teil abgelehnt: *Richardi*, NZA 1984, 387 (388 f.); *Löwisch*, NZA 1985, 170; *ders.*, SAE 1988, 103 (104); *ders.*, DB 1984, 2457 (2458): „tarifvertragliche Allgemeinverbindlichkeitserklärung via Mitbestimmung"; *Lieb*, NZA 1994, 289 (290); *v. Hoyningen-Huene*, NZA 1985, 9 (11); wohl auch *Veit*, Zuständigkeit, S. 256 f.
Um die Außenseiterproblematik zu lösen, wird die Geltung von aufgrund tariflicher Delegation ergangener Betriebsvereinbarungen von einigen Autoren (*Schüren*, RdA 1985, 22 [27]; *Ziepke*, BB 1985, 281 [286]; diff. *Baumann*, Delegation, S. 100) nur auf Gewerkschaftsmitglieder beschränkt. Die sich hieraus hinsichtlich des betriebsverfassungsrechtlichen Gleichbehandlungsgrundsatzes ergebenden Bedenken (vgl. dazu *Richardi*, NZA 1984, 387 [389]; *ders.*, NZA 1988, 673 [676]; *Löwisch*, DB 1985, 2457 [2458]; *ders.*, NZA 1985, 170 [172]; *ders.*, SAE 1988, 103 [104]; *v. Hoyningen-Huene*, NZA 1985, 9 [11], 169 [170]; *Bender*, BB 1987, 1117 [1118]) sollen durch die Anerkennung der Koalitionsmitgliedschaft als Unterscheidungskriterium beseitigt werden (so vertreten von *Buchner*, BB 1985, 913 [919]; *P. Hanau*, NZA 1985, 73 [75]; *Baumann*, Delegation, S. 95 f.; *Meier-Krenz*, Erweiterung von Beteiligungsrechten, S. 24 f.). Dies kann in Fällen, in denen die tarifliche Regelung Lohneinbußen oder Arbeitszeitverkürzungen durch Betriebsvereinbarungen vorsieht, dazu führen, daß von dieser Schlechterstellung nur die tarifgebundenen Ar-

che die Gestaltung der Arbeitsbedingungen (der Lohnhöhe) auf Betriebsebene ermöglicht, beseitigt damit die Sperrwirkung, die durch § 77 Abs. 3 S. 1 BetrVG (jedenfalls für ungünstigere)[178] Betriebsvereinbarungen statuiert ist.[179] Die Verbindlichkeit des Tarifvertrages wird durch die Selbstbeschränkung der Tarifpartner gegenüber der im Betrieb getroffenen Festlegung relativiert.[180]

Da sich die Gestaltungskompetenz nicht aus dem Tarifvertrag ergibt, sondern aus dem *Betriebsverfassungsgesetz*, bestehen hinsichtlich der negativen Koalitionsfreiheit der sogenannten Außenseiter keine Probleme.[181] Als „Mitglieder

---

beitnehmer erfaßt würden (insoweit kritisch daher *Löwisch*, DB 1984, 2457; dies in Kauf nehmend *Ziepke*, BB 1985, 281 [286]).
Ein anderer Argumentationsansatz versucht, die Außenseiterproblematik dadurch zu lösen, daß tarifliche Öffnungs- bzw. Delegationsklauseln (auch) als Betriebs- oder Betriebsverfassungsnormen i. S. d. § 1 Abs. 1 TVG eingeordnet werden, für deren Geltung gemäß § 3 Abs. 2 TVG die Tarifbindung des Arbeitgebers ausreicht (so *Linnenkohl/Rauschenberg*, BB 1984, 2197 [2202]; *Meier-Krenz*, Erweiterung von Beteiligungsrechten, S. 14 f., 21, 110 ff.; *v. Hoyningen-Huene*, NZA 1985, 9 [12, 14]; *Weyand*, AuR 1989, 193 [198]; *P. Hanau*, NZA 1985, 73 [75 f.]). Als Ausnahme zu § 3 Abs. 1 TVG ist Abs. 2 aber eng auszulegen (vgl. *Larenz*, Methodenlehre, S. 353 ff.; *Richardi*, Kollektivgewalt, S. 226 ff.; diff. *Ehmann/Balthasar*, Jura 1985 436 [440]). Über die bloße Bezeichnung der tariflichen Klausel als betriebsverfassungsrechtliche Norm kann daher nicht die Wirkung von Inhaltsnormen beliebig ausgeweitet werden (so auch *Richardi*, NZA 1984, 387 [388]; *Löwisch*, SAE 1988, 103 [104]; *ders.*, NZA 1985, 170 [171]; *v. Hoyningen-Huene/Meier-Krenz*, ZfA 1988, 293 [298]; *Schüren*, RdA 1985, 22 [27]).
Die unzutreffende Annahme der nur beschränkten Regelungskompetenz der Betriebspartner würde daher dazu führen, daß der durchaus positive Ansatz der tariflichen Flexibilisierungsbestrebungen an der Grundkonzeption des Tarifvertragssystems scheitern würde. So führt *Rieble* (RdA 1996, 151 [154]) aus: „Wollen die Tarifpartner eine betriebsnahe Tarifpolitik, so müssen sie selbst für die erforderliche Flexibilisierung sorgen. Anstelle des Arbeitgeberverbandes mag der einzelne Arbeitgeber treten, nie aber der Betriebsrat an die Stelle der Gewerkschaften."

[178] Inwieweit günstigere Betriebsvereinbarungen in Abweichung vom Tarifvertrag auch ohne tarifliche Zulassung Geltung erlangen können unten, § 5 II 4, § 6.

[179] Vgl. die Nachw. in Fn. 174. Dagegen *Löwisch*, DB 1984, 2457 (2458): Damit würden die tariflichen Arbeitsbedingungen durch Betriebsvereinbarung übernommen, was durch § 77 Abs. 3 S. 1 BetrVG – anders als bei § 59 BetrVG 1952 – verhindert werden sollte (anders aber *ders.*, NJW 1997, 905 ff.). Hier geht es aber gerade nicht um die Übernahme tariflicher Regelungen, sondern um die Gestaltung der Arbeitsbedingungen durch die Betriebspartner.

[180] *Meier-Krenz*, Erweiterung von Beteiligungsrechten, S. 6 (dort Fn. 10 m. w. Nachw.); *Buchner*, DB 1985, 913 (917).

[181] Vgl. *Matthes*, in: Münch Hdb, § 318 Rn. 51; *Henssler*, ZfA 1994, 487 (499). Diff. *Buchner* (RdA 1990, 1 [4 f.]), der auch insoweit Betriebsvereinbarungen für zulässig hält, als diese sich auf tarifgebundene Arbeitnehmer beschränken. *H. Hanau* (RdA 198, 65 [68]) verneint das Bestehen einer Außenseiterproblematik mit dem Argument der demokratischen Legi-

des Betriebes“ werden alle Arbeitnehmer gleichermaßen von der unmittelbaren und zwingenden Wirkung der Betriebsvereinbarung nach § 77 Abs. 4 BetrVG erfaßt.[182] Allerdings gilt dies nur für *freiwillige* Betriebsvereinbarungen, denn die umfassende Regelungskompetenz der Betriebspartner in sozialen Angelegenheiten ist nach § 88 BetrVG nur für die freiwillige Einigung eröffnet.[183]

(2) Grenzen der Flexibilisierung durch Tarifvertrag

Als hypothetische Beschränkung der Öffnung bzw. Beseitigung der Sperrwirkung des § 77 Abs. 3 BetrVG könnte Art. 9 Abs. 3 GG herangezogen werden mit der Begründung, dieser fordere die sachliche Bewältigung des Regelungsgegenstandes durch die Koalitionen selbst.[184] Hypothetischer Art sind diese Erwägungen deshalb, weil kaum ein Tarifvertrag denkbar ist, der sich darauf beschränkt, die Gestaltung der Arbeits- und Wirtschaftsbedingungen insgesamt den Betriebspartnern zuzugestehen, ohne selbst Arbeitsbedingungen festzulegen.

Aber auch *rechtlich* steht Art 9 Abs. 3 GG der Öffnung der Tarifsperre durch Tarifvertrag nicht entgegen. Zwar wird zum Teil unter Rückgriff auf Art. 9 Abs. 3 GG argumentiert, daß die Koalitionen alles Wesentliche selbst festlegen müßten,[185] da ihnen zugewiesen sei, eine effektive Möglichkeit zur Regelung der Arbeits- und Wirtschaftsbedingungen zur Verfügung zu stellen.[186] Daraus ergibt sich aber *nicht* die Unzulässigkeit von Tarifverträgen, die sich auf die

---

timation des Betriebsrats und unter Verweis auf die Gestaltungsaufgaben der Tarifvertragsparteien, die ohne Einbeziehung der Außenseiter nicht mehr zu erfüllen seien.

[182] Ob und wieweit sich die Arbeitnehmer der Bindung an die Betriebsvereinbarung durch abweichende Vereinbarungen entziehen können, ist eine Frage der Anwendung des Günstigkeitsprinzips. Dazu unten, § 5 II 3.

[183] Vgl. *Weyand*, AuR 1989, 193 (197).

[184] Vgl. BAG AP Nr. 3 zu § 4 TVG Geltungsbereich; BAG AP Nr. 7 zu § 1 TVG Form; *G. Müller*, AuR 1992, 257 (262); *Baumann*, Delegation, S. 46. *Heinze* (NZA 1995, 5 [7]) lehnt unter Verweis auf Art. 9 Abs. 3 GG jegliche Form von Öffnungsklausel ab, die auf Betriebsebene mehr als die bloße Ergänzung des Tarifvertrages zuläßt; ähnlich *Schaub*, NZA 1998, 617 (623); *Meyer*, RdA 1998, 142 (152); *Wendeling-Schröder*, NZA 1998, 624 (626).

[185] *V. Hoyningen-Huene/Meier-Krenz*, ZfA 1988, 293 (305 f.); *Wiedemann*, Anm. zu BAG AP Nr. 7 zu § 1 TVG Form; *Kissel*, NZA 1986, 73 (79 f.); *Rieble*, RdA 1996, 151 (153 f.); *Weyand*, AuR 1989, 193 (196); *Henssler*, ZfA 1994, 487 (498); *Wendeling-Schröder*, NZA 1998, 624; *Meier-Krenz*, DB 1988, 2149 (2153); *ders.*, Erweiterung von Beteiligungsrechten, S. 156 ff.

[186] *Henssler* (ZfA 1994, 487 [497 f.]); *v. Hoyningen-Huene/Meier-Krenz* (ZfA 1988, 293 [305]) bezweifeln die Geeignetheit der Betriebsautonomie zur Regelung materieller Arbeitsbedingungen.

Festlegung von Rahmenbedingungen beschränken.[187] Denn wie bereits ausgeführt[188] ist die Koalitionsfreiheit primär ein *individuelles Freiheitsrecht*, welches die verfassungsrechtliche Gewährleistung der Tarifautonomie erfaßt, um effektiven Schutz der Arbeitnehmer zu ermöglichen. Da sich die Betriebsautonomie als mindestens ebenso (wegen ihrer Sachnähe sogar besser) geeignet erwiesen hat, kollektiven Schutz vor einer einseitig an den Unternehmensinteressen orientierten Festlegung der Arbeitsbedingungen zu bieten,[189] läßt sich aus der Koalitionsfreiheit eine Einschränkung der Flexibilisierungsmöglichkeiten nicht herleiten.[190]

Sinnvoll und zweckmäßig ist, in tariflichen Öffnungsklauseln lediglich *Abweichungen* von konkret ausgestalteten Tarifvorgaben *durch freiwillige Betriebsvereinbarungen* zuzulassen,[191] denn kommt hier eine Einigung auf Betriebsebe-

---

[187] Wie hier *Riester*, Flexibilisierung, S. 162 f.; ähnlich *Gentz*, in: FS für Schaub, S. 205 (214 f.); *Buchner*, NZA 1986, 379 (380); *Konzen*, NZA 1995, 913 (915) bzgl. Korridorlösungen. Eine solche Festlegung von Rahmenbedingungen stellt eine sinnvolle Deregulierung und Flexibilisierung der Flächentarifverträge dar, die auch vom 61. DJT (vgl. Beschluß 2 a, in: Verhandlungen des 61. DJT Bd. II / 1, K 64) angemahnt wurde. Anders *Rieble* (RdA 1996, 151 [153 f.]), der in der Verlagerung auf die Betriebsebene einen Verstoß gegen die Tarifverantwortung sieht. Vgl. auch *Kissel* (NZA 1986, 73 ff.): „unzulässiger Verzicht auf die Ausübung der Tarifautonomie"; *Kittner* (in: FS für Schaub, S. 389 [394 f.]): „Selbstaufgabe der Koalitionen"; ähnlich *Wendeling-Schröder*, Referat, Verhandlungen des 61. DJT, Bd. II / 1, K 9 (K 24).

[188] Vgl. oben, II 2 b (1).

[189] Vgl. oben, sowie § 2 I 3, II.

[190] Anders *Kittner* (in: FS für Schaub, S. 389 [404 f.]), der aus dem Rechtsstaatsprinzip argumentiert, daß die Tarifvertragsparteien auf Regelungen verzichten könnten; wenn sie jedoch tätig würden, seien sie den aus der tariflichen Normenqualität resultierenden Anforderungen unterworfen. Sie müßten jedenfalls Leitentscheidungen treffen, welche die Regelungsbefugnis nach Tendenz und Programm umgrenzten und berechenbar machten. Zudem sei die Flexibilisierung durch Tarifvertrag an dessen nach § 1 TVG möglichen Inhalt gebunden. Damit sei das sogenannte „Cafeteria-System", in dem den Betriebspartnern eine Reihe von Optionen zur Verfügung gestellt werde, rechtlich unzulässig, da die Tarifnormen ihre Normqualität erst durch den Wahlakt der Betriebspartner erlangten. In dem darin zum Ausdruck kommenden Zurücktreten der Tarifvertragsparteien sieht *Kittner* einen Verstoß gegen Art. 9 Abs. 3 GG und Art. 5 ILO-Übereinkommen Nr. 135.

[191] Nach dem hier vertretenen Ansatz (dazu unten, § 5 I, II 4) ist eine gegenüber dem Tarifvertrag günstigere Abweichung durch Betriebsvereinbarung auch ohne tarifliche Öffnungsklausel möglich.
Kittner (in: FS für Schaub, S. 389 [397 ff. m. w. Nachw. dort in Fn. 36]) zeigt die Schwierigkeiten bei branchenbezogenen Regelungen auf und fordert als Voraussetzung für die Flexibilisierung durch Tarifvertrag die Vorgabe konkreter Regelungen durch die Tarifparteien (a. a. O. S. 408 f.). Allerdings lehnt er die Abweichung von tariflichen Vorgaben durch die Betriebspartner ab. Damit bleibt es auch nach seinem Ansatz der Einsichtsfähig-

ne nicht zustande, bleibt es bei den tariflich festgelegten Arbeitsbedingungen. Arbeitgeber und Betriebsrat können also am Tarifvertrag festhalten, oder – falls sie sich auf andere Absprachen verständigen – von diesem abweichen. Die Koalitionen gewährleisten dann mit dem Abschluß der Tarifverträge zum einen Mindestarbeitsbedingungen und bieten zusätzlich einen Verhandlungsleitfaden für betriebsspezifische (freiwillige) Regelungen. Die Verlagerung von „Lohnkämpfen" auf die Betriebsebene ist nicht zu befürchten,[192] da die vom Tarifvertrag abweichenden Vereinbarungen nicht erzwungen werden können.

Es empfiehlt sich somit für die Flexibilisierung auf Tarifebene, möglichst genaue Voraussetzungen festzulegen und insbesondere auch eine normative Gestaltung der Arbeitsbedingungen vorzunehmen, die zur Geltung kommt, wenn eine Übereinstimmung auf der Betriebsebene nicht erzielt werden kann.[193] Weiter ist zu beachten, daß der Betriebsrat nicht in die Tarifpolitik eingebunden werden darf,[194] damit er nicht als „verlängerter Arm der Gewerkschaften"[195] über das Instrument der Betriebsvereinbarung eine Allgemeinverbindlichkeit des Tarifvertrages im Unternehmen durchsetzt. Die ausdrückliche tarifliche Öffnung bzw. die tarifliche Vorgabe von Rahmenbedingungen zur Ausgestaltung auf Betriebsebene bewegt sich damit immer auf dem schmalen Pfad zwischen Überschreiten der Tarifkompetenz durch Einbinden des Betriebsrats in die Tarifpolitik und zu geringer Inanspruchnahme der Tarifautonomie durch umfassende Verlagerung auf die Betriebsebene, die möglicherweise die Mitglieder verärgert.

b) Erweiterung der Erzwingbarkeit der Mitbestimmung

Von der Frage nach der bloßen *Beseitigung der Tarifsperre* ist das Einräumen von *erzwingbaren* Mitbestimmungsrechten zu differenzieren. Ein *umfassendes* erzwingbares Mitbestimmungsrecht ist dem Betriebsverfassungsgesetz nicht zu entnehmen, vielmehr sind die Regelungsgegenstände, die auch gegen den Willen des Betriebsrats bzw. des Arbeitgebers über die Einigungsstelle durchge-

---

keit der jeweiligen Koalitionen überlassen, ob und wieweit sie den Flexibilisierungserfordernissen Rechnung tragen.

[192] Anders *Richardi* (NZA 1984, 387): „der Kampf geht weiter"; *Lieb* (NZA 1994, 289 [291]): „zweite Lohnrunde auf Betriebsebene"; ähnlich *Kittner*, in: FS für Schaub, S. 389 (397).

[193] Vgl. *Henssler*, ZfA 1994, 487 (500); ähnlich *Buchner*, RdA 1990, 1 (17 f.).
Dies ist im Falle des „Leber-Rüthers-Kompromisses" geschehen, denn die Dauer der wöchentlichen Arbeitszeit war im Tarifvertrag für den Fall der Untätigkeit der Betriebspartner auf 38,5 Stunden festgelegt; dazu *Buchner*, in: FS für Kissel, S. 97 (109); vgl. auch die flexible Gestaltung in der Chemischen Industrie; dazu *Eich*, NZA 1995, 149 (151 ff.).

[194] *Rieble* (RdA 1996, 151 [153]) bezeichnet dies als tarifpolitische Neutralität des Betriebsrats.

[195] *Küttner/Schlüpers-Oehmen/Rebel*, DB 1985, 172 (174); vgl. auch *Lücke*, ZRP 1991, 205 (206).

setzt werden können, in § 87 Abs. 1 BetrVG enumerativ aufgeführt. Die materiellen Arbeitsbedingungen sind zum Großteil (wenigsten in den wesentlichen Bereichen wie Lohnhöhe[196] und Arbeitszeitdauer, abgesehen von der Einführung von Kurzarbeit) nicht erfaßt, sondern der freiwilligen Regelung durch die Betriebspartner zugewiesen.[197] Eine verbindliche Zwangsschlichtung hat der Gesetzgeber für diesen Bereich nicht vorgesehen,[198] so daß die Legitimation sich nicht aus der Betriebsautonomie ergibt, sondern aus einer entsprechenden tariflichen Regelung hergeleitet werden müßte.[199]

Das setzt allerdings voraus, daß die erzwingbaren Mitbestimmungsrechte durch Tarifvertrag *erweitert* werden können,[200] das heißt, es fragt sich, ob die tarifliche Regelung für weitere Angelegenheiten die betriebliche Einigungsstelle als Konfliktlösungsmechanismus bestimmen kann,[201] die dann den Inhalt der Arbeitsverhältnisse festlegt.

(1) Erzwingbarkeit als betriebsverfassungsrechtliche Regelung

Ginge man von der Zulässigkeit der Schaffung zusätzlicher erzwingbarer Mitbestimmungsrechte aus, so stellt sich erneut die Frage nach der Außenseiterwir-

---

[196] Dazu oben, § 3 I 2.

[197] Zur Regelungskompetenz der Betriebspartner in sozialen Angelegenheiten oben, 1.

[198] *Buchner*, DB 1985, 913 (921 f.).

[199] Zur Tarifpraxis des Ausbaus der Mitbestimmungsrechte Hagemeier/Kempen/*Zachert*/Zilius, TVG, § 1 Rn. 122 f. Beispiele für tariflich eingeräumte erzwingbare Mitbestimmungsrechte in der Praxis finden sich bei *Weyand*, AuR 1989, 193.

[200] Umstritten ist bereits, was als herrschende Meinung zu bezeichnen ist: Vgl. *P. Hanau* (NZA 1989, 73 [75 m. w. Nachw. dort in Fn. 16]), der die Erweiterungsmöglichkeit der erzwingbaren Mitbestimmung durch Tarifvertrag als herrschende Meinung bezeichnet. Dagegen *v. Hoyningen-Huene* (NZA 1985, 9 [11 m. w. Nachw. dort in Fn. 24]), der die gegenteilige Ansicht für die herrschende hält. Er stellt (in: NZA 1985, 169) jedoch klar, daß die Gewichtung von Quantität und Qualität der verschiedenen Vertreter das Problem nicht löst.

[201] Bejahend: BAG AP Nr. 23 zu § 77 BetrVG 1972; *Oetker*, in: Wiedemann, § 1 Rn. 600 f.; *Klebe*, in: D/K/K, § 87 Rn. 37; *Däubler*, in: D/K/K, Einl. Rn. 77 ff.; *Biedenkopf*, Grenzen der Tarifautonomie, S. 293 ff.; *Reichold*, Sozialprivatrecht, S. 536; *Gast*, Arbeitsrecht als Vertragsrecht, S. 94 f., 107; *Kempen*, in: FS für Schaub, S. 357 (364 f. m. w. Nachw. dort in Fn. 30); *Hanau*, NZA 1985, 37 (75); *Weyand*, AuR 1989, 193 (200 f.); *Beuthien*, ZfA 1986, 131 (136 ff.); *Linnenkohl/Rauschenberg*, BB 1984, 2197 (2200); *Meier-Krenz*, Erweiterung von Beteiligungsrechten, S. 147 ff.; *Baumann*, Delegation, S. 130 ff.; *Riester*, Flexibilisierung, S. 176 ff.; *v. Langen*, Von der Tarif- zur Betriebsautonomie, S. 58 ff.
Ablehnend: *Galperin/Löwisch*, BetrVG, § 1 Rn. 6, § 87 Rn. 13 ff.; *Richardi*, BetrVG, Einl. Rn. 134 ff.; *ders.*, Kollektivgewalt, S. 250 ff.; *ders.*, NZA 1988, 673 (675 f.); *Reuter*, in: FS für Schaub, S. 605 (618 f.); *v. Hoyningen-Huene*, NZA 1985, 9 (11), 169 (170); *Löwisch*, SAE 1988, 103 (105); anders allerdings noch *ders.*, AuR 178, 97 (98); *Kraft*, ZfA 1973, 243 (251).

kung des Spruchs der Einigungsstelle.[202] Denn dieser hat zwar in den Fällen des § 87 BetrVG normative Wirkung gegenüber allen Belegschaftsangehörigen. Im Unterschied zu den in § 87 Abs. 1 BetrVG *abschließend* aufgeführten Angelegenheiten beruht die Verbindlichkeit der Einigungsstellenentscheidung jedoch bei den tariflich erweiterten Gegenständen letztlich nicht auf der gesetzlichen Grundlage, sondern auf dem Willen der Tarifvertragsparteien.[203] Nur als betriebsverfassungsrechtliche Norm würde sie auch für die nicht tarifgebundenen Arbeitnehmer Geltung erlangen. Erweitert der Tarifvertrag aber die erzwingbare Mitbestimmung im Lohnbereich auf materielle Arbeitsbedingungen, wird damit nicht die Rechtsstellung der Arbeitnehmer und ihrer Organe gegenüber dem Arbeitgeber geregelt (nur dann lägen betriebsverfassungsrechtliche Fragen im Sinne der §§ 1 Abs. 1, 3 Abs. 2 TVG vor), sondern es wird der Einigungsstelle die Kompetenz zugewiesen, zur Konkretisierung von Tarifnormen materielle Arbeitsbedingungen festzusetzen. Allein die Bestimmung eines Verfahrens macht eine tarifliche Regelung nicht zu einer Betriebsverfassungsnorm. Die Tarifpartner haben gerade nicht die Kompetenz, die materiellen Arbeitsbedingungen der nicht organisierten Arbeitnehmer zu regeln,[204] so daß auch die Zuweisung an die Einigungsstelle nicht wirksam für diese erfolgen kann.[205]

(2) Betriebsverfassungsrechtliche Gesamtordnung

Zudem gilt es zu bedenken, daß der Gesetzgeber die erzwingbare Entscheidungskompetenz der Betriebspartner durch die *abschließende* Aufzählung der mitbestimmungspflichtigen Angelegenheiten eng umrissen hat. Zwar sollte durch das Betriebsverfassungsgesetz nicht die durch das Tarifvertragsgesetz erteilte Befugnis zur Gestaltung von betriebsverfassungsrechtlichen Fragen eingeschränkt werden, denn § 2 Abs. 3 BetrVG läßt ausdrücklich die Aufgaben der Gewerkschaften und Arbeitgebervereinigungen unberührt. Allerdings wollte der Gesetzgeber jedenfalls die betriebsverfassungsrechtlichen Organisationsstrukturen verbindlich und abschließend regeln, und zwar auch im Hinblick auf die Tarifautonomie.[206] Diese betriebsverfassungsrechtliche Gesamtordnung ist, abge-

---

[202] Vgl. dazu bereits oben, Fn. 177.

[203] *Buchner*, DB 1985, 913 (922); *ders.*, RdA 1990, 1 (5); *Konzen*, NZA 1995, 913 (919); *Ehmann/Balthasar*, Jura 1985, 436 (439 f.).

[204] BAG AP Nr. 7 zu § 87 BetrVG 1972 Lohngestaltung; *Buchner*, DB 1985, 913 (922); *ders.*, RdA 1990, 1 (5). *Baumann* (Delegation, S. 122, 132 ff.) begrenzt daher die Wirkung des Spruchs der Einigungsstelle auf tarifgebundene Arbeitnehmer.

[205] Sieht man die Zuweisung der Materie an die Einigungsstelle als Leistungsbestimmung durch Dritte i. S. d. §§ 315 ff BGB an, handelt es sich immer noch um die nähere Inhaltsbestimmung des Tarifvertrages, so daß der Spruch der Einigungsstelle wiederum nur die tarifgebundenen Arbeitnehmer erfassen könnte; vgl. *Buchner*, DB 1985, 913 (922 f.).

[206] *Richardi*, Kollektivgewalt, S. 253 m. w. Nachw.; *Beuthien*, ZfA 1986, 131 (135 ff.).

sehen von den ausdrücklichen Gestaltungsmöglichkeiten nach §§ 3, 102 Abs. 6 BetrVG, *abschließend* und *zwingend*.[207]

Das betriebsverfassungsrechtliche Instrument der Zwangsschlichtung kann nicht durch Tarifvertrag in den Dienst der Koalitionen gestellt werden;[208] dies um so weniger, als die verbindliche *Einigungsstellenentscheidung* auch im Betriebsverfassungsgesetz als *ultima ratio* angelegt ist.[209] Die tarifliche Erweiterung der erzwingbaren Mitbestimmung auf materielle Arbeitsbedingungen ist daher nicht möglich. Auch kann nicht angeführt werden, daß die Tarifvertragsparteien die Angelegenheiten ja selbst hätten regeln können, die Möglichkeit der Zwangsschlichtung deshalb ein Minus gegenüber der eigenen Regelung darstelle.[210] Der Gestaltungsmacht der Tarifpartner haben sich Arbeitgeber und Arbeitnehmer jedoch durch Koalitionsbeitritt unterworfen; der Spruch der Einigungsstelle ist aber keine Regelung der Tarifpartner, denn ihre Entscheidung ist unabhängig von den Vorstellungen der Vertragsparteien, welche die betreffende Angelegenheit gerade nicht normiert haben. Der Einigungsstellenspruch kann sowohl dem Willen des Betriebsrats, des Arbeitgebers als auch der Tarifparteien zuwider laufen. Es macht also einen gravierenden Unterschied, ob die Freiwilligkeit der Einigung durch die Erzwingbarkeit ersetzt wird.[211]

Wie bereits ausgeführt,[212] erweist sich die Lohnbestimmung durch die Einigungsstelle zudem als *unzweckmäßig*.[213] Der Einführung der Zwangsschlichtung

---

207 Hueck/Nipperdey-*Säcker*, ArbR. Bd. II / 2, S. 1402; *Dietz/Richardi*, BetrVG, § 1 Rn. 46 f.; *Richardi*, BetrVG, Einl. Rn. 134 ff.; *Säcker*, ZfA Sonderheft 1972, 41 (47); *v. Hoyningen-Huene*, NZA 1985, 9 (11); dagegen *Meier-Krenz*, Erweiterung von Beteiligungsrechten, S. 9, 67 f. Diff. *Kempen* (in: FS für Schaub, S. 357 [364 f.]), der argumentiert, die Beteiligungsrechte stellten Mindestnormen dar; insofern seien tarifliche Regelungen möglich. Tarifresistent seien die organisatorischen Bestimmungen des Betriebsverfassungsrechts, weil andernfalls die Koalitionsfreiheit anders oder nicht organisierter Arbeitnehmer eines Betriebes beeinträchtigt würde.

208 *V. Hoyningen-Huene* (NZA 1985, 9 [11]) verweist in diesem Zusammenhang auf den Grundsatz „nemo plus juris transferre potest quam ipse habet".

209 *Feudner*, DB 1997, 826. *Richardi* (Kollektivgewalt, S. 256 f.) sieht in der Eröffnung der erzwingbaren Mitbestimmungsrechte eine Verlagerung des Regelungsstreits auf betriebliche Ebene, die nichts anderes darstelle, als die Fortsetzung des Arbeitskampfes mit anderen Mitteln.

210 So aber *Meier-Krenz*, Erweiterung von Beteiligungsrechten, S. 144 ff.; diff. *Ehmann/Balthasar*, Jura 1985, 436 (439 f.).

211 So auch *Buchner*, DB 1985, 913 (922).

212 Vgl. oben, § 3 I 2 d.

213 Allgemein zur Problematik der Einigungsstellen *Feudner*, DB 1997, 826 (828 ff.). Vgl. auch *Henssler* (ZfA 1994, 487 [501]), der ebenfalls die betrieblichen Einigungsstellen für den Bereich der Lohnfestsetzung für ungeeignet hält, allerdings statt dessen die Bildung einer unternehmensinternen Lohnfestsetzungskommission vorschlägt.

in materiellen Arbeitsbedingungen dürfte aber vor allem Art. 9 Abs. 3 GG entgegenstehen, denn das Grundgesetz hat zwar die Festlegung der Arbeitsbedingungen durch ein System der *Einigung* und Mitbestimmung zugelassen,[214] nicht aber die Zuweisung zur *Zwangsschlichtung*.

c) Tarifpolitischer Sinn von Öffnungsklauseln?

Den tariflichen Regelungen, welche die Tarifsperre beseitigen, um eine den betrieblichen Notwendigkeiten entsprechende Festlegung materieller Arbeitsbedingungen durch Betriebsvereinbarung anzuerkennen, ist aus juristischer Sicht bei zutreffender Annahme einer umfassenden Regelungskompetenz der Betriebspartner in sozialen Angelegenheiten nichts entgegenzuhalten. Unzulässig ist allerdings die Indienstnahme des Betriebsrats für die Tarifpolitik und die tarifliche Schaffung weiterer erzwingbarer Mitbestimmungstatbestände.

Werden zur Flexibilisierung sogenannte *Härteklauseln* aufgenommen,[215] die unter bestimmten Voraussetzungen (zum Beispiel in wirtschaftlichen Notlagen) ein Unterschreiten der tariflichen Arbeitsbedingungen durch Vereinbarungen auf der Betriebsebene eröffnen, so können sich diese in der Praxis jedoch als kontraproduktiv erweisen, jedenfalls dann, wenn die Öffnung von umfangreichen Einsichtnahmerechten in die Unternehmensdaten abhängig gemacht wird. Die Gewerkschaftsseite erhält auf diese Weise ein umfassendes Informationsmaterial, so daß ernstliche Zweifel an der Kampfparität in den folgenden Verhandlungsjahren aufkommen müssen. Wichtigstes Argument gegen die Zweckmäßigkeit der Härteklauseln ist, daß das betroffene Unternehmen schnell zu einem – nicht selten öffentlichen – Problemfall wird: Selbst bei vertraulicher Behandlung gelangen Informationen an die finanzierende Bank, an Kunden, denen gerade Angebote zur Entscheidung vorliegen u.s.w. Der potentielle Vertragspartner muß fürchten, daß das Härtefallunternehmen nicht einmal die Gewährleistungsfrist überlebt; die Banken versuchen, ihre Kredite zu sichern.[216] Zudem drohen dem Unternehmer langwierige Klärungsprozesse, um das Vorliegen eines Härtefalles nachzuweisen.[217]

Zudem befreit die bloße Möglichkeit, Öffnungsklauseln einzurichten, das in § 77 Abs. 3 BetrVG von der herrschenden Meinung hineingelesene Normset-

---

[214] BVerfG AP Nr. 1 zu § 1 MitbestG.

[215] Diese Art der Öffnungsklauseln wurde vermehrt in den Tarifverträgen für die neuen Bundesländern eingesetzt; vgl. *Henssler*, ZfA 1994, 487 (497); FAZ v. 31.10.1997, S. 17.
Mit guten Gründen verneinen *Beuthien/Meik* (DB 1993, 1518 [1519]) die praktische Brauchbarkeit verbandstariflicher Härtefallklauseln; in der Tendenz ebenso *Meyer*, RdA 1998, 142 (152, 154).

[216] Vgl. die praxisnahe Darstellung dieser Problematik von *Schleef* (AuA 1996, 296 ff.) zu den Erfahrungen der JENOPTIK AG.

[217] *Lieb*, NZA 1994, 289 (291); *Beuthien/Meik*, DB 1993, 1518 (1519).

zungsmonopol der Koalitionen nicht vom „*Selbstzweckverdacht*“[218], denn es bleibt auch bei der Einrichtung von Flexibilisierungsmöglichkeiten den Koalitionen überlassen, das Ausmaß ihrer Selbstbeschränkung festzulegen.[219] Damit ist trotz fortschreitender Einsicht der Tarifpartner in die Flexibilisierungs- und Dezentralisierungserfordernisse von Bedeutung, daß dem Betriebsrat – ohne tarifliche Öffnungsklauseln – ein freiwilliges Regelungsrecht hinsichtlich der Lohnhöhe zusteht.[220]

III. Normsetzungsprärogative und verfassungsrechtliche Gewährleistung der Betriebsautonomie

Wie oben bereits dargelegt,[221] begründet Art. 9 Abs. 3 GG *keinen* absoluten Vorrang der Tarifautonomie vor der Betriebsautonomie, so daß der Verweis auf die Koalitionsfreiheit die Annahme einer Normsetzungsprärogative der Tarifvertragspartner nicht stützt. Von einem von Verfassungs wegen gebotenen Vorrang der Tarifautonomie kann insbesondere dann nicht ausgegangen werden, wenn man berücksichtigt, daß auch die Betriebsautonomie – was es im folgenden zu zeigen gilt – verfassungsrechtlichen Schutz genießt. Denn entgegen der weitverbreiteten Ansicht, die eine Anerkennung der Betriebsautonomie als Verfassungsgut ablehnt,[222] kommt auch dieser Verfassungsrang zu.[223] Unklar ist al-

---

[218] *Bender*, BB 1987, 1117 (1119).

[219] Kritisch dazu auch *Zöllner* (ZfA 1988, 265 [272 ff.]): Schwer vorstellbar sei, „daß betriebsnahe Tarifpolitik, die schon im Wachstum nicht funktioniert hat, in der Stagnation oder Schrumpfung zu brauchbaren Ergebnissen führen würde.“ Vgl. auch *Otto Graf Lambsdorff* (FAZ v. 29.03.1997, S. 14): „Können wir darauf vertrauen und warten, daß die Tarifparteien substantielle Änderungen ihrer Tarifpolitik nicht nur beabsichtigen, sondern auch verwirklichen?“ Nach *Brunz* (NZA Beil. 2 1986, 3 [4]) habe die IG-Metall auch beim Leber-Rüthers-Kompromiß niemals Zweifel an ihrer grundsätzlichen Ablehnung jeder Art betrieblich motivierter flexibler Arbeitszeitgestaltung aufkommen lassen.

[220] Zutreffend macht *Reuter* (in: FS für Schaub, S. 605 [608 f.]) deutlich, daß das staatliche Recht die Tarifautonomie in einer Weise auszugestalten hat, die tendenziell eine angemessene Berücksichtigung aller betroffenen Interessen gewährleistet. Die Bedingungen für die Ausübung der Tarifautonomie müssen ein selbständiges Korrektiv gegen Mißbrauch enthalten und zwar nicht allein zum Schutz der Gegenseite, sondern gerade auch zum Schutz Dritter und der Allgemeinheit. Ein solches Korrektiv bietet die Anerkennung der Gestaltungsmöglichkeiten der Betriebspartner.
Für die Problemlösung auf Betriebsebene statt durch Härtefallklauseln plädieren auch *Beuthien/Meik* (DB 1993, 1518 ff.), die allerdings hierfür eine Änderung des § 3 Abs. 3 TVG für erforderlich halten.

[221] Vgl. oben, II 2 b (1).

[222] *Biedenkopf*, Grenzen der Tarifautonomie, S. 294; *Heinze*, NZA 1997, 1 (5); *ders.*, NZA 1991, 329 (336); *Löwisch*, JZ 1996, 812 (816 f.); *ders.*, NJW 1997, 905 (906); *Rieble*, Arbeitsmarkt und Wettbewerb, Rn. 1411 ff., 1531; *Belling*, Günstigkeitsprinzip, S. 113; *ders.*, DB 1982, 2513 (2515); *Leinemann*, DB 1990, 732; *Heisig*, Arbeitsentgelt- und Arbeitszeit-

lerdings die verfassungsrechtliche Grundlage, denn der Grundrechtskatalog enthält insoweit keine ausdrückliche Garantie.

1. Verankerung in Art. 9 Abs. 3 GG

Als Ausgangspunkt der verfassungsrechtlichen Gewährleistung könnte zunächst das Grundrecht der Koalitionsfreiheit herangezogen werden. Wie gesehen[224] sind mit dem individuellen Freiheitsrecht der Koalitionsfreiheit auch die Koalitionen selbst in ihrem Bestand sowie die Tarifautonomie als Ausdrucksform koalitionsspezifischer Betätigung verfassungsrechtlich gewährleistet, obwohl Art. 9 Abs. 3 GG keine dem Art. 165 WRV[225] entsprechende ausdrückliche Nennung der Koalitionen sowie des Tarifvertrages als Gestaltungsform enthält.[226] Vielmehr knüpft die Formulierung des Grundrechts an Art. 159 WRV an, der allein die individuelle Koalitionsfreiheit unter den Schutz der Verfassung stellte. Entsprechend hat das Bundesverfassungsgericht im sogenannten „Mitbestimmungsurteil"[227] betont, daß bei der Auslegung des Koalitionsgrundrechts nur bedingt auf einen traditionell feststehenden Inhalt zurückgegriffen werden könne, der die aktuelle Auslegung determiniere.[228] Vielmehr sei seine

---

regelung, S. 16 f.; *Wittgruber*, Abkehr, S. 78; *Söllner*, RdA 1989, 144 (149); *Joost*, ZfA 1993, 257 (276); *Wank*, RdA 1991, 129 (130).

[223] Eine konkrete grundrechtliche Gewährleistung hat die betriebliche Mitbestimmung der Arbeitnehmer in den Verfassungen einiger Bundesländer erfahren: Vgl. Art. 25 Verf. Berlin; Art. 37 Verf. Hessen; Art. 67 Abs. 2 Verf. Rheinland-Pfalz; Art. 37 Abs. 3 Verf. Thüringen; Art. 58 Saarländische Verf.; Art. 26 Verf. NRW; vgl. auch *Veit*, Zuständigkeit, S. 156 dort Fn. 491.

[224] Oben, II 2 b (1).

[225] Zum Wortlaut des Art. 165 WRV oben Fn. 33.

[226] Eine ausdrückliche Normierung der Tarifautonomie und des Arbeitskampfrechts erfolgte deswegen nicht, weil eine Einigung über Voraussetzungen, Inhalt und Grenzen im Parlamentarischen Rat nicht möglich war; vgl. *Konzen*, AcP (177) 1977, 473 (493); *Utz*, Weder Streik noch Aussperrung, S. 48.

[227] BVerfG AP Nr. 1 zu § 1 MitbestG.

[228] Anhaltspunkt für eine Konkretisierung bietet allenfalls ein Rückblick auf den nahezu wortgleichen Art. 159 WRV. Ein vergleichbarer Rückgriff wäre ebenso für die Betriebsautonomie möglich, die in Art. 165 WRV gewährleistet war und die nach 1945 in den verschiedenen Länderverfassungen Einzug gehalten hat (vgl. *Kempen*, AuR 1986, 129 [137]). Auch der Verfassungsgeber ist von der Existenz der Betriebsverfassung ausgegangen, wie die Kompetenznorm des Art. 74 Abs. 1 Nr. 12 GG beweist. Dieser räumt dem Bund im Rahmen der konkurrierenden Gesetzgebung die Gesetzgebungskompetenz über die Betriebsverfassung ein. Von der grundgesetzlichen Kompetenznorm auf eine grundrechtliche Gewährleistung der Betriebsautonomie zu schließen (insoweit unklar *Kempen*, RdA 1994, 140), wird allerdings zu Recht allgemein als zu weitgehend erachtet, ebenso wie die Herleitung von Grundrechtseinschränkungen aus Kompetenznormen; vgl. *Selk*, JuS 1990, 895 ff.

dynamische Fortentwicklung zu berücksichtigen.[229] Art. 9 Abs. 3 GG stellt damit einen Verfassungstatbestand dar, dessen Auslegung den Gegebenheiten des jeweiligen zeitlichen Kontextes unter Beachtung der geschichtlichen, ökonomischen, technischen und sonstigen Wandlungen angepaßt werden muß.[230]

Wegen dieser vom Verfassungsgericht betonten *entwicklungspolitischen Offenheit* der Verfassungsnorm erscheint es möglich, auch die Betriebsautonomie unter die Koalitionsfreiheit zu subsumieren,[231] denn die historische Entwicklung – insbesondere die in der jüngeren Vergangenheit erforderlich gewordenen betriebsnahen, flexiblen Regelungen – hat zu einem wesentlichen Bedeutungszuwachs der Betriebsautonomie geführt. Nicht zu bezweifeln ist, daß diese ebenso wie die Tarifautonomie der Förderung der Arbeits- und Wirtschaftsbedingungen zur Gewährleistung effektiven Arbeitnehmerschutzes dient,[232] jede allerdings auf die ihrer gesetzlichen Ausformung entsprechende Art.[233] Die Betriebsautonomie müßte aber zudem dem *Koalitionsbegriff* genügen. Hieran mangelt es, denn weder die Belegschaft noch der gewählte Betriebsrat erfüllen die Voraussetzungen der Vereinigung im Sinne des gängigen Koalitionsbegriffs, denn es fehlt jedenfalls die Überbetrieblichkeit als Anwendungsvoraussetzung des Art. 9 Abs. 3 GG.[234] Eine Änderung des Koalitionsbegriffs dahingehend, daß

---

[229] BVerfG AP Nrn. 1, 7, 56 zu Art. 9 GG; BVerfG AP Nr. 50 zu Art. 9 GG Arbeitskampf; BVerfG AP Nr. 1 zu § 1 MitbestG; *Säcker/Oetker*, Grundlagen und Grenzen, S. 40 ff.; vgl. auch *dies.*, ZfA 1996, 85 (96 f.). Das Erfordernis hinreichender Bestimmtheit der Verfassung betont *Sodan*, JZ 1998, 421 (423).

[230] Vgl. *Ehmann* (Neue Ordnung 1996 [Sondernummer], 5 [57]; *ders.*, NZA 1991, 1 [2]): „Es ist vielleicht politisch und tatsächlich, nicht aber gedanklich und rechtlich unmöglich, den offenen Verfassungstatbestand des Art. 9 Abs. 3 GG mit zeitgemäßem Inhalt zu füllen ..."

[231] Für eine dahingehende Deutung des Mitbestimmungsurteils: *Schmidt*, Günstigkeitsprinzip, S. 74 dort Fn. 99; ebenso *Bender*, BB 1987, 1117 (1119). Vgl. dazu *Ehmann*, Neue Ordnung 1996 (Sondernummer), 5 (59); ausf. *Lambrich*, Tarif- und Betriebsautonomie, S. 178 ff.
Gegen eine verfassungsrechtliche Gewährleistung der Betriebsautonomie in Art. 9 Abs. 3 GG *Veit* (Zuständigkeit, S. 151 ff.), denn es fehle jedenfalls am Erfordernis der Gegnerunabhängigkeit (a. a. O., S. 165 ff.).

[232] Zum *Schutzzweck* betrieblicher Mitbestimmung oben, § 2 I 3. Zum Erfordernis differenzierter Betrachtung der Schutzbedürftigkeit der Arbeitnehmer vgl. die Nachw. in § 2 dort Fn. 48.

[233] Zur Auslegung des Begriffspaares „Arbeits- und Wirtschaftsbedingungen" *Veit*, Zuständigkeit, S. 162 ff.

[234] *Scholz*, in: Maunz/Dürig GG, Art. 9 Rn. 193 ff.; *H. Bauer*, in: Dreier (Hrsg.) GG, Art. 9 Rn. 68 ff. (73); *Zöllner/Loritz*, ArbR, § 8 III 7. Vgl. *Ehmann/Lambrich*, NZA 1996, 346 (350): Ob die Betriebsautonomie von Art. 9 Abs. 3 GG erfaßt wird, ist dort im Ergebnis offengelassen, es wird aber die Frage aufgeworfen, ob das Urteil des BVerfG in eine solche Richtung gedeutet werden kann, oder ob mit der Argumentation des BVerfG nicht vielmehr die grundsätzliche Einschränkbarkeit der Tarifautonomie dargelegt werden sollte.

auch Vereinigungen auf Betriebsebene dem Schutzbereich unterfallen, ist bisher nicht abzusehen,[235] so daß die Zuordnung der Betriebsautonomie zur Koalitionsfreiheit abgelehnt werden muß.

2. Sozialstaatsprinzip und Menschenwürde

Das Bundesverfassungsgericht und manche Autoren im Schrifttum sehen die Betriebsautonomie als wesentlichen Beitrag zur Verwirklichung einer allgemein gerechteren sozialen Ordnung und damit im Ergebnis als im *Sozialstaatsprinzip (Art. 20 Abs. 1 GG)* verfassungsrechtlich verankert an.[236]

Der Sozialstaat erstrebt – im Gegensatz zum liberalen Staat des 19. Jahrhunderts[237] – die optimale Daseinsverwirklichung aller Mitglieder der Gesellschaft. Damit reicht die Gewährleistung eines Freiheitsraumes nicht mehr aus, sondern das Zur-Verfügung-Stellen materieller Mittel zum Gebrauch der Freiheit wird erforderlich, das bedeutet konkret die Sicherung einer funktionierenden Wirtschaft, die den Mitgliedern in der industriellen Gesellschaft die Lebensgestaltung ermöglicht.[238] Daneben gebietet die Sozialstaatlichkeit die Umsetzung der als ein allgemeiner Wert anerkannten *sozialen Gerechtigkeit*,[239] die sich nicht nur auf die materielle Güterverteilung beschränkt, sondern auch die Umverteilung der Macht innerhalb der Gesellschaft umfaßt. Aus der dem Staat auferlegten Zuständigkeit zur Sozialgestaltung[240] wird auf das Erfordernis einer positiv-

---

[235] Für eine entsprechende Auslegung, die auch betriebliche Vereinigungen unter den Koalitionsbegriff subsumiert, plädiert *Sodan*, JZ 1988, 421 (428).

[236] BVerfG AP Nr. 18 zu Art. 9 GG (für das Personalvertretungsgesetz); *Jahnke*, Tarifautonomie und Mitbestimmung, S. 40 f.; *G. Müller*, AuR 1992, 257 (260); *Riester*, Flexibilisierung, S. 23, 154. Das Sozialstaatsprinzip wird auch häufig herangezogen, um die Ausweitung der Unternehmensmitbestimmung zu begründen; vgl. die Nachw. bei *Schwerdtfeger*, Unternehmerische Mitbestimmung, S. 158 ff.

[237] Der liberale Staat beschränkte sich auf die Abgrenzung der individuellen Interessen durch das Zivilrecht, die Rechtsbewahrung durch neutrale Richter und den Schutz der öffentlichen Sicherheit und Ordnung vor Beeinträchtigungen; dazu *Isensee*, Subsidiaritätsprinzip, S. 48 ff. Vgl. auch oben, § 1 II 1 a.

[238] *Forsthoff*, Verfassungsprobleme, S. 7 ff., 10; vgl. *H. Wagner*, VVDStRL 1969, 47 (49 ff.); *Gamillscheg*, Grundrechte, S. 71 ff.

[239] *Schwerdtfeger*, Unternehmerische Mitbestimmung, S. 161 f.; *Weisel*, Sozialstaatsgrundsatz, S. 28 ff.

[240] *Hesse*, Verfassungsrecht, Rn. 207 ff. (209), 212 f.; *Häberle*, Wesensgehaltsgarantie, S. 189 f.; *Dürig*, in: Maunz/Dürig GG, Art. 2 Rn. 24.
Anders als im liberalen Staat braucht die Daseinsvorsorge nun nicht mehr mit polizeilichen Maßnahmen gerechtfertigt werden. Vgl. zur Rechtfertigung der Armenfürsorge, kommunaler Gaswerke und ähnlicher Einrichtungen *Schwerdtfeger*, Unternehmerische Mitbestimmung, S. 162 (dort Fn. 88).

rechtlich ausgestalteten Betriebsverfassung geschlossen,[241] welche einen Ausgleich legitimer Belange des einzelnen und der Gruppe ermögliche. Im Interesse der unmittelbar Beteiligten sowie im Interesse der Allgemeinheit dürfe das Mittragen des Unternehmens, wie es durch die Betriebsverfassung erfolge, nicht unterlaufen werden. Der auf Betriebsebene stattfindende Interessenausgleich lasse sich zur Gänze nicht anders (das heißt nicht ausschließlich durch die Tarifvertragsparteien) verwirklichen.[242]

Diesem Ansatz ist entgegenzuhalten, daß bereits die Herleitung *konkreter* Verfassungsgüter aus dem Verfassungsauftrag zur Schaffung eines Sozialstaates sehr fraglich ist. Zudem würde der Betriebsverfassung durch die Zuordnung zum Sozialstaatsprinzip ein öffentlich-rechtlicher Charakter beigemessen, der Betriebsrat als öffentlich-rechtliche Institution angesehen,[243] was abzulehnen ist:[244] Weder unterliegen Arbeitgeber und Betriebsrat bei der gemeinsamen Regelung der Betriebsangelegenheiten einer Staatsaufsicht,[245] noch ragen die Betriebsratsaufgaben in den öffentlich-rechtlichen Kompetenzbereich hinein; die

---

241 *Schwerdtfeger*, Unternehmerische Mitbestimmung, S. 164 f., insbesondere S. 166 (dort Fn. 119): Institutionelle Garantie des Betriebsverfassungsrechts durch die Sozialstaatsklausel; *Hesse*, Verfassungsrecht, Rn. 213; *Huber*, Mitbestimmung, S. 35 ff., 42 ff. Zur Frage, inwieweit die Sozialstaatsklausel über die Betriebsverfassung hinaus den Gesetzgeber verpflichtet, paritätische (wirtschaftliche) Mitbestimmung auf Unternehmensebene zu gewähren *Schwerdtfeger*, Unternehmerische Mitbestimmung, S. 167 ff. m. w. Nachw.
Gegen eine Herleitung der Betriebsautonomie aus dem Sozialstaatsprinzip *Veit*, Zuständigkeit, S. 150 f.

242 *G. Müller* (AuR 1992, 257 [258]). Gleichwohl räumt *Müller* der Tarifautonomie den Vorrang gegenüber der Betriebsautonomie ein. Sind aber sowohl Betriebsautonomie als auch Tarifautonomie verfassungsrechtlich gewährleistet, kann nicht dem einen Gut unkritisch der Vorrang gegenüber dem anderen eingeräumt werden, vielmehr bedarf es dann einer besonderen Rechtfertigung der Bevorzugung und der Abwägung der einzelnen Güter gegeneinander (vgl. dazu unten, § 5 II 1).

243 Insbesondere vor dem Hintergrund des Art. 165 WRV bestand Uneinigkeit darüber, ob Betriebsräte privatrechtliche oder öffentlich-rechtliche Institutionen seien.
Für die privatrechtliche Einordnung: *Jacobi*, Grundlehren, S. 290 ff. (296); Hueck/Nipperdey-*Säcker*, ArbR Bd. II / 2, S. 1095 ff.
Für die öffentlich-rechtliche Einordnung vor allem: *Kaskel*, ArbR, S. 289 f.; *Sinzheimer*, Grundzüge, S. 228. *Dietz* (BetrVG^4, § 1 Rn. 15 ff., 19 ff.) stützt diese öffentlich-rechtliche Einordnung vor allem auf das Argument der Betriebsverfassung als konkrete Ausgestaltung des Postulats des Sozialstaats und als Realisierung der Wirtschaftsdemokratie.

244 Ausführlich *Waltermann*, Rechtsetzung, S. 110 ff., 126 ff.; *Reichold*, Sozialprivatrecht, S. 445 ff. Für die privatrechtliche Einordnung der Betriebsverfassung auch *Kreutz*, Grenzen, S. 107 ff.; *Wiese*, in: GK-BetrVG, Einl. Rn. 55 ff.; *Richardi*, BetrVG, Einl. Rn. 127 ff.

245 Vgl. auch *Dietz/Richardi* (BetrVG, § 1 Rn. 37): „... so bleibt keine andere Wahl, als die Betriebsverfassung und insbesondere das Betriebsratsamt dem Privatrecht zuzurechnen. Wenn nämlich der Staat nicht die Einhaltung seiner Gesetze überwacht, so ist damit die Grenze zum Privatrecht überschritten.“

Betriebspartner nehmen keine originären staatlichen Aufgaben wahr.[246] Die Betriebsverfassung ist vielmehr unzweifelhaft dem *Privatrecht* zuzuordnen.

Auch eine Verbindung des *Sozialstaatsprinzips mit der in Art. 1 Abs. 1 GG verankerten Menschenwürde*[247] wird erwogen, um die Betriebsautonomie verfassungsrechtlich zu verankern.[248] Die Unterordnung der Arbeitnehmer unter die fremde Leitungs- und Organisationsgewalt sei mit seiner Selbstbestimmtheit, der ihm rechtlich zuerkannten Möglichkeit, seine Zwecke selbst zu wählen und eigene Initiativen zu entfalten, nur so lange vereinbar, als er eine entsprechende Freiheit bei der Beteiligung an den Entscheidungen finde, die den Arbeitsprozeß regeln und gestalten.[249] Das Bekenntnis zur Würde des Menschen stelle einen durch die Sozial- und Wirtschaftsordnung zu garantierenden Wert dar. Daher solle der einzelne auch im Arbeitsprozeß nicht *Objekt fremder Disposition*, sondern selbständig handelndes und seine Umwelt gestaltendes Individuum sein.[250] Soweit allerdings ein solcher Ansatz dazu führt, die Betriebsverfassung als öffentlich-rechtliche Institution einzuordnen,[251] sind hier die selben Vorbe-

---

[246] Auch die Kontrollfunktion des Betriebsrats hinsichtlich der Arbeitsschutzvorschriften rechtfertigen eine öffentlich-rechtliche Zuordnung der Betriebsautonomie nicht (so aber wohl noch *Hess*/Schlochauer/Glaubitz, BetrVG^3, Vor § 1 Rn. 23 f., anders aber in der 4. Aufl., Vor § 1 Rn. 15; offengelassen in der 5. Aufl., Vor § 1 Rn. 15), denn entscheidend für die Abgrenzung zwischen öffentlich-rechtlichem und gesellschaftlichem Bereich ist vor allem die Funktion der Betriebsverfassung, die sich nur innerhalb des privatrechtlichen Unternehmens entfaltet; vgl. *Reichold*, Sozialprivatrecht, S. 447 f.

[247] Vgl. zu den aus Art. 1 Abs. 1 GG zu ziehenden Schlußfolgerungen unten, § 5 I 2 b.

[248] *Fabricius*, in: FS für Fechner, S. 171 (190 ff., 197); *ders.*, Unternehmensrechtsreform, S. 25 ff. Seiner Ansicht nach ermögliche erst die Mitbestimmung und die Betriebsverfassung die Befreiung der Arbeitnehmer aus ihrer Objektstellung; ähnlich *Däubler*, Grundrecht auf Mitbestimmung, S. 129 ff., 161). *Apel* (BB 1970, 89 [91]) leitet aus der Menschenwürde darüber hinaus den Anspruch auf paritätische Mitbestimmung in den Unternehmen her. Vgl. für die Personalvertretung BVerfGE 51, 43 (58).

[249] Ausführungen der Mitbestimmungskommission, BT-Drucks. VI/334 S. 56, 65

[250] *Däubler* (Grundrecht auf Mitbestimmung, S. 153); *Kempen* (RdA 1994, 140 [149]): „Realisierung des Persönlichkeitsrechts im Privatrecht".

[251] Zu einer öffentlich-rechtlichen Zuordnung der Betriebsverfassung gelangt *Fabricius* (in: FS für Fechner, S. 171 [192]), da er diese in Zusammenhang bringt mit einer Sozialisierung der Produktionsmittel. Die Mitbestimmung soll den Arbeitnehmer zum Mitunternehmer machen (a. a. O., S. 202) und damit einen Ausgleich schaffen für das Eigentum des Arbeiters am Produkt seiner Arbeit. Daß Arbeit zum Eigentum an dem Produkt der Arbeit führe, sei ein elementares Menschenrecht, das der Auslegung des § 950 BGB zugrunde gelegt werden müsse (so *Fabricius*, Unternehmensrechtsreform, Rn. 70 ff., 122, 131 ff.).
Unklar hinsichtlich der daraus zu ziehenden Schlußfolgerungen bleibt eine Einordnung der Betriebsautonomie als Erscheinungsform der Betriebs- und Wirtschaftsdemokratie zur Ergänzung der politischen Demokratie. Eine derartige Einordnung befürworten *Däubler* (in: FS für Wlotzke, S. 257 [268]); *Wiese* (in: FS für Kissel, S. 1269 [1279]); *Neumann-Duesberg* (Betriebsverfassungsrecht, S. 60 ff.). Kritisch zu einer derartigen Herleitung der

halte anzubringen, wie sie oben dargelegt wurden. Allerdings ist nicht zu leugnen, daß sich in der Betriebsverfassung durch die Verwirklichung der Teilhabe der Arbeitnehmer an den Entscheidungen des Arbeitgebers *auch* das grundlegende Bekenntnis zur Menschenwürde verwirklicht.[252]

3. Betriebsautonomie als Ausübungsform kollektiver Privatautonomie im Sinne der Art. 2 Abs. 1, Art. 9 Abs. 1 GG

Eine privatrechtlich orientierte verfassungsrechtliche Grundlage für die Anerkennung der Betriebsautonomie als Verfassungsgut bietet die in Art. 2 Abs. 1 GG gewährleistete Privatautonomie in Verbindung mit der in Art. 9 Abs. 1 GG geschützten Vereinigungsfreiheit, denn die Betriebsgemeinschaft aus Arbeitgeber und Belegschaft stellt sich als besondere Rechtsgemeinschaft dar, die – privatautonom legitimiert – unter dem Schutz des Art. 9 Abs. 1 GG steht.[253]

---

verfassungsrechtlichen Gewährleistung: *Kreutz* (Grenzen, S. 25 ff.); *Biedenkopf* (in: FG für Kronenstein, S. 78 [88]): „Wirtschaftsdemokratie ist eine politische, nicht rechtliche Kategorie".

[252] Vgl. auch unten, § 5 I 2 b.

[253] Wie hier *Lambrich*, Tarif- und Betriebsautonomie, S. 182 ff.
Allein auf Art. 9 Abs. 1 GG stellt *Ramm* (JZ 1991, 1 [12]) ab.
Primär Art. 2 Abs. 1 GG heranziehend: *Ehmann*, in: FS für Zöllner, S. 715 (728 ff.); *ders.*, ZRP 1996, 314 (317); *ders.*, Neue Ordnung 1996 (Sondernummer), 5 (59); *ders.*, Diskussionsbeitrag, in: Verhandlungen des 61. DJT, Bd. II / 2, K 105 (K 110); *Ehmann/Lambrich*, NZA 1996, 346 (350 f.); *Blomeyer*, NZA 1996, 337 (338, 344 f.); *Gast*, Tarifautonomie und Normsetzung, S. 6, 11, 38; *ders.*, BB 1996, 1637 (1643); *Jahnke*, Tarifautonomie und Mitbestimmung, S. 114 ff., 203; *Reuter*, Schlußwort, in: Verhandlungen des 61. DJT, K 181 (K 182); *ders.*, in: FS für Schaub, S. 605 (625 ff.); *ders.*, RdA 1991, 193 (201); *ders.*, RdA 1994, 152 (163 f.); *ders.* ZfA 1995, 1 (57 ff.); *Lambrich*, Diskussionsbeitrag, in: Verhandlungen des 61. DJT, K 160 (K 161); *Bender*, BB 1987, 1117 (1119). Für eine grundrechtliche Verankerung der Betriebsverfassung, allerdings ohne genauere Angaben *Klebe*, in: D/K/K, § 87 Rn. 34. Vgl. auch unten Fn. 302.
Zum Teil wird daneben – gegebenenfalls i. V. m. den Landesverfassungen – auf Art. 12 Abs. 1 GG zurückgegriffen: *Kempen*, AuR 1988, 271 (272 f.); *ders.*, AuR 1986, 129 (133 f.); *ders.*, in: FS für Schaub, S. 375 (363). Mit dem Argument der mangelnden Arbeitskampffreiheit lehnt *Kempen* (RdA 1994, 140 [140, 150]) allerdings die Einordnung als Selbstbestimmungsordnung unzutreffend ab; ähnlich *Ellenbeck* (Grundrechtsfähigkeit, S. 97 ff.). Das fehlende Streikrecht auf Betriebsebene ist aber keine Frage privatautonomer Legitimation, sondern lediglich ein Gesichtspunkt zur Beurteilung der materiellen Richtigkeitsgewähr betrieblicher Vereinbarungen (dazu oben, § 2 I 3 b).
Zurückhaltend hinsichtlich der Anerkennung der verfassungsrechtlichen Verankerung: *Popp* (BB 1996, 1111 [1112]): „Weg in die Privatautonomie"; *Reichold* (Sozialprivatrecht, S. 105, 540 ff.): „Vertragsrechtsakzessorietät"; (a. a. O., S. 489): „Organisation der Freiheit auf Gegenseitigkeit". *Reichold* ordnet die Betriebsverfassung in den Kollisionsbereich zwischen der Berufsfreiheit des Arbeitgebers und der Freiheit des Arbeitnehmers ein (a. a. O., S. 486 ff., 489, 493 f.), ohne allerdings von einer verfassungsrechtlichen Gewährleistung

a) Betriebsgemeinschaft als Rechtsgemeinschaft im Sinne des Art. 9 Abs. 1 GG

Zwar zählt Art. 9 Abs. 1 GG nur den Verein und die Gesellschaft auf. Doch geht die Vereinigungsfreiheit weiter und gewährleistet jeden Zusammenschluß von Individuen als einen unverzichtbaren Teil ihrer Persönlichkeitsentfaltung. Art. 9 Abs. 1 GG enthält damit eine konstituierende Maxime der demokratischen und rechtsstaatlichen Ordnung der Verfassung: das Prinzip *freier sozialer Gruppenbildung*.[254] Die umfassende Gewährleistung der Vereinigungsfreiheit garantiert – ohne Rücksicht auf die Rechtsform – jeden Zusammenschluß, zu dem sich „eine Mehrheit natürlicher oder juristischer Personen für längere Zeit zu einem gemeinsamen Zweck freiwillig zusammengeschlossen und einer organisierten Willensbildung unterworfen hat".[255] Dabei ist die Vereinigungsfreiheit nicht auf demokratische Kommunikationsinhalte beschränkt, sondern entfaltet überdies eine wirtschaftliche Garantiewirkung und sichert so die *soziale Selbstverwaltung* und *gesellschaftliche Autonomie*.[256]

Das Ziel, soziale Selbstverwaltung zu eröffnen, liegt auch der Betriebsverfassung zugrunde. So wird in der Begründung des Regierungsentwurfs zum Betriebsverfassungsgesetz von 1952 der Betrieb definiert als „*Arbeitsverband* von Arbeitgeber und Arbeitnehmern, der mit Hilfe von Arbeitsmitteln bei räumlicher Zusammenfassung bestimmte nichthoheitliche Aufgaben fortgesetzt verfolgt"[257], und die Betriebsvereinbarung wird als „das in Selbstverwaltung ge-

---

auszugehen. *P. Hanau* (in: FS Köln, S. 183 [204]) bejaht die Erstreckung der Vertragsfreiheit auf die Betriebsautonomie jedenfalls bei der Gegenüberstellung von Betriebsvereinbarung und gesetzlicher Regelung; *Meier-Krenz* (DB 1988, 2149 [2151]) sieht die Betriebsautonomie als „kollektives Mittel zur Ausübung der Vertragsfreiheit" an.

Zumeist bleibt die Einordnung jedoch unklar: *Heinze* (DB 1996, 729 [730]) sieht einerseits die Betriebsautonomie als aus der Privatautonomie legitimiert an, andererseits bezeichnet er erstere als aliud gegenüber der Freiheit und Selbstbestimmung (a. a. O., S. 731) und lehnt deshalb die verfassungsrechtliche Gewährleistung ab (a. a. O., S. 734; *ders.*, NZA 1989, 41 [42]). *Richardi* (Betriebsverfassung und Privatautonomie, S. 12 f.; *ders.*, Kollektivgewalt, S. 124) sieht in der Mitbestimmung ein Instrumentarium der Privatautonomie und nennt als Ziel der Betriebsverfassung die Verwirklichung einer Selbstbestimmungsordnung im Bereich der abhängigen Arbeit, andererseits deklariert er die Betriebsautonomie als Fremdbestimmungsordnung mit Zwangscharakter (Kollektivgewalt, S. 313; *ders.*, Gutachten, Verhandlung des 61. DJT, Bd. I, B 27 ff., B 49). Auf den Zwangscharakter abstellend und daher ablehnend auch *Veit*, Zuständigkeit, S. 191 ff., 202; *Kallrath*, Gerichtliche Kontrolle, S. 152 ff. Vgl. auch unten Fn. 268.

[254] BVerfG AP Nr. 1 zu § 1 MitbestG.

[255] So die Legaldefinition des § 2 Abs. 1 VereinsG. Zur Übertragung dieser Begriffsbestimmung auf den verfassungsrechtlichen Vereinigungsbegriff *Hesse*, Verfassungsrecht, Rn. 410 f.; *H. Bauer*, in: Dreier (Hrsg.) GG, Art. 9 Rn. 33.

[256] *Scholz*, in: Maunz/Dürig GG, Art. 9 Rn. 10.

[257] RdA 1950, 343; vgl. auch *Herschel*, RdA 1948, 47 (49).

schaffene eigenständige soziale Recht des Betriebes" angesehen.[258] Diese tatsächliche Betriebsgemeinschaft aus Arbeitgeber und Belegschaft läßt sich auch rechtlich als eine Vereinigung im weitesten Sinne des Art. 9 Abs. 1 GG begreifen, denn mit den Arbeitsverträgen wird eine Vielzahl von Dauerschuldverhältnissen abgeschlossen, die zu einer zeitlichen wie organisatorischen – dem Verein vergleichbaren – Stabilität der Betriebsgemeinschaft führt. Letztlich ist dieses Stabilitätskriterium eines der wesentlichen Merkmale des allgemeinen Betriebsbegriffs. Wird dieser doch definiert als „organisatorische Einheit, innerhalb derer ein Unternehmer allein oder in Gemeinschaft mit seinen Mitarbeitern mit Hilfe von sachlichen und immateriellen Mitteln bestimmte arbeitstechnische Zwecke fortgesetzt verfolgt".[259] Wie diese Definition deutlich macht, ist auch die organisatorische Verselbständigung, welche ebenso Merkmal des Vereinsbegriffs ist, bei der Betriebsgemeinschaft erfüllt. Ebenso frei wie der Vereinsvorstand wird der Betriebsrat gewählt (§§ 1, 7 ff., 17 BetrVG), der wiederum frei (begrenzt durch eine etwaige Einigungsstellenentscheidung in Bereichen der erzwingbaren Mitbestimmung) mit dem Arbeitgeber Betriebsvereinbarungen abschließt.

Problematisch erscheint die Subsumtion unter das Grundrecht der Vereinsfreiheit hinsichtlich des Vorliegens eines gemeinsamen, freiheitlichen, privaten Vereinszwecks.[260] Zwar könnte dieser in der Förderung des durch die Unternehmensart vorgegebenen arbeitstechnischen Zwecks („gemeinschaftliches

---

[258] Die Sonderheit der sozialen Arbeits- und Betriebsgemeinschaft ist bereits viel früher erkannt worden. So wurde zum Ende des letzten Jahrhunderts die betriebliche Produktionsgemeinschaft als (damals allerdings noch fremdbestimmter Herrschafts-) *Verband* eingeordnet (so namentlich von *v. Gierke*, PrivatR Bd. I, S. 142 ff.; vgl. dazu auch *Nebel*, Normen, S. 3 ff.) und in steter Fortentwicklung dieses Gedankens die betriebliche Zusammenarbeit als „Gemeinschaft zur gesamten Hand" (*Sinzheimer*, Grundzüge, S. 209 ff.; zur Kontinuität dieser Entwicklung *Reichold*, Sozialprivatrecht, S. 150 ff.) angesehen. Weiter verfolgt wurde der Verbandsgedanke von *Galperin* (ArbRGegw 1964, 75 [81 ff.]), der die Belegschaft und mit ihr auch die zwischen Arbeitgeber und Belegschaft gebildete Betriebsgemeinschaft unter den Verbandsbegriff subsumiert. Vgl. zum verbandsrechtlichen Ansatz aus neuerer Zeit vor allem *Reuter*, in: FS für Schaub, S. 605 (627); RdA 1994,152 (156 ff.); *ders.*, ZfA 1993, 221 (226 ff.); *ders.*, RdA 1991, 193 (196 ff.); *Nebel*, Normen, S. 84 ff.; *Ehmann*, Diskussionsbeitrag, Verhandlungen des 61. DJT, Bd. II / 2, K 105 (K 109); ausf. *Lambrich*, Tarif- und Betriebsautonomie, S. 71 ff., 183 ff.
Den verbandsrechtlichen Ansatz ablehnend: *Richardi*, Kollektivgewalt, S. 309; *Veit*, Zuständigkeit, S. 144 ff.; *Preis*, Grundfragen, S. 17; *Wendeling-Schröder*, Referat, Verhandlungen des 61. DJT, Bd. II / 1, K 9 (K 18 f.); *Hammer*, Selbstbestimmungsfreiheit, S. 62 f.; *Wittgruber*, Abkehr, s. 53 ff., 57.

[259] BAG AP Nr. 7 zu § 1 BetrVG 1972.

[260] Einen solchen ablehnend: *Rieble*, RdA 1996, 151 (153); *Veit*, Zuständigkeit, S. 145 f., 191; *Wendeling-Schröder*, Referat, Verhandlungen des 61. DJT, Bd. II / 1, K 9 (K 18).

Produktionsinteresse"[261]) gesehen werden. Denn auch den Mitarbeitern wird stets an Erfolg und Wachstum des eigenen Unternehmens gelegen sein, weil sich das wirtschaftliche Prosperieren häufig auch für sie lohnend auszahlt, Mißerfolg durch drohende Betriebsstillegungen, Kurzarbeit oder Kündigungen jedenfalls spürbar wird. Allerdings wird die Unternehmensart allein durch den Arbeitgeber vorgegeben, so daß es an der Gemeinsamkeit der Zweckbestimmung insoweit fehlt.[262]

Damit ist aber nicht bereits der Rückgriff auf Art. 9 Abs. 1 GG verschlossen. Denn wie oben ausgeführt[263] hat die betriebliche Mitbestimmung zum Ziel, die Festlegung der betriebseinheitlich zu gestaltenden Arbeitsbedingungen zum Schutz der Arbeitnehmer statt durch einseitige Arbeitgebervorgaben durch zweiseitige Vereinbarungen zu ermöglichen. Diese notwendige Koordination der Arbeitsbedingungen erweist sich als gemeinsame Zwecksetzung der Betriebsgemeinschaft,[264] so daß auch insoweit die Voraussetzungen der Vereinigung im Sinne des Art. 9 Abs. 1 GG vorliegen. Denn trotz aller möglichen inhaltlichen Differenzen zwischen Arbeitnehmerschaft und Arbeitgeberseite besteht innerhalb der Betriebsgemeinschaft zumindest grundsätzlich das gemeinsame Interesse, den *betrieblichen Arbeitsprozeß* aufrechtzuerhalten und die hierfür erforderlichen Bestimmungen zu treffen. Zudem ist zu berücksichtigen, daß auch innerhalb eines klassischen Vereins Interessengegensätze vorliegen können, wie sich nicht zuletzt an den verschiedenen Strömungen innerhalb der (als nicht rechtsfähige Vereine organisierten) Gewerkschaften[265] zeigt. Für diese kann aber für die verfassungsrechtliche Gewährleistung neben dem spezielleren Art. 9 Abs. 3 GG[266] auch auf Art. 9 Abs. 1 GG zurückgegriffen werden.[267] Damit zeigt sich, daß eine vollständige Interessenübereinstimmung nicht zwingende Voraussetzung für den Vereinsbegriff ist, vielmehr reicht eine grundsätzliche gemeinsame Zweckverfolgung aus, wie sie bei der Betriebsgemeinschaft hinsichtlich der Organisation und Festlegung der Arbeitsbedingungen zur Aufrechterhaltung des Arbeitsprozesses vorliegt.

---

[261] *Kempen*, RdA 1994, 140 (148).

[262] Vgl. die Nachw. in Fn. 260 sowie *Nebel*, Normen, S. 89. *Wittgruber* (Abkehr, S. 62 .) stellt darauf ab, daß es sich insoweit nicht um einen gemeinsamen Zweck, sondern um ein bloßes Motiv handelt.

[263] Vgl. oben, § 2 I.

[264] *Galperin*, ArbR Gegw 1964, 75 (87); *Lambrich*, Tarif- und Betriebsautonomie, S. 188 ff.; *Nebel*, Normen, S. 89. Dagegen *Veit*, Zuständigkeit, S. 145.

[265] *Oetker*, RdA 1999, 96 ff.

[266] Vgl. dazu oben, II 2 b (1).

[267] Vgl. *Zöllner*, Rechtsnatur, S. 30 ff.; *Ehmann/Lambrich*, NZA 1996, 347 (351). *Oetker* (RdA 1999, 96 [97]) betont Art. 9 Abs. 3 GG als lex specialis, sieht aber das private Vereinsrecht als Grundrechtsausgestaltung der Koalitionsfreiheit an (a.a.O., S. 98 ff.).

Im wesentlichen wird gegen den Ansatz, die Betriebsautonomie als Ausübungsform kollektiver Privatautonomie zu verstehen, vorgebracht, daß es an der *Freiwilligkeit* des Zusammenschlusses und damit an der *privatautonomen Legitimation* fehle und sich in ihr daher *nicht* Selbstbestimmung, sondern Fremdbestimmung verwirkliche.[268] Dem kann jedoch – wie es im folgenden (insbesondere unter c) zu zeigen gilt – nicht gefolgt werden.

b) Betriebsautonomie als Bestandteil der in Art. 2 Abs. 1 GG verfassungsrechtlich gewährleisteten Privatautonomie

Die *Betriebsautonomie* erweist sich als eine kollektive Erscheinungsform der in der *allgemeinen Privatautonomie* enthaltenen *Vertragsfreiheit* und wird daher auch durch *Art. 2 Abs. 1 GG* grundrechtlich geschützt,[269] denn auch die kollektiv ausgeübte Privatautonomie bleibt Privatautonomie.[270] Zwar enthält das Grundgesetz keine ausdrückliche Sicherung der Privatautonomie, dennoch ist diese nebst der Vertragsfreiheit[271] als ihrem wesentlichen Bestandteil nach einhelliger Auffassung verfassungsrechtlich garantiert.[272] Die Betriebsautonomie

---

[268] Gegen die Freiwilligkeit des Zusammenschlusses *Richardi* (Kollektivgewalt, S. 313 f.; *ders.*, NZA 1999, 617 [621]): „korporative Zwangsordnung"; auf diese Bezeichnung verzichtete *Richardi* allerdings in seinem Gutachten zum 61 DJT. Vgl. aber dazu *Lambrich* (Diskussionsbeitrag, in: Verhandlungen des 61. DJT, Bd. II / 2, K 160 [K 162]) und die Erwiderung von *Richardi* (Diskussionsbeitrag, in: Verhandlungen des 61. DJT, Bd. II / 2, K 164). Die Freiwilligkeit der Gruppenbildung lehnen ab: *Rieble*, RdA 1996, 151 (152); *Biedenkopf*, Grenzen der Tarifautonomie, S. 296 ff., 302; *Kreutz*, Grenzen, S. 64 ff.; *ders.*, in: GK-BetrVG, § 77 Rn. 34; *Wiedemann*, in: FS für Kahn-Freund, S. 343: „gesetzliche Zwangsordnung"; *Heinze*, NZA 1991, 329 (336); *Kraft*, ZfA 1984, 67 (67 f.); *Heisig*, Arbeitsentgelt- und Arbeitszeitregelung, S. 20; *Veit*, Zuständigkeit, S. 145 f., 169 ff.; *Tech*, Günstigkeitsbeurteilung, S. 31; *Bichler*, DB 1979, 1939; *Belling*, Günstigkeitsprinzip, S. 114 f. (diff. aber *ders.*, DB 1987, 1888 [1891]: „Mitbestimmung als Schutz der Vertragsparität"); *Kempen*, RdA 1994, 140 (151); *Ellenbeck*, Grundrechtsfähigkeit, S. 76, 106, 119.

[269] Vgl. die Nachw. in Fn. 273.

[270] Vgl. *Wendeling-Schröder*, RdA 1999, 138 (140), dort allerdings auf die Tarifautonomie bezogen.

[271] „Privatautonomie" und „Vertragsfreiheit" werden zum Teil synonym verwendet (vgl. *Huber*, Vertragsfreiheit, S. 11 f.). Privatautonomie meint das allgemeine Prinzip der Selbstgestaltung der Rechtsverhältnisse durch den einzelnen nach seinem Willen (*Flume*, Rechtsgeschäft, S. 1; *Richardi*, Betriebsverfassung und Privatautonomie, S. 9), während Vertragsfreiheit nur einen Teil dieser Privatautonomie erfaßt, nämlich das Prinzip der Selbstgestaltung der Rechtsverhältnisse durch Vertrag (*Manssen*, Privatrechtsgestaltung, S. 132 m. w. Nachw.).

[272] BVerfG (AP Nr. 35 zu Art. 2 GG): „Das Prinzip der eigenen Gestaltung der Rechtsverhältnisse durch den einzelnen nach seinem Willen ist eine spezifische Ausdrucksform der allgemeinen Handlungsfreiheit." *Manssen*, Privatrechtsgestaltung, S. 130 (m. w. Nachw. dort Fn. 74); *Waltermann*, Rechtsetzung, S. 62 ff.; *Junker*, NZA 1997, 1305 (1306 m. w.

wird von dieser Gewährleistung erfaßt, weil auch sie Ausdruck der allgemeinen Handlungsfreiheit des einzelnen (sowohl des Arbeitgebers als auch des Arbeitnehmers) ist und diesem damit im Arbeitsleben die *freie Selbstbestimmung* eröffnet.

(1) Art. 12 Abs. 1 GG oder Art. 2 Abs. 1 GG

Zunächst ist darauf hinzuweisen, daß für die *arbeitsrechtliche Vertragsfreiheit auf Art. 2 Abs. 1 GG* zurückzugreifen ist,[273] diese also nicht durch die in Art. 12 Abs. 1 GG verfassungsrechtlich gewährleistete Berufsfreiheit als speziellerem Freiheitsrecht[274] verdrängt wird.[275]

Grundsätzlich kann bereits bezweifelt werden, ob die vertragliche Ausgestaltung der Arbeitsbedingungen, das heißt die Ausgestaltung des Inhalts des Arbeitsvertrages, überhaupt vom Schutzbereich des Art. 12 Abs. 1 GG mit erfaßt wird, oder ob dieser sich nicht allein auf die Abschlußfreiheit und Vertragspartnerwahl beschränkt.[276] Jedenfalls aber würde bei einem Rückgriff auf die verfassungsrechtliche Gewährleistung der Berufsfreiheit allen ausländischen, in

---

Nachw. dort Fn. 15). Diff. *Kreutz* (Grenzen, S. 116 ff.), der die verfassungsrechtliche Verankerung der Vertragsfreiheit ablehnt, lediglich die freie Selbstbestimmung auch im wirtschaftlichen und gesellschaftlichen Bereich als von Art. 2 Abs. 1 GG gewährleistet erachtet. Vertragsfreiheit könne kein Grundrecht sein, weil diese erst der gesetzlichen Ausgestaltung bedürfe. Mit derselben Argumentation könnte man aber auch die Grundrechtsqualität der Eigentumsfreiheit in Frage stellen, denn auch das Eigentum bedarf der gesetzlichen Ausgestaltung.

[273] Grundsätzlich auf Art. 2 Abs. 1 GG für den arbeitsrechtlichen Bereich stellen ab: BVerfGE 37, 1 (17 f.); 65, 196 (210); 74, 129; *Biedenkopf*, Grenzen der Tarifautonomie, S. 74 ff.; *Däubler*, AuR 1984, 1 (9); *v. Hoyningen-Huene/Meier-Krenz*, ZfA 1988, 293 (311); *Hromadka*, DB 1985, 864 (866); *Kreutz*, Grenzen, S. 116 ff.; *Huber*, Wirtschaftsverwaltungsrecht, S. 388, 661; *Belling*, Günstigkeitsprinzip, S. 70 ff. (m. w. Nachw. dort Fn. 115); kritisch zur „Zerstückelung der Vertragsfreiheit" auch *Höfling* (Vertragsfreiheit, S. 10).

[274] Vgl. BVerfG AP Nr. 65 zu Art. 12 GG; *Dürig*, in: Maunz/Dürig GG, Art. 2 Rn. 43, 53; *Gamillscheg*, Grundrechte im Arbeitsrecht, S. 58 ff.; *Richardi*, Kollektivgewalt, S. 120 f., 368; *ders.*, RdA 1983, 201 (216); *ders.*, ZfA 1974, 3 (13); *Papier*, RdA 1989, 137 (138); *Laufke* (in: FS für Lehmann, S. 145 [162 f.]), nach dessen Ansicht jedenfalls für die Gewährleistung des Grundsatzes der Abschlußfreiheit und der Freiheit der Wahl des Vertragspartners Art. 2 Abs. 1 GG durch Art. 12 Abs. 1 GG verdrängt werde.

[275] Zur Abgrenzung zwischen Art. 12 Abs. 1 und Art. 2 Abs. 1 GG: BVerfGE 37, 1 (17 f.); 74, 129 (149, 151 ff.). Zur subsidiären Anwendung des Art. 2 Abs. 1 GG: *Scholz*, AöR (100) 1975, 80 (112 f.); *Söllner*, RdA 1989, 144 (147).

[276] Von einer umfassenden grundrechtlichen Gewährleistung aller Phasen der Berufsfreiheit in Art. 12 Abs. 1 GG gehen aus: *Scholz*, Koalitionsfreiheit, S. 11: „ausschließliche Grundlage der verfassungsrechtlichen Gewährleistung des Arbeitsverhältnisses"; *ders.*, in: Maunz/Dürig GG, Art. 12 Rn. 9, 33; *Dürig*, in: Maunz/Dürig GG, Art. 2 Rn. 43; *Papier*, RdA 1989, 137 (138 f.); *Wiese*, in: FS für Kraft, S. 683 f.; *Höfling*, Vertragsfreiheit, S. 17 m. w. Nachw.

Deutschland tätigen Arbeitnehmern die Privatautonomie im arbeitsrechtlichen Bereich abgesprochen, während sie ihnen in anderen – gegebenenfalls wesentlich unwichtigeren – Bereichen aus Art. 2 Abs. 1 GG zustünde. Ein solches Ergebnis würde nicht mit den Wertungen des Grundgesetzes übereinstimmen, denn die Privatautonomie ist Ausdruck der Selbstbestimmung und damit notwendiges Korrelat der Anerkennung menschlicher Freiheit.[277] Diese ist aber nicht staatsbürgerschaftsabhängig, so daß im arbeitsrechtlichen Bereich durchaus Art. 2 Abs. 1 GG herangezogen werden kann.[278]

Auch das Bundesverfassungsgericht scheut eine Anwendung des Art. 2 Abs. 1 GG neben Art. 12 Abs. 1 GG nicht.[279] Als verfassungsrechtliche Verankerung der in der Privatautonomie geschützten Arbeitsvertragsfreiheit wird daher im folgenden auf Art. 2 Abs. 1 GG abgestellt.

(2) Privatautonomie und Rechtsordnung als Korrelat

Die *Privatautonomie* bezeichnet die rechtlich gewährte und gesicherte Möglichkeit, Rechtsbeziehungen nach *eigenem Willen* zu gestalten, *frei von heteronomer, obrigkeitlicher Reglementierung*.[280] Zu zeigen ist, daß die Betriebsautonomie – entgegen der überwiegenden Ansicht – eine solche Selbstbestimmung der Arbeitnehmer gewährleistet.

Es obliegt dem Gesetzgeber, die Modalitäten der Vertragsfreiheit auszugestalten und der Selbstbestimmung des einzelnen einen angemessenen Betätigungsraum zu eröffnen[281], das heißt die *Privatautonomie* bedarf der *objektiven Rechtsord-*

---

277 *Ramm*, JZ 1991, 1 (11); vgl. BVerfG AP Nr. 65 zu Art. 12 GG; BVerfG AP Nr. 35 zu Art. 2 GG.

278 Vgl. *Manssen*, Privatrechtsgestaltung, S. 134 m. w. Nachw. Auf die weitgehende „Ergebnisidentität" der verfassungsrechtlichen Prüfungsmaßstäbe des Art. 2 Abs. 1 und Art. 12 Abs. 1 GG weist *Söllner* (RdA 1989, 144 [148, 149]) hin.

279 Zwar bekennt sich das BVerfG in abstracto zur grundsätzlich subsidiären Anwendung des Art. 2 Abs. 1 GG gegenüber speziellen Grundrechten; in concreto, insbesondere wo bei konsequenter Anwendung des Vorranggedankens Art. 12 Abs. 1 GG anzuwenden gewesen wäre, greift es dann aber doch auf Art. 2 Abs. 1 GG als Prüfungsmaßstab zurück. Dazu *Scholz* (AöR [100] 1975, S.80 [114 f. m. w. Nachw.]; *ders.*, in: Maunz/Dürig GG, Art. 12 Rn. 114); vgl. auch BVerfGE 65, 196 (209 f.); dazu *Söllner* (RdA 1989, 144 [147]). Zum Teil werden Art. 2 Abs. 1 und Art. 12 Abs. 1 GG auch nebeneinander angewendet, vgl. BVerfG (AP Nr. 1 zu § 1 MitbestG); *Heinze* (DB 1996, 729 [731, 734]).

280 *Flume*, Rechtsgeschäft, S. 1; *Richardi*, Kollektivgewalt, S. 35 f.; *ders.*, Betriebsverfassung und Privatautonomie, S. 9; *Waltermann*, Rechtsetzung, S. 62; *Veit*, Zuständigkeit, S. 39 ff.; *Kreutz*, Grenzen, S. 123: „Privatautonomie ist privatrechtliche Ausübungsform des verfassungsrechtlich gewährleisteten Freiheitsrechts auf Selbstbestimmung."

281 BVerfG AP Nr. 35 zu Art. 2 GG.

nung als Korrelat,[282] um dem von den Vertragsparteien geäußerten Willen eine rechtliche Umsetzung, eine juristische Geltungsrelevanz zu eröffnen.[283] Ohne eine solche stünde der selbstbestimmte Wille ohne Rechtsfolge. Allein die Freiheit, beliebige Versprechen auszutauschen (sei es zwischen Käufer und Verkäufer, Arbeitgeber und Betriebsrat, Gewerkschaften und Arbeitgeberverbänden) und deren Erfüllung im Wege der Selbsthilfe zu erzwingen (Faustrecht, Schlechtarbeit, Arbeitsniederlegung), ermöglicht noch keinen Vertragsschluß, sondern lediglich die Absichtserklärung, ein bestimmtes Verhalten an den Tag zu legen. Die Vertragsfreiheit als grundrechtliche Gewährleistung hingegen verbindet die „Versprechensfreiheit" mit der staatlichen Garantie der Durchsetzung der jeweiligen Vertragsinhalte (in der Form einklagbarer Ansprüche, seien es Kaufpreis- oder Lohnforderungen). Die Vertragsfreiheit ist damit nur möglich als „normativ konstituierte Freiheit",[284] die der Handlungsfreiheit die rechtliche Anerkennung hinzufügt.[285]

Die durch Art. 2 Abs. 1 GG gewährleistete Selbstbestimmung im wirtschaftlich-gesellschaftlichen Bereich bedarf also der Ausgestaltung und Konkretisierung durch unterverfassungsrangiges Recht, das dem einzelnen im Rechtsleben einen angemessenen Betätigungsraum eröffnet. Im Bereich der Privatautonomie können die Individuen nur in denjenigen Formen rechtsgestaltend tätig werden, die ihnen als Aktstypen durch die Rechtsordnung zur Verfügung gestellt werden. Sie können also nur solche Rechtsverhältnisse gestalten, die von der Rechtsordnung anerkannt werden.[286] Auch wenn sich die Vertragspartner bei Abschluß eines schuldrechtlichen Vertrages mit der Einigung über die essentialia negotii den dispositiven und zwingenden gesetzlichen Regeln unterwerfen, für den Abschluß dinglicher Verträge vom Gesetzgeber nur bestimmte Vertragstypen zur Verfügung gestellt werden,[287] so ist damit dennoch nicht in Frage gestellt, daß diese Verträge allesamt der verfassungsrechtlichen Gewährleistung der Privatautonomie unterstehen. Ebenso ist die Vertragsfreiheit in einem verfaßten Betrieb bei Abschluß eines Arbeitsvertrages durch die unmittelbare und zwin-

---

[282] BVerfG AP Nr. 35 zu Art. 2 GG; *Flume*, Rechtsgeschäft, S. 1, 18 f.; *Höfling*, Vertragsfreiheit, S. 18 ff.; *Richardi*, Kollektivgewalt, S. 50 f.

[283] *Höfling*, Vertragsfreiheit, S. 20 ff.; *Manssen*, Privatrechtsgestaltung, S. 141 f.

[284] *Höfling*, Vertragsfreiheit, S. 22; vgl. auch *Flume*, in: 100 Jahre deutsches Rechtsleben, S. 135 (136); *ders.*, Rechtsgeschäft, S. 18; *Laufke*, in: FS für Lehmann, S. 145 (180 f.); *Larenz*, BGB AT, S. 41, 141 f.

[285] Das *rechtliche Dürfen*, das heißt die Freiheit, Versprechen abzugeben, wird durch die Rechtsordnung um das *rechtliche Können*, das heißt die Fähigkeit staatliche Anerkennung und Tätigkeit zu fordern, erweitert. Vgl. zur Unterscheidung zwischen Dürfen und Können *Jellinek* (System, S. 46 f.): das rechtliche Können fügt der „Handlungsfähigkeit des Individuums etwas hinzu ..., was es von Natur aus nicht besitzt ..."

[286] *Kreutz*, Grenzen, S. 58; *Waltermann*, Rechtsetzung, S. 64.

[287] Zum Typenzwang im Sachenrecht *Baur/Stürner* (Sachenrecht, S. 3).

gende Wirkung der Betriebsvereinbarung gesetzlich ausgestaltet und durch das Betriebsverfassungsgesetz konkretisiert.[288]

Daß der Gesetzgeber in *§ 77 Abs. 4 BetrVG* die Betriebsvereinbarung als wesentliches Gestaltungsmittel der Betriebsverfassung mit *unmittelbarer* und *zwingender Wirkung* ausgestattet hat, hindert somit die Annahme ihrer Legitimation durch die eigenverantwortliche Selbstbestimmung des einzelnen im Betrieb nicht: Auch die Tarifautonomie wird trotz der gesetzlichen Anordnung der normativen Wirkung der Tarifverträge (§ 4 Abs. 1 TVG) als Ausfluß der Privatautonomie anerkannt.[289] Wenn aber die Idealvorstellungen der Privatautonomie bei der Anerkennung der Tarifautonomie zum Zwecke des mit dem arbeitsrechtlichen Kollektivvertrages verfolgten Arbeitnehmerschutzes relativiert werden,[290] kann für die Betriebsautonomie nichts anderes gelten.[291] Die unmittelbare und zwingende Wirkung der Betriebsvereinbarung hindert also nicht, in der Privatautonomie die verfassungsrechtliche Grundlage der Betriebsautonomie anzuerkennen.[292] Voraussetzung ist aber, daß letztere auf die willensmäßige Beteiligung der Betroffenen zurückzuführen ist. Für den Arbeitgeber, der selbst mit dem Betriebsrat verhandelt und Partei der Betriebsvereinbarung ist, trifft dies – jedenfalls hinsichtlich der freiwilligen Mitbestimmung – unproblematisch zu.[293]

---

[288] *Gast* (Arbeitsrecht als Vertragsrecht, S. 90 ff.) sieht darin die Verwirklichung der vertraglichen Bestimmtheit des Arbeitsvertrages, der als Individualvertrag nicht alle Arbeitsbedingungen festlegen kann.

[289] Vgl. *Zöllner*, Rechtsnatur der Tarifnormen, S. 29 ff.

[290] Wer allerdings kollektives rechtsgeschäftliches Handeln wegen des Normativcharakters grundsätzlich nicht der Kategorie „Vertragsfreiheit" zurechnen will, das heißt auch beim Tarifvertrag die Zuordnung als Akt der Privatautonomie ablehnt (so *Flume*, in: 100 Jahre deutsches Rechtsleben, S. 135 [143]), der wird auch konsequenterweise die Betriebsvereinbarung nicht dem Grundsatz der Vertragsfreiheit unterstellen. Unhaltbar ist aber die weitverbreitete Einschätzung, der Betriebsvereinbarung wegen ihrer normativen Wirkung die privatautonome Gestaltung abzusprechen, den Tarifvertrag aber trotz normativer Wirkung problemlos der Vertragsfreiheit zuzuordnen.

[291] *Ehmann/Lambrich*, NZA 1996, 346 (351).

[292] Für die Einordnung der Betriebsautonomie als selbstbestimmte Interessenwahrnehmung der Arbeitnehmer spricht auch die Tatsache, daß von der überwiegenden Ansicht zutreffend die Belegschaft des Betriebs als Partner des Arbeitgebers beim Abschluß der Betriebsvereinbarung angesehen wird: *Dietz/Richardi*, BetrVG § 77 Rn. 22 i. V. m. § 1 Rn. 2 (anders aber *Richardi*, BetrVG, § 77 rn. 31); *Galperin/Löwisch*, BetrVG § 77 Rn. 9; Hueck/Nipperdey-*Säcker*, ArbR Bd. II / 2, S. 1257; *Strasser*, Betriebsvereinbarung, S. 111, 117 ff.; *Jacobi*, Grundlehren, S. 286 ff., 296 f. (zum BRG 1920). Ablehnend: *Kreutz*, Grenzen, S. 18 ff., 29 f., 39 f.; *ders.*, in: GK-BetrVG, § 77 Rn. 34; *Veit*, Zuständigkeit, S. 126 ff., 130, 132.

[293] *Waltermann*, Rechtsetzung, S. 85 f.; *Richardi*, Kollektivgewalt, S. 320; *Jahnke*, Tarifautonomie und Mitbestimmung, S. 108.

Aber auch die privatautonome Gestaltung der Arbeitnehmer ist in der Betriebsautonomie verwirklicht.

c) Privatautonome Legitimation

Da nicht alle Arbeitnehmer eines Betriebes bei jeder Betriebsvereinbarung an den Verhandlungen teilnehmen, sondern ihre Interessen durch den Betriebsrat wahrgenommen werden, bestimmen sie nicht selbst den Inhalt der getroffenen Regelung, die aber wegen § 77 Abs. 4 BetrVG für sie Wirkung entfaltet. Diese „Fremdwirkung“ der Vereinbarung ist vergleichbar mit den Mehrheitsbeschlüssen im Verbandsrecht.[294] Wesentlicher Ansatzpunkt für die Einordnung der Betriebsautonomie als Selbstbestimmung und ihre verfassungsrechtliche Gewährleistung als kollektive Ausübungsform der Privatautonomie (Art. 2 Abs. 1, Art. 9 Abs. 1 GG) ist damit die Frage nach dem Vorliegen einer *privatautonomen Unterwerfung der Arbeitnehmer*[295] unter die Gestaltungsbefugnis der Betriebspartner. Anerkannt ist, daß hierfür bereits die Legitimation einer Seite, also des Betriebsrats, ausreicht.[296]

(1) Betriebsratswahl

Zum Teil wird die Betriebsratswahl als ein solcher Akt privatautonomer Legitimation akzeptiert.[297] Die Wahl kann in der Tat den Willen der Arbeitnehmer gebündelt mit den Vorstellungen anderer auf die Ebene der Repräsentanten heben, sie kann jedoch nicht als individualrechtliche Anerkennung der durch die Betriebspartner getroffenen Vereinbarungen gedeutet werden.[298]

Die Belegschaftsmitglieder können zwar schon im Vorfeld der Wahlen durch Einreichen und Unterstützen von Wahlvorschlägen und währenddessen durch

---

[294] Zum verbandsrechtlichen Ansatz vgl. oben Fn. 258.

[295] Zur privatautonomen Unterwerfung unter die Regelungen Dritter als Ausübung der Selbstbestimmung: *Richardi*, Kollektivgewalt, S. 123 f.; *Waltermann*, Rechtsetzung, S. 88. Beide lehnen allerdings die privatautonome Unterwerfung unter die Betriebsautonomie ab.

[296] *Kreutz*, Grenzen, S. 60, 67: „Die rechtsgeschäftliche Unterwerfung wird damit als privatautonomer Geltungsgrund fremdwirkender Rechtsgeschäfte deutlich.“ Diff. *Lambrich*, Tarif- und Betriebsautonomie, S. 209 ff.

[297] *Jahnke*, Tarifautonomie und Mitbestimmung, S. 104 ff., 110 f.; *Gast*, Arbeitsrecht als Vertragsrecht, S. 75 ff.; *ders.*, Tarifautonomie und Normsetzung, S. 6 f.; *P. Hanau*, JZ 1969, 642 (643); *Säcker*, Gruppenautonomie, S. 344; *ders.*, ZfA Sonderheft 1972, 41 (50); *Eickelberg*, Betriebsvereinbarungen über Arbeitsentgelt, S. 13 (dort Fn. 2).

[298] Ebenso *Kreutz*, Grenzen, S. 66 ff.; *Richardi*, Kollektivgewalt, S. 317; *Reichold*, Sozialprivatrecht, S. 539; *Waltermann*, Rechtsetzung, S. 91 ff.; *Veit*, Zuständigkeit, S. 185 ff.; *K. Molitor*, in: FS für Schaub, S. 487 (490); *Käppler*, in: FS für Kissel, S. 475 (480); *Nebel*, Normen, S. 119; *Biberacher*, Rechtsetzungsmacht, S. 18 f.; *Staschik*, Betriebsvereinbarung, S. 13 f.; *H. Hanau*, Individualautonomie und Mitbestimmung, S. 61 f.; *Lambrich*, Tarif- und Betriebsautonomie, S. 203 ff.

das Ausüben des aktiven Wahlrechts auf die Zusammensetzung des Betriebsrats Einfluß nehmen. Damit ist eine *privatrechtliche* Unterwerfung aber noch nicht erfolgt. Der Arbeitnehmer gibt mit der Wahl *nicht selbstbestimmt* seine Entscheidung in von ihm ausgewählte Hände, denn durch die abgeschlossenen Betriebsvereinbarungen werden auch diejenigen gebunden, die überstimmt wurden oder nicht an der Wahl teilgenommen haben, ebenso jene, die erst nachträglich in den Betrieb eingetreten sind, oder denen ein aktives Wahlrecht (§ 17 BetrVG) nicht zusteht.

Auch wenn man die Selbstbestimmung in kollektiven Angelegenheiten als insofern beschränkt ansieht, daß der einzelne nur *mit*zubestimmen hat, seine Entscheidungs- und Durchsetzungschancen also entsprechend der Beteiligtenzahlen zu relativieren sind, um bei mitwirkungszuständigen Personenmehrheiten die unterschiedlichen Individualinteressen zu einem Ergebnis zusammenzuführen, so kann dies nicht darüber hinweghelfen, daß das Wahlergebnis lediglich eine Kollektiventscheidung darstellt,[299] deren bindende Wirkung eine *individualrechtliche Anerkennung* voraussetzt.

Die Betriebsratswahl führt zu einer *demokratischen Legitimation* der gewählten Betriebsratsmitglieder.[300] Sie gibt dem Handeln der Betriebsräte die notwendige binnendemokratische Anbindung an den Belegschaftswillen[301] und gewährleistet die Schaffung einer handlungsfähigen Organisation der internen Willensbildung. Erforderlich ist allerdings weiterhin eine *den Wahlen vorausgehende privatautonome Anerkennung* auch des Ergebnisses der demokratischen Legitimation.

(2) Abschluß des Arbeitsvertrages und Eintritt in die Betriebsgemeinschaft

Ihre privatautonome Legitimation erhält die Betriebsautonomie durch den *freiwilligen Eintritt* der Arbeitnehmer in die Betriebsgemeinschaft.[302] Zweifelsohne

---

[299] Daß Einstimmigkeit schon aus Praktikabilitätsgründen nicht gefordert werden kann, leuchtet ein, denn damit würde die Betriebsratswahl derart erschwert, daß das Ziel, einen Betriebsrat zu konstituieren, kaum zu erreichen wäre. Vgl. *Gast*, Arbeitsrecht als Vertragsrecht, S. 77; *Kreutz*, Grenzen, S. 70: Wahl- und Mehrheitsprinzip als rechtstechnische Mittel, divergierende Individualinteressen in Einklang zu bringen.

[300] *Richardi*, Betriebsverfassung und Privatautonomie, S. 9; *Veit*, Zuständigkeit, S. 188; *Kallrath*, Gerichtliche Kontrolle, S. 160. Kritisch zur demokratischen Legitimation des Betriebsrats *Papier*, RdA 1989, 137 (142); ablehnend *Gragert*, Flexibilisierung von Tarifverträgen, S. 48.

[301] *Waltermann*, Rechtsetzung, S. 92.

[302] *Ehmann*, ZRP 1996, 314 (319); *ders.*, Neue Ordnung 1996 (Sondernummer), 5 (59); *Ehmann/Lambrich*, NZA 1996, 346 (351); *Lambrich*, Tarif- und Betriebsautonomie, S. 206 ff.; *Reuter*, RdA 1991, 193; *ders.*, RdA 1994, 152 (157 f.); *ders.*, ZfA 1993, 221 (233); *Nebel*, Normen, S. 118 ff., 124 ff.; *Meyer-Cording*, Rechtsnorm, S. 90, 101 ff. Ebenso *Gast* (Arbeitsrecht als Vertragsrecht, S. 82 f.); *Jahnke* (Tarifautonomie und Mitbestimmung,

sieht sich ein solcher Begründungsansatz der Kritik ausgesetzt, daß in einem verfaßten Betrieb Arbeitsverhältnis und Betriebsverfassung nicht trennbar seien.[303] Damit aber sogleich die Privatautonomie als Grundlage der Betriebsautonomie abzulehnen, würde über das Ziel hinausschießen. Vielmehr ist im arbeitsteiligen Produktionsprozeß die Idealvorstellung der privatautonomen Legitimation in Anbetracht des multipersonalen Bezugs des Einzelarbeitsvertrags und der Zwecksetzung kollektivvertraglicher Vereinbarungen zu relativieren,[304] denn Art. 2 Abs. 1 GG gewährleistet die freie Selbstbestimmung des einzelnen gerade auch dort, wo er „als ein in der Gemeinschaft lebender Bürger in Kommunikation mit anderen tritt, durch sein Sein oder Verhalten auf andere einwirkt

---

S. 110 f.) und *Hönn* (Kompensation gestörter Vertragsparität, S. 212 f.), die allerdings auch die Betriebsratswahl in die privatautonome Unterwerfung mit einbeziehen; ähnlich *Strasser*, Betriebsvereinbarung, S. 113. Wegen des „freien Eintritts in den Betrieb und in die Belegschaft“ wird die Einordnung als Zwangsverband auch abgelehnt von Hueck/Nipperdey-*Säcker*, ArbR Bd. III / 2, S. 1090; vgl. auch *Ramm*, JZ 1991, 1 (12).
Dagegen: *Canaris*, AuR 1966, 129 (139); *Richardi*, Kollektivgewalt, S. 313 f. (unklar aber: a. a. O., S. 319; *ders.*, Betriebsverfassung und Privatautonomie, S. 12, 15, 46); *ders.*, NZA 1999, 617 (621); *Dietz/Richardi*, BetrVG, § 77 Rn. 50 f.; *Reichold*, Sozialprivatrecht, S. 541; *ders.*, RdA 1995, 147 (152 f.); *Waltermann*, Rechtsetzung, S. 89 ff., 98; *Rieble*, Arbeitsmarkt und Wettbewerb, Rn. 1411; *Biedenkopf*, Grenzen der Tarifautonomie, S. 296 f.; *Säcker* (Gruppenautonomie, S. 344 ; *ders.*, ZfA Sonderheft 1972, 41 [50]), der allerdings in der Betriebsratswahl die autonome Selbstbestimmung der Arbeitnehmer gewährleistet sieht; *Wendeling-Schröder*, Referat, Verhandlungen des 61. DJT, Bd. II / 1, K 9 (K 18); *Käppler*, in: FS für Kissel, S. 475 (480 dort Fn. 24); *K. Molitor*, in: FS für Schaub, S. 487 (489 f.); *Kempen*, RdA 1994, 140 (151); *Staschik*, Betriebsvereinbarung, S. 10 ff.; *H. Hanau*, Individualautonomie und Mitbestimmung, S. 60; *Gragert*, Flexibilisierung von Tarifverträgen, S. 48; *Wittgruber*, Abkehr, S. 75; *Belling* (Günstigkeitsprinzip, S. 114), der die Normunterwerfung nur als Nebenfolge der Betriebszugehörigkeit ansieht; ebenso *Biberacher*, Rechtsetzungsmacht, S. 17 f.; ausführlich *Kreutz*, Grenzen, S. 64 ff.
Zur rechtsgeschäftlichen Natur der Geltung von Vereinsbeschlüssen und -satzungen aufgrund der Unterwerfung der Mitglieder *Bötticher*, Gestaltungsrecht, S. 28 ff.

303 Statt vieler *Veit*, Zuständigkeit, S. 169.

304 Zur Relativierung der Selbstbestimmungsdefinition in Anbetracht des multipersonalen Charakters des Arbeitsverhältnisses *Gast*, Arbeitsrecht als Vertragsrecht, S. 60 f.; *ders.*, Arbeitsvertrag und Direktion, S. 335 ff.; *Richardi*, Betriebsverfassung und Privatautonomie, S. 12, 15. Für die Einordnung des Arbeitsvertrages als *Zweckkontrakt* plädiert *Reichold* (Sozialprivatrecht, S. 542 f.). Auch *Höfling* (Vertragsfreiheit, S. 30) mahnt eine Mannigfaltigkeit des Vertragsgedankens an, um der Funktion des Vertrages in der gegenwärtigen Gesellschaft gerecht werden zu können. Vgl. *H. Hanau* (Individualautonomie und Mitbestimmung, S. 78 ff., 101), der zu dem Schluß kommt, daß die Individualautonomie begrenzt leistungsfähig ist, die bilateralen Interessen zwischen Arbeitnehmer und Arbeitgeber und die horizontalen Interessen in der Belegschaft zu verwirklichen.

und dadurch die persönliche Sphäre von Mitmenschen ..." berührt.[305] Unter diesen Bedingungen müssen zwangsläufig aber auch die Anforderungen an sein selbstbestimmtes Handeln den Besonderheiten der betreffenden Gemeinschaft angepaßt sein.

Arbeitsteilige Produktion erfordert – wie gesehen[306] – die Koordination der Arbeitsleistungen,[307] welche mit dem Einzelvertrag aus *rechtlichen* (Stichwort: Direktionsrecht) oder *tatsächlichen* (Stichwort: vertragliche Einheitsregelung) Gründen nur bedingt verwirklicht werden kann.[308] Der Arbeitsvertrag, dessen Vertragsinhalt grundsätzlich *alle* Arbeitsbedingungen sind, muß daher letztlich lediglich die *Koordinationsmöglichkeiten* eröffnen.[309] Vertragsgegenstand ist damit die Festlegung der Rahmenbedingungen, die eine Berücksichtigung der Betriebsorganisation und des Arbeitsablaufs ermöglichen.[310] Ohne Betriebsverfassung muß der Arbeitnehmer mit dem Eintritt in den Betrieb die einseitige Betriebsgestaltung und Koordination durch den Arbeitgeber hinnehmen,[311] ohne daß deshalb die Selbstbestimmung des Arbeitnehmers beim Vertragsschluß in Frage gestellt wird. Die Betriebsverfassung hingegen ist eine arbeitnehmerfreundlichere Alternative zur einseitigen Koordination, indem sie (mittelbar) seine Partizipation ermöglicht.[312] Die Interessen der Arbeitnehmer finden in der

---

[305] BVerfGE 35, 220. Zur Freiheit durch Geselligkeit vgl. den so betitelten Aufsatz von *Suhr* (EuGRZ 1984, 529 ff.), der auf den Paradigmenwechsel der Freiheit hinweist und die gemeinschaftliche Grundrechtsausübung betont.

[306] Vgl. oben, § 2 I 1, 2.

[307] Vgl. *Reuter* (ZfA 1975, 85 [86 f.]; *ders.*, ZfA 1993, 221 [229]; *ders.*, in: FS für Schaub, S. 605 [625 ff.]): Die Regelung der Arbeitsbedingungen wird zwangsläufig zur „multilateralen Interessenabstimmung".

[308] Vgl. *Zöllner*, AcP (176) 1976, 221 (231): „An dieser instrumentellen Überforderung zeigt sich die im Grunde längst bekannte ... Tatsache, daß die Zurückdrängung des individuell ausgehandelten Einzelvertrags durch Instrumente, die in der Wirkung kollektiv sind, ein sachlich notwendiger Prozeß ist, der primär nichts mit der Frage zu tun hat, ob der eine Vertragspartner wirtschaftlich mächtiger ist als der andere." Nach *Gast* (Arbeitsrecht als Vertragsrecht, S. 50 f.) kann die Arbeitsvertragsfreiheit schon faktisch nicht die individuelle Ausübung voraussetzen, vielmehr sei eine Addition der einzelnen individuellen Vertragszuständigkeiten erforderlich; vgl. *ders.*, Tarifautonomie und Normsetzung, S. 8 f.; *ders.*, BB 1990, 1637 (1639); *Popp*, BB 1996, 1111 (1112).

[309] Vgl. *Gast*, Arbeitsvertrag und Direktion, S. 348 ff.

[310] Ausführlich *Reuter*, in: FS für Schaub, S. 605 (625 ff.); vgl. *Zöllner*, AcP (176) 1976, 221 (227 f.); abweichend *Birk* (Leitungsmacht, S. 59 f., 64, 103), der den Arbeitsvertrag als blanke „Eintrittskarte in den Betrieb" und die dort bestehende Ordnung einstuft und ihn ansonsten für „inhaltsleer" hält.

[311] Vgl. oben § 2 I 1, 2.

[312] Vgl. *Reuter*, in: FS für Schaub, S. 605 (626); *ders.*, ZfA 1975, 85 (88 f.); *Richardi*, Betriebsverfassung und Privatautonomie, S. 27; insoweit übereinstimmend *Waltermann*, Rechtsetzung, S. 83 f.

Betriebsautonomie die sachgerechte Ausdrucksform für die typischerweise nicht mehr isolierbaren Arbeitsbedingungen.[313] Arbeitgeber und Betriebsrat legen vertraglich fest, wie die Arbeitsbedingungen im Betrieb gestaltet werden, koordinieren vertraglich die Zusammenarbeit der Arbeitnehmer, so daß die einseitige Gestaltung durch den Arbeitgeber ersetzt wird durch einvernehmliche Einigung der Betriebspartner.

Tritt ein Arbeitnehmer in einen verfaßten Betrieb ein, akzeptiert er damit konkludent die Anwendung der bereits abgeschlossenen und noch abzuschließenden Betriebsvereinbarungen auf sein Arbeitsverhältnis.[314] Nicht nur, daß er sich deren Geltung entsprechend einer laienhaften Parallelwertung bewußt ist,[315] sie stimmt auch mit seinem positiv im Vertrag zum Ausdruck gekommenen, selbstbestimmten Willen überein,[316] denn die Betriebsautonomie dient gerade dem Schutz jedes einzelnen Arbeitnehmers als Mitglied der Belegschaft.[317] Mit dem Vertragsabschluß einigen sich die Vertragsparteien auf die Betriebsautonomie als Verfahren zur Entscheidungsfindung und Vertragsausgestaltung unter Berücksichtigung der gegenseitigen Bedingtheit der Arbeitsbedingungen innerhalb eines Betriebes.

Die Wirkung der Betriebsvereinbarung nach § 77 Abs. 4 BetrVG steht dieser Einschätzung nicht entgegen, denn diese ist – wie bereits oben ausgeführt – der vom Gesetzgeber gewählte Weg, um (wie § 4 Abs. 1 TVG) den Schutz durch Kollektivvertrag zu gewährleisten.[318] Mit der Einflußnahme der Belegschaftsrepräsentanten auf die Willensbildung ist der Arbeitnehmer nicht mehr Empfänger der „herrschaftlichen Dispositionen“, sondern in der Betriebsverfassung verwirklicht sich die selbstbestimmte Befriedigung seiner Bedürfnisse und die Koordination der (formellen wie materiellen) Arbeitsbedingungen in der Form „*kollektiver* Privatautonomie“[319]. Innerhalb der normativen Wirkung gewährleistet die Geltung des Günstigkeitsprinzips darüber hinaus die weitestgehende Möglichkeit zur *individuellen* Selbstbestimmung.[320]

---

[313] *Reuter*, in: FS für Schaub, S. 605 (626 ff.); *Dieterich* AuR 1997, 1 (4); *Senne*, BB 1996, 1609 (1611 f.). Dagegen *Veit*, Zuständigkeit, S. 174 ff.

[314] Hueck/Nipperdey-*Säcker*, ArbR Bd. II / 2, S. 1090; *Nikisch*, ArbR Bd. III, S. 275; *Ehmann/ Lambrich*, NZA 1996, 347 (351).

[315] Insoweit übereinstimmend *Kreutz*, Grenzen, S. 65.

[316] Vgl. *Nebel*, Normen, S. 126 ff.; *Bötticher*, Gestaltungsrecht, S. 28 ff.

[317] Vgl. dazu oben, § 2 I 3.

[318] Vgl. *Säcker*, ZfA Sonderheft 1972, 41 (53).

[319] *Söllner*, RdA 1989, 144 (149); *Papier*, RdA 1989, 137 (141), die allerdings nicht den Schluß ziehen, daß damit auch die Betriebsautonomie durch Art. 2 Abs. 1, Art. 9 Abs. 1 GG verfassungsrechtlich gewährleistet ist.

[320] Dazu unten, § 5 II 3.

Auch der – faktisch eher unwahrscheinliche – Fall der kategorischen Ablehnung der Betriebsverfassung durch den bzw. die Arbeitnehmer hindert die dargelegte Einordnung nicht.[321] Zum einen liegt es in ihren Händen, Betriebsratswahlen durchzuführen und einen Betriebsrat zu bilden, § 17 BetrVG.[322] Zum anderen ist der Arbeitnehmer, der ohne *rechtlichen* Zwang in den Betrieb eingetreten ist, ebenso frei, diesen auch wieder zu verlassen, wenn die Betriebsautonomie nicht von seinem Willen gedeckt ist.[323] Diese rechtliche Freiheit der Arbeitsplatzwahl (Art. 12 Abs. 1 GG) findet ihre *tatsächlichen* Grenzen in den realen Einstellungschancen auf dem Arbeitsmarkt, die bei steigender Arbeitslosigkeit sinken. Ökonomische Mangelsituationen rechtfertigen aber nicht die rechtliche Einordnung „unfrei".[324] Das heißt die *faktischen* Auswirkungen der Arbeitsmarktlage führen nicht dazu, die *rechtliche* Einordnung der Betriebsautonomie zu bestimmen.[325]

(3) Rückkopplung an den Belegschaftswillen

Mit dem Eintritt in die Betriebsgemeinschaft ist die Selbstbestimmung der Arbeitnehmer nicht zur Gänze auf den Betriebsrat übertragen. Abgesehen von der Möglichkeit, abweichende, günstigere Individualvereinbarungen zu treffen,[326] bleibt auch das Agieren des Betriebsrats auf die Arbeitnehmer rückführbar, so

---

[321] *Kreutz* (Grenzen, S. 65 f.) lehnt die Unterwerfung durch Betriebseintritt ab, da die Betriebsvereinbarung unabhängig vom – sogar gegen den – Unterwerfungswillen des Arbeitnehmers Geltung erlange. Geltungsgrund sei § 77 Abs. 4 BetrVG, nicht der Unterwerfungswille. Mit dieser Argumentation verkennt *Kreutz* allerdings nicht nur die zuvor von ihm selbst aufgestellte Prämisse der Ausgestaltung der Privatautonomie durch die Rechtsordnung, die im Betriebsverfassungsrecht zur unmittelbaren und zwingenden Wirkung des Aktstypus Betriebsvereinbarung geführt hat. Darüber hinaus läßt *Kreutz* die Zwecksetzung der Betriebsautonomie außer Acht, die durch die unmittelbare und zwingende Wirkung (eingeschränkt durch die Geltung des Günstigkeitsprinzips) verwirklicht wird.

[322] Vgl. *Reichold*, Sozialprivatrecht, S. 452; dazu auch *Galperin*, ArbRGegw 1963, 75 (83). Die Arbeitnehmer können dabei auch die Hilfe der Gewerkschaften hinzuziehen.

[323] Verbleibt der Arbeitnehmer allerdings trotz der Ablehnung der Betriebsverfassung bzw. der konkreten Betriebsvereinbarung im Betrieb, so gelten die Regelungen trotz seines Protestes – „protestatio facto contraria non valet" gilt auch im Bereich der Betriebsverfassung; vgl. *Nebel*, Normen, S. 131.

[324] Dazu *Alexy*, Grundrechte, S. 200 (dort Fn. 125). *Veit* (Zuständigkeit, S. 170) räumt dies nur für die Tarifautonomie ein: „... der faktische Zwang zur Gewerkschaftsbildung (verändert) nicht die Freiwilligkeit des Beitritts zu dieser Gewerkschaft."
Unzutreffend ist vor allem der Hinweis von *Kreutz* (Grenzen, S. 66), daß die Argumentation an die Unterwerfung erinnere, die jeder Staatsbürger dadurch zum Ausdruck bringe, daß er nicht auswandere. Vgl. dazu die Kritik von *Ehmann/Lambrich*, NZA 1996, 346 (351 dort Fn. 52); ausführlich *Nebel*, Normen, S. 136 (dort Fn. 369).

[325] Ebenso *Ehmann*, in: FS für Zöllner, S. 715 (729 f.); *Lambrich*, Tarif- und Betriebsautonomie, S. 218 ff.

[326] Dazu unten, § 5 II 3.

daß der einzelne im Prinzip seine Interessen in den kollektiven Regelungen wiedererkennen kann, zumal die Mitglieder des Betriebsrats als Betriebsangehörige nicht fremde Angelegenheiten regeln, sondern (auch) eigene. Zwar ist die Rückbindung an die Interessen der Arbeitnehmer nur lückenhaft,[327] doch auch diese bedeutet gerade für jene Arbeitnehmer, die keiner Gewerkschaft angehören oder deren Arbeitgeber nicht tarifgebunden ist, ein Stück vertragsrechtliche Handlungsorganisation.[328]

Eine *mittelbare* Bindung an den Belegschaftswillen ergibt sich aus der Abhängigkeit der (Wieder-)Wahl jedes einzelnen Betriebsratsmitgliedes von einer angemessenen Interessenvertretung. Danach ist der gewählte Betriebsrat in der vierteljährlich stattfindenden Betriebsversammlung zur Erstattung von Tätigkeitsberichten verpflichtet. Die Betriebsversammlung stellt zwar kein Entscheidungsgremium dar, sondern ist lediglich ein Forum der Meinungsbildung; der Betriebsrat erhält hier aber Resonanz auf sein Handeln, auch ohne daß die Beschlüsse bindende Wirkung haben, §§ 42 ff. BetrVG. Zudem legt § 2 Abs. 1 BetrVG mit verbindlicher Rechtssatzqualität die vertrauensvolle Zusammenarbeit von Arbeitgeber und Betriebsrat „zum Wohle der Arbeitnehmer" fest. Mit dem Gesetz ist von der Interessenübereinstimmung zwischen Betriebsrat und der von ihm repräsentierten Arbeitnehmerschaft auszugehen.[329]

Daß eine unmittelbare Bindung an den Willen der Belegschaftsmitglieder fehlt, entspricht zwar nicht dem Idealbild der Bevollmächtigung entsprechend den zivilrechtlichen Grundsätzen der Stellvertretung. Die nur mittelbare Anbindung versetzt den Betriebsrat aber jedenfalls in die Lage, die verfolgten Ziele mit Geschick und Verhandlungsspielraum durchzusetzen und auf neue Anforderungen zu reagieren. Zum anderen wird gewährleistet, daß er sich nicht über die Arbeitnehmerschaft erhebt, sondern dieser Rede und Antwort stehen muß.[330]

---

[327] Diese Rückkopplung entspricht also nicht dem Idealtypus der zivilrechtlichen Vollmachtserteilung, ebensowenig wie der Arbeitsvertrag in einer arbeitsteiligen Gesellschaft hinsichtlich aller Arbeitsbedingungen dem Idealbild der Selbstbestimmung entspricht, sondern in nicht verfaßten Betrieben die nähere Ausgestaltung durch den Arbeitgeber hinnehmen muß, während die Ausgestaltung im verfaßten Betrieb dem Arbeitgeber in Zusammenarbeit mit dem Betriebsrat übertragen ist.

[328] Vgl. *Gast*, Arbeitsrecht als Vertragsrecht, S. 60 f., 108.

[329] So auch Hueck/Nipperdey-*Säcker*, ArbR Bd. III / 2, S. 1336 f.; *Nikisch*, ArbR Bd. III, S. 230; *Richardi*, BetrVG, § 2 Rn. 6; *Kreutz*, Grenzen, S. 236; Arbeitsgericht Marburg, NZA 1996, 1331.

[330] Vgl. *Küchenhoff*, DB 1963, 765 (768). Eine insgesamt positive Einschätzung der wirkungsvollen Repräsentanz der Arbeitnehmerinteressen gibt *Popp*, BB 1996, 1111 f.

(4) Die Freiheitsnähe

Als bevorzugtes Argument gegen die Anerkennung der Betriebsautonomie als Ausübungsform der (kollektiven) Privatautonomie wird immer wieder vorgebracht, die Tarifautonomie stünde der Freiheit *näher* als die Betriebsautonomie.[331] Unser marktwirtschaftliches, auf der Privatautonomie beruhendes System setzt voraus, daß die Teilnehmer am Marktgeschehen jedenfalls so weit frei und unabhängig voneinander sind, daß sie ihre Entschlüsse in einer Weise treffen können, die man als autonom bezeichnen kann.[332] Ein „der Freiheit näher" oder ferner gibt es nicht, sondern es kommt darauf an, ob Selbstbestimmung vorliegt oder nicht. Daß die Betriebsautonomie Ausdruck der Selbstbestimmung der Arbeitnehmer ist, wurde bereits gezeigt. Möchte man sich trotzdem auf die (unnötige) Diskussion einlassen, welches kollektivvertragliche System – Tarifautonomie oder Betriebsautonomie – der Freiheit „näher" ist, sollte dabei die emotionale Bedeutungskomponente des Wortes Freiheit berücksichtigt werden. Mit der Bezeichnung „frei" wird nicht beschrieben, sondern eine positive Bewertung zum Ausdruck gebracht, durch die Zustimmung gewonnen werden soll.[333] Mit der Einordnung der Tarifautonomie als der „Freiheit näher" soll die Prämisse der Überlegenheit des Tarifvertrages bestätigt und auf diese Weise letztlich die Monopolstellung der Tarifvertragsparteien verteidigt werden.

Um die Vorrangstellung der Tarifautonomie in Frage zu stellen, genügt es daher nicht, die Gleichrangigkeit der Tarifautonomie und der Betriebsautonomie nachzuweisen (wie dies in sachlicher und verfassungsrechtlicher Hinsicht bereits erfolgt ist), sondern erforderlich ist das *Erschüttern der Prämisse der „Freiheitsnähe"*.[334]

Zwei Gesichtspunkte werden als Argumente angeführt: Zum einen wird der Tarifvertrag als frei ausgehandelter Vertrag akzeptiert, während bei der Betriebsvereinbarung auf die Arbeitnehmerstellung der Betriebsratsmitglieder und die „Zwangsmitgliedschaft" der Arbeitnehmer verwiesen wird. Zum anderen wird angeführt, daß sich – anders als bei der Betriebsverfassung – Koalitionsmitgliedschaft und Arbeitsvertragsabschluß trennen ließen. Beide Aspekte vermögen allerdings nicht zu überzeugen.

Zu bezweifeln ist schon das *freie Aushandeln* der Tarifverträge. Grundprinzip des Tarifvertragssystems ist die *Konfrontation* und die Lösung des Interessen-

---

[331] *Richardi*, Betriebsverfassung und Privatautonomie, S. 13, 16, 18; *ders.*, Kollektivgewalt, S. 314, 319 ff.; *ders.*, in: Münch Hdb, § 234 Rn. 1, 3 f.; *Kreutz*, Grenzen, S. 99 ff.; *Leinemann*, DB 1990, 732 (734); *Preis*, Grundfragen, S. 16; *Heinze*, NZA 1991, 1 (5 f.); *ders.*, DB 1996, 729 (731).

[332] Vgl. *Weitnauer*, Schutz des Schwächeren, S. 17.

[333] Vgl. *Alexy*, Grundrechte, S. 194 ff.

[334] Vgl. ausf. *Lambrich*, Tarif- und Betriebsautonomie, S. 236 ff.

gegensatzes zwischen Arbeitgebern und Arbeitnehmern mittels *Kampfmaßnahmen.*[335] Tarifverträge kommen damit regelmäßig durch Streik oder mittels latenter Androhung von Arbeitskämpfen zustande. Nach den zivilrechtlichen Grundsätzen der rechtsgeschäftlichen Privatautonomie wären diese Verträge gemäß § *123 BGB* wegen Drohung oder Nötigung anfechtbar (Streik als Mittel der Nötigung),[336] würde nicht das *Arbeitskampfrecht als Sonderrecht* anerkannt[337] und den so abgeschlossenen Tarifverträgen Wirksamkeit zugestanden. Die Betriebsautonomie hingegen beruht auf dem Prinzip der *Kooperation* und *Einigung.* Betriebsvereinbarungen im Bereich des § 87 BetrVG kommen nach der Einigung der Betriebspartner zustande oder werden durch den Spruch der Einigungsstelle mit einem unabhängigen Vorsitzenden ersetzt. Insbesondere die freiwilligen Betriebsvereinbarungen (um die es bei der Festlegung der Lohnhöhe geht) werden frei zwischen den Betriebspartnern ausgehandelt. Kommt eine Einigung nicht zustande, kann keiner Partei eine Regelung aufgezwungen werden. Die Betriebsvereinbarung ist damit Produkt eines privatautonom legitimierten, von abschließendem Konsens getragenen Verständigungsverfahrens. Insofern mutet die Freiheitsbetonung der Tarifautonomie mehr als sonderbar an.[338]

Auch ist der *Koalitionsbeitritt zwar unabhängig vom Abschluß des Arbeitsvertrages*; es stellt sich aber die Frage nach *Alternativen* zur Tarifautonomie, wenn man an der Monopoltheorie der herrschenden Meinung festhält.[339] Das in § 77 Abs. 3 BetrVG hineingelesene Normsetzungsmonopol insbesondere hinsicht-

---

[335] Vgl. auch bereits oben, II 3 a.

[336] Als „knallharte Erpressungssituation" bezeichneten die ostdeutschen Stahlarbeitgeber den Tarifabschluß Anfang 1998. Die Unternehmer hätten vor der Wahl gestanden, „kaputtgestreikt" zu werden oder sich auf den erhöhten Tarifabschluß einzulassen, der mittel- und langfristig wirtschaftlich nicht zu verantworten sei; FAZ v. 09.01.1998, S. 11.

[337] Kritisch zum Streik *Fabricius*, Unternehmensrechtsreform, Rn. 184 f. Das Streikrecht beinhalte Maßnahmen zur Schadenszufügung gegenüber dem Gegenspieler. Diese könnten aber nur als Selbsthilfe gegen eine rechtswidrige Lage anerkannt werden, nicht als grundrechtliche Gewährleistung im Normalfall; kritisch daher auch *Utz*, Weder Streik noch Aussperrung, S. 5, 27 f., 38 ff., 50 f. *Gentz* (in: FS für Schaub, S. 205 [217]) mahnt langfristig die Übernahme anderer Konfliktlösungsmechanismen an. Den Arbeitskampf als antiquiertes Konfliktlösungsmittel ablehnend auch Gesamtmetall (Frankfurter Erklärung, FAZ v. 18.11.1997, S. 17; NZA 1998, 88 ff.). Vgl. die Proklamation einer „Kultur der Zusammenarbeit" durch den Präsidenten von Gesamtmetall *Stumpfe*, FAZ v. 07.03.1998, S. 13. Die IG Metall hingegen hält den Erhalt des Streikrechts für unverzichtbar, FAZ v. 22.01.1998, S. 13.

[338] Vgl. *K. R. Wagner*, DB 1992, 2550: „Bei Grenzfragen wird deutlich, daß Unternehmen bzw. Betriebe in tarifvertraglichen Regelungen eine Art der Fremdbestimmung sehen, mit der man sich oft nicht anzufreunden weiß."

[339] Zu berücksichtigen ist insofern insbesondere, daß in Deutschland nicht einmal mehr drei von zehn Beschäftigten gewerkschaftlich organisiert sind; FAZ v. 30.04.1998, S. 19.

lich der Regelung des Arbeitsentgelts führt zu einer Schutzlosigkeit der nicht organisierten Arbeitnehmer,[340] denn die Betriebsautonomie wird als kollektivvertraglicher Schutzmechanismus ausgeschlossen.[341] Darüber hinaus wird den Arbeitnehmern aber auch die Durchsetzung ihrer Interessen mittels Arbeitsniederlegung versagt, denn das Streikrecht wird nach herrschender Meinung nur der tariffähigen Partei, das heißt nur den gewerkschaftlich organisierten Arbeitnehmern zugestanden (Streikmonopol der Gewerkschaften),[342] und auch nur dann, wenn der Arbeitskampf auf den Abschluß eines Tarifvertrages gerichtet ist.[343] Der Arbeitnehmer kann auch nur begrenzt wählen, welche Koalition seine Interessen am besten wahrnimmt, denn nach dem *Industrieverbandsprinzip*[344] bestimmt sich die Zuständigkeit der Gewerkschaft nach der satzungsmäßigen Begrenzung auf Unternehmen eines bestimmten Industriezweiges.[345] Der Grundsatz der *Tarifeinheit* führt dazu, daß alle Arbeitsverhältnisse eines Betriebes dem Tarifsystem zugeordnet werden, das von seinem Geltungsbereich her dem Tätigkeitsschwerpunkt des Betriebes entspricht.[346] Die Arbeitsbedingungen werden also unter Umständen von einer anderen Gewerkschaft mitgestaltet, als derjenigen, welcher der Arbeitnehmer durch seinen Beitritt die Legitimation erteilt hat. Damit ist auch die Freiheit zum Koalitionsbeitritt zwar nicht aus *rechtlichen*, wohl aber aus *tatsächlichen* Gründen begrenzt,[347] denn soll die Tarifautonomie auch für ihn gelten, muß er der (allein) tarifzuständigen Gewerkschaft beitreten. Dieser tatsächliche Zwang beseitigt zwar ebenso wenig wie bei der Betriebsautonomie die privatautonome Legitimation der Tarifautonomie, widerlegt aber doch das Argument der „Freiheitsnähe".[348]

---

[340] *Reuter*, RdA 1991, 193 (200); *Fabricius*, Unternehmensrechtsreform, Rn. 180 ff.; *Ehmann/Lambrich*, NZA 1996, 346 (351); *Feudner*, DB 1993, 2231 (2232).

[341] Dies hat letztlich auch das BAG erkannt und daher die Vorrangtheorie angewendet; vgl. oben, § 3 II 3 a, b (2).

[342] BAG AP Nr. 38, 41, 58, 106 zu Art. 9 GG Arbeitskampf; *Zöllner/Loritz*, ArbR, § 40 VIII; *Weitnauer*, DB 1970, 1639 ff.; dagegen: *Däubler*, ZfA 1973, 201 (220).

[343] BAG AP Nrn. 44, 62, 106, 117, 118 zu Art. 9 GG Arbeitskampf; diff. *Rieble*, Arbeitsmarkt und Wettbewerb, Rn. 1350 ff.

[344] Vereinigung von Arbeitnehmern eines bestimmten Industriezweiges ohne Rücksicht auf die Art der konkreten Beschäftigung.

[345] *Zöllner/Loritz*, ArbR, § 8 II 1, § 34 VI.

[346] *Buchner*, in: FS für Schaub, S. 75 f. m. w. Nachw.; *ders.*, in: FS für Kissel, S. 97 (103 f.). Kritisch *H. Hanau*, RdA 1998, 65 (69).

[347] Vgl. *Utz*, Weder Streik noch Aussperrung, S. 60 f.; *P. Hanau*, JZ 1969, 642 (643).

[348] Sowohl der „Freiheitsnähe" als auch der Selbstbestimmung als Grundlage der Tarifautonomie widerspricht es, wenn von Gewerkschaftsseite die Einhaltung von Tarifverträgen – nunmehr mit höchstrichterlich zuerkanntem Klagerecht (BAG, NJW 1999, 3281 ff.) – erzwungen wird, deren Regelungsinhalte vom Arbeitgeber und insbesondere auch von der Belegschaft als für das Unternehmen unpraktikabel erkannt und zur Sicherung von Arbeitsplätzen modifiziert wurden. Vgl. hierzu den Sachverhalt, welcher der genannten Ent-

Eine ähnliche Problematik stellt sich für den Arbeitgeber, der nicht Mitglied eines Verbandes ist. Durch das in § 77 Abs. 3 BetrVG hineingelesene Normsetzungsmonopol der Koalitionen, das nach herrschender Meinung sogar ohne die Tarifbindung des Arbeitgebers Wirkung entfalten soll,[349] wird ihm jegliche Möglichkeit normativ wirkender, kollektivvertraglicher Vereinbarungen genommen.[350] Das Argument der „Freiheitsnähe“ ist also bei näherer Betrachtung weder geeignet, die verfassungsrechtliche Gewährleistung der Betriebsautonomie in Frage zu stellen, noch die Normsetzungsprärogative der Tarifautonomie zu untermauern.

4. Ergebnis

Als Form kollektiver Privatautonomie ist die Betriebsautonomie in Art. 2 Abs. 1, Art. 9 Abs. 1 GG verfassungsrechtlich gewährleistet. Der freiwillige Eintritt in die Betriebsgemeinschaft ist ein Akt eigenverantwortlicher Selbstbestimmung des einzelnen, welcher der Betriebsautonomie die privatautonome Legitimation gewährt. Diese Einordnung kann insbesondere nicht durch das Argument der mangelnden „Freiheitsnähe“ erschüttert werden, vielmehr ist die Betriebsautonomie als neben der Tarifautonomie in jeder Hinsicht gleichrangige Form kollektivvertraglicher Wahrnehmung der Arbeitnehmerinteressen anzuerkennen.

Die in § 77 Abs. 3 BetrVG hineingelesene Tarifprivilegierung durch die Annahme einer Normsetzungsprärogative ist Ausdruck eines verkürzten Verfassungsverständnisses, das die dynamische Offenheit der Grundordnung[351] mißachtet und die verfassungsrechtliche Gewährleistung der Tarifautonomie zu einem Schutz der Institution erhebt. Diesem fällt die verfassungsrechtlich gewährleistete Betriebsautonomie zum Opfer und damit auch die Möglichkeit um-

---

scheidung zugrunde lag: Arbeitgeber und Betriebsrat hatten in Form einer Regelungsabrede vereinbart, die Wochenarbeitszeit abweichend vom Tarifvertrag von 35 auf 38 Stunden zu erhöhen, wobei zwei der zusätzlichen Stunden nicht gesondert vergütet werden sollten. Im Gegenzug wurde den Arbeitnehmern eine Beschäftigungsgarantie bis Ende 2000 gewährt. Obwohl 98,5 % der Belegschaft dieser Regelung zustimmten, klagte die IG-Medien gestützt auf die verfassungsrechtliche Koalitionsfreiheit auf Unterlassen und wurde vom BAG bestätigt; vgl. dazu auch oben, § 1 vor Fn. 32.

[349] Vgl. dazu die Nachw. in Fn. 118.

[350] Zum Teil wird darin ein Verstoß gegen die negative Koalitionsfreiheit des Arbeitgebers gesehen, so *Reuter*, RdA 1991, 193 (199 f.); *ders.*, RdA 1994, 152, (163); *J.-H. Bauer*, in: FS für Schaub, S. 19 (30). *Feudner* (DB 1993, 2231 [2232]) sieht darin einen Verstoß gegen die negative Koalitionsfreiheit der Arbeitnehmer.

[351] Vgl. BVerfG (AP Nr. 1 zu § 1 MitbestG): „... relative Offenheit der Verfassungsordnung ist notwendig, um einerseits dem geschichtlichen Wandel Rechnung zu tragen, der im besonderen Maße das wirtschaftliche Leben kennzeichnet, andererseits die normierende Kraft der Verfassung nicht aufs Spiel zu setzen.“

fassender Interessenverwirklichung der Arbeitnehmer durch Kollektivverträge. Die von der herrschenden Meinung verfochtene Auslegung des § 77 Abs. 3 BetrVG ist damit unzutreffend. Vielmehr ist diese Norm so auszulegen, daß sie der verfassungsrechtlichen Bedeutung der Betriebsautonomie gerecht wird.

§ 5 Lohnbetriebsvereinbarungen kraft des Subsidiaritätsprinzips

I. Das Verhältnis von Tarifautonomie und Betriebsautonomie nach Maßgabe des Subsidiaritätsprinzips

Wenn nun von der (auch verfassungsrechtlichen) Gleichrangigkeit der Tarifautonomie und der Betriebsautonomie auszugehen ist, muß bei Aufeinandertreffen von beiden arbeitsrechtlichen Gestaltungsformen ein Ausgleich, das heißt eine Vorrangregelung gefunden werden. Nach einhelliger Meinung enthält § 77 Abs. 3 BetrVG eine Kompetenzabgrenzung zugunsten der Tarifautonomie. Da damit aber die Gestaltung der Arbeitsbedingungen durch das Mittel der Betriebsvereinbarung bei Lohnfragen in materieller Hinsicht ausgeschlossen ist, wird die vom BVerfG dem Gesetzgeber auferlegte Pflicht, „für die Ausübung der Privatautonomie geeignete Rechtsformen zur Verfügung zu stellen,"[1] verletzt.[2] Die Regelung des § 77 Abs. 3 BetrVG muß daher als *Kollisionsregelung* in neuem Lichte gesehen werden, welches die Betriebsautonomie – ihrer verfassungsrechtlichen Bedeutung entsprechend – angemessen berücksichtigt. Eine solche verfassungskonforme Berücksichtigung eröffnet *das Verfassungsprinzip der Subsidiarität.*[3] Danach ist die kleinere, dem Individuum nähere menschliche Einheit vorrangig zuständig vor der größeren bzw. übergeordneten sozialen Einheit, soweit bei der Kollision verfassungsrechtlicher Regelungszuständigkeiten verschiedener Lebenskreise eine abschließende Kompetenzzuweisung durch das Grundgesetz nicht vorliegt. Das Subsidiaritätsprinzip statuiert einen Vorrang der selbstverantwortlichen Aufgabenwahrnehmung zugunsten der niedrigeren Organisationsstufe und damit in gewissem Maß[4] den Vorrang der betrieblichen Regelung gegenüber der verbandstarifvertraglichen Regelung.

---

[1] BVerfGE AP Nr. 1 zu Art. 9 GG.

[2] So in aller Deutlichkeit auch *Reuter*, in: FS für Schaub, S. 606 (632).

[3] Im folgenden geht es um das Subsidiaritätsprinzip, welches gekennzeichnet ist durch materielle Wertstufen. Gegenstand ist nicht der im juristischen Sprachgebrauch für die technisch-formale Gesetzeskonkurrenz genutzte Begriff der Subsidiarität, der den Anwendungsvorrang bei der Konkurrenz von Rechtsnormen löst, nicht aber die Zuständigkeit verschiedener Rechtsträger voneinander abgrenzt.

[4] Der Umfang des Vorrangs der Regelung auf Betriebsebene wird – was es noch zu zeigen gilt – nach Maßgabe der Arbeitnehmerinteressen, das heißt nach der Notwendigkeit des Schutzes durch das Kollektiv zum Ausgleich der sozialen Macht, bestimmt. Der Vorrang der Betriebsvereinbarung gegenüber dem Tarifvertrag bleibt nur solange bestehen, als auf betrieblicher Ebene angemessene, das heißt „gerechte" Arbeitsbedingungen ausgehandelt werden können; das Subsidiaritätsprinzip wird daher durch das Günstigkeitsprinzip konkretisiert; vgl. dazu unten, II.

1. Ursprung des Subsidiaritätsprinzips

Der Begriff der „Subsidiarität“ entstammt der katholischen Soziallehre,[5] die ihm in der Enzyklika „Quadragesimo anno“ aus dem Jahr 1931 seine „klassische“[6] Formulierung verliehen hat.[7] Als Gedanke einer Gesellschaftsordnung aus verschiedenen Organisationsstufen, von denen der kleineren bzw. niedrigeren der Vorrang vor der höheren gebührt, hat das Subsidiaritätsprinzip aber einen älteren rechtsphilosophischen Ursprung.[8]

Ansätze zu einer auch dem Subsidiaritätsgedanken zugrundeliegenden Gesellschaftsordnung finden sich bereits bei *Aristoteles*. Bezogen auf das politische Gemeinwesen wies dieser darauf hin, daß der Staat der „Natur nach eine Vielfalt“ sei aus einer Mehrzahl verschiedener Menschen und er sich diese Vielfalt erhalten solle, indem er den unteren Lebenseinheiten[9] die Wahrnehmung und Erledigung ihrer Aufgaben zugestehe.[10] Die größere bzw. übergeordnete Einheit – letztendlich die Staatsgewalt – sollte nur solche Aufgaben an sich ziehen, die nicht ebensogut durch die kleinere Einheit erfüllt werden können.[11] Im Unterschied zum Grundgedanken des Subsidiaritätsprinzips vollzog sich jedoch bei

---

[5] *Ehmann*, ZRP 1996, 314 (318); *ders.*, Neue Ordnung 1996 (Sondernummer), 5 (61); *Ehmann/Lambrich*, NZA 1996, 346 (352); *Schmidthuber*, DVBl 1993, 417; *Stewing*, DVBl 1992, 1516; *Papritz*, Günstigkeitsprinzip, S. 73.

[6] *Isensee*, Subsidiaritätsprinzip, S. 18.

[7] Dort heißt es: „... wie dasjenige, was der Einzelmensch aus eigener Initiative mit seinen eigenen Kräften leisten kann, ihm nicht entzogen und der Gesellschaftstätigkeit zugewiesen werden darf, so verstößt es gegen die *Gerechtigkeit*, das, was die kleineren und untergeordneten Gemeinwesen leisten und zum guten Ende führen können, für die weitere und übergeordnete Gemeinschaft in Anspruch zu nehmen; zugleich ist es überaus nachteilig und verwirrt die ganze Gesellschaftsordnung. Jedwede Gesellschaftstätigkeit ist ihrem Wesen und Begriff nach *subsidiär* ...“ („Quadragesimo anno“, abgedruckt bei KAB [Hrsg.], Texte zur katholischen Soziallehre, S. 101 [130 f.]; *Süsterhenn,* in: FS für Nawiasky, S. 141 [143 f.]; *Korte*, VerwArch 1970, 3 [12]; *Herzog*, Der Staat, 1963, 399 [400]).

[8] Sehr knappe Darstellung bei *Pieper*, DVBl 1993, 705 (706); *Sodan*, JZ 1998, 421 (426 f.). *Millgram* (DVBl 1990, 740 [744]), zitiert unter anderem *Abraham Lincoln* (1854): „In all that people can do individually as well for themeselves, government ought not to interfere.“ Ausführlich, insbesondere zu den Wurzeln des Subsidiaritätsgedankens in der deutschen Tradition der föderalistischen und liberalistischen Gesellschaftslehre *Isensee*, Subsidiaritätsprinzip, S. 35 ff., S. 44 ff.

[9] *Aristoteles* (Aufzeichnungen zur Staatstheorie, S. 13 f., 16) nennt als Lebenseinheiten Mann und Frau, die Hausgemeinschaft, die Dorfgemeinschaft und den Staat.

[10] *Aristoteles*, Aufzeichnungen zur Staatstheorie, S. 51 f.

[11] *Aristoteles* (zit. nach *Zippelius*, Gesellschaft und Recht, S. 149): „Zuviel Einheit macht den Staat zum schlechten Staat, gleich wie Musik zu schlechter Musik wird, wenn die Symphonie zur Monotonie und wenn der Rhythmus zum Eintakt wird.“

Aristoteles die Rechtfertigung nicht von unten nach oben, seiner Vorstellung nach ging die Legitimation vom Ganzen aus.[12]

Subsidiäre Grundsätze finden sich in den *föderalen* Organisationsmodellen von *Johann Althusius*,[13] der zwar von einem durch seine Daseinsverfassung und eine übernatürliche Prädestination bestimmten Menschen ausging, von diesem Einzelmenschen aus aber eine Ordnung her begründete, die sich von unten nach oben rechtfertigte.[14] Das Individuum bilde notwendig Gemeinschaften, wobei sich die korporativen Einheiten engerer Verbände zu weiteren Verbänden zusammensetzten. Der engere Verband schöpfe aus sich selbst einen originären Sonderzweck und gebe an den höheren Verband nur soviel ab, als dieser zur Erreichung seines spezifischen Zwecks brauche.[15]

Von Subsidiaritätserwägungen getragen ist auch die *liberale*[16] Staatsverfassung *Wilhelm von Humboldts*. Der Staat solle seine Sorgfalt beschränken auf die Sicherstellung gegen sich selbst und gegen auswärtige Feinde; er sei in den Bereichen ausgeschlossen, in denen sich die Nation (die Bürger) selbst gleich gut helfen könne; erst wo der einzelne Mensch mit seinen Kräften nicht ausreiche, müsse der Staat eingreifen.[17] Die liberale Staatszwecklehre enthielt also das Subsidiaritätsprinzip,[18] wobei dieses primär als Freiheitsnorm *gegen* den Staat wirkt, denn Staat und Gesellschaft stehen sich nach dem liberalen Verständnis gegnerisch gegenüber. *Von Humboldt* wendete den Subsidiaritätsgedanken aber

---

12 *Aristoteles* (Aufzeichnungen zur Staatstheorie, S. 51): „Staatliche Gemeinschaft ist die höchste und alle anderen umschließende Gemeinschaft." Vgl. dazu *Isensee*, Subsidiaritätsprinzip, S. 41: „staatsphilosophischer Universalismus".
Auch in der Gesellschaftsauffassung des *Thomas von Aquin* werden dem Subsidiaritätsgedanken entsprechende Ansätze vermutet (so – ohne nähere Begründung – *Pieper*, DVBl 1993, 705 [706]). Die thomasische Gesellschaftsauffassung war orientiert an den Gegebenheiten des Mittelalters, in dem eine Ordnung der Autoritäten von oben nach unten vorherrschte. Die autoritäre Legitimation fiel vom Schöpfergott auf den Feudalherren und über weitere Abstufungen auf den Patriarchen der Familie. Der Subsidiaritätsgedanke hingegen begründet – ausgehend vom Individuum – die Legitimationskette von unten nach oben und stellt insoweit einen grundlegenden Unterschied zur Staats- und Sozialphilosophie der Aquianten dar. Das moderne Subsidiaritätsprinzip ersetzt den „Primat der Autorität durch den Primat der Freiheit", indem es vom Einzelmenschen ausgeht und nicht die Gemeinschaft als Höchstwert ansieht (*Isensee*, Subsidiaritätsprinzip, S. 25, 32).

13 *V. Gierke*, Johannes Althusius, S. 226 ff.; vgl. *Würtenberger*, Subsidiaritätsprinzip, S. 621.

14 *V. Gierke*, Johannes Althusius, S. 226 f.

15 Vgl. *Isensee*, Subsidiaritätsprinzip, S. 37 ff.

16 Der Liberalismus sah den Menschen nicht als Sklaven der Naturgesetze und übernatürlicher Prädestination an, sondern als autonomes Wesen. Damit war der Staat auch nicht mehr aus sich heraus legitimiert, sondern Aufgabe menschlicher Vernunft.

17 *V. Humboldt*, Ideen, S. 49 ff.

18 „Liberale Staatlichkeit ist daher nur legitim, soweit sie subsidiär ist" (zit. nach *Isensee*, Subsidiaritätsprinzip, S.45).

auch *innerhalb* der Gesellschaft an. „So ist doch überhaupt jede größere Vereinigung minder heilsam. Je mehr der Mensch für sich wirkt, desto mehr bildet er sich. In großen Vereinigungen wird er zu leicht Werkzeug."[19]

In der Synthese liberaler Legitimation und föderaler Sozialordnung findet der Subsidiaritätsgedanke Ausdruck bei *Robert von Mohl*.[20] *Von Mohl* ging von der individuellen Persönlichkeit und ihrer schöpferischen Fähigkeit als höchstem Wert aus. Der Staat diene dazu, die Verfolgung des Lebenszwecks des einzelnen dadurch zu ermöglichen, daß er entgegenstehende Hindernisse beseitige. Dies aber nur insoweit, als die engere Lebensgemeinschaft nicht in der Lage sei, die Aufgabe selbst zu bewerkstelligen.[21] Könne ein gemeinschaftliches Interesse vom einzelnen nicht erreicht werden, müsse eine gesellschaftliche Vereinigung gebildet werden;[22] damit entwickele sich eine Stufenordnung der Lebenskreise, an deren Anfang das auf seinen Zweck orientierte Individuum stehe, und deren Wesensmerkmale die Subsidiarität des Staates darstelle.[23] Seine Legitimation gewinne der subsidiäre Staat aus seiner Ergänzungsfunktion.

Auch *Georg Jellinek* berücksichtigte den Subsidiaritätsgedanken.[24] Ausgehend von der Freiheit des einzelnen und der Ausbildung seiner Individualität scheide aus dem staatlichen Wirkungskreis alles aus, was allein der menschlichen Innerlichkeit angehöre: in seinen Wirkungskreis fielen nur solidarische menschliche Lebensäußerungen, Materien des ausschließlich durch gemeinsame menschliche Tat Erreichbaren.[25] Der Staat verwirkliche in seinen Institutionen das Prinzip, in erster Linie die Selbstbetätigung der Individuen und der Verbände wirken zu lassen und nur dort einzugreifen, wo diese mit ihren Mitteln nicht ausreichen.[26]

---

19 *V. Humboldt*, Ideen, S. 57.

20 Dazu ausführlich *Isensee*, Subsidiaritätsprinzip, S. 58 ff.

21 *V. Mohl*, System der Präventiv-Justiz, S. 3, 5, 36: „Allerdings ist es die Befugnis und die Pflicht eines jeden Einzelnen, für die Sicherung seiner eigenen Rechte so wie der Rechte der in seinem Schutze Befindlichen nach Möglichkeit selbst zu sorgen."

22 *V. Mohl*, System der Präventiv-Justiz, S. 185: „Was aber jedem Einzelnen vorgeschrieben und erlaubt ist, dazu sind auch, im wesentlichen wenigstens, Vereinigungen solcher, welche dasselbe Recht zu wahren haben, gestattet." Vgl. *Schmidt*, Günstigkeitsprinzip, S. 72.

23 *V. Mohl*, System der Präventiv-Justiz, S. 181: „Der Rechtsstaat hat bei allem seinem Handeln zu Gunsten der Bürger nur eine Aufgabe, nämlich nur in so ferne die eigenen Bemühungen der Betreffenden nicht zum Ziele führen. ... Selbstätigkeit in der Rechtswahrung ist die *Pflicht* und das *Recht* des Bürgers." (Hervorh. i. Orig.).

24 Nach *Isensee* (Subsidiaritätsprinzip, S. 70) gingen von den „Subsidiaritätsformeln *Jellineks* keine geistesgeschichtlichen Impulse aus; wohl aber wahrten sie die Kontinuität einer liberalen Tradition in einer Epoche, die eines positiv-rechtlichen Subsidiaritätsprinzips schon deshalb nicht bedurfte, weil staatliche Subsidiarität als selbstverständlich erschien".

25 *Jellinek*, Allgemeine Staatslehre Bd. I, S. 250, 252.

26 *Jellinek*, Allgemeine Staatslehre Bd. I, S. 253 f.: Die „Ausbildung der Individualität ist daher selbst eines der höchsten Solidarinteressen."

Die Ausführungen zeigen, daß sich das Subsidiaritätsprinzip nicht auf die katholische Soziallehre beschränken läßt,[27] es sich bei diesem also nicht um ein konfessionelles Prinzip handelt. Vielmehr entspricht es einer philosophisch-rechtlichen Tradition, die dem *Subsidiaritätsprinzip als Rechtsprinzip*[28] Geltung verschafft[29] und damit seine Anwendung in der heutigen Gesellschaftsordnung und insbesondere auch der Rechtsordnung fordert.

2. Verfassungsrechtliche Grundlage

Der Subsidiaritätsgedanke liegt überdies der verfassungsrechtlichen Ordnung des Grundgesetzes zugrunde, deren Ausgangspunkt die Menschenwürde ist (Art. 1 Abs. 1 GG) und damit eine Grundvorstellung des Menschen, an der sich das staatliche Handeln zu orientieren hat. Darin liegt begründet, daß das Subsidiaritätsprinzip nicht „nur" Rechtsprinzip[30], sondern selbst *Verfassungsprinzip* ist.[31]

a) Subsidiaritätsgedanke in verschiedenen Verfassungsnormen

Abgesehen von dem neu eingefügten Art. 23 Abs. 1 S. 1 GG enthält die Verfassung keine ausdrückliche Bezugnahme auf das Subsidiaritätsprinzip.[32] Weitge-

---

[27] So aber *Richardi* (Kollektivgewalt, S. 57 m. w. Nachw.), der das Subsidiaritätsprinzip allein in der religiösen Gesellschaftsvorstellung und Glaubensentscheidung beheimatet ansieht; ähnlich auch *Peters*, AfK 1967, 5 (5 f.; 13).

[28] Eine Aufzählung ausdrücklich juristisch positiver Bezugnahmen auf das Prinzip der Subsidiarität – insbesondere in anderen europäischen Staaten – findet sich bei *Häberle*, AöR 1994, 169 (176 ff. und 192).

[29] *Kalkbrenner*, in: FS für Küchenhoff, S. 515 (519): „... aus allgemein menschlichen, vernunftmäßigen Erwägungen."

[30] Als allgemeines „regulatives Prinzip von grundsätzlicher" Bedeutung, das zahlreichen Vorschriften zugrunde liegt, wird das Subsidiaritätsprinzip anerkannt auch von *Stewing* (Subsidiarität, S. 31 ff., 52 f.) und *Würtenberger* (Subsidiaritätsprinzip, S. 621 [623]), die aber eine Anerkennung als Verfassungsprinzip ablehnen. *Schäfer*, DVBl 1958, 362 (363); *Küchenhoff*, RdA 1960, 202 (210): Subsidiaritätsprinzip als „Rechtsprinzip"; *Süsterhenn*, in: FS für Nawiasky, S. 141 (149): „allgemeines sozialphilosophisches Prinzip mit Rechtscharakter"; *Dürig*, JZ 1953, 193 (198): „ein echtes juristisches Vorrangprinzip", welches sich aus den soziologischen Stufen (Person, Familie, Korporation, Gemeinde, Land) ergibt; vgl. *Kalkbrenner*, in: FS für Küchenhoff, S. 515 (517 f.).

[31] Daß das Subsidiaritätsprinzip nicht schon kraft seiner behaupteten Naturrechtsqualität Geltung beanspruchen kann, hat *Glaser* (Subsidiaritätsprinzip, S. 71 ff.) nachgewiesen.

[32] Zwar ist mit der Einführung des Art. 23 Abs. 1 S. 1 GG das Subsidiaritätsprinzip als *Rechtsprinzip* anerkannt – so *Schmidt* (Günstigkeitsprinzip, S. 71 dort Fn. 83); *Rojan* (in: v. Münch GG, Art. 23 Rn. 30) – und in das GG aufgenommen, doch regelt Art. 23 GG das Verhältnis von Bund und Ländern zur Europäischen Union; über eine drüber hinausgehende Bedeutung als allgemeines Verfassungsprinzip ist damit noch nicht entschieden. Ausdrücklich gegen eine verfassungsrechtliche Gewährleistung des Subsidiaritätsprinzips über Art. 23 Abs. 1 GG hinaus wendet sich *Scholz*, NJW 1992, 2593 (2599).

hend anerkannt ist aber, daß ihr eine allgemeine Orientierung am Subsidiaritätsgedanken zugrunde liegt, welche in einzelnen Verfassungsnormen zum Ausdruck kommt:[33]

Eine solche Ausrichtung am Subsidiaritätsgedanken ist Art. 6 Abs. 1 und Abs. 2 GG zu entnehmen.[34] Auch die Gewähr der Privatschulfreiheit, Art. 7 Abs. 4 GG, der Koalitions- und privaten Vereinigungsfreiheit in Art. 9 Abs. 1 und Abs. 3 GG und die Autonomie der Kirchen in Art. 140 GG sind Ausdruck des Subsidiaritätsgedankens.[35] Weitere „Anwendungsfälle"[36] sind die dem Staatsaufbau und der Staatsform der Bundesrepublik zugrunde liegenden Normen (kommunale Selbstverwaltung aus Art. 28 Abs. 1 GG, das Verhältnis von Bund und Ländern bei der Gesetzgebung, Art. 72 Abs. 2 GG, auf den in Art. 75 GG und Art. 105 GG verwiesen wird, und der Exekutive, Art. 83 bis Art. 85 GG).[37] Der Subsidiaritätsgedanke ist auch in den verschiedenen Strukturprinzipien der Verfassung – zum Teil stärker, zum Teil weniger stark – enthalten.[38]

Der Grundsatz der Subsidiarität kommt also im Grundgesetz zum Ausdruck. Dies sagt aber über seine rechtliche Geltung über den Bereich dieser Verfassungsnormen hinaus nichts aus, denn „die Aufnahme eines Gedankens in mehreren einzelnen Grundrechtsvorschriften bedeutet nicht zwingend, daß es sich damit um einen allgemeinen Verfassungsgrundsatz handelt."[39] Um von einem Verfassungsprinzip ausgehen zu können, ist eine positiv-rechtliche Begründung als sich unmittelbar oder mittelbar aus dem Grundgesetz ergebender Rechtssatz erforderlich.

---

33 *Maunz*, StaatsR Bd. I, § 10 III 5; *ders.*, VerwArch 1955, 315 (322); *Dürig*, in: Maunz/Dürig GG, Art. 1 I Rn. 54; anders aber *ders.*, in: Maunz/Dürig GG, Art. 9 Rn. 17; *Würtenberger*, Subsidiaritätsprinzip, S. 621 (623); *Küchenhoff*, RdA 1959, 201 (202); *Muthesius/Giese*, JuS 1962, 455; *Stewing*, Subsidiarität, S. 33 ff.; *ders.*, DVBl 1992, 1516 (1516); *Rupp*, in: Isensee/Kirchhof, Hdb StaatsR Bd. I, § 28 Rn. 51 ff.; kritisch *Kimminich*, in: Isensee/Kirchhof, Hdb StaatsR Bd. I, § 26 Rn. 23; *Kalkbrenner*, in: FS für Küchenhoff, S. 515 (529); *Hablitzel*, DB 1971, 2158 (2159).
Dagegen *Herzog*, Der Staat, 1963, 399 (411 f.); *Scholz*, in: FS für Trinkner, S. 377 (348 f.); *Glaser*, Subsidiaritätsprinzip, S. 105.

34 Das BVerfG (NJW 1959, 528 [532]) verweist darauf, daß der Grundsatz der Subsidiarität in Art. 6 Abs. 1 und 2 GG „zuvörderst Ausdruck gefunden hat."

35 Vgl. dazu *Würtenberger*, Subsidiaritätsprinzip, S. 621 (623).

36 *Küchenhoff*, RdA 1959, 201 (202).

37 Vgl. *Maunz*, VerwArch 1959, 315 (322); ausführlich *Isensee*, Subsidiaritätsprinzip, S. 224 ff.

38 Ausführlich *Stewing*, Subsidiarität, S. 33 ff.

39 *V. Münch*, JZ 1960, 303 (305).

b) Das Subsidiaritätsprinzip als Verfassungsprinzip

(1) Subsidiarität und Menschenwürde

Das Subsidiaritätsprinzip ist ein sich aus dem *Menschenbild des Grundgesetzes* ergebendes allgemeines Verfassungsprinzip.[40]

Als oberstes Konstitutionsprinzip[41] und grundlegendes Staatsstrukturprinzip[42] bekennt sich die Verfassung in Art. 1 Abs. 1 GG zur Würde des Menschen, die zu achten und zu schützen Verpflichtung aller staatlichen Gewalt ist.[43] Die sich aus der Menschenwürde ergebenden Grundrechte begründen nicht nur Abwehrrechte gegen den Staat, gleichzeitig beanspruchen sie Achtung im individual- und sozialethischen, das heißt im gesellschaftlichen Bereich.[44] Das grundgesetzliche Menschenbild ist geprägt vom leiblich-geistigen, mit Verstand und freiem Willen begabten Wesen, das seine Umwelt gestaltet.[45] Die freie Entfaltung der

---

[40] *Isensee*, Subsidiaritätsprinzip, S. 126 ff., 271 ff, 316 ff.; *Ehmann*, NZA 1991, 1 (7); *ders.*, Neue Ordnung 1996 (Sondernummer), 5 (61); *Ehmann/Lambrich*, NZA 1996, 346 (352); *Schmidt*, Günstigkeitsprinzip, S. 71, 74; *v. Münch*, JZ 1960, 303 (305); ausführlich *Korte*, VerwArch 1970, 3 (15 ff.). Diff. *Süsterhenn* (in: FS für Nawiasky, S. 144 [149]), der zwar als Grundlage das Menschenbild des GG ansieht, das Subsidiaritätsprinzip aber nicht als Verfassungsprinzip anerkennt; ähnlich *Peters*, AfK 1967, 5 (5 f., 15, 21). Dagegen *Scholz*, in: Isensee/Kirchhof, Hdb StaatsR Bd. VI, § 151 Rn. 39.
Andere sehen die verfassungsrechtliche Grundlage in dem im Rechtsstaatsprinzip enthaltenen Sozialstaatsgedanken, so *Menger*, DVBl 1960, 297 (299); im Ansatz auch *Benda*, Hdb VerfR, S. 769 Rn. 116, S. 771 Rn. 121, S. 773 Rn. 127. Nach BVerfG (E 22, 180 [204]) bestimmt Art. 20 Abs. 1 GG jedoch nur das 'Was', das Ziel: die gerechte Sozialordnung; nicht das 'Wie'. Kritisch zur Sozialstaatsklausel als Grundlage für das Subsidiaritätsprinzip daher *Isensee*, Subsidiaritätsprinzip, S. 269 f.
Zum Teil wird auch das Freiheitsprinzip in den Vordergrund gestellt, so von *Huber* (DÖV 1956, 200 [205]): Das Subsidiaritätsprinzip ist Ausdruck des „allgemeinen Freiheitsprinzip als eine dem Rechtsstaatsprinzip immanente Garantie personaler Selbstbestimmung". *Häberle* (AöR 1994, 169 [183]) betont die „verfassungsstaatliche Garantie individueller und korporativer Freiheit".

[41] Ständige Rechtsprechung seit BVerfGE 5, 85 (204 f.); auch *Dürig*, in: Maunz/Dürig GG, Art. 1 I Rn. 2 ff.

[42] *Stern*, StaatsR Bd. III / 1, S. 23, 26, 28; Bd. III / 2, S. 1114.

[43] Ausführlich zur Menschenwürde mit philosophisch, religiösen und rechts-historischen Hintergründen *Stern*, StaatsR Bd. III / 1, S. 6-46.

[44] *Stern*, StaatsR Bd. III / 1, S. 30.

[45] *Dürig* (in: Maunz/Dürig GG, Art. 1 I Rn. 18; *ders.*, JR 1952, 259 [260 f.]); *Stern* (StaatsR Bd. III / 2, S. 1132): „Jeder Mensch ist Mensch kraft seines Geistes, der ihn abhebt von der unpersönlichen Natur und ihn aus eigener Entscheidung dazu befähigt, sich seiner selbst bewußt zu werden, sich selbst zu bestimmen und sich und die Umwelt zu gestalten." Diese Definition der Menschenwürde wurde durch das BVerfG (E 27, 1 [6]) ergänzt: Es steht „im Widerspruch zur Menschenwürde, den Menschen zum bloßen Objekt im Staate zu machen."

Persönlichkeit und eigenverantwortliche Entwicklung der körperlichen und geistigen Fähigkeiten ist Grundkraft, eine menschenwürdige Existenz zu schaffen.[46] Die Verfassung ist damit geprägt vom Dreiklang der *Würde*, *Eigenständigkeit* und *Selbstverantwortung* der Person.[47] Entsprechend garantiert Art. 2 Abs. 1 GG das Recht auf freie Entfaltung der Persönlichkeit.

(2) Gemeinschaftsbezogenheit des Individuums

Die Verfassung geht aber nicht vom isolierten souveränen Individuum aus, sondern hat vielmehr die „Spannung Individuum – Gemeinschaft im Sinne einer Gemeinschaftsbezogenheit und Gemeinschaftsgebundenheit der Person entschieden, ohne dabei aber deren Eigenwert anzutasten",[48] denn der Mensch ist von Natur aus auf Gemeinschaften angelegt, seine Entfaltungsfreiheit von vornherein sozial gebunden.[49] Seine Existenz ist ohne das Zusammenwirken mit anderen nicht möglich.[50] Da beim Streben nach selbstverantwortlicher und eigenzuständiger Existenzgestaltung die menschlichen Fähigkeiten nicht unbegrenzt sind, können und müssen die fehlenden Kräfte in der Gemeinschaft ausgeglichen werden. Die Gemeinschaft, welche die Grenzen des einzelnen überwinden läßt, darf aber erst dort einsetzen, wo es ihrer bedarf. Denn als notwendiges Instrument der menschlichen Selbstverwirklichung empfängt die Gemeinschaft ihre Legitimation vom Einzelmenschen.[51] Die Gemeinschaft hat daher immer nur unterstützende, sichernde und dienende Funktion, sie darf nicht zu einem Kollektivismus ausarten.[52]

---

[46] Vgl. *Dürig*, in: Maunz/Dürig GG, Art. 2 I Rn. 1 f.; *Korte*, VerwArch 1970, 3 (17); *Scholz*, Koalitionsfreiheit, S. 69 ff.

[47] *Junker*, NZA 1997, 1305 (1306) m. w. Nachw. aus der Rechtsprechung des BVerfG (dort in Fn. 21).

[48] BVerfGE 4, 7 (15); *Dürig*, in: Maunz/Dürig GG, Art. 1 I Rn. 49, 52 f.; *ders.*, JR 1952, 259 (261 f.); *Stern*, StaatsR Bd. III / 1, S. 10, 31; *Süsterhenn*, in: FS für Nawiasky, S. 141 (144); *Häberle*, Wesensgehalt, S. 57.

[49] *Dürig*, in: Maunz/Dürig GG, Art. 2 I Rn. 15.

[50] *Stern*, StaatsR Bd. III / 1, S. 11 m. w. Nachw.

[51] Vgl. *Isensee*, Subsidiaritätsprinzip, S. 32; *Scholz*, Koalitionsfreiheit, S. 77: „Gleichgültig, ob eine kollektive Formation über organisierte Gestaltungen verfügt, sie führt sich doch stets auf das gleiche Grundprinzip, nämlich ein System innergesellschaftlicher bzw. zwischenmenschlicher Beziehungen und Kommunikationen zurück."

[52] *Stern* (StaatsR Bd. III / 1, S. 11) mit Verweis auf den Untersuchungsausschuß I des Verfassungskonvents auf Herrenchiemsee (5. Sitzung v. 19.08.1948, Protokolle, S. 123): „Wozu wir uns bekennen wollen ist ... der ausgesprochenen Persönlichkeitsfreiheit des Menschen; gerade dem Kollektivismus der letzten Zeit wollen wir heute den Individualismus entgegenstellen."

(3) Individualbezogenheit der Gemeinschaft

Ebenso wie jede menschliche Gemeinschaft in dem durch ihre Unterstützungsfunktion gekennzeichneten Verhältnis zum einzelnen steht, muß auch das Verhältnis der Gemeinschaften untereinander nach ihrer jeweiligen „Nähe" zum Individuum beurteilt werden.[53] Genau dies ist auch die Aussage des Subsidiaritätsprinzips: Die Vielfalt der menschlichen Ansichten, Bestrebungen und Bedürfnisse läßt es unter dem Gesichtspunkt der Menschenwürde und der Freiheit der Persönlichkeitsentfaltung geradezu als offensichtlich erscheinen, daß die kleinere menschliche Lebenseinheit den Einzelbedürfnissen eher gerecht werden kann, als die größere, denn je „näher" die Gemeinschaft dem Individuum ist und je kleiner sie ist, desto mehr lassen sich Einzelinteressen verwirklichen, desto mehr Mitverantwortung trägt jedes Mitglied. Je größer die Gemeinschaft ist, um so geringer ist ihre Personenbezogenheit, um so weniger erkennt das Individuum einen unmittelbaren Zusammenhang zwischen Persönlichkeitsentfaltung und eigenverantwortlicher Gestaltung der eigenen Existenz in der und durch die Gemeinschaft. In der kleineren, leistungsfähigen Gemeinschaft findet die eigenverantwortliche Existenzgestaltung ihre größtmögliche Erfüllung. Erst wenn ihre Kräfte nicht mehr ausreichen, müssen weitere Gemeinschaften eingreifen. Der so verstandene Verantwortungsvorrang ermöglicht die sich aus der Menschenwürde ergebende Verwirklichung der eigenverantwortlichen Persönlichkeitsentfaltung innerhalb und mit Hilfe der menschlichen Gemeinschaften.[54]

---

[53] *Kalkbrenner*, in: FS für Küchenhoff, S. 515 (521 f.); vgl. *Süsterhenn*, in: FS für Nawiasky, S. 141 (144 f.); *Korte*, VerwArch 1970, 3 (18 f.). *Küchenhoff*, RdA 1959, 201 (202): „Stufenordnung nicht nur der *Zweckmäßigkeit*, sondern auch der *Gerechtigkeit*"; *ders.*, RdA 1960, 209 f.: „Gesetz der Nähe"; *Gast*, BB 1990, 1637 (1643): „Vorrang der Selbstentfaltungswerte".
Herzog (Der Staat 1963, 399 [404 f.]) lehnt das Kriterium der „Personennähe" ab, da dieses die Entscheidung einer übergeordneten Lehrgewalt über die Aufgabenverteilung erforderlich mache.

[54] „Um der Würde willen muß ihm (dem Menschen) eine möglichst weitgehende Entfaltung seiner Persönlichkeit gesichert werden. Für den politisch-sozialen Bereich bedeutet das, daß es nicht genügt, wenn eine Obrigkeit sich bemüht, noch so gut für das Wohl von „Untertanen" zu sorgen; der einzelne soll vielmehr in möglichst weitem Umfang verantwortlich auch an den Entscheidungen für die Gesamtheit mitwirken;" so das BVerfG (E 5, 85 [204 f.]) zur freiheitlich-demokratischen Grundordnung. Dies entspricht genau dem Ausgangspunkt des Subsidiaritätsgedankens. *Isensee*, Subsidiaritätsprinzip, S. 127, 133: „Die Subsidiarität jeder Gemeinschaft sichert dem Menschen jene Freiheit, derer er bedarf, um seine Würde zu wahren." Auch *Herzog* (Der Staat 1963, 399 f.), der einer Übertragung und Anwendung des Subsidiaritätsprinzips in der Staatsverfassung grundsätzlich kritisch bis ablehnend gegenübersteht, hält es unter bestimmten Beschränkungen für ein „wertvolles Prinzip der Sozialordnung".

(4) Gemeinschaftsbezogenheit und Solidarität

Aus der Gemeinschaftsbezogenheit des Menschen folgt ein weiterer Aspekt des Subsidiaritätsprinzips: Das *Moment der Solidarität*, das heißt die Pflicht zur wechselseitigen Hilfe, das Einstehen füreinander.[55] Das Subsidiaritätsprinzip hat damit nicht nur den *negativen* Aspekt der Funktionssperre, sondern auch den *positiven* der Hilfepflicht, es enthält Beschränkungen wie Ermächtigungen.[56] Die jeweils größere Gemeinschaft hat damit ihre unterstützende Funktion wahrzunehmen, wenn die kleinere Einheit eine angemesenen Gestaltung nicht zu erreichen vermag.

3. Subsidiaritätsprinzip im Arbeitsrecht: Richtungsweisende Wirkung im Verhältnis von Tarif- und Betriebsautonomie

So klar das Subsidiaritätsprinzip in seiner Abstraktheit ist, so problematisch ist seine konkrete Anwendung in den verschiedenen Rechtsbereichen, in denen es wegen seiner formalen Kategorien der „weiten/engen" und „übergeordneten/ untergeordneten" Gemeinschaften Berücksichtigung beansprucht.[57] Bei der Anwendung sind die jeweiligen Probleme und Sachzusammenhänge und die besondere Funktion der Rechtsmaterie zu berücksichtigen.[58] Die Anwendung des verfassungsrechtlichen Subsidiaritätsgedankens hat also konkret auch die Besonderheiten des Arbeitsrechts zu berücksichtigen.[59]

a) Das arbeitsrechtliche Subsidiaritätsprinzip

(1) Stufenfolge im Arbeitsrecht

Auch im Arbeitsrecht findet sich eine für die Anwendung des Subsidiaritätsprinzips vorausgesetzte Stufenfolge menschlicher Gemeinschaften, die mit den ihnen zur Verfügung stehenden Gestaltungsmitteln eine Regelung der Arbeits-

---

55 *Millgramm*, DVBl 1990, 740 (744); *Isensee*, Subsidiaritätsprinzip, S. 28 m. w. Nachw.

56 *Kalkbrenner*, in: FS für Küchenhoff, S. 515 (528); *Isensee*, Subsidiaritätsprinzip, S. 30; *Schmidt*, Günstigkeitsprinzip, S. 71, 73.

57 Vgl. *Isensee*, Subsidiaritätsprinzip, S. 12; kritisch aber *Herzog*, Der Staat 1963, 399 ff.

58 *Häberle*, AöR 1994, 169 (197). *Stewing* (DVBl 1992, 1516 [1517 f.]; *ders.*, Subsidiarität, S. 52 f.) spricht dem Subsidiaritätsprinzip wegen seiner Abstraktheit und Unbestimmtheit eine durchgängige Verwendbarkeit als alleinige Kompetenzregel ab. Auf die fehlende Präzisierung des Subsidiaritätsgedankens abstellend *Tech*, Günstigkeitsbeurteilung, S. 71 (dort Fn. 3); *Zachert*, AuR 1995, 363 (364). Auch *Würtenberger* (Subsidiaritätsprinzip, S. 621 [624]) fordert eine Konkretisierung und Relativierung des Subsidiaritätsgedankens mit Hilfe stützender und gegenläufiger Verfassungsbestimmungen und Staatsziele. Anders *Kalkbrenner* (in: FS für Küchenhoff, S. 515 [534]), der das Subsidiaritätsprinzip als unmittelbar geltenden Rechtssatz ansieht.

59 Das abstrakte Prinzip allein reicht nicht aus, um die konkrete Rechtslage zu entscheiden; zur Konkretisierung muß das verfassungsrechtliche Günstigkeitsprinzip Berücksichtigung finden; dazu unten, II.

bedingungen (insbesondere der Lohnfrage) anstreben: Auf der niedrigsten Ebene sucht der einzelne Arbeitnehmer seine Vorstellungen eines gerechten und angemessenen Lohnes im Arbeitsvertrag auszuhandeln. Nächst höhere, größere menschliche Gemeinschaft ist die Belegschaft eines Betriebes, deren Interessen durch den Betriebsrat – in der Regel durch den Abschluß von Betriebsvereinbarungen – wahrgenommen werden. Zwar wird nach wie vor bestritten, daß die Betriebsautonomie der Privatautonomie und damit dem Individuum näher steht als die Tarifautonomie;[60] doch kann dies nicht ernsthaft in Frage gestellt werden: Der einzelne Arbeitnehmer hat zu seinen Arbeitskollegen, mit denen er tagtäglich viel Zeit verbringt, ein engeres und näheres Verhältnis als zu den derselben Gewerkschaft angehörenden Arbeitnehmern anderer Betriebe[61] und ein näheres zu seinem Arbeitgeber als die Gewerkschaft zum Arbeitgeberverband.

Nächst höhere Ebene im Vergleich zur Betriebsebene ist die in den Gewerkschaften organisierte Vielzahl der Arbeitnehmer, deren Interessen beim Abschluß der Tarifverträge Berücksichtigung finden. Auf der höchsten Stufe setzt der Gesetzgeber mit Hilfe staatlicher Gesetze Mindestarbeitsbedingungen fest (zum Beispiel hinsichtlich Urlaubsdauer, Kündigungsschutz, Arbeitsschutz usw.). Hinsichtlich der Lohnfrage hat dieser sich allerdings – zu Recht – einer Regelung enthalten.[62] Auf diese Stufenfolge ist nun der Subsidiaritätsgedanke mit dem Vorrang der kleineren Einheit anzuwenden.

(2) Positivrechtlicher Niederschlag

Zum Teil hat das Subsidiaritätsprinzip im Arbeitsrecht *positivrechtlichen* Niederschlag gefunden. Auch in diesem Bereich gilt die subsidiäre Zuständigkeit des Staates; die Regelung der Arbeits- und Wirtschaftsbedingungen ist zunächst grundsätzlich den gesellschaftlichen Gruppen vorbehalten. Dies ist grundlegend in Art. 9 Abs. 1 und Abs. 3 GG zum Ausdruck gebracht, der einen wichtigen Teil wirtschaftspolitischer Rechtsetzungsmacht des Staates dem gesellschaftlichen Bereich überantwortet.[63] Diese staatliche Subsidiarität beruht auf der Er-

---

60 Dazu oben, § 4 III 3 c (4).

61 *Küchenhoff* (DB 1963, 765 [766]): „Wer intensiv zusammen arbeitet, verbindet sich intensiv."

62 Zwar besteht nach § 1 Abs. 2 des Gesetzes über die Festsetzung von Mindestarbeitsbedingungen die Möglichkeit, auch Mindestfestsetzungen von Löhnen zu treffen, generell ist aber die staatliche Lohnfestsetzung (insbesondere die Festlegung von Höchstlöhnen) unangebracht.

63 BVerfG (E 44, 322 [341 f.]): Der Gesetzgeber bleibt „subsidiär für die Ordnung des Arbeitslebens zuständig." So auch *Richardi* (in: Münch Hdb, § 233 Rn. 48; anders noch *ders.*, Kollektivgewalt, S. 52 ff.); *Biedenkopf*, Grenzen der Tarifautonomie, S. 122 ff., 153 ff.; *Wiedemann/Stumpf*, TVG, Einl. Rn. 193 ff.; *Veit*, Zuständigkeit, S. 147 f.; *Kempen*, RdA 1994, 140 (147); *Sodan*, JZ 1998, 421 (427).

kenntnis, daß „die Regelung der Arbeitsverhältnisse durch die Arbeitsverbände sachgemäßer und elastischer erfolgt, von den Parteien leichter ertragen wird und den notwendigen Schutz der Arbeitnehmer hinreichend gewährleistet."[64]

Auch innerhalb des Betriebsverfassungsgesetzes tritt der Gedanke der staatlichen Subsidiarität hervor: Bevor staatliche Macht eingreift, ist zunächst eine Regelung bzw. Einigung auf Betriebsebene zu suchen. So ist das Arbeitsgericht gemäß § 17 Abs. 3 BetrVG bei Bestellung des Wahlvorstands subsidiär heranzuziehen, wenn eine Betriebsversammlung zur Wahl oder die Etablierung des Wahlvorstands nicht stattfindet. Subsidiäres gerichtliches Tätigwerden ist nach § 76 Abs. 2 S. 3 BetrVG auch für den Fall vorgesehen, daß eine Einigung über den Vorsitzenden der Einigungsstelle nicht zustande kommt. Innerhalb der Betriebsorganisation gilt ebenfalls der Vorrang der kleineren, dem Individuum näheren Einheit (Einzelbetriebsrat) vor der größeren (Gesamt- oder Konzernbetriebsrat), § 50 Abs. 1, § 58 Abs. 1 BetrVG.

(3) Subsidiarität und Schutzfunktion

Bei der Anwendung des Subsidiaritätsprinzips müssen die *Besonderheiten des Arbeitsrechts* berücksichtigt werden: Das Arbeitsrecht behandelt einen Bereich, der den „menschlich existentiellen Grundwert Arbeit"[65] ordnet. Durch den Abschluß eines Arbeitsvertrages wird ein Dauerschuldverhältnis begründet, das den Arbeitnehmer als Person erfaßt und ihm in seiner Lebensgestaltung erhebliche, dem Arbeitsverhältnis immanente Beschränkungen abverlangt.[66] Als „Sonderrecht der unselbständigen Arbeitnehmer"[67] ist das Arbeitsrecht geprägt durch eine auf den tatsächlichen Begleitumständen des Arbeitsmarktes beruhende geringere Verhandlungsstärke des Arbeitnehmers.[68] Der einzelne hat zwar grund-

---

Anders *Zöllner/Loritz* (ArbR, § 8 III 4 c): „Staatliche Gesetzgebung ist weder gegenüber der Tarifautonomie subsidiär, noch läßt sich von einer Normsetzungsprärogative der Tarifpartner sprechen." Ebenso *Scholz*, Koalitionsfreiheit, S. 330.

64 *Hueck/Nipperdey*, ArbR II / 1, S. 28.

65 *Küchenhoff* (RdA 1959, 201); *Hensche* (RdA 1996, 293 [301]) stellt ab auf die „Wichtigkeit des Vertragsinteresses 'Arbeit', das mit dem faktischen Zwang zur Unterwerfung unter das arbeitgeberseitige Direktionsrecht zusammenhängt".

66 *Zöllner*, AcP (196) 1996, 1 (30); *Ehmann*, in: FS für Wiese, S. 99 ff.; *Veit*, Zuständigkeit, S. 43; *Junker*, NZA 1997, 1305 (1307). Vgl. zur Besonderheit des Arbeitsvertrages auch oben, § 1 III 1 mit Fn. 95, § 2 I 1 mit Fn. 3.

67 *Bulla*, RdA 1962, 6 (8); vgl. *Biedenkopf*, in: Industrielles System, S. 290 (291). *P. Hanau* (in: FS Köln, S. 183 [197]) sieht den traditionellen Ansatz des Arbeitsrechts darin, die Verfassungsprinzipien der Freiheit, Gleichheit und Sozialstaatlichkeit zu harmonisieren.

68 Die „strukturelle Unterlegenheit" des Arbeitnehmers und das „Versagen der Privatautonomie im Arbeitsrecht" ist zutreffend von *Zöllner* (AcP [176] 1976, 221 [242 ff.]; erneut AcP [196] 1996, 1 [25]) in Frage gestellt worden. Vgl. auch *Kreutz*, Grenzen, S. 156 ff.; *H. Hanau*, Individualautonomie und Mitbestimmung, S. 84 ff.; *Junker*, NZA 1997, 1305

sätzlich und theoretisch die Macht zum Aushandeln angemessener Arbeitsbedingungen – insbesondere eines angemessenen Lohnes –, faktisch wird er aber oftmals nicht in der Lage sein, seine Vorstellungen gegenüber dem Arbeitgeber durchzusetzen.[69] Grund hierfür ist allerdings nicht, wie die herrschende Meinung annimmt, eine in der Struktur des Arbeitsverhältnisses angelegte Unterlegenheit,[70] sondern Ursache ist das übermäßig hohe Angebot gering qualifizierter Arbeitskräfte im Verhältnis zu den vorhandenen Stellen.[71] Dem Arbeitnehmer wird es – vor allem auch wegen fehlender Mobilität – nicht möglich sein, auf einen anderen Arbeitgeber zurückzugreifen.[72]

Eine durch das Subsidiaritätsprinzip zu wahrende Selbständigkeit setzt aber ein gewisses Maß an Verhandlungsgleichgewicht voraus. Dem einzelnen Arbeitnehmer ist eine selbstverantwortliche und gleichberechtigte Gestaltung der Arbeitsbedingungen durch den Abschluß eines Arbeitsvertrages daher nur insoweit möglich, als ein Mindestmaß an Verhandlungsparität vorliegt,[73] welches Voraussetzung für Vertragsgerechtigkeit ist.[74] Ist diese gefährdet, weil der Status des einzelnen nicht durch Autarkie, sondern durch Abhängigkeit bestimmt

---

(1308); *Reuter*, RdA 1991, 193 (195); *ders.* Referat, Verhandlungen des 61. DJT Bd. II / 1, K 35 (K 41 ff.); *Wittgruber*, Abkehr, S. 84 ff.

69 Vgl. dazu insbes. oben, § 2 I 2.

70 Zur „strukturellen Unterlegenheit" BVerfG AP Nr. 35 zu Art. 2 GG; BAG AP Nr. 21 zu § 77 BetrVG 1972; *Jahnke*, Tarifautonomie und Mitbestimmung, S. 126; *Wendeling-Schröder*, Referat, Verhandlungen des 61. DJT, Bd. II / 1, K 9 (K 13, K 17); *Dorndorf*, in: FS für Kissel, S. 139 (142); *Picker*, ZfA 1986, 199 (251); *Engelen-Kefer*, AuR 1997, 8 (10).

71 Zutreffend sieht *Kempen* (RdA 1994, 140 [145]) die Unterlegenheit des Arbeitnehmers gegenüber dem Arbeitgeber in dessen Verfügungsbefugnis über die Einrichtung und Besetzung der Arbeitsplätze begründet; ebenso *Kreutz*, Grenzen, S. 156 ff.

72 Insoweit ist von einer Ausgeglichenheit des Marktes für die allermeisten Arbeitnehmer nicht auszugehen; vgl. *Junker*, NZA 1997, 1305 (1307). Denn wegen der privaten Lebensumstände, Alter oder Gesundheit, Ortsgebundenheit der Familie, würde dieser eher einen geringeren Lohn in Kauf nehmen, als einen Berufs- bzw. Ortswechsel vorzunehmen; vgl. *Konzen*, NZA 1995, 913 (918).

73 *Häberle* (Wesensgehalt, S. 15): „Wo der einzelne aus materiellen Gründen nicht in der Lage wäre, seine Freiheit tatsächlich in Anspruch zu nehmen, hätte dies nur noch eine formale Bedeutung; sie bleibe auf dem Papier. Der Verfassung geht es aber gerade um 'wirkliche Freiheit'." Ebenso *Höfling*, Vertragsfreiheit, S. 46. Vertragsfreiheit taugt nur im Falle eines annähernd ausgewogenen Kräfteverhältnisses der Partner als Mittel eines angemessenen Interessenausgleichs; so BVerfG AP Nr. 35 zu Art. 2 GG; *Gast*, Arbeitsrecht als Vertragsrecht, S. 55 ff.; *Preis*, Grundfragen, S. 216 ff., 223. Diff. *Junker* (NZA 1997, 1305 [1307]), der die Richtigkeit durch die Möglichkeit alternativer Vertragsgelegenheiten gewährleistet sieht. *Wiedemann* (Arbeitsverhältnis, S. 24) stellt auf die „wirtschaftliche Gleichgewichtslage" ab.

74 *Höfling*, Vertragsfreiheit, S. 41; *Heinze*, NZA 1991, 329 (331).

ist (insbesondere weil es an Arbeitsvertragsalternativen mangelt), eine gleichsam „freiwillige Zustimmung" zu den Bedingungen des Arbeitsvertrages – insbesondere hinsichtlich der Höhe des Lohnes –, das heißt eine eigenverantwortliche, selbstbestimmte Gestaltung nicht gegeben ist, bedarf er des Schutzes des Kollektivs. Die Selbstbestimmung wird dann im und durch das Kollektiv verwirklicht.[75] Dies gilt vor allem, soweit der Individualvertrag den Erfordernissen betriebseinheitlicher Gestaltung der Arbeitsbedingungen nur in der Form faktisch einseitig durch den Arbeitgeber vorgegebener vertraglicher Einheitsregelungen genügt.

In der größeren Einheit kann das Individuum seinen Vorstellungen zusammen mit anderen Gehör verschaffen. Erst wenn auch diese Gemeinschaft keine angemessenen Arbeitsbedingungen verwirklicht, das heißt auch auf diesem Wege eine Teilhabe an der Ausgestaltung des Arbeitsverhältnisses nicht möglich wird, ist die nächst größere Einheit berufen. In dem Maße, wie zur Verwirklichung des erforderlichen Schutzes auf größere Einheiten zurückgegriffen werden muß, verringert sich der Umfang an selbstgestaltender Teilhabe des einzelnen. Das (arbeitsrechtliche) Subsidiaritätsprinzip ermöglicht als Prinzip der Freiheit damit nicht nur den Schutz der niedrigeren, kleineren Einheit in der größeren menschlichen Einheit, sondern gerade auch die eigenverantwortliche Selbstgestaltung des einzelnen bzw. der kleineren Einheit, soweit sie dazu in der Lage ist.[76] Maßgebend ist also die *Notwendigkeit* des Schutzes durch das Kollektiv.[77]

b) Subsidiaritätsprinzip und Kollektivautonomien

Ausgehend von der Prämisse der grundsätzlich vorrangig selbstverantwortlich durch das Individuum zu gestaltenden Lebensbedingungen, kommt entsprechend der oben gemachten Ausführungen der Betriebsautonomie als der kleineren und sachnäheren menschlichen Gemeinschaft der Vorrang vor der Aufgabenwahrnehmung durch die Tarifebene zu.

(1) Subsidiarität der Tarifautonomie

Den Tarifvertragsparteien steht die Aufgabe zu, die Arbeits- und Wirtschaftsbedingungen in einem Bereich möglichst einheitlich zu gestalten und den Mangel an Durchsetzungsmacht und Verhandlungsstärke des einzelnen durch die Macht der Koalitionen zu ergänzen; sie müssen aber nach dem verfassungs-

---

[75] Die Privatautonomie wird zugunsten der Gruppenautonomie im Hegel'schen Sinne des Vernichtens und Bewahrens aufgehoben; vgl. *Ehmann/Lambrich*, NZA 1996, 346 (349); *Schmidt*, Günstigkeitsprinzip, S. 69.

[76] *Kalkbrenner*, in: FS für Küchenhoff, S. 515 (524): „Das Subsidiaritätsprinzip gibt den ursprünglichen Kräften des Menschen und der in seiner Nähe gebildeten Gesellung die Möglichkeit eigener Entfaltung ..."

[77] Vgl. *Küchenhoff*, RdA 1959, 201 (203).

rechtlichen Subsidiaritätsprinzip folgerichtig den Betriebspartnern den Vorrang vor einer tariflichen Regelung lassen, wenn diese ebensogut wie die Tarifvertragsparteien in der Lage sind, die Arbeits- und Wirtschaftsbedingungen zum Schutz der Arbeitnehmer festzulegen.[78] Die durch die Koalitionen ausgehandelten Flächentarifverträge müssen scheitern und tun dies auch, wollten die dort getroffenen Regelungen allen Vorstellungen und Bedürfnissen der einzelnen Arbeitnehmer in den verschiedenen Betrieben einer Branche gerecht werden. Denn den Individuen ist weitestgehend die Einflußnahme und eigenverantwortliche Mitgestaltung bei der Festlegung der Arbeitsbedingungen genommen. Auf Betriebsebene hingegen ist dem Arbeitnehmer der unmittelbare Bezug zu seinen Arbeitskollegen und mit diesen die eigenverantwortliche Partizipationsmöglichkeit eröffnet. Die Mitbestimmung als institutionell gesicherte und zugleich gewollte Beschränkung der Verfügungsrechte des Arbeitgebers ist damit ein Zwischenweg, der die Überwindung des einseitigen Individualismus wie des einseitigen Kollektivismus ermöglicht.[79]

Die größere Einheit auf Tarifebene entfaltet ihre Macht also nur subsidiär: Die Betriebsautonomie wird durch die Tarifautonomie unterstützt und gesichert, so daß eine angemessene Ausgestaltung der Arbeitsbedingungen auf Betriebsebene ermöglicht wird, um eine weitestgehende Selbstbestimmung der Arbeitnehmer sicherzustellen. Für die Festlegung des Zeitlohns bedeutet dies, daß, soweit Arbeitgeber und Betriebsrat nicht in der Lage sind, sich über die Festlegung der Lohnhöhe zu einigen, subsidiär auf die nächst höhere Einheit zurückgegriffen wird. Kommt keine freiwillige Betriebsvereinbarung zustande, gilt der tariflich festgelegte Lohn. Reichen die Kräfte aber auf der unteren Ebene aus, die Interessen des einzelnen wahrzunehmen, bedarf es eines Rückgriffs auf die größere Ebene nicht. Der Betriebsgemeinschaft als kleineren, sachnäheren Einheit kommt nach dem Subsidiaritätsprinzip der Vorrang vor der tariflichen Ebene zu.[80]

---

[78] *Isensee*, Subsidiaritätsprinzip, S. 292: „Der Primat der Freiheit gilt auch für die Verbände", der Staat darf den Einzelnen nicht schutzlos den gesellschaftlichen Gewalten überlassen. Vgl. auch die Nachw. in Fn. 80.

[79] Vgl. *Teuteberg* (Geschichte, S. 535), der in der Mitbestimmung eine die „Rechte und Pflichten von Individuum und Gemeinschaft gleichermaßen umschließende höhere Synthese" erblickt.

[80] So auch *Ehmann*, Neue Ordnung 1996 (Sondernummer), 5 (61); *Ehmann/Lambrich*, NZA 1996, 346 (352 f.); *Ehmann/Schmidt*, NZA 1995, 193 (197); *Sodan*, JZ 1998, 421 (429); *Lambrich*, Tarif- und Betriebsautonomie, S. 244 ff., 252 ff.; tendenziell auch *Reuter*, RdA 1991, 193 (199, 202); prinzipiell zustimmend *Gentz*, in: FS für Schaub, S. 205 (216); ähnlich *Misera*, Tarifmacht und Individualbereich, S. 18. Diesen Gedanken erwägen auch *Kempen* (RdA 1994, 140 [141]) und *Fabricius* (Unternehmensrechtsreform, Rn. 185), ohne daß letzterer allerdings das Subsidiaritätsprinzip ausdrücklich nennt. Dagegen *Veit*, Zuständigkeit, S. 235 f.; *Fischer*, Betriebsvereinbarung, S. 213 ff.

(2) Solidarität als Folge der Subsidiarität

Die primäre Zuständigkeit der Betriebsautonomie führt aber nicht nur zu mehr Selbstbestimmung in und durch die kleinere und sachnähere Gemeinschaft. Sie ermöglicht auch einen angemesseneren Umgang mit wirtschaftlichen Krisen, denn auf der Betriebsebene getroffene Abwehrmaßnahmen rufen innerhalb der Belegschaft Solidarität hervor, da der überschaubare Kreis die Chance eröffnet, durch gemeinsame Anstrengungen aller die Talsole bewältigen zu können.[81] Auf der Ebene der Flächentarifverträge, auf der durch Anonymität die Mitverantwortung fehlt,[82] führen gesamtwirtschaftliche Krisen zu einem unsozialen „rette-sich-wer-kann"-Verhalten, weil diese für den einzelnen als unabwendbare Bedrohung empfunden werden.[83] Anzustreben ist also eine Selbstorganisation der kleineren Lebensbereiche, um dem einzelnen in einem wichtigen Lebensbereich eigenverantwortliche Mitgestaltung zu ermöglichen.[84]

4. Zusammenfassung

Das Subsidiaritätsprinzip ist ein verfassungsrechtlich gewährleistetes Vorrangprinzip, welches ausgehend von der Orientierung des Grundgesetzes an der Menschenwürde grundsätzlich eine vorrangige Zuständigkeit der kleineren so-

---

Anders *Küchenhoff* (RdA 1959, 201 [203]), der zwar von einer Stufenfolge (individualvertragliche Ebene - Betriebsebene - Tarifebene - Staatsebene) ausgeht, für die Lohnfestlegung aber die Ordnungsgewalt auf die Tarifautonomie konzentriert; vgl. *Säcker*, ZfA Sonderheft 1972, 41 (44); *Kempen*, RdA 1994, 140 (147). Damit wird das Subsidiaritätsprinzip aber inkonsequent angewendet und das Ergebnis verfälscht.

81 So *Reuter*, in: FS für Schaub, S. 605 (637); vgl. *Ehmann*, Neue Ordnung 1996 (Sondernummer), 5 (31): „Die Gesamtleistung einer guten Gemeinschaft ist stets viel mehr, als die Summe der Leistung der einzelnen Glieder dieser Gemeinschaft." Wenn sich die Gemeinschaft eines Betriebes darauf einigt, zum Wohle aller die Arbeitsplätze im Betrieb zu erhalten, fördert der betriebliche Bereich den Einsatz des kreativen Eigennutzes für das Gemeininteresse, für die Solidarität der Belegschaft. Ebenso *Karakatsanis*, Kollektivrechtliche Gestaltung, S. 54: „Zusammengehalten durch das Band der notwendigen Solidarität". Vgl. *Biedenkopf*, in: Industrielles System, S. 290 (302): „Interessengemeinschaft".
V. Jhering, Zweck im Recht, S. 27: „Die Koinzidenz der Interessen mit dem allgemeinen Zweck bewirkt, daß jeder, indem er sich bloß für sich bemüht, zugleich für letztere tätig wird."

82 Auf das Mißtrauen des „sich selbst als mündig bezeichnenden Bürgers" gegenüber anonymen kollektiven Mächten weist *Fuchs* (in: Sozialpartnerschaft, S. 165 ff.) hin. Die „zunehmende Mündigkeit der Bürger" und einen „allgemeinen Individualisierungsprozeß" heben *Adomeit* (in: Sozialismus, S. 499 [510]) und *Blomeyer* (NZA 1996, 337 [337 f.]) hervor.

83 Vgl. zur Solidarität im sozialen Rechtsstaat *Benda*, Hdb VerfR, § 17 Rn. 127.

84 Vgl. *Zippelius* (Gesellschaft und Recht, S. 147 f.), der insbesondere den betrieblichen Bereich als Beispiel für Selbstorganisations- und Dezentralisierungsmöglichkeiten nennt.
Auch der Vorsitzende des Arbeitgeberverbandes *Dieter Hundt* (FAZ v. 08.06.1998, S. 17) betont, daß „Bündnisse für Arbeit" nur in den Betrieben wirklich funktionieren können.

zialen Einheit vor der jeweils größeren Einheit begründet, die erst dann hilfsweise eingreifen darf (negativer Gehalt), dann aber auch eingreifen soll (positiver Gehalt), wenn die kleinere Einheit nicht in der Lage ist, die betreffende Aufgabe in befriedigender Weise zu lösen.[85] Für das Arbeitsrecht – speziell für das Verhältnis der Verfassungsgüter Betriebsautonomie und Tarifautonomie – begründet das Subsidiaritätsprinzip damit den *Vorrang der betrieblichen Regelung*. Um aber die Besonderheiten des Arbeitsrechts hinreichend zu berücksichtigen, bedarf es der Konkretisierung des Subsidiaritätsprinzips durch ein weiteres Verfassungsprinzip, mit welchem die Beurteilung der erfolgreichen Aufgabenwahrnehmung durch die jeweils kleinere Gemeinschaft ermöglicht wird.

II. Konkretisierung des Subsidiaritätsprinzips durch das Günstigkeitsprinzip

Angesichts der begrenzten Möglichkeiten, *allein* aus dem Subsidiaritätsprinzip eine konkrete Kompetenzbestimmung treffen zu können, ist dieses wegen der Besonderheiten des Arbeitsrechts (primäre Orientierung am Arbeitnehmerschutz) durch das verfassungsrechtliche Günstigkeitsprinzip zu konkretisieren,[86] denn würde man allein auf das Subsidiaritätsprinzip abstellen, könnte die Zuständigkeit der kleineren Einheit schon dann zu bejahen sein, wenn diese nur irgendeine Abmachung getroffen hat. Eine Bewertung der Abmachung würde nicht erfolgen. Es wäre nicht sichergestellt, daß die auf der kleineren Ebene zustande gekommene Vereinbarung im Wege freier Übereinkunft erfolgte. Ein angemessener Ausgleich zwischen autonomer Gestaltung und notwendigem Schutz durch die größere Einheit würde fehlen. Dem wirkt das verfassungsrechtliche Günstigkeitsprinzip entgegen, indem es als Kollisionsregel zwischen mehreren, dasselbe Rechtsverhältnis gestaltenden Normen verschiedenen Ran-

---

[85] Nach *Schmidt* (Günstigkeitsprinzip, S. 74) vollzieht sich im Subsidiaritätsprinzip die Auflösung des „Spannungsverhältnisses von Solidarität und Freiheit, von gemeinwohlorientierter, fürsorgender Bevormundung und autonomer Selbstbestimmung."

[86] Auf die Verbindung des Subsidiaritätsprinzips mit anderen Prinzipien weist *Häberle* (AöR 1994, 169 [197]) hin; vgl. auch *Auffermann*, Verhältnismäßigkeit, S. 70 ff., 72. Einen allgemeinen Bewertungswandel hin zur Subsidiarität der kollektivrechtlichen Regelungen im Zusammenhang mit der Anwendung des Günstigkeitsprinzips stellt *Blomeyer* (NZA 1996, 337 [337 f.]) heraus. Zum Teil wird das Günstigkeitsprinzip als Ausdruck der Subsidiarität angesehen; so *Küchenhoff*, RdA 1959, 201 (203); *ders.*, DB 1963, 765 (766); *Ehmann/Schmidt*, NZA 1995, 193 (195); *Ehmann/Lambrich*, NZA 1996, 346 (352 f.); *Lambrich*, Tarif- und Betriebsautonomie, S. 226 ff., 231 ff., 235 ff.; *Veit*, Zuständigkeit, S. 148; *Schmidt*, Günstigkeitsprinzip, S. 70; *Bender*, DB 1987, 1117 (1119); *Papritz*, Günstigkeitsprinzip, S. 75.
Weitergehend *Ehmann* (Neue Ordnung 1996 [Sondernummer], 5 [61]; *ders.*, ZRP 1996, 314 [318]) der – insbes. für das Verhältnis von (Firmen-)Tarifvertrag und Betriebsvereinbarung – allein auf das Subsidiaritätsprinzip abstellt, ohne die Schranke der Günstigkeit.

ges wirkt und derjenigen den Anwendungsvorzug gewährt, die für den Arbeitnehmer günstiger ist.[87]

1. Günstigkeitsprinzip als Verfassungsprinzip

Das ursprünglich als reine Auslegungsregel ausgestaltete Günstigkeitsprinzip[88] ist inzwischen nahezu unstreitig als Verfassungsprinzip anerkannt.[89] Andern-

---

[87] *Nikisch*, ArbR Bd. II, S. 418; *Schmidt*, Günstigkeitsprinzip, S. 20; *Tech*, Günstigkeitsbeurteilung, S. 4. Welche Abmachung im konkreten Fall günstiger ist, läßt sich im Rahmen eines Günstigkeitsvergleichs ermitteln; dazu unten, § 6.

[88] Wegen mangelnder Normativität der Tarifverträge konnten *Lotmar* (Arbeitsvertrag Bd. 1, S. 773-778) und *Sinzheimer* (Arbeitsnormenvertrag, S. 65 ff.) das Günstigkeitsprinzip als bloße Auslegungsregel bezeichnen. Die TVVO von 1918 schuf dann zwar die normative Wirkung des Tarifvertrages, stellte aber in § 1 Abs. 1 S. 2 TVVO die Geltung der einzelvertraglichen Vereinbarung zugunsten des Arbeitnehmers unter den Vorbehalt einer gegenteiligen Regelung seitens der Tarifvertragsparteien, die damit die Befugnis zur Vereinbarung von Höchstnormen hatten (*Jacobi*, Grundlehren, S. 234; *E. Molitor*, TVVO, § 1 Rn. 34). Der Ausschluß günstigerer Abmachungen mußte aber ausdrücklich erfolgen (*A. Hueck*, Recht des Tarifvertrages, S. 118 ff.); dazu *Richardi*, Kollektivgewalt, S. 320 ff.; *Belling*, Günstigkeitsprinzip, S. 26 ff. Zur Geschichte des Günstigkeitsprinzips *Wlotzke*, Günstigkeitsprinzip, S. 110 ff.; *Schmidt*, Günstigkeitsprinzip, S. 25 ff.

[89] Herrschende Meinung: BAG AP Nrn. 2, 3 zu § 4 TVG mit Anm. *Küchenhoff*; BAG (AP Nr. 17 zu § 77 BetrVG 1972): „Das Günstigkeitsprinzip ist ein verfassungsmäßig anerkannter Grundsatz des kollektiven Arbeitsrechts, der auch außerhalb des Tarifvertragsgesetzes Geltung beansprucht.“ *Zöllner*, DB 1989, 2121 (2125); *Buchner*, in: FS für Kissel, S. 97 (111); *Wank*, in: wiedemann, § 4 Rn. 390 ff.; *Ehmann/Schmidt*, NZA 1995, 193 (195); *Ehmann/Lambrich*, NZA 1996, 346 (348); *Belling*, Günstigkeitsprinzip, S. 37 ff.; vgl. auch die nachfolgenden Fn.

Diff. *Richardi* (Kollektivgewalt, S. 360 ff. [368]; *ders.*, RdA 1983, 201 [216]; *ders.*, ZfA 1992, 307 [324]), der die verfassungsrechtliche Gewährleistung des Günstigkeitsprinzips nach der freiwilligen Unterwerfung unter die Tarifnormen beurteilt. Die Beschränkung der Vertragsfreiheit eines tarifgebundenen Arbeitnehmers beruhe auf dem freiwilligen Unterwerfungsakt durch Koalitionsbeitritt. Anders bei fehlender Legitimation, dann sei Art. 12 Abs. 1 GG i. V. m. dem Sozialstaatsprinzip als Grundlage der Abweichung zugunsten des Arbeitnehmers betroffen.

Anders auch *Däubler* (Tarifvertragsrecht, Rn. 197), der von einem nur mittelbaren verfassungsrechtlichen Schutz des Günstigkeitsprinzips ausgeht. Ob es sich beim Günstigkeitsprinzip um einen bloßen Rechtssatz oder darüber hinaus um einen Verfassungsgrundsatz handelt, läßt auch *Wlotzke* (Günstigkeitsprinzips, S. 21 ff.) offen. Unklar *Söllner* (RdA 1989, 144 [149]), der einerseits das Günstigkeitsprinzip mit dem verfassungsrechtlichen Verhältnismäßigkeitsgrundsatz in Zusammenhang bringt, dann aber eine „Verfassungskonkretisierung“ durch diese Prinzipien ablehnt.

Ausdrücklich gegen die verfassungsrechtliche Anerkennung: BVerwG AP Nr. 4 zu § 4 TVG Angleichungsrecht; Hagemeier/Kempen/*Zachert*/Zilius, TVG, § 4 Rn. 139; *Nikisch*, DB 1963, 1254 (1255): Höchstnormbeschlüsse seien aber dem Schutzzweck des Tarifvertrags wesensfremd; *Dietz*, DB 1965, 591 ff.; *Schulze*, Günstigkeitsprinzip, S. 48 ff.; *Joost*,

falls ließe sich auch nur schwerlich begründen, warum die in Art. 9 Abs. 3 S. 1 GG „schrankenlos" gewährleistete Koalitionsfreiheit mittels einfachen Gesetzes (§ 4 Abs. 3 TVG) begrenzt werden kann, denn § 4 Abs. 3 TVG macht es den Tarifvertragsparteien unmöglich, Höchstnormen zu setzen, wie dies unter der Geltung der TVVO noch möglich war, beschränkt damit also deren Gestaltungsmacht.[90] Uneinigkeit besteht trotz umfassender Behandlung im Schrifttum nach wie vor über die genaue verfassungsrechtliche Verortung des Günstigkeitsprinzips.

a) Vielfalt der verfassungsrechtlichen Bezüge

Wo der einzelne in der Lage ist, durch Ausübung seiner Vertragsfreiheit angemessene Arbeitsbedingungen auszuhandeln, dient die Anerkennung dieser individuell ausgehandelten Bedingungen der freien Entfaltung der Persönlichkeit durch Anerkennung der allgemeinen Handlungsfreiheit. Insoweit verhilft das Günstigkeitsprinzip der in Art. 2 Abs. 1 GG gewährleisteten *Privatautonomie* zur Geltung, statuiert einen Vorbehalt zugunsten individueller Vertragsfreiheit.[91]

Durch die Geltung günstigerer Abmachungen können überdurchschnittliche Leistungen oder überdurchschnittlicher Einsatz im Betrieb honoriert werden; insoweit kommt im Günstigkeitsprinzip auch das *Leistungsprinzip* zum Aus-

---

RdA 89, 7 (15); anders aber *ders.*, ZfA 1984, 173 (175, 178 f.); *Weismann*, Arbeitsrecht im Spannungsfeld, S. 266 f.; *Tyska*, Günstigkeitsprinzip, S. 42 ff.; *G. Müller*, Tarifautonomie, S. 216; *Papier*, RdA 1989, 137 (141). Zwar lehnt *Riester* (Flexibilisierung, S. 33) die verfassungsrechtliche Gewährleistung des Günstigkeitsprinzips ab; auf S. 41 argumentiert er jedoch, daß das Setzen von Höchstarbeitsbedingungen verfassungswidrig sei. Damit erkennt er – wohl unbewußt, aber im Ergebnis zutreffend – das Günstigkeitsprinzip als Verfassungsprinzip an.

[90] *Schmidt*, Günstigkeitsprinzip, S. 59 f.

[91] *Biedenkopf*, Grenzen der Tarifautonomie, S. 147; *Säcker*, Gruppenautonomie, S. 293 f.; *Kreutz*, Grenzen, S. 118 ff.; *ders.*, in: GK-BetrVG, § 77 Rn. 204; *Wiedemann/Stumpf*, TVG, § 4 Rn. 215; *Hess*/Schlochauer/Glaubitz, BetrVG, § 77 Rn. 89; *Berg*, in: D/K/K, § 77 Rn. 19; *Richardi*, ZfA 1992, 307 (324); *Hromadka*, DB 1985, 864 (866); *Blomeyer*, NZA 1996, 337 (338); *ders.*, DB 1987, 634 (637); *Reuter*, RdA 1991, 193 (198); *Belling*, DB 1987, 1888 (1890 f.); *Martens*, RdA 1983, 217 (222). Vgl. auch bereits *Jacobi*, Grundlehren, S. 232 f. Zusätzlich auf Art. 12 Abs. 1 GG scheint *Buchner* (DB 1990, 1715 [1719]) abzustellen; ebenso *Bengelsdorf* ZfA 1990, 563 (595); ähnlich *Säcker/Oetker*, Grundlagen und Grenzen, S. 252 f.; dagegen *Belling*, Günstigkeitsprinzip, S. 74.
Würde man Art. 12 Abs. 1 GG als für das Arbeitsrecht gegenüber der Privatautonomie speziellere Gewährleistung heranziehen (so *Scholz*, in: FS für Rittner, S. 629 [641 f.]; *ders.*, ZfA 1981, 265 [275 ff.]; *Wank*, in: Wiedemann, § 4 Rn. 394; *Schmidt-Preuß*, Zentralfragen, S. 215 f.), so wäre das Günstigkeitsprinzip jedenfalls für alle ausländischen Arbeitnehmer nicht anwendbar.

druck.[92] Zu beachten ist aber, daß sich das Günstigkeitsprinzip nicht auf die Verwirklichung des Leistungsprinzips – dessen Umfang und Anerkennung umstritten sind[93]– beschränkt. Vielmehr gelangt die günstigere Regelung unabhängig von der hinter ihr stehenden Intention (besseres Verhandlungsgeschick, höhere Unternehmensgewinne, gegebenenfalls auch soziale Bedürftigkeit) zur Geltung.[94]

Weil die Kollektivautonomie gerade dem Zweck dient, ein Machtgleichgewicht zwischen Arbeitgeber- und Arbeitnehmerseite herzustellen,[95] muß diese aber ihre Grenze dort finden, wo das Machtgleichgewicht auch auf kleinerer Ebene erreicht und in einer günstigeren Abmachung zum Ausdruck gekommen ist (Schranke der Kollektivmacht). Daher wird das *Günstigkeitsprinzip auch als*

---

[92] *Hueck/Nipperdey*, ArbR Bd. II / 1, S. 572; *Nikisch*, ArbR Bd. II, S. 420 f.; *Hromadka*, DB 1985, 864 (866); *Joost*, ZfA 1984, 173 (175); *Tech*, Günstigkeitsbeurteilung, S. 66 f.; *Krauss*, Günstigkeitsprinzip, S. 66; *Courth*, Günstigkeitsprinzip, S. 3; *Papritz*, Günstigkeitsprinzip, S. 88; *Karakatsanis*, Kollektivrechtliche Gestaltung, S. 111 f. *Wlotzke* (Günstigkeitsprinzip, S. 47) hält das Leistungsprinzip für die „vornehmlichste Berechtigung für das Günstigkeitsprinzip".
Grundlegend für die Heranziehung des Leistungsprinzips zur dogmatischen Begründung des Günstigkeitsprinzips ist der Beitrag von *Nipperdey* (in: FS für Lehmann, S. 257 ff.). Ausgehend von den §§ 29, 30, 32 AOG führt er aus, daß das Leistungsprinzip und damit das Günstigkeitsprinzip Ausdruck eines allgemeineren Rechtsprinzips – eines Spezialitätsprinzips – sei, wonach die „speziellere, individuelle Regelung, sofern sie günstiger ist, der allgemeinen im Betrieb oder Beruf" vorgeht (a. a. O., S. 263 f.).

[93] Zum Ursprung und zur Kritik am Leistungsprinzip *Jenkis*, Leistung – Ein inhumaner Anspruch?, S. 73 ff.
Ausdrücklich genannt ist das Leistungsprinzip für das Berufsbeamtentum in Art. 33 Abs. 2 GG. Für Arbeitnehmer wird es zumeist in Art. 2 Abs. 1 i. V. m. Art. 3 Abs. 1 GG angesiedelt; vgl. *Karakatsanis*, Kollektivrechtliche Gestaltung, S. 111. Anders *Firlei* (DRdA 1981, 1), der zwar die Funktion des Günstigkeitsprinzips in der Förderung des Leistungsprinzips (a. a. O., S. 14), darin aber einen Gegensatz zum Postulat der Gleichheit sieht, die er auf eine Verteilung im Sinne der Solidarität der Arbeitnehmer beschränkt (a. a. O., S. 2). Nach der zutreffenden Beurteilung von *Belling* (Günstigkeitsprinzip, S. 82) bewirkt das Leistungsprinzip gerade den Ausgleich sozialer Gegensätze ohne Angleichung und verwirklicht das Gerechtigkeitsprinzip „suum cuique". Vgl. auch *Nikisch*, ArbR Bd. II, S. 420 f.; *Hueck/Nipperdey* (ArbR Bd. II / 1, S. 572): „Leistungsprinzip als verfassungsrechtlich gesicherter Bestandteil der geltenden Arbeitsrechtsordnung"; *Siebert*, in: FS für Nipperdey, S. 119 (126).

[94] *Richardi* (Kollektivgewalt, S. 372; vgl. *ders.*, Gutachten, Verhandlungen des 61. DJT, Bd. II / 1, B 81): „Der Begriff des Leistungsprinzips dient nur der Problemverdeutlichung. Er ist nicht Kriterium für die rechtliche Anerkennung des Begünstigungsgedankens."

[95] Für die Tarifautonomie BVerfG (NJW 1991, 2549 ff.; NZA 1995, 754 [756]): „Ausgleich der strukturellen Unterlegenheit."
Für die Betriebsautonomie BAG (AP Nr. 21 zu § 77 BetrVG 1972): „Zurückdrängen einzelvertraglicher Vereinbarungen ... wegen der dabei gestörten Vertragsparität."

Bestandteil der Tarifautonomie selbst angesehen und gleichsam als Gegenstück der Unabdingbarkeit[96] in Art. 9 Abs. 3 GG verankert.[97]

Zum Teil wird für die verfassungsrechtliche Herleitung des Günstigkeitsprinzips auf das *Sozialstaatsprinzip* rekurriert[98] oder auf ein allgemeines arbeitsrechtliches Schutzprinzip abgestellt.[99]

b) Günstigkeitsprinzip als Bestandteil allgemeiner Verfassungsdogmatik

Inwieweit der Günstigkeitsgedanke in einzelnen Verfassungsnormen verankert ist, kann hier dahinstehen,[100] jedenfalls läßt sich der im Günstigkeitsprinzip zum Ausdruck kommende Ausgleich zwischen verschiedenen Verfassungsgütern insbesondere aus der *allgemeinen Verfassungsdogmatik* belegen: Die Grundrechte stehen im Rahmen der Einheit der Verfassung[101] mit anderen Verfassungsgütern in einem Verhältnis gegenseitiger Bedingtheit, so daß ihr Inhalt und ihre Grenzen im Hinblick auf die neben ihnen anerkannten anderen Verfassungsrechtsgüter zu bestimmen sind.[102] Bei der Kollision widerstreitender Verfassungsgüter sind diese dem *Gebot der Herstellung praktischer Konkordanz* entsprechend dergestalt gegenüberzustellen, daß jedem von ihnen zu weitestge-

---

96 *Wlotzke*, Günstigkeitsprinzip, S. 15: „Kehrseite der Unabdingbarkeit."

97 *Hueck/Nipperdey*, ArbR Bd. II / 1, S. 232 ff., 573; *Biedenkopf*, Grenzen der Tarifautonomie, S. 75, 146 f.; *Säcker*, Gruppenautonomie, S. 51, 293 ff.; *Säcker/Oetker*, Grundlagen und Grenzen, S. 262 f.; *dies.*, ZfA 1996, 85 (95 ff.); *Heinze* (NZA 1991, 329 [331]): „Gerade weil die kollektive Privatautonomie die individuelle Vertragsgerechtigkeit von verfassungswegen sichern soll, muß die Kollektivautonomie zugunsten des Vorrangs der individuellen Freiheitsrechte dort ihre verfassungsrechtliche Schranke finden, wo die individuelle Privatautonomie zur Verwirklichung der vom Sozialstaatsprinzip geforderten Vertragsgerechtigkeit im Arbeitsleben selbst in der Lage ist." *Joost*, ZfA 1984, 173 (175, 178 f.): „Schutz vor dem Beschützer"; *Siebert*, in: FS für Nipperdey, S. 119 (124); *Herrmann*, ZfA 1989, 577 (617, 620); *Papritz*, Günstigkeitsprinzip, S. 51; *v. Langen*, Von der Tarif- zur Betriebsautonomie, S. 116 ff. Unzutreffend ist allerdings die Einschätzung von *Kort* (NJW 1997, 1476 [1479]), das Günstigkeitsprinzip diene letztlich der Tarifautonomie.

98 *G. Müller*, AuR 1992, 257 (258); *Ramm*, JZ 1966, 214 (218). Mit diesem Ansatz ist aber weder eine Erklärung für die individualschützende Funktion, noch für den Vorrang der Individualabrede vor der Kollektivregelung gefunden.

99 *Wiedemann*, Arbeitsverhältnis, S. 22; zusätzlich auf ein arbeitsrechtliches Schutzprinzip stellt auch das BAG (AP Nr. 17 zu § 77 BetrVG 1972) ab.

100 Das Günstigkeitsprinzip kann als eine grundrechtsimmanente Schranke angesehen werden; vgl. *Häberle* (Wesensgehalt, S. 51 ff., 61), der letztendlich – wie hier – Inhalt und Grenzen der Grundrechte durch Abwägung nach dem Gebot der Herstellung praktischer Konkordanz ermittelt (a. a. O., S. 58 ff.).

101 *Hesse*, Grundzüge, Rn. 71; *Sodan*, JZ 1998, 421 (424); BVerfG (E 30, 173 [193]; 32, 311 [316]): Die Verfassung als „Sinnganzes", als „Einheit eines grundlegenden Wertesystems". Insgesamt kritisch dazu *F. Müller*, Einheit der Verfassung, S. 119 ff.

102 *Häberle*, Wesensgehaltsgarantie, S. 31 ff., 35; *Schmidt-Preuß*, Zentralfragen, S. 196 ff.

hender (optimaler) Geltung verholfen wird;[103] es hat eine *Abwägung*[104] gemäß dem *allgemeinen Verhältnismäßigkeitsgrundsatz* (Übermaßverbot)[105] zu erfolgen, wobei nicht eines der Verfassungsgüter auf Kosten des anderen realisiert werden darf, sondern beiden verhältnismäßige Grenzen gezogen werden.[106]

(1) Grundgesetzliche Wertordnung als Maßstab der Abwägung

Bei der Herstellung praktischer Konkordanz ist von der dem Grundgesetz zugrunde liegenden Wertordnung[107] auszugehen, allerdings nicht in Gestalt eines Katalogs von Werten, aus dem sich der Rang der verschiedenen Grundrechte und Verfassungsgüter gleichsam wie aus einer Tabelle ablesen ließe,[108] sondern als Maßstab der Abwägung.[109] Verfehlt wäre es, im Abwägungsprozeß einen mathematisch meßbaren Vorgang zu sehen.[110] Vielmehr ergibt sich aus der

---

[103] *Hesse*, Grundzüge, Rn. 72, Rn. 317; *Scholz*, in: Isensee/Kirchhof, Hdb StaatsR, Bd. VI, § 151 Rn. 75; *H. Schneider*, Güterabwägung, S. 203 ff.; vgl. auch *Gamillscheg*, Grundrechte im Arbeitsrecht, S. 17 f.

[104] BVerfG (E 7, 198 [Lüth-Urteil]; 7, 377 [Apothekenurteil]; 30, 173 [Mephisto] u. a.): Methode der „Güterabwägung im Einzelfall".

[105] Der Verhältnismäßigkeitsgrundsatz ist eine sich aus dem Rechtsstaatsprinzip und den Grundrechten ergebende, übergreifende verfassungsrechtliche Leitregel; so das BVerfG (E 19, 342 [348 f.]; 23, 127 [133]; 30, 1 [20]; 35, 383 [400 f.]). Vgl. dazu umfassend *Stern*, StaatsR Bd. III / 2, § 84: Der Verfassungsgrundsatz der Verhältnismäßigkeit verlangt für die Einschränkung eines verfassungsrechtlich garantierten Rechtsguts das Vorliegen eines legitimen Zwecks, den Einsatz eines geeigneten Mittels, die Erforderlichkeit des Mittels und die Proportionalität, das heißt die Verhältnismäßigkeit im engeren Sinn. Nach *Larenz* (Richtiges Recht, S. 40 f., 124 ff.) ergibt sich der Grundsatz der Verhältnismäßigkeit unmittelbar aus dem Gedanken der Gerechtigkeit des „rechten Maßes", des „Maßvollen".

[106] Anders *v. Krauss* (Verhältnismäßigkeit, S. 16), der davon ausgeht, daß ein Interesse gegenüber den anderen nicht nur zurücktreten, sondern auch obsiegen kann.

[107] BVerfGE 7, 198 (215); 30, 173 (193); 81, 242 (254).

[108] *Larenz*, Methodenlehre, S. 339 ff. (342); *Häberle*, Wesensgehaltsgarantie, S. 33, 35, 38; *Schlink* (Abwägung, S. 43, 45), der das Vorliegen einer Wertordnung insgesamt ablehnt. Gegen eine Wertordnung auch *Stern*, StaatsR Bd. III / 2, § 92 I 3 d; *F. Müller*, Einheit der Verfassung, S. 204 ff.; gegen die abstrakte Ranghöhe eines Gutes *Lerche*, Übermaß, S. 235.

[109] Vgl. *Jakobs*, DVBl 1985, 97 (98); *Hesse*, Grundzüge, Rn. 72; *Hirschberg*, Verhältnismäßigkeit, S. 77; *Dürig*, in: Maunz/Dürig GG, Art. 1 I Rn. 5 ff.

[110] So aber *Hubmann*, in: FS für Schnorr von Carolsfeld, S. 173 (191 ff.). Seine Berechnungsmethode kann – wie er selbst einräumt – erst angewendet werden, wenn die zu berücksichtigenden Faktoren zuvor mit Ziffern belegt wurden. Bereits diese ziffernmäßige Festlegung ist aber stets in gewissem Maße willkürlich. *Hubmanns* Methode suggeriert damit eine mathematische Berechenbarkeit auf kardinalem Skalenniveau, die er nicht gewährleisten kann, die der Abwägungsprozeß generell nicht gewährleisten kann; vgl. *Hirschberg*, Verhältnismäßigkeit, S. 102 ff.

Orientierung des Grundgesetzes an der Menschenwürde (Art. 1 Abs. 1 GG)[111] ein Abwägungsprozeß, in dem für jedes Grundrecht gesondert und orientiert an der konkreten Situation ermittelt werden muß, welche Rechtsgüter ihm gleichwertig oder höherwertig sind. Das Grundrecht muß seine Größe also in der „jeweiligen Konfliktsituation neu" entfalten und „jeweils von Fall zu Fall aktualisiert und konkretisiert"[112] werden. Jedes Grundrecht kollidiert mit anderen Rechtsgütern in einer Weise, die jeweils seiner Eigenart entspricht.[113] Das Wertesystem des Grundgesetzes ist also nicht starr vorgegeben, sondern ist im Abwägungsprozeß stets neu zu bestimmen und zu relativieren,[114] so daß die grundrechtlichen Freiheiten und Werte stets optimale Wirklichkeit gewinnen.

(2) Verhältnismäßigkeitsgrundsatz als Abwägungskriterium

Das Gewichten der Verfassungsgüter im Abwägungsprozeß ist zugleich geprägt durch den Grundsatz der Verhältnismäßigkeit,[115] denn bei einer Kollision der Verfassungsgüter darf das eine zwar um eines widerstreitenden anderen willen zurückgedrängt werden, soweit dies zur Erreichung eines legitimen Zwecks geeignet, erforderlich und auch proportional ist,[116] es darf aber nicht vollständig

---

[111] Vgl. dazu oben, I 2 b (1).

[112] *Häberle*, Wesensgehaltsgarantie, S. 35, 40. Auch das BVerfG hat trotz des Gebrauchs der „Wertrangordnung" vermieden, eine echte Rangordnung aufzustellen, sondern hat im jeweiligen Fall das Gewicht des Rechtsguts festzulegen und Abwägungskriterien zu ermitteln versucht; vgl. *Stern*, StaatsR Bd. III / 2, § 84 IV 6 b.

[113] *Häberle*, Wesensgehalt, S. 37.

[114] Kritisch *F. Müller* (Einheit der Verfassung, S. 196 ff., 204 ff.), der in der Güterabwägung das Einfallstor für richterliches subjektives Dafürhalten sieht; kritisch zum „Abwägungsenthusiasmus" *Schlink*, Abwägung, S. 126 ff.

[115] *Schlink* (Abwägung, S. 79, 95) entnimmt der Analyse von Rechtsprechung und Literatur, daß der Abwägungsprozeß sich primär auszeichnet durch die verfassungsrechtlichen Prüfungspunkte der Zweckanalyse, der Geeignetheits- und Notwendigkeitsprüfung, sowie der Beachtung und Gewährleistung einer Mindestposition, weniger durch das Gewichten der Verfassungsgüter nach ihrer Wertigkeit.

[116] Zum Teil wird der Abwägungsprozeß unter dem Gesichtspunkt der Proportionalität oder auch Verhältnismäßigkeit im engeren Sinne gefaßt – so *v. Krauss* (Verhältnismäßigkeit, S. 14 ff., 87 ff.), bei dem die Abwägung zu einer konkreten Billigkeits- und Zumutbarkeitskontrolle wird; vgl. *H. Schneider* (Güterabwägung, S. 189), der die Ergebnisse einer Rangprüfung des BVerfG meist als Ausdruck von Proportionalitätserwägungen sieht; ebenso *Hirschberg*, Verhältnismäßigkeit, S. 77, 83. *Jakobs* (DVBl 1985, 97 [99]) unterscheidet zwischen praktischer Konkordanz (= Optimierungspunkt) und Verhältnismäßigkeit (= Erträglichkeitspunkt). Mit dieser Sichtweise schränkt *Jakobs* aber den Verhältnismäßigkeitsgedanken zu sehr ein. Auch *Häberle* (Wesensgehalt, S. 67 ff.) trennt zwischen Güterabwägung und Verhältnismäßigkeitsgrundsatz. Die Frage der Proportionalität werde erst dann relevant, wenn eine Güterabwägung bereits stattgefunden habe. Insoweit ist aber auf *Hesse* (Grundzüge, Rn. 72, 317) zu verweisen, der zutreffend feststellt, daß der Güterabwägung allein die Direktive der verhältnismäßigen Zuordnung fehlt. Nur beide Gedan-

preisgegeben werden.[117] Der Abwägungsprozeß stellt also eine Bewertung des Einzelfalls[118] abgeleitet aus der Verfassung dar, bei dem es darum geht, ein Gut nicht disproportional einzuschränken. Der Verhältnismäßigkeitsgrundsatz ist damit ein entscheidendes Abwägungskriterium, weil er nach beiden Seiten einen möglichst schonenden Ausgleich ermöglicht:[119] Abwägen heißt also verhältnismäßig gewichten.[120]

c) Praktische Konkordanz im Arbeitsrecht

Das Abwägungsgebot unter Berücksichtigung des Verhältnismäßigkeitsgrundsatzes gilt in den verschiedensten arbeitsrechtlichen Bereichen,[121] und es gilt insbesondere beim Aufeinandertreffen von Individual-, Betriebs- und Tarifautonomie, denn die Bestands- und Betätigungsgarantie der Koalitionen kollidiert mit dem Freiheitsrecht der Privatautonomie ihre Mitglieder einerseits und der Gestaltungsfreiheit auf Betriebsebene andererseits. Diese Grundrechtskonkurrenz ist im konkreten Einzelfall nach dem Prinzip der praktischen Konkordanz zu lösen. Die kollidierenden Güter müssen also verhältnismäßig gewichtet werden, wobei die Optimierung der Geltung der Verfassungsgüter ausgerichtet sein

---

ken zusammen ermöglichen die verhältnismäßige Zuordnung. *Lerche* (Übermaß, S. 223 ff., 235 ff., 243 f.) ordnet das Abwägungsgebot der Erforderlichkeitsprüfung zu und sieht den Grundsatz der Verhältnismäßigkeit als einen Anwendungsfall der Güterabwägung. Die weitgehende Austauschbarkeit der Begriffe stellt *Hirschberg* (Verhältnismäßigkeit, S. 84 ff.) dar, auch zeigt er (a. a. O., Fn. 185), daß Häberle nicht wirklich zwischen den Begriffen unterscheidet. Beide Begriffe gleichsetzend *Löwisch*, ZfA 1971, 319 (321); *Reuter*, JuS 1973, 284 (286).

[117] *Häberle*, Wesensgehaltsgarantie, S. 40; *H. Schneider*, Güterabwägung, S. 203 f.

[118] Die Einzelfallbezogenheit des Abwägungsprozesses stellen sowohl Rechtsprechung als auch Lehre heraus: BVerfGE 81, 278 (293); *Lerche*, in: Isensee/Kirchhof, Hdb StaatsR Bd. V, § 122 Rn. 18 ff. m. w. Nachw.

[119] *Lerche*, Übermaß, S. 125 ff., 153.

[120] *Stern*, StaatsR Bd. III / 2, § 84 IV 3; *Hesse*, Grundzüge, Rn. 72, 317; *Lerche*, in: Isensee/Kirchhof, Hdb StaatsR, § 122 Rn. 5; *Schlink* (Abwägung, S. 15 ff., 72, 152, 195): „Das Abwägungsgebot konvergiert mit dem Gebot der Verhältnismäßigkeit, und wo es sich vom Gebot der Verhältnismäßigkeit unterscheidet und über das Gebot der Verhältnismäßigkeit hinausführt, da ließe es sich aus diesem doch entwickeln." Durch die Güterabwägung wird ein Ausgleich zwischen den kollidierenden Rechtsgütern herbeigeführt, wodurch diese in das Ganze der Verfassung eingeordnet werden; vgl. *Häberle*, Wesensgehalt, S. 38.

[121] Das Abwägungsgebot kommt im Arbeitsrecht insbesondere im Arbeitskampfrecht zur Anwendung (dazu *Löwisch*, ZfA 1971, 319 ff.; BAG AP Nr. 43 zu Art. 9 GG Arbeitskampf; BAGE 33, 140 [174 ff.]; 46, 322 [345 ff.]); bei der Verhältnismäßigkeit der Kostenerstattungspflicht nach § 40 BetrVG (dazu BVerfGE 84, 212 [230 ff.]; BAG AP Nrn. 7, 9, 10 zu § 40 BetrVG 1972); weitere Beispiele bei *Hirschberg*, Verhältnismäßigkeit, S. 32 f., 82 f.

muß am gemeinsamen Ziel der *tatsächlichen Realisierung von Vertragsfreiheit.*[122]

Bei der Abwägung der grundrechtlich gewährleisteten Tarifautonomie und der grundrechtlich geschützten individuellen Privatautonomie ist der Vorrang der tariflichen Regelungen (der sich aus der Unabdingbarkeit der Tarifnorm ergibt) dann nicht erforderlich, wenn das Individuum – der einzelne Arbeitnehmer – in der Lage ist, seine Interessen besser zu wahren – also günstigere Abmachungen zu treffen – als die Gewerkschaft. Dasselbe gilt für das Aufeinandertreffen von Privatautonomie und verfassungsrechtlich gewährleisteter Betriebsautonomie. Auch bei der Kollision von Tarifautonomie und Betriebsautonomie ist der Vorbehalt der tariflichen Regelung (§ 77 Abs. 3 BetrVG) nicht gerechtfertigt, wenn die kleinere Einheit eine günstigere Regelung trifft.

2. Günstigkeitsprinzip im Verhältnis von Tarifvertrag und Individualvertrag

a) Einfachgesetzliche Normierung

Für das Verhältnis Tarifvertrag und Individualvertrag erfährt das Günstigkeitsprinzip eine normative Ausprägung in § 4 Abs. 3 TVG. Es schützt den günstigeren Arbeitsvertrag vor dem ungünstigeren Tarifvertrag. Damit wird eine Ausnahme von der zwingenden Wirkung des Tarifvertrages unter der Voraussetzung festgelegt, daß die Rechtsstellung des Arbeitnehmers im Vergleich zur tariflichen Regelung verbessert wird, so daß das Recht zur individuellen Gestaltung des Arbeitsvertrages jenseits des tariflichen Mindestschutzes durch eine Beschränkung der tarifvertraglichen Kartellwirkung gesichert wird.[123] Das kollektive Schutzsystem soll dann zurücktreten, denn die Macht der Verbände darf den einzelnen Arbeitnehmer nicht entmachten, wo es ihm selbst gelingt, günstigere Arbeitsbedingungen zu erwirken. Ist der Zweck der Tarifautonomie, durch den Zusammenschluß tatsächliche Vertragsfreiheit zu gewinnen, erreicht, darf die Tarifautonomie dem realen Gebrauch nicht im Wege stehen.[124]

---

[122] Das Günstigkeitsprinzip ist Ausdruck des Verhältnismäßigkeitsprinzips und damit ein Mechanismus zur Herstellung praktischer Konkordanz, der die Kollektivmacht beschränkt: *Reuter*, RdA 1991, 193 (203); *Ehmann*, ZRP 1996, 314 (315); *Ehmann/Schmidt*, NZA 1995, 193 (195); *Ehmann/Lambrich*, NZA 1996, 346 (348 f., 352, 354); *Löwisch*, BB 1991, 59 (60 f.); *Däubler*, AuR 1984, 1 (10); *Lambrich*, Tarif- und Betriebsautonomie, S. 231 ff.; *Belling*, Günstigkeitsprinzip, S. 69 f.; *ders.*, DB 1987, 1888 (1891). *Blomeyer* (NZA 1996, 337 [339]) sieht das Günstigkeitsprinzip als dem verfassungsrechtlichen Übermaßverbot entsprechend an. Vgl. auch *Biedenkopf*, Grenzen der Tarifautonomie, S. 147; *Krauss*, Günstigkeitsprinzip, S. 62; *Schmidt*, Günstigkeitsprinzip, S. 70 ff.; diff. *Hammer*, Selbstbestimmungsfreiheit, S. 114 ff.

[123] *Löwisch*, Münch Hdb, § 265 Rn. 18.

[124] *Biedenkopf*, Grenzen der Tarifautonomie, S. 75; *Belling*, Günstigkeitsprinzip, S. 70; *Nikisch*, ArbR Bd. II, S. 420; vgl. *Heinze*, in: FS für Kraft, S. 205 (206). Nach *Säcker/Oetker*

Das Günstigkeitsprinzip schützt damit die Vertragsfreiheit gegenüber dem Kollektivvertrag,[125] indem es im Rahmen der Herstellung praktischer Konkordanz durch verhältnismäßige Beschränkung der Kollektivmacht gleichsam ein Rangverhältnis zwischen der verfassungsrechtlich geschützten Tarifautonomie (Art. 9 Abs. 3 GG) und der freien Entfaltung der Persönlichkeit in der Privatautonomie (Art. 2 Abs. 1 GG)[126] schafft.[127] Gleich einem Spezialitätsprinzip eröffnet es der spezielleren günstigeren Sonderabmachung gegenüber der generellen tariflichen Regelung Geltung.[128] Auch ohne gesetzliche Regelung wäre also nach Maßgabe des Verhältnismäßigkeitsgrundsatzes eine Beschränkung der Privatautonomie durch die normative Wirkung des Tarifvertrages nicht erforderlich, wo der einzelne seine Interessen bezüglich der Arbeitsbedingungen selbst wahrnehmen kann. Die Güterabwägung fällt damit zugunsten der kleineren Einheit aus, wenn sie günstigere Regelungen treffen kann.

b) Anwendbarkeit auf tarifliche Betriebsnormen

Problematisch ist die Anwendbarkeit des Günstigkeitsprinzip auf tarifliche Betriebsnormen. Gemäß § 1 Abs. 1 TVG kann der Tarifvertrag Rechtsnormen zur Ordnung von betrieblichen und betriebsverfassungsrechtlichen Fragen enthalten.[129] Deren Geltung ist nur von der Tarifgebundenheit des Arbeitgebers ab-

---

(Grundlagen und Grenzen, S. 262 ff.) beschränkt zwar der Verhältnismäßigkeitsgrundsatz die Tarifvertragsparteien bei Eingriffen in die Privatautonomie, eine unverhältnismäßige Grundrechtsbeschränkung könne aber aufgrund der dem Tarifvertrag innewohnenden Richtigkeitsgewähr erst dann angenommen werden, wenn die von den Tarifvertragsparteien vorgenommene Abwägung der Interessen evident im Widerspruch zu ihrer objektiven Wertigkeit stehe (a. a. O., S. 283 f.). Eine solch restriktive Verhältnismäßigkeitsprüfung wird aber dem Günstigkeitsprinzip nicht gerecht, zumal insbesondere die angebliche Richtigkeitsgewähr der Tarifverträge nicht unumstritten ist. Vgl. dazu bereits oben, § 4 II 2 b (2), III 3 c (4).

[125] *Löwisch*, BB 1991, 59 (60); *J.-H. Bauer*, NZA 1999, 957 (960); anders *Zander*, DB 1990, 986 (987).

[126] Denn zum in Art. 2 Abs. 1 GG geschützten Recht auf freie Persönlichkeitsentfaltung gehört das Prinzip der Selbstgestaltung der Rechtsverhältnisse durch den einzelnen nach seinem Willen; *Flume*, Rechtsgeschäft, § 1 10 a, b.

[127] *Ehmann/Lambrich*, NZA 1996, 346 (348); *Lambrich*, Tarif- und Betriebsautonomie, S. 231 f.; *Junker*, NZA 1997, 1305 (1306 f.); *Belling*, Günstigkeitsprinzip, S. 21; vgl. auch *Thüsing*, DB 1999, 1552 (1553).

[128] *Belling*, Günstigkeitsprinzip, S. 22; *Siebert*, in: FS für Nipperdey, S. 119 (122); *Nipperdey*, in: FS für Lehmann, S. 257. Für den Vorrang des „freien Arbeitsvertrages" unabhängig von der Günstigkeit plädieren *Rieble* (Arbeitsmarkt und Wettbewerb, Rn. 1453 ff.) und *Heinze* (NZA 1997, 1 [3 ff.]; *ders.*, NZA 1991, 329 [334 f.]).

[129] Dazu *Löwisch/Rieble*, TVG, § 1 Rn. 25, 76 ff.; *Wiedemann*, in: Wiedemann, § 1 Rn. 555 ff.

hängig; auf die Tarifbindung der Arbeitnehmer kommt es hingegen nach § 3 Abs. 2 TVG nicht an.[130]

(1) Betriebsnormbegriff

Dem Wortlaut der Regelung ist nicht zu entnehmen, welchen Inhalt betriebliche Fragen haben.[131] Der Begriff der Betriebsnorm wird als Oberbegriff verwendet, der *Ordnungs-*[132] und *Solidarnormen*[133] beinhaltet.[134] Betriebsnormen treffen

---

[130] Diese Erstreckung der Wirkung auf tarifliche Außenseiter gerät in Konflikt mit der negativen Koalitionsfreiheit der Arbeitnehmer. *Buchner* (Tarifvertragsgesetz, S. 67 ff.) kommt daher zu dem Schluß der Verfassungswidrigkeit dieser Norm. Andere tragen der negativen Koalitionsfreiheit durch restriktive Interpretationsansätze Rechnung. *Biedenkopf* (Grenzen der Tarifautonomie, S. 310 ff.) sieht in der Regelung des § 3 Abs. 2 TVG die gesetzliche Ermächtigung für die Wahrnehmung betriebsverfassungsrechtlicher Zuständigkeiten, um den Vorrang der Koalitionen auch im Betrieb zu wahren. Bei der Normsetzung mit Verbindlichkeit für nicht organisierte Arbeitnehmer unterliegen die Tarifparteien nach *Biedenkopf* aber den Grundsätzen der betriebsverfassungsrechtlichen Normsetzung; daher plädiert er für die Ausdehnung der betrieblichen Friedenspflicht auf die betriebsverfassungsrechtliche Zuständigkeit der Tarifparteien und eine gerichtliche Kontrolle dieser tariflichen Normen zum Ausgleich der fehlenden Legitimation hinsichtlich der nicht organisierten Arbeitnehmer. So auch *Loritz* (Gestaltungsfreiheit, S. 41 ff., 55 ff.). Nach *Richardi* (Kollektivgewalt, S. 229 ff.) können die Betriebsnormen gegenüber tarifgebundenen Arbeitnehmern den Charakter von Inhalts- und Abschlußnormen haben. Gegenüber nicht organisierten Arbeitnehmern stellen die tariflich festgelegten Betriebsnormen lediglich eine Beschränkung des Weisungsrechts des Arbeitgebers dar. Ausgeschlossen werden soll, daß dieser eine andere Betriebsgestaltung verwirklicht, nicht aber, daß abweichende Abmachungen im Einzelfall getroffen werden: „Das Weisungsrecht des Arbeitgebers ist das Einfallstor für die Rechtsgeltung der betrieblichen Ordnung gegenüber Außenseitern." Ähnlich *Zöllner*, RdA 1962, 453 (458). Von einer restriktiven Auslegung des sachlich-gegenständlichen Anwendungsbereichs der Betriebsnormen ausgehend *Säcker/Oetker*, Grundlagen und Grenzen, S. 141 ff.; *Veit*, Zuständigkeit, S. 77 ff.

[131] Die Unterscheidung in *Individualnormen*, das heißt Regelungen, die typischerweise auch Gegenstand des Einzelarbeitsvertrages sein können und *Betriebsnormen*, denen der Bezug zum Einzelarbeitsverhältnis fehlt, geht zurück auf die Differenzierung *Sinzheimers* (Arbeitsnormenvertrag Bd. I, S. 5) zwischen „Individualverhältnis" und „Solidarverhältnis" innerhalb eines Arbeitsverhältnisses. Auch *Lotmar* (Arbeitsvertrag, S. 763 f.) hat auf diese Unterscheidung hingewiesen; vgl. *Säcker/Oetker*, Grundlagen und Grenzen, S. 138; *Richardi*, Kollektivgewalt, S. 226 ff.; *Matthes*, in: Münch Hdb, § 318 Rn. 76 ff. Vgl. ausführlich zur Entwicklung des Begriffs der Betriebsnorm *Veit*, Zuständigkeit, S. 73 ff.

[132] *Ordnungsnormen* treffen Regelungen über das Verhalten der Arbeitnehmer und die Ordnung im Betrieb (Torkontrollen, Rauchverbot usw.); *Zöllner/Loritz*, ArbR, § 35 II, § 36 II 3.

[133] *Solidarnormen* verpflichten den Arbeitgeber aus Schutz- und Fürsorgegesichtspunkten für die Gesamtheit der Belegschaft oder Teile von ihr zu bestimmten Maßnahmen, die dem einzelnen nur als Glied der Belegschaft zugute kommen. Der einzelne hat auf diese Regelungen keinen Anspruch; *Kreutz*, in: GK-BetrVG, § 77 Rn. 178; *Löwisch/Rieble*, TVG, § 1 Rn. 76 f. Solidarnormen sind z. B. Schutzvorschriften an Maschinen, Be-

Regelungen, die das „betriebliche Rechtsverhältnis“[135] zwischen Arbeitgeber und Belegschaft in seiner Gesamtheit betreffen, nicht die rechtliche Beziehung zum einzelnen Arbeitnehmer. Ob eine tarifliche Norm eine Betriebsnorm im Sinne des § 3 Abs. 2 TVG ist, muß für jede Regelung unter Berücksichtigung des für die Tarifauslegung maßgeblichen Gesamtzusammenhangs getrennt geprüft werden.[136] Betriebsnormen beschreiben die Abstraktion vom Einzelarbeitsverhältnis und gehen über das einzelne Arbeitsverhältnis hinaus. Die einheitliche Anwendung im Betrieb bzw. für Teile des Betriebes muß von der Sache her unumgänglich sein;[137] dabei reicht eine „evident sachlogische Unzweckmäßigkeit“[138] einer individualvertraglichen Regelung aus.

(2) Lohngestaltung durch tarifliche Betriebsnormen

Werden durch den Tarifvertrag Lohnstruktur und Vollziehungsform - also die formelle Seite der Lohngestaltung - verbindlich festgelegt,[139] so werden Regelungen getroffen, die notwendigerweise betriebseinheitlich bzw. einheitlich für Betriebsteile gelten müssen,[140] bei denen eine Differenzierung zwischen organisierten und nicht tarifgebundenen Arbeitnehmern ausscheidet. Auch nach der Definition des BAG[141], nach der sich Betriebsnormen dadurch auszeichnen, daß sie „in der sozialen Wirklichkeit aus tatsächlichen oder rechtlichen Gründen nur

---

Rn. 76 f. Solidarnormen sind z. B. Schutzvorschriften an Maschinen, Bestimmungen über Beheizen, Lüften und Entstauben der Arbeitsräume; Bereitstellen von Waschräumen usw.; vgl. *A. Hueck*, BB 1949, 530 (531); *Zöllner/Loritz*, ArbR, § 35 II.

134 *Zöllner/Loritz*, ArbR, § 35 II; *Kreutz*, GK-BetrVG, § 77 Rn. 176; *Säcker/Oetker*, Grundlagen und Grenzen, S. 137 f.; *Richardi*, Gutachten, Verhandlungen des 61. DJT, Bd. II / 1, B 63 ff.

135 *A. Hueck*, BB 1949, 530 (532).

136 BAG AP Nr. 135 zu § 1 TVG Auslegung; *Dietrich*, Die betriebliche Norm, S. 44, 67 ff.

137 *Säcker/Oetker*, Grundlagen und Grenzen, S. 139 ff.: „Wesenseigene kollektive Dimension“; *Zöllner/Loritz*, ArbR, § 35 II; *Loritz*, Gestaltungsfreiheit, S. 34 ff.
Wiedemann (RdA 1997, 297 [300]) stellt als Abgrenzungskriterium weniger auf die Rechtsfolgen ab, sondern knüpft „sachlich-gegenständlich an die Ordnungs- und Ausgleichsfunktion der Betriebsnorm“ an. Wesentlich sei das Bewältigen der „arbeitsteiligen Organisation“.

138 BAG AP Nr. 57 zu Art. 9 GG; *Säcker/Oetker*, Grundlagen und Grenzen, S. 142.

139 Zur Gleichsetzung von Betriebsnormen mit formellen Arbeitsbedingungen *Richardi*, Kollektivgewalt, S. 236, 240; *Hueck/Nipperdey*, ArbR Bd. II / 1, S. 291 ff.; *Buschmann*, NZA 1990, 387 (388); vgl. *Blomeyer*, NZA 1996, 337 (342); *Dietrich*, Die betrieblichen Normen, S. 44 ff., 56, 67, 71. Auch *Säcker/Oetker* (Grundlagen und Grenzen, S. 149 ff.) bejahen eine Konkretisierung des Betriebsnormbegriffs durch formelle Arbeitsbedingungen, die der erzwingbaren Mitbestimmung unterliegen.

140 Kritisch zu tariflichen Regelungen, die durch Betriebsnormen betriebliche Lohnsysteme aufstellen *Reuter* (ZfA 1993, 221 [247 ff.]; *ders.*, in: FS für Schaub, S. 605 [613 ff.]), der eine solchen Regelung wegen Verstoßes gegen die negative Koalitionsfreiheit ablehnt.

141 BAG AP Nr. 57 zu Art. 9 GG; BAG AP Nrn. 46, 47 zu Art. 9 GG.

einheitlich gelten können", lassen sich Regelungen zur formellen Seite der Lohngestaltung unter den Betriebsnormbegriff fassen.[142] Das Ziel der abstrakten Lohngerechtigkeit läßt sich nur durch eine einheitliche Geltung erreichen; individualvertragliche Abweichungen[143] im Bereich der Lohngestaltung[144] sind hinsichtlich der formellen Seite ausgeschlossen,[145] denn die Kollektivregelung ist

---

[142] Rechtliche Gründe, die eine einheitliche Gestaltung verlangen, sind nur dort gegeben, wo eine gesetzliche Regelung die Behandlung der Belegschaft als Einheit verlangt, wie z. B. bei der Sozialauswahl bei der betriebsbedingten Kündigung, § 1 Abs. 3 KSchG. Eine Unterscheidung zwischen organisierten und nicht organisierten Arbeitnehmern würde gegen die gesetzlichen Vorgaben verstoßen; *Löwisch/Rieble*, TVG, § 1 Rn. 88 ff. m. w. Beispielen.

[143] Zur Anwendbarkeit des Günstigkeitsprinzips im Verhältnis zwischen tarifvertraglich geregelten Betriebsnormen und solchen, die in einer Betriebsvereinbarung geregelt sind; siehe unten, 4 c (2). *Löwisch*, Münch Hdb, § 265 Rn. 24: „Im Verhältnis zu Betriebsnormen stößt das Günstigkeitsprinzip nur dann an eine Grenze, wenn diese den Kollektivschutz der Belegschaft bezwecken. In diesem Fall kann nur eine ebenfalls dem Kollektivschutz der Belegschaft dienende kollektive Regelung, das heißt also eine Betriebsvereinbarung sich gegenüber der Betriebsnorm durchsetzen, nicht aber eine für den einzelnen Arbeitnehmer günstigere einzelvertragliche Vereinbarung."

[144] Für andere Bereiche wie zum Beispiel das Rauchverbot hat *Blomeyer* (NZA 1996, 337 [343]) dargelegt, daß die Anwendung des Günstigkeitsprinzips geboten ist. Ähnliches gilt für die Festlegung der täglichen Arbeitszeit, die zwar i. d. R. betriebseinheitlich erfolgt, individualvertragliche Abweichungen aber nicht zwingend ausschließt; dazu *Löwisch*, NZA 1989, 959 ff.; *Buchner* (DB 1990, 1715 ff.) mit Darstellung des Meinungsstands zur Anwendbarkeit des Günstigkeitsprinzips im Bereich der Arbeitszeit. *Richardi* (Kollektivgewalt, S. 385 f.) verlangt bei der Anwendung des Günstigkeitsprinzips bei formellen Arbeitsbedingungen, daß es dem Arbeitnehmer durch die einzelvertragliche Vereinbarung eine Sonderstellung sichert, die für ihn wegen der besonderen persönlichen Verhältnisse einen Vorteil darstellt. Grundsätzlich für die Anwendung des Günstigkeitsprinzips auch auf Betriebsnormen *Krauss*, Günstigkeitsprinzip, S. 81 ff.

[145] *Schmidt* (Günstigkeitsprinzip, S. 81): „Die Betriebsnorm ist für das Kollektiv konzipiert. Eine abweichende Regelung kann deshalb auch nur sachgerechter und damit 'günstiger' i. S. d. § 4 Abs. 3 TVG sein, wenn sie eine Verbesserung für das Kollektiv bewirkt. Aus diesem Grund läßt sich mit dem Günstigkeitsprinzip die *einzelvertragliche* Durchbrechung der normativen Wirkung einer Betriebsnorm niemals rechtfertigen."
Generell *gegen* die Anwendung des Günstigkeitsprinzips auf Betriebsnormen: *Galperin/Löwisch*, BetrVG, § 77 Rn. 96; *Kreutz*, Grenzen, S. 187 ff. (anders aber *ders.*, in: GK-BetrVG, § 77 Rn. 215); *Däubler*, AuR 1984, 1 (23); Hagemeier/Kempen/*Zachert*/Zilius, TVG, § 4 Rn. 142; *Säcker/Oetker*, Grundlagen und Grenzen, S. 135 ff.; *Reuter*, ZfA 1993, 244 ff.; *ders.*, Vergütung von AT-Angestellten, S. 29, 44; *Buschmann*, NZA 1990, 387 (388); *Rauschenberg*, Flexibilisierung, S. 132 f.; *G. Müller*, Tarifautonomie, S. 218; *Säcker* (ArbRBl, Betriebsvereinbarung I D II 2 b): „faktisch nur geringe Bedeutung". Auch *Wlotzke* (Günstigkeitsprinzip, S. 29 ff.), der nur die Solidarnormen unter den Begriff der Betriebsnormen faßt, lehnt die Möglichkeit günstigkeitsbedingter individualvertraglicher Abweichungen ab, da keine verbesserungsfähigen Vertragsbedingungen gewährt würden,

nicht auf das Einzelarbeitsverhältnis zugeschnitten, sondern soll ein System errichten. Das *Günstigkeitsprinzip* findet daher im Verhältnis zwischen Individualvertrag und Tarifvertrag bei sogenannten *Betriebsnormen im Lohnbereich keine Anwendung.*

3. Günstigkeitsprinzip im Verhältnis von Betriebsvereinbarung und Individualvertrag

a) Fehlen einfachgesetzlicher Normierung

Unzweifelhaften Anwendungsvorrang genießt die Betriebsvereinbarung vor dem ungünstigeren Individualvertrag. Dies ergibt sich schon aus der zwingenden Wirkung der Betriebsvereinbarung gemäß § 77 Abs. 4 S. 1 und 2 BetrVG. Ein einzelvertraglicher Verzicht auf die Regelungen ist nur mit Zustimmung des Betriebsrats möglich. Der Schutz des günstigeren Individualvertrages vor der ungünstigeren Betriebsvereinbarung ist gesetzlich jedoch nicht normiert.[146] Insbesondere fehlt eine dem § 4 Abs. 3 TVG entsprechende Regelung. Hieraus per argumentum e contrario zu folgern, das Günstigkeitsprinzip solle im Betriebsverfassungsrecht nicht gelten,[147] würde den Willen des Gesetzgebers zur Vollständigkeit falsch einschätzen, denn mit dem Betriebsverfassungsgesetz von 1972 sollten zwar möglichst alle Fragen geklärt werden, soweit eine Einigung möglich war; die Geltung des Günstigkeitsprinzips wurde aber auch unter dem Betriebsverfassungsgesetz von 1952 nicht bezweifelt.[148] Die herrschende Meinung wendet daher trotz fehlender gesetzlicher Bestimmung richtigerweise das Günstigkeitsprinzip auch im Verhältnis von Betriebsvereinbarung und Indivi-

---

möglich seien aber Abweichungen zugunsten der Belegschaft. Diff. *Wank*, in: Wiedemann, § 4 Rn. 410 ff.

[146] Der Günstigkeitsgedanke war dem Betriebsverfassungsrecht in den frühen Anfängen weitgehend unbekannt, da primär die Eindämmung der Willkürherrschaft des Arbeitgebers mittels einer strengen Ordnung angestrebt wurde und weniger die Schaffung von Mindestarbeitsbedingungen. Die Schutzfunktion der Kollektivvereinbarung, die letztlich auch zur Anerkennung des Günstigkeitsprinzips im Betriebsverfassungsrecht führte, wurde insbesondere von *Flatow* (Betriebsvereinbarung und Arbeitsordnung, S. 68 ff.; *ders./Kahn-Freund*, BRG, § 66 Anm. VIII 2 a) herausgestellt. Eine Einschränkung erfuhr der Günstigkeitsgedanke jedoch durch das Ordnungsprinzip, das als allgemeines Prinzip anerkannt war, während das Günstigkeitsprinzip als Ausnahme einer besonderen Rechtfertigung bedurfte; vgl. *Nipperdey*, NZfA 1926, Sp. 209.

[147] So *Hess*/Schlochauer/Glaubitz, BetrVG, § 77 Rn. 182; *Leinemann*, DB 1990, 732 (737, 735); *ders.*, in: Änderung von Arbeitsbedingungen, S. 145 (158 f.); *Herrmann*, ZfA 1989, 577 (627 ff., 639 f.); *Reuter*, ZfA 1993, 221 (246); BAG (6. Senat AP Nr. 4 zu § 77), welche die Nichtregelung als bewußte gesetzgeberische Entscheidung ansehen, das Günstigkeitsprinzip im Verhältnis Individualvertrag – Betriebsvereinbarung auszuschließen. Diese Argumentation wurde aber zutreffend durch das BAG (AP Nr. 17 zu § 77 BetrVG 1972) abgelehnt.

[148] *Säcker*, ZfA Sonderheft 1972, 41 (54); *Däubler*, AuR 1984, 1 (10).

dualarbeitsvertrag an.[149] Dieses Ergebnis ergibt sich zwingend aus der verfassungsrechtlichen Gewährleistung des Günstigkeitsprinzips.[150] § 77 Abs. 4 S. 1 BetrVG wird daher übereinstimmend – auch im Hinblick auf die Entstehungsgeschichte[151] und die systematischen Überlegungen[152] – um die Kollisionsnorm des Günstigkeitsprinzips ergänzt. Im Wege der verfassungskonformen Normenauslegung, entsprechend dem verfassungsrechtlichen Übermaßverbot, ist das Günstigkeitsprinzip im Verhältnis Individualabrede und Betriebsvereinbarung dort anzuwenden, wo der Schutz der Mitbestimmung *nicht erforderlich* und damit *unverhältnismäßig* ist. Günstigere Individualabreden haben damit den Vorrang vor Inhaltsnormen einer Betriebsvereinbarung.[153]

b) Anwendbarkeit auf Betriebsnormen

Wie im tariflichen Bereich ist auch im betrieblichen Bereich die Anwendung des Günstigkeitsprinzips auf Betriebsnormen fraglich.

Zwar ist der Betriebsnormbegriff bisher im Betriebsverfassungsrecht kaum zur Anwendung gebracht worden, aber auch hier gibt es Gestaltungsformen, die sich unter diesen subsumieren lassen:[154] Soweit Betriebsvereinbarungen Sach-

---

[149] BAG AP Nr. 17, 46 zu § 77 BetrVG 1972; *Berg*, in: D/K/K, § 77 Rn. 19 m. w. Nachw.; *Kreutz*, in: GK-BetrVG, § 77 Rn. 199; *Fitting*, § 77 Rn. 166; *Matthes*, in: Münch Hdb, § 318 Rn. 75; *Waltermann*, Rechtsetzung, S. 182 ff.; *Veit*, Zuständigkeit, S. 334 f., 338 ff.; *Blomeyer*, NZA 1996, 337 (340 f.); *v. Hoyningen-Huene/Meier-Krenz*, ZfA 1988, 293 (304 f.); *Meier-Krenz*, Erweiterung von Beteiligungsrechten, S. 84 f.; *Reichold*, RdA 1995, 147 (151); *Belling* (DB 1987, 1888 [1891]): „Auch die Mitbestimmung ist darauf angelegt, egalitäre Strukturen zu schaffen, daher muß auch hier das Günstigkeitsprinzip gelten." *Riester*, Flexibilisierung, S. 29; *Schuhmann*, Grenzen der Regelungsbefugnis, S. 99.

[150] Dazu oben, 1.

[151] Zur Entstehungsgeschichte des § 77 Abs. 4 BetrVG *Belling*, Günstigkeitsprinzip, S. 117 ff.

[152] In der Gesamtsystematik wäre es unverständlich, wenn tarifliche Regelungen sozialer Angelegenheiten nach § 4 Abs. 3 TVG für günstigere Abmachungen offen wären, eine Betriebsvereinbarung dagegen nicht; *Säcker*, ZfA Sonderheft 1972, 41 (55); *Däubler*, AuR 1984, 1 (11); *Richardi*, RdA 1983, 201 (216); *Veit*, Zuständigkeit, S. 334 f.

[153] Die Frage der Anwendbarkeit des Günstigkeitsprinzips kann auch nicht danach beurteilt werden, ob freiwillige Mitwirkung oder erzwingbare Mitbestimmung vorliegt (so aber der 6. Senat in BAG AP Nr. 4 zu § 77 BetrVG 1972). Wesentlich ist vielmehr danach zu unterscheiden, ob eine Regelung betriebseinheitlich erfolgen *muß*, oder ob davon einzelvertraglich abgewichen werden kann, ohne daß die Betriebsvereinbarung ihren Sinn verliert.
Bei freiwilligen Betriebsvereinbarungen über die Lohnhöhe verliert diese grundsätzlich nicht dadurch ihren Sinn, daß in einzelvertraglichen Abreden ein höherer Lohn vereinbart wird, ebensowenig, wie die Zahlung übertariflicher Zulagen die Festlegung von Tariflöhnen überflüssig macht. Ausnahmen können sich aber dann ergeben, wenn die Löhne in einer sogenannten existenzsichernden Betriebsvereinbarung festgelegt werden; dazu unten, § 6 VI.

[154] *Dietz/Richardi*, BetrVG, § 77 Rn. 93; *Kreutz*, in: GK-BetrVG, § 77 Rn. 176 ff.

materien regeln, die zwingend einheitliche Geltung beanspruchen, eine individualrechtliche Gestaltung also unzweckmäßig wäre, kann ihr Inhalt als Betriebsnorm eingestuft werden. Das Günstigkeitsprinzips kann im Verhältnis von Betriebsvereinbarung und Individualvertrag richtigerweise zur Konkretisierung des Subsidiaritätsprinzips nur dort zur Anwendung gelangen, „wo die Regelung in der kleineren Einheit im Stande ist, zur Verwirklichung eines gerechten Zustandes beizutragen“.[155] Zutreffend ist, daß weder ein bloßes Interesse an einheitlicher Regelung noch der Schutzzweck der in § 87 BetrVG geregelten Mitbestimmung generell Eingriffe in günstigere vertragliche Abreden rechtfertigt.[156] Gerade aber im Bereich der betrieblichen Lohngestaltung im Sinne der Festlegung der Lohnstruktur und Vollziehungsformen als formelle Arbeitsbedingungen soll die innerbetriebliche (relative) Lohngerechtigkeit sichergestellt werden, das heißt, es wird eine Vereinbarung getroffen, die sich auf die Belegschaft bezieht und vom Individualvertrag „abstrahiert“[157] ist. Die günstigkeitsbedingte individualvertragliche Abweichung ist nicht deshalb ausgeschlossen, weil bei einer etwaigen vom Arbeitgeber zur Verfügung gestellten Verteilungsmasse die Begünstigung einzelner automatisch die Benachteiligung der anderen Arbeitnehmer zur Folge hätte,[158] denn eine solche Argumentationsweise berücksichtigt weder die Trennung zwischen erzwingbarer Mitbestimmung (über die betriebliche Lohngestaltung) und freiwilliger Mitbestimmung (über die Lohnhöhe), noch, daß zumeist keine insgesamt beschränkte Verteilungsmasse vorliegt.[159]

Gegen die Anwendung des Günstigkeitsprinzips spricht vielmehr, daß die durch eine Betriebsvereinbarung festgelegte innerbetriebliche Lohngestaltung ein System zur Wahrung relativer Lohngerechtigkeit schafft.[160] Eine individualvertragliche Absprache, die eine „Begünstigung“ hinsichtlich der formellen Bedingungen – das heißt also hinsichtlich der abstrakten, den Lohn prägenden Voraussetzungen – beinhalten würde, kann nicht zur Verwirklichung eines gerechten Zu-

---

[155] *Schmidt*, Günstigkeitsprinzip, S. 80. Nach *Löwisch* (Münch Hdb, § 265 Rn. 16) bezieht sich das Günstigkeitsprinzip primär auf Individualnormen; vgl. auch *Lieb*, ArbR, § 8 III 3a).

[156] BAG (AP Nr. 17 zu § 77 BetrVG 1972): Im Bereich des § 87 Abs. 1 Nr. 2 BetrVG steht einer für den einzelnen Arbeitnehmer günstigen Abweichung von der sonst im Betrieb üblichen Lage der Arbeitszeit nichts entgegen, soweit dies betriebsorganisatorisch möglich ist; vgl. BAG AP Nr. 9 zu § 87 BetrVG 1972 Arbeitszeit; *Löwisch*, BB 1991, 59 (61); *ders.*, DB 1989, 1185 (1187); diff. *Otto*, NZA 1992, 97 (106); anders *Schmidt*, Günstigkeitsprinzip, S. 90.

[157] *Säcker/Oetker*, Grundlagen und Grenzen, S. 140.

[158] Vgl. *Galperin/Löwisch*, BetrVG, § 77 Rn. 96; *Joost*, RdA 1989, 7 (18).

[159] Vgl. *Blomeyer*, NZA 1996, 337 (341); *H. Hanau*, Individualautonomie und Mitbestimmung, S. 150.

[160] Dazu schon oben, § 2 II.

standes beitragen, sondern hätte zwangsläufig eine Beeinträchtigung der relativen Lohngerechtigkeit zur Folge, denn die Einheitlichkeit der Lohnstruktur und Vollziehungsform ist gerade Voraussetzung der Durchsichtigkeit des Lohngefüges und der Beschränkung der „Willkür des Arbeitgebers".[161] Eine abweichende Regelung würde die Einheit beeinträchtigen[162] und dem Betriebsrat die Möglichkeit nehmen, einen angemessenen Verteilungsplan durchzusetzen.[163] Eine günstigkeitsbedingte *einzelvertragliche* Durchbrechung der Betriebsnorm ist nicht möglich. Der Eingriff in die Privatautonomie ist erforderlich, denn der Zweck des Arbeitnehmerschutzes kann nur durch das einheitlich geltende System erreicht werden. Es bleibt bei der unmittelbaren und zwingenden Wirkung der Betriebsvereinbarung. Das *Günstigkeitsprinzip* findet also auf *Betriebsnormen* zur betrieblichen Lohngestaltung *im Verhältnis zwischen Individualvertrag und Betriebsvereinbarung keine* Anwendung, die Zuordnung des Inhalts der Betriebsvereinbarung als Betriebsnorm führt insoweit zum Ausschluß des Günstigkeitsprinzips.

4. Günstigkeitsprinzip im Verhältnis von Tarifvertrag und Betriebsvereinbarung

Bei der Kollision von Kollektivverträgen der gleichen Art (= gleichen Ranges und gleichen Geltungsgrundes) greift das Ordnungsprinzip („lex posterior derogat legi priori"). So verdrängt der jüngere Tarifvertrag den älteren,[164] die jüngere Betriebsvereinbarung die ältere.[165] Fraglich ist aber, welche Regelung bei

---

161 Vgl. *Reuter*, Vergütung von AT-Angestellten, S. 44: „denklogisch zwingende Alternativität" zwischen Geltung des Günstigkeitsprinzips und der Sicherung relativer Lohngerechtigkeit.
Nach *Matthes* (in: Münch Hdb, § 318 Rn. 78 ff.) ist entscheidend, ob eine mit der Betriebsvereinbarung konkurrierende Regelung im Arbeitsvertrag Inhalt des Arbeitsvertrages ist, denn als Ausdruck der Privatautonomie könne das Günstigkeitsprinzip nur solchen arbeitsvertraglichen Festlegungen zum Bestand verhelfen, die Ergebnis der Ausübung der Privatautonomie des Arbeitnehmers seien. Ein betriebliches Lohnsystem kann aber nicht Inhalt des einzelnen Arbeitsvertrages sein, damit ist das Günstigkeitsprinzip nicht anwendbar.

162 Oder wie *Blomeyer* (NZA 1996, 337 [342]) zutreffend darlegt, das Mitbestimmungsrecht würde „mangels Masse leerlaufen". Das Günstigkeitsprinzip bei der betrieblichen Lohngestaltung i. S. d. § 87 Abs. 1 Nr. 10 BetrVG im Ergebnis ablehnend *Buchner*, DB 1983, 877 (883); *Reuter*, ZfA 1993, 221 (244 ff.); *ders.*, Vergütung von AT-Angestellten, S. 44; *Joost*, ZfA 1993, 257 (276); *Gast*, Arbeitsrecht, S. 63 ff.

163 Vgl. *Pfarr*, BB 1983, 2001 (2009).

164 Vgl. dazu grundlegend *Nipperdey*, in: FS für Lehmann, S. 257 ff.; ausführlich *Richardi*, Kollektivgewalt, S. 391 ff.; *Wank*, in: Wiedemann, § 4 Rn. 261 ff.; aus der Rechtsprechung: BAG AP Nr. 15 zu § 4 TVG Ordnungsprinzip.

165 BAG AP Nr. 9 zu § 1 BetrAVG; *Kreutz*, in: GK-BetrVG, § 77 Rn. 159 m. w. Nachw.; ausführlich *Däubler*, AuR 1984, 1 (3 ff.).

Aufeinandertreffen von Tarifvertrag und Betriebsvereinbarung zur Geltung kommen soll.

a) Historischer Rückblick

Die Anwendbarkeit des Günstigkeitsprinzips im Verhältnis Tarifvertrag und Betriebsvereinbarung ist seit jeher umstritten:

Schon unter der Geltung des *Betriebsrätegesetzes von 1920* herrschte Uneinigkeit, ob der in § 78 Nr. 3 BRG statuierte tarifvertragliche Vorrang vom Ausschließlichkeitsgrundsatz oder vom Günstigkeitsprinzip beherrscht werde.[166] Nach § 78 Nr. 2 BRG waren Betriebsvereinbarungen über Löhne und sonstige Arbeitsbedingungen möglich, „soweit eine tarifliche Regelung nicht besteht". Mit dieser Formulierung waren günstigere Betriebsvereinbarungen aber nicht zwingend ausgeschlossen,[167] zumal Einigkeit darüber herrschte, daß die wesensmäßige Bestimmung der Tarifnormen, *Mindestarbeitsbedingungen* zu setzen, auch gegenüber den Betriebsvereinbarungen nur zu einer einseitig zwingende Geltung führe, die den Abschluß günstigerer Betriebsvereinbarungen zulasse. Vom Tarifrecht her wurden daher günstigere Betriebsvereinbarungen durchaus als zulässig angesehen,[168] während die Gegenmeinung das Ausschließlichkeitsprinzip betriebsverfassungrechtlich begründete.[169] Auch das Reichsarbeitsgericht, das zunächst dem Vorrang des Tarifvertrages ausschließliche Wirkung zuerkannte,[170] ließ später günstigere Betriebsvereinbarungen zu.[171] Eine eindeutige Rechtsprechung bildete sich aber nicht.[172]

Nach dem *Gesetz zur Ordnung der nationalen Arbeit von 1934* trat an die Stelle des Tarifvertrages die vom staatlichen Treuhänder der Arbeit erlassene Tarifordnung und an die Stelle der Betriebsvereinbarung die vom Betriebsführer erlassene Betriebsordnung.[173] Die Geltung günstigerer betrieblicher Regelungen

---

[166] Eine Übersicht über den damaligen Meinungsstand findet sich bei *Kaskel/Dersch*, Arbeitsrecht, S. 83 (dort auch Fn. 6): „Eine herrschende Meinung besteht zur Zeit nicht."

[167] Zu den verschiedenen Begründungsansätzen der Befürworter und Gegner der Anwendbarkeit des Günstigkeitsprinzips *Wlotzke*, Günstigkeitsprinzip, S. 110 ff.; *Fischer*, Betriebsvereinbarung, S. 39 ff.

[168] Vgl. *A. Hueck*, NZfAR 1923, Sp. 87 (97 f.); *ders*, NZfAR 1926, Sp. 404; *Sinzheimer*, Grundzüge, S. 240; *Kronenberg*, Ausnahmen von der Unabdingbarkeit, S. 22 f.; *E. Molitor*, TVVO, S. 28 (anders aber *ders.*, a. a. O., § 1 Rn. 30 m. w. Nachw.).

[169] *Sinzheimer*, Grundzüge, S. 240; *Flatow*, Arbeitsordnung, S. 55.

[170] RAG v. 21.12.1927, ARS 2 S. 15 (18).

[171] RAG v. 22.01.1930, ARS 8 S. 124 (126 f.) mit zustimmender Anm. *Nipperdey*; RAG v. 30.04.1930, ARS 9 S. 140 ff.

[172] Vgl. dazu die Analyse von *Fischer*, Betriebsvereinbarung, S. 42 f.

[173] Dazu bereits oben, § 4 I 5. Diese Phase stellt wegen der Verwirklichung des Führerprinzips im Betrieb genaugenommen eine Unterbrechung der Entwicklung der Betriebsautonomie als Interessenvertretung der Arbeitnehmerschaft dar. Insofern ist auch die Anwendung des

war für das Verhältnis von Tarif- und Betriebsordnung normiert (vgl. § 32 AOG), denn erstere sollte ein gleiches Gefüge von Mindestarbeitsbedingungen setzen, während letztere dazu gedacht war, die Arbeitsverhältnisse an die wirtschaftlichen Verhältnisse des einzelnen Betriebes anzupassen und Mindestleistungen nach Möglichkeit zu verbessern.[174] Das Ziel des Gesetzgebers, die Betriebsordnung an die erste Stelle zur Regelung der Arbeitsverhältnisse treten zu lassen, verwirklichte sich nicht, da im Zuge der Kriegswirtschaft der Staat über den Treuhänder der Arbeit die inhaltliche Gestaltung der Arbeitsverhältnisse übernahm.[175]

Das nach dem Krieg[176] erlassene *Betriebsrätegesetz des Kontrollrats* (KRG Nr. 22[177]) enthielt keine ausdrückliche Kollisionsregel für das Verhältnis von Tarifvertrag[178] und Betriebsvereinbarung.[179] Und die später in den Bundesländern erlassenen Betriebsrätegesetze übernahmen im wesentlichen die schon seinerseits umstrittenen Klauseln der §§ 66 Nr. 5 und 78 Nr. 2 und Nr. 3 BRG,[180] so daß es wiederum Rechtsprechung und Lehre überlassen blieb, die Zulässigkeit günstiger Betriebsvereinbarungen herzuleiten bzw. abzulehnen. Die Rechtsprechung nahm überwiegend eine positive Haltung zur Geltung des Günstigkeitsprinzips ein,[181] ebenso das Schrifttum.[182]

„Günstigkeitsprinzips" nur sehr begrenzt vergleichbar, denn ein Aushandeln der Arbeitsbedingungen im Wege freier, selbstbestimmter Übereinkunft lag weder auf betrieblicher noch auf überbetrieblicher Ebene vor.

174 Hueck/*Nipperdey*/Dietz, AOG, § 32 Rn. 237 ff.; *Nipperdey*, in: FS für Lehmann, S. 257 ff.

175 Im Lohnsektor wurden durch die Lohngestaltungsverordnung vom 25.06.1938 (RGBl 1938 Bd. I S. 691) und die entsprechende Durchführungsverordnung die Treuhänder der Arbeit ermächtigt, die „tariflichen" Lohnregelungen zu Höchstbedingungen zu erklären. Günstigere Betriebsordnungen wurden damit ausgeschlossen.

176 Zur Entwicklung in der Sowjetzone und später in der DDR *Fischer*, Betriebsvereinbarung, S. 52 ff.

177 Amtsblatt des Kontrollrats in Deutschland Nr. 6, S. 133; dazu auch oben, § 4 I 6.

178 Eine gesetzliche Regelung des Tarifrechts fehlte noch, trotzdem wurde den neu entstehenden tariflichen Normen Unabdingbarkeit zuerkannt.

179 *Zigan* (Betriebsvereinbarung, S. 27 f.), schloß daraus, daß ein tariflicher Vorrang wegen mangelnder Regelung nicht angestrebt gewesen sei. *Wlotzke* (Günstigkeitsprinzip, S. 115) hingegen leitet den Vorrang des Tarifvertrages aus Art. V KRG Nr. 22 her, wonach die Rechte der Betriebsräte durch alle Regelungen begrenzt werden, denen materielle Gesetzeskraft zukommt, – seiner Auffassung nach also auch durch Tarifverträge.

180 Vgl. z. B. § 27 Abs. 1 BRG Schleswig-Holstein v. 03.05.1950 (GVBl. S. 169); §§ 34, 35 BRG Hessen v. 31.05.1948 (GVBl. S. 117). Lediglich die Betriebsrätegesetze von Rheinland-Pfalz v. 15.05.1947 (VOBl. S. 258) und Südbaden v. 24.09.1948 (GVBl. S. 209) enthielten keine Regelungen über das Verhältnis von Tarifvertrag und Betriebsvereinbarung.

181 LAG Düsseldorf v. 23.11.1948, RdA 1949, 192 (KRG Nr. 22); Arbeitsgericht Heidelberg v. 05.08.1949, AP 50 Nr. 195 (KRG Nr. 22); LAG Freiburg v. 01.11.1949, AP 50 Nr. 127

Im *Betriebsverfassungsgesetz von 1952* nahm der Gesetzgeber zum Verhältnis von Tarifvertrag und Betriebsvereinbarung in § 59 BetrVG 1952 Stellung, demzufolge Arbeitsbedingungen nicht durch Betriebsvereinbarung geregelt werden können, wenn sie üblicherweise durch Tarifvertrag geregelt sind. Aufgrund des Begriffs der Tarifüblichkeit wurde dem Gesetzgeber – wie oben bereits dargelegt[183] – der Zweck unterstellt, „offensichtlich"[184] ein Monopol für die Tarifpartner schaffen zu wollen,[185] das sich schon aus dem „allgemeinen Rechtsgrundsatz des Vorrangs des Tarifvertrages vor der Betriebsvereinbarung" ergebe.[186] Diese Ansicht verfestigte sich zum sogenannten „Ausschließlichkeitsprinzip", wonach Betriebsvereinbarungen im Bereich des § 59 BetrVG 1952 als schlechthin unzulässig[187] und damit das Günstigkeitsprinzip als ausgeschlossen angesehen wurde. Wie aber bereits gesehen, ist den Materialien eine solche „offensichtliche" Errichtung einer tariflichen Monopolstellung nicht zu entnehmen[188] und es gab insbesondere keinen allgemeinen Rechtsgrundsatz, der den Vorrang des Tarifvertrages belegt hätte, denn „ein solcher Rechtsgrundsatz galt vor dem Betriebsverfassungsgesetz gerade nicht."[189]

Der historische Rückblick zeigt, daß erst mit der Einführung des Begriffs der Tarifüblichkeit in das Betriebsverfassungsgesetz von 1952 und mit dessen Aus-

---

(BRG Baden). Anders aber LAG Bremen v. 27.10.1948 (BB 1948, 609 [610] KRG Nr. 22), das die Anwendung des Günstigkeitsprinzips ablehnte.

182 *Dietz*, RdA 1949, 161 (165); *Galperin*, BB 1949, 376.

183 Vgl. oben, § 4 I 6.

184 *Dietz*, BetrVG, § 59 Rn. 6; *ders.*, BB 1954, 349 (350); *ders.*, RdA 1955, 241 (242 f.).

185 Diese Auslegung des Begriffs der Tarifüblichkeit, die *Dietz* (vgl. die Nachweise in Fn. 184) dem Gesetzgeber unterstellte (Monopol der Sozialpartner unter Ausschluß des Günstigkeitsprinzips) läßt sich allerdings aus den Materialien zu § 59 BetrVG 1952 (BT-Drucks. I/1546, S. 55, Begründung zu § 65 RegE, der dem späteren § 59 BetrVG 1952 entspricht) nicht belegen; vgl. dazu bereits oben, § 4 Fn. 74. In der Begründung wird vielmehr die Bedeutung der tariflichen Regelungen als Mindestarbeitsbedingungen gerade unterstrichen, der Günstigkeitsgedanke also betont.

186 *Fitting/Kraegeloh*, BetrVG, § 59 Rn. 2.

187 *Nikisch*, ArbR Bd. II, S. 398 f., 419; *Hueck/Nipperdey*, ArbR Bd. II, S. 801; *Neumann-Duesberg*, Betriebsverfassungsrecht, S. 469 ff.; *Säcker*, RdA 1967, 370 (371). Unzulässig jedenfalls im Bereich der materiellen Arbeitsbedingungen; vgl. *Wlotzke*, Günstigkeitsprinzip, S. 135 ff. Anders *Habitzel* (DB 1971, 2158 [2159]), der die Anwendung auch im Verhältnis Tarifvertrag und Betriebsvereinbarung bejahte und die Auslegung des § 59 BetrVG 1952 als einen Verstoß gegen das Subsidiaritätsprinzip ansah. Vgl. dazu auch bereits oben, § 4 I 6.

188 *Ehmann*, in: FS für Zöllner, S. 715 (717 ff.); *Ehmann/Lambrich*, NZA 1993, 346 (347); *Lambrich*, Tarif- und Betriebsautonomie, S. 335 ff. (insbes. S. 337); nunmehr auch *Richardi*, in: FS für Schaub, S. 639 645 f.).

189 *Zöllner*, in: FS Nipperdey Bd. II, S. 699 (700). Anders *Fischer*, Betriebsvereinbarung, S. 39 ff., 56 ff., 60 ff.

legung als *Normsetzungsmonopol* der *Ausschluß des Günstigkeitsprinzips* von der herrschenden Meinung konstruiert wurde. Dies, obwohl durchaus erkannt wurde, daß die „besonderen betrieblichen Abreden mit ihren Vergünstigungen zugunsten der Arbeitnehmer auf den individuellen Verhältnissen des Betriebes und seiner Arbeitnehmer beruhen", so daß das Günstigkeitsprinzip grundsätzlich zur Anwendung kommen sollte.[190]

b) § 77 Abs. 3 BetrVG als „lex specialis"

Auch zum Betriebsverfassungsgesetz von 1972 vertritt die herrschende Meinung im Ergebnis den Ausschluß des Günstigkeitsprinzips: Zwar wird die Regelung des *§ 4 Abs. 3 TVG* auch auf das *Verhältnis von Betriebsvereinbarung und Tarifvertrag* angewendet,[191] Betriebsvereinbarungen werden als „abweichende Abmachungen" im Sinne des § 4 Abs. 3 TVG angesehen.[192] Zu einer Kollision zwischen tariflicher und betrieblicher Regelung und damit zu einer Anwendung des Günstigkeitsprinzips könne es aber nicht kommen (jedenfalls nicht für materielle Arbeitsbedingungen), denn § 77 Abs. 3 BetrVG wird wegen seiner *zuständigkeitsabgrenzenden Funktion* als die gegenüber § 4 Abs. 3 TVG speziellere Norm angesehen, welche die Geltung günstigerer Betriebsvereinbarungen ausschließe.[193]

---

[190] *Hueck/Nipperdey*, ArbR Bd. II, S. 801.

[191] *Zöllner/Loritz*, ArbR, § 36 III, aber auch § 46 II 6; *Wank*, in: Wiedemann, § 4 Rn. 419, 621; *ders.*, RdA 1991, 129 (131); *Richardi*, Kollektivgewalt, S. 326; *Hagemeier*/Kempen/Zachert/Zilius, TVG, § 4 Rn. 51, 55; *Löwisch*, in: Münch Hdb, § 265 Rn. 6; *Wlotzke*, Günstigkeitsprinzip, S. 122; *v. Langen*, Von der Tarif- zur Betriebsautonomie, S. 119 ff.

[192] Dies geht letztendlich zurück auf die Auffassung von *A. Hueck* (NZfA 1923, Sp. 96 f.; *ders.*, NZfA 1926, Sp. 402 ff.), der damit gerade den Zweck verfolgte, günstigere Betriebsvereinbarungen zuzulassen: „So gut im Einzelvertrage Verbesserungen zugunsten der Arbeitnehmer zulässig sind, müssen sie es auch in der Betriebsvereinbarung sein" (NZfA 1923, Sp. 98). Diese von der Intention der Zulassung günstiger Betriebsvereinbarungen getragene Auslegung wird heute durch die herrschende Meinung in ihr Gegenteil verkehrt.

[193] LAG Baden-Württemberg, AuR 1999, 155, 156 (157); *Hess*/Schlochauer/Glaubitz (BetrVG, § 77 Rn. 159): „Durch § 77 Abs. 3 BetrVG ist das Günstigkeitsprinzip für das Verhältnis des Tarifvertrages zur Betriebsvereinbarung in allen Bereichen beseitigt worden"; ebenso *Dietz/Richardi*, BetrVG, § 77 Rn. 211 ff.; *Richardi*, BetrVG, § 77 Rn. 223 f., 265; *ders.*, Gutachten, Verhandlungen des 61. DJT Bd. II / 1, B 83; *J.-B. Bauer*, in: FS für Schaub, S. 19 (20); *Kreutz*, in: GK-BetrVG, § 77 Rn. 78, 109; *Waltermann*, RdA 1996, 129 (130). *Löwisch* (in: Münch Hdb, § 265 R. 7 f.): § 77 Abs. 3 BetrVG statuiere eine „inhaltsbewertungsneutrale formale Abgrenzung" zugunsten des Tarifvertrages; *Wank*, in: Wiedemann, § 4 Rn. 419, 621; *Däubler*, Tarifvertragsrecht, Rn. 224; *ders.*, AuR 1984, 1 (11); *Conze*, DB 1978, 490 (492); *Säcker*, ArbRBl (D) Tarifvertrag I C VIII 1; *Veit*, Zuständigkeit, S. 210, 212 ff.; *Heither*, in: FS für Dieterich, S. 231 (234, 237 f.); *Joost*, ZfA 1984, 173 (185); ablehnend auch für den Bereich des § 87 Abs. 1 BetrVG *ders.*, ZfA 1993, 257 (268 f.); *Moll*, Tarifvorrang, S. 57; *Heisig*, Arbeitsentgelt- und Arbeitszeitregelungen,

Diesem Ansatz liegt bereits eine falsche Prämisse zugrunde, denn im Verhältnis zwischen Tarifvertrag und Betriebsvereinbarung geht es nicht um die Anwendung des gesetzlich in § 4 Abs. 3 TVG normierten Günstigkeitsprinzips, sondern um die Schaffung praktischer Konkordanz zwischen den Verfassungsgütern.

§ 4 Abs. 3 TVG ist auf das Verhältnis von Tarifvertrag zur Betriebsvereinbarung nicht anwendbar.[194] Vielmehr hat diese Vorschrift ausschließlich das Verhältnis von Individualvereinbarung und Tarifvertrag zum Gegenstand,[195] denn § 4 Abs. 3 TVG stellt eine Ausnahme zu § 4 Abs. 1 TVG dar, der die Unabdingbarkeit des Tarifvertrages anordnet. Abs. 3 würde sich als Ausnahme zu Abs. 1 nur dann auf Betriebsvereinbarungen erstrecken (als „andere Abmachung"), wenn Abs. 1 – also die unmittelbare und zwingende Wirkung – auch für die Betriebsvereinbarung gelten würde. Dem ist aber nicht so: Der Betriebsrat ist nicht Mitglied der Tarifvertragsparteien und damit nicht tarifgebunden. Tarifgebunden können allenfalls die Betriebsratsmitglieder sein, wenn sie Gewerkschaftsmitglieder sind, aber nicht der Betriebsrat als Gremium. Die Betriebsvereinbarung begründet daher kein Rechtsverhältnis, auf das der Tarifvertrag einwirken könnte, sondern ist selbst ein mit normativer Wirkung ausgestat-

---

S. 22; *Fischer*, Betriebsvereinbarung, S. 212 ff., 215; *Herrmann*, ZfA 1989, 577 (588 ff.); *Riester*, Flexibilisierung, S. 29; *Tech*, Günstigkeitsbeurteilung, S. 19; *Gragert*, Flexibilisierung von Tarifverträgen, S. 62; *Belling* (Günstigkeitsprinzip, S. 157), der aber dann die Frage aufwirft – sie allerdings bejaht – , ob eine solche Regelung der verfassungsrechtlichen Bedeutung des Günstigkeitsprinzips gerecht wird. Im Ergebnis gibt *Belling* (DB 1987, 1888 [1894]) dem Günstigkeitsprinzip zwischen zwei Kollektivnormen die Funktion einer Auslegungsregel.
Zum Teil wird sogar behauptet, die Regelungssperre sei verfassungsrechtlich geboten; so *P. Hanau*, RdA 1993, 1 (9 f. m. w. Nachw.); *Tyska*, AuR 1985, 276 (278). Dagegen BVerfG AP Nr. 1 zu § 1 MitbestG; *Kreutz*, in: GK-BetrVG, § 77 Rn. 67; *Gast*, Tarifautonomie und Normsetzung, S. 35 ff.; *Jahnke*, Tarifautonomie und Mitbestimmung, S. 43; *Riester*, Flexibilisierung, S. 154.

[194] *Jahnke*, Tarifautonomie und Mitbestimmung, S. 45; *Ehmann*, Neue Ordnung 1996 (Sondernummer), 5 (63); *Ehmann/Lambrich*, NZA 1996, 346 (347); *Lambrich*, Tarif- und Betriebsautonomie, S. 342 ff.; *ders.*, Diskussionsbeitrag, in: Verhandlungen des 61. DJT Bd. II / 2, K 1; *Schmidt*, Günstigkeitsprinzip, S. 109 ff.; 60. Dagegen ausführlich *Fischer*, Betriebsvereinbarung, S. 87 ff., insbes. 93 ff., 98, 100, 103 ff., 115 ff.
Schon *Flatow* (Betriebsvereinbarung und Arbeitsordnung, S. 54 ff.) führte zu der von *A. Hueck* (vgl. Fn. 192) befürworteten Anwendung des seinerzeitigen § 1 Abs. 1 S. 2 TVVO auf die Betriebsvereinbarung aus, daß § 1 TVVO nur das Verhältnis zwischen Tarifvertrag und Einzelarbeitsvertrag regele.

[195] *Nikisch*, ArbR Bd. II, S. 398; *Biedenkopf*, Grenzen der Tarifautonomie, S. 306. Anders *Fischer*, Betriebsvereinbarung, S. 87 ff., insbes. 93 ff., 98, 100, 103 ff., 115 ff.

tetes Gestaltungsmittel.[196] Damit kann auch der „lex specialis-Trick“[197], mit dem das gesetzlich geregelte Günstigkeitsprinzip (§ 4 Abs. 3 TVG) durch den Tarifvorbehalt (§ 77 Abs. 3 BetrVG) im Ergebnis angeblich beseitigt werden soll, nicht die Anwendung des *verfassungsrechtlich gewährleisteten Günstigkeitsprinzips* einschränken. Das in § 4 Abs. 3 TVG *einfachgesetzlich* normierte Günstigkeitsprinzip findet auf das Verhältnis von Betriebsvereinbarung und Tarifvertrag keine Anwendung. Entsprechend kann § 77 Abs. 3 BetrVG auch keine gegenüber § 4 Abs. 3 TVG speziellere Norm sein, denn die Normen überschneiden sich nicht in ihrem Anwendungsbereich.

Das Verhältnis von Tarifvertrag und Betriebsvereinbarung bestimmt sich ausschließlich nach § 77 Abs. 3 BetrVG,[198] der allerdings unter Beachtung des Subsidiaritätsprinzips, konkretisiert durch das Günstigkeitsprinzip als Kollisionsregel verfassungskonform auszulegen ist.[199]

c) Die mangelnde Erforderlichkeit des Tarifvorbehalts

Eine Einschränkung der Betriebsautonomie durch ein Festhalten an der Normsetzungsprärogative ist insbesondere nicht zum Schutz der Tarifautonomie *erforderlich*.[200] Die Monopolisierung der Normsetzung durch die Koalitionen geht

---

[196] *Jahnke*, Tarifautonomie und Mitbestimmung, S. 45, 47; *Schmidt*, Günstigkeitsprinzip, S. 109; *Ehmann/Schmidt*, NZA 1995, 193 (199).

[197] *Ehmann/Lambrich*, NZA 1996, 346 (348); *Lambrich*, Tarif- und Betriebsautonomie, S. 347 ff.

[198] *Jahnke*, Tarifautonomie und Mitbestimmung, S. 45; *Ehmann/Lambrich*, NZA 1996, 346 (347); insoweit zustimmend *Biedenkopf*, Grenzen der Tarifautonomie, S. 306. Vgl. auch *Bender* (BB 1987, 1117 [1119]) zur herkömmlichen Auslegung des § 77 Abs. 3 BetrVG: „Der Tarifvorrang durchbricht jenes das Arbeitsrecht mitbeherrschende Strukturprinzip der Günstigkeit als besonderer Ausdruck des Subsidiaritätsprinzips“.

[199] Für eine solche restriktive Auslegung des § 77 Abs. 3 BetrVG: *Blomeyer*, NZA 1996, 337 (345); *Ehmann*, ZRP 1996, 314 (316); *Ehmann/Schmidt*, NZA 1995, 193 (200); *Ehmann/Lambrich*, NZA 1996, 346 (353); *Lambrich*, Tarif- und Betriebsautonomie, S. 226 ff., 252 f., 255; *Gast*, Tarifautonomie und Normsetzung, S. 38; *ders.*, Arbeitsrecht als Vertragsrecht, S. 65 f.; *G. Müller*, AuR 1992, 257 (261); *Schmidt*, Günstigkeitsprinzip, S. 99 ff., 115; *Sodan*, JZ 1998, 421 (429); i. Erg. wohl auch *Löwisch*, ZfA 1996, 293 (313). Ohne es zu benennen, wendet auch das Arbeitsgericht Düsseldorf (BB 1997, 1585 mit zustimmender Anm. *Zabransky/Hess*) das Günstigkeitsprinzip im Verhältnis Tarifvertrag und Betriebsvereinbarung an, allerdings beschränkt auf den Fall der existenzsichernden Betriebsvereinbarung. Unklar *Yurtsev*, Sozialleistungen, S. 46 ff.
Dagegen die in Fn. 193 genannten Autoren. Obwohl *Belling* (Günstigkeitsprinzip, S. 157 ff.) das Günstigkeitsprinzip als Garanten wirtschaftlicher und politischer Freiheit im gesellschaftlichen Spannungsfeld von Staat, Gruppe bzw. Verband und Individuum ansieht, lehnt er die Anwendung im Verhältnis Tarifvertrag / Betriebsvereinbarung ab.

[200] A. A.: *v. Hoyningen-Huene/Meier-Krenz*, ZfA 1988, 293 (302); *Beuthien*, BB 1983, 1992 (1995); *Heisig*, Arbeitsentgelt- und Arbeitszeitregelungen, S. 187; wohl auch *Gentz*, in: FS

letztlich zurück auf die Angst der Gewerkschaften vor der Konkurrenz betrieblicher Regelungen.[201] Die wirtschaftliche Entwicklung[202] und auch die des kollektiven Arbeitsrechts[203] hat aber gezeigt, daß eine Konkurrenz nicht zu befürchten ist, sondern daß die optimale Wahrnehmung der Arbeitnehmerinteressen in der Kooperation von tariflicher und betrieblicher Ebene liegt, wie dies auch in § 2 Abs. 1 BetrVG vorgesehen ist.[204] Die Notwendigkeit tariflicher Regelungen wird nicht in Frage gestellt,[205] zumal die begünstigenden Betriebsvereinbarungen weder durch Streik noch über die Einigungsstelle erzwingbar sind. Vielmehr kommt es zu solchen betrieblichen Absprachen nur dann, wenn sich die Betriebspartner – den betrieblichen Erfordernissen entsprechend – abweichend vom Tarifvertrag einigen können. Mit der Annahme der Gefährdung der

---

für Schaub, S. 205 (212); *Kittner*, in: FS für Schaub, S. 389 (407 f.). *Kissel* (NZA 1986, 73 [78 ff.]) fürchtet den Autoritätsverlust der Tarifvertragsparteien bereits durch die im Leber-Rüthers-Kompromiß genutzten tarifvertraglichen Flexibilisierungsmöglichkeiten.

201 Hierauf weisen zu Recht hin: *Hromadka*, in: FS für Schaub, S. 337 (344 f.); *Sodan*, JZ 1998, 421 (428); *Ehmann* (in: Wirklichkeit als Tabu, S. 61 [74]; *ders.*, Sozialismus, S. 581 [602 f.]), der zum Zweck des § 37 BRG 1920 (= § 41 BetrVG 1972) ausführt, daß das dort normierte – von der damaligen SPD gegen den Widerstand der USPD durchgesetzte – Umlageverbot der Zerschlagung der Betriebsrätebewegung dienen sollte (Reichstagsdebatte v. 15.01.1920, Stenographische Berichte Bd. 331, Sp. 4330 ff.); vgl. auch *Flatow/Kahn-Freund*, BRG, § 37 Rn. 1. Die Betriebsräte streben aber keine Rätebewegung mehr an, und die Gewerkschaften haben sich zur sozialen Marktwirtschaft bekannt, entsprechend wird zum Teil auch eine Abschaffung des Umlageverbots zu bedenken gegeben; *Ehmann*, in: Wirklichkeit als Tabu, S. 61 (82); *ders.*, Diskussionsbeitrag, in: Verhandlungen des 61. DJT Bd. II / 2, K 105 ff. mit der Begründung von *Lambrich*, Diskussionsbeitrag, in: Verhandlungen des 61. DJT Bd. II / 2, K 179 ff.

202 Vgl. dazu oben, § 1 I 1, § 2 I 2.

203 Vgl. hierzu die Entwicklung der Rechtsprechung zu § 87 BetrVG; dazu oben, § 3 III.

204 Ein Zurückdrängen der Tarifautonomie durch die freie Konkurrenz der Betriebsautonomie ist empirisch nicht zu bestätigen und auch prognostisch zweifelhaft, eben weil es dem Betriebsrat nicht möglich ist, Ansprüche gegen den Willen des Arbeitgebers durchzusetzen; ebenso *Zöllner*, in: FS Nipperdey Bd. II, S. 699 (703 f.); *Gast*, Tarifautonomie und Normsetzung, S. 35; *ders.*, Arbeitsrecht, S. 66; *Reuter*, in: FS für Schaub, S. 605 (632 f.); *Richardi*, in: FS für Schaub, S. 639; *Hromadka*, NZA 1996, 1233 (1238); *Bender*, BB 1987, 1117 (1120); vgl. *Buchner*, RdA 1990, 1 (17 f.); *ders.*, in: FS für Kissel, S. 97 (107 ff.); *ders.*, in: FS für Wiese, S. 55 (66). Auf die wünschenswerte Zusammenarbeit zwischen Koalitionen und Betriebsräten verweist *Adomeit*, Regelung von Arbeitsbedingungen, S. 62.

205 Da eine Gefährdung der Tarifautonomie nicht ersichtlich ist, bestehen auch im Hinblick auf internationale Vereinbarungen keinerlei Bedenken gegen den hier vertretenen Ansatz: Art. 12 der Gemeinschaftscharta der sozialen Grundrechte der Arbeitnehmer der EG, Teil II Art. 6 Europäische Sozialcharta und das ILO-Abkommen Nr. 98 verlangen nicht mehr als die Anerkennung der Schutzfunktion der Tarifautonomie. Eine verfassungskonforme Auslegung des § 77 Abs. 3 BetrVG in der hier vertretenen Weise beeinträchtigt diese nicht; dazu *Reuter*, RdA 1994, 152 (163).

Tarifautonomie durch die „Konkurrenz auf Betriebsebene“ wird letztlich eingestanden, daß die Tarifvertragspartner doch keine sinnvolle und gerechte Gestaltung der Arbeitsbedingungen vornehmen, denn andernfalls bräuchten sie die betrieblichen Absprachen nicht zu fürchten.[206] Und gerade weil die Tarifparteien in der Vergangenheit nur mäßig von dem ihnen zur Verfügung stehenden Flexibilisierungspotential Gebrauch gemacht haben, waren Unternehmer und Betriebsräte zum Erhalt der Existenzgrundlage zu den aus ihrer Sicht erforderlichen Maßnahmen bereit, das heißt zum Abschluß von Betriebsvereinbarungen, die vom Tarifvertrag abweichen.[207]

Den Schutz der Koalitionen in einer Tarifprivilegierung gegenüber betrieblichen Regelungen zu suchen und andernfalls das „Schreckgespenst“ einer funktionsunfähigen Tarifautonomie zu beschwören, unterstellt zudem den Arbeitnehmern die Unfähigkeit, eine – falls sie denn eintreten sollte – Gefährdung ihrer kollektiven Macht zu erkennen und Gegenmaßnahmen zum Erhalt mitgliederstarker Gewerkschaften zu ergreifen. Der Funktionsverlust der Koalitionen, insbesondere der Gewerkschaften, findet seine Ursache daher weniger in der Stärkung der Betriebsautonomie, sondern ist – wie gesehen – vielmehr technologisch, soziologisch und wirtschaftspolitisch bedingt.[208] Erst das Festhalten an der Normsetzungsprärogative bedroht die Glaubwürdigkeit der Tarifvertragsparteien, die damit mangelnde Anpassungsfähigkeit demonstrieren.[209]

---

[206] Vgl. *Gast*, Tarifautonomie und Normsetzung, S. 36 ff.: „Würde die Koalitionsfreiheit so ernst genommen, wie der Ruf nach dem Privileg es zu tun scheint, man müßte ihr die betriebliche „Konkurrenz“ eher wünschen: als Komplettierung und mehr noch als Stachel.“ Vgl. *Riester*, Flexibilisierung, S. 154.

[207] Vgl. *Buchner*, in: FS für Kissel, S. 97 (108).

[208] Vgl. bereits oben, §1 1 I 1, § 2 I 2. Vgl. auch *Löwisch*, RdA 1999, 69 (70 f.); *Säcker*, in: Arbeitnehmer oder Arbeitsteilhaber, S. 145 ff.: *Technologisch* bedingt, weil zunehmend der Einsatz neuer Techniken sowie die Maschinenlaufzeiten und der daran orientierte Arbeitnehmereinsatz darauf abgestellte betriebsnahe Kollektivregelungen erforderlich machen. *Soziologisch*, weil die zunehmend differenzierte und verantwortungsvolle Tätigkeit zu einem Bestreben nach selbstverantwortlicher Gestaltung und einer Distanzierung von den Gewerkschaften führt. *Wirtschaftspolitisch*, weil die Arbeitslosigkeit eine Begrenzung der Verteilungsspielräume zur Folge hat, aber auch zu einem großen Vertrauensverlust gegenüber den Gewerkschaften führt. Dieser Vertrauensverlust stützt sich inzwischen weniger auf Vorfälle wie das „Neue-Heimat-Debakel“ oder die „Steinkühler-Insidergeschäfte“, sondern immer mehr auf die Überzeugung vieler Arbeitnehmer, von den Gewerkschaften nicht mehr in ihren Interessen vertreten zu werden. Ein Vorstoß wie der *Zwickels* mit der Forderung nach einer nunmehr 32-Stunden-Woche bei vollem Lohnausgleich, die mit arbeitsplatzpolitischen und Humanisierungsargumenten gerechtfertigt wird (Der Spiegel 16 / 1997, S. 114 ff.; FAZ v. 05.05.1998, S. 19; v. 08.05.1998, S. 19), tut ein übriges.

[209] *Zöllner*, ZfA 1988, 265 (279); *Buchner*, in: FS für Kissel, S. 97 (100 ff., 110 f.); *ders.*, in: FS für Wiese, S. 55 (65); vgl. auch *Löwisch*, in: FS für Kraft, S. 343 (354 f.).

Durch die Geltung des Günstigkeitsprinzips wird die Kollision von Tarifvertrag und Betriebsvereinbarung umfassend geklärt. Sowohl die Tarif- als auch die Betriebsautonomie sind darauf angelegt, das Verhandlungsgleichgewicht auf Arbeitnehmerseite sicher zu stellen,[210] daher muß beiden Verfassungsgütern – orientiert am gemeinsamen Zweck – zu optimaler Geltung verholfen werden. Dabei darf die Tarifautonomie die ebenfalls verfassungsrechtlich gewährleistete Betriebsautonomie nicht weitreichender einschränken, als es ihr Zweck erfordert. Wenn es nun dem Betriebsrat gelingt, *höhere* als die tariflichen Löhne mit dem Arbeitgeber auszuhandeln, ist für den einzelnen Arbeitnehmer mehr als deutlich, daß es nach dem Grundsatz der Subsidiarität eines Tätigwerdens der Koalitionen zu seinem Schutz nicht bedarf; folglich muß die Betriebsvereinbarung zur Anwendung gelangen. Problematisch ist die Frage, ob auch die Vereinbarung eines *geringeren* Zeitlohnes eine den Arbeitnehmerschutz verwirklichende Regelung darstellen kann, etwa dann, wenn andernfalls der Konkurs des Unternehmens droht oder eine Produktionsverlagerung in das billigere Ausland. Hierbei handelt es sich aber nicht um eine Frage nach der Geltung des Günstigkeitsprinzips, sondern darum, welche Faktoren letztlich beim Günstigkeitsvergleich Berücksichtigung finden dürfen.[211]

Durch Betriebsvereinbarung sind auch günstigkeitsbedingte Abweichungen von tariflichen *Betriebsnormen* möglich,[212] denn dem Erfordernis einer einheitlichen Geltung, welchem ein Vorrang günstiger Individualabreden entgegensteht,[213] kann durch Betriebsvereinbarung sehr wohl Rechnung getragen werden. Gerade im Bereich der Betriebsnormen, die eine *Einheitlichkeit auf Betriebsebene* zu verwirklichen bestrebt sind, kommt den auf dieser Ebene ausgehandelten Arbeitsbedingungen eine besondere Bedeutung zu, denn durch die Sachnähe geben die „Betriebsnorm-Betriebsvereinbarungen" im besonderen Maße eine dem Subsidiaritätsprinzip entsprechende Gewähr sachgerechter Gestaltung. Günstigere Betriebsvereinbarungen im Bereich des § 87 Abs. 1 Nr. 10 BetrVG sind daher möglich.[214] Allerdings beseitigt ein bestehender Tarifvertrag die Erzwingbarkeit der Mitbestimmung.[215]

---

[210] BVerfG, NZA 1995, 754; BAG AP Nr. 21 zu § 77 BetrVG 1972; *v. Hoyningen-Huene/Meier-Krenz*, NZA 1987, 793 (796); *Meier-Krenz*, Erweiterung von Beteiligungsrechten, S. 82 ff.; *Simitis/Weiss*, DB 1973, 1240 (1246).

[211] Dazu näher unten, § 6 I 3.

[212] *Wlotzke*, Günstigkeitsprinzip, S. 122; *Schmidt*, Günstigkeitsprinzip, S. 98 f.; *Gast*, BB 1987, 1249 (1252).

[213] Dazu oben, 2 b (2), 3 b.

[214] *Wank*, in: Wiedemann, § 4 Rn. 419, 621 ff.; *Kreutz*, Grenzen, S. 221; *Wlotzke*, Günstigkeitsprinzip, S. 31; *Hromadka*, AuA 1996, 289 (290); *Ehmann/Schmidt*, NZA 1995, 193 (198 dort insbesondere Fn. 50, 51); *Schmidt*, Günstigkeitsprinzip, S. 98 f., 129 f.; *Gast*, BB

Zusammenfassend läßt sich damit festhalten, daß dem verfassungsrechtlichen Günstigkeitsprinzip bei der Kollision von Tarifvertrag und Betriebsvereinbarung umfassende Geltung zukommt, so daß auf Betriebsebene ausgehandelte und in einer Betriebsvereinbarung festgelegte Löhne durchaus Geltung vor dem tariflich ausgehandelten Entgelt erlangen können, soweit erstere günstiger sind.

5. Günstigkeitsprinzip und vertragliche Einheitsregelung

Einen Sonderfall stellt die Anwendbarkeit des Günstigkeitsprinzips auf *einzelvertragliche Einheitsregelungen* dar.

a) Begriff

Vertragliche Einheitsregelungen zeichnen sich dadurch aus, daß die Arbeitsbedingungen durch den Abschluß inhaltlich gleichartiger, aufeinander abgestimmter Einzelarbeitsverträge betriebs-, unternehmens- oder sogar konzerneinheitlich gestaltet werden und so ein Gesamtgebilde konformer Arbeitsbedingungen entsteht.[216] Dieses Gesamtgebilde geht dabei nicht aus einem Kollektivvertrag (Tarifvertrag oder Betriebsvereinbarung) hervor, sondern ergibt sich aus einem „einseitig vom Arbeitgeber fixierten, nicht normativen, sondern rein faktischen Plan".[217] Durch die einheitliche Gestaltung werden die einzelnen Absprachen in Bezug zueinander gesetzt, so daß im Ergebnis ein System entsteht, das sich auf individualvertragliche Grundlagen zurückführen läßt. Auch im Bereich der Lohngestaltung ist die Entwicklung faktischer Lohnsysteme durch einheitlich gestaltete Arbeitsverträge möglich,[218] insbesondere in Betrieben, in denen tarifliche Vorgaben gänzlich fehlen.

1987, 1249 (1252), *G. Müller*, AuR 1992, 257 (261); *ders.*, Tarifautonomie, S. 218; *Herrmann*, ZfA 1989, 577 (590).

[215] *Ehmann*, ZRP 1996, 314 (316); *Löwisch*, JZ 1996, 812 (815); *Blomeyer*, NZA 1996, 337 (345); *Schmidt*, Günstigkeitsprinzip, S. 103 f. Vgl. auch oben, § 3 II 2.
Bliebe die Erzwingbarkeit bestehen, geriete man in Konflikt mit der tariflichen Friedenspflicht, denn der Arbeitgeber muß die Möglichkeit haben, sich auf die tariflich ausgehandelten Arbeitsbedingungen berufen zu können, soweit er nicht freiwillig zugunsten der Belegschaft davon abweichen möchte; vgl. *Joost* (ZfA 1993, 257 [268]). In Frage kommt allerdings nur ein mittelbarer Verstoß, denn der Betriebsrat ist, da er nicht Partei des Tarifvertrages ist, auch nicht unmittelbar an die Friedenspflicht gebunden.

[216] Insbes. Säcker, Gruppenautonomie, S. 73 ff.; Hueck, in: FS für Molitor, S. 203 (207); *Belling*, Günstigkeitsprinzip, S. 128.
Zu den Merkmalen der arbeitsvertraglichen Einheitsregelung *Adomeit*, Rechtsquellenfragen, S. 116. Vgl. auch bereits oben, § 2 I 2.

[217] *Belling*, Günstigkeitsprinzip, S. 129.

[218] Der klassische Fall betrifft allerdings eher Gratifikationen und zusätzliche Altersversorgungszusagen; vgl. *Däubler*, AuR 1987, 349 (350 f.).

b) Ablösung durch Kollektivverträge

Nach welchen Kriterien die Ablösung dieser einheitlichen arbeitsvertraglichen Regelungen durch Betriebsvereinbarung bzw. Tarifvertrag erfolgen kann, war lange Zeit, insbesondere hinsichtlich der Fortgeltung „günstiger" einzelvertraglicher Einheitsregelungen, umstritten.[219]

(1) Ordnungsprinzip versus Günstigkeitsprinzip

In der Rechtsprechung wurde zunächst auf das *Ordnungsprinzip* abgestellt, so daß der Tarifvertrag bzw. die Betriebsvereinbarung an die Stelle der arbeitsvertraglichen Einheitsregelung trat, unabhängig davon, welche Regelung günstiger war.[220] Verschlechterungen wurden damit zugelassen.

Spätere Urteile stützten die Begründung der notwendigen Anpassungen an die veränderte wirtschaftliche Lage durch entsprechende Betriebsvereinbarungen auf eine in den vertraglichen Einheitsregelungen vorhandene Regelungslücke, die der richterlichen Rechtsfortbildung zugänglich sei.[221] Die Ablösungsbefugnis der Betriebspartner ergebe sich aus dem Mitbestimmungsgedanken.[222] Dieser Ansatz wurde in der Folgezeit durch die Berücksichtigung eines Vertrauensschutzes bzw. einer abstrakten Billigkeitskontrolle eingeschränkt.[223]

Der 6. Senat des BAG suchte über die Anwendung des Günstigkeitsprinzips eine Lösung, ließ diesem aber nur im Bereich der freiwilligen Mitbestimmung nach § 88 BetrVG Geltung zukommen, nicht jedoch bei der erzwingbaren Mitbestimmung gemäß § 87 Abs. 1 BetrVG.[224] Der 5. Senat wollte jedenfalls beim

---

[219] Umfassend zur Entwicklung der Rechtsprechung: *Säcker*, Gruppenautonomie, S. 294 ff., 355 ff.; *Richardi*, Kollektivgewalt, S. 397 ff.; *Belling*, Günstigkeitsprinzip, S. 128 ff.; zur Darstellung des Meinungsstandes *H. Hanau*, Individualautonomie und Mitbestimmung, S. 3-24.

[220] Zur Ablösung durch Tarifvertrag: BAG AP Nr. 7 zu § 4 TVG Günstigkeitsprinzip; BAG AP Nr. 11 zu Art. 44 Truppenvertrag.
Zur Ablösung durch Betriebsvereinbarung: BAG AP Nr. 87 zu § 242 BGB Ruhegehalt; BAG AP Nr. 1 zu § 4 TVG Ordnungsprinzip.

[221] BAG AP Nr. 142 zu § 242 BGB Ruhegehalt.

[222] Die Betriebsvereinbarung sei die geeignete Rechtsgrundlage für eine Ruhegeldordnung, daher müsse auch die Ablösung möglich sein. Eine parallele Begründung findet sich bei BAG AP Nr. 5 zu § 57 BetrVG 1952.

[223] BAG AP Nr. 25 zu § 77 BetrVG 1972; BAG AP Nrn. 87, 142 zu § 242 BGB Ruhegehalt.

[224] BAG AP Nr. 4 zu § 77 BetrVG 1972.
Es ist wenig überzeugend, daß Betriebsrat und Arbeitgeber gerade deshalb die Macht zukommen soll, individuell ausgehandelte Arbeitsbedingungen der Arbeitnehmer zu verschlechtern, *weil* der Betriebsrat zum Schutz der Arbeitnehmer *zwingend* zu beteiligen ist; vgl. *Belling*, DB 1982, 2513 (2516); *ders.*, Günstigkeitsprinzip, S. 145 ff.; *Buchner*, Anm. zu BAG EzA § 77 BetrVG 1972 Nr. 9; *Richardi*, RdA 1983, 201 (214); *ders.*, ZfA 1990,

Aufeinandertreffen von Tarifvertrag und arbeitsvertraglicher Einheitsregelung das Ordnungsprinzip anwenden, so daß der Große Senat angerufen wurde.[225]

(2) Kollektivierung des Günstigkeitsvergleichs

Der Große Senat zog das Günstigkeitsprinzip als Kollisionsnorm zwischen vertraglicher Einheitsregelung und Betriebsvereinbarung heran und anerkannte dabei richtigerweise die grundsätzliche Anwendbarkeit des Günstigkeitsprinzips im Betriebsverfassungsrecht.[226] Obwohl das Gericht die individualrechtliche Anspruchsbegründung in den Vordergrund stellte, ließ es die Schlechterstellung einzelner Arbeitnehmer zu, soweit die Neuregelung *insgesamt* für die Belegschaft als Kollektiv jedenfalls nicht ungünstiger sei. Eine sogenannte *kollektive Günstigkeit* liege vor, wenn das Gesamtvolumen der vom Arbeitgeber gewährten Leistungen zumindest konstant bleibe.

Diese Kollektivierung des Günstigkeitsprinzips ist zu Recht auf heftige Kritik gestoßen.[227] Denn aufgrund der verfassungsrechtlichen Bedeutung des Günstigkeitsprinzips als Maßgabe zur Herstellung praktischer Konkordanz zur Konkretisierung des Subsidiaritätsprinzips kann beim Günstigkeitsvergleich – wendet man das Günstigkeitsprinzip an – nur auf die jeweils kleinste Einheit abgestellt werden. Wird als Ausgangspunkt aber die individualvertragliche Anspruchsbegründung betont, kommt es beim Günstigkeitsvergleich auf die individuenbezogene Günstigkeit an.[228] Der Große Senat hatte offenbar selbst einige Bedenken gegen die Anwendung des kollektiven Günstigkeitsvergleichs und hat diesen auf Sozialleistungen beschränkt, ihn insoweit aber inzwischen bestätigt.[229]

---

211 (234 f.); *Löwisch*, DB 1983, 1710 f.; *Lieb*, SAE 1983, 130 f.; *Joost*, RdA 1989, 16 ff.; *Martens*, RdA 1983, 217 (218 ff.); *Schmidt*, Günstigkeitsprinzip, S. 83 ff.

[225] BAG AP Nr. 6 zu § 77 BetrVG 1972.

[226] BAG AP Nr. 17 zu § 77 BetrVG 1972; dazu *Buchner*, DB 1983, 877 (878 f.).

[227] *Kreutz*, in: GK-BetrVG, § 77 Rn. 217, 221 ff. m. w. Nachw.; *Zöllner/Loritz*, ArbR, § 6 a II 2 b); *Blomeyer* (DB 1987, 634 [636]): „Mutation des Günstigkeitsprinzips"; *Däubler*, AuR 1987, 349 (353 ff.); *Hromadka*, NZA 1987 Beil. 3, 2 (5 ff.); *Joost*, RdA 1989, 7 (18 ff.); *Richardi*, NZA 1990, 331 (333 f.); *ders.*, NZA 1987, 188 ff.; *Veit*, Zuständigkeit, S. 382 ff., 386 ff.; *Belling*, DB 1987, 1888 (1891); *Leinemann*, in: Änderung von Arbeitsbedingungen, S. 145 (162 ff.); *Herrmann*, ZfA 1989, 616 ff. Der Lösung des GS gegenüber positiv eingestellt ist *Moll* (NZA 1988 Beil. 1, 17 [30]), der aber auch darauf hinweist, daß im Ergebnis weniger das Günstigkeitsprinzip angewendet als vielmehr eine Lösung über rechtsfortbildenden Richterspruch gewählt wurde; zustimmend auch *Yurtsev*, Sozialleistungen, S. 78 ff., 110 ff.

[228] Dazu unten, § 6 II 1.

[229] BAG AP Nr. 46 zu § 77 BetrVG 1972. Auch der 1. Senat stand der Anwendung des kollektiven Vergleichs kritisch gegenüber; vgl. BAG AP Nr. 43 zu § 77 BetrVG 1972.

(3) Vorschläge aus der Literatur

In der Literatur sind verschiedene Lösungswege eingeschlagen worden:[230]

(aa) Betonung der individualvertraglichen Begründung

Zum Teil wird der *individualrechtliche Entstehungstatbestand* und damit die individualrechtliche Rechtsposition des Arbeitnehmers in den Vordergrund gestellt.[231] Um den Erfordernissen der Anpassungsfähigkeit an die sich stetig verändernde wirtschaftliche Situation gerecht werden zu können, wird die Ablösung durch Betriebsvereinbarung oder Tarifvertrag auf einen *stillschweigend vereinbarten Änderungsvorbehalt*[232] gestützt, der durch ergänzende Vertragsauslegung den vertraglichen Einheitsregelungen in der Regel zu entnehmen sei.[233] Zusätzlich wird auf das Maß an Bestandssicherung abgestellt, das die Arbeitnehmer der einheitlichen Regelung zumessen, das heißt, es wird die „Erkennbarkeit des kollektiven Charakters“[234] einbezogen.

Andere wenden die Grundsätze über den *Wegfall der Geschäftsgrundlage* an[235] oder lassen ein Widerrufsrecht schon dann zu, wenn „sachliche (vernünftige) Gründe für die Ausübung sprechen“, und nicht erst, wenn eine wirtschaftliche Notlage vorliegt.[236] Mangels Vorhersehbarkeit der wirtschaftlichen Entwicklung bestehe in der Regel kein schutzwürdiges Vertrauen in den Bestand der Regelung.

---

[230] Zusammenfassende Darstellung bei *Belling*, Günstigkeitsprinzip, S. 134 ff.

[231] *Individualrechtlicher Ansatz*: nachdrücklich *Richardi* (RdA 1983, 201 [210 ff.]): „Ob und wie viele gleichlautende Verträge mit anderen vorliegen, ist für den Charakter als Individualvertrag irrelevant. Entscheidend ist allein die individualrechtliche Begründung der Ansprüche.“ *Däubler*, AuR 1984, 1 (18 ff.); *Lieb*, SAE 1983, 130 ff.; *Coester*, BB 1984, 797 ff.; *Leinemann*, in: Änderung von Arbeitsbedingungen, S. 145 (163); *Brox/Rüthers*, Grundbegriffe, S. 31 f.; *Belling*, DB 1987, 1888 (1892); *Martens*, RdA 1983, 217 (221); *Veit*, Zuständigkeit, S. 368 ff.; *Hammer*, Selbstbetimmungsfreiheit, S. 82 f. *Wlotzke* (Günstigkeitsprinzip, S. 47 ff., 69), der eine Schlechterstellung nur der tarifgebundenen Arbeitnehmer, für welche die Ordnung des ändernden Tarifvertrages Geltung erlangt, als mit der Ordnungs- und Schutzfunktion des Tarifvertrages nicht übereinstimmend erachtet.

[232] BAG AP Nr. 25 zu § 77 BetrVG 1972: „Der kollektive Bezug der Einheitsregelung legt die Prüfung nahe, daß sie vom Arbeitgeber unter dem Vorbehalt der Änderung durch spätere Betriebsvereinbarung steht.“

[233] *G. Hueck*, in: FS für Molitor, S. 203 (227); *Hueck/Nipperdey/Stahlhacke*, TVG, § 4 Rn. 217; *Coester*, BB 1984, 797 (801).

[234] *Richardi*, RdA 1965, 49 (56); *ders.*, Kollektivgewalt, S. 404 ff.; *Löwisch*, Anm. zu BAG AP Nr. 43 zu § 77 BetrVG 1972.

[235] *Däubler*, AuR 1984, 1 (18 ff.); *ders.*, AuR 1987, 349 (356 f.); *Coester*, BB 1984, 797 (800 ff.).

[236] Der vertraglichen Einheitsregelung komme eine geringere Bestandsfestigkeit zu; so *Lieb*, SAE 1983, 130 (132); *Coester*, BB 1984, 797 (800).

Zum Teil wird der *individualrechtliche Ansatz* so konsequent verfolgt, daß zur Anpassung nur das Mittel des Änderungsvertrages oder der Änderungskündigung zugelassen wird.[237]

(bb) Betonung des kollektiven Bezugs

Andere Lösungsansätze stellen die Einheitlichkeit der Regelung in den Vordergrund und damit den *kollektiven Bezug* der inhaltlich gleich gestalteten Arbeitsverträge.[238] Die Anwendung des Günstigkeitsprinzips wird dann ganz[239] oder zumindest teilweise[240] abgelehnt. Ausgehend vom kollektiven Bezug der gewährten Leistung sei auf eine Gestaltungsbefugnis der Betriebspartner zu schließen.[241] Die Ablösbarkeit ergebe sich aus dem Betriebsverfassungsrecht, denn dieses erstrebe nicht die Verbesserung der Arbeitsbedingungen orientiert an den Individualbedürfnissen, sondern sei gekennzeichnet durch kollektive Interessenverfolgung. Die Rechtsansprüche der Arbeitnehmer beruhten in den Fällen der vertraglichen Einheitsregelung weniger auf dem jeweils einzeln gebildeten rechtsgeschäftlichen Willen als vielmehr auf der Hinnahme von Arbeitgeberhandlungen.[242] Die Ablösungsbefugnis durch Tarifvertrag ergebe sich aus Art. 9 Abs. 3 GG, denn die Normsetzungsprärogative verbiete eine tarifresistente arbeitsvertragliche Einheitsregelung.[243]

---

[237] *Canaris* (RdA 1974, 18 [25]): Lehre vom actus contrarius; *Zöllner*, RdA 1969, 250 (254); kritisch *Belling* (Günstigkeitsprinzip, S. 148 ff.): „Es wäre sinnlos, einen Betrieb (...) in den wirtschaftlichen Ruin zu treiben, nur um puristisch am Prinzip „pacta sunt servanda“ (...) festzuhalten.“ *Belling* fordert i. Erg. aber auch einen ausdrücklichen Vorbehalt der günstigkeitsunabhängigen Modifikation, läßt aber bis zur Anpassung der Praxis an eine entsprechende Rechtsprechung Änderungen nach § 242 BGB zu.

[238] *Kollektivrechtlicher Ansatz*: *Reuter*, SAE 1983, 201 (202 ff.); *Buchner*, DB 1983, 877 (884 f.); *Moll*, NZA 1988 Beil. 1, 17 (20 f.); *Kammann*, RdA 1967, 401 (405). *Blomeyer* (DB 1987, 634 [638]; *ders.*, NZA 1985, 641 [645 f.]) stellt auf § 87 Abs. 1 Nrn. 8 und 10 BetrVG ab und lehnt damit die Geltung des Günstigkeitsprinzips ab. Diff. *Kreutz*, in: GK-BetrVG, § 77 Rn. 226.

[239] *Blomeyer*, DB 1987, 634 (638); *Reuter*, SAE 1983, 201 (202 f.); *Buchner*, DB 1983, 877 (884 f.); *Säcker*, Gruppenautonomie, S. 255, 269, 308-330; *Fastrich*, RdA 1994, 129 (131 ff.).

[240] *Hilger*, BB 1958, 417 (418 f.); *Kammann*, RdA 1967, 401 (405); *Karakatsanis*, Kollektivrechtliche Gestaltung, S. 41 ff.

[241] *Buchner*, DB 1983, 877 (883); *Säcker*, Gruppenautonomie, S. 357; *Hromadka* (DB 1985, 864 [866 f.]) läßt die Betriebsvereinbarung als actus contrarius zur vertraglichen Einheitsregelung gelten.

[242] *Buchner*, DB 1983, 877 (883 f.); vgl. *H. Hanau*, Individualautonomie und Mitbestimmung, S. 163 ff.

[243] *Säcker*, Gruppenautonomie, S. 308 ff.; *Kammann*, RdA 1967, 401 (405): „Der Kollektivautonomie müssen auch tatsächliche Normen, die die gleiche Ordnungsfunktion ausüben

Andere schließen die Anwendbarkeit des Günstigkeitsprinzip nicht generell aus, sondern machen diese abhängig von dem Inhalt der arbeitsvertraglichen Einheitsregelung.[244] Bei kollektivrechtlicher Natur sei diese gegenüber der Betriebsvereinbarung oder dem Tarifvertrag funktions- und wirkungsgleich, denn es werde eine Ordnung geschaffen, in die der Arbeitnehmer hineingenommen sei. Für die Anwendung des Günstigkeitsprinzips sei kein Raum, vielmehr gelte hier das Ordnungsprinzip. Knüpfe die vertragliche Einheitsregelung aber an die besonderen Umstände des Einzelfalles an, habe sie also individualrechtliche Qualität, sei das Günstigkeitsprinzip anzuwenden.[245]

---

wie Kollektivnormen, unterstehen, denn andernfalls wäre die Funktion der Kollektivvertragsparteien willkürlich beschränkt."

244 *Kreutz* (Grenzen, S. 171 ff., 191 ff., 250), unterscheidet danach, ob in der Betriebsvereinbarung materielle Arbeitsbedingungen geregelt werden, denen nur dann Geltung zukommt, wenn die Regelung für den Arbeitnehmer günstiger ist, während bei formellen Arbeitsbedingungen auch eine Verschlechterung möglich sei. *Kreutz* stütz seine Argumentation auf die Differenzierung der bei formellen und materiellen Arbeitsbedingungen unterschiedlichen Schutzzwecke der Betriebsvereinbarung. Vgl. *Hilger*, BB 1958, 417 (418); *Karakatsanis*, Kollektivrechtliche Gestaltung, S. 41 ff.; BAG (AP Nr. 7 zu § 4 TVG Günstigkeitsprinzip): Dem Günstigkeitsprinzip zugänglich sind „individuelle wegen besonderer Leistung oder sozialer Bedürftigkeit einzelner Arbeitnehmer getroffene Vereinbarungen."

245 I. Erg. entspricht dies dem von *Nipperdey* (in: FS für Lehmann, S. 257 ff.) unter der Geltung des AOG entwickelten Ordnungsprinzip unter Berücksichtigung des Leistungsprinzips. *Nipperdey* weist nach, daß beide Ordnungen des AOG (Tarif- und Betriebsordnung) Mindestarbeitsbedingungen setzen. Würden die Regelungen der alten Tarif-/Betriebsordnung weitergelten, obwohl eine neue besteht, wäre nicht nur das Ordnungsprinzip, sondern auch das Leistungsprinzip (Günstigkeitsprinzip als Ausdruck des Leistungsprinzips) verletzt, denn aus den Mindestbedingungen der alten Ordnung würden zu Unrecht die den Leistungen des einzelnen entsprechenden Arbeitsbedingungen gemacht (a. a. O., S. 263). Bei der Ablösung von den vom Unternehmer gestalteten allgemeinen Arbeitsbedingungen durch ungünstigere Bestimmungen enthaltende Tarif-/Betriebsordnungen gelte gegenüber der Tarifordnung das Spezialitätsprinzip, das heißt die günstigeren im Betrieb geltenden allgemeinen Arbeitsbedingungen blieben bestehen (a. a. O., S. 267). Anders bei Erlaß der Betriebsordnung, denn auch die durch den Arbeitgeber einseitig erfolgte Festlegung allgemeiner, für alle Betriebsangehörigen geltenden Arbeitsbedingungen stelle eine Ordnung dar. Daher gelte das Ordnungsprinzip, so daß die Betriebsordnung in vollem Umfang an die Stelle der bisherigen, auf arbeitsvertraglicher Grundlage geltenden allgemeinen Ordnung trete. Günstigere Arbeitsbedingungen blieben nur dann bestehen, wenn diese auf dem besonderen für den Beschäftigten geltenden Arbeitsvertrag beruhten (a. a. O., S. 268). Noch weiter gehend *Siebert* (in: FS für Nipperdey, S. 119 [127]): Das Ordnungsprinzip komme zur Anwendung, wenn keine individuellen Momente berücksichtigt wurden, während auf das Günstigkeitsprinzip abzustellen sei, wenn natürliche Individualisierungs- und Garantiefunktionen durch die Vereinbarung erfüllt würden. *Siebert* unterstellt dem Günstigkeitsprinzip alle diejenigen Einzelabreden, welche individuelle Umstände des einzelnen Arbeitsverhältnisses berücksichtigten (Schutz der Individualrechtsposition).

(4) Charakter der ablösenden Norm

Bei der Ablösung vertraglicher Einheitsregelungen muß nicht nur beachtet werden, ob diese selbst ein kollektives *System* aufgestellt haben, oder nur deswegen als vertragliche Einheitsregelung ausgestaltet waren, um für den Arbeitgeber den bürokratischen Aufwand zu verringern.[246] Vielmehr ist insbesondere zu berücksichtigen, ob durch die ablösende Betriebsvereinbarung bzw. den ablösenden Tarifvertrag ein einheitliches für den Betrieb geltendes System geschaffen werden soll, welches durch günstigkeitsbedingte individualvertragliche Abweichungen beeinträchtigt werden würde. Es ist also auf den *Charakter der ablösenden Norm* abzustellen.[247]

Soll durch die ablösende Kollektivnorm (Betriebsvereinbarung oder Tarifvertrag) anstelle der vertraglichen Einheitsregelungen eine für den Betrieb einheitlich geltende Struktur geschaffen werden, welche aus rechtlichen oder tatsächlichen Gründen notwendig einheitlich Geltung beansprucht, das heißt durch einzelvertragliche Abweichungen den Sinn verlieren würde, so ist kein Raum für die Anwendbarkeit des Günstigkeitsprinzips. Bei einer auf wechselseitiger Beziehung und einheitlicher Regelung aufbauenden Gestaltung der Arbeitsbedingungen würden individuelle Abweichungen dieses System beeinträchtigen. Dem Subsidiaritätsgedanken entsprechend ist hier die einzelvertragliche Regelung gerade nicht in der Lage, eine gerechte Ordnung zu schaffen. Hat die ablösende Betriebsvereinbarung bzw. der Tarifvertrag also den Charakter von Betriebsnormen, so ist kein Raum für die Anwendbarkeit des Günstigkeitsprinzips. Es bleibt bei der unmittelbar und zwingenden Geltung gemäß § 77 Abs. 4 BetrVG bzw. § 4 Abs. 1 TVG.

Begründen der nachfolgende Tarifvertrag bzw. die Betriebsvereinbarung hingegen Ansprüche, die mit einzelvertraglichen Ansprüchen verglichen werden können, so besteht kein Grund, dem Günstigkeitsprinzip hier die Anwendung zu versagen, vielmehr handelt es sich dann um Regelungen, die dem Günstigkeitsvergleich zugänglich sind.

c) Zusammenfassung

Das Günstigkeitsprinzip konkretisiert das Subsidiaritätsprinzip, indem es die Verhandlungsdefizite auf Arbeitnehmerseite in die Beurteilung der selbständigen Regelungsmöglichkeit der jeweils kleineren Einheit mit einbezieht und so einen Ausgleich ermöglicht zwischen autonomer Gestaltung durch den einzelnen bzw. die kleinere Einheit und notwendigem Schutz durch die nächst höhere Einheit (so viel Schutz wie nötig, so viel Freiheit wie möglich). Durch das mög-

---

[246] *Neumann-Duesberg* (Betriebsverfassungsrecht, S. 124) beschreibt diesen Gesichtspunkt als „Rationalisierungseffekt".

[247] *Schmidt*, Günstigkeitsprinzip, S. 88 ff.; ähnlich *Fastrich*, RdA 1994, 129 (134 ff., 137).

lichst geringe Zurückdrängen des jeweiligen Verfassungsguts – entsprechend dem Gebot der Herstellung praktischer Konkordanz unter Berücksichtigung der jeweiligen Zwecksetzung – wird im Ergebnis ein Optimum realer Autonomie für Arbeitnehmer und Arbeitgeber geschaffen, und weitestgehende individuelle Selbstbestimmung ermöglicht.

Als Verfassungsprinzip beansprucht das Günstigkeitsprinzip insbesondere beim Aufeinandertreffen von Tarifvertrag und Betriebsvereinbarung Geltung und ist in diesem Verhältnis auch auf sogenannte Betriebsnormen anwendbar. Insoweit ist § 77 Abs. 3 BetrVG verfassungskonform dahingehend auszulegen, daß er nur die ungünstigeren Betriebsvereinbarungen ausschließt, günstigere Betriebsvereinbarungen aber durchaus Geltung erlangen können.

Bei der Ablösung vertraglicher Einheitsregelungen durch Kollektivverträge kommt es für die Anwendbarkeit des Günstigkeitsprinzips darauf an, ob durch den Tarifvertrag bzw. die Betriebsvereinbarung ein einheitlich geltendes System geschaffen werden soll. In einem solchen Fall ist für die Weitergeltung einzelvertraglicher Abmachungen kein Raum, denn auf der Individualebene läßt sich die Durchsichtigkeit des Lohngefüges nicht verwirklichen.

§ 6 Der Günstigkeitsvergleich

Da generell die Möglichkeit der freiwilligen Mitbestimmung über die Lohnhöhe aufgrund der verfassungsrechtlichen Bedeutung der Betriebsautonomie und des Subsidiaritätsprinzips in seiner Konkretisierung durch das Günstigkeitsprinzip besteht, bleibt nunmehr darzulegen, wie die im Ergebnis günstigere Regelung zu ermitteln ist. Bei dem Vergleich der verschiedenen für das Arbeitsverhältnis Geltung beanspruchenden Normen muß eine *Wertung* erfolgen.[1] Weil jedoch eine gesetzliche Bestimmung der Wertungskriterien fehlt,[2] können im Betriebsverfassungsrecht dieselben Grundsätze herangezogen werden, die sich im Tarifvertragsrecht entwickelt haben.[3]

Der Günstigkeitsvergleich wirft dann keine Probleme auf, wenn das Verhältnis von Leistung und Gegenleistung im Arbeitsverhältnis dahingehend verändert wird, daß für dieselbe Leistung ein höherer Lohn festgelegt wird, als im Tarifvertrag (oder im Individualvertrag) vorgesehen ist. Eine solche Betriebsvereinbarung ist nach überwiegender Wertung günstiger.

Problematisch wird die Frage nach der Günstigkeit des durch Betriebsvereinbarung festgelegten Zeitlohnes erst, wenn dieser geringer ist als der tarifliche oder einzelvertragliche. Hier allein auf die unterschiedlichen Lohnsummen abzustellen und der Betriebsvereinbarung als „ungünstigerer“ Regelung die Geltung zu versagen, erfaßt das Problem nicht vollständig.[4] Vielmehr ist zur Feststellung

---

1 Günstigkeitsvergleich als Werturteil: *Kreutz*, in: GK-BetrVG, § 77 Rn. 208; *Belling*, Günstigkeitsprinzip, S. 169; *Schmidt*, Günstigkeitsprinzip, S. 115, 123; *Tech*, Günstigkeitsbeurteilung, S. 72.
Dies ergibt sich schon aus der Herleitung des Günstigkeitsprinzips aus der Verfassungsdogmatik: Die Abwägung kollidierender Verfassungsgüter zur Herstellung praktischer Konkordanz ist letztendlich auf die Gewichtung der Güter zurückzuführen.

2 Schon *Sinzheimer* (Arbeitstarifgesetz, S. 114) forderte eine gesetzliche Konkretisierung, was unter günstigeren Arbeitsbedingungen zu verstehen sei.

3 *Kreutz*, in: GK-BetrVG, § 77 Rn. 208 m. w. Nachw.; *H. Hanau*, Individualautonomie und Mitbestimmung, S. 114 dort Rn. 3.

4 Die Günstigkeit allein nach der quantitativen Lohnhöhe zu bemessen, würde das Günstigkeitsprinzip nach *Heinze* (NZA 191, 329 [334]) in „klingende Münze“ verwandeln, dem Verfassungsprinzip aber nicht gerecht werden. *Heinze* (a. a. O., S. 332) geht soweit, jede Änderung der Kollektivvereinbarung wegen der verfassungsrechtlich vorgegebenen Präponderanz der individuellen Freiheit und Selbstbestimmung die Wertung „günstiger“ zuzusprechen, soweit sie das sozialstaatliche Schutzgebot beachtet. Zuzustimmen ist *Schmidt* (Günstigkeitsprinzip, S. 127) der ausführt, daß es ein Fehler wäre, allein aus der *Tatsache* 'weniger Lohn' die *Wertung* 'ungünstiger' herzuleiten, denn die bloße Gegenüberstellung zweier Zahlen ist für sich ohne Aussagekraft; ebenso *Gast*, BB 1990, 1637 (643). Das Günstigkeitsprinzip ist auf Erstellen eines Werturteils gerichtet. Grundsätzlich wird die Behauptung weniger Lohn sei ungünstiger, nicht in Frage gestellt, weil über die Wertung ein soziologischer Konsens zu bestehen scheint. Bei der juristischen Beurteilung darf aber

der Günstigkeit zunächst zu klären, *wie* die *Vergleichspaarbildung* zu erfolgen hat (dazu unter I), sodann ist auf den *Günstigkeitsadressaten*, das heißt darauf einzugehen, für wen sich die Regelung als günstiger erweisen muß (dazu unter II). Für den Bewertungsvorgang selbst ist der *Bewertungsmaßstab* von Relevanz (dazu unter III) und die Frage der *berücksichtigungsfähigen Umstände* (dazu unter IV). Zu entscheiden ist schließlich, welche Regelung zur Geltung gelangen soll, wenn sich *Zweifel über die Günstigkeit* nicht ausräumen lassen (dazu unter V). Anhand dieser Kriterien wird sichergestellt, daß die abweichende Vereinbarung unter Beachtung des Prinzips der Verhandlungsparität zustandegekommen ist,[5] die abweichende Vereinbarung also günstiger ist.

Zuletzt werden die Besonderheiten der existenzsichernden Betriebsvereinbarung hinsichtlich einzelvertraglicher Lohnvereinbarungen dargestellt (dazu unter VI).

I. Vergleichspaarbildung

Um zu einem Werturteil über die Günstigkeit einer Abmachung zu gelangen, müssen die voneinander abweichenden Regelungen so gegenüber gestellt werden, daß Vergleich und wertendes Ergebnis der verfassungsrechtlichen Bedeutung des Günstigkeitsprinzips als Mittel zur Verwirklichung der Privatautonomie und autonomen Gestaltung auf der jeweils kleineren Ebene (Subsidiaritätsprinzip) gerecht werden.

Die Wahl der *Vergleichsmethode*[6] hängt dabei entscheidend davon ab, ob die Kompensation untertariflicher Regelungen durch die Gewähr übertariflicher Vorteile als durch das Günstigkeitsprinzip gedeckt angesehen werden muß.

---

die Tatsachenebene nicht mit der Wertungsebene vermischt werden. Die übliche Wertungsbegründung, „im Vergleich zweier Lohnsummen ist die geringere Summe ungünstiger, weil weniger Lohn einen Verzicht auf allgemein angestrebte Wohlstandsvermehrung bedeutet", kann im Einzelfall oder durch die Betriebsumstände eine Modifikation erfahren, welche die Wertung im Ergebnis verändert. Vgl. zum „Wandel des Günstigkeitsprinzips" *Wank*, in: Wiedemann, § 4 Rn. 433 ff.

5 *Rieble* (Arbeitsmarkt und Wettbewerb, Rn. 1601 ff.) weist zutreffend darauf hin, daß das Regelungsergebnis allein wenig ergiebig für das Günstigkeitsurteil ist, es komme vielmehr auf das Regelungsverfahren an.

6 Diskutiert werden drei Vergleichsmethoden: Einzelvergleich, Sachgruppenvergleich und Gesamtvergleich. Wegen Mißachtung des Parteiwillens wird der sogenannte *Gesamtvergleich* als Vergleichsmethode fast einhellig abgelehnt. Bei diesem werden die Vereinbarungen in complexu gegenübergestellt, das heißt auch solche Regelungen in den Vergleich miteinbezogen, die in keinerlei Zusammenhang miteinander stehen. Den Gesamtvergleich vertreten *Nikisch* (ArbR. Bd. II, S. 434 f.) sowie aus neuerer Zeit *Heinze* (NZA 1991, 329 [334 f.]), der dann aber andererseits als Bewertungsmaßstab allein auf die subjektive Einschätzung des betroffenen Arbeitnehmers abstellt. Ablehnend *Wank*, in: Wiedemann, § 4 Rn. 470 ff.; *Belling*, Günstigkeitsprinzip, S. 178 m. w. Nachw.; *Krauss*, Günstigkeitsprin-

1. Kompensation untertariflicher Arbeitsbedingungen

Umstritten,[7] aber richtigerweise zu bejahen,[8] ist die Möglichkeit des Ausgleichs untertariflich vereinbarter Arbeitsbedingungen durch die Gewähr übertariflicher Vorteile.[9]

a) Mindestarbeitsbedingungen als Einheit

Die Kompensationsmöglichkeit ergibt sich aus der Prämisse, daß der Tarifvertrag eine Reihe von Schutzpositionen gewährt, die aber nicht als Vielzahl unabdingbarer Einzelpositionen nebeneinander stehen, sondern eine Einheit bilden, die in ihrer Gesamtheit Mindestarbeitsbedingungen setzt.[10]

---

zip, S. 104 f.; *Schuhmann*, Grenzen der Regelungsbefugnis, S. 105; *Tech*, Günstigkeitsbeurteilung, S. 102.

7 Ablehnend: *Kreutz*, in: GK-BetrVG, § 77 Rn. 209; *Löwisch*, in: Münch Hdb, § 265 Rn. 40 m. w. Nachw.; *Däubler*, DB 1989, 2534 ff.; *Belling*, Günstigkeitsprinzip, S. 183 ff.; *Tech*, Günstigkeitsbeurteilung, S. 107 ff., insbesondere S. 115 f., 118 ff.; *Lieb*, NZA 1994, 289 (293); *Karakatsanis*, Kollektivrechtliche Gestaltung, S. 110; *Rauschenberg*, Flexibilisierung, S. 128 ff.; *Linnenkohl/Rauschenberg/Reh* (BB 1990, 628 [629]), die andererseits aber eine „Verrechnung gleichartiger Leistungsgegenstände bzw. -inhalte" als zulässig erachten; diff. *Firlei* (DRdA 1981, 1 [14]), der die Anwendung des punktuellen Vergleichs vom konkreten Schutzzweck der jeweiligen Norm abhängig macht und entsprechend die Kompensationsmöglichkeiten nur sehr eingeschränkt zuläßt. Die genannten Autoren wählen daher den *Einzelvergleich* (= isolierter Vergleich), bei dem nur die einzelnen Arbeitsbedingungen isoliert gegenübergestellt werden.

8 So auch die herrschende Meinung: *Wiedemann/Stumpf*, TVG, § 4 Rn. 238 (diff. *Wank*, in: Wiedemann, § 4 Rn. 467 ff., 469); *Wlotzke*, Günstigkeitsprinzip, S. 82 f., 96; *Gitter*, in: FS für Wlotzke, S. 297 (306 f.); *Krauss*, Günstigkeitsprinzip, S. 107 ff.; ähnlich BAG AP Nr. 13 zu § 4 TVG Günstigkeitsprinzip mit zustimmender Anm. *Wiedemann*; BAGE 7, 149 (151); BAG AP Nr. 1 zu § 6 ArbKrankG; *Hueck/Nipperdey* (ArbR. Bd. II / 1, S. 607, S. 611 ff. insbesondere Fn. 110 a), die auch die Kompensation untertariflicher Entlohnung zulassen; *Nikisch*, ArbR Bd. II, S. 433 f.; *Nipperdey*, Beiträge, S. 10 f.; einschränkend *ders.*, NZfA 1926, Sp. 193 (209); *Richardi*, Kollektivgewalt, S. 377.

9 Daß selbst das gesetzlich normierte Günstigkeitsprinzip die Kompensationsmöglichkeit weder nach Wortlaut, Systematik, noch Entstehungsgeschichte ausschließt, hat *Tech* (Günstigkeitsbeurteilung, S. 108 ff.) dargestellt. I. Erg. lehnt er eine solche Kompensationsvereinbarung aber mit Verweis auf die Beeinträchtigung der Schutzfunktion der Tarifautonomie ab; dagegen *Krauss*, Günstigkeitsprinzip, S. 108 f.

10 *Wank*, in: Wiedemann, § 4 Rn. 468; ablehnend *Rauschenberg*, Flexibilisierung, S. 129; *Linnenkohl/Rauschenberg/Reh*, BB 1990, 628; *Kort*, NJW 1997, 1476 (1479).
Von einem 'Gesamtschutzkomplex' gehen jedoch auch die Tarifvertragsparteien selbst aus. Dies wurde insbesondere deutlich bei den Verhandlungen im Zusammenhang mit der (inzwischen wieder rückgängig gemachten) gesetzlichen Änderung der Lohnfortzahlung im Krankheitsfall durch das Arbeitsrechtliche Beschäftigungsförderungsgesetz vom 27.09.1996 (BGBl. I Nr. 48 S. 1476 ff.). Um den zuvor als Grunderrungenschaft deklarierten Wert der 100%-igen Lohnfortzahlung im Krankheitsfall beizubehalten, wurden Zuge-

Soll der durch die tarifliche Regelung unverrückbare Mindeststandard den privaten bzw. betrieblichen Interessen entsprechend abweichend ausgestaltet werden, so ist der Schutz durch das Kollektiv gewährleistet, soweit sichergestellt ist, daß untertarifliche Absprachen durch mit diesen in Zusammenhang stehende Vorteile ausgeglichen werden. Damit verliert die aus gewerkschaftlicher Sicht zu vernehmende Kritik eines „Abkaufs des Arbeitnehmerschutzes“[11], der den Tarifvertrag zum „Handelsobjekt“[12] degradiere, an Bedeutung, denn die kollektivvertragliche Regelung soll das Machtungleichgewicht und die unterlegene Verhandlungsstärke des Arbeitnehmers ausgleichen und durch das Kollektiv Verhandlungsparität gewährleisten. Erlauben bzw. erfordern aber die privaten bzw. betrieblichen Interessen ein Aushandeln auf der Grundlage tariflicher Mindestarbeitsbedingungen, so ist das Verhandlungsergebnis solange anzuerkennen, wie es Ausdruck gleicher Verhandlungsstärke ist. Die Kompensationsvereinbarung ermöglicht dann die Verwirklichung des Parteiwillens bei Gewährleistung eines gewissen Gesamtmindeststandards auf der Grundlage des Tarifvertrages.

b) Gefahr der Tarifzensur?

Der Kompensation untertariflicher Arbeitsbedingungen wird die Unmöglichkeit einer sicheren Günstigkeitsbeurteilung vorgeworfen, die zu fehlender Justiziabilität der Kompensationsvereinbarung führe, bzw. zur Tarifzensur durch Richterspruch.[13] Zuzugeben ist, daß die Komplexität der Günstigkeitsbeurteilung in dem Maße ansteigt, in dem verschiedene Sachmaterien in Zusammenhang gesetzt werden. Doch macht dies die richterliche Bewertung keinesfalls unmöglich, denn das Günstigkeitsprinzip ist nicht darauf ausgerichtet, ein mathematisch meßbares Ergebnis zu ermitteln, sondern ein rechtliches Werturteil zu erreichen.[14] Daß eine Vereinbarung günstiger ist als eine andere, läßt sich feststellen; nicht zu entscheiden – aber auch nicht erforderlich – ist lediglich, um „wieviel günstiger“.

---

ständnisse hinsichtlich der Lohnforderungen und der Weihnachts- und sonstiger Gratifikationen gemacht, diese also in Zusammenhang gebracht.

11 *Däubler*, AuA 1996, 310 (312); *ders.*, DB 1989, 2534 ff.

12 *Zachert*, AuR 1995, 1 (10).

13 So *Belling*, Günstigkeitsprinzip, S. 183 ff. m. w. Nachw.

14 *Schmidt* (Günstigkeitsprinzip, S. 122) nutzt zur Verdeutlichung die Unterscheidung in *Intervall-* und *Ordinalskala.* Während der Sachgruppenvergleich keine Feststellung der Günstigkeit als absolute Größe auf einer Intervallskala ermöglicht, auf der die Abstände zwischen zwei Punkten nach konkreten Maßeinheiten genau meßbar sind, ist eine Rangbestimmung auf ordinalem Skalenniveau durchaus zu treffen. Denn die Ordinalskala beschränkt sich – im Gegensatz zur Intervallskala – auf die Bestimmung einer Rangordnung zwischen den Untersuchungsobjekten. Vgl. auch *Buchner*, NZA 1999, 897 (901 f.).

Auch eine Tarifzensur[15] durch Richterspruch kann nicht ernsthaft befürchtet werden, denn es ist weder eine Neuheit, noch eine arbeitsrechtliche Besonderheit, daß es der Rechtsprechung (und Lehre) überlassen wird, unbestimmte Rechtsbegriffe und Generalklauseln mit Inhalt zu füllen;[16] die richterrechtliche Rechtsfortbildung ist wegen Fehlens einer einheitlichen Kodifikation gerade im Arbeitsrecht anerkannt.[17] Eine richterliche Zensur des Tarifvertrages ist schon deshalb nicht zu befürchten,[18] weil es zu einem richterlichen Tätigwerden erst dann kommt, wenn der Arbeitnehmer die tariflich festgelegte Arbeitsbedingung einfordert. Das Gericht hat in diesem Fall die Rechtsfrage zu klären, welche Vereinbarung günstiger ist, es hat aber nicht selbst die Vertragsbedingungen abweichend festzulegen. Lehnt es die Günstigkeit der abweichenden Kompensationsvereinbarung ab, bleibt es bei den tariflichen Regelungen. Der Tarifvertrag selbst wird durch das Gericht nicht geändert oder zensiert.

c) Beeinträchtigung gewerkschaftlicher Attraktivität und Funktionsfähigkeit

Unberechtigt ist die Kritik, die Attraktivität und Funktionsfähigkeit der Gewerkschaften zur Durchsetzung einer bestimmten Tarifpolitik werde gefährdet, würde man Kompensationsvereinbarungen zulassen, denn die Gewerkschaften könnten ihre Zielvorstellungen nur als „Angebotskartelle der Arbeitskraft" durchsetzen.[19] Bei diesem immer wieder angeführten Argument ist aber schon die Prämisse falsch, denn grundlegendes Problem der Flächentarifverträge und Ursache für die Bestrebungen nach Flexibilisierung ist gerade, daß die Gewerkschaften in einem globalen Markt allenfalls ein Angebotskartell für die nationa-

---

[15] Nach dem BVerfG (AP Nr. 117 zu Art. 9 GG Arbeitskampf) ist eine gerichtliche Kontrolle der Tarifziele mit dem Grundgedanken der Tarifautonomie nicht vereinbar. *Rieble* (Arbeitsmarkt und Wettbewerb, Rn. 1599) hingegen sieht in jeder Anwendung des Günstigkeitsprinzips eine berechtigte Tarifzensur entsprechend der Grundrechtsbindung der Tarifvertragsparteien.

[16] Vgl. z. B. die arbeitsrechtliche Rechtsprechung zu § 242 BGB; dazu *Preis*, Grundfragen, S. 249 ff.

[17] *Preis*, Grundfragen, S. 237 ff. m. w. Nachw.

[18] Zudem braucht insbesondere die Gewerkschaftsseite die „Zensur" durch Richterspruch nicht zu meiden, denn gerade in der arbeitsrechtlichen Rechtsprechung scheinen die Kategorien von „Gut" und „Böse" besonders deutlich voneinander getrennt zu sein, wobei den Arbeitnehmern die Dauerrolle des „Guten" zugebilligt wird, während der in die Rolle des „Bösen" gedrängten Unternehmerseite möglichst umfassende Beschränkungen auferlegt werden; dazu *Hümmerich*, NZA 1996, 1289 (1298).

[19] *Belling*, Günstigkeitsprinzip, S. 170 f.; *Däubler*, in: FS Wlotzke, S. 257 (272); ähnlich *Tech*, Günstigkeitsbeurteilung, S. 110 ff.; *Heinze* (NZA 1995, 5 [6]), betont nach wie vor, daß das Tarifkartell „Wettbewerbsverzerrungen im Lohnbereich" entgegen wirke.
Auch das Argument vom Schutz vor „Schmutzkonkurrenz" durch Unterbieten des Tariflohnes stammt - worauf *Adomeit* (in: Sozialismus, S. 499 [508 f.]) hinweist - aus einer Zeit, in der das Lohnniveau gerade das Existenzminimum abdeckte.

le Arbeitskraft besitzen; international aber können sie nicht verhindern, daß jenseits der Grenzen (auch innerhalb Europas) längere Arbeitszeiten zu geringeren Kosten das Kartell wirkungslos machen.[20] Gerade die Erkenntnis, daß die zur Verfügung stehende Arbeitskraft – jedenfalls in Bereichen, die nicht lokal gebunden sind – sich nicht auf den Einflußbereich der hiesigen Gewerkschaften beschränkt, reduziert von vornherein die Durchsetzungsmöglichkeiten einer Tarifpolitik, welche die Unternehmensinteressen nur mäßig beachtet.

Die Attraktivität der Gewerkschaften wird nicht durch die Möglichkeit von Kompensationsvereinbarungen beeinträchtigt,[21] sondern eher durch das Gegenteil: den Arbeitsplatzverlust aufgrund zu starrer Tarifpolitik.[22] Wird aber anerkannt, daß die Tarifbedingungen einen Mindeststandard gewähren, innerhalb dessen eine Gestaltung nach den Besonderheiten des Einzelarbeitsverhältnisses bzw. des Betriebes möglich ist, so steigert gerade dies die Attraktivität der Koalitionen und ermöglicht zugleich einen umfassenden Arbeitnehmerschutz unter Beachtung der Privatautonomie und des Subsidiaritätsprinzips.

2. Vergleichsmethode: Sachgruppenvergleich

Dem isolierten Vergleich (= Einzelvergleich)[23] ist dann nichts entgegenzuhalten, wenn ausschließlich quantifizierbare Zusatzleistungen gegenüber dem Tarifvertrag vereinbart werden.[24] Die tarifliche Regelung tritt zurück, denn die kleinere Einheit bedarf ihres Schutzes nicht. Gegen den Einzelvergleich ist auch nichts einzuwenden, wenn sich die einzelnen Vertragsgegenstände isolieren lassen, Abweichungen also in keinerlei Zusammenhang miteinander stehen.

---

[20] *Löwisch*, JZ 1996, 812 (813): „Die Kartellwirkung geht weitgehend ins Leere." Vgl. oben, § 1 I 1 mit Fn. 6.

[21] Zudem ist zu bedenken, daß die Attraktivität der Gewerkschaften nicht Selbstzweck ist; vgl. dazu bereits oben, § 4 II 2 b (1), (2) sowie *Scholz*, Koalitionsfreiheit, S. 237 ff., 250, 256; *Karakatsanis*, Kollektivrechtliche Gestaltung, S. 68; Arbeitsgericht Frankfurt/M, NZA 1996, 1340; *Biedenkopf*, in: Festgabe für Kronstein, S. 79 (91).

[22] Die Gewerkschaften versuchen z. B. durch erstreikte Arbeitszeitverkürzungen beschäftigungsfördernd tätig zu werden (vgl. *Zwickels* Vorstoß zur 32-Stunden Woche, Der Spiegel 16 / 1997, S. 114 ff.; *ders.*, FAZ v. 22.05.1998, S. 19). Eine Verkürzung der Arbeitszeit kann aber allenfalls dort Arbeitsplätze schaffen, wo bei kontinuierlichem Schichtbetrieb immer wiederkehrende gleichartige Tätigkeiten in großem Umfang zu leisten sind (Fließbandarbeit), in allen anderen Bereichen führt sie wegen der Verteuerung der Arbeitskraft zu noch mehr Arbeitslosigkeit; vgl. *Buchner*, DB 1989, 2029 (2030); *Schleef*, AuA 1996, 296 (298); *Fuchs*, in: Sozialpartnerschaft, S. 165 (167 f. m. w. Nachw.).
Umstritten ist bereits die Frage, ob die Gewerkschaften überhaupt ein beschäftigungspolitisches Mandat haben: Kritisch bis ablehnend *Zöllner*, DB 1989, 2121 (2122); *Rieble*, ZTR 1993, 54 (55 ff.); *Bengelsdorf*, ZfA 1990, 563 (570); a. A. *Däubler*, DB 1989, 2534 ff.; *Zachert*, AuR 1995, 1 ff.

[23] Isolierte Gegenüberstellung einzelner Arbeitsbedingungen.

[24] *Wiedemann/Stumpf*, TVG, § 4 Rn. 243; *Gitter*, in: FS für Wlotzke, S. 297 (299).

Schwierigkeiten hinsichtlich der Vergleichsmethode ergeben sich, wenn in einem Bereich Zugeständnisse abverlangt werden und dem Arbeitnehmer – gleichsam als Gegenleistung hierfür – hinsichtlich anderer Arbeitsbedingungen ein übertariflicher Vorteil gewährt wird. Der isolierte Vergleich würde die verschiedenen Abmachungen auseinanderreißen und dazu führen, daß sich der Arbeitnehmer die „Rosinen" heraussuchen, alle Vorteile kumulieren könnte,[25] während die Arbeitsbedingungen, die gleichsam als „Preis" für die Vorteile vereinbart wurden, nicht zur Geltung kämen. Ein solcher Vergleich liefe dem Parteiwillen zuwider und ist daher abzulehnen.[26]

Hier ermöglicht die herrschende Meinung vom *Sachgruppenvergleich*[27] ein dem verfassungsrechtlichen Günstigkeitsprinzip entsprechende Beurteilung,[28] welche dem Parteiwillen zur weitestgehenden Geltung verhilft. Bei dieser Vergleichsmethode werden diejenigen Regelungen derselben Vereinbarung in den Vergleich einbezogen, die in *sachlichem Zusammenhang* miteinander stehen, wobei die Konnexität vorliegt, wenn die einzelnen Bestimmungen nur in einer Gesamtschau ihren Sinn erhalten (*objektiv innerer Zusammenhang*), der Zusammenhang sich gleichsam aus der Natur der Sache ergibt[29] und die Regelungen nach der Verkehrsanschauung eine rechtliche Einheit bilden.[30] Eine Verbindung kann aber vor allem auch von den Parteien selbst herbeigeführt werden

---

25 Verbot der „Rosinentheorie"; grundlegend *Hueck/Nipperdey*, ArbR Bd. II / 1, S. 610.

26 Hagemeier/Kempen/*Zachert*/Zilius, TVG, § 4 Rn. 164; *Wlotzke*, Günstigkeitsprinzip, S. 83.

27 *Zöllner/Loritz*, ArbR, § 36 II 4 c); *Hueck/Nipperdey*, ArbR Bd. II / 1, S. 611; *Wank*, in: Wiedemann, § 4 Rn. 471 ff.; *Löwisch/Rieble*, TVG, § 4 Rn. 199; *Richardi*, Kollektivgewalt, S. 377; *Wlotzke*, Günstigkeitsprinzip, S. 84 ff.; *Kort*, NJW 1997, 1476 (1479); *Konzen*, NZA 1995, 913 (919); *Etzel*, NZA 1987 Beil. 1, 19 (24); instruktiv *Trappehl/Lambrich*, NJW 1999, 3217 (3220 f.). Aus der Rechtsprechung: BAG AP Nr. 9 zu § 339 BGB; BAG AP Nr. 1 zu § 10 UrlG Hamburg; BAG AP Nr. 4 zu § 5 UrlG NRW mit bedenklicher Formulierung und entsprechend kritischer Anm. *Zöllner*.

28 Der Sachgruppenvergleich ist aber keine dem isolierten Vergleich gegensätzliche Methode, sondern eine Modifikation derselben für solche Fälle, bei denen verschiedene Abmachungen in einem sachlichen Zusammenhang zueinander stehen; so zutreffend *Schmidt*, Günstigkeitsprinzip, S. 118.

29 *Wank*, in: Wiedemann, § 4 Rn. 471 m. w. Nachw.; *Wlotzke*, Günstigkeitsprinzip, S. 85 f.

30 *Richardi*, Kollektivgewalt, S. 378. Kritisch zum „objektiv" inneren Zusammenhang *Krauss* (Günstigkeitsprinzip, S. 106 f.), der darlegt, daß dieser immer geprägt sei durch subjektive Einschätzungen.
Ein objektiv innerer Sachzusammenhang zwischen dem Vorteil des höheren Lohnes und dem Nachteil der längeren Arbeitszeit wurde abgelehnt vom LAG Baden-Württemberg (DB 1989, 2029 mit ablehnender Anm. *Buchner*); einen solchen Zusammenhang bejahen hingegen zu Recht: *Zöllner*, DB 1989, 2121 (2125); *Joost*, ZfA 1984, 173 (177); *Konzen*, NZA 1995, 913 (919); *Buchner*, RdA 1990, 1 (9); *Bengelsdorf*, ZfA 1990, 563 (570).

(*subjektiv innerer Zusammenhang*),[31] indem sie die Regelung einer Frage von anderen Vereinbarungen abhängig machen. Dabei gewährleistet die Berücksichtigung des Parteiwillens hinsichtlich des Zusammenhangs in besonderem Maße das Wesen des Günstigkeitsprinzips, der Privatautonomie und damit dem Individualwillen bzw. der kleineren Einheit (Subsidiaritätsprinzip) weitestgehend zur Geltung zu verhelfen.

Die Feststellung, ob ein sachlicher Zusammenhang zwischen verschiedenen Regelungen besteht, ist allerdings keine Wertungsfrage der Günstigkeitsbeurteilung, sondern *allein Auslegungsfrage*, die nach den allgemeinen Grundsätzen der §§ 137, 157 BGB zu beurteilen ist.[32]

3. Vergleichsgegenstände, insbesondere Arbeitsplatzsicherung

Bevor die Bewertung abweichender Abmachungen erfolgen kann, bleibt darzulegen, welche *Vergleichsgegenstände* in sachlichem Zusammenhang stehen bzw. von den Parteien in einen solchen gestellt werden können.[33] Aus dem Zweck des Günstigkeitsprinzips, praktische Konkordanz zwischen der verfassungsrechtlich geschützten Privatautonomie, Betriebsautonomie und Tarifautonomie herzustellen, ergibt sich, daß als Vergleichsgegenstände nur solche Abmachungen in Frage kommen, die Inhalt des Tarifvertrages und des Individualvertrages[34] bzw. der Betriebsvereinbarung[35] geworden sind.

---

[31] BAGE 7, 149 (151); *Wank*, in: Wiedemann, § 4 Rn. 472; *Hueck/Nipperdey*, ArbR Bd. II / 1, S. 612; *Joost*, ZfA 1984, 173 (177); *Wlotzke*, Günstigkeitsprinzip, S. 82 ff.; *Courth*, Günstigkeitsprinzip, S. 122 ff.; *Trappehl/Lambrich*, NJW 1999, 3217 (3220 f.). Kritisch zum subjektiv inneren Zusammenhang *Löwisch*, in: Münch Hdb, § 265 Rn. 43; ablehnend *Kreutz*, in: GK-BetrVG, § 77 Rn. 209.

[32] *Richardi*, Kollektivgewalt, S. 377. *Zöllner* (DB 1989, 2121 [2125]) weist darauf hin, daß die Schwierigkeiten des Sachgruppenvergleichs in der Tendenz zu einer sich dem Einzelvergleich annähernden Praxis führen. Richtig ist, daß man sich dem Einzelvergleich um so mehr annähert, je kleiner die Sachgruppe ist; *Schaub*, ArbR Hdb, § 204 VI 2 b.

[33] Ein innerer sachlicher Zusammenhang wird bejaht zwischen Urlaubsdauer, Länge der Wartezeit und Höhe des Urlaubsgeldes (*Richardi*, Kollektivgewalt, S. 378; ausführlich zur Rechtsprechung *Fette*, Günstigkeitsprinzip, S. 38 ff.); Fahrtkostenerstattung und Stellen eines Firmenwagens (*Löwisch*, in: Münch Hdb, § 265 Rn. 42); Grundentgelt und höherer fixen Vergütung, wenn diese eine Überstundenpauschale abgelten soll (*Wiedemann/Stumpf*, TVG, § 4 Rn. 252; anders nunmehr *Wank*, in: Wiedemann, § 4 Rn. 472); übertariflichem Lohn, der zugleich tarifvertragliche Zulagen abgelten soll (BAG AP Nr. 1 zu § 4 TVG Sozialzulagen); Erschwerung betriebsbedingter Kündigungen unter gleichzeitiger Verlängerung der Probearbeitszeit (*Kort*, NJW 1997, 1476 [1479]); weitere Beispiele bei *Schulze*, Günstigkeitsprinzip, S. 218. Beispiele, bei denen ein innerer Zusammenhang abgelehnt wurde, finden sich bei *Richardi*, Kollektivgewalt, S. 379.

[34] *Wank*, in: Wiedemann, § 4 Rn. 436 ff.; *Hueck/Nipperdey*, ArbR Bd. II / 1, S. 607 m. w. Nachw.; *Wlotzke*, Günstigkeitsprinzip, S. 73 ff.

In Zeiten steigender Arbeitslosigkeit tritt insbesondere die Frage, ob die *Arbeitsplatzsicherung* ein *Vergleichsgegenstand* sein kann, vermehrt in die Diskussion.[36] Der herkömmliche Gehalt des Günstigkeitsprinzips war nicht darauf ausgerichtet, die Bestandssicherung der Arbeitsverhältnisse mit dem Leistungsvolumen in Beziehung zu setzen,[37] obwohl es im geschichtlichen Rückblick (insbesondere während der Weltwirtschaftskrise) durchaus Stimmen gab, die eine unmittelbare Berücksichtigung befürworteten.[38] Einem solchen Ansatz

---

[35] *Dietz/Richardi*, BetrVG, § 77 Rn. 100. Den Günstigkeitsvergleich grundsätzlich allein auf Inhaltsnormen zu beschränken, Betriebsnormen aber davon auszunehmen (so *Matthes*, in: Münch Hdb, § 318 Rn. 78 m. w. Nachw.), ist nur bei der Anwendung des Günstigkeitsprinzips im Verhältnis zwischen Kollektiv- und Individualnorm erforderlich, nicht jedoch beim Vergleich von Tarifvertrag und Betriebsvereinbarung; dazu bereits oben, § 5 II 4 c (2).

[36] Die herrschende Meinung lehnt die Berücksichtigung der Arbeitsplatzsicherung ab: BAG 1 ABR 72/98 Pressemitteilung Nr. 25 / 99 (vgl. dazu auch oben § 4 dort Fn. 348 sowie unten Fn. 91); *Wank*, in: Wiedemann, § 4 Rn. 440 ff.; *Hromadka*, AuA 1996, 289; *Belling*, Günstigkeitsprinzip, S. 170 ff.; *Wlotzke*, Günstigkeitsprinzip, S. 76 ff.; *Zöllner*, ZfA 1988, 265 (287); *Lieb*, NZA 1994, 289 (293); *Henssler*, ZfA 1994, 487 (506); *Krause*, DB 1995, 574; *Walker*, in: FS für Wiese, S. 603 (608); *Tech*, Günstigkeitsbeurteilung, S. 95 f.; *Tyska*, AuR 1985, 276 (280 f.); *Schmidt* (Günstigkeitsprinzip, S. 126 f.), der aber eine Berücksichtigung auf der Wertungsebene zuläßt.
Für die Berücksichtigung der Arbeitsplatzsicherung bei einer betrieblichen Existenzkrise jedenfalls unter der Voraussetzung der Betriebsratsmitbestimmung: *Ehmann*, Bitburger Gespräche (1985), S. 19 (32); *ders.*, ZRP 1996, 314 (318); *Beuthien*, BB 1983, 1992 (1998); Arbeitsgericht Düsseldorf, BB 1997, 1585 m. zust. Anm. *Zabransky/Hess*; *Kort*, NJW 1997, 1476.
Für die Berücksichtigung auch im Individualarbeitsvertrag: *Buchner*, NZA 1999, 897 (991); *ders.*, DB 1996 Beil. 12, 1 (9); *ders.*, NZA 1996, 1304 (1305); *Gitter*, in: FS für Wlotzke, S. 297 (306); *J.-H. Bauer*, NZA 1999, 957 (960); *Adomeit*, NJW 1984, 26 f.; *ders.*, in: FS für Kraft, S. 1 (5 f.); einschränkend *ders.*, Regelung von Arbeitsbedingungen, S. 38 ff.; *Krauss*, Günstigkeitsprinzip, S. 100 f.; *Mayer*, Absprachen, S. 172 ff.; *Courth*, Günstigkeitsprinzip, S. 128.

[37] Zumal das Zahlungsrisiko allein der Arbeitgeberseite zugeordnet ist. Mit dem Verweis auf die Zahlungsunfähigkeit kann sich grundsätzlich nicht eine Vertragsseite von den vertraglichen Verpflichtungen lösen (pacta sunt servanda); vgl. *Belling* (NZA 1996, 906 [908]), der bei Unzumutbarkeit für die Anwendung der Lehre vom Wegfall der Geschäftsgrundlage plädiert.

[38] So argumentierte ein Teil der Rechtsprechung, daß eine untertarifliche Bezahlung günstiger sei, als die Arbeitslosigkeit: Gewerbegericht Königsberg v. 10.11.1920 (zit. nach *Tyska*, AuR 1985, 276 [280]): „Bei der jetzigen Arbeitslosigkeit ... war es im Gesamtinteresse der Arbeitnehmer besser, wenn alle im Betriebe blieben und zeitweise mit geringerem Lohn sich begnügten, als daß einige entlassen wurden, ohne daß ihnen ein Zeitpunkt erneuter Wiedereinstellung in Aussicht gestellt werden konnte." Ebenso LG Bautzen, NZfA 1925, Sp. 553 f.; GewGer Oberlahnstein, SchliW 1924, 177 f. Ähnliche Stimmen wurden auch in

wird vorgeworfen, die Grenzen des Günstigkeitsprinzips zu verkennen,[39] denn der Tarifvertrag solle den Arbeitnehmer gerade vor Vertragsgestaltungen schützen, auf die er sich nur wegen der „wirtschaftlichen Not" einlassen würde, und Arbeitsbedingungen garantieren, die von Konjunkturschwankungen unabhängig seien.[40]

Die Arbeitsbedingungen unabhängig von Konjunkturschwankungen garantieren zu wollen, mag zwar einer sozialen Gesinnung entsprechen, wird aber den Einflüssen eines globalen Marktes nicht gerecht und führt im Ergebnis zu unsozialen Lebensverhältnissen, wenn weder Arbeitsplätze noch der Sozialstaat (wegen der übermäßigen Arbeitslosigkeit) zu finanzieren sind. Wenn die Möglichkeit besteht, durch Tarifabweichungen Arbeitsplätze zu erhalten oder sogar neue zu schaffen, darf sich der Günstigkeitsvergleich nicht auf das Festhalten an einzelnen Tarifpositionen beschränken. Auch der Verweis auf die soziale Verantwortung der Unternehmer verhindert eine Betriebsstillegung oder Produktions- bzw. Firmenstandortverlagerung ins billigere Ausland nicht, wenn das Unternehmen dem Druck der Weltmarktkonkurrenz nicht gewachsen ist oder aus betriebswirtschaftlichen Gründen den attraktiveren Standort wählt. Die „gerechtesten" Tarifbedingungen sind nutzlos, wenn für eine Vielzahl an Arbeitsuchenden keine Arbeitsplätze mehr zur Verfügung stehen.[41]

---

der Literatur laut: *Kronenberg*, Ausnahmen von der Unabdingbarkeit, S. 27 ff. m. w. Nachw.; vgl. auch die Nachw. *E. Molitor*, TVVO, § 1 Rn. 37.

Andere rechtfertigten eine untertarifliche Entlohnung über die Konstruktion eines Tariflohnerlasses: *Leopold*, Untertarifliche Entlohnung, S. 31 ff., 39; ähnlich das RG (JW 1927, 241 [242]), das den Tariflohnverzicht für die Vergangenheit als zulässig erachtete; ebenso *Woerle*, Entlohnung unter Tarif, S. 85 ff., 111.

Gegen die untertarifliche Entlohnung als Tariflohnerlaß *Speier*, Rechtsgrund des sogenannten Tariflohnverzichts, S. 26 ff. m. w. Nachw. Vgl. aus neuester Zeit LAG Berlin (DB 1997, 881) zur Unwirksamkeit eines Verzichts auf einen künftigen Gehaltsanspruch.

Grundsätzlich ablehnend gegenüber einzelvertraglicher Vereinbarung untertariflicher Löhne, um der Arbeitslosigkeit zu entgehen: *A. Hueck*, SchliW 1924, Sp. 183 f.; *Nipperdey*, Beiträge, S. 12. Allerdings lehnte *A. Hueck* (SchliW 1924, Sp. 183 [185]) die Nachforderung von Lohn für die Vergangenheit bei widerspruchsloser Annahme des untertariflichen Lohnes wegen Verwirkung ab. Beide zogen aber den vertraglichen Ausschluß der Kündigung nicht in Erwägung.

39 *Wlotzke*, Günstigkeitsprinzip, S. 73.

40 *Belling*, Günstigkeitsprinzip, S. 171 f.; *Tyska*, AuR 1985, 276 (281).

41 Vgl. *Buchner*, in: FS für Kissel, S. 97 (100, 108, 116). *Courth* (Günstigkeitsprinzip, S. 128) argumentiert daher, daß bei lebensnaher Auslegung des Tarifvertrages davon auszugehen sei, daß die Tarifpartner für den Fall, daß eine Einstellung nur bei untertariflichen Löhnen erfolge, die Unterschreitung gestatteten. Zum Teil sind in einigen Tarifverträgen (z. B. Chemie) besondere Einsteigertarife für Langzeitarbeitslose enthalten. Hierbei handelt es sich allerdings nicht um Tariflohnunterschreitungen, sondern um den tariflich festgelegten Lohn für bestimmte Arbeitnehmer.

Der Günstigkeitsbegriff ist durchaus offen, wirtschaftliche Rahmenbedingungen zu berücksichtigen.[42] Verpflichtet sich der Arbeitgeber, betriebsbedingte Kündigungen über einen gewissen (zeitlich begrenzten) Zeitraum nicht auszusprechen, so ist dieser *Kündigungsausschluß* und damit die für diesen Zeitraum gewährte Arbeitsplatzsicherung zum Vertragsbestandteil bzw. zu einer Norm der Betriebsvereinbarung geworden;[43] die Arbeitsplatzsicherung ist damit ein rechtlicher Faktor, der Gegenstand des Günstigkeitsvergleichs sein kann.[44] In der Form des vertraglich vereinbarten Kündigungsausschlusses kann die Arbeitsplatzsicherung damit auch durch die Parteien in sachlichen Zusammenhang mit der Lohnregelung gesetzt werden.[45]

Damit wird zugleich deutlich, daß die *Chance auf den Arbeitsplatz* nicht in einen sachlichen Zusammenhang mit anderen Arbeitsbedingungen gesetzt werden kann, denn die Arbeitsplatzbegründung ist noch nicht Bestandteil des Arbeitsvertrages, sondern dessen Voraussetzung. Die Vereinbarung eines untertariflichen Lohnes bei *bestehenden* Arbeitsverhältnissen kann aber durch die Arbeits-

---

Sodan (JZ 1998, 421 [423 f.]) geht sogar soweit, unwirtschaftliche Arbeitsbedingungen als nicht mehr vom verfassungsrechtlichen Koalitionszweck gedeckt anzusehen: „Überhöhte Tarifabschlüsse oder ein relativ zu hohes Basislohnniveau mit der Folge einer bloß kurz- oder mittelfristigen Wahrung der Arbeits- und Wirtschaftsbedingungen können dem verfassungsrechtlichen Zweck der Tarifautonomie nicht entsprechen." Dagegen *Höfling*, RdA 1999, 182 (183).

[42] *Buchner*, RdA 1998, 265 (270); *ders.*, NZA 1996, 1304 (1305): „Der Günstigkeitsbegriff kann nicht weiter in der Verengung verharren, die ihm im arbeitsrechtlichen Schrifttum zugewiesen wurde." Eine „Neufassung" des Günstigkeitsbegriffs hält *Henssler* (ZfA 1994, 487 [506]) für geboten. Die Mehrheit der auf dem 61. DJT anwesenden Juristen hat sich allerdings gegen eine Neuinterpretation ausgesprochen (Beschluß 6, in: Verhandlungen des 61 DJT Bd. II / 1, K 70).

[43] Vgl. z. B. die Ford-Betriebsvereinbarung (FAZ v. 22.04.1997, S. 22), die eine Investitionszusicherung enthielt.

[44] Zeitlich begrenzte Kündigungsverbote wurden auch schon tariflich festgelegt; vgl. die Nachw. zu den sogenannten Beschäftigungssicherungstarifverträgen bei *Zachert*, AuR 1995, 1 (2); *Kittner*, in: FS für Schaub, S. 389 (394 dort Fn. 23, 24, S. 413 dort Fn. 107); FAZ v. 23.05.1997, S. 19. Die Tarifvertragsparteien selbst haben damit die Arbeitsplatzsicherung zum Vertragsbestandteil gemacht und als rechtlichen Faktor anerkannt.
In Frankreich wurde durch die Rechtsprechung nunmehr ausdrücklich die Möglichkeit des Erhalts der Arbeitsplätze mit auf die Waagschale der Günstigkeitsbeurteilung gelegt; dazu ausführlich *Frik*, NZA 1998, 525 f.

[45] In welcher Form der Kündigungsausschluß mit dem Betriebsrat vereinbart wird, kann hier dahinstehen. In Frage kommt etwa die Vereinbarung eines Zustimmungserfordernisses nach § 102 Abs. 6 BetrVG. Um den Arbeitnehmern einen umfassenden Schutz zu gewährleisten, ist es dann sinnvoll, in der Betriebsvereinbarung ebenso das Ersetzen der Zustimmung durch die Einigungsstelle auszuschließen.

platzsicherung kompensiert werden.[46] Dieser Lohnverzicht gegen Kündigungsausschluß ist nicht per se als quantitativ geringerer Lohn ungünstiger und damit ungültig, vielmehr ist diese *Sachgruppe aus Lohnkürzung und Arbeitsplatzsicherung* der Günstigkeitsbewertung zu unterziehen.[47] Über welchen Zeitraum die betriebsbedingte Kündigung ausgeschlossen sein muß, um einen gewissen Lohnverzicht bzw. Mehrarbeit ohne Lohnausgleich zu kompensieren, ist wiederum keine Frage der Vergleichspaarbildung, sondern eine Wertungsfrage, die anhand der Wertungskriterien (Begünstigungsadressat, Bewertungsmaßstab, berücksichtigungsfähige Umstände, gegebenenfalls nach der Zweifelsregel) zu beurteilen ist.

II. Begünstigungsadressat: Bezugspunkt für den Günstigkeitsvergleich

Beim Vergleich der kollidierenden, für das Arbeitsverhältnis Geltung beanspruchenden Regelungen hängt das Günstigkeitsurteil entscheidend davon ab, *für wen* sich die abweichende Abmachung als günstiger *auswirken* muß. Es bedarf also einer Klärung des *Bezugspunktes für den Günstigkeitsvergleich*: Ist Begünstigungsadressat der einzelne Arbeitnehmer, das Kollektiv der Belegschaft oder sogar die gesamte Arbeitnehmerschaft?

Die Frage läßt sich jedoch nicht pauschal für die Kollision verschiedener Regelungen beantworten, vielmehr ist danach zu differenzieren, ob Regelungen eines kollektiven Normenvertrages mit denen eines Individualvertrages kollidieren oder ob es sich um einen Günstigkeitsvergleich zwischen zwei Kollektivverträgen handelt.

1. Vergleich von Kollektivnorm und Individualvertrag

Schon der Wortlaut des § 4 Abs. 3 TVG läßt für das einfachgesetzlich normierte Günstigkeitsprinzip auf einen individuellen Vergleich schließen.[48] Insbesondere muß aber das verfassungsrechtliche Günstigkeitsprinzip bei einer Kollision von kollektivvertraglicher und individualvertraglicher Inhaltsnorm *notwendig von der kleineren Einheit* ausgehen. Da das Günstigkeitsprinzip der Kollektivmacht

---

[46] Vgl. dazu die fortschrittlichen Lohnöffnungsklauseln der Textil- und Bekleidungsindustrie, die bereits 1996 integraler Bestandteil des Bündnisses für Beschäftigung waren: Sie ermöglichten die Aussetzung von Tariflohnerhöhungen, die allerdings nicht – wie sonst üblich – an den Zustimmungsvorbehalt der Tarifvertragsparteien gebunden waren, sondern im Rahmen einer freiwilligen Betriebsvereinbarung an den Verzicht auf betriebsbedingte Kündigungen anknüpfte; dazu *Peren*, Arbeitgeber 1997, 121 (123).

[47] Daß ein solcher Lohnverzicht gegen Arbeitsplatzsicherung i. Erg. nur dann günstiger als der Tariflohn ist, wenn er in einer Betriebsvereinbarung festgelegt ist, liegt nicht in der Frage des Vergleichsgegenstandes begründet, sondern an dem objektiven Bewertungsmaßstab, an dem letztendlich die Günstigkeit der individualvertraglichen Arbeitsplatzsicherungs-Lohnvereinbarung in der Regel scheitert; dazu unten, III 2 c.

[48] *Däubler*, Tarifvertragsrecht, Rn. 202; *Krauss*, NZA 1996, 294 (296).

zwecks Verwirklichung der individuellen Freiheit eine Schranke setzt und die Privatautonomie der Verfolgung privater Interessen dient, ist mit der herrschenden Meinung auf einen *individuellen Günstigkeitsvergleich* abzustellen.[49] Denn nach dem *Subsidiaritätsprinzip* ist der kleineren Einheit der Vorrang zu gewähren, solange diese in der Lage ist, selbst gerechte Regelungen zu treffen; konkretisiert durch das Günstigkeitsprinzip muß dann vom einzelnen Arbeitsverhältnis ausgegangen werden.

Hingegen kann es *nicht* darauf ankommen, *wen die Tarifnorm schützen will*,[50] denn damit würde die Anwendung des Günstigkeitsprinzips in das Belieben der Koalitionen gestellt. Der Tarifvertrag muß Gesamtinteressen wahren, das heißt es werden im Ergebnis immer der/den Belegschaft(en) Rechte zuerkannt, während das Günstigkeitsprinzip der Berücksichtigung von Einzelinteressen dient und damit in unmittelbarem Zusammenhang zum konkreten Arbeitsvertrag steht.

Auch die *Gesamtinteressen der Arbeitnehmerschaft*[51] können im Günstigkeitsvergleich *nicht* als Bezugspunkt gewählt werden, denn damit würde das Güns-

---

[49] *Jacobi*, Grundlehren, S. 232 f.; *Richardi*, BetrVG, § 77 Rn. 136; *Däubler*, Tarifvertragsrecht, Rn. 96; Hagemeier/Kempen/*Zachert*/Zilius, TVG, § 4 Rn. 162; *Wank*, in: Wiedemann, § 4 Rn. 446; *Hueck/Nipperdey*, ArbR Bd. II / 1, S. 608; *Wlotzke*, Günstigkeitsprinzip, S. 77; *Belling*, Günstigkeitsprinzip, S. 173; *Schmidt*, Günstigkeitsprinzip, S. 116; *Tech*, Günstigkeitsbeurteilung, S. 147 (unklar *ders.*, a. a. O., S. 144); *Joost*, ZfA 1984, 173 (178); *Firlei*, DRdA 1981, 1 (2). Diff. *H. Hanau*, RdA 1998, 65 (67); *ders.*, Individualautonomie und Mitbestimmung, S. 113 f., 121 f.

[50] So aber *Zachert*, Wirkung des Tarifvertrages in der Krise, S. 67; *Löwisch*, in: Münch Hdb, § 265 Rn. 32 ff.; *ders.*, Anm. zu BAG AP Nr. 43 zu § 77 BetrVG 1972.

[51] In der Zeit der Weimarer Republik entwickelte vor allem *A. Hueck* (Recht des Tarifvertrages, S. 119 ff.; *ders.*, SchliW 1924, 183 [184]; *ders.*, RuW 1920, 157 [158]) den Gedanken, daß die Begünstigung am Gesamtinteresse der Arbeitnehmerschaft zu messen sei. Ausgangspunkt war die Überlegung, daß die Widerstandsfähigkeit der Arbeitnehmer durch einzelvertragliche untertarifliche Vereinbarungen im Interesse einzelner Arbeitnehmer den Schutzzweck, den der Unabdingbarkeitsgrundsatz verkörpere, beeinträchtige. Diesem Ansatz folgte zunächst auch das RG (JW 1927, 241 [242]). Dem ist *Nipperdey* (NZfA 1926, Sp. 193 [210 f.]; *ders.*, Beiträge zum Tarifrecht, S. 9 ff.) entgegengetreten. Zutreffend wies er darauf hin, daß das Günstigkeitsprinzip ja gerade die Gegenüberstellung von kollektiver und individueller Vereinbarung regele und den Arbeitsvertragsparteien die Vertragsfreiheit in beschränktem Maße wieder zurückgebe, um von dem am Arbeitnehmergesamtwohl orientierten Tarifschema abweichen zu können. Beim Kollektivvertrag werde das Gesamtinteresse aller Arbeitnehmer verfolgt, so daß als Maßstab für die Ausnahme nur das Interesse des einzelnen dienen könne. Der durch § 1 Abs. 1 S. 2 TVVO bezweckte Schutz der individuellen Vertragsfreiheit würde mit einem kollektiven Günstigkeitsvergleich ad absurdum geführt. Auch das RG schloß sich der Auffassung *Nipperdeys* an und stellte das Einzelinteresse in den Vordergrund. Vgl. zur Entwicklung der Rechtsprechung *Fette*, Günstigkeitsvergleich, S. 33 ff.

tigkeitsprinzip als Kollisionsnorm zur Absicherung „vertragsfreiheitlicher Rechtsgestaltung“[52] seiner Bedeutung beraubt. Die Gesamtinteressen der Arbeitnehmerschaft können nicht den Bezugspunkt des Günstigkeitsvergleichs verändern, sondern allenfalls bei der Beschränkung des Günstigkeitsprinzips Berücksichtigung finden.[53]

Beim Aufeinandertreffen von *vertraglicher Einheitsregelung* und ablösender Kollektivnorm (Betriebsvereinbarung oder Tarifvertrag) findet das Günstigkeitsprinzip nur dann Anwendung, wenn durch die ablösende Kollektivnorm nicht – gleich einer Betriebsnorm – ein geschlossenes Regelungssystem geschaffen werden soll, welches notwendig der Einheitlichkeit bedarf.[54] Wird die einheitliche Regelung hingegen durch die Kollektivnorm abgelöst, deren Inhalte auch mit jedem Arbeitnehmer einzeln - unabhängig von den anderen - hätten vereinbart werden können, bleiben einzelne Abweichungen möglich. Als *Bezugspunkt* ist dann, dem Wesen des Günstigkeitsprinzips entsprechend, auf das *konkrete Arbeitsverhältnis* abzustellen. Im Ergebnis liegt dieselbe Situation vor wie bei der Kollision von kollektivvertraglicher Regelung mit dem Individualvertrag.[55]

Die Auffassung *Nipperdeys* ist durch das Grundgesetz bestätigt worden, in dem der Privatautonomie eine größere Bedeutung zugewiesen wird als in der Weimarer Zeit. Zudem hat sich gegenüber dem arbeitsrechtlichen Entwicklungsstadium, in dem das „Kollektive an erster Stelle stand“, die Notwendigkeit der Begrenzung der Kollektivmacht ergeben; vgl. *Belling*, Günstigkeitsprinzip, S. 173; *ders.*, DB 1987, 1888 (1893). Neuerdings erwägt *H. Hanau* (RdA 1998, 65 [67]) eine Beschränkung günstiger individualvertraglicher Arbeitszeitregelungen gegenüber Tarifnormen, welche die Beschäftigung der Belegschaft sichern und die Einstellung Arbeitsloser fördern wollen. Insoweit sei die Beschränkung des Günstigkeitsvergleichs auf das Interesse der einzelnen Arbeitnehmer problematisch. Vgl. insoweit zur existenzsichernden Betriebsvereinbarung unten, VI.

52 *Bulla*, RdA 1962, 6 (13).

53 Vgl. *Schmidt*, Günstigkeitsprinzip, S. 116, 126 ff.

54 Vgl. dazu oben, § 5 II 5.

55 Das BAG (GS AP Nr. 17 zu § 77 BetrVG 1972) stellt bei der Ablösung von arbeitsvertraglichen Einheitsregelungen über die Gewähr von Sozialleistungen durch Betriebsvereinbarung hingegen auf einen *kollektiven Günstigkeitsvergleich* ab. Wegen des kollektiven Bezugs der vertraglichen Einheitsregelung sei lediglich zu prüfen, ob die Belegschaft insgesamt durch die Neuregelung begünstigt oder jedenfalls nicht schlechter gestellt sei. Solange die Gesamtleistung des Arbeitgebers konstant bleibe, sei eine Umstrukturierung möglich. Für den Übergang vom individuellen zum kollektiven Günstigkeitsvergleich sei Voraussetzung, daß sich das Gesamtvolumen nicht verringere. Liegt diese Voraussetzung vor, steht damit aber auch schon das Werturteil des Günstigkeitsvergleichs fest. Der Fehler des BAG liegt hier in der Anwendung des Günstigkeitsprinzips in einem Bereich, in dem diesem keine Anwendung zukommt („zwingend einheitliche Regelung“); vgl. *Schmidt*, Günstigkeitsprinzip, S. 117 f.; dazu bereits oben, § 5 II 5 b (2).

Für den *Lohnbereich* heißt dies, daß sich die *individualvertragliche Absprache* durchsetzt, wenn sie sich *für den einzelnen Arbeitnehmer* als die gegenüber dem Tarifvertrag bzw. der Betriebsvereinbarung *günstigere* erweist.

2. Bezugspunkt beim Vergleich von Kollektivverträgen

Bei der Kollision von Kollektivnormen muß auf *die kollektive Günstigkeit* abgestellt werden,[56] denn sowohl die tarifvertraglichen Regelungen als auch jene, welche in einer Betriebsvereinbarung enthalten sind, zeichnen sich dadurch aus, daß sie gerade nicht die individuelle Lage des einzelnen Arbeitnehmers zu ändern bestrebt sind, sondern Ansprüche, Rechte und Pflichten nach Kriterien begründen, welche die Arbeitnehmer als Gruppe betreffen.[57] Die Bestimmungen haben notwendig kollektiven Bezug; sie entstammen nicht der individuellen Rechtsbeziehung zum einzelnen, sondern der generellen Festlegung der Arbeitsbedingungen für die tarifgebundenen Arbeitnehmer bzw. für die Belegschaft des Betriebes bzw. Betriebsteils.[58] Somit ist beim Vergleich kollektivvertraglicher Regelungen auf die Günstigkeit für die Gesamtheit der betroffenen Arbeitnehmer abzustellen.[59] Wann eine abweichende Regelung für die Gesamtheit der Betroffenen günstiger ist – etwa nur dann, wenn sie für alle günstiger ist, oder für die Mehrheit – ist eine Frage des Bewertungsmaßstabes.[60]

III. Bewertungsmaßstab

Die in § 4 Abs. 3 TVG einfachgesetzlich erfolgte Normierung des Günstigkeitsprinzips gibt keinen Aufschluß über den im Vergleich anzuwendenden Bewertungsmaßstab.

---

[56] Dieser kollektive Günstigkeitsvergleich ist aber nicht mit dem des Großen Senats (Fn. 55) gleichzusetzen.
Der hier angewendete kollektive Vergleich entspricht vielmehr der Anwendung des Subsidiaritätsprinzips, daß vertikal der kleineren Einheit den Vorrang einräumt und horizontal innerhalb der jeweils kleineren Einheit Solidarität fordert; vgl. *Küchenhoff*, DB 1963, 765 (766 f.).

[57] *Richardi*, Kollektivgewalt, S. 350 ff.: „Der Tarifvertrag darf nicht besondere Arbeitsbedingungen für einzelne Arbeitsverhältnisse festsetzen, wenn es in seinem Geltungsbereich noch andere völlig entsprechende Arbeitsverhältnisse gibt."

[58] Vgl. *Fastrich*, RdA 1994, 129 (334).

[59] So auch (zwar innerhalb der Grenzen des Tarifvorranges und des Tarifvorbehaltes) Hagemeier/Kempen/*Zachert*/Zilius, TVG, § 4 Rn. 162; *Wlotzke*, Günstigkeitsprinzip, S. 171; *Belling*, Günstigkeitsprinzip, S. 175; *Herrmann*, ZfA 1989, 577 (590 f.).
Für Betriebsnormen: *Löwisch/Rieble*, TVG, § 4 Rn. 191 f.; *Schmidt*, Günstigkeitsprinzip, S. 129; weitergehend *Blomeyer*, NZA 1996, 345 (347).

[60] Dazu sogleich, III 3.

1. Subjektiv realer Wille? Wertungen der Tarifpartner?

Aus dem Zweck des verfassungsrechtlichen Günstigkeitsprinzips, der individuellen Vertragsgestaltung dann Geltung zukommen zu lassen, wenn sie eine angemessene Regelung treffen kann, könnte gefolgert werden, daß der einzelne in der konkreten Situation die Günstigkeit einer abweichenden Regelung beurteilen soll.[61] Würde man aber *allein* auf den *subjektiv-realen Willen* des betroffenen Arbeitnehmers abstellen, wäre das gefundene Werturteil jeglicher rechtlichen Kontrolle entzogen. Der einzelne könnte willkürlich angeben, die abweichende Bedingung sei günstig oder ungünstig, seine Einschätzung könnte sich überdies im Laufe der Zeit ändern. Auch wäre der Minimalschutz, den die Kollektivvereinbarung bieten soll, Preis gegeben. Wegen der häufig vorliegenden schlechteren Verhandlungsposition und der daraus resultierenden Nachgiebigkeit gegenüber den Wünschen des Arbeitgebers könnten dem Arbeitnehmer Vertragsinhalte aufgezwungen werden, die er nicht wirklich als günstiger einschätzt, sondern eine solche Bewertung nur deshalb angibt, weil sie etwa Voraussetzung für den Erhalt des Arbeitsplatzes ist.[62]

Andererseits aber widerspräche es dem verfassungsrechtlichen Günstigkeitsprinzip als Ausdruck der Herstellung praktischer Konkordanz, wenn bei der Günstigkeitsbeurteilung auf die abstrakte Wertung durch die Kollektivvertrags-

---

[61] Allein auf den *subjektiven Willen* des betroffenen Arbeitnehmers abstellend: Grundlegend *Adomeit*, NJW 1984, 26 (27); einschränkend *ders.*, Regelung von Arbeitsbedingungen, S. 38 ff.; *Heinze*, NZA 1991, 329 (333); *Gitter*, in: FS für Wlotzke, S. 297 (300 ff.); vgl. *Krauss*, NZA 1996, 294 (296); *ders.*, Günstigkeitsprinzip, S. 111 ff.
Tendenziell für eine Subjektivierung: *Kramer*, DB 1994, 426 (427); *Blomeyer*, NZA 1996, 337 (344); ähnlich *Ehmann* (Neue Ordnung 1996 [Sondernummer], 5 [62 ff.]; *ders.*, ZRP 1996, 314 [318]), der die Beurteilung durch die konkret betroffene Belegschaft berücksichtigt. *Krummel* (Geschichte des Unabdingbarkeitsgrundsatzes, S. 233 ff.) stellt nur dann auf einen objektiven Beurteilungsmaßstab ab, wenn Mindestarbeitsbedingungen ohne gleichwertige Kompensation unterschritten werden (a. a. O., S. 243). *Hromadka* (in: FS für Wlotzke, S. 333 [344]) hält hingegen die Subjektivierung des Günstigkeitsprinzips für verfassungswidrig.

[62] *Wendeling-Schröder*, Referat, Verhandlungen des 61. DJT, Bd. II / 1, K 9 (K 19 ff.); *Joost*, ZfA 1984, 173 (178 m. w. Nachw.): „Schutz des Arbeitnehmers vor sich selbst"; *Fischer*, Betriebsvereinbarung, S. 33; vgl. auch die Nachw. in Fn. 64. Kritisch *Tech* (Günstigkeitsbeurteilung, S. 124 ff.), der aber den subjektiven Maßstab i. Erg. auch ablehnt. *Tyska* (AuR 1985, 276 [282]) argumentiert mit der verfassungsrechtlichen Bedeutung der Verbände und lehnt daher den subjektiven Beurteilungsmaßstab ab. Dieses Argument kann nicht überzeugen, denn das verfassungsrechtliche Günstigkeitsprinzip setzt der Kollektivmacht der Verbände gerade eine Schranke; so schon *Jacobi* (Grundlehren, S. 232): „Vorbehalt zugunsten der individuellen Vertragsfreiheit".

parteien abgestellt würde, denn es obliegt nicht den Tarifpartnern, über die Unabdingbarkeit ihrer Normen im Günstigkeitsbereich zu entscheiden.[63]

2. Objektiv-hypothetischer Maßstab

Bei der Frage nach dem Beurteilungsmaßstab ist daher ein *objektiv-hypothetischer Maßstab* zugrunde zu legen, denn dieser wahrt die verhältnismäßige Zuordnung von Privatautonomie und Tarif- bzw. Betriebsautonomie. Es ist darauf abzustellen, wie ein verständiger Arbeitnehmer vom Standpunkt eines neutralen Beobachters die einzelvertraglichen Absprachen im Vergleich zu denen des Kollektivvertrages bzw. die Bestimmungen der Kollektivverträge untereinander einschätzen würde.[64]

a) Indizwirkung der subjektiven Einschätzung

Bei diesem *objektiv-hypothetischen Maßstab* darf die individuelle Beurteilung allerdings nicht völlig außer Acht gelassen werden, vielmehr kommt der *subjektiven Anschauung indizielle Wirkung* zu,[65] denn durch den objektiv-

---

[63] *Belling*, Günstigkeitsprinzip, S. 175; *Kort*, NJW 1997, 1476 (1479); i. Erg. ebenso *Buchner*, RdA 1990, 1 (10).
Für die Berücksichtigung der Koalitionsinteressen jedenfalls insoweit, als die Abmachungen nicht gegen die Durchführung des Tarifvertrages gerichtet sein dürfen: Hagemeier/Kempen/*Zachert*/Zilius, TVG, § 4 Rn. 162; *Wank*, in: Wiedemann, § 4 Rn. 450, 498. *Zachert* (AuR 1995, 1 [11]) plädiert für die Berücksichtigung der Koalitionsinteressen als „gebündelte Individualinteressen"; ähnlich *Firlei* (DRdA 1981, 1 [10]). Noch weitergehender *Käppler* (NZA 1991, 745 [752 ff.]), die, von der Selbstbindung der organisierten Arbeitnehmer und Arbeitgeber ausgehend, als Ausgangspunkt für die Günstigkeitsbeurteilung die Bewertung und Interessendefinition der Tarifvertragsparteien ansieht.

[64] *Löwisch/Rieble*, TVG, § 4 Rn. 203; Hagemeier/Kempen/*Zachert*/Zilius, TVG, § 4 Rn. 163; *Wank*, in: Wiedemann, § 4 Rn. 451 ff.; *Däubler*, Tarifvertragsrecht, Rn. 209; *Zöllner/Loritz*, ArbR, § 36 III 2; *Richardi*, Kollektivgewalt, S. 380 f.; *Wlotzke*, Günstigkeitsprinzip, S. 78 ff.; *Ehmann/Schmidt*, NZA 1995, 193 (201); *Tech*, Günstigkeitsbeurteilung, S. 128 (zu den Schwächen des verobjektivierten Maßstabes, a. a. O., S. 137 ff.); *Courth*, Günstigkeitsprinzip, S. 118; *Bengelsdorf*, ZfA 1990, 563 (595 f.); *Firlei*, DRdA 1981, 1 (4 f.).

[65] *Wank*, in: Wiedemann, § 4 Rn. 451; *Wlotzke*, Günstigkeitsprinzip, S. 78.
Die subjektive Einschätzung wird insbesondere bei der Frage nach der Berücksichtigung persönlicher Einzelfallumstände in den Vergleich mit einbezogen. Eine rein objektive Betrachtung geht häufig an den Interessen der Betroffenen vorbei. Besonders deutlich tritt dies hervor bei der Günstigkeitsbeurteilung verschiedener Arbeitszeitregelungen. In den Grenzen des Arbeitszeitgesetz ist die Beurteilung der Arbeitszeitverlängerung bei entsprechender Lohnsteigerung bzw. Arbeitszeit- und Lohnkürzung von vielen Faktoren abhängig, die eine objektive Bewertung unmöglich machen. Als in jedem Fall günstiger wird daher das Einräumen eines Wahlrechts beurteilt (vgl. BAG AP Nr. 46 zu § 77 BetrVG 1972), so daß eine gewisse Tendenz zur Subjektivierung des Beurteilungsmaßstabes zu erkennen ist. Für die Günstigkeit des Wahlrechts: *Buchner*, DB 1990, 1715 (1720); *Richardi*, DB 1990,

hypothetischen Maßstab soll dem Arbeitnehmer nicht beliebige Rücksichtnahme auf die kollektiven Interessen der Arbeitnehmerschaft oder Interessen des Unternehmens abverlangt werden. Vielmehr dient dieser Maßstab dem Sicherstellen der Freiheit des Entscheidungsprozesses, die letztendlich Gewähr für die Richtigkeit der abweichenden Absprache ist. Bei einem nach objektiv-hypothetischer Beurteilung günstigen Resultat kann von der freien Entscheidungsfindung ausgegangen werden, die gerichtliche Kontrolle und damit justiziable Sicherung ermöglicht.[66]

b) Wandel der Verkehrsanschauung

Dieser die juristische Bewertung ermöglichende Maßstab ist geprägt durch die Verkehrsanschauung und die Grundsätze und Wertungen der Arbeitsrechtsordnung.[67] Aufgrund des Wandels der wirtschaftlichen Situation[68] hat sich auch die *Verkehrsanschauung* hinsichtlich untertariflicher Arbeitsbedingungen gewandelt. Der Erhalt des Arbeitsplatzes im Betrieb bzw. die Sicherung des Produktionsstandorts wird – angesichts der schlechten Aussichten, bei Ausscheiden eine (ebenbürtige) Alternativbeschäftigung zu finden – heutzutage gegenüber Einbußen in tariflichen Positionen – sei es im Bereich der Arbeitszeit oder im Bereich des Lohnes – als günstiger beurteilt.[69] Dieser Entwicklung sollte und kann sich die juristische Bewertung nicht verschließen.[70] Sie darf aber nicht dazu führen, daß unter dem Deckmantel des Arbeitsplatzschutzes jegliche untertarifliche Vereinbarung als günstiger bewertet wird.

c) Grenzen untertariflicher Vereinbarung

Die Grundsätze und Wertungen der geltenden Arbeitsrechtsordnung orientieren sich vor allem am Grundgedanken des Arbeitnehmerschutzes,[71] der, funktionalisiert durch die Unabdingbarkeit kollektivvertraglicher Regelungen, als wesent-

---

1613 (1617); *Löwisch*, BB 1991, 59 (62 f.); *ders.*, DB 1989, 1185 (1187); *Bauer/Diller*, DB 1993, 1085 (1088); *Heinze*, NZA 1991, 329 (332 f.); *Bengelsdorf*, ZfA 1990, 563 (599 f.).

66 Nach *Löwisch/Rieble* (TVG, § 4 Rn. 204) ermöglicht der „verständige Arbeitnehmer" eine „Plausibilitätskontrolle"; kritisch *Reuter* (ZfA 1993, 221 [226]): Zulässig sei allein eine gerichtliche Grenzkontrolle nach den §§ 138, 826 BGB.

67 *Richardi*, Kollektivgewalt, S. 380 f.; *Hueck/Nipperdey*, ArbR II / 1, S. 609; *Wiedemann/Stumpf*, TVG, § 4 Rn. 240 (kritisch nunmehr *Wank*, in: Wiedemann, § 4 Rn. 434 ff.); *Wlotzke*, Günstigkeitsprinzip, S. 79; *Belling*, Günstigkeitsprinzip, S. 176; ausführlich *Tech*, Günstigkeitsbeurteilung, S. 130 ff.
A. A.: *Joost*, ZfA 1984, 173 (179); *Krummel*, Geschichte des Unabdingbarkeitsgrundsatzes, S. 233 ff., insbesondere S. 243; kritisch *Firlei*, DRdA 1981, 1 (12).

68 Von der Vollbeschäftigung in den 50er Jahren zu gut 10 %-iger Arbeitslosigkeit.

69 Vgl. *Masloh*, BB 1996, 2407 ff. m. w. Nachw.

70 So auch *Buchner*, DB 1996 Beil. 12, 1 (11).

71 Statt vieler *Zöllner/Loritz*, ArbR, S. 1; *Brox/Rüthers*, Grundbegriffe, S. 6.

licher Bewertungsfaktor im Günstigkeitsvergleich dazu führt, daß solche Absprachen, die den Arbeitnehmer schutzlos stellen und seiner „Ausbeutung“ Vorschub leisten, von vornherein nicht als günstiger zu beurteilen sind.

Für den Lohnbereich bedeutet dies, daß ein untertariflicher Lohn durchaus nach objektiv-hypothetischer Beurteilung als günstigere Regelung Geltung beanspruchen kann. Voraussetzung ist allerdings, daß der Arbeitnehmer *nicht schutzlos* gestellt ist. Hieran scheitert im Ergebnis die Günstigkeit eines *einzelvertraglich* vereinbarten untertariflichen Lohnes, da der Minimalschutz, den die Unabdingbarkeitsanordnung des Tarifvertrages bzw. der Betriebsvereinbarung gewährt, unterlaufen würde.

Auf Betriebsebene hingegen ist der Arbeitnehmer durch die Teilhabe des Betriebsrats geschützt. Der in einer freiwilligen Betriebsvereinbarung festgelegte untertarifliche Lohn kann nach objektiv-hypothetischem Maßstab durchaus eine günstige Bewertung erfahren. Zu beachten ist aber, daß es bei dem Vergleich von betrieblicher und tariflicher Lohnregelung auf die Günstigkeit für die Belegschaft ankommt.[72]

3. Begünstigung der Belegschaft

Wann ist die *Gesamtheit der Betroffenen begünstigt*? Hier ist es nicht ausreichend, nur auf die Begünstigung der Belegschaftsmehrheit abzustellen,[73] denn die berechtigten Interessen der Minderheit würden außer Acht gelassen, da die Mehrheit nicht gleich der Gesamtheit der Belegschaft ist.

Zum Teil wird vorgeschlagen, dann eine Begünstigung der Gesamtheit anzunehmen, wenn mindestens einige Arbeitnehmer begünstigt werden bei neutraler Wirkung für andere,[74] so daß die Interessen aller Belegschaftsmitglieder Berücksichtigung finden. Die Begünstigung der Gesamtheit der Betroffenen ist aber noch weitergehender zu bejahen: Von den im Vergleich gegenüberstehenden kollektiven Regelungen ist diejenige günstiger, welche sich für die Arbeitnehmer der Belegschaft als günstiger auswirkt. Dabei wird die Regelung durch den „verständigen Arbeitnehmer“ beurteilt, der unter Berücksichtigung der Interessen der einzelnen Arbeitnehmer und der Belegschaft, aber auch unter Be-

---

[72] Dazu auch schon oben, II 2.

[73] Zum Teil wird der Vorschlag gemacht, eine untertarifliche Entlohnung an die Voraussetzung der Zustimmung eines bestimmten Prozentsatzes der Belegschaft zu binden; so *Hromadka* (NZA 1996, 1233 [1236 f.]), der die Schaffung einer dahingehenden Rechtsgrundlage fordert.

[74] *Blomeyer*, NZA 1996, 337 (345). Dieser Ansatz ähnelt dem von *Pareto* zur Wohlfahrtsökonomie entwickelten Prinzip, wonach ein volkswirtschaftlicher Zustand A dann als besser als ein Zustand B gelten soll, wenn mindestens ein Individuum in A besser gestellt ist, aber keines schlechter gestellt ist als in B; vgl. dazu *Krelle*, in: Der gerechte Lohn, S. 34 (36 f.).

rücksichtigung der konkreten Betriebssituation die günstigere Regelung (Tarifvertrag oder Betriebsvereinbarung) wählt, ohne daß ihm jedoch vor der Beurteilung ein konkretes Arbeitsverhältnis zugewiesen wäre. Dem „verständigen Arbeitnehmer“, aus dessen Perspektive die Günstigkeitsbeurteilung erfolgt, wird also gleichsam ein „Schleier des Nichtwissens“[75] hinsichtlich seiner konkreten Betroffenheit übergeworfen, so daß die Beurteilung einen Ausgleich von Einzel- und Belegschaftsinteressen sicherstellt, ohne daß einerseits allein die Interessenberücksichtigung der Mehrheit im Vordergrund stünde. Andererseits gewährleistet dieser Beurteilungsmaßstab beim Vergleich kollektivvertraglicher Regelungen auch, daß zum Vorteil der Betriebsbelegschaft in der konkreten Situation gegebenenfalls Einzelinteressen eingeschränkt werden können,[76] ohne daß eine abweichende Regelung damit zwingend ihre günstigere Wirkung verliert.

Zusammenfassend bleibt festzustellen, daß beim Günstigkeitsvergleich ein objektiv-hypothetischer Beurteilungsmaßstab zur Anwendung kommt, der geprägt ist durch die Verkehrsanschauung und die Wertungen und Grundsätze der Arbeitsrechtsordnung, so daß ein untertariflicher Lohn durchaus günstiger sein kann als der tarifliche. Voraussetzung ist allerdings, daß die Arbeitnehmer nicht schutzlos gestellt sind, was jedenfalls bei einer entsprechenden freiwilligen Betriebsvereinbarung verhindert wird. Ein einzelvertraglich vereinbarter untertariflicher Lohn wird hingegen in der Regel wegen der Schutzlosstellung des Arbeitnehmers ungünstiger sein.

IV. Berücksichtigungsfähige Umstände

Wie dargestellt, kommt es beim Günstigkeitsvergleich auf die Günstigkeit für den einzelnen Arbeitnehmer an bzw. für die Belegschaft beim Vergleich von kollektivvertraglichen Regelungen. Zu klären bleibt, welche Gesichtspunkte auf der Wertungsebene in die Günstigkeitsbeurteilung einfließen, das heißt, welche Umstände *zusätzlich zu den Aspekten* zu berücksichtigen sind, die *unmittelbar* als Vertragsbestandteil in den Vergleich mit einbezogen wurden.

Umstritten ist insbesondere, ob und inwieweit persönliche Einzelfallumstände, die Arbeitsplatzsicherung, die Abwendung eines dem Betrieb drohenden Konkurses oder eine drohende Standortverlagerung ins Ausland Einfluß auf das Werturteil der Günstigkeit haben. Denn daß ein Umstand nicht Vergleichsgegenstand ist, heißt nicht bereits, daß dieser Faktor im Günstigkeitsvergleich

---

[75] *Rawls*, Theorie der Gerechtigkeit, S. 159 ff.; *Schmidt*, Günstigkeitsprinzip, S. 130.

[76] *Fastrich* (RdA 1994, 129 [134]) geht davon aus, daß das Günstigkeitsprinzip gestützt auf das arbeitsrechtliche Schutzprinzip unter dem Gesichtspunkt des Gemeinschaftsgedankens Einschränkungen hinnehmen muß, so daß er von der Zulässigkeit auch verschlechternder Betriebsvereinbarungen ausgeht. Zur Einschränkung des Günstigkeitsprinzips unter dem Gesichtspunkt der Solidarität unten, VI.

gänzlich unbeachtlich wäre; im Gegenteil: Der Günstigkeitsvergleich läuft auf ein Werturteil hinaus, welches gerade durch sogenannte „außerrechtliche“ Faktoren beeinflußt wird.[77]

1. Persönliche Einzelfallumstände

Uneinigkeit besteht darüber, ob die persönlichen Umstände des konkreten Einzelfalles in die Günstigkeitsbeurteilung einfließen sollen.[78] Ausgehend von Sinn und Zweck des Günstigkeitsprinzips müssen – um dem einzelnen Arbeitnehmer die privatautonome Gestaltung der Arbeitsbedingungen weitestgehend zu ermöglichen – die persönlichen Einzelfallumstände berücksichtigt werden. Nur so läßt sich ein angemessenes Werturteil finden, das dem Subsidiaritätsprinzip – konkretisiert durch das Günstigkeitsprinzip – gerecht wird. Der Schutz des Arbeitnehmers ist nur dort erforderlich, wo Mindestarbeitsbedingungen in Gefahr sind und der Arbeitnehmer andernfalls schutzlos gestellt wäre. Eine unverhältnismäßige Unterschreitung tariflicher Arbeitsbedingungen, eine Schutzlosstellung des Arbeitnehmers wird durch den objektiv-hypothetischen Maßstab verhindert. Würden zudem bei der objektiven Bewertung durch einen verständigen Betrachter konkrete Besonderheiten des Einzelfalles völlig außer Acht gelassen, träfe das zu, was dem verobjektivierten Maßstab als Kritik entgegen gehalten wird.[79] Im Ergebnis würde das Günstigkeitsurteil an den Gesamtinteressen der Arbeitnehmerschaft orientiert, was gerade durch das Abstellen auf den einzel-

---

[77] Gegen die Berücksichtigung sogenannter „außerrechtlicher“ Faktoren schon *Nipperdey*, NZfA 1926, Sp. 193 (211); *ders.*, Beiträge, S. 11; *Nikisch*, ArbR Bd. II, S. 430. Der Berücksichtigung außerrechtlicher Faktoren wird die Beeinträchtigung der tariflichen Ordnungs- und Kartellfunktion vorgeworfen (vgl. *Belling*, Günstigkeitsprinzip, S. 95 ff.). Diese Argumente gehen allerdings insofern fehl, als auch bei der Berücksichtigung rein „rechtlicher“ Faktoren günstigkeitsbedingte Abweichungen vom Tarifvertrag zu einer Beschränkung der Kartellwirkung führen. Zudem bestehen Ordnungsfunktion und Kartellwirkung der Tarifverträge nicht um ihrer selbst willen, sondern der Unabdingbarkeitsgrundsatz soll einen umfassenden Arbeitnehmerschutz gewährleisten. Vgl. *Krauss*, Günstigkeitsprinzip, S. 68; *Tech*, Günstigkeitsbeurteilung, S. 69; *Meier-Krenz*, Erweiterung von Beteiligungsrechten, S. 112 f.; *Mayer*, Absprachen, S. 176.

[78] Dafür: *Sinzheimer*, Grundzüge, S. 263; *Nipperdey*, Beiträge, S. 14; *Löwisch/Rieble*, TVG, § 4 Rn. 205; *Wiedemann/Stumpf*, TVG, § 4 Rn. 240 (anders *Wank*, in: Wiedemann, § 4 Rn. 436 ff.); *Wlotzke*, Günstigkeitsprinzip, S. 98; *Adomeit*, in: Sozialismus, S. 499 (510); *Joost*, ZfA 1984, 173 (175 ff.); *Heinze*, NZA 1991, 329 (332 f.); *Löwisch*, NZA 1989, 959 (966); *Buchner*, DB 1990, 1715 (1720); *Etzel*, NZA 1987 Beil. 1, 19 (24); *Schulze*, Günstigkeitsprinzip, S. 209; *Schmidt*, Günstigkeitsprinzip, S. 125 f.; *Krummel*, Geschichte des Unabdingbarkeitsgrundsatzes, S. 233 ff.
Dagegen: *Däubler*, Tarifvertragsrecht, Rn. 201; *Belling*, Günstigkeitsprinzip, S. 170 ff.; *ders.*, DB 1987, 1888 (1894); *Tech*, Günstigkeitsbeurteilung, S. 95 ff.; *Fette*, Günstigkeitsprinzip, S. 32; *Firlei*, DRdA 1981, 1 (11 f.).

[79] Dazu oben, III 2 a.

nen Arbeitnehmer als Günstigkeitsadressaten beim Vergleich von Kollektivnorm und Individualvertrag verhindert werden soll. Die konkreten Einzelfallumstände müssen daher Berücksichtigung finden.[80]

2. Arbeitsplatzargument des einzelnen

In engem Zusammenhang mit der Frage nach der Berücksichtigung der persönlichen Umstände des Einzelfalles steht das Arbeitsplatzargument des einzelnen. Von der herrschenden Meinung wird eine Berücksichtigung gemeinhin verneint,[81] unabhängig davon, ob die Arbeitsplatzsicherung vertraglich vereinbart und damit Vergleichsgegenstand wurde,[82] oder – ohne eine Kündigungsausschlußklausel – durch untertarifliche Arbeitsbedingungen faktisch eine Sicherung des Arbeitsplatzes erfolgt. Ein verständiger Arbeitnehmer an Stelle des vom Arbeitsplatzverlust betroffenen würde den untertariflichen Lohn in der Regel als günstiger einschätzen, als keinen Arbeitsplatz zu haben und damit kein Arbeitsentgelt zu erhalten. Bei der Wertung muß jedoch berücksichtigt werden, daß der einzelne nicht schutzlos den Vorgaben des Arbeitgebers gegenübergestellt wird, der die Lohnkosten durch Drohen mit dem Arbeitsplatzverlust zu senken bestrebt sein könnte. Daher ist das Arbeitsplatzargument des einzelnen Arbeitnehmers stets nur mit großer Vorsicht und Zurückhaltung in die Beurteilung der Günstigkeit mit einzubeziehen. In der Regel wird der mögliche Erhalt des Arbeitsplatzes dem einzelvertraglich vereinbarten geringeren Lohn keine begünstigende Qualität verleihen. Zwar hat sich die Wirkungsrichtung des Schutzgedankens verschoben, da bei beständig hoher (Sockel)Arbeitslosigkeit das Schutzbedürfnis des Arbeitnehmers hinsichtlich des Erhalts des Arbeitsplatzes bzw. des Eintritts in das Arbeitsleben gesteigert ist. Die Grenzen des Günstigkeitsprinzips würden aber überschritten, ließe man das

[80] Zu einer vom Tarifvertrag abweichend vereinbarten Kündigungsfrist *Schmidt* (Günstigkeitsprinzip, S. 126); zur Verlängerung bzw. Verkürzung der Arbeitszeit *Joost* (ZfA 1984, 173 [176 ff.]); einschränkend *Belling* (Günstigkeitsprinzip, S. 172), der nur solche Faktoren berücksichtigen will, die von beiden Arbeitsvertragsparteien willentlich und wissentlich herbeigeführt sind, nicht dagegen solche, die nur als sozial- oder sozialversicherungsrechtliche Folgen einer abweichenden Vereinbarung mittelbar Vorteile herbeiführen; anders *Folger* (RdA 1953, 422). Selbst das BAG (AP Nr. 13 zu § 4 TVG Günstigkeitsprinzip) berücksichtigt steuerliche Einflüsse. Das BSG (FamRZ 1990, 738) hat den Verzicht auf einen Teil der Ausbildungsvergütung, der i. Erg. durch die damit ausgelöste Kindergeldberechtigung zu einem wirtschaftlichen Vorteil führte, als mit dem Tarifvertrag und dem Günstigkeitsprinzip vereinbar angesehen.

[81] *Zöllner/Loritz*, ArbR, § 36 III 3; *Zöllner*, ZfA 1988, 265 (287); *Hueck/Nipperdey*, ArbR Bd. II / 1, S. 607 f.; *Wank*, in: Wiedemann, § 4 Rn. 436; *Gamillscheg*, Kollektives Arbeitsrecht Bd. I, S. 839 f.; *Belling*, Günstigkeitsprinzip, S. 170; *Lieb*, NZA 1992, 289 (293); *Henssler*, ZfA 1994, 487 (506 f.); *Schmidt*, Günstigkeitsprinzip, S. 128; *Krummel*, Geschichte des Unabdingbarkeitsgrundsatzes, S. 246 f.; *Tyska*, Günstigkeitsprinzip, S. 135 ff; *ders.*, AuR 1985, 276 (280); *Käppler*, NZA 1991, 751 (753); *Krause*, DB 1995, 574.

[82] Dazu oben, I 3.

tigkeitsprinzips würden aber überschritten, ließe man das Arbeitsplatzargument des einzelnen uneingeschränkt einfließen.[83]

Das Arbeitsplatzargument vermag also einer einzelvertraglichen Lohnabsprache, die unterhalb des tariflich oder des in einer freiwilligen Betriebsvereinbarung festgelegten Lohnes liegt, nur selten zu einer begünstigenden Qualität zu verhelfen. Eine andere Beurteilung kann sich dann ergeben, wenn der Arbeitnehmerschutz durch die Beteiligung des Betriebsrats, z. B. in Form einer Regelungsabrede, gewährleistet ist.[84]

3. Arbeitsplatzsicherung durch Betriebsvereinbarung

Eine im Vergleich zur einzelvertraglichen Arbeitsplatzsicherung andere Argumentationsbasis ergibt sich, wenn in einer *freiwilligen Betriebsvereinbarung* untertarifliche Löhne festgelegt werden, um so einen dem Betrieb drohenden Konkurs oder eine drohende Standortverlagerung ins Ausland abzuwenden mit dem Ziel, durch diese Maßnahme der „kollektiven“ Lohnsenkung die Arbeitsplätze im Betrieb zu erhalten. Der in einer solchen Betriebsvereinbarung festgelegte untertarifliche Lohn kann durch die Arbeitsplatzsicherung eine begünstigende Qualität auch dann erhalten, wenn die Sicherung der Arbeitsplätze nicht ausdrücklich Eingang in die Betriebsvereinbarung gefunden hat.[85]

---

83 *Wlotzke*, Günstigkeitsprinzip, S. 73; *Schmidt*, Günstigkeitsprinzip, S. 128.

84 Einen solchen Fall einzelvertraglich vereinbarter geringerer Entlohnung (genauer: einer Arbeitszeitverlängerung ohne Lohnausgleich), der durch die Arbeitsplatzsicherung eine begünstigende Qualität bzw. Wertung erlangt, stellt das Vissmann'sche „Bündnis für Arbeit“ dar; dazu oben, § 1 dort Fn. 30; vgl. insoweit die Ankündigung des Vorsitzenden Richters der 12. Kammer des hessischen LAG *Kamphausen* (FAZ v. 26.09.1997, S. 13) zur Berufung der IG Metall im Fall Viessmann, eine eben solche Interpretation des Günstigkeitsprinzips vorzunehmen. Dagegen nunmehr BAG, NJW 1999, 3281 (3286).

85 Den Erhalt der Arbeitsplätze hat auch das BAG (AP Nr. 3 zu § 87 BetrVG 1972 Kurzarbeit m. kritischer Anm. *Wiese*) als berücksichtigungsfähigen Umstand in seine Urteilsbegründung mit einbezogen. Dabei hat es allerdings nicht auf einen Günstigkeitsvergleich abgestellt, sondern auf den Sinn und Zweck der Mitbestimmungsrechte: „Dient damit Kurzarbeit trotz der damit verbundenen Lohnminderung auch dem Interesse der Arbeitnehmer an der Erhaltung ihrer Arbeitsplätze, so kann der Zweck des Mitbestimmungsrechts des Betriebsrats bei der Einführung von Kurzarbeit nicht lediglich auf den Schutz der Arbeitnehmer vor Entgeltminderung beschränkt sein. Inhalt dieses Mitbestimmungsrechts ist vielmehr auch der Schutz der Arbeitnehmer vor drohenden Entlassungen.“
Anders BAG, NJW 1999, 3281 (3286); vgl. dazu unten, Fn. 91.
Daß auch der Gesetzgeber die Arbeitsplatzsicherung nicht völlig unberücksichtigt gelassen hat, wird durch die Regelung des § 87 Abs. 1 Nr. 3 BetrVG und die §§ 63 ff. AFG deutlich; vgl. dazu *Wank*, in: Änderungen von Arbeitsbedingungen, S. 35 (68).
Eine andere Konzeption entwickelt *Vollmer* (DB 1982, 1670 ff.). Aus der Möglichkeit der Einführung von Kurzarbeit und den Regelungen über den Interessenausgleich gemäß §§ 111 ff. BetrVG schließt er auf eine Annexkompetenz des Betriebsrats zur materiellen

a) Abwenden eines drohenden Konkurses

Kann durch eine freiwillige Betriebsvereinbarung, durch welche die Lohnkosten innerhalb eines Betriebes gesenkt werden, ein drohender Konkurs mit an Sicherheit grenzender Wahrscheinlichkeit abgewendet werden, so erhält der dort vereinbarte Teilverzicht auf den Lohn bzw. die vereinbarte Lohnstundung gegenüber dem höheren Tariflohn, der aber den Arbeitsplatzverlust zur Folge hätte, eine begünstigende Qualität.[86]

Bei der Vereinbarung eines zeitlich begrenzten Kündigungsausschlusses auf Betriebsebene wirkt ein drohender Konkurs auf das Werturteil über die vom Tarifvertrag abweichende Regelung ein. Darüber hinaus kann dieser Umstand aber auch dann zu berücksichtigen sein, wenn die Arbeitsplatzsicherung nicht Inhalt der betrieblichen Absprache geworden ist. Gerade das oben gegen die Berücksichtigung des Arbeitsplatzarguments des einzelnen angeführte Argument der

---

Gestaltung der Einzelarbeitsverhältnisse zur betrieblichen Existenzsicherung. Da der Interessenausgleich alleine nicht ausreichend sei, müsse es einen Weg der Kürzung von Individualansprüchen geben, welcher die gesamte Belegschaft erfaßt. Daß eine Kürzungskompetenz nicht ausdrücklich in § 111 BetrVG geregelt sei, beruhe nicht auf einer bewußten gesetzgeberischen Entscheidung, vielmehr ergebe sich aus der Möglichkeit der Einführung von Kurzarbeit, daß zur Krisenbewältigung in tarifliche und individualvertragliche Ansprüche eingegriffen werden könne.

86 *Ehmann/Schmidt*, NZA 1995, 193 (202); *Ehmann/Lambrich*, Jura 1999, 135 (142); *Lambrich*, Tarif- und Betriebsautonomie, S. 412 ff.; *Trappehl/Lambrich*, NJW 1999, 3217 (3221); *Adomeit*, NJW 1984, 26 f.; *ders.*, Regelung von Arbeitsbedingungen, S.38 ff.; *ders.*, in: Sozialismus, S. 499 (513); *Buchner*, DB 1996 Beil. 12, 1 (11); *Schmidt*, Günstigkeitsprinzip, S. 127; vgl. *J.-H. Bauer*, NZA 1999, 957 (960); Arbeitsgericht Düsseldorf (BB 1997, 1586 ff. mit zust. Anm. *Zabransky/Hess*): In dem betreffenden Sachverhalt ging es allerdings nicht um eine Lohnsenkung, sondern um die Kürzung tariflichen Urlaubs- und Weihnachtsgeldes, auf das durch die existenzsichernde Betriebsvereinbarung verzichtet wurde.

Ähnlich auch *Winterfeld* (ZfA 1986, 157 [166, 172 ff.]), der das Arbeitsplatzargument beim Vergleich von Tarifvertrag und Individualvertrag nicht zuläßt, wohl aber beim Vergleich zwischen gesetzlicher und tariflicher Regelung. *Hromadka* (NZA 1996,1233 [1237]) fordert hingegen das Tätigwerden des Gesetzgebers, um für solche Sonderfälle die Rechtsgrundlage für die Minderung der tariflichen Arbeitsbedingungen zu eröffnen; ebenso *Löwisch*, NJW 1997, 905 (906, 910); anders noch *ders.*, DB 1985, 864 (867).

Vgl. auch *Zöllner* (ZfA 1988, 265 [287]), der die begünstigende Qualität der Arbeitsplatzsicherung de lege ferenda für bedenkenswert, de lege lata aber für dem Günstigkeitsprinzip widersprechend hält. Unter der Voraussetzung des drohenden Unternehmenszusammenbruchs fordert *Zöllner* (a. a. O., S. 288) die Betriebsvereinbarungsdispositivität von Tarifverträgen. *Reuter* (in: FS für Schaub, S. 605 [635]) argumentiert nicht unter Rückgriff auf das Günstigkeitsprinzip, sondern hält „Notbetriebsvereinbarungen" aufgrund der Beschränkung tariflicher Rechte nach den Grundsätzen von Treu und Glauben für zulässig. *Belling/Hartmann* (ZfA 1997, 87 [116 f.]) greifen auf die Grundsätze vom Wegfall der Geschäftsgrundlage zurück.

Gefahr der geringeren Verhandlungsstärke gegenüber dem Arbeitgeber greift bei einer untertariflichen Lohnfestlegung in einer freiwilligen Betriebsvereinbarung nicht. Der einzelne ist durch das Kollektiv der Belegschaft in der Solidarität mit seinen Arbeitskollegen vor unberechtigten Bestrebungen des Unternehmers, die Lohnkosten zum eigenen wirtschaftlichen Vorteil zu senken, geschützt. Dadurch, daß die Lohnvereinbarung nur im Wege der freiwilligen Übereinkunft getroffen werden kann, besteht nicht die Gefahr, daß dem Betriebsrat eine unangemessene Lohnabsprache aufgezwungen wird, denn dieser wird nicht freiwillig die Verantwortung für die Einbußen mittragen, wenn diese nicht betriebswirtschaftlich zwingend erforderlich sind.[87]

Das gegen die Berücksichtigung des Arbeitsplatzarguments immer wieder angeführte Argument der Aushöhlung der Kollektivmacht[88] greift jedenfalls bei unmittelbar drohendem Konkurs des Unternehmens nicht, denn die Anwendung des Tarifvertrages setzt notwendig die Existenz des Betriebes voraus.[89] Unwahrscheinlich ist, daß Unternehmen bewußt in den Konkurs gewirtschaftet werden, nur um untertarifliche Löhne vereinbaren zu können. Da die Lohnminderung nur im Wege einer freiwilligen Betriebsvereinbarung zu erreichen ist, wird der Arbeitgeber dem Betriebsrat auch die erforderlichen Informationen zur Verfügung stellen müssen, um diesen von der Notwendigkeit der untertariflichen Bezahlung überzeugen zu können. Damit ist der drohende Konkurs keine unüberprüfbare Drohung, mit welcher der Arbeitgeber dem Betriebsrat Lohnvereinbarungen abringen könnte, die unnötig oder unangemessen wären.

Das Abwenden eines drohenden Konkurses durch betriebliche Vereinbarungen hätte zudem den Vorteil, daß die wirtschaftlich angeschlagene Situation des Unternehmens nicht an die Öffentlichkeit getragen werden müßte, um auf Koalitionsebene einen „Krisentarifvertrag" abschließen zu können. Damit würde im Vorfeld eines Konkurses nicht das Mißtrauen etwaiger Vertragspartner des Unternehmens hervorgerufen, welches die wirtschaftliche Situation zusätzlich beeinträchtigt.[90]

---

87 Vgl. zur Vertragsparität und Richtigkeitsgewähr der auf Betriebsebene getroffenen Vereinbarungen oben, § 2 I 3 b.

88 Nur beispielhaft *Tyska*, AuR 1985, 276 (281): „Um die Funktionsfähigkeit zu sichern ist es notwendig, die Tarifverträge unbeeinträchtigt durchzuführen, selbst um den Preis des Verlustes von Arbeitsplätzen..."

89 So auch *Schmidt*, Günstigkeitsprinzip, S. 128; *Lambrich*, Tarif- und Betriebsautonomie, S. 432 f.; *Heckelmann/Lambrich*, FAZ v. 28.05.1999, S. 22.

90 Zu dieser Problematik und der daraus resultierenden Unzweckmäßigkeit sogenannter tariflicher Härtefallklauseln *Schleef*, AuA 1996, 296 ff.; dazu bereits oben, § 4 II 3 a (2), c.

b) Abwenden einer drohenden Standortverlagerung

Weitergehender als die Frage nach der Berücksichtigung des Arbeitsplatzarguments bei drohendem Konkurs ist, ob durch eine freiwillige Betriebsvereinbarung mit untertariflichem Lohn eine drohende Standortverlagerung abgewendet werden kann, der zahlenmäßig geringere Lohn auch insoweit eine begünstigende Qualität erlangt.

Grundsätzlich gelten die Ausführungen, die zur existenzsichernden Betriebsvereinbarung bei drohendem Konkurs gemacht wurden, so daß die Arbeitsplatzsicherung die Günstigkeitsbeurteilung beeinflußt. Das Problem liegt hier jedoch in der Gefahr eines unkontrollierten Unterlaufens des kollektiven Mindeststandards. Ein drohender Konkurs läßt sich mit ausreichender Sicherheit feststellen; ob aber eine Standortverlagerung ins Ausland konkret geplant ist, läßt sich vielfach nur schwer abschätzen. Andererseits hat der Betriebsrat – jedenfalls in den Unternehmen, in denen ein Wirtschaftsausschuß besteht – Einblicke in die in § 106 Abs. 3 BetrVG aufgeführten wirtschaftlichen Angelegenheiten, also auch in die Frage der Verlegung von Betrieben oder Betriebsteilen. Es muß dann dem Betriebsrat zugestanden sein, auf diese Information reagieren zu können, indem im Wege freiwilliger Betriebsvereinbarung ausgehandelte Löhne den Standort halten und so die Arbeitsplätze vor Ort sichern. Die Freiwilligkeit der Betriebsvereinbarung gewährleistet hier wiederum, daß der Arbeitgeber nicht eine Produktionsverlagerung nur vorgibt, um die Lohnkosten zu seinem eigenen Gewinn zu senken, denn es liegt an ihm, den Betriebsrat, der primär an der Bestandssicherung interessiert ist, von der Notwendigkeit der Lohnkürzung zu überzeugen. Gelingt dies aber, ist nicht einzusehen, warum der Betriebsrat sehenden Auges die Betriebsschließung dulden soll, ohne die Möglichkeiten der Abwendung zu haben.

Wie *Buchner*[91] zutreffend feststellt, „kann heute überhaupt niemand mehr die Verantwortung dafür übernehmen, die Belegschaft auf ein System unabdingbarer Tarifnormen zu verweisen, zu denen keine Arbeitsplätze mehr zur Verfügung stehen.“ Wenn Arbeitgeber und Betriebsrat im Wege freier Übereinkunft

---

[91] *Buchner*, DB 1996 Beil. 12, 1 (9); *ders.*, in: FS für Wiese, S. 55 (62).
Das BAG (NJW 1999, 3281 ff.; vgl. auch oben, § 4 dort Fn. 348) scheute bei der Annahme eines Unterlassungsanspruchs der Gewerkschaften gegen tarifabweichende betriebliche Absprachen diese Verantwortung nicht, denn es führte zur Begründung gegen die Einbeziehung der Arbeitsplatzsicherung aus: „Die Bedeutung der Arbeitskostenbelastung und ihre Bewertung im Hinblick auf Arbeitsplatzrisiken unterliegt der Einschätzungsprärogative der Tarifvertragsparteien und ist einer gerichtlichen Überprüfung nicht zugänglich“ (a. a. O., S. 3286). Damit hat das BAG die effektive Durchsetzung (zweifelhafter) Tarifpolitik höher gewertet als die Selbstbestimmung der betroffenen Arbeitnehmer, die im zu entscheidenden Sachverhalt mit 95 % der Belegschaft der Erhöhung der wöchentlichen Arbeitszeit zugestimmt hatten.

Arbeitsplätze durch die Vereinbarung eines untertariflichen Lohnes erhalten, so gewinnt das zahlenmäßig geringere Entgelt bei einer drohenden Standortverlagerung durch die Sicherung der Arbeitsplätze eine begünstigende Qualität.[92]

c) Zusammenfassung

Das Günstigkeitsurteil ist ein Werturteil, das auch durch außerrechtliche Faktoren beeinflußt wird. Solche Faktoren sind die *persönlichen Umstände* des konkreten Einzelfalles, wobei auch der drohende *Arbeitsplatzverlust* bei *individualvertraglich* vereinbarten untertariflichen Arbeitsbedingungen - allerdings mit größter Zurückhaltung - berücksichtigt werden darf, da dieser die Gefahr in sich birgt, den Arbeitnehmer schutzlos zu stellen und so die Grenzen des Günstigkeitsprinzips zu überschreiten. Wird seine Verhandlungsposition durch den Abschluß einer Betriebsvereinbarung (gegebenenfalls einer Regelungsabrede) und damit gleichsam durch die Solidarität mit seinen Arbeitskollegen ausgeglichen, so fließt das Arbeitsplatzargument in das Werturteil ein, so daß ein in einer freiwilligen Betriebsvereinbarung festgelegter untertariflicher Lohn durch die Arbeitsplatzsicherung eine begünstigende Qualität erlangen kann.

V. Die Zweifelsregel: „In dubio pro Betriebsautonomie"

Fraglich ist, auf welche Gestaltungsebene und damit auf welches der Verfassungsgüter – Privat-, Betriebs- oder Tarifautonomie – abzustellen ist, wenn sich nicht ermitteln läßt, welche der Regelungen *günstiger* ist. Es stellt sich also die Frage nach einer Zweifelsregel.

1. Kollektivvertrag und Individualvereinbarung

Beim Zusammentreffen von Kollektivnorm und Individualvertrag bleibe es nach der herrschenden Meinung im Zweifel bei der normativen Wirkung der Kollektivnorm, da dieser eine besondere Schutzfunktion zukomme.[93] Besteht keine Gewißheit, daß abweichende Regelungen günstiger sind, müsse es bei der Anwendung der kollektiv ausgehandelten Arbeitsbedingungen bleiben, denn die

---

[92] Der Vorwurf an die Arbeitgeberseite, nur auf den eigenen Vorteil und die eigene Gewinnmaximierung auf Kosten der Arbeitsplätze bedacht zu sein, mag zwar berechtigt sein, ändert aber nichts an der wirtschaftlichen Situation und der hohen Arbeitslosigkeit (zutreffend *Rieble*, RdA 1999, 169 [170]: „Unternehmer können in der Marktwirtschaft keine Beschäftigungsgesellschaften sein ..."). Eine Zusammenarbeit auf Betriebsebene – auch um den Preis einer Lohnreduzierung bzw. Arbeitszeitverlängerung ohne Lohnausgleich – hingegen kann unter Umständen eine Vielzahl von Arbeitsplätzen erhalten.

[93] BAG AP Nr. 13 zu § 4 TVG Günstigkeitsprinzip; *Nikisch*, ArbR. Bd. II, S. 437; Hagemeier/Kempen/*Zachert*/Zilius, TVG, § 4 Rn. 166; *Wank*, in: Wiedemann, § 4 Rn. 478; *Richardi*, in: Münch Hdb, § 233 Rn. 34; *ders.*, BetrVG, § 77 Rn. 136; *Däubler*, Tarifvertragsrecht, Rn. 213; *Hueck/Nipperdey*, ArbR Bd. II, S. 613; vgl. auch *A. Hueck*, RuW 1920, 157 (159); a. A. *Heinze*, NZA 1991, 329 (333); Joost, ZfA 1984, 183.

Geltung abweichender günstiger Vereinbarungen sei eine Ausnahme zum Unabdingbarkeitsgrundsatz der Kollektivnorm.[94]

Dem ist nicht zu folgen. Wenn sich die Günstigkeit nicht eindeutig ermitteln läßt, ist auch die Ungünstigkeit der einzelvertraglichen Vereinbarung nicht nachgewiesen.[95] Durch die oben aufgeführten Kriterien der Günstigkeitsbeurteilung wird sichergestellt, daß die abweichende Vereinbarung im Wege freier Übereinkunft abgeschlossen wurde und nicht einseitig „fremdbestimmt" durch den Arbeitgeber. Dem Arbeitnehmerschutzgedanken, mit dem die herrschende Meinung die Geltung der kollektiven Regelung bei Zweifeln über die Günstigkeit begründet, ist somit schon hinreichend Rechnung getragen, so daß dieser die Zweifelsregel nicht zu begründen vermag. Wesentlich ist hier vielmehr der Gesichtspunkt der Subsidiarität, nach dem das eigenverantwortlich handelnde Individuum die grundrechtlich gewährleistete Privatautonomie zur Verwirklichung der eigenen Interessen nutzt. Es besteht daher kein Grund, der Kollektivvereinbarung den Vorrang vor der Individualvereinbarung einzuräumen, vielmehr ist bei Zweifeln über die Günstigkeit vom Vorrang der Individualvereinbarung auszugehen.

2. Aufeinandertreffen von Tarifvertrag und Betriebsvereinbarung

Wie dargelegt, findet das Subsidiaritätsprinzip auch Anwendung im Verhältnis zwischen Tarifautonomie und Betriebsautonomie. Im Zweifel kommt daher die Regelung der kleineren Einheit zur Geltung, die sich schneller an die betrieblichen Erfordernisse anpassen kann. Der dem Arbeitgeber entgegentretende Betriebsrat ist diesem nicht unterlegen. Vielmehr ist auf Betriebsebene in aller Regel die Verhandlungsparität gewahrt, zumal Betriebsvereinbarungen über die Lohnhöhe nicht erzwungen werden können.[96] Wegen der *größeren Sachnähe* des Betriebsrats spricht bei Zweifeln die Vermutung daher für die Anwendung der Betriebsvereinbarung.

VI. Existenzsichernde Betriebsvereinbarung: Günstigkeit oder Solidarität

Wie gezeigt, ist nach zutreffender Ansicht die Zulässigkeit freiwilliger Betriebsvereinbarungen über die Lohnhöhe zu bejahen und beim Vergleich von Tarifvertrag und Betriebsvereinbarung die Günstigkeit letzterer auch dann an-

[94] So auch schon *Nipperdey*, Beiträge, S. 9 zu § 1 Abs. 1 S. 2 TVVO; dagegen *Schnorr von Carolsfeld*, ArbR, S. 112: Die individuelle Norm passe sich schneller an, daher spreche die Vermutung für die Günstigkeit der abweichenden Individualvereinbarung.

[95] Für eine Auflockerung der Günstigkeitsbeurteilung hin zur Zulässigkeit von Abweichungen, die nicht erkennbar ungünstig sind *Zöllner* (ZfA 1988, 265 [285, 287]): „Man muß mit der arbeitsrechtlichen Hypochondrie aufhören, die überall schlimmes befürchtet und das unangemessene auch in seltenem Einzelfall verhindert sehen will, statt auf eine im großen und ganzen sinnvoll funktionierende Regelung Bedacht zu nehmen."

[96] Vgl. dazu oben, § 2 I 3 b.

zunehmen, wenn in ihr ein untertariflicher Lohn festgelegt ist, eine Kompensation aber durch die Sicherung der bedrohten Arbeitsplätze erfolgt. Darzustellen bleibt, ob eine solche zur Existenzsicherung des Betriebes und damit zur Sicherung der Arbeitsplätze abgeschlossene Betriebsvereinbarung individualvertragliche Lohnabweichungen duldet, oder ob unter dem Gesichtspunkt der *Solidarität* eine solche Lohnkürzung nur betriebseinheitlich erfolgen kann.

Grundsätzlich gilt das Günstigkeitsprinzip insbesondere auch im Verhältnis von Individualvertrag und Betriebsvereinbarung.[97] Gerade aber bei Vereinbarungen, die zur Sicherung der Existenz des Betriebes und damit der Arbeitsplätze für die Belegschaft einen geringeren als den tarifliche Lohn festlegen, sind Einschränkungen hinsichtlich der Zulässigkeit individualvertraglicher Abweichungen geboten. Der Betriebsfrieden wäre nachhaltig gestört, wenn von der Lohnsenkung einige wenige Mitarbeiter ausgenommen würden. Das reduzierte Entgelt der einen würde den höheren Verdienst der anderen finanzieren; damit ginge die *Individualabweichung zu Lasten Dritter.*[98] Eine solche Individualvereinbarung wäre auch nicht von dem durch das Günstigkeitsprinzip konkretisierten Subsidiaritätsprinzip gedeckt, denn die kleinere Einheit würde keine angemessene Gestaltung der Arbeitsbedingungen vornehmen. Diejenigen, die von der kollektiven Lohnkürzung ausgenommen werden, wären doppelt begünstigt, denn sie würden in den Genuß der gesicherten Betriebsexistenz und damit des gesicherten Arbeitsplatzes kommen (und das auch dann, wenn mit ihnen der Ausschluß der betriebsbedingten Kündigung nicht ausdrücklich vereinbart wird) und zum anderen den unverändert hohen Lohn erlangen. Das Günstigkeitsprinzip als Maßgabe zur Herstellung praktische Konkordanz rechtfertigt diese Doppelbevorteilung auf Kosten der Arbeitskollegen nicht.[99]

Zudem tritt der Gesichtspunkt der *Solidarität*[100] der Arbeitnehmer eines Betriebes bei der Existenzsicherung maßgeblich in Erscheinung. Zwar geht das

---

97 Dazu ausführlich oben, § 5 II 3.

98 Vgl. *Blomeyer*, NZA 1996, 337 (340 ff., 346); *F. L. Neumann*, RdA 1951, 1 (2).

99 I. Erg. ebenso *Schmidt*, Günstigkeitsprinzip, S. 132 f.; *Ehmann/Lambrich*, Jura 1999, 135 (195).

100 Zur Solidarität als Rechtsbegriff: *Gamillscheg*, in: FS für Fechner, S. 135 ff.; *Däubler*, AuR 1984, 1 (14); *Adomeit*, NJW 1994, 837 f.; *Küchenhoff*, DB 1963, 765 ff., 799 ff.; *H. Hanau*, Individualautonomie und Betriebsautonomie, S. 108 f.; vgl. auch ausf. *Lambrich*, Tarif- und Betriebsautonomie, S. 432 ff. Nach *Siebert* (RdA 1959, 164 [169 f.]) hat sich der ursprünglich politische Begriff der Solidarität durch die Entwicklung des Tarifvertrages und des Betriebsverfassungsrechts zur einem Rechtsbegriff gewandelt.
Zu weit geht *H. Hanau* (RdA 1998, 65 [67]), der hinsichtlich der Kollision von Tarifvertrag und Individualvereinbarung den Günstigkeitsvergleich dann beschränken möchte, wenn die Tarifnorm die Einstellung Arbeitsloser fördern soll, denn insoweit würde den einzelnen Arbeitnehmern letztlich die Solidarität mit allen Arbeitslosen der Branche abverlangt.

BAG[101] zu weit, wenn es bei der Frage der Lohnfortzahlungspflicht des Arbeitgebers beim Fremdstreik aus dem Vorhandensein von Gewerkschaften auf eine über den einzelnen Betrieb hinausgehende Solidarität der Arbeitnehmerschaft insgesamt schließt, denn Solidarität ist kein abstrakter Zustand, sondern stellt sich immer erst in der konkreten Situation ein.[102] In einer solchen bietet der Solidaritätsgedanke dann aber eine Handhabe zur gleichmäßigen Risikoverteilung und Lastenausgleichung unter den Arbeitnehmern.[103] Insbesondere, wenn die Existenz des Betriebs bedroht ist, bildet die Belegschaft eine Schicksals- und Gefahrengemeinschaft,[104] die durch *gemeinsame, zumutbare Einschränkungen* die Betriebsstillegung verhindern kann, um damit die Existenzgrundlage für alle zu sichern.[105] Die Solidargemeinschaft auf Betriebsebene[106] verpflichtet dann die Belegschaftsmitglieder zu einheitlichen Zugeständnissen. Eine solche existenzsichernde Betriebsvereinbarung stellt einen „Akt der Solidarität"[107] dar, der keine einzelvertraglichen Abweichungen duldet.

---

[101] BAG AP Nr. 2 zu § 615 BGB Betriebsrisiko.

[102] Insoweit übereinstimmend *Pfarr/Kittner*, RdA 1974, 284 (289).

[103] Vgl. – allerdings auf tarifliche Regelungen bezogen – *Biedenkopf*, Grenzen der Tarifautonomie, S. 80; *H. Hanau*, Individualautonomie und Mitbestimmung, S. 108.

[104] Vgl. *Hilger* (Ruhegeld, S. 263 f.), die aus der Solidarität innerhalb der Betriebsgemeinschaft die Verpflichtung zu Zugeständnissen des einzelnen herleitet, wenn ein Festhalten an sämtlichen Ansprüchen die Substanz des Unternehmens und damit die Existenz aller gefährdet; insoweit zustimmend *Reuter*, in: FS für Schaub, S. 605 (635); kritisch zum Gemeinschaftsgedanken *F. L. Neumann* (RdA 1951, 1 [3]), der allerdings eine Gemeinschaft bei Interessenidentität bejaht. Eine solche Interessenidentität nimmt er zu Recht an bei Arbeitnehmern, die ihren Betrieb erhalten wollen; ähnlich *Fastrich*, RdA 1994, 129 (137 f.).

[105] Auf die Solidarität der Arbeitnehmer des Betriebes und das gemeinsame Interesse am Erhalt der Arbeitsplätze stellt auch das BAG (AP Nr. 51 zu § 611 BGB Gratifikation; AP Nrn. 154, 155 zu § 242 BGB Ruhegehalt; AP Nr. 3 zu § 87 BetrVG 1972 Kurzarbeit) sowie das Arbeitsgericht Düsseldorf (BB 1997, 1586 ff. mit zust. Anm. *Zabransky/Hess*) ab; vgl. auch *Däubler*, AuR 1984, 1 (27).

[106] *Siebert* (RdA 1959, 164 [169 f.]) sieht die Gruppensolidarität der Betriebsgemeinschaft als überwiegend bejaht an. Anders *Pfarr/Kittner* (RdA 1974, 284 [290 ff.]), die von Solidarität nur unter den konkret an einem Streik beteiligten Arbeitnehmern ausgehen.

[107] So *Schmidt* (Günstigkeitsprinzip, S. 132), der deshalb den Inhalt solcher Betriebsvereinbarungen mit Betriebsnormen gleichsetzt, bei denen günstigkeitsbedingte Individualabweichungen ausscheiden.

§ 7 Zusammenfassung

I.

1. Als Folge der *Globalisierung* sämtlicher Märkte, welche dazu geführt hat, daß neben den Waren und Dienstleistungen nunmehr auch die Produktionsstandorte selbst zueinander in Konkurrenz getreten sind, wird die Festlegung der Arbeitsbedingungen in Tarifverträgen zunehmend in Frage gestellt. Denn in der globalisierten Wirtschaft erweist sich eine an den *betriebsspezifischen* Besonderheiten orientierte Festlegung der Arbeitsbedingungen als *ökonomisch erforderlich.* Diese Notwendigkeit wird in der vorherrschenden Tarifpraxis ignoriert, indem die Arbeitsbedingungen überwiegend nach wie vor brancheneinheitlich in *Flächentarifverträgen* festgelegt werden.

Die Bestrebungen der Arbeitgeber, demgegenüber flexible und den Besonderheiten des konkreten Betriebes angepaßte Arbeitsbedingungen auf Betriebsebene zu verwirklichen, geraten in Konflikt mit der Regelung des § 77 Abs. 3 BetrVG. Diesen versteht das Bundesarbeitsgericht (und mit ihm die derzeit überwiegende Auffassung in der Literatur) als *Normsetzungsprärogative* der Tarifvertragsparteien und versagt daher den über materielle Arbeitsbedingungen – insbesondere den Lohn – abgeschlossenen Betriebsvereinbarungen die Wirksamkeit.

2. Bei näherer Betrachtung zeigt sich jedoch, daß eine Kompetenzverlagerung auf die Betriebsebene nicht nur ökonomisch erforderlich ist, sondern allein eine solche unter sozialtheoretischen Gesichtspunkten eine *gerechte Lohnfindung* ermöglicht. Denn während sich die tariflichen Lohnforderungen maßgeblich am Bruttosozialprodukt orientieren, wird in Lohnbetriebsvereinbarungen der *Unternehmensgewinn zum Maßstab der Beurteilung.*

II.

Die Lohnfestlegung durch die Betriebspartner erweist sich zudem als von der *Zwecksetzung betrieblicher Mitbestimmung* erfaßt. Nur durch das Regelungsinstrument der Betriebsvereinbarung kann sowohl dem Bedürfnis nach betriebseinheitlicher Koordination entsprochen als auch zugleich dem Schutzbedürfnis der Arbeitnehmer Rechnung getragen werden. Dies gilt nicht nur für den Bereich der formellen Arbeitsbedingungen, die andernfalls dem (einseitigen) Direktionsrecht des Arbeitgebers unterliegen, sondern auch für die Lohngestaltung. Die *betriebssoziologische Entwicklung* hat dazu geführt, daß dem Entgelt nicht mehr bloße Abgeltungsfunktion zukommt. Darüber hinaus soll die Entlohnung die Arbeitnehmer motivieren sowie Kreativität und Zusammenarbeit im Betrieb fördern. Im modernen Unternehmen gehört die Vergütung daher zu den Faktoren, die einer *betriebseinheitlichen Koordination* bedürfen. Die betriebliche Mitbestimmung eröffnet insoweit überhaupt erst die tatsächliche

Möglichkeit einer *einvernehmlichen Festlegung*, denn andernfalls erfolgt die Gestaltung durch vertragliche Einheitsregelungen, bei denen die Arbeitsbedingungen *faktisch einseitig durch den Arbeitgeber vorgegeben* werden. Weil zwischen den Betriebspartnern *Verhandlungsparität* vorliegt, ist durch die Mitentscheidung des Betriebsrats neben dem *formalen* zugleich *materieller Schutz* der Arbeitnehmer gewährleistet.

III.

1. Über den *Mitbestimmungstatbestand des § 87 Abs. 1 Nr. 10 BetrVG* ist dem Betriebsrat bereits in umfangreicher Weise die Mitwirkung bei der Lohnfestlegung eröffnet. Diese Norm unterstellt die *formelle Seite der Lohngestaltung* der erzwingbaren Einigung der Betriebspartner. Im Rahmen des Mitbestimmungsrechts steht dem Betriebsrat bei Vorliegen eines *kollektiven Tatbestandes* ein *umfangreiches Initiativrecht* zu. Das heißt, er kann (auch gegen den Willen des Arbeitgebers) eine verbindliche Entscheidung der Einigungsstelle über die Entlohnungsgrundsätze und -methoden herbeiführen, soweit eine gesetzliche oder tarifliche Regelung nicht besteht. Dem in *§ 87 Abs. 1 BetrVG Einleitungssatz* normierten *Gesetzesvorrang* kommt im Hinblick auf die Lohngestaltung keine praktische Bedeutung zu. Große Relevanz hat aber der *Tarifvorrang.* Von dem Bestehen eines Tarifvertrages ist auszugehen, wenn dieser hinsichtlich des Mitbestimmungstatbestandes eine *abschließende* Regelung trifft und *zwingende Wirkung* entfaltet. Voraussetzung ist insoweit, daß der *Arbeitgeber tarifgebunden* ist, wohingegen es auf die Tarifbindung auf Arbeitnehmerseite nicht ankommt. Das Mitbestimmungsrecht kann durch das Regelungsinstrument der Betriebsvereinbarung auch dann ausgeübt werden, wenn eine entsprechende Regelung *tarifüblich* ist. Denn der Schutzzweck betrieblicher Mitbestimmung bei der Lohngestaltung würde vereitelt, wenn der Abschluß einer Betriebsvereinbarung ausgeschlossen wäre, ohne daß im konkreten Betrieb eine tarifliche Regelung Geltung erlangt. § 87 Abs. 1 BetrVG genießt daher gegenüber § 77 Abs. 3 BetrVG *Anwendungsvorrang.*

2. Mit der Anerkennung dieser sogenannten *Vorrangtheorie* durch die Rechtsprechung hat die Betriebsautonomie eine weitreichende Aufwertung erfahren: Zum einen wurde der Bereich der üblicherweise tariflich geregelten Arbeitsbedingungen der Mitbestimmung des Betriebsrats zugewiesen und zum anderen wurden *Tarifvertrag und Betriebsvereinbarung funktionell gleichgestellt.* Diese Funktionsübereinstimmung beider Kollektivverträge wird besonders im *AT-Bereich* deutlich, da die Betriebsautonomie für diese Arbeitnehmergruppe die einzige Form kollektiver Interessenwahrnehmung darstellt. Die insoweit gegen die Mitbestimmung vorgebrachten Bedenken überzeugen nicht: Weder kann die tarifliche Nichterfassung die betriebliche Interessenvertretung ausschließen, noch spricht die besondere unternehmenspolitische Stellung der AT-

Arbeitnehmer dafür, daß ihre Arbeitsbedingungen ausschließlich individualvertraglich zu regeln seien.

Umfangreiche Einflußnahmemöglichkeiten des Betriebsrats hat auch die Anerkennung des Mitbestimmungsrechts bei *über- und außertariflichen Zulagen* eröffnet. Zwar wird dem Arbeitgeber wegen der Freiwilligkeit der Leistungen grundsätzlich zugestanden, die sogenannten vier Vorentscheidungen („Ob", Umfang, begünstigter Personenkreis und Zweck der Zulagen) mitbestimmungsfrei zu treffen. In der Rechtsprechungspraxis wird jedoch zunehmend auch die Festlegung des Dotierungsrahmens *faktisch* der Mitbestimmung unterstellt. Die Entscheidung des Großen Senats zum Umfang des Mitbestimmungsrechts bei Anrechnung und Widerruf der Zulagen hat hinsichtlich der deutlichen Trennung zwischen Anrechnungsentscheidung (Kürzung des Zulagenvolumens) und der Entscheidung über die Neuverteilung (mitbestimmungspflichtige Änderung der Verteilungsgrundsätze) einige Fragen offengelassen. Dies führte in der Rechtsprechung des Ersten Senats dazu, daß letztlich kaum eine tatsächlich mitbestimmungsfreie Kürzung des Dotierungsrahmens erfolgen kann, so daß dem Betriebsrat *mittelbar* die Einflußnahme auf die *betriebliche Lohnpolitik* eröffnet ist.

Eine weitere wesentliche Aufwertung hat die Betriebsautonomie durch die Anerkennung sogenannter *teilmitbestimmter Betriebsvereinbarungen* erhalten. Soweit mit der Regelung von Gegenständen, die der erzwingbaren Mitbestimmung nach § 87 Abs. 1 BetrVG unterliegen, zugleich auch solche Arbeitsbedingungen eine Festlegung erfahren haben, die nicht unter einen Mitbestimmungstatbestand zu subsumieren sind, hat das BAG den Betriebsvereinbarungen in einigen Entscheidungen mit Verweis auf die Vorrangtheorie Wirksamkeit zuerkannt. Ob diese Rechtsprechung aber auch in Zukunft mit der *Lohn*gestaltung bei geschickter Formulierung auch die Lohn*höhe*gestaltung ermöglicht, ist in Anbetracht zweier neuerer Entscheidungen zweifelhaft.

3. Hinsichtlich der Folgen unterbliebener Mitbestimmung kann der vorherrschenden Ansicht, welche die Mitbestimmung des Betriebsrats bei der Festlegung der sozialen Angelegenheiten des § 87 Abs. 1 BetrVG zur Wirksamkeitsvoraussetzung erhebt, nicht gefolgt werden. Insbesondere bei der Lohngestaltung müssen im Rahmen der *Theorie der Wirksamkeitsvoraussetzung* Ausnahmetatbestände geschaffen werden, damit der Arbeitgeber nicht von betriebsverfassungswidrig umgesetzten, rechtsgeschäftlichen Maßnahmen profitieren kann. Nicht zu rechtfertigen ist der mit der Unwirksamkeitsfolge einhergehende weitreichende *Eingriff in die Privatautonomie* sowohl des Arbeitgebers als auch der Arbeitnehmer. Da der Schutzzweck betrieblicher Mitbestimmung auch ohne die Sanktion der Unwirksamkeit verwirklicht werden kann, ist es nicht erforderlich, Individualvereinbarungen bereits deshalb als unwirksam anzusehen, weil ein

Mitbestimmungsrecht vorliegt, ohne daß der Betriebsrat dieses bereits ausgeführt hätte.

IV.

Über die nach § 87 Abs. 1 Nr. 10 BetrVG mitbestimmungspflichtige Lohngestaltung hinaus haben die Betriebspartner die Kompetenz zum Abschluß *freiwilliger Betriebsvereinbarungen* über die Lohnhöhe aus *§ 88 BetrVG*. Dieser eröffnet zwar *keine Allkompetenz*, wohl aber die Regelungskompetenz für alle *sozialen Angelegenheiten*, zu denen auch die Frage der Entgelthöhe gehört. Entgegen noch vorherrschender Auffassung schließt § 77 Abs. 3 BetrVG die Wirksamkeit solcher (günstigeren) Vereinbarungen nicht aus, denn zum einen ist die Annahme eines *Tarifmonopols* weder *historisch begründet* noch *verfassungsrechtlich geboten* und auch nicht aus *sachlichen Gründen* gerechtfertigt.

1. Die historische Betrachtung zeigt, daß Lohnvereinbarungen zwischen den Betriebspartnern erst unter dem Betriebsverfassungsgesetz von 1952 als unzulässig angesehen wurden. Die damalige überwiegende Meinung nahm an, der Gesetzgeber habe mit § 59 BetrVG 1952 ein Normsetzungsmonopol der Tarifvertragspartner schaffen wollen. Dieses Bestreben ist den Gesetztesmaterialien jedoch nicht zu entnehmen.

2. Ebensowenig kann § 77 Abs. 3 BetrVG die Bedeutung einer Normsetzungsprärogative unterstellt werden. Der verfassungsrechtliche Schutz der Koalitionsfreiheit gebietet eine solche Auslegung nicht. Das Koalitionsgrundrecht stellt in erster Linie ein *individuelles Freiheitsrecht* dar. Der Schutz auch der Koalitionsbetätigung in der Form der Tarifautonomie ist lediglich deshalb von der verfassungsrechtlichen Gewährleistung erfaßt, weil andernfalls eine effektive Verwirklichung der individuellen Koalitionsfreiheit nicht gewährleistet wäre. Da aber auch die Tarifautonomie letztlich nur dem Schutz der Arbeitnehmer zu dienen bestimmt ist, kann die verfassungsrechtliche Verankerung der Koalitionsbetätigungsfreiheit nicht dazu führen, daß der Schutz der Institution alternative Formen der Festlegung der Arbeitsbedingungen ausschließt. Dies hat das Bundesverfassungsgericht in seinem sogenannten „Mitbestimmungsurteil" bestätigt. Eine solche Alternative stellt die Betriebsautonomie dar, denn diese ermöglicht sachlich angemessene Vereinbarungen über das Arbeitsentgelt und sonstige Arbeitsbedingungen.

3. § 77 Abs. 3 BetrVG ist daher nicht als Kompetenz-, sondern als Kollisionsnorm zu verstehen, bei dessen Auslegung die *verfassungsrechtlich gewährleistete Betriebsautonomie* zu berücksichtigen ist. Entgegen überwiegender Ansicht kommt auch dieser Verfassungsrang zu. Zwar ist, trotz entwicklungspolitischer Offenheit des Verfassungstatbestandes der Koalitionsfreiheit, Art. 9 Abs. 3 GG als Grundlage der Betriebsautonomie abzulehnen. Und auch eine Verankerung im Sozialstaatsprinzip vermag nicht zu überzeugen. Als Aus-

übungsform *kollektiver Privatautonomie* findet die Betriebsautonomie aber ihre Verortung in *Art. 2 Abs. 1, Art. 9 Abs. 1 GG*. Der Betriebsgemeinschaft kommt der Charakter einer Vereinigung im Sinne des Art. 9 Abs. 1 GG zu. *Gemeinsamer freiheitlicher privater Vereinszweck* ist insofern weniger das *gemeinsame Produktionsinteresse*, da der zu fördernde arbeitstechnische Zweck allein durch den Arbeitgeber vorgegeben wird. Als Vereinigungszweck ist aber die *Koordination des betrieblichen Arbeitsprozesses* durch Festlegung der betriebsspezifischen Arbeitsbedingungen anzuerkennen. Die *unmittelbare und zwingende Wirkung der Betriebsvereinbarung* (§ 77 Abs. 4 BetrVG) hindert nicht, die Betriebsautonomie als *Selbstbestimmungsordnung* zu begreifen. Da die Privatautonomie stets der Rechtsordnung als Korrelat bedarf, stellt sich die Betriebsvereinbarung als ihre vom Gesetzgeber gewählte Ausgestaltungsform dar. *Privatautonom legitimiert* ist die Betriebsautonomie durch den *freiwilligen Eintritt des Arbeitnehmers* in die Betriebsgemeinschaft, wohingegen die Stimmabgabe bei der Betriebsratswahl lediglich als demokratische Legitimation in Frage kommt. Allein der aus fehlender Anstellungsalternative resultierende mögliche *faktische Zwang*, einen Arbeitsplatz in einem verfaßten Betrieb anzutreten, schließt die Annahme privatautonomer Legitimation der Betriebsautonomie nicht aus, denn *rechtlich* ist der Arbeitnehmer hinsichtlich der Auswahl seines Arbeitgebers frei. Nicht zu verkennen ist zudem, daß die betriebliche Mitbestimmung wegen ihrer Schutzfunktion in der Regel auch vom *positiven Willen* der Arbeitnehmer gedeckt und das Handeln der Belegschaftsrepräsentanten auf die Betriebsbelegschaft rückführbar ist. Mit dem Eintritt in die Betriebsgemeinschaft akzeptiert der Arbeitnehmer daher die Betriebsautonomie als Mittel zur Koordination der betriebsspezifischen Arbeitsbedingungen. Schließlich ist die Anerkennung der Betriebsautonomie als Selbstbestimmungsordnung auch nicht mit dem Verweis auf eine größere „*Freiheitsnähe*“ der Tarifautonomie zu erschüttern. Eine Anfechtung der mittels Streik erzwungenen Tarifverträgen kann nur deshalb nicht erfolgen, weil das *Arbeitskampfrecht als Sonderrecht* anerkannt ist. Die Freiheitsbetonung ist insofern fragwürdig, als die einvernehmliche Einigung über Löhne auf Betriebsebene demgegenüber nicht erzwungen werden kann. Sowohl der Arbeitgeber als auch der Betriebsrat sind frei, abweichende Vereinbarungen abzulehnen, so daß es bei den individualvertraglich ausgehandelten oder tariflich festgelegten Löhnen bleibt. Zudem ist der Arbeitnehmer hinsichtlich der Auswahl der zu seiner Interessenwahrnehmung berufenen Gewerkschaft nur begrenzt frei, denn wegen des *Prinzips der Tarifeinheit* kann es dazu kommen, daß der von „seiner“ Gewerkschaft ausgehandelte Tarifvertrag keine Anwendung auf sein Arbeitsverhältnis findet. Will er tariflichen Schutz, muß er der „zuständigen“ Gewerkschaft beitreten.

V.

Die Anerkennung der Betriebsautonomie als Verfassungsgut macht eine restriktive Auslegung des § 77 Abs. 3 BetrVG erforderlich, welche eine Berücksichtigung sowohl der Tarif- wie auch der Betriebsautonomie ermöglicht. Eine solche verfassungskonforme Auslegung eröffnet das *Subsidiaritätsprinzip*, konkretisiert durch das *Günstigkeitsprinzip*.

1. Nach dem Subsidiaritätsprinzip, welches unter Berücksichtigung des *Menschenbildes des Grundgesetzes* selbst als Verfassungsprinzip anzuerkennen ist, kommt bei der Kollision verschiedener menschlichen Einheiten der kleineren, dem Individuum näher stehenden, vorrangige Zuständigkeit vor der größeren, übergeordneten Einheit zu. Es wird ein Vorrang *selbstverantwortlicher Aufgabenwahrnehmung* zugunsten der *niedrigeren Organisationsstufe* statuiert. Diese Stufenfolge beansprucht Geltung auch im Arbeitsrecht, wobei insoweit die besondere Schutzfunktion des Arbeitsrechts in die Betrachtung einzubeziehen ist. Des Eingreifens der größeren Einheit bedarf es dann nicht, wenn die jeweils kleinere Einheit in der Lage ist, eine angemessene Festlegung der Arbeitsbedingungen zu erreichen („gerechter Lohn“).

2. Weil aber die Beurteilung der Angemessenheit allein nach dem Subsidiaritätsprinzip nur eingeschränkt möglich ist, bedarf es des *Günstigkeitsprinzips*, um eine konkrete Kompetenzabgrenzung vornehmen zu können. Als Verfassungsprinzip ist es Ausdruck eines Abwägungsvorgangs zur *Herstellung praktischer Konkordanz*, in dem die kollidierenden Verfassungsgüter Individual-, Betriebs- und Tarifautonomie *verhältnismäßig* gewichtet werden. Jedem Verfassungsgut muß dabei zu optimaler Wirksamkeit verholfen werden, so daß es des Zurücktretens der Individualautonomie dann nicht bedarf, wenn der einzelne selbst günstigere Arbeitsbedingungen auszuhandeln vermag. Einschränkungen können sich ergeben, wenn der Individualvertrag die Zielsetzung der kollektivvertraglichen Regelung nicht verwirklichen kann, wie dies zum Beispiel bei Betriebsnormen der Fall ist.

Praktische Konkordanz gilt es auch beim Aufeinandertreffen der Kollektivautonomien selbst herzustellen. Das heißt bei einer Kollision ist sowohl der Betriebs- als auch der Tarifautonomie – orientiert am Arbeitnehmerschutzgedanken – zu optimaler Wirksamkeit zu verhelfen. Es kommt daher immer diejenige Regelung zu Anwendung, die sich als für die Arbeitnehmer günstiger erweist.

VI.

Bei dem Zwecks Bestimmung der Günstigkeit vorzunehmenden *Vergleich* sind die voneinander abweichenden Regelungen dergestalt gegenüberzustellen, daß eine weitestgehend autonome Gestaltung der Arbeitsbedingungen eröffnet wird. Insofern ist zu berücksichtigen, daß die *Kompensation* untertariflicher Arbeitsbedingungen durch übertarifliche Vorteile grundsätzlich möglich ist, da der Tarifvertrag nicht in den jeweiligen Einzelbedingungen einen *Mindestschutz* gewährleistet, sondern in seiner *Gesamtheit.* Beim zugrunde zu legenden *Sachgruppenvergleich* sind diejenigen Bedingungen in den Vergleich einzubeziehen, bei denen objektiv ein *innerer Zusammenhang* vorliegt, oder dieser von den Parteien hergestellt wurde. Als *Vergleichsgegenstand* ist dabei insbesondere auch eine etwaige *Arbeitsplatzgarantie* zu berücksichtigen, so daß einem untertariflichen Lohn gegebenenfalls eine begünstigende Qualität zukommen kann.

Die abweichende Vereinbarung muß sich beim Vergleich einer *individualvertraglichen Absprache* mit eine kollektivvertraglichen Regelung als für den *einzelnen Arbeitnehmer* günstiger erweisen. Beim Vergleich zweier Kollektivverträge kommt es hingegen auf die Günstigkeit für die *betroffene Belegschaft* an. Diese ist dann zu bejahen, wenn der verständige Arbeitnehmer ohne Kenntnis hinsichtlich der eigenen konkreten Betroffenheit die abweichende Vereinbarung als günstiger beurteilen würde.

Zugrunde zu legen ist ein *objektiv-hypothetischer Maßstab*, wobei den subjektiven Einschätzungen des Betroffenen indizielle Wirkung zukommt. Ein rein subjektiver Bewertungsmaßstab würde demgegenüber das Günstigkeitsprinzip als Schutzprinzip entwerten. Bei der Beurteilung durch den *verständigen Arbeitnehmer* ist der Wandel der Verkehrsanschauung zu beachten, nach welcher der Arbeitsplatzerhalt gegenüber kalkulierbaren Einbußen bei Tarifpositionen in der Regel vorrangige Bedeutung zukommt. Andererseits ist aber ebenso die grundsätzliche Orientierung am *Arbeitnehmerschutzgedanken* als Grundlage der Arbeitsrechtsordnung zu berücksichtigen. Daher sind von vornherein solche Absprachen als ungünstiger zu bewerten, welche den Arbeitnehmer schutzlos stellen würden. *Individualvertraglich* vereinbarte Lohneinbußen zur Arbeitsplatzsicherung werden sich daher in der Regel als ungünstiger erweisen. Anderes gilt jedoch dann, wenn der einzelne durch die Beteiligung des Betriebsrats im Kollektiv mit seinen Arbeitskollegen geschützt ist, so daß auf *Betriebsebene* vereinbarten untertariflichen Löhnen bei einer entsprechenden *Arbeitsplatzgarantie* begünstigende Qualität zukommen kann. Neben den unmittelbar in den Vergleich einbezogenen Gegenständen können auch weitere Umstände in die Günstigkeitsbewertung mit einfließen. So kann eine begünstigende Qualität untertariflicher Entlohnung insbesondere bei der Abwendung eines *drohenden Konkurses* oder einer geplanten *Standortverlagerung* angenommen werden. Liegt ein solcher Fall der existenzsichernden Betriebsvereinbarung vor, sind individualvertragliche Abweichungen ausgeschlossen, da diese für den einzelnen „günstigeren" Bedingungen durch die Lohneinbußen der Arbeitskollegen erkauft würden; sie wären damit also Vereinbarungen zu Lasten Dritter.

Literaturverzeichnis

Adomeit, Klaus; Die Regelungsabrede als die neben der Betriebsvereinbarung zulässige Ausübungsform der Mitbestimmung in sozialen Angelegenheiten (§ 56 BetrVG, § 67 PersVG); Düsseldorf 1961

– Rechtsquellenfragen im Arbeitsrecht; München 1969

– Regelung von Arbeitsbedingungen und ökonomische Notwendigkeiten; München 1996

– Thesen zur betrieblichen Mitbestimmung nach dem neuen BetrVG; BB 1972, S. 53

– § 87 BetrVG, der Arbeitskampf und die Zeritätstheorie; DB 1981, S. 1086

– Das Günstigkeitsprinzip – neu verstanden; NJW 1984, S. 26

– Grenzen der Tarifautonomie – neu gezogen; NJW 1984, S. 595

– Streik und Aussperrung – neu geordnet; NJW 1984, S. 793

– Das Arbeitsverhältnis – alternativ; NJW 1984, S. 1337

– Liberale Tendenzen und gewerkschaftliche Positionen im Arbeitsrecht, in: Sozialismus – Ende einer Illusion, hrsg. von Hans Giger und Willy Linder, S. 499; Köln 1988

– Arbeitsplätze und Solidarität; NJW 1994, S. 837

– Der Betriebsrat – ein Volkstribun?; NJW 1995, S. 1004

– Der Dienstvertrag des BGB und die Entwicklung zum Arbeitsrecht; NJW 1996, S. 1710

– Globalisierung – eine Chance?; NJW 1996, S. 2138

– Rechtsfortbildung und Billigkeitskontrolle im Arbeitsrecht, in: Tarifautonomie für ein neues Jahrhundert, Festschrift für Günter Schaub zum 65. Geburtstag, S. 1; München 1998 (zit.: Verf., in: FS für Schaub)

– Schwierigkeiten mit dem kollektiven Arbeitsrecht, in: Festschrift für Alfons Kraft zum 70. Geburtstag, S. 1; Neuwied 1998 (zit.: Verf., in: FS für Kraft)

Alexy, Robert; Theorie der Grundrechte; Baden-Baden 1985

Albeck / Barbier / Fels / Loritz / Rüthers / Watrin / Sievert; Den Platz im Korridor suchen; FAZ v. 05.06.1993, S. 13

Apel, Günter; Mehr Mitbestimmung – keine Parität – Zum Bericht der Mitbestimmungskommission; BB 1970, S. 89

Aristoteles; Rhetorik, hrsg. von Paul Gohlke; Padaborn 1959

– Aufzeichnungen zur Staatstheorie (sogenannte Politik), übersetzt von Walter Siegfried; Köln 1967

Auffermann, Peter; Der Grundsatz der Verhältnismäßigkeit, in: Arbeits- und Sozialversicherungsrecht; Würzburg 1975

Badura, Peter; Arbeitsrecht und Verfassungsrecht; RdA 1999, S. 8

Baldamus, Wilhelm; Der gerechte Lohn – Eine industriesoziologische Analyse; Berlin 1960

Barwasser, Franz H.; Zur Zulässigkeit von Betriebsvereinbarungen über materielle Arbeitsbedingungen in nichttarifgebundenen Betrieben, insbesondere Mischbetrieben; DB 1975, S. 2275

Bauer, Jobst-Hubertus; Einigungsstellen – Ein ständiges Ärgernis; NZA 1992, S. 433

– 25 Jahre Betriebsverfassungsgesetz; NZA 1997, S. 233

– Flucht aus Tarifverträgen: Königs- oder Irrweg? in: Tarifautonomie für ein neues Jahrhundert, Festschrift für Günter Schaub zum 65. Geburtstag, S. 19; München 1998 (zit.: Verf., in: FS für Schaub)

– Betriebliche Bündnisse für Arbeit vor dem Aus?; NZA 1999, S. 957

Bauer, Jobst-Hubertus / *Diller*, Martin; Flucht aus Tarifverträgen – Konsequenzen und Probleme –; DB 1993, S. 1085

– Der allgemeine Unterlassungsanspruch des Betriebsrats – Richtungskorrektur oder Revolution?; ZIP 1995, S. 95

Bauer, Hartmut; Art. 9 Vereinigungsfreiheit, in: GG Kommentar Bd. I (Art. 1 - 20), hrsg. von Horst Dreier; Tübingen 1996 (zit.: Verf., in: Dreier [Hrsg.] GG)

Baumann, Thomas; Die Delegation tariflicher Rechtsetzungsbefugnisse; Berlin 1992

Baur, Jürgen F. / *Stürner*, Rolf; Lehrbuch des Sachenrechts; 16. Aufl., München 1992

Belling, Detlev W.; Das Günstigkeitsprinzip; Berlin 1984

– Das Günstigkeitsprinzip im Betriebsverfassungsrecht; DB 1982, S. 2513

– Das Günstigkeitsprinzip nach dem Beschluß des BAG vom 16.09.1986; DB 1987, S. 1888

– Die außerordentliche Anpassung von Tarifverträgen an veränderte Umstände; NZA 1996, S. 906

Belling, Detlev W. / *Hartmann*, Christian; Die Unzumutbarkeit als Begrenzung der Bindung an den Tarifvertrag; ZfA 1997, S. 87

– Die Rechtswirkungen einer gegen § 77 Abs. 3 BetrVG verstoßenden Betriebsvereinbarung; NZA 1998, S. 673

Benda, Ernst; Der soziale Rechtsstaat, in: Handbuch des Verfassungsrechts, hrsg. von Werner Maihofer und Hans-Jochen Vogel; 2. Aufl., Berlin 1994 (zit.: Verf., in: HdB VerfR)

Bender, Reinhard; Arbeitszeitflexibilisierung durch Tarifvertrag und Betriebsvereinbarung auf der Grundlage eines entschärften Tarifvorranges; BB 1987, S. 1117

Bengelsdorf, Peter; Tarifliche Arbeitszeitbestimmung und Günstigkeitsprinzip; ZfA 1990, S. 563

– Die (neue) Scheinselbständigkeit – zur schwierigen Handhabung des § 7 Abs. 4 SGB IV; NJW 1999, S. 1817

Berg, Peter; Tarifwidrige Arbeitsbedingungen im Betrieb – Überlegungen zur Begründung eines Unterlassungsanspruchs der Gewerkschaft, in: Recht und soziale Arbeitswelt, Festschrift für Wolfgang Däubler zum 60. Geburtstag, S. 495; Frankfurt a. M. 1999 (zit.: Verf., in: FS für Däubler)

Beuthien, Volker; Tariföffnungsklauseln zwecks Arbeitsplatzsicherung; BB 1983, S. 1992

– Mitbestimmung unternehmerischer Sachentscheidungen kraft Tarif- oder Betriebsautonomie; ZfA 1984, S. 1

– Tarifverträge betriebsverfassungsrechtlichen Inhalts; ZfA 1986, S. 151

– Die Unternehmensautonomie im Zugriff des Arbeitsrechts; ZfA 1988, S. 1

Beuthien, Volker / *Meik*, Frank; Wenn Tariftreue unzumutbar wird – Rückschau auf den Arbeitskampf der ostdeutschen Metallindustrie; DB 1993, S. 1518

Biberacher, Hans Jörg; Die betriebliche Rechtssetzungsmacht; Frankfurt a. M. 1983

Bichler, Hubert; Nochmals: Zur Zulässigkeit von Betriebsvereinbarungen über Arbeitsbedingungen für AT-Angestellte; DB 1979, S. 1939

Biedenkopf, Kurt; Grenzen der Tarifautonomie; Karlsruhe 1964

– Auswirkungen der Unternehmensverfassung auf die Grenzen der Tarifautonomie, in: Das Unternehmen in der Rechtsordnung, Festgabe für

Heinrich Kronstein, S. 79; Karlsruhe 1967 (zit.: Verf., in: FG für Kronstein)

– Sozialpolitik und Arbeitsrecht, in: Industrielles System und politische Entwicklung in der Weimarer Republik, hrsg. von Hans Mommsen u. a., S. 290; Düsseldorf 1974

Birk, Rolf; Die arbeitsrechtliche Leitungsmacht; Köln 1973

– Innerbetriebliche Absprachen – Typen und Rechtswirkungen; ZfA 1986, S. 73

Bitter, Walter; Betriebsvereinbarungen im AT-Bereich in der Praxis; DB 1979, S. 695

Blanke, Thomas (Hrsg.); Außertarifliche Angestellte – Ein Handbuch; 1. Aufl., Baden-Baden 1995 (zit.: Verf., in: AT-Angestellte)

Blomeyer, Wolfgang; Die „Billigkeitskontrolle" der abändernden Betriebsvereinbarung über betriebliche Ruhegelder; DB 1984, S. 926

– Die „ablösende Betriebsvereinbarung" im Meinungsstreit; NZA 1985, S. 641

– Das kollektive Günstigkeitsprinzip; DB 1987, S. 634

– Arbeitspflicht und Nebenpflichten des Arbeitnehmers §§ 46 - 54, Leistungsstörungen und Haftung des Arbeitnehmers §§ 55 - 59, in: Münchener Handbuch zum Arbeitsrecht, Bd. I Individualarbeitsrecht; München 1992 (zit.: Verf., in: Münch Hdb)

– Das Günstigkeitsprinzip in der Betriebsverfassung; NZA 1996, S. 337

Boewer, Dietrich; Das Initiativrecht des Betriebsrats in sozialen Angelegenheiten; DB 1973, S. 522

Bommermann, Ralf; Die Theorie der Wirksamkeitsvoraussetzung; Frankfurt a. M. 1992

– Übertarifliche Zulagen – Anrechenbarkeit und Mitbestimmung; DB 1991, S. 2185

Bötticher, Eduard; Gestaltungsrecht und Unterwerfung im Privatrecht; Berlin 1964

Brox, Hans / *Rüthers*, Bernd; Grundbegriffe des Arbeitsrechts; 13. Aufl., Stuttgart 1997 (zit.: ArbR)

Brunz, Michael; Die neuen tariflichen Arbeitszeitbestimmungen für die Metallindustrie in der Rechtsprechung; NZA 1986 Beil. 2, S. 3

Buchner, Herbert; Tarifvertragsgesetz und Koalitionsfreiheit; München 1964

– Der Abbau arbeitsvertraglicher Ansprüche durch Betriebsvereinbarung im System der Mitbestimmung in sozialen Angelegenheiten (§ 87 BetrVG); DB 1983, S. 877

– Rechtswirksamkeit der tariflichen Regelung über die Flexibilisierung der Arbeitszeit in der Metallindustrie; DB 1985, S. 913

– Arbeitszeitregelung im Spannungsfeld zwischen Tarifvertrag und Betriebsvereinbarung; NZA 1986, S. 377

– Arbeitszeit und Günstigkeitsprinzip – Anm. zu LAG Baden-Württemberg vom 14.06.1989 – 9 Sa 145/88; DB 1989, S. 2029

– Die Umsetzung von Tarifverträgen im Betrieb; RdA 1990, S. 1

– Tarifliche Arbeitszeitbestimmung und Günstigkeitsprinzip; DB 1990, S. 1715

– Wirkliche und vermeintliche Gefährdung der Tarifautonomie, in: Arbeitsrecht in der Bewährung, Festschrift für Otto Rudolf Kissel zum 65. Geburtstag, S. 97; München 1994 (zit.: Verf., in: FS für Kissel)

– Betriebsräte auf schwierigem Terrain – die Viessmann-Entscheidung des Arbeitsgerichts Marburg; NZA 1996, S. 1304

– Beschäftigungssicherung unter dem Günstigkeitsprinzip – Betriebliche Arbeitsplatzgarantien gegen Verzicht auf tarifliche Positionen?; DB 1996 Beil. 12, S. 1

– Die Reichweite der Regelungssperre aus § 77 Abs. 3 S. 1 BetrVG; DB 1997, S. 573

– Vereinheitlichung tariflicher Strukturen im Unternehmens- und Konzernbereich, in: Tarifautonomie für ein neues Jahrhundert, Festschrift für Günter Schaub zum 65. Geburtstag, S. 75; München 1998 (zit.: Verf., in: FS für Schaub)

– Zur Rechtsstellung des Betriebsrats, in: Festschrift für Günther Wiese zum 70. Geburtstag, S. 55; Neuwied 1998 (zit.: Verf., in: FS für Wiese)

– Wege zu mehr Beschäftigung; RdA 1998, S. 265

– Keine Entgeltänderung mittels Änderungskündigung?, in: Festschrift für Alfons Kraft zum 70. Geburtstag, S. 23; Neuwied 1998 (zit.: Verf., in: FS für Kraft)

– Der Unterlassungsanspruch der Gewerkschaft – Stabilisierung oder ende des Verbandstarifvertrages? Zum Beschluß des BAG vom 20.04.1999 – 1 ABR 72/98; NZA 1999, S. 897

Büge, Helmut; Entgelt in der industriellen Praxis (Siemens AG, München); ZfA 1993, S. 173

Bulla, G. A.; Das Prinzip der Sozialadäquanz im Arbeitsrecht; RdA 1962, S. 6

Buschmann, Rudolf; Die Günstigkeit der Nachtarbeit; NZA 1990, S. 387

Butzke, Volker; Beteiligung des Betriebsrats im Individualinteresse einzelner Arbeitnehmer; BB 1997, S. 2269

Canaris, Claus-Wilhelm; Funktionelle und inhaltliche Grenzen kollektiver Gestaltungsmacht bei der Betriebsvereinbarung; AuR 1966, S. 129

– Die Allgemeinen Arbeitsbedingungen im Schnittpunkt von Privat- und Kollektivautonomie; RdA 1974, S. 18

Coester, Michael; Zur Verhandlungspflicht der Tarifvertragsparteien; ZfA 1977, S. 87

– Zur Ablösung einheitsvertraglicher Leistungsordnungen; BB 1981, S. 797

Conze, Peter; Zur Zulässigkeit von Betriebsvereinbarungen für AT-Angestellte über materielle Arbeitsbedingungen; DB 1978, S. 490

Courth, Paul; Günstigkeitsprinzip und Günstigkeitsvergleich im Spannungsfeld zwischen Individual- und Kollektivrecht; Köln 1969

Däubler, Wolfgang; Das Grundrecht auf Mitbestimmung und seine Realisierung durch tarifvertragliche Begründung von Beteiligungsrechten; Frankfurt a. M. 1973

– Tarifvertragsrecht. Ein Handbuch; 3. Aufl., Baden-Baden, 1993

– Das Grundrecht auf Streik – eine Skizze; ZfA 1973, S. 201

– Verschlechterung der Arbeitsbedingungen durch Betriebsvereinbarung; AuR 1984, S. 1

– Der gebremste Sozialabbau; AuR 1987, S. 349

– Der Arbeitsvertrag – ein Mittel zur Verlängerung der Wochenarbeitszeit?; DB 1989, S. 2534

– Tarifflucht – eine aussichtsreiche Strategie zur Reduzierung von Lohnkosten?; ZTR 1994, S. 448 = Tarifausstieg – Erscheinungsformen und Rechtsfolgen; NZA 1996, S. 225 (zit. wird der Beitrag in der NZA)

– Sozialstandards im internationalen Wirtschaftsrecht, in: Lebendiges Recht – Von den Sumerern bis zur Gegenwart, Festschrift für Reinhold Trinker zum 65. Geburtstag, S. 475; Heidelberg 1995 (zit.: Verf., in: FS für Trinker)

– Betriebsräte und Gewerkschaften, in: Entwicklungen im Arbeitsrecht und Arbeitsschutzrecht, Festschrift für Otfried Wlotzke zum 70. Geburtstag, S. 257; München 1996 (zit.: Verf., in: FS für Wlotzke)

– Erosion des Flächentarifs?; AuA 1996, S. 310

– Arbeitsrecht und Politik; RdA 1999, S. 18

Däubler, Wolfgang / *Kittner*, Michael / *Klebe*, Thomas; Betriebsverfassungsgesetz mit Wahlordnung. Kommentar für die Praxis; 6. Aufl., Köln 1998 (zit.: Verf., in: D/K/K)

Dieterich, Thomas; Die betrieblichen Normen nach dem TVG vom 09.04.1949; Heidelberg 1964

– Betriebsverfassungsrecht und betriebliche Altersversorgung; NZA 1984, S. 273

– Mitbestimmung im Umbruch; AuR 1997, S. 1

Dietz, Rolf; Betriebsverfassungsgesetz mit Wahlordnung. Kommentar; 4. Aufl., München 1967 (zit.: BetrVG⁴)

– Die Betriebsvereinbarung im heutigen Arbeitsrecht; RdA 1949, S. 161

– Verhältnis von Tarifvertrag und Betriebsvereinbarung nach § 56 des Betriebsverfassungsgesetzes; BB 1954, S. 349

– Das Monopol der Sozialpartner und die Betriebsvereinbarung; RdA 1955, S. 241

– Der Anspruch auf Abschluß einer Betriebsvereinbarung nach § 56 BetrVG, in: Festschrift für Hans Carl Nipperdey, S. 147; München 1955 (zit.: Verf., in: FS für Nipperdey)

– Struktur und Funktion des Mitbestimmungsrechts des Betriebsrats in sozialen Angelegenheiten (§ 56 BetrVG); BB 1959, S. 1210

– Kritische Darstellung der Rechtsprechung des Bundesarbeitsgerichts zum Mitbestimmungsrecht in Sonderheit zu § 56 BetrVG; RdA 1962, S. 390

Dietz, Rolf / *Richardi*, Reinhard; Betriebsverfassungsgesetz Kommentar; 6. Aufl., München 1982 (zit.: BetrVG)

Dorndorf, Eberhard; Das Verhältnis von Tarifautonomie und individueller Freiheit als Problem dogmatischer Theorie, in: Arbeitsrecht in der Bewährung, Festschrift für Otto Rudolf Kissel zum 65. Geburtstag, S. 139; München 1994 (zit.: Verf., in: FS für Kissel)

– Zweck und kollektives Interesse bei der Mitbestimmung in Entgeltfragen, in: Recht und soziale Arbeitswelt, Festschrift für Wolfgang Däubler zum 60. Geburtstag, S. 327; Frankfurt a. M. 1999 (zit.: Verf., in: FS für Däubler)

Dreier, Horst; Freie Entfaltung der Persönlichkeit, in: GG Kommentar Bd. I (Art.1 - 19), hrsg. von Horst Dreier ; Tübingen 1996 (zit.: Verf., in: Dreier [Hrsg.] GG)

Dürig, Günter; Die Menschenauffassung des Grundgesetzes; JR 1952, S. 259

– Verfassung und Verwaltung im Wohlfahrtsstaat; JZ 1953, S. 193

– Kommentierung zu Art. 1 GG, in: Grundgesetz. Kommentar. Bd. I (Art. 1 - 20), hrsg. von Theodor Maunz, Günter Dürig u. a.; München Stand 1996 (zit.: Verf., in: Maunz/Dürig GG)

Eckardstein, Dudo von / *Fredecker*, Ines / *Greife*, Wolfgang / *Janisch*, Rainer / *Zingsheim*, Gabriele; Die Qualifikation der Arbeitnehmer in neuen Entlohnungsmodellen – Zur Funktion von Modellen des Qualifikationslohns in personalwirtschaftlichen und gewerkschaftlichen Strategien; Frankurt a. M. 1988

Ehmann, Horst; Die Gesamtschuld, Versuch einer begrifflichen Erfassung in drei Typen; Berlin 1972

– Das Grundrecht auf Sozialismus; RdA 1976, S. 175

– Anm. zu BAG vom 24.11.1981 (ABR 108/79); SAE 1984, S. 104

– Tarifautonomie im Wandel der Industriegesellschaft, in: Bitburger Gespräche, Jahrbuch 1985; München 1985

– Legitimationsverlust des Arbeitskampfes, in: Wirklichkeit als Tabu, hrsg. von Armin Mohler, S. 61; Oldenburg 1986

– Wandlung des Arbeitsrechts in der Dämmerung des Sozialismus, in: Sozialismus – Ende einer Illusion, hrsg. von Hans Giger und Willy Linder, S. 581; Köln 1988

– Arbeitsordnung im Wandel – Vom Arbeits- zum Gesellschaftsrecht – Von der Tarifautonomie zur Betriebsautonomie; RdA 1990, S. 77

– Vom Arbeitskampfrecht zur Mitbestimmung – Entwicklungen in der Krise des Sozialismus; NZA 1991, S. 1

– Zweck und Entwicklung der betrieblichen Mitbestimmung; Neue Ordnung 1992, S. 244

– Zur Rechtsverbindlichkeit von Betriebsvereinbarungen über den Fortbestand eines Betriebes, in: Arbeitsrecht in der Bewährung, Festschrift für Otto Rudolf Kissel zum 65. Geburtstag, S. 173; München 1994 (zit.: Verf., in: FS für Kissel)

– Deutschland – Eine Standortfrage?; Neue Ordnung 1996 (Sondernummer)

– Empfiehlt es sich, die Regelungsbefugnisse der Tarifparteien im Verhältnis zu den Betriebsparteien neu zu ordnen?; ZRP 1996, S. 314

– Die Persönlichkeit als Grundlage des Arbeitsrechts, in: Festschrift für Günther Wiese zum 70. Geburtstag, S. 99; Neuwied 1998 (zit.: Verf., in: FS für Wiese)

– Die Tarifbindung des Arbeitgebers als Voraussetzung des Tarifvorbehalts, in: Festschrift für Wolfgang Zöllner zum 70. Geburtstag Bd. II, S. 715; Köln 1999 (zit.: Verf., in: FS für Zöllner)

Ehmann, Horst / *Lambrich*, Thomas; Vorrang der Betriebs- vor der Tarifautonomie kraft des Subsidiaritätsprinzips; NZA 1996, S. 346

– Tarifflucht in die Sackgasse?; Jura 1999, S. 135

Ehmann, Horst / *Balthasar*, Klaus-Peter; Die 35,5-Stunden-Woche; Jura 1985, S. 436

Ehmann, Horst / *Schmidt*, Thomas B.; Betriebsvereinbarungen und Tarifvertrag; NZA 1995, S. 193

Eich, Rolf-Achim; Rechtsmißbräuchliche Nutzung von Mitbestimmungsrechten durch den Betriebsrat (Koppelungsgeschäfte); ZfA 1988, S. 93

– Tarifverträge und Sozialpartnerbeziehungen am Beispiel der chemischen Industrie; NZA 1995, S. 149

Eickelberg, Martin; Problem der Betriebsvereinbarung über Arbeitsentgelt und sonstige Arbeitsbedingungen nach dem BetrVG 1972; Bochum 1973

Ellenbeck, Frank; Die Grundrechtsfähigkeit des Betriebsrats; Berlin 1996

Enderlein, Wolfgang; Der kollektive Tatbestand als Voraussetzung für das Mitbestimmungsrecht des Betriebsrats in Fragen der betrieblichen Lohngestaltung; ZfA 1997, S. 313

Engelen-Kefer, Ursula; Betriebsvereinbarung statt Tarifvertrag? – Perspektiven der Tarifautonomie –; AuR 1997, S. 8

Engels / Gutowski / Hamm / Möschel / Stützel / von Weizäcker / Willgerodt; Mehr Markt im Arbeitsrecht, Frankfurter Institut für wirtschaftspolitische Forschung e.V., Veröffentlichungen des Kronberger Kreises 10 Bd. II; Frankfurt a. M. 1986 (zit.: Kronberger Kreis)

Erdmann, Ernst-Gerhard; Unternehmerische Freiheit und Mitbestimmung, in: Sozialpartnerschaft in der Bewährung, Festschrift für Karl Molitor zum 60. Geburtstag, S. 81; München 1988 (zit.: Verf., in: FS für Molitor)

Esser, Otto; Konfliktregulierung in Freiheit und Verantwortung, in: Sozialpartnerschaft in der Bewährung, Festschrift für Karl Molitor zum 60. Geburtstag, S. 99; München 1988 (zit.: Verf., in: FS für Molitor)

Etzel, Gerhard; Tarifordnung und Arbeitsvertrag; NZA 1987 Beil. 1, S. 19

Fabricius, Fritz; Unternehmensrechtsreform und Mitbestimmung in einer sozialen Marktwirtschaft – rechtstheoretische Grundlagen; Stuttgart 1982

– Arbeitsverhältnis, Tarifautonomie, Betriebsverfassung und Mitbestimmung im Spannungsfeld von Recht und Politik, in: Festschrift für Erich Fechner zum 70. Geburtstag, S. 171; Tübingen 1973 (zit.: Verf., in: FS für Fechner)

– Buchbesprechung: Fitting/Auffarth, Handkommentar zum Betriebsverfassungsgesetz nebst Wahlordnung, 10. Aufl.; RdA 1973, S. 125

Fabricius, Fritz / *Kraft*, Alfons / *Wiese*, Günther / *Kreutz*, Peter / *Oetker*, Hartmut; Betriebsverfassungsgesetz, Gemeinschaftskommentar; 6. Aufl.; Bd. I, Neuwied 1997; Bd. II, Neuwied 1998 (zit.: Verf., in: GK-BetrVG)

Farthmann, Friedhelm; Die Mitbestimmung des Betriebsrats bei der Regelung der Arbeitszeit; RdA 1974, S. 65

Fastrich, Lorenz; Betriebsvereinbarung und Privatautonomie; RdA 1994, S. 129

– Arbeitsrecht und betriebliche Gerechtigkeit; RdA 1999, S. 24

Fette, Hans Peter; Der Günstigkeitsvergleich im Urlaubsrecht; Köln 1967

Feudner, Bernd; Das Entlohnungssystem der IBM Deutschland GmbH; ZfA 1993, S. 185

– Betriebsautonomie versus Tarifautonomie – Freiräume für Vereinbarungen auf Betriebs- oder Unternehmensebene; DB 1993, S. 2231

– Die betriebliche Einigungsstelle – ein unkalkulierbares Risiko; DB 1997, S. 826

Firlei, Klaus Christian; Das Problem der Objektivierung des Günstigkeitsvergleichs im österreichischen und deutschen Arbeitsverfassungsrecht; DRdA 1981, S. 1

Fischer, Christian; Die tarifwidrige Betriebsvereinbarung; München 1998

Fitting, Karl; Zum Begriff der Betriebsvereinbarung – Zur Auslegung des Kontrollratsgesetzes Nr. 22; RdA 1949, S. 374

Fitting, Karl / *Auffarth*, Fritz / *Kaiser* Heinrich; Betriebsverfassungsgesetz. Handkommentar; 12. Aufl., München 1977 (zit.: BetrVG[12])

Fitting, Karl / *Auffarth*, Fritz /*Kaiser* Heinrich / *Heither*, Friedrich; Betriebsverfassungsgesetz. Handkommentar; 17. Aufl., München 1995 (zit.: BetrVG)

Fitting, Karl / *Kaiser*, Heinrich / *Heither*, Friedrich / *Engels*, Gerd; Betriebsverfassungsgesetz. Handkommentar; 19. Aufl., München 1998 (zit.: Fitting)

Fitting, Karl / *Kraegeloh*, Walter; Betriebsverfassungsgesetz Handkommentar; 3. Aufl., Berlin 1953 (zit.: BetrVG)

Flatow, Georg; Betriebsvereinbarung und Arbeitsordnung; Mannheim 1921

Flatow, Georg / *Kahn-Freund*, Otto; Betriebsrätegesetz; 13. Aufl., Berlin 1931

Flume, Werner; Allgemeiner Teil des bürgerlichen Rechts, Bd. II Das Rechtsgeschäft; 4. Aufl., Berlin 1992

– Rechtsgeschäft und Privatautonomie, in: Hundert Jahre deutsches Rechtsleben. Festschrift zum hundertjährigen Bestehen des Deutschen Juristentages, Bd. 1 S. 135; Karlsruhe 1960 (zit.: 100 Jahre deutsches Rechtsleben)

Föhr, Horst; Mitbestimmung des Betriebsrats in sozialen Angelegenheiten unter besonderer Berücksichtigung der außertariflichen Angestellten; AuR 1975, S. 353

Folger, E.; Verzicht auf Lohn- und Gehaltsspitzen; RdA 1953, S. 422

Forsthoff, Ernst; Verfassungsprobleme des Sozialstaats; 2. Aufl., Münster 1961

Franke, Dietmar; Der außertarifliche Angestellte; München 1991

Franz, Wolfgang; Chancen und Risiken einer Flexibilisierung des Arbeitsrechts aus ökonomischer Sicht; ZfA 1994, S. 439

Franz, Wolfgang / *Rüthers*, Bernd; Arbeitsrecht und Ökonomie; RdA 1999, S. 32

Friedmann, Michel; Das Initiativrecht des Betriebsrats; Frankfurt a. M. 1996

Frieges, Holger; Der betriebliche Entgeltausschuß – kollektive Vereinbarung trotz § 77 Abs. 3 BetrVG; NZA 1996, S. 921

– Der Verbandsaustritt: Unwägbarkeiten und verfassungsrechtliche Grenzen der zwingenden Fortgeltung von Tarifbestimmungen, NZA 1998, S. 630

Frik, Roman; Die neue Interpretation des Günstigkeitsprinzips in Frankreich; NZA 1998, S. 525

Freifrau von Friesen, Juliane; Betriebliche Lohngestaltung für AT-Angestellte; AuR 1980, S. 367

– Die Rechtsstellung des Betriebsrats gegenüber nicht leitenden AT-Angestellten, DB 1980 Beil. 1

Fuchs, Michael; Der Mensch im Mittelpunkt – Individualisierung statt Vermassung, in: Sozialpartnerschaft, S. 165; Köln 1993

Galperin, Hans; Die autonome Rechtsetzung im Arbeitsrecht, in: Festschrift für Erich Molitor zum 75. Geburtstag, S. 143; München 1962 (zit.: Verf., in: FS für Molitor)

– Begriff und Wesen des Betriebsverbandes, ArbRGegw 1964, S. 75

Galperin, Hans / *Löwisch*, Manfred; Kommentar zum Betriebsverfassungsgesetz (Bd. I Organisation der Betriebsverfassung; Bd. II Regelung der Mitbestimmung); 6. Aufl., Heidelberg 1982 (zit.: BetrVG)

Gamillscheg, Franz; Grundrechte im Arbeitsrecht; Berlin 1989

– Kollektives Arbeitsrecht Bd. I, München 1997

– Die Solidarität als Rechtsbegriff, in: Festschrift für Erich Fechner zum 70. Geburtstag, S. 135; Tübingen 1973 (zit.: Verf., in: FS für Fechner)

– Überlegungen zum Verhältnis von Gewerkschaft und Betriebsrat, in: Arbeitsgesetzgebung und Arbeitsrechtsprechung, Festschrift zum 70. Geburtstag von Eugen Stahlhacke, S. 129; Neuwied 1995 (zit.: Verf., in: FS für Stahlhacke)

Gast, Wolfgang; Arbeitsvertrag und Direktion. Zweiseitige Leistungsbestimmung im Arbeitsverhältnis; Berlin 1978.

– Tarifautonomie und die Normsetzung durch Betriebsvereinbarung; Heidelberg 1981

– Das Arbeitsrecht als Vertragsrecht; Heidelberg 1984

– Gesetz und Justiz in den Utopien, Stuttgart 1988

– Wieviel Entscheidungsspielraum lassen bestehende Tarifverträge den Betriebspartnern; Anm. zu BAG vom 24.02.1987 - 1 ABR 18/85; BB 1987, S. 1249

– Arbeitsrecht und herrschaftsfreie Sozialordnung; BB 1990, S. 1673

– Gedanken zum gerechten Arbeitsentgelt; BB 1991, S. 1053

– Rhetorik der Gleichbehandlung; BB 1997, S. 1304

Gaul, Dieter; Betriebliche Gehaltspolitik für außertarifliche Angestellte und deren rechtliche Ordnung; BB 1978, S. 764

Gentz, Manfred; Werden die geltenden Tarifverträge der betrieblichen Praxis gerecht? in: Tarifautonomie für ein neues Jahrhundert, Festschrift für

Günter Schaub zum 65. Geburtstag, S. 205; München 1998 (zit.: Verf., in: FS für Schaub)

Gerhards, Thomas; Nachwirkung des Tarifvertrags bei Verbandsaustritt und Verbandswechsels des Arbeitgebers; BB 1997, S. 362

Gester, Heinz / *Isenhardt*, Udo; Das Initiativrecht des Betriebsrats zur Regelung materieller Lohnbedingungen; RdA 1974, S. 80

Gierke von, Otto; Deutsches Privatrecht, Bd. I Allgemeiner Teil und Personenrecht; Leipzig 1895 (zit.: PrivatR Bd. I)

– Johannes Althusius und die Entwicklung der naturrechtlichen Staatstheorie: Zugleich ein Beitrag zur Geschichte der Rechtsdynamik; 6. Aufl., Aalen 1968

Giese, Herbert; Entlohnungsformen und Entlohnungstendenzen in der modernen Textilindustrie; ZfA 1993, S. 189

Gitter, Wolfgang; Zum Maßstab des Günstigkeitsvergleichs, in: Entwicklung im Arbeitsrecht und Arbeitsschutzrecht, Festschrift für Otfried Wlotzke zum 70. Geburtstag, S. 297; München 1996 (zit.: Verf., in: FS für Wlotzke)

Glaser, Krischan; Das Subsidiaritätsprinzip und die Frage seiner Verbindlichkeit nach Verfassungs- und Naturrecht; Berlin 1966

Glück, Michael; Das göttliche Prinzip der Weltwirtschaft; BB 1998, S. 842

Gnade, Albert / *Kehrmann*, Karl / *Schneider*, Wolfgang / *Blanke*, Hermann / *Klebe*, Thomas; Betriebsverfassungsgesetz. Basiskommentar mit Wahlordnung; 8. Aufl., Frankfurt a. M. 1999 (zit.: BetrVG)

Göbel, Johannes; Tarifpolitik in den neuen Bundesländern von 1990 bis 1995 – Eine kritische Zwischenbilanz, in: Entwicklung im Arbeitsrecht und Arbeitsschutzrecht, Festschrift für Otfried Wlotzke zum 70. Geburtstag, S. 313; München 1996 (zit.: Verf., in: FS für Wlotzke)

Goos, Wolfgang; Mitbestimmung bei betrieblichen Zulagen; NZA 1986, S. 701

Gragert, Nicola; Möglichkeiten und Grenzen der Flexibilisierung von Tarifverträgen zugunsten betrieblicher Regelungen; Hamburg 1997

Gunkel / Köllmann / Küpper / Peren, Niedriglöhne schaffen, Transfersysteme reformieren; Arbeitgeber 1997, S. 392

Häberle, Peter; Die Wesensgehaltsgarantie des Art. 19 II GG – Zugleich ein Beitrag zum institutionellen Verständnis der Grundrechte und der Lehre vom Gesetzesvorbehalt –; 3. Aufl., Heidelberg 1983

– Das Prinzip der Subsidiarität aus der Sicht der vergleichenden Verfassungslehre; AöR (119) 1994, S. 169

Hablitzel, Hans; Zur Zulässigkeit von Betriebsvereinbarungen bei bestehender Tarifüblichkeit; DB 1971, S. 2158

Hagemeier, Christian / *Kempen*, Otto Ernst / *Zachert*, Ulrich / *Zilius*, Jan; Tarifvertragsgesetz, Kommentar für die Praxis; 2. Aufl., Köln 1990 (zit.: TVG)

Hainke, Stefan; Vorgeschichte und Entstehung der Tarifvertragsverordnung vom 23. Dezember 1918; Kiel 1987

Hammer, Michael; Die betriebsverfassungsrechtliche Schutzpflicht für die Selbstbestimmungsfreiheit des Arbeitnehmers: Bedeutung des § 75 Abs. 2 BetrVG für Grund und Grenzen betrieblicher Regelungsgewalt; Heidelberg 1998

Hanau, Hans; Individualautonomie und Mitbestimmung in sozialen Angelegenheiten; Köln 1994

– Die lediglich relationale Wirkung des § 87 Abs. 1 Nr. 10 BetrVG; RdA 1998, S. 345

Hanau, Peter; Deregulierung des Arbeitsrechts – Ansatzpunkte und verfassungsrechtliche Grenzen; Berlin 1997

– Buchbesprechung: Kollektivgewalt und Individualwille (Reinhard Richardi); JZ 1969, S. 642

– Allgemeine Grundsätze der betrieblichen Mitbestimmung; RdA 1973, S. 281

– Neuerungen in der Mitbestimmung über Sozialeinrichtungen, insbesondere der Altersversorgung; BB 1973, S. 1274

– Aktuelle Probleme der Mitbestimmung über das Arbeitsentgelt gemäß § 87 Abs. 1 Nr. 10 BetrVG; BB 1977, S. 350

– Die Bedeutung des Mitbestimmungsgesetzes 1976 für die Abgrenzung der leitenden Angestellten; BB 1980, S. 169

– Verkürzung und Differenzierung der Arbeitszeit als Prüfsteine des kollektiven Arbeitsrechts; NZA 1985, S. 73

– Freiheit und Gleichheit bei der Gestaltung des Arbeitsrechts, in: Festschrift der Rechtswissenschaftlichen Fakultät zur 600-Jahr-Feier der Universität zu Köln, S. 183; Köln 1988 (zit.: Verf., in: FS Köln)

– Rechtswirkungen der Betriebsvereinbarung; RdA 1989, S. 207

– Die Deregulierung von Tarifverträgen durch Betriebsvereinbarungen als Problem der Koalitionsfreiheit (Art. 9 Abs. 3 GG); RdA 1993, S. 1

– Der neue Erste Senat; NZA 1996, S. 841

– Entwicklungslinien im Arbeitsrecht; DB 1998, S. 69

– Der Tarifvertrag in der Krise; RdA 1998, S. 65

– Was kann das Arbeitsrecht leisten für den Erhalt und die Schaffung von Arbeitsplätzen; AuA 1998, S. 2

Hanau, Peter / *Adomeit*, Klaus; Lehrbuch des Arbeitsrechts; 10. Aufl., Neuwied 1992

Hanau, Peter / *Reitze*, Serge; Annexregelungen und Kopplungsgeschäfte bei der Mitbestimmung in sozialen Angelegenheiten, in: Festschrift für Günther Wiese zum 70. Geburtstag, S. 99; Neuwied 1998 (zit.: Verf., in: FS für Wiese)

Hank, Rainer; Bescheidenheit, FAZ v. 07.01.1998, S. 1

– Die Macht der Räte, FAZ v. 16.02.1998, S. 15

– Die Lohnzahl, FAZ v. 19.09.1998, S. 17

Haßler, Konrad Dietrich (Hrsg.); Verhandlungen der deutschen verfassungsgebenden Reichsversammlung zu Frankfurt a. M. Bd. II; unveränd. Neudruck der Ausgabe Frankfurt a. M. 1848/49, Frankfurt a. M. 1984

Heckelmann, Günther / *Lambrich*, Thomas; Auf die Koalitionsfreiheit läßt sich kein Verbandsklagerecht stützen; FAZ v. 28.05.1999, S. 22

Hegel, Georg Wilhelm Friedrich; Grundlinien der Philosophie des Rechts; Hamburg 1995 (Neuauflage)

Heinze, Meinhard; Inhalt und Grenzen betriebsverfassungsrechtlicher Rechte; ZfA 1988, S. 53

– Betriebsvereinbarung versus Tarifvertrag; NZA 1989, S. 41

– Tarifautonomie und das sogenannte Günstigkeitsprinzip; NZA 1991, S. 329

– Kollektive Arbeitsbedingungen im Spannungsfeld zwischen Tarif- und Betriebsautonomie; NZA 1995, S. 5

– Gibt es eine Alternative zur Tarifautonomie?; DB 1996, S. 729

– Wege aus der Krise des Arbeitsrechts – Der Beitrag der Wissenschaft; NZA 1997, S. 1

– Flexible Arbeitszeitmodelle; NZA 1997, S. 681

– Zur Reform des Flächentarifvertrages, in: Festschrift für Alfons Kraft zum 70. Geburtstag, S. 205; Neuwied 1998 (zit.: Verf., in: FS für Kraft)

Heisig, Beate; Arbeitsentgelt- und Arbeitszeitregelung im Spannungsfeld zwischen tariflicher und betriebsvereinbarungsrechtlicher Normsetzungsbefugnis: Die Auswirkungen des Tarifvorranges und des Tarifvorbehalts; Frankfurt a. M. 1991

Heither, Friedrich; Tarifliche Gestaltung der Betriebsverfassung, in: Tarifautonomie für ein neues Jahrhundert, Festschrift für Günter Schaub zum 65. Geburtstag, S. 1; München 1998 (zit.: Verf., in: FS für Schaub)

– Der Tarifvorrang des § 77 Abs. 3 BetrVG und seine Durchsetzung, in: Richterliches Arbeitsrecht, Festschrift für Thomas Dieterich zum 65. Geburtstag, S. 231; München 1999 (zit.: Verf., in: FS für Dieterich)

Helml, Ewald; Zur Entwicklung des Arbeitsrechts; BB 1996, S. 2682

Hensche, Martin; Zu Praktikabilität und Nutzen des arbeitskampfrechtlichen Paritätsprinzips; RdA 1996, S. 293

Henssler, Martin; Flexibilisierung der Arbeitsmarktordnung; ZfA 1994, S. 487

Herbst, Jens; Umfang des Mitbestimmungsrechts bei freiwilligen übertariflichen Zulagen; DB 1987, S. 738

Herrmann, Elke; Das Günstigkeitsprinzip und die verschlechternde Betriebsvereinbarung; ZfA 1989, S. 577

Herschel, Wilhelm; Der Betriebsrat – damals und heute, in: In Memoriam Sir Otto Kahn-Freund, S. 115; München 1980 (zit.: Verf., in: FS für Kahn-Freund)

– Von der Freiheit des Betriebsrats und ihren Grenzen; ZfA 1984, S. 65

– Tarifautonomie und Betriebsautonomie (ein kritisches Nachwort zum Friedensschluß); AuR 1984, S. 321

Herzog, Roman; Subsidiaritätsgrundsatz und Staatsverfassung; Der Staat 1963, S. 399

Hess, Harald / *Schlochauer*, Ursula / *Glaubitz*, Werner; Kommentar zum Betriebsverfassungsgesetz; 5. Aufl., Neuwied 1997 (zit.: BetrVG)

Hesse, Konrad; Grundzüge des Verfassungsrechts der Bundesrepublik Deutschland; 20. Aufl., Heidelberg 1995

Heymann, Ernst; Die Rechtsformen der militärischen Kriegswirtschaft als Grundlage des neuen deutschen Industrierechts; Marburg 1921

Hilger, Marie Luise; Das betriebliche Ruhegeld zugleich ein Beitrag zum Recht der betrieblichen Arbeitsbedingungen; Heidelberg 1959

– Änderung und Aufhebung betriebseinheitlich geltender Arbeitsbedingungen; BB 1958, S. 417

Hinz, Manfred; Tarifhoheit und Verfassungsrecht – Eine Untersuchung über die tarifvertragliche Vereinbarungsgewalt; Berlin 1971

Hirschberg, Lothar; Der Grundsatz der Verhältnismäßigkeit; Göttingen 1981

Höfling, Wolfram; Vertragsfreiheit: Eine grundrechtsdogmatische Studie; Heidelberg 1991

– Der verfassungsrechtliche Koalitionsbegriff; RdA 1999, S. 182

Hohmeister, Frank; Die teilmitbestimmte Betriebsvereinbarung im Spannungsverhältnis zwischen § 77 Abs. 3 BetrVG und § 87 Abs. 1 BetrVG; BB 1999, S. 418

Hönn, Günther; Kompensation gestörter Vertragsparität; München 1982

– Der Schutz des Schwächeren in der Krise, in: Festschrift für Alfons Kraft zum 70. Geburtstag, S. 251; Neuwied 1998 (zit.: Verf., in: FS für Kraft)

Hönsch, Ronald; Anm. zu BAG Beschluß vom 24.11.1987; BB 1988, S. 700

– Mitbestimmung des Betriebsrats bei der Anrechnung von Tariflohnerhöhungen auf freiwillige übertarifliche Zulagen; BB 1988, S. 2312

Hoß, Axel; Neue Rechtsprechung zur Anrechnung der Tariflohnerhöhung; NZA 1997, S. 1129

Hoß, Axel / *Liebscher*, Brigitta; Der Austritt aus dem Arbeitgeberverband – Eine Chance für die Betriebspartner?; DB 1995, S. 2525

Hoyningen-Huene von, Gerrick; Die Billigkeit im Arbeitsrecht. Ein Beitrag zur rechtsdogmatischen Präzisierung der Billigkeit im Zivilrecht – dargestellt am Beispiel des Arbeitsrechts; München 1978

– Betriebsverfassungsrecht; 4. Aufl., München 1998

– Die Einführung und Anwendung flexibler Arbeitszeiten im Betrieb; NZA 1985, S. 11

– Kompetenzüberschreitende Tarifverträge zur Regelung unterschiedlicher Wochenarbeitszeit; NZA 1985, S. 169

– Gemeinsame Anmerkung zu den BAG-Beschlüssen vom 31.1.1984 und 28.2.1984; SAE 1985, S. 298

– Die fehlerhafte Beteiligung des Betriebsrats in sozialen Angelegenheiten – Rechtsfolgen und Handlungsmöglichkeiten des Betriebsrats; DB 1987, S. 1426

– Freiwilligkeitsvorbehalt und Nachwirkungsklausel in Betriebsvereinbarungen über Sozialleistungen; BB 1997, S. 1998

– Vergütungsregelungen und Mitbestimmung des Betriebsrats (§ 87 Abs. 1 Nr. 10 BetrVG); NZA 1998, S. 1081

Hoyningen-Huene von, Gerrick / *Meier-Krenz*, Ulrich; Mitbestimmung trotz Tarifvertrages; NZA 1987, S. 793

– Flexibilisierung durch Verlagerung tariflicher Regelungskompetenz auf den Betrieb; ZfA 1988, S. 293

Hoyningen-Huene von, Gerrick / *Wagner*, Susanne; Das untertarifliche Arbeitsentgelt; NZA 1995, S. 969

Hromadka, Wolfgang; Die belastende Betriebsvereinbarung; DB 1985, S. 864

– Übertarifliche Zulagen mitbestimmungspflichtig?; DB 1986, S. 1921

– Änderung und Ablösung von Einheitsarbeitsbedingungen; NZA 1987 Beil. 3, S. 1

– Betriebsvereinbarung über mitbestimmungspflichtige soziale Angelegenheiten bei Tarifüblichkeit: Zwei-Schranken-Theorie ade?; DB 1987, S. 1991

– Zur Mitbestimmung bei allgemeinen übertariflichen Zulagen; DB 1988, S. 2636

– Mitbestimmung bei übertariflichen Zulagen – insbesondere bei deren Anrechnung; DB 1991, S. 2133

– Änderung von Arbeitsbedingungen; RdA 1992, S. 234

– Der Große Senat zu den übertariflichen Zulagen; DB 1992, S. 1573

– Das Leistungsbestimmungsrecht des Arbeitgebers; DB 1995, S. 1609

– Reformbedarf im Tarifrecht; AuA 1996, S. 289

– Mehr Flexibilität für die Betriebe – Ein Gesetzesvorschlag; NZA 1996, S. 1233

– Reformbedarf im Tarifrecht, in: Entwicklung im Arbeitsrecht und Arbeitsschutzrecht, Festschrift für Otfried Wlotzke zum 70. Geburtstag, S. 333; München 1996 (zit.: Verf., in: FS für Wlotzke)

– Arbeitnehmerbegriff und Arbeitsrecht; NZA 1997, S. 569

– § 77 Abs. 3 BetrVG und die teilmitbestimmte Betriebsvereinbarung, in: Tarifautonomie für ein neues Jahrhundert, Festschrift für Günter Schaub zum 65. Geburtstag, S. 337; München 1998 (zit.: Verf., in: FS für Schaub)

Huber, Ernst Rudolf; Wirtschaftsverwaltungsrecht; 2. Aufl., Tübingen 1954

– Grundgesetz und wirtschaftliche Mitbestimmung; Stuttgart 1970

– Der Streit um das Wirtschaftsverfassungsrecht; DöV 1956, S. 135, S. 200

Hubmann, Heinrich; Die Methode der Abwägung, in: Festschrift für Ludwig Schnorr von Carolsfeld zum 70. Geburtstag, S. 173; Köln 1972 (zit.: Verf., in: FS für Schnorr von Carolsfeld)

Hueck, Alfred; Das Recht des Tarifvertrages unter besonderer Berücksichtigung der Verordnung vom 23.12.1918; Berlin 1920

– Die Tarifbestimmungen als Mindestbedingungen; RuW 1920, S. 157

– Schaffung von Arbeitsnormen durch Betriebsvereinbarung; NZfA 1923, Sp. 87

– Die Vereinbarung untertariflicher Löhne zur Verhütung der Arbeitslosigkeit; SchliW 1924, Sp. 183

– Normen des Tarivertrages über betriebliche und betriebsverfassungsrechtliche Fragen; BB 1949, S. 530

– Der gerechte Lohn in arbeitsrechtlicher Sicht, in: Der gerechte Lohn, hrsg. von Theodor Heckel, S. 18; München 1963

Hueck, Alfred / *Nipperdey*, Hans Carl; Lehrbuch des Arbeitsrechts Bd. I; 7. Aufl., Berlin 1963 (zit.: ArbR Bd. I)

– Lehrbuch des Arbeitsrecht Bd. II Kollektives Arbeitsrecht; 6. Aufl., Berlin 1959 (zit.: ArbR Bd. II)

– Lehrbuch des Arbeitsrechts Bd. II / 1 Kollektives Arbeitsrecht; 7. Aufl., Berlin 1967 (zit.: ArbR Bd. II / 1)

Hueck, Alfred / *Nipperdey*, Hans Carl / *Dietz*, Rolf; Kommentar zum Gesetz zur Ordnung der nationalen Arbeit; 3. Aufl., München 1939 (zit.: AOG)

Hueck, Alfred / *Nipperdey*, Hans Carl / *Säcker*, Franz Jürgen; Lehrbuch des Arbeitsrechts Bd. II / 2, Kollektives Arbeitsrecht; 7. Aufl., Berlin 1970 (zit.: ArbR Bd. II / 2)

Hueck, Götz; Zur kollektiven Gestaltung der Einzelarbeitsverhältnisse, in: Festschrift für Erich Molitor zum 75. Geburtstag, S. 203; München 1962 (zit.: Verf., in: FS für Molitor)

Humboldt von, Wilhelm; Ideen zu einem Versuch, die Grenzen der Wirksamkeit des Staates zu bestimmen, Breslau 1851, hrsg. von Eduard Cauer; Leipzig 1992

Hümmerich, Klaus; Von der Verantwortung der Arbeitsrechtsprechung für die Volkswirtschaft; NZA 1996, S. 1289

Hundt, Dieter; Strukturen aufbrechen, Anreize richtig setzen; Arbeitgeber 1997, S. 384

Hunold, Wolf; Außertarifliche Vertragsverhältnisse und übertarifliche Vertragsbestandteile; DB 1981, Beil. 26 S. 1

Hurlebaus, Günther; Fehlende Mitbestimmung bei § 87 BetrVG; Köln 1987

Isensee, Josef; Subsidiaritätsprinzip und Verfassungsrecht: Eine Studie über das Regulativ von Staat und Gesellschaft; Berlin 1968

Isensee, Josef / *Kirchhof*, Paul; Handbuch des Staatsrechts der Bundesrepublik Deutschland; Bd. I Grundlagen von Staat und Verfassung, Heidelberg 1987; Bd. V Allgemeine Grundrechtslehren, Heidelberg 1992; Bd. VI Freiheitsrechte, Heidelberg 1989 (zit.: Verf., in: Isensee/Kirchhof, Hdb StaatsR Bd.)

Jacobi, Erwin; Grundlehren des Arbeitsrechts; Leipzig 1927

Jacobs, Michael; Der Grundsatz der Verhältnismäßigkeit; DVBl 1985, S. 97

Jahnke, Volker; Tarifautonomie und Mitbestimmung; München 1984

– Die Mitbestimmung des Betriebsrats auf dem Gebiet der betrieblichen Sozialleistungen; ZfA 1980, S. 863

Janert, Wolf-Rüdiger; AT-Angestellte und Betriebsrat; DB 1976, S. 243

Jellinek, Georg; Allgemeine Staatslehre; 4. Nachdruck der 3. Aufl. von 1914, Berlin 1922

– System der subjektiven öffentlichen Rechte; Neudruck der 2. Aufl. von 1919, Aalen 1979

Jenkis, Helmut W.; Leistung ein inhumaner Anspruch? Zum Ursprung und zur Kritik des Leistungsprinzips; Frankfurt a. M. 1980

Jhering von, Rudolf; Der Zweck im Recht Bd. I, 4. Aufl., Leipzig 1904

Joost, Detlev; Betriebsverfassungsrechtliche Mitbestimmung bei Arbeitszeiten und betrieblichen Öffnungszeiten; DB 1983, S. 1818

– Tarifvertragliche Grenzen der Verkürzung der Wochenarbeitszeit; ZfA 1984, S. 173

– Ablösende Betriebsvereinbarungen und Allgemeine Arbeitsbedingungen; RdA 1989, S. 7

– Betriebliche Mitbestimmung bei der Lohngestaltung im System von Tarifautonomie und Privatautonomie; ZfA 1993, S. 257

Jötten, Wolfgang Jürgen; Vereinsautonomie und Grundrechtsschutz der Vereinsmitglieder; Köln 1976

Junker, Abbo; Der Flächentarifvertrag im Spannungsverhältnis von Tarifautonomie und betrieblicher Regelung; ZfA 1996, S. 383

– Individualwille, Kollektivgewalt und Staatsintervention im Arbeitsrecht; NZA 1997, S. 1305

Kädtler, Jürgen; Gewerkschaften und Arbeitslosigkeit zwischen Vollbeschäftigungsziel und selektiver Besitzstandswahrung; Göttingen 1986

Kalkbrenner, Helmut; Die rechtliche Verbindlichkeit des Subsidiaritätsprinzips, in: Recht und Staat, Festschrift für Günther Küchenhoff zum 65. Geburtstag Bd. II, S. 515; Berlin 1972 (zit.: Verf., in: FS für Küchenhoff Bd. II)

Kallrath, Simone; Gerichtliche Kontrolle von Betriebsvereinbarungen; Köln 1997

Kammann, Karl-Udo; Das Ordnungsprinzip in der Rechtsprechung des BAG; RdA 1967, S. 401

Kant, Immanuel; Schriften zur Ethik und Religionsphilosophie; Darmstadt 1970

Kappes, Karl-Heinz; Mitbestimmung des Betriebsrats bei übertariflichen Zulagen; DB 1987, S. 1520

– Mitbestimmung als Waffe?; DB 1997, S. 277

Käppler, Renate; Tarifvertragliche Regelungsmacht; NZA 1991, S. 745

– Die Betriebsvereinbarung als Regelungsinstrument in sozialen Angelegenheiten, in: Arbeitsrecht in der Bewährung, Festschrift für Otto Rudolf Kissel zum 65. Geburtstag, S. 475; München 1994 (zit.: Verf., in: FS für Kissel)

Karakatsanis, Alexander; Die kollektivrechtliche Gestaltung des Arbeitsverhältnisses und ihre Grenzen; Heidelberg 1963

Kaskel, Walter; Arbeitsrecht; 3. Aufl., Berlin 1928

Kaskel, Walter / Dersch, Hermann; Arbeitsrecht; 4. Aufl., Berlin 1932

Katholische Arbeitnehmer-Bewegung Deutschlands (Hrsg.); Texte zur katholischen Soziallehre Bd. I; 7. Aufl., Köln 1989 (zit.: KAB)

Kempen, Otto Ernst; Das grundrechtliche Fundament der Betriebsverfassung; AuR 1986, S. 129

– Grundgesetz, technischer Wandel und betriebliche Mitbestimmung, AuR 1988, S. 271

– Betriebsverfassung und Tarifvertrag; RdA 1994, S. 140

– die Organisation der Betriebsverfassung durch Tarifvertrag (insbesondere nach § 3 BetrVG), in: Tarifautonomie für ein neues Jahrhundert, Festschrift für Günter Schaub zum 65. Geburtstag, S. 357; München 1998 (zit.: Verf., in: FS für Schaub)

Kimminich, Otto; § 26 Der Bundesstaat, in: Handbuch des Staatsrechts, Bd. I Grundlagen von Staat und Verfassung, hrsg. von Josef Isensee, Paul Kirchhof; Heidelberg 1987 (zit.: Verf., in: Isensee/Kirchhof, Hdb StaatsR Bd.)

Kirchof, Ferdinand; Private Rechtsetzung, Berlin 1987

Kissel, Otto Rudolf; Das Spannungsfeld zwischen Betriebsvereinbarung und Tarifvertrag; NZA 1986, S. 73

– Die aktuelle Situation im Arbeitsrecht; NZA 1994, S. 586

– Kollektive Arbeitsbedingungen im Spannungsfeld zwischen Tarif- und Betriebsautonomie; NZA 1995, S. 1

– Arbeitsrecht und Gerichtsverfassung; RdA 1999, S. 53

Kittner, Michael; Öffnung des Flächentarifvertrags, in: Tarifautonomie für ein neues Jahrhundert, Festschrift für Günter Schaub zum 65. Geburtstag, S. 389; München 1998 (zit.: Verf., in: FS für Schaub)

Kittner, Wolfdieter / *Schlüpers Oehmen*, Reinhold / *Rebel*, Wolfgang; Rechtsprobleme der Tarifverträge über Arbeitszeitverkürzung und Arbeitszeitflexibilisierung; DB 1985, S. 172

Klasen, Klaus; Tarifvorrang und Mitbestimmung in sozialen Angelegenheiten; Münster 1982

Klatt, Helmut; Raus aus der Tarifbindung, Lehren aus dem Lohnabschluß in der Metall- und Elektroindustrie; FAZ v. 09.04.1999, S. 14

Klinkhammer, Heinz; Die Mitbestimmung des Betriebsrats bei der Provisionsfestsetzung; AuR 1977, S. 363

Kocher, Eva; Anmerkung zu LAG Baden-Württemberg vom 13.01.1999 – 17 TaBV 3/98; AuR 1999, S. 516

Koenig, Eckart; Änderungen von Betriebsvereinbarungen über betriebliches Entgelt; Köln 1997

Köke, Joachim; Inhalt und Grenzen des Mitbestimmungsrechtes des Betriebsrates in Fragen der betrieblichen Lohngestaltung; Berlin 1977

Konzen, Horst; Der Arbeitskampf im Verfassungs- und Privatrechtssystem; AcP (177) 1977, S. 473

– Tarifvertragliche und innerbetriebliche Normsetzung; BB 1977, S. 1307

– Rechtsfragen bei der Sicherung der betrieblichen Mitbestimmung; NZA 1995, S. 865

– Die Tarifautonomie zwischen Akzeptanz und Kritik; NZA 1995, S. 913

Kort, Michael; Arbeitszeitverlängerndes Bündnis für Arbeit zwischen Arbeitgeber und Betriebsrat – Verstoß gegen die Tarifautonomie; NJW 1997, S. 1476

Korte, Heinz W.; Die Aufgabenverteilung zwischen Gemeinde und Staat unter besonderer Berücksichtigung des Subsidiaritätsprinzips; VerwArch 1970, S. 3

Kraft, Alfons; Probleme im Spannungsfeld zwischen Betriebsverfassungsrecht und Koalitionsfreiheit; ZfA 1973, S. 243

– Stellungnahme zum Beitrag von Wilhelm Herschel; ZfA 1984, S. 67

– Die betriebliche Lohngestaltung im Spannungsfeld von Tarifautonomie, betrieblicher Mitbestimmung und Vertragsparität, in: Sozialpartnerschaft in der Bewährung, Festschrift für Karl Molitor zum 60. Geburtstag, S. 207; München 1988 (zit.: Verf., in: FS für Molitor)

Kramer, Michael; Einzelvertragliche Verlängerbarkeit tariflich festgelegter Arbeitszeit; DB 1994, S. 426

Krause, Rüdiger; Die Änderungkündigung zum Zweck der Entgeltreduzierung; DB 1995, S. 574

Krauss von, Rupprecht; Der Grundsatz der Verhältnismäßigkeit; Hamburg 1955

Krauss, Stefan; Günstigkeitsprinzip und Autonomiebestreben am Beispiel der Arbeitszeit; Bayreuth 1995

– Die neue Freiheit ohne Verbandstarif?; DB 1995, S. 1562

– Der bunte Korb der Günstigkeit; NZA 1996, S. 294

Krelle, Wilhelm; Der gerechte Lohn in Nationalökonomischer Sicht, in: Der gerechte Lohn, hrsg. von Theodor Heckel, S. 34; München 1963

Kress, Hugo; Lehrbuch des Allgemeinen Schuldrechts. Unveränderter Neudruck der Ausgabe München 1929; Aalen 1974

Kreutz, Peter; Grenzen der Betriebsautonomie; München 1979

– Kritische Gedanken zur gerichtlichen Billigkeitskontrolle von Betriebsvereinbarungen; ZfA 1975, S. 65

Kronenberg, Kurt; Die Ausnahmen von der Unabdingbarkeit der Tarifnormen; Jena 1929

Krummel, Christoph; Die Geschichte des Unabdingbarkeitsgrundsatzes und des Günstigkeitsprinzips im Tarifvertragsrecht; Frankfurt a. M. 1991

Küchenhoff, Günther; Das Prinzip der staatlichen Subsidiarität im Arbeitsrecht; RdA 1959, S. 201

– Die Freiheit der Zulassung zur kassenärztlichen Tätigkeit; RdA 1960, S. 202

– Subsidiarität und Solidarität im Betriebsverfassungsrecht; DB 1963, S. 765 (Teil I); S. 799 (Teil II)

Küttner, Wolfdieter; Arbeitsrecht und Vertragsgestaltung; RdA 1999, S. 59

Lambrich, Thomas; Tarif- und Betriebsautonomie. Ein Beitrag zu den Voraussetzungen und Grenzen des Tarifvorbehalts, insbesondere dem Erfordernis der Tarifbindung des Arbeitgebers; Berlin 1999

– Nur Verbandsflucht reicht nicht aus; FAZ v. 21.04.1997, S. 12

Langen von, Johannes D.; Von der Tarif- zur Betriebsautonomie: Tendenzen der Rechtsentwicklung gebremst durch den Tarifvorrang?; Frankfurt a. M. 1994

Larenz, Karl; Richtiges Recht, Grundzüge einer Rechtsethik; München 1979

– Methodenlehre der Rechtswissenschaft, Enzyklopädie der Rechts- und Staatswissenschaften; 6. Aufl., Berlin 1991

Laufke, Franz; Vertragsfreiheit und Grundgesetz, in: Das Deutsche Privatrecht in der Mitte des 20. Jahrhunderts, Festschrift für Heinrich Lehmann, Bd. I, S. 145; unveränd. Neuaufl. von 1956, Berlin 1965 (zit.: Verf., in: FS für Lehmann)

Lecheler, Helmut; Das Subsidiaritätsprinzip: Strukturprinzip einer europäischen Union; Berlin 1993

Lederer, Gerd; Das Initiativrecht des Betriebsrats in Lohnfragen; Frankfurt a. M. 1985

Leinemann, Wolfgang; Änderung einzelvertraglicher Ansprüche durch Betriebsvereinbarung; DB 1985, S. 1394

– Änderung von Arbeitsbedingungen durch Betriebsvereinbarungen; BB 1989, S. 1905

– Wirkungen von Tarifverträgen und Betriebsvereinbarungen auf das Arbeitsverhältnis; DB 1990, S. 732

– Änderung von Arbeitsbedingungen durch Betriebsvereinbarung, in: Änderung von Arbeitsbedingungen, hrsg. von Wolfgang Hromadka, S. 145; Heidelberg 1990

Leopold, Johannes; Untertarifliche Entlohnung; Leipzig 1927

Lerche, Peter; Übermaß und Verfassungsrecht – Zur Bindung des Gesetzgebers an die Grundsätze der Verhältnismäßigkeit und der Erforderlichkeit; Köln 1961

– § 121 Grundrechtlicher Schutzbereich, Grundrechtsprägung und Grundrechtseingriff, § 122 Grundrechtsschranke, in: Handbuch des Staatsrechts Bd. V Allgemeine Grundrechtslehren, hrsg. von Josef Isensee und Paul Kirchhof; Heidelberg 1992 (zit.: Verf., in: Isensee/Kirchhof, Hdb StaatsR Bd.)

Lieb, Manfred; Arbeitsrecht; 6. Aufl., Heidelberg 1997

– Die Regelungszuständigkeit des Betriebsrats für die Vergütung von AT-Angestellten; ZfA 1978, S. 179

– Gemeinsame Anmerkung zu den Urteilen des BAG vom 12.08.1982 und vom 08.12.1982; SAE 1983, S. 130

– Die Mitbestimmung beim Prämienlohn; ZfA 1988, S. 413

– Mehr Flexibilität im Tarifvertragsrecht? „Moderne" Tendenzen auf dem Prüfstand; NZA 1994, S. 289 (Teil I), S. 337 (Teil II)

– Skandal oder Signal? Zur Problematik tarifwidriger Betriebsvereinbarungen, in: Festschrift für Alfons Kraft zum 70. Geburtstag, S. 343; Neuwied 1998 (zit.: Verf., in: FS für Kraft)

Linnenkohl, Karl; Lean law – die „ingeniöse" Nichtanwendung von Arbeitsrecht; BB 1994, S. 2077

Linnenkohl, Karl / *Rauschenberg*, Hans-Jürgen; Tarifvertragliche Neuregelung der Wochenarbeitszeit und betriebsverfassungsrechtliche Gestaltungsmöglichkeiten; BB 1984, S. 2197

Linnenkohl, Karl / *Rauschenberg*, Hans-Jürgen / *Reh*, Dirk A.; Abschied vom „Leber-Kompromiß" durch das Günstigkeitsprinzip?; BB 1990, S. 628

Lohs, René A.; Tarifvertragliche Öffnungsklauseln; DB 1996, S. 1722

Loritz, Karl-Georg; Tarifautonomie und Gestaltungsfreiheit des Arbeitgebers; Berlin 1990

– Sinn und Aufgabe der Mitbestimmung heute; ZfA 1991, S. 1

– Die Koppelung der Arbeitsentgelte an den Unternehmenserfolg, RdA 1998, S. 257

Lotmar, Philipp; Der Arbeitsvertrag – nach dem Privatrecht des deutschen Reiches Bd. I und Bd. II; Leipzig 1908

Löwisch, Manfred; Übermaßverbot im Arbeitskampfrecht; ZfA 1971, S. 319

– Möglichkeiten und Grenzen der Betriebsvereinbarung; AuR 1978, S. 97
– Die Verschlechterung von Individualansprüchen durch Betriebsvereinbarung; DB 1983, S. 1709
– Die Einbeziehung der Nichtorganisierten in die neuen Arbeitszeittarifverträge der Metallindustrie; DB 1984, S. 2457
– Die Rechtsstellung der Nichtorganisierten gegenüber dem Tarifvertrag; NZA 1985, S. 170
– Dienstleistungsabend mit freiwilligen Mitarbeitern; NZA 1989, S. 959
– Zur Zulässigkeit freiwilliger Samstagsarbeit nach dem Günstigkeitsprinzip; DB 1989, S. 1185
– Die Freiheit zu arbeiten – nach dem Günstigkeitsprinzip; BB 1991, S. 59
– Tarifvertragsrecht §§ 235 - 273, in: Münchener Handbuch zum Arbeitsrecht Bd. III, Kollektives Arbeitsrecht; München 1993 (zit. Verf., in: Münch Hdb)
– Die Krise der Flächentarife hat viele Ursachen (Gastkommentar); DB 1996 Heft 31
– Schutz der Selbstbestimmung durch Fremdbestimmung – Zur verfassungsrechtlichen Ambivalenz des Arbeitnehmerschutzes; ZfA 1996, S. 293
– Neuabgrenzung von Tarifvertragssystem und Betriebsverfassung; JZ 1996, S. 812
– Tariföffnung bei Unternehmens- und Arbeitsplatzgefährdung; NJW 1997, S. 905
– Arbeitsrecht und wirtschaftlicher Wandel; RdA 1999, S. 69

Löwisch, Manfred / *Rieble*, Volker; Kommentar zum Tarifvertragsgesetz; München 1992 (zit.: TVG)

Lücke, Oliver; Arbeitszeitverkürzung – Tarifpolitik auf dem Rücken der Außenseiter; ZRP 1991, S. 205

Manssen, Gerrit; Privatrechtsgestaltung durch Hoheitsakt: Verfassungsrechtliche und verwaltungsrechtliche Grundfragen; Tübingen 1994

Martens, Klaus-Peter; Das betriebsverfassungsrechtliche Ablösungsprinzip im System der §§ 87, 88, 77 BetrVG; RdA 1983, S. 217

Marx, Karl; Das Kapital, Kritik der politischen Ökonomie, ausgewählt und eingeleitet von Benedikt Kautsky; Stuttgart 1969
– Lohnarbeit und Kapital, Lohn, Preis und Profit; Frankfurt a. M. 1969

– Die Frühschriften; Stuttgart 1971

– Kritik des Gothaer Programms – erstmalige Veröffentlichung mit Auslassungen in „Die Neue Zeit“ Stuttgart IX Jahrgang 1890 - 1891, Erster Bd. Nr.18; 8. Aufl., Berlin 1978

Masloh, Tania; Betriebsräte und Beschäftigungskrise; BB 1996, S. 2407

Matthes, Hans-Christoph; Die Rechtsprechung des BAG zur Mitbestimmung des Betriebsrats in Entgeltfragen; NZA 1987, S. 289

– Mitwirkung und Mitbestimmung des Betriebsrats §§ 317 - 357, in: Münchener Handbuch zum Arbeitsrecht Bd. III, Kollektives Arbeitsrecht; München 1993 (zit.: Verf., in: Münch Hdb)

Maunz, Theodor; Deutsches Staatsrecht, neu bearbeitet von Reinhold Zippelius; 29. Aufl., München 1994

Maunz, Theodor / *Dürig*, Günter / *Herzog*, Roman / *Scholz*, Rupert / *Lerche*, Peter / *Papier*, Hans-Jürgen / *Randelholzer*, Albrecht / *Schmidt-Assmann*, Eberhard; Grundgesetz. Kommentar; München, Stand 1996 (zit.: Verf., in: Maunz/Dürig GG)

Mayer, Ralf Erhard; Das Verhältnis des Tarifvertrages zu früheren und späteren günstigeren Absprachen; Köln 1986

Mayer-Maly, Theo; Der Einblick in die Bruttolisten nach § 80 Abs. 2 BetrVG; DB 1979, S. 985

Meier-Krenz, Ulrich; Die Erweiterung von Beteiligungsrechten des Betriebsrats durch Tarifvertrag; Frankfurt a. M. 1988

– Die Erweiterung von Beteiligungsrechten des Betriebsrats durch Tarifvertrag; DB 1988, S. 2149

Meisel, Peter; Übertarifliches Entgelt und Tarifentgelterhöhung; BB 1991, S. 406

Menger, Christian-Friedrich; Die Bestimmung der öffentlichen Verwaltung nach den Zwecken, Mitteln und Formen des Verwaltungshandelns; DVBl 1960, S. 297

Meyer, Cord; Zum Verhältnis von Tarif- und Betriebsautonomie im Recht der Betriebsänderung der §§ 111, 112 BetrVG unter Berücksichtigung von Erfahrungen aus der Restrukturierung der Treuhandunternehmen; RdA 1996, S. 181

– Chancen und Grenzen der Anpassung von Tarifverträgen; RdA 1998, S. 142

Meyer-Cording, Ulrich; Die Rechtsnormen; Tübingen 1971

Millgram, Karl-Heinz; Föderalismus und Individuum; DVBl 1990, S. 740

Misera, Karlheinz; Tarifmacht und Individualbereich unter Berücksichtigung der Sparklausel; Berlin 1969

Mohl von, Robert; System der Präventiv-Justiz oder Rechtspolizei. Die Polizeiwissenschaft nach den Grundsätzen des Rechtsstaates, Bd. III; 2. Aufl., Tübingen 1845

– Staatsrecht, Völkerrecht und Politik, Bd. II und Bd. III; Tübingen 1869

– Über die Nachteile, welche sowohl den Arbeitern selbst als dem Wohlstande und der Sicherheit der gesamten bürgerlichen Gesellschaft von dem fabrikmäßigen Betriebe der Industrie zu gehen und über die Notwendigkeit gründlicher Vorbeugemittel, in: Archiv der politischen Ökonomie und Polizeiwissenschaft, Bd. II / 2; Heidelberg 1835

Molitor, Erich; Kommentar zur Tarifvertragsverordnung vom 23.12.1918; Berlin 1930 (zit.: TVVO)

Molitor, Karl; Ende oder Reform der Flächentarifverträge, in: Tarifautonomie für ein neues Jahrhundert, Festschrift für Günter Schaub zum 65. Geburtstag, S. 487; München 1998 (zit.: Verf., in: FS für Schaub)

Moll, Wilhelm; Die Mitbestimmung des Betriebsrats beim Entgelt; Berlin 1977

– Der Tarifvorrang im Betriebsverfassungsgesetz. Zur Abstimmung betrieblicher und tarifvertraglicher Regelungsmechanismen; Berlin 1980

– Der Ablösungsgedanke im Verhältnis zwischen Vertragsregelung und Betriebsvereinbarung; NZA 1988, Beil. 1 S. 17

Moritz, Klaus; Mitbestimmung des Betriebsrats bei Leistungsvergütung – insbesondere bei Provisionsregelungen; AuR 1983, S. 97

Mugdan, Benno (Hrsg.); Die gesamten Materialien zum Bürgerlichen Gesetzbuch für das Deutsche Reich, Bd. II Recht der Schuldverhältnisse; Neudruck der Ausgabe Berlin 1899; Aachen 1979

Müller, Friedrich; Die Einheit der Verfassung: Elemente einer Verfassungstheorie; Berlin 1979

– Juristische Methodik; 4. Aufl., Berlin 1990

Müller, Gerhard; Die Tarifautonomie in der Bundesrepublik Deutschland, rechtliche und ethische Grundlage; Berlin 1990

– Zum Verhältnis zwischen Betriebsautonomie und Tarifautonomie; AuR 1992, S. 257

Müller, Hans Peter; Entgeltsystematik und Entgeltfindung bei der Hoechst AG; ZfA 1993, S. 197

Müller, Holger; Möglichkeiten und Grenzen der Gehaltsabsenkung in insolvenzgefährdeten Unternehmen zur Vermeidung von Massenarbeitslosigkeit; NZA 1985, S. 307

Münch von, Ingo; Staatliche Wirtschaftshilfe und Subsidiaritätsprinzip; JZ 1960, S. 303

Münch von, Ingo / *Kunig*, Philip; Grundgesetzkommentar; 4. Aufl., München 1992 (zit.: Verf., in: v. Münch GG)

Muthesius, Hans / *Giese*, Dieter; Die wichtigsten dogmatischen Grundsätze des Bundessozialhilfegesetzes; JuS 1962, S. 455

Nebel, Andreas; Die Normen des Betriebsverbandes am Beispiel der ablösenden Betriebsvereinbarung; Heidelberg 1989

Neef, Klaus; Die Betriebsvereinbarung als Ersatztarifvertrag, in: Tarifautonomie für ein neues Jahrhundert, Festschrift für Günter Schaub zum 65. Geburtstag, S. 515; München 1998 (zit.: Verf., in: FS für Schaub)

Neumann, Dirk; Tarif- und Betriebsautonomie; RdA 1990, S. 257

– Einigungsstelle und Schlichtung; RdA 1997, S. 142

Neumann, Franz L.; Das Arbeitsrecht in der modernen Gesellschaft; RdA 1951, S. 1

Neumann-Duesberg, Horst; Betriebsverfassungsrecht – Ein Lehrbuch; Berlin 1960

Nikisch, Arthur; Arbeitsrecht Bd. I, Allgemeine Lehren und Arbeitsvertragsrecht; 3. Aufl., Tübingen 1961 (zit.: ArbR Bd. I)

– Arbeitsrecht Bd. II, Koalitionsrecht, Arbeitskampfrecht, Tarifvertragsrecht; 2. Aufl., Tübingen 1959 (zit.: ArbR Bd. II)

– Arbeitsrecht Bd. III, Betriebsverfassungsrecht; 2. Aufl., Tübingen 1966 (zit.: ArbR Bd. III)

– Inhalt und Grenzen des tariflichen Günstigkeitsprinzips; DB 1963, S. 1254

Nipperdey, Hans-Carl; Beiträge zum Tarifrecht, Eduard Rosenthal zum 70. Geburtstag; Mannheim 1924

– Die Rechtsprechung des Reichsgerichts zum Tarifrecht (1919 - 1925); NZfA 1926, Sp. 193

– Mindestbedingungen und günstigere Arbeitsbedingungen nach dem AOG (Ordnungsprinzip und Leistungsprinzip), in: Festschrift für Heinrich Lehmann zum 60. Geburtstag, S. 257; Berlin 1937 (zit.: Verf., in: FS für Lehmann)

Nipperdey, Hans-Carl / *Dietz*, Rolf; Gesetz zur Ordnung der nationalen Arbeit, Kommentar; 3. Aufl., München 1939 (zit.: AOG)

Nörr, Knut Wolfgang; Grundlinien des Arbeitsrechts der Weimarer Republik; ZfA 1986, S. 403

– Arbeitsrecht und Verfassung – Das Beispiel der Weimarer Reichsverfassung von 1919; ZfA 1992, S. 361

Oetker, Hartmut; Die Auswirkungen tariflicher Entgelterhöhungen für den Effektivverdienst im Zielkonflikt von individueller Gestaltungsfreiheit und kollektivrechtlicher Gewährleistung innerbetrieblicher Verteilungsgerechtigkeit; RdA 1991, S. 16

– Das private Vereinsrecht als Ausgestaltung der Koalitionsfreiheit; RdA 1999, S. 96

Otto, Hansjörg; Mitbestimmung des Betriebsrats bei der Regelung von Dauer und Lage der Arbeitszeit; NZA 1992, S. 97

Pahle, Wolfgang; Der vorläufige Rechtsschutz des Betriebsrates gegen mitbestimmungswidrige Maßnahmen des Arbeitgebers; NZA 1990, S. 51

Papier, Hans Jürgen; Der verfassungsrechtliche Rahmen für Privatautonomie im Arbeitsrecht; RdA 1989, S. 137

Papritz, Ludwig; Das Günstigkeitsprinzip im Arbeitsrecht, auch in verfassungsrechtlicher Sicht; Würzburg 1978

Peren, Klaus; Tarifrunde 1997, Eine Zwischenbilanz; Arbeitgeber 1997, S. 121

Peters, Hans; Die kommunale Selbstverwaltung und das Subsidiaritätsprinzip; AfK 1967, S. 5

Pfarr, Heide M.; Mitbestimmung bei der Ablösung und der Verschlechterung allgemeiner Arbeitsbedingungen; BB 1983, S. 2001

Pfarr, Heide M. / *Kittner*, Michael; Solidarität im Arbeitsrecht; RdA 1974, S. 284

Pieper, Stefan Ulrich; Subsidiaritätsprinzip – Strukturprinzip der Europäischen Union; DVBl 1993, S. 705

Picker, Eduard; Die Regelung der „Arbeits- und Wirtschaftsbedingungen" – Vertragsprinzip oder Kampfprinzip?; ZfA 1986, S. 199

Popp, Gerfried J.; Die Betriebsverfassung – öffentlich oder privat?; BB 1996, S. 1111

Pornschlegel, Hans; Begriff und Systematik leistungsbezogener Entgelte; AuR 1983, S. 193

Powell, Bill; The German Disease – Sick at Heart; Newsweek März 1996, S. 18

Preis, Ulrich; Grundfragen der Vertragsgestaltung im Arbeitsrecht; Neuwied 1993

Graf Pückler, Botho; Gravierende Handicaps für die Wettbewerbsfähigkeit, Arbeitgeber 1997, S. 389

Raab, Thomas; Der Unterlassungsanspruch des Betriebsrats; ZfA 1997, S. 183

Ramm, Thilo; Die Arbeitsverfassung der Weimarer Republik, in: In Memoriam Sir Otto Kahn-Freund, S. 226; München 1980 (zit.: Verf., in: FS für Kahn-Freund)

– Grundrechte und Arbeitsrecht; JZ 1991, S. 1

Rau, Henrike; Die Systematik der übertariflichen Zulage – unter besonderer Berücksichtigung der Mitbestimmungsrechte des Betriebsrats bei der Zulagenanrechnung anläßlich einer Tariflohnerhöhung; Berlin 1995

Rauschenberg, Hans Jürgen; Flexibilisierung und Neugestaltung der Arbeitszeit: Der arbeitsrechtliche Entscheidungsrahmen; Baden-Baden 1993

Rawls, John; Eine Theorie der Gerechtigkeit, Titel der Originalausgabe: A Theory of Justice, übersetzt von Hermann Vetter; Frankfurt a. M. 1975

Reichold, Hermann; Betriebsverfassung als Sozialprivatrecht – Historisch-dogmatische Grundlagen von 1848 bis zur Gegenwart; München 1995

– Die Entgeltmitbestimmung als Gleichbehandlungsproblem; RdA 1995, S. 147

Reuter, Dieter; Vergütung von AT-Angestellten und betriebsverfassungsrechtliche Mitbestimmung; Königstein Ts. 1979

– Nochmals: Die unverhältnismäßige Aussperrung; JuS 1973, S. 284

– Betriebsverfassung und Privatautonomie; ZfA 1975, S. 85

– Gemeinsame Anmerkung zum BAG-Beschluß vom 08.12.1981 und zum BAG-Urteil vom 08.12.1981; SAE 1983, S. 201

– Anm. zu BAG vom 17.03.1987 (3 AZR 64/84); SAE 1987, S. 285

– Das Verhältnis von Individualautonomie, Betriebsautonomie und Tarifautonomie; RdA 1991, S. 193

– Lohnbestimmung im Betrieb; ZfA 1993, S. 221

– Betriebsverfassung und Tarifvertrag; RdA 1994, S. 152

– Möglichkeiten und Grenzen einer Auflockerung des Tarifkartells; ZfA 1995, S. 1

– Referat für den 61. Deutschen Juristentag, Bd. II / 1 Sitzungsberichte, Referate und Beschlüsse, K 35; München 1996 (zit.: Referat, Verhandlungen des 61. DJT, Bd. II / 1)

– Das Verhältnis von Tarif- und Betriebsautonomie – Eine Nachlese zum arbeitsrechtlichen Thema des 61. Deutschen Juristentag, in: Tarifautonomie für ein neues Jahrhundert, Festschrift für Günter Schaub zum 65. Geburtstag, S. 605; München 1998 (zit.: Verf., in: FS für Schaub)

Reuter, Dieter / *Steckel*, Siegmar; Grundlagen der betriebsverfassungsrechtlichen Mitbestimmung; Frankfurt 1973

Richardi, Reinhard; Kollektivgewalt und Individualwille bei der Gestaltung des Arbeitsverhältnisses; München 1968

– Betriebsverfassung und Privatautonomie; Berlin 1973

– Kommentar zum Betriebsverfassungsgesetz; 7. Aufl., München 1998 (zit.: BetrVG)

– Die Beschränkung der Vertragsfreiheit durch das Mitbestimmungsrecht des Betriebsrats in sozialen Angelegenheiten, in: Sein und Werden im Recht, Festgabe für Ulrich Lübtow, S. 755; Berlin 1970 (zit.: Verf., in: FS für Lübtow)

– Arbeitsrecht und Zivilrecht; ZfA 1974, S. 3

– Die Mitbestimmung des Betriebsrats bei der Regelung des Arbeitsentgelts; ZfA 1976, S. 1

– Eingriff in eine Arbeitsvertragsregelung durch Betriebsvereinbarung; RdA 1983, S. 201

– Die tarif- und betriebsverfassungsrechtliche Bedeutung der tarifvertraglichen Arbeitszeitregelung in der Metallindustrie; NZA 1984, S. 387

– Erweiterung der Mitbestimmung des Betriebsrats durch Tarifvertrag; NZA 1988, S. 673

– Kollektivvertragliche Arbeitszeitregelung – Fremdbestimmung durch Kollektivnorm oder Regelung der Arbeitsbedingungen für ein rechtsgeschäftliches Dienstleistungsversprechen?; ZfA 1990, S. 211

– Arbeitszeitverlängerung nach der Tarifvertragsregelung in der Metallindustrie; DB 1990, S. 1613

– Die Betriebsvereinbarung als Rechtsquelle des Arbeitsverhältnisses; ZfA 1992, S. 307

– Der Große Senat des BAG zur Mitbestimmung bei der Anrechnung einer Tariflohnerhöhung auf über- und außertarifliche Zulagen; NZA 1992, S. 961

– Zweck und Gestaltungsformen kollektiver Beteiligung §§ 233, 234, in: Münchener Handbuch zum Arbeitsrecht Bd. III, Kollektives Arbeitsrecht.; München 1993 (zit.: Verf., in: Münch Hdb)

– Kehrtwende des BAG zum betriebsverfassungsrechtlichen Unterlassungsanspruch des Betriebsrats; NZA 1995, S. 8

– Der Beseitigungs- und Unterlassungsanspruch in der Dogmatik des Betriebsverfassungsrechts, in: Entwicklungen im Arbeitsrecht und Arbeitsschutzrecht, Festschrift für Otfried Wlotzke zum 70. Geburtstag, S. 407; München 1996 (zit.: Verf., in: FS für Wlotzke)

– Tarifparteien oder Betriebsparteien? Von der Notwendigkeit einer Kodifikation des Arbeitsvertragsrechts (Gastkommentar); DB 1996 Heft 37

– Empfiehlt es sich, die Regelungsbefugnisse der Tarifparteien im Verhältnis zu den Betriebsparteien neu zu ordnen? Gutachten B für den 61. Deutschen Juristentag, Bd. I; München 1996 (zit.: Gutachten, Verhandlungen des 61. DJT, Bd. I)

– Tarifvorbehalt und Tarifgebundenheit, in: Tarifautonomie für ein neues Jahrhundert, Festschrift für Günter Schaub zum 65. Geburtstag, S. 639; München 1998 (zit.: Verf., in: FS für Schaub)

– Individualrechtsschutz vor Betriebspartnerschaft, NZA 1999, S. 617

Rieble, Volker; Arbeitsmarkt und Wettbewerb – Der Schutz von Vertrags- und Wettbewerbsfreiheit im Arbeitsrecht; Berlin 1996

– Beschäftigungspolitik durch Tarifvertrag; ZTR 1993, S. 54

– Krise des Flächentarifvertrages; RdA 1996, S. 151

– Bündnis für Arbeit – „Dritter Weg“ oder Sackgasse; RdA 1999, S. 169

Riester, Bernhard; Deregulierung und Flexibilisierung im kollektiven Arbeitsrecht; Aachen 1995

Rojahn, Ondolf; Kommentierung zu Art. 24, 25, 32, 59, in: Grundgesetzkommentar Bd. II, hrsg. von Ingo von Münch und Philip Kunig, 2. Aufl., München 1983 (zit.: Verf., in: v. Münch GG)

Rückert, Joachim / *Friedrich*, Wolfgang; Betriebliche Arbeiterausschüsse in Deutschland, Großbritannien und Frankreich im späten 19. und frühen 20. Jahrhundert; Frankfurt a. M. 1979

Rumpf, Klaus; Das Mitbestimmungsrecht des Betriebsrats bei Entgeltfragen, insbesondere beim Leistungslohn, nach dem Betriebsverfassungsgesetz 1972; AuR 1972, S. 65

Rupp, Hans Heinrich; Die Unterscheidung von Staat und Gesellschaft, in: Handbuch des Staatsrechts Bd. I, Grundlagen von Staat und Verfassung, hrsg. von Josef Isensee und Paul Kirchhof; Heidelberg 1987 (zit.: Verf., in: Isensee/Kirchhof, Hdb StaatsR Bd.)

Rüthers, Bernd; Rechtsprobleme des Zeitlohnes an taktgebundenen Produktionsanlagen; ZfA 1973, S. 399

Sabel, Anton; Das Deutsche Betriebsverfassungsgesetz, Erläuterung zum Entwurf der Ausschußfassung; RdA 1952, S. 281

Säcker, Franz Jürgen; Gruppenautonomie und Übermachtskontrolle im Arbeitsrecht; Berlin 1972

– Die Regelung sozialer Angelegenheiten im Spannungsfeld zwischen tariflicher und betriebsvereinbarungsrechtlicher Normsetzungsbefugnis; ZfA Sonderheft 1972, S. 41

– Tarifvorrang und Mitbestimmung des Betriebsrats beim Arbeitsentgelt; BB 1979, S. 1201

– Die Betriebsvereinbarung; (D) Betriebsvereinbarung I Arbeitsrecht-Blattei (15.02.1979) (zit.: ARBl., Betriebsvereinbarung)

– Die Betriebsräte werden mächtiger; Manager-Magazin 1980 (Heft 10), S. 36

– Das Verhältnis des Tarifvertrages zu den übrigen arbeitsrechtlichen Rechtsquellen; (D) Tarifvertrag I C Arbeitsrecht-Blattei (15.01.1981) (zit.: ARBl., Tarifvertrag)

– Aufgabe der Koalitionen in einer sich fortentwickelnden Unternehmensrechtsordnung, in: Arbeitnehmer oder Arbeitsteilhaber? – Zur Zukunft des Arbeitsrechts in der Wirtschaftsordnung, hrsg. von Volker Beuthien, S. 145; Stuttgart 1987 (zit.: Arbeitnehmer oder Arbeitsteilhaber ?)

– Das neue Entgeltfortzahlungsgesetz und die individuelle und kollektive Vertragsfreiheit; AuR 1994, S. 1

Säcker, Franz Jürgen / *Oetker*, Hartmut; Grundlagen und Grenzen der Tarifautonomie; München 1992

– Höchstnormbeschlüsse der Koalitionen zwischen Freiheitsschutz und Verbandsautonomie; ZfA 1996, S. 85

Schäfer, Hans; Anm. zur Entscheidung des Verfassungsgerichtshofs von Rheinland-Pfalz; DVBl 1958, S. 362

Schaub, Günter; Arbeitsrechtshandbuch: Systematische Darstellung und Nachschlagewerk für die Praxis; 8. Aufl., München 1996 (zit.: ArbR Hdb)

– Lean Production und Arbeitsrecht, BB 1993, Beil. 15 S. 1

– Entgeltanpassung im Arbeitsverhältnis; BB 1996, S. 1058

– Probleme der Tarif- und Betriebsautonomie in der Rechtsprechung des BAG; BB 1996, S. 2298

– Wege und Irrwege aus dem Flächentarifvertrag; NZA 1998, S. 617

– Tarifflucht im Spiegel der BAG-Rechtsprechung; AuA 1998, S. 44

Schirdewahn, Gerhard; Entlohnungsgrundsätze und Entlohnungsmethoden; BB 1979, S. 791

Schirge, Barbara; Kündigung und Nachwirkung von Betriebsvereinbarungen über betriebliche übertarifliche Leistungen; DB 1991, S. 441

Schleef, Heinz; Neue Wege in der Tarifpolitik am Beispiel der JENOPTIK AG; AuA 1996, S. 296

Schleusener, Axel A.; Die Erzwingung von Firmentarifverträgen nach Verbandsaustritt des Arbeitgebers; BB 1999, S. 684

Schlink, Bernhard; Abwägung im Verfassungsrecht; Berlin 1976

Schlochauer, Ursula; Die Mitbestimmung des Betriebsrats, in: Änderung von Arbeitsbedingungen, hrsg. von Wolfgang Hromadka, S. 221; Heidelberg 1990

Schlüter, Wilfried; Die Rechtsfolgen mangelnder Beteiligung des Betriebsrats in sozialen Angelegenheiten (§ 87 BetrVG n. F.); DB 1972, S. 139

Schmidt, Thomas B.; Das Günstigkeitsprinzip im Tarifvertrags- und Betriebsverfassungsrecht – Zugleich ein Beitrag zum Verhältnis von Tarifvertrag und Betriebsvereinbarung; Berlin 1994

Schmidthuber, Peter M.; Das Subsidiaritätsprinzip im Vertrag von Maastricht; DVBl 1993, S. 417

Schmidt-Preuß, Matthias; Verfassungsrechtliche Zentralfrage staatlicher Lohn- und Preisdirigismen; Baden-Baden 1977

Schmidt-Rimpler, Walter; Grundfragen einer Erneuerung des Vertragsrechts; AcP (178) 1978, S. 130

Schneider, Harald; Die Güterabwägung des BVerfG bei Grundrechtskonflikten; Baden-Baden 1979

Schneider, Klaus; Die Verantwortung der Lohnpolitik wächst; Arbeitgeber 1997, S. 125

Schnorr von Carolsfeld, Ludwig; Arbeitsrecht; 2. Aufl., Göttingen 1954

– Arbeitszeit und kollektiver Arbeitsvertrag, in: Nürnberger Abhandlungen zu den Wirtschafts- und Sozialwissenschaften, hrsg. von Hermann Eichler u. a., Heft 15, S. 149; Berlin 1961

Scholz, Rupert; Koalitionsfreiheit als Verfassungsproblem; München 1971

– Das Grundrecht der freien Entfaltung der Persönlichkeit in der Rechtsprechung des BVerfG (1. Teil); AöR (100) 1975, S. 80

– Die Berufsfreiheit als Grundlage und Grenze arbeitsrechtlicher Regelungssysteme; ZfA 1981, S. 265

– Koalitionsfreiheit § 151, in: Handbuch des Staatsrechts, Bd. VI Freiheitsrechte, hrsg. von Josef Isensee und Paul Kirchhof; Heidelberg 1989 (zit.: Verf., in: Isensee/Kirchhof, Hdb StaatsR Bd.)

– Tarifautonomie, Arbeitskampf und privatwirtschaftlicher Wettbewerb, in: Beiträge zum Handels- und Wirtschaftsrecht, Festschrift für Fritz Rittner zum 70. Geburtstag, S. 629; München 1991 (zit.: Verf., in: FS für Rittner)

– Grundgesetz und europäische Einigung; NJW 1992, S. 2593

– Tarifautonomie im Umbruch, in: Lebendiges Recht – Von den Sumerern bis zur Gegenwart, Festschrift für Reinhold Trinkner zum 65. Geburtstag, S. 377; Heidelberg 1995 (zit.: Verf., in: FS für Trinkner)

Schuhmann, Gerhard; Die Grenzen der Regelungsbefugnis der Betriebspartner bei der Regelung der Arbeitszeit; Würzburg 1982

Schulze, Peter R.; Das Günstigkeitsprinzip im Tarifvertragsrecht; Frankfurt a. M. 1985

Schüren, Peter; Neue rechtliche Rahmenbedingungen der Arbeitszeitflexibilisierung; RdA 1985, S. 22

– Mitbestimmung bei der automatischen Anrechnung von Tariflohnerhöhungen auf über-tarifliche Zulagen; RdA 1991, S. 139

– Mitbestimmung des Betriebsrats bei Zulagen und betrieblichen Entgeltsystemen; RdA 1996, S. 14

– Personalkostensenkung in mittelständischen Unternehmen; DB 1996, S. 625

Schwab, Martin; Mindestarbeitsbedingungen nach Verbandsaustritt des Arbeitgebers; BB 1994, S. 781

Schwartmann, Josef; Leistung und Lohn (Mercedes Benz AG, Stuttgart); ZfA 1993, S. 207

Schwerdtfeger, Gunther; Unternehmerische Mitbestimmung der Arbeitnehmer und Grundgesetz; Frankfurt a. M. 1972

Schwerdtner, Peter; Fürsorgetheorie und Entgelttheorie im Recht der Arbeitsbedingungen; Heidelberg 1970

Selk, Michael; Einschränkungen von Grundrechten durch Kompetenzregelungen?; JuS 1990, S. 895

Senne, Holger; Flexible Arbeitszeiten und Mitbestimmung, BB 1996, S. 1609

Senne, Petra; Angestellte in leitender Funktion, in: Kasseler Handbuch zum Arbeitsrecht Bd. I, hrsg. von Wolfgang Leine; Neuwied 1997 (zit.: Verf., in: Kasseler Hdb)

Sering, Max; Arbeiter–Ausschüsse in der deutschen Industrie; Leipzig 1890

Siebert, Wolfgang; Kollektivnorm und Individualrecht im Arbeitsverhältnis, in: Festschrift für Hans Carl Nipperdey, S. 119; München 1955 (zit.: Verf., in: FS für Nipperdey)

– Beiträge zum System des geltenden Arbeitsrechts; RdA 1959, S. 157

Simitis, Spiros / *Weiss*, Manfred; Zur Mitbestimmung des Betriebsrats bei Kurzarbeit; DB 1973, S. 1240

Sinzheimer, Hugo; Grundzüge des Arbeitsrechts; 2. Aufl., Jena 1927

– Der Tarifgedanke in Deutschland (1915), in: Arbeitsrecht und Rechtssoziologie – gesammelte Aufsätze und Reden, hrsg. von Otto Kahn-Freund und Thilo Ramm, S. 150; Frankfurt a. M. 1976

– Das Rätesystem (1919), in: Arbeitsrecht und Rechtssoziologie – gesammelte Aufsätze und Reden, hrsg. von Otto Kahn-Freund und Thilo Ramm, S. 325; Frankfurt a. M. 1976

– Ein Arbeitstarifgesetz: die Idee der sozialen Selbstbestimmung; 2. Aufl., Berlin 1977

– Der korporative Arbeitsnormenvertrag; 2. Aufl., Berlin 1977

Sodan, Helge; Verfassungsrechtliche Grenzen der Tarifautonomie; JZ 1998, S. 421

Söllner, Alfred; Grundriß des Arbeitsrechts; 12. Aufl., München 1998

– Der verfassungsrechtliche Rahmen für Privatautonomie im Arbeitsrecht; RdA 1989, S. 144

Soltwedel, Rüdiger; Die Arbeitsbedingungen unternehmensnah gestalten; FAZ v. 25.02.1998, S. 17

Sowaka, Hans-Harald; Anmerkung zu dem BAG Beschluß vom 14.02.1995; DB 1995, S. 1412

Speier, Heinz; Der Rechtsgrund des sogenannten Tariflohnverzichts; Köln 1933

Spiegelhalter, Hans Joachim; Die betriebliche Entgeltpolitik in den Fesseln der Rechtsprechung (Buderus AG); ZfA 1993, 203

Stadler, Hubert; Die Mitbestimmung des Betriebsrats nach dem neuen Betriebsverfassungsgesetz in Fragen der Leistungsentlohnung; BB 1972, S. 800

Staschik, Lothar; Grundfragen zur Betriebsvereinbarung; Köln 1990

Stege, Dieter / *Schneider*, Reinhold; Die Mitbestimmung des Betriebsrats bei der Anrechnung von Tariflohnerhöhungen auf übertarifliche Zulagen; DB 1992, S. 2342

Stege, Dieter / Weinspach, F. K.; Betriebsverfassungsgesetz, Handkommentar für die betriebliche Praxis; 7. Aufl., Köln 1994 (zit.: BetrVG)

Stern, Klaus; Das Staatsrecht der Bundesrepublik Deutschland, Bd. III / 1 Allgemeine Lehren der Grundrechte; München 1988 (zit.: StaatsR Bd. III / 1)

– Das Staatsrecht der Bundesrepublik Deutschland, Bd. III / 2 Allgemeine Lehren der Grundrechte; München 1994 (zit.: StaatsR Bd. III / 2)

Stewing, Clemens; Subsidiarität und Föderalismus in der europäischen Union; Köln 1992

– Das Subsidiaritätsprinzip als Kompetenzverteilungsregel im Europäischen Recht; DVBl 1992, S. 1516

Strasser, Rudolf; Die Betriebsvereinbarung nach österreichischem und deutschen Recht; Wien 1957

Strieder, Peter; Betriebliche Lohnpolitik; BB 1980, S. 420

Suhr, Dieter; Freiheit durch Geselligkeit – Institut, Teilhabe, Verfahren und Organisation im systematischen Raster eines neuen Paradigmas; EuGRZ 1984, S. 529

Süsterhenn, Adolf; Das Subsidiaritätsprinzip als Grundlage der vertikalen Gewaltenteilung, in: Vom Bonner Grundgesetz zur gesamtdeutschen Verfassung, Festschrift zum 75. Geburtstag von Hans Nawiasky, S. 141; München 1956 (zit.: Verf., in: FS für Nawiasky)

– Tarifbericht, RdA 1996, S. 187

Tech, Carsten; Das Günstigkeitsprinzip und Günstigkeitsbeurteilung im Arbeitsrecht; Kiel 1987

Teuteberg, Hans Jürgen; Die Geschichte der industriellen Mitbestimmung in Deutschland; Tübingen 1961

Thüsing, Georg; Das Mitbestimmungsrecht des Betriebsrats bei der Ausgestaltung freiwilliger Jahressonderzahlungen; DB 1997, S. 1130

– Der Schutz des Tarifvertrags vor den tarifvertraglich Geschützten – Zum Unterlassungsanspruch der Gewerkschaften gegen tarifwidrige Regelungsabreden –; DB 1999, S. 1552

Trappehl, Bernhard / *Lambrich*, Thomas; Unterlassungsanspruch der Gewerkschaft – das Ende für betriebliche „Bündnisse für Arbeit"?; NJW 1999, S. 3217

Trittin, Wolfgang; Zum Mitbestimmungsrecht bei übertariflichen Zulagen; AuR 1991, S. 329

Tyska, Hans Joachim; Das Günstigkeitsprinzip im Tarifvertragsrecht; Bielefeld 1994

– Die Zulässigkeit untertariflicher Löhne unter dem Blickpunkt von Tariföffnungsklauseln und Günstigkeitsprinzip; AuR 1985, S. 276

Utz, Arthur F.; Weder Streik noch Aussperrung – Eine sozialethische Studie (Walberger Gespräche); Bonn 1987

– Die katholische Soziallehre und die Wirtschaftsordnung; Trier 1991

Veit, Barbara; Die funktionelle Zuständigkeit des Betriebsrats; München 1998

Veit, Barbara / *Waas*, Bernd; Die Umdeutung einer kompetenzwidrigen Betriebsvereinbarung, BB 1991, S. 1329

Vollmer, Lothar; Bestandssicherung existenzgefährdeter Unternehmen durch Kürzung von Löhnen und Leistungen; DB 1982, S. 1670

Wagner, Heinz; Öffentlicher Haushalt und Wirtschaft; VVDStRL 1969, S. 47

Wagner, Klaus R.; Verfassungsrechtliche Grundlagen der Übertragung von Kompetenzen der Tarifparteien auf die Betriebsparteien; DB 1992, S. 2550

Walker, Wolf-Dietrich; Zur Zulässigkeit von Betriebsbußen, in: Arbeitsrecht in der Bewährung, Festschrift für Otto Rudolf Kissel zum 65. Geburtstag, S. 1205; München 1994 (zit.: Verf., in: FS für Kissel)

– Zum Unterlassungsanspruch des Betriebsrats bei mitbestimmungspflichtigen Maßnahmen des Arbeitgebers; DB 1995, S. 1961

– Möglichkeiten und Grenzen einer flexibleren Gestaltung von Arbeitsbedingungen – Das Spannungsverhältnis zwischen Tarifautonomie und Betriebsautonomie; ZfA 1996, S. 353

– Beschäftigungssicherung durch betriebliche Bündnisse für Arbeit, in: Festschrift für Günther Wiese zum 70. Geburtstag, S. 603; Neuwied 1998 (zit.: Verf., in: FS für Wiese)

Waltermann, Raimund; Rechtsetzung durch Betriebsvereinbarung zwischen Privatautonomie und Tarifautonomie; Tübingen 1996

– Zuständigkeiten und Regelungsbefugnisse im Spannungsfeld von Tarifautonomie und Betriebsautonomie; RdA 1996, S. 129

– Gestaltung von Arbeitsbedingungen durch Vereinbarung mit dem Betriebsrat; NZA 1996, S. 357

– Ablösende Betriebsvereinbarung für Ruheständler?, NZA 1998, S. 505

Wank, Rolf; Arbeitnehmer und Selbständige; München 1988

– Einvernehmliche Änderungen von Arbeitsbedingungen; in: Änderungen von Arbeitsbedingungen, hrsg. von Wolfgang Hromadka, S. 35; Heidelberg 1990

– Tarifautonomie oder betriebliche Mitbestimmung; RdA 1991, S. 129

– Empfiehlt es sich, die Regelungsbefugnisse der Tarifparteien im Verhältnis zu den Betriebsparteien neu zu ordnen?; NJW 1996, S. 2273

Weisel, Horst; Der Sozialstaatsgrundsatz des Bonner Grundgesetzes: Ein Beitrag zu seiner Substanz-, Funktions- und Strukturproblematik; Marburg 1960

Weismann, Stefan-Friedrich; Das Arbeitsrecht im Spannungsfeld zwischen Arbeitsplatzbesitzern und Arbeitslosen; Bonn 1988

Weitnauer, Hermann; Der Schutz des Schwächeren im Zivilrecht; Karlsruhe 1975

– Rechtmäßigkeit und rechtliche Folgen des „wilden" Streiks; DB 1970, S. 1639

Wellenhofer, Marina; Just-in-Time-Produktion und betriebsverfassungsrechtliche Mitbestimmung; DB 1997, S. 978

Wendeling-Schröder, Ulrike; Referat für den 61. Deutschen Juristentag, Bd. II / 1, K 9 ff.; München 1996 (zit.: Referat, Verhandlungen des 61. DJT, Bd. II / 1)

– Betriebliche Ergänzungstarifverträge; NZA 1998, S. 624

– Arbeitsrecht und Gewerkschaften; RdA 1999, S. 138

Wenzeck, Joachim; Die verschlechternde Betriebsvereinbarung – Zur Beschränkung arbeitsvertraglicher Individualabreden und Einheitsregelungen durch Betriebsvereinbarungen in Vergangenheit und Gegenwart; Gießen 1986

Weyand, Joachim; Möglichkeiten und Grenzen der Verlagerung tariflicher Regelungskompetenz auf die Betriebsebene; AuR 1989, S. 193

– Die normativen Rahmenbedingungen der betrieblichen Lohngestaltung nach der Entscheidung des GS vom 03.12.1991; AuR 1993, S. 1

Wiedemann, Herbert; Das Arbeitsverhältnis als Austausch und Gemeinschaftsverhältnis; Karlsruhe 1966

– Höhere Angestellte im Betriebsverfassungsrecht, in: In Memoriam Sir Otto Kahn-Freund, S. 343; München 1980 (zit.: FS für Kahn-Freund)

– Die Gestaltungsaufgabe der Tarifvertragsparteien, RdA 1997, S. 297

– Normsetzung durch Vertrag, in: Richterliches Arbeitsrecht, Festschrift für Thomas Dieterich zum 65. Geburtstag, S. 661; München 1999 (zit.: Verf., in: FS für Dieterich)

Wiedemann, Herbert / *Oetker*, Hartmut / *Wank*, Rolf; Tarifvertragsgesetz; 6. Aufl., München 1999 (zit.: Verf., in: Wiedemann)

Wiedemann, Herbert / *Stumpf*, Hermann; Tarifvertragsgesetz; 5. Aufl., München 1977 (zit.: TVG)

Wiese, Günther; Das Initiativrecht nach dem Betriebsverfassungsgesetz; Neuwied 1977

– Zum Gesetzes- und Tarifvorbehalt nach § 87 Abs. 1 BetrVG, in: 25 Jahre Bundesarbeitsgericht, S. 661; München 1979 (zit.: Verf., in: 25 Jahre BAG)

– Zur Mitbestimmung des Betriebsrats bei freiwilligen, jederzeit widerruflichen Zulagen und / oder auf diese anrechenbaren Tariflohnerhöhungen; NZA 1990, S. 793

– Zum Zweck des Betriebsverfassungsrechts im Rahmen der Entwicklung des Arbeitsrechts, in: Arbeitsrecht in der Bewährung, Festschrift für Otto Rudolf Kissel zum 65. Geburtstag, S. 1269; München 1994 (zit.: Verf., in: FS für Kissel)

– Mitbestimmungspflichtige kollektive Tatbestände bei der Anrechnung von Zulagen auf Tariflohnerhöhungen; RdA 1995, S. 355

– Der personale Gehalt des Arbeitsverhältnisses; ZfA 1996, S. 439

Willenbacher, Kurt; Analytische Arbeitsbewertung – ein zukunftsweisender Weg zur Lohngerechtigkeit; ZfA 1993, S. 211

Windscheid, Bernhard; Lehrbuch des Pandektenrechts, Bd. II; 7. Aufl., Frankfurt a. M. 1891

Wittgruber, Frank; Die Abkehr des Arbeitsrechts von der Vertragsfreiheit am Beispiel betrieblicher Mitbestimmung bei übertariflichen Zulagen; Berlin 1999

Wittke, Manfred; Die Beteiligungsrechte des Betriebsrats im sozialen Bereich, Mitwirkung und Mitbestimmung in der betrieblichen Praxis; Berlin 1981

Wlotzke, Otfried; Das Günstigkeitsprinzip im Verhältnis des Tarifvertrages zum Einzelarbeitsvertrag und zur Betriebsvereinbarung; Heidelberg 1957

Woerle, Karl Josef; Die Entlohnung unter Tarif; München 1933

Wohlgemuth, Hans H.; AT-Angestellte und Betriebsverfassung – am Beispiel von Entgeltregelungen; BB 1993, S. 286

Wohlfarth, Hans-Dieter; Stärkung der Koalitionsfreiheit durch das BAG; NZA 1999, S. 962

Würtenberger, Thomas; Das Subsidiaritätsprinzip als Verfassungsprinzip, in: Staatswissenschaften und Staatspraxis. Rechts-, wirtschafts- und sozialwissenschaftliche Beiträge zum staatlichen Handeln, S. 621; Baden-Baden 1993

Yurtsev, Abdulkadir; Die Bedeutung des Günstigkeitsprinzips bei der Abänderung von Sozialleistungen durch Tarifvertrag und Betriebsvereinbarung; Kiel 1997

Zabransky, Franz / *Hess*, Eurydice; Anm. zum Urteil des Arbeitsgerichts Düsseldorf vom 06.06.1997; BB 1997, S. 1585

Zachert, Ulrich; Aufhebung der Tarifautonomie durch „freiwillige Regelungen" im Arbeitsvertrag; DB 1990, S. 986

– Rechtsfragen zu den aktuellen Tarifverträgen über Arbeitszeitverkürzung und Beschäftigungssicherung; RdA 1995, S. 1

– Krise des Flächentarifvertrages; RdA 1996, S. 140

– Betriebsvereinbarung statt Tarifvertrag; AuR 1997, S. 11

Zachert, Ulrich / *Löwisch*, Manfred; Hat der Flächentarifvertrag noch eine Zukunft?; AuA 1996, S. 293

Zachert, Ulrich (Hrsg.); Die Wirkung des Tarifvertrages in der Krise: ein Vergleich des Verhältnisses von autonomen Tarifrecht mit staatlichem Recht und anderen arbeitsrechtlichen Schutzebenen in verschiedenen europäischen Ländern; Baden-Baden 1991

Ziepke, Jürgen; Rechtsprobleme der neuen tarifvertraglichen Arbeitszeitregelung in der Metallindustrie; BB 1985, S. 281

Zigan, Herbert; Die Betriebsvereinbarung nach dem Kontrollratsgesetz Nr. 22; Düsseldorf 1948

Zippelius, Reinhold; Gesellschaft und Recht, Grundbegriffe der Rechts- und Staatssoziologie; München 1980

Zöllner, Wolfgang; Die Rechtsnatur der Tarifnorm nach deutschem Recht – zugleich ein Beitrag zur Abgrenzung von Rechtsetzung und Privatautonomie; Wien 1966

– Die Sperrwirkung des § 59 BetrVG, in: Festschrift für Hans Carl Nipperdey Bd. II, S. 699; München 1965 (zit.: Verf., in: FS für Nipperdey Bd. II)

– Der Abbau einheitsvertraglicher Arbeitsbedingungen im nicht tariflich gesicherten Bereich; RdA 1969, S. 250

– Privatautonomie und Arbeitsverhältnis, Bemerkungen zu Parität und Richtigkeitsgewähr beim Arbeitsvertrag; AcP (176) 1976, S. 221

– Flexibilisierung und Arbeitsrecht; ZfA 1988, S. 265

– Die Zulässigkeit einzelvertraglicher Verlängerung der tariflichen Wochenarbeitszeit; DB 1989, S. 2121

– Regelungsspielräume im Schuldvertragsrecht; AcP (196) 1996, S. 1

– Vorsorgende Flexibilisierung durch Vertragsklauseln; NZA 1997, S. 121

Zöllner, Wolfgang / *Loritz*, Karl-Georg; Arbeitsrecht; 5. Aufl., München 1998

Peter Lang · Europäischer Verlag der Wissenschaften

Friedrich E. Schnapp (Hrsg.)

Finanzierungsfragen der Sozialversicherung

Am Beispiel des Arbeitsförderungsrechts
Tagungsband zum 31. Praktikerseminar des Instituts für Sozialrecht am 28. November 1998 in Bochum

Frankfurt/M., Berlin, Bern, Bruxelles, New York, Wien, 2000. 120 S.
Bochumer Schriften zum Sozialrecht. Herausgegeben von Friedrich E. Schnapp. Bd. 4
ISBN 3-631-35799-0 · br. DM 45.–*

Die aktuelle Situation der Systeme der sozialen Sicherheit ist seit geraumer Zeit durch erhebliche Finanzierungsprobleme gekennzeichnet, die auf die demographische und gesamtwirtschaftliche Entwicklung mit nachlassendem Wirtschaftswachstum und einer zunehmenden Anzahl von Arbeitslosen und Frührentnern zurückzuführen ist. Dem Arbeitsförderungsrecht kommt in diesem Zusammenhang insofern besondere Bedeutung zu, als die anhaltend hohe Arbeitslosigkeit sowohl Einnahmeausfälle als auch Ausgabensteigerungen zur Folge hat. Im Rahmen des 31. Praktikerseminars des Instituts für Sozialrecht haben sich ausgewiesene Fachleute mit dem Problem der Beitragsfinanzierung in der Arbeitslosenversicherung befaßt und alternative Finanzierungsformen vorgestellt.

Aus dem Inhalt: Sozialversicherungsbeitrag und Finanzverfassung · Versicherungsfremde Leistungen und Beitragsfinanzierung · Alternative und ergänzende Finanzierungsformen

Frankfurt/M · Berlin · Bern · Bruxelles · New York · Oxford · Wien
Auslieferung: Verlag Peter Lang AG
Jupiterstr. 15, CH-3000 Bern 15
Telefax (004131) 9402131
*inklusive Mehrwertsteuer
Preisänderungen vorbehalten

Kolibri 360 GmbH
Ferdinand-Jühlke-Straße 7
99095 Erfurt, Deutschland
produktsicherheit@kolibri360.de

Druck:
CPI Druckdienstleistungen GmbH
im Auftrag der
Kolibri 360 GmbH
Ferdinand-Jühlke-Str. 7
99095 Erfurt